Schmidt/Bokelmann/Hell
Eigenbetriebs- und Anstaltsverordnung
Rheinland-Pfalz

Eigenbetriebs- und Anstaltsverordnung Rheinland-Pfalz

Kommentar

begründet von

Rudolf Oster (†)
Ministerialdirigent a. D.

Klaus Schmidt
Dipl.-Kaufmann

fortgeführt von

Klaus Schmidt
Dipl.-Kaufmann

Heiko Bokelmann
Dipl.-Kaufmann

Dr. jur. Jochen Hell
Rechtsanwalt

5. Auflage

KSV Medien

FSC
www.fsc.org
MIX
Papier | Fördert gute Waldnutzung
FSC® C019821

KSV Medien setzt bei der Herstellung überwiegend auf digitale Prozesse.
Dabei stehen eine effiziente Produktionsabwicklung und der verantwortungsvolle Umgang mit den eingesetzten Ressourcen im Fokus.

Bibliografische Information der Deutschen Nationalbibliothek
Die Deutsche Nationalbibliothek verzeichnet diese Publikation in der Deutschen Nationalbibliografie; detaillierte bibliografische Daten sind im Internet über http://dnb.dnb.de abrufbar.

Konrad-Adenauer-Ring 13 · 65187 Wiesbaden
info@ksv-medien.de · www.ksv-medien.de

Satz: C.H.Beck.Media.Solutions · Nördlingen
Druck: Druckerei C.H.Beck · Nördlingen

ISBN 978-3-8293-2120-4

Inhalt

Bearbeiterverzeichnis:
Schmidt: §§ 10, 11
Bokelmann: §§ 12 bis 20, 27, 29 bis 38
Hell: §§ 1 bis 8, 28, 39, 40
Bokelmann/Hell: Einführung, § 9
Bokelmann/Schmidt: §§ 21, 22, 23, 24, 25, 26

Abkürzungsverzeichnis

a. a. O.	= am angegebenen Ort
Abs.	= Absatz
Abschn.	= Abschnitt
AbwAG	= Abwasserabgabengesetz
Afa	= Absetzung für Abnutzung
AEUV	= Vertrag über die Arbeitsweise der Europäischen Union
AfK	= Archiv für Kommunalwissenschaften, zitiert nach Jahrgang und Seite (Zeitschrift)
AfS	= Absetzung für Substanzverbrauch
AGVwGO	= Landesausführungsgesetz zur Verwaltungsgerichtsordnung
AktG	= Aktiengesetz
Anm.	= Anmerkung
AO	= Abgabenordnung
AöR	= Anstalt öffentlichen Rechtes
ARegV	= Anreizregulierungsverordnung
Art.	= Artikel
AS	= Amtliche Sammlung von Entscheidungen der Oberverwaltungsgerichte Rheinland-Pfalz und Saarland, zitiert nach Band und Seite
AVB	= Allgemeine Versorgungsbedingungen
AVBFernwärmeV	= Allgemeine Versorgungsbedingungen für Fernwärme
AVBWasserV	= Allgemeine Versorgungsbedingungen für Wasser
Az	= Aktenzeichen
BAB	= Betriebsabrechnungsbogen
BAG	= Bundesarbeitsgericht
BAnz.	= Bundesanzeiger
BauGB	= Baugesetzbuch
BayGO	= Bayerische Gemeindeordnung
BayVBl.	= Bayerische Verwaltungsblätter (Zeitschrift)
BayVGH	= Bayerischer Verwaltungsgerichtshof
BB	= Betriebsberater
BBesG	= Bundesbesoldungsgesetz
Bbg	= Brandenburg
Bd.	= Band
BeamtStG	= Beamtenstatusgesetz
BeBiKo	= Beck'scher Bilanzkommentar
Beschl.	= Beschluss
BetrVG	= Betriebsverfassungsgesetz
BewG	= Bewertungsgesetz
BezO	= Bezirksordnung
BFH	= Bundesfinanzhof
BFHE	= Bundesfinanzhof Entscheidungen (Sammlung der Entscheidungen des BFH), zitiert nach Band und Seite
BgA	= Betrieb gewerblicher Arbeit
BGB	= Bürgerliches Gesetzbuch

Abkürzungsverzeichnis

BGBl.	=	Bundesgesetzblatt, zitiert nach Jahrgang und Seite
BGH	=	Bundesgerichtshof
BGHZ	=	Amtliche Sammlung der Entscheidungen des BGH in Zivilsachen, zitiert nach Band und Seite
BHKW	=	Blockheizkraftwerk
BilMoG	=	Bilanzrechtsmodernisierungsgesetz
BilRUG	=	Bilanzrichtlinie-Umsetzungsgesetz
BMF	=	Bundesminister der Finanzen
BRRG	=	Beamtenrechtsrahmengesetz
bspw.	=	beispielsweise
BR-Drs.	=	Bundesrat Drucksache
BStBl.	=	Bundessteuerblatt I, II oder III, zitiert nach Jahrgang und Seite
BT-Drs.	=	Bundestag Drucksache
BVerfG	=	Bundesverfassungsgericht
BVerfGE	=	Amtliche Sammlung der Entscheidungen des Bundesverfassungsgerichts, zitiert nach Band und Seite
BW	=	Baden-Württemberg
bzw.	=	beziehungsweise
DB	=	Der Betrieb, zitiert nach Jahrgang und Seite (Zeitschrift)
DepV	=	Deponieverordnung
ders.	=	derselbe
DGO	=	Deutsche Gemeindeordnung
d. h.	=	das heißt
DÖV	=	Die Öffentliche Verwaltung, zitiert nach Jahrgang und Seite (Zeitschrift)
DRS	=	Deutscher Rechnungslegungsstandard
DStR	=	Deutsches Steuerrecht
DVBl	=	Deutsches Verwaltungsblatt, zitiert nach Jahrgang und Seite (Zeitschrift)
DVP	=	Deutsche Verwaltungspraxis, zitiert nach Jahrgang und Seite (Zeitschrift)
DWA	=	Deutsche Vereinigung für Wasserwirtschaft, Abwasser und Abfall e. V.
EBG	=	Erschließungsbeitragsgesetz
EDV	=	Elektronische Datenverarbeitung
EFG	=	Europäischer Finanzgerichtshof
EGBGB	=	Einführungsgesetz zum Bürgerlichen Gesetzbuche
EGHGB	=	Einführungsgesetz zum Handelsgesetzbuch
EigAnVO	=	Eigenbetriebs- und Anstaltsverordnung
EigBGes	=	Eigenbetriebgesetz Hessen
EigVO	=	Eigenbetriebsverordnung
EnWG	=	Energiewirtschaftsgesetz
Erg.-Lfg	=	Ergänzungslieferung
Erl.	=	Erläuterung(en)
ERS	=	Entwurf Rechnungslegung
EStG	=	Einkommensteuergesetz
EStR	=	Einkommensteuerrichtlinien

EU	=	Europäische Union
EuGH	=	Europäischer Gerichtshof
EVU	=	Energieversorgungsunternehmen
f.	=	folgend
ff.	=	fortfolgende
FG	=	Finanzgericht
FM	=	Finanzminister
FöRiWWV	=	Förderrichtlinien der Wasserverwaltung
GasNEV	=	Gasnetzentgeltverordnung
GbR	=	Gesellschaft des bürgerlichen Rechts Gemeindehaushalt der Gemeindehaushalt, zitiert nach Jahrgang und Seite (Zeitschrift)
GemHVO	=	Gemeindehaushaltsverordnung
GemKVO	=	Gemeindekassenverordnung
GemO	=	Gemeindeordnung
GewArch	=	Gewerbearchiv, zitiert nach Jahrgang und Seite (Zeitschrift)
GewStDV	=	Gewerbesteuer-Durchführungsverordnung
GewStG	=	Gewerbesteuergesetz
GewStR	=	Gewerbesteuerrichtlinie
GG	=	Grundgesetz
ggf.	=	gegebenenfalls
GmbH	=	Gesellschaft mit beschränkter Haftung
GmbHG	=	Gesetz betreffend die GmbH
GmbH-Rdsch.	=	GmbH-Rundschau, zitiert nach Jahrgang und Seite (Zeitschrift)
GO	=	Gemeindeordnung
GOBD	=	Grundsätze zur ordnungsmäßigen Führung und Aufbewahrung von Büchern, Aufzeichnungen und Unterlagen in elektronischer Form sowie zum Datenzugriff
GrEStG	=	Grunderwerbsteuergesetz
GrStG	=	Grundsteuergesetz
GrStR	=	Grundsteuer Richtlinien
GRUR	=	Gewerblicher Rechtsschutz und Urheberrecht (Zeitschrift)
GStB	=	Gemeinde- und Städtebund Rheinland-Pfalz
GVBl.	=	Gesetz- und Verordnungsblatt Rheinland-Pfalz, zitiert nach Jahrgang und Seite
GWB	=	Gesetz gegen Wettbewerbsbeschränkungen
GWG	=	geringwertiges Wirtschaftsgut
HdkWP	=	Handbuch der kommunalen Wissenschaft und Praxis
Hess	=	Hessen
HFA	=	Haupt- und Finanzausschuss
HGB	=	Handelsgesetzbuch
HGO	=	Hessische Gemeindeordnung
HGrG	=	Haushaltsgrundsätzegesetz
Hrsg.	=	Herausgeber
HSGZ	=	Hessische Städte- und Gemeindezeitung, zitiert nach Jahrgang und Seite (Zeitschrift)
i. A.	=	im Auftrag
IAS	=	International Accounting Standards

i. d. F.	=	in der Fassung
i. d. R.	=	in der Regel
I. d. W.	=	Institut der Wirtschaftsprüfer
I. d. W. FN	=	Institut der Wirtschaftsprüfer Fachnachrichten
I. d. W. RH	=	Institut der Wirtschaftsprüfer Rechnungslegungshinweise
i. e. S.	=	im engeren Sinne
i. S. d.	=	im Sinne des
ISM	=	Ministerium des Innern und für Sport Rheinland-Pfalz
i. S. v.	=	im Sinne von
i. V. m.	=	in Verbindung mit
jPdöR	=	Juristische Person des öffentlichen Rechts
Jura	=	Juristische Ausbildung, zitiert nach Jahrgang und Seite (Zeitschrift)
JZ	=	Juristenzeitung, zitiert nach Jahrgang und Seite (Zeitschrift)
KA	=	Konzessionsabgabe
KAE	=	Anordnung über die Zulässigkeit von Konzessionsabgaben der Unternehmen für Betriebe zur Versorgung mit Elektrizität, Gas und Wasser der Gemeinden und Gemeindeverbände
KAG	=	Kommunalabgabengesetz
KAV	=	Konzessionsabgabenverordnung
KG	=	Kommanditgesellschaft
KGSt	=	Kommunale Gemeinschaftsstelle für Verwaltungsvereinfachungen
KlärEV	=	Klärschlamm-Entschädigungsverordnung
KommP	=	Kommunal-Praxis (Zeitschrift)
KomZG	=	Landesgesetz über die kommunale Zusammenarbeit
KrWG	=	Kreislaufwirtschaftsgesetz
KrW	=	Kreislaufwirtschaftsgesetz
KStG	=	Körperschaftsteuergesetz
KStH	=	Körperschaftssteuerhinweise
KStR	=	Körperschaftsteuer-Richtlinien
KStZ	=	Kommunale Steuer-Zeitschrift, zitiert nach Jahrgang und Seite (Zeitschrift)
KWG	=	Kommunalwahlgesetz
LAbwAG	=	Landesabwasserabgabengesetz
LAG	=	Landesarbeitsgericht
LKO	=	LandkreisordnungLKrWG Landeskreislaufwirtschaftsgesetz
LPersVG	=	Landespersonalvertretungsgesetz
LstiftG	=	Landesstiftungsgesetz
LStrG	=	Landestraßengesetz
LT-Drs.	=	Landtags-Drucksache
LWG	=	Landeswassergesetz
MDR	=	Monatsschrift für Deutsches Recht, zitiert nach Jahrgang und Seite (Zeitschrift)
m. E.	=	meines Erachtens
MinBl.	=	Ministerialblatt
Mio.	=	Million
MwSt	=	Mehrwertsteuer

NAV	=	Niederspannungsschlussverordnung
NDAV	=	Niederdruckanschlussverordnung
NdsVBl	=	Niedersächsische Verwaltungsblätter, zitiert nach Jahrgang und Seite (Zeitschrift)
n. F.	=	Neue Fassung
NGO	=	Niedersächsische Gemeindeordnung
NJW	=	Neue Juristische Wochenschrift, zitiert nach Jahrgang und Seite (Zeitschrift)
NJW-RR	=	Neue Juristische Wochenschrift Rechtsprechungsreport Zivilrecht, zitiert nach Jahrgang und Seite (Zeitschrift)
Nr.	=	Nummer
NRW	=	Nordrhein-Westfalen
NVwZ	=	Neue Zeitschrift für Verwaltungsrecht, zitiert nach Jahrgang und Seite (Zeitschrift)
NVwZ-RR	=	Neue Zeitschrift für Verwaltungsrecht Rechtsprechungsreport, zitiert nach Jahrgang und Seite (Zeitschrift)
NWVBl.	=	Nordrhein-Westfälische Verwaltungsblätter, zitiert nach Jahrgang und Seite (Zeitschrift)
ÖFA	=	Fachausschuss für öffentliche Unternehmen und Verwaltungen
OFD	=	Oberfinanzdirektion
OHG	=	Offene Handelsgesellschaft
OLG	=	Oberlandesgericht
OVG	=	Oberverwaltungsgericht
OVGE	=	Amtliche Sammlung der Entscheidungen der OVG Münster und Lüneburg, zitiert nach Jahrgang und Seite
PdK	=	Praxis der Kommunalverwaltung (Kommentar)
PersVG	=	Personalvertretungsgesetz
PrOVGE	=	Preußisches Oberverwaltungsgericht
Regbegr	=	Regierungsbegründung zum BilMog
RegE	=	Regierungsentwurf
RdErl	=	Runderlass
Rdnr.	=	Randnummer
RGZ	=	Entscheidungen des Reichsgerichts in Zivilsachen
Rkr.	=	Rechtskräftig
RhPf	=	Rheinland-Pfalz
RPA	=	Rechnungsprüfungsamt
S.	=	Seite
SGB	=	Sozialgesetzbuch
SH	=	Schleswig-Holstein
sog.	=	sogenannt
SolzG	=	Solidaritätszuschlaggesetz
Sp.	=	Spalte
StGB	=	Städte- und Gemeindebund, zitiert nach Jahrgang und Seite (Zeitschrift)
StGR	=	Städte- und Gemeinderat, zitiert nach Jahrgang und Seite (Zeitschrift)
StromNEV	=	Stromnetzentgeltverordnung

StT	=	Der Städtetag, zitiert nach Jahrgang und Seite (Zeitschrift)
StWG	=	Stabilitäts- und Wachstumsgesetz
SÜVOA	=	Landesverordnung über die Selbstüberwachung von Abwasseranlagen
THEG	=	Treibhausgas- Emissionshandelsgesetz
TVöD	=	Tarifvertrag für den öffentlichen Dienst
Tz.	=	Textziffer
UA	=	Unterabschnitt
u. a.	=	und andere/unter anderem
UmwG	=	Umwandlungsgesetz
UmwStG	=	Umwandlungssteuergesetz
UPR	=	Umwelt- und Planungsrecht, zitiert nach Jahrgang und Seite (Zeitschrift)
Urt.	=	Urteil
USt	=	Umsatzsteuer
UStG	=	Umsatzsteuergesetz
UStAE	=	Umsatzsteuer-Anwendungserlass
UStR	=	Umsatzsteuerrichtlinien
usw.	=	und so weiter
u. U.	=	unter Umständen
UWG	=	Gesetz gegen den unlauteren Wettbewerb
VerfGH	=	Verfassungsgerichtshof
VG	=	Verwaltungsgericht
vGA	=	Verdeckte Gewinnausschüttung
VGH	=	Verwaltungsgerichtshof
vgl.	=	Vergleiche
VgV	=	Vergabeverordnung
v. H.	=	vom Hundert
VKU	=	Verband kommunaler Unternehmen
VKU-ND	=	VKU-Nachrichtendienst, zitiert nach Nummer und Seite (Zeitschrift)
VO	=	Verordnung
VOB	=	Verbindungsordnung für Bauleistungen
VOF	=	Verdingungsordnung für freiberufliche Leistungen
VOL	=	Verbindungsordnung für Leistungen, ausgenommen Bauleistungen
Vorbem.	=	Vorbemerkungen
VR	=	Verwaltungsgrundschau, zitiert nach Jahrgang und Seite (Zeitschrift)
VV	=	Verwaltungsvorschriften
VwGO	=	Verwaltungsgerichtsordnung
VwVfG	=	Verwaltungsverfahrensgesetz
VZ GStB	=	Verbandszeitschrift Gemeinde- und Stadt Rheinland-Pfalz, zitiert nach Jahrgang und Seite
WHG	=	Wasserhaushaltsgesetz
WiVerw	=	Wirtschaftsverwaltung, zitiert nach Jahrgang und Seite (Zeitschrift)
WP	=	Wirtschaftsprüfer

WPH	=	Wirtschaftsprüfer Handbuch
WRP	=	Wettbewerb in Recht und Praxis
WuV	=	Wirtschaft und Verwaltung (Zeitschrift)
ZBR	=	Zeitschrift für Beamtenrecht, zitiert nach Jahrgang und Seite
Ziff.	=	Ziffer
ZKF	=	Zeitschrift für Kommunalfinanzen, zitiert nach Jahrgang und Seite
ZögU	=	Zeitschrift für öffentliche und gemeinwirtschaftliche Unternehmen, zitiert nach Jahrgang, Band, Heft und Seite
ZPO	=	Zivilprozessordnung

Literaturverzeichnis

Adler/Düring/Schmalz Rechnungslegung und Prüfung der Unternehmen, 6. Aufl., Frankfurt/Main 1994

Badura Wirtschaftliche Betätigung der Gemeinde zur Erledigung von Angelegenheiten der örtlichen Gemeinschaft im Rahmen der Gesetze, Die öffentliche Verwaltung, 1998 S. 236 ff.

Bauer Kameralistik oder Doppik? – Eine Kontroverse ohne Ende?, ZKF 1994 S. 266

Becker Die Erfüllung öffentlicher Aufgaben durch gemischtwirtschaftliche Unternehmen, jurist. Dissertation, Baden-Baden 1997

Becker/Biermann Bilanzierung von Kanalsanierungsmaßnahmen im Inlineverfahren in bbr Fachmagazin für Brunnen- und Leitungsbau, Ausgabe 9/2010 S. 25

Bennemann Das Eigenbetriebsrecht in Hessen, Kommentar, 6. Aufl., Wiesbaden 2019 Bezirksregierung Rheinhessen-Pfalz, Erläuterungen zur Abwasserabgabe für Niederschlagswasser

Bieg/Kußmaul Externes Rechnungswesen, 6. Aufl., Saarbrücken 2012

Bilger/Rößler Leitfaden für den Abschluss und die Nachsorge von Hausmülldeponien, Mainz 2002

Bolsenkötter/Beier/Brummer et al. Öffentlich-rechtliche Unternehmen der Gemeinden 6. Aufl. 2015, Stuttgart

Boos Handelsregistereintragungspflicht für kommunale Eigenbetriebe und eigenbetriebsähnliche Einrichtungen, Der Betrieb, Heft 21/2000 S. 1061–1065

Breyer Betriebsformen kommunaler Krankenhäuser in Niedersachsen, Der Gemeindehaushalt, 1991 S. 197

Breyer Unterschiede zwischen Kameralistik sowie kaufmännischer Buchführung und ihre Auswirkungen auf den Wirtschaftsplan sowie den Jahresabschluß nichtwirtschaftlicher Unternehmen und Einrichtungen, Der Gemeindehaushalt, 1996 S. 258

Britz Neue Zeitschrift für Verwaltungsrecht, 1994

Brod/Steenbock Preiskalkulation bei Wasser und Abwasser, Köln 1980

Brüggen Ausgewählte Bilanzierungs- und Steuerfragen in der Versorgungswirtschaft sowie zu wirtschaftlichen Tätigkeiten bei Kommunen, lfd. aktualisierte Online-Auflage, München (Zitierweise: Brüggen, Kapitel)

Bulla DVBl 1975 S. 643 f.

Busse von Colbe/u. a. Ergebnis nach DVFA/SG, 2. Aufl., Stuttgart 1996

Crezelius Zur Bildung von Rückstellungen für Umweltschutzmaßnahmen, DB, 1992 S. 1359

Cronauge Das neue Konzessionsabgabenrecht – Kommentierung der Konzessionsabgabenverordnung, Düsseldorf 1992

Cronauge Benötigen die Kommunen ein neues Gemeindewirtschaftsrecht?, Der Gemeindehaushalt, 1997 S. 265

Cronauge Kommunale Unternehmen, 6. Aufl., Berlin 2016

Dahm/Lukas Kommunalverfassungsrecht Rheinland- Pfalz, 4. Aufl., Hamburg 1995

Darsow/Gentner/Glaser/Meyer Schweriner Kommentierung der Kommunalverfassung des Landes Mecklenburg-Vorpommern, Loseblattsammlung

Dörschel/Gärtner/Grünewald Erfassung von Fortschreibung des Anlagevermögens kommunaler Abwasserbetriebe, Der Gemeindehaushalt 12/2012 S. 279

Dötsch/Eversberg/Jost/Witt Kommentar zum Körperschaftsteuergesetz, Loseblattsammlung, Potsdam

Dötsch/Pung/Möhlenbrock Die Körperschaftsteuer, Kommentar zum Körperschaftsteuergesetz, Loseblattsammlung, Stuttgart

Ehlers Rechtsprobleme der Kommunalwirtschaft, DVBl 1998 S. 499 ff.

Elmenhorst/Holly/Porz et. Al Kommunalabgabegesetz Rheinland-Pfalz, Loseblattsammlung Stand 2023

Engel/Heilshorn Kommunalrecht Baden-Württemberg einschließlich kommunales Abgabenrecht, 13. Aufl., Baden-Baden 2025

Fabry/Augsten Unternehmen der öffentlichen Hand, 2. Aufl., Baden-Baden 2011

Falterbaum/Bolk/Reiß/Kirchner Buchführung und Bilanz, 23. Aufl., 2020

Fandrey/Geier/Klaus Investitionsrechnungsverfahren bei kommunalen Kulturprojekten, Der Gemeindehaushalt 1998 S. 251

Frenz DÖV 2000 S. 1031

Fröhlich Kommunalpraxis BY- Fachzeitschrift, 1965

Fürst/Angerer Die vernünftige kaufmännische Beurteilung in der neuesten Rechtsprechung d. BFH bei der Rückstellungsbildung, WPg, 1993

Gabler/Höhlein/Klöckner u. a. (Hrsg.) Kommunalverfassungsrecht Rheinland-Pfalz. Kommentar, Loseblattsammlung (Stand November 2025) Wiesbaden 1994 ff. (Zitierweise: Verfasser in Kommunalverfassungsrecht RLP, Erl. zu §)

Gern/Brüning Deutsches Kommunalrecht, 5. Aufl., Kiel 2025

Gern Kommunalrecht Baden-Württemberg, 13. Aufl., Baden-Baden 2025

Grottel/Kliem/Justenhoven/Schubert (Hrsg.) Beck'scher Bilanzkommentar. 14. Aufl., München 2024 (Zitierweise: Verfasser in BeBiKo, Tz. zu §)

Gruneberg Vorteile kommunaler Organisationsformen in der Abwasserbeseitigung, Der Gemeindehaushalt 1998 S. 80

Haberstock Kostenrechnung II, 10. Aufl., Hamburg 2008

Held Ist das kommunale Wirtschaftsrecht noch zeitgemäß?, Wirtschaft und Verwaltung, Jahrgang 1998 S. 264 – 294

Henneke (Hrsg.) Organisation kommunaler Aufgabenerfüllung; in: Schriftentum zum deutschen und europäischen Kommunalrecht, Band 6, Stuttgart u. a., 1998

Hennrichs/Kleindiek/Watrin (Hrsg.), Münchener Kommentar zum Bilanzrecht, fortl. Aktualisiert, München 2021 (Zitierweise: Verfasser in MüKoBi, zu §, Tz.)

Hidien Gemeindliche Betätigungen rein erwerbswirtschaftlicher Art und „öffentlicher Zweck" kommunaler wirtschaftlicher Unternehmen in Schriften zum öffentlichen Recht, Band 402, Berlin 1981

Hill In welchen Grenzen ist kommunalwirtschaftliche Betätigung Daseinsvorsorge?, BB Heft 9/1997

Hüttemann Die Besteuerung der öffentlichen Hand, Köln 2002

Hummel/Männel Kostenrechnung I, 4. Aufl., Wiesbaden 1986

Institut der Wirtschaftsprüfer (Hrsg.) IDW-Prüfungsstandards (IDW PS), IDW Prüfungshinweise (IDW PH), Loseblattwerk, Düsseldorf 1999 ff.

Institut der Wirtschaftsprüfer (Hrsg.) IDW Verlautbarungen, 2511. Ed. 1.11.2025, IDW Stellungnahme zur Rechnungslegung: Abgrenzung von Erhaltungsaufwand und Herstellungskosten bei Gebäuden in der Handelsbilanz (IDW RS IFA 1 n. F.)

Institut der Wirtschaftsprüfer (Hrsg.) WP Handbuch 2012. Wirtschaftsprüfung und Unternehmensberichterstattung 19. Aufl., Düsseldorf 2025 (Zitierweise: WPH, Kapitel Tz.)

Jebens Versorgungswirtschaft 2006 S. 57

Jeremies Versorgungswirtschaft, 1999 S. 177; 2003 S. 253

Kaminski/Lambertz Leistungsanlagen innerhalb der Versorgungswirtschaft und ihre Bilanzierung nach allgemeinen Grundsätzen, Versorgungswirtschaft, Heft 9/1998 S. 201 ff.

Kohlhaas/Tutschapsky/Kohout u. a. Kommunalabgabenrecht in Rheinland-Pfalz. Kommentar, Loseblattsammlung, Walluf

Krähmer Das Konzernmodell der Verwaltungsorganisation und Verwaltungsführung, Verwaltungsrundschau, Heft 12/1993 S. 415–422

Kronawitter Ein Jahr BilMog in der Praxis – ergänzende Hinweise zu den Rückstellungen und zum Anhang, Versorgungswirtschaft 11/2011

Kronawitter Die neue EU-Bilanzrichtlinie 2013/34/EU- (geplante) Umsetzung in nationales Recht aus dem Blickwinkel kommunaler Unternehmen, Versorgungswirtschaft, Heft 11–12/2014

Kunze/Bronner/Katz Gemeindeordnung für Baden-Württemberg. Kommentar, Loseblattsammlung (Stand: Mai 2025), Stuttgart 1956 ff. (Zitierweise: Verfasser in Gemeindeordnung BW, Erl. zu §)

Küting/Pfitzer/Weber Handbuch der Rechnungslegung. Einzelabschluss, 5. Aufl., Loseblattwerk (Stand: Mai 2015), Stuttgart

Lademann Kommentar zum Körperschaftsteuergesetz, Loseblattwerk, Stuttgart

Laß Versorgungswirtschaft 2003 S. 77

Leidinger Energiewirtschaftsgesetz contra kommunale Selbstverwaltungsgarantie? – Zur Verfassungsmäßigkeit des neuen Energiewirtschaftsgesetzes, DÖV 1999 S. 861 ff.

Lenz/Wager Eigenbetriebsverordnung Bayern. Kommentar für kommunale Unternehmen, 6. Aufl., Stuttgart, 2019

Löwer DVBl 2000 S. 1757

Moraing Kommunales Wirtschaftsrecht vor dem Hintergrund der Liberalisierung der Märkte, Wirtschaft und Verwaltung, 1998 S. 233 ff.

Oebbecke Städte- und Gemeinderat, 1995

Oster/Rheindorf Gemeindehaushaltsrecht Rheinland-Pfalz. Kommunale Doppik. Kommentar, Loseblattsammlung

Pagenkopf GewArch 2000 S. 177 f.

PdK Hessen Eigenbetriebsgesetz in Hessen (Zitierweise: Bearbeiter in PdK Hessen), Loseblattsammlung, Stand 2019

Petersen „EDV – Großprojekte – Aktuelle Entwicklungen", NWB Fach 17, Heft 46/2008 S. 2321

Peun/Rimmelspacher Änderungen der handelsrechtlichen GuV durch das BilRUG, DB 2015 Beilage 5, S. 12

Plumbaum/Liedtke/Boldt/Brügmann Eigenbetriebe in Brandenburg. Kommentar zum Eigenbetriebsrecht Brandenburg, Loseblattsammlung, Potsdam 1999

Poullie Besonderheiten bei den Anhangangaben zu Geschäften mit nahestehenden Personen und Personen bei Unternehmen der öffentlichen Hand, WPg, 21/2010 S. 1064

Pünder Die öffentliche Verwaltung, Fachzeitschrift, 1998

Püttner Das Recht der kommunalen Energieversorgung in Verwaltung und Wirtschaft. Schriftenreihe des Vereins für Kommunalwissenschaften e. V. Berlin, Band 19, Berlin 1967

Reimer/Steenbock Grundlagen der Betriebsabrechnung, 5. Aufl., Mainz 1993

Ronellenfitsch Handbuch kommunale Unternehmen, 3. Aufl., Köln 2012

Schick/Nolte Bilanzierung von Internetauftritten nach Handels- und Steuerrecht, 2002

Schierenbeck Grundzüge der Betriebswirtschaftslehre, 19. Aufl., München/Wien 2016

Schink Kommunalverfassungsrechtliche Grenzen und Möglichkeiten für die Teilnahme der kommunalen Gebietskörperschaften an der Kreislaufwirtschaft, Umwelt- und Planungsrecht, 1997 S. 201 ff.

Schnaudigel Der Betrieb nichtwirtschaftlicher kommunaler Unternehmen in Rechtsformen des Privatrechts, Stuttgart 1995

Schoch DVBl 1994 S. 11

Schulz BayVBl. 1996 S. 131

Seer Deutsches Steuerrecht 1992 S. 1751

Siedentopf Grenzen und Bindungen der Kommunalwirtschaft; in: Verwaltung und Wirtschaft. Schriftenreihe der Westfälischen Verwaltungs- und Wirtschaftsakademien, Heft 30 1963

Stern, Klaus Der rechtliche Standort der Gemeindewirtschaft, in: AfK 1964 S. 81 ff

Stern/Püttner Die Gemeindewirtschaft. Recht und Realität; in: Schriftenreihe des Vereins für Kommunalwissenschaften e. V. Berlin, Band 8, Berlin 1965

Stober Die privatrechtlich organisierte öffentliche Verwaltung. Zur Problematik privatrechtlicher Gesellschaften und Beteiligungen der öffentlichen Hand, in NJW 1984 S. 450 f.

Thode/Peres BayVBl. 1999 S. 8 f.

Vogelpoth/Poullie/Voß Probleme im Zusammenwirken von HGB, BilMoG und kommunaler Rechnungslegung, WPg, 2/2009 S. 8389

Waechter Kommunalrecht, 3. Aufl., Köln 1997

Wellmann Der Betrieb, 1997 S. 501 ff.

Wichott/Kroh/Nogens Steuerliche Risiken und Gestaltungsmöglichkeiten beim Erwerb und dem Betrieb von Windkraftanlagen, DStR 2009 S. 1741

Winnefeld Bilanz Handbuch, 5. Aufl., München 2015

Wolff Rechtsformen gemeindlicher Einrichtungen, Stuttgart 1963

Zeiss DÖV 1969 S. 821 ff.

Verfügungen

Verfügung OFD Frankfurt/Main 27.3.2000, S. 2706 A-82-St II 13

Verfügung OFD Frankfurt/Main 31.8.2012, S 2744 A-6-St 54

Verfügung OFD Magdeburg 28.7.1998, S. 1260-122-St 212

Verfügung OFD Münster 21.1.2005, ohne Aktenzeichen

Verfügung OFD Münster 1.8.2007, S. 2170-114-5 St 12–33

Verfügung OFD Münster 13.7.2012, S. 2170a-234 St 12–33

Verfügung OFD Nürnberg 18.5.1999, S. 7200-584-St 43

Verfügung bayerisches Landesamt für Steuern 17.4.2007 – S 2170 – 5 St 3106 M

Verfügung OFD Nordrhein-Westfalen 13.1.2016, S 2130-2011/0003-St 146

Verfügung OFD Nordrhein-Westfalen 19.4.2016, S 2137-2010/0003-St 142

Verfügung OFD Berlin 21.1.1998, S 2137 – 3/94-St 447

Verfügung OFD Niedersachsen 17.9.2010, S 2240 – 160-St 221/St 222

Verfügung OFD Rheinland 4.4.2012, Kurzinformation ESt Nr. 16/2012

BMF-Schreiben

vom 12.11.2009, IV C 7 – S 2706/08/10004, BStBl I 2009, 1303 (steuerlicher Querverbund – Kettenzusammenfassung)

vom 11.5.2016, IV C 2 – S 2706/08/10004:004 (steuerlicher Querverbund)

vom 10.10.2025, IV C 2 – S 2706/00061/003/134 (steuerlicher Querverbund – Neuerungen bzgl. Bäder)

vom 6.6.2025, IV C – S 2706/00061/002/081, BStBl I 2025, 1453 (steuerlicher Querverbund – Kettenzusammenfassung)

vom 28.1.2019 – IV C 2 – S 2706-a/15/10001, BStBl. 2019 I S. 97 und vom 2.2.2016, IV C2 – S 2706-a/14/10001 (Kapitalertragsteuer),

vom 9.2.1998, BStBl. 1998 I S. 209 und 27.9.2002, BStBl. 2002 I S. 940 (Konzessionsabgaben)

vom 30.5.1997, IV B 2 – 5 2170-53/97, BStBl. 1997 I, S. 567 (Zeitungsgesetze)

vom 10.6.1974, IV A 1 – 5 7471-11/74/IV B 2 – 5 2172-10/74 (Jahressammelposten)

vom 25.7.2005, IV B 2 – 5 2137-35/05, BStBl. 2005 I, S. 826 (Bilanzierung Deponieaufwendungen) vom 18.7.2003, IV C 3-S 2211-94/03, BStBl. 2003 I, S. 386 (Abgrenzung Herstellungs-/ Erhaltungsaufwand)

vom 6.1.1995, IV A – 5 1502/17/94, V A (Wertberichtigungen von Forderungen)

vom 27.5.2003, IV A 6 – 5 2137-25/03, BStBl. 2003 I S. 361 und vom 7.10.2004 – IV B – 5 2137/2/04/BStBl. 2003 I, S. 361 (Baukostenzuschüsse)

vom 22.2.2022, IV C 3 – S 2190/21/10002:025 – 2022/0186479 (Nutzungsdauer von Computerhardware und Software zur Dateneingabe und -verarbeitung)

vom 9.7.2020 – III C 2 – S 7107/19/10005:014, BStBl I 2020 S. 643 und BMF vom 23.11.2020 – III C 2 – S 7107/19/10004:008, BStBl I 2020 S. 1335 und BMF vom 14.3.2023 – III C 2 – S 7107/19/10004:008, BStBl I 2023 S. 626 und BMF vom 22.5.2023 – III C 2 – S 7107/19/10002:004, BStBl I 2023 S. 803 (§ 2b UstG)

Eigenbetriebs- und Anstaltsverordnung (EigAnVO)

vom 5. Oktober 1999 (GVBl. S. 373), zuletzt geändert durch Art. 8 des Gesetzes vom 20. Dezember 2024 (GVBl. S. 473)

– Text –

Inhaltsübersicht

Aufgrund des § 86 Abs. 5 Satz 1 und des § 86b Abs. 5 Satz 2 der Gemeindeordnung (GemO) in der Fassung vom 31. Januar 1994 (GVBl. S. 153), zuletzt geändert durch Artikel 4 des Gesetzes vom 6. Juli 1998 (GVBl. S. 171), BS 2020-1, wird im Einvernehmen mit dem Ministerium der Finanzen verordnet:

TEIL 1
EIGENBETRIEBE

Abschnitt 1
Verfassung und Verwaltung

§ 1
Rechtsgrundlagen und Bezeichnung

(1) Soweit diese Verordnung keine besonderen Bestimmungen enthält, gelten für Eigenbetriebe (§ 86 Abs. 1 GemO) die Bestimmungen des Kommunalverfassungsrechts sowie die Betriebssatzung.

(2) Die Eigenbetriebe müssen eine Bezeichnung führen, die ihren Rechtsträger und ihre Rechtsform erkennen lässt.

§ 2
Aufgaben des Gemeinderats

(1) Der Gemeinderat beschließt über alle Angelegenheiten des Eigenbetriebs, die nach § 32 Abs. 2 GemO seiner Beschlussfassung vorbehalten sind, soweit die Hauptsatzung nicht aufgrund des § 32 Abs. 3 GemO bestimmt, dass die Beschlussfassung über die in § 32 Abs. 2 Nr. 11 bis 13 GemO bezeichneten Angelegenheiten bis zu einer bestimmten Wertgrenze dem Werkausschuss (§ 3) übertragen wird.

(2) Der Gemeinderat beschließt ferner über

1. **die Feststellung und Änderung des Wirtschaftsplans (§ 15),**
2. **die Feststellung des Jahresabschlusses sowie die Verwendung des Jahresgewinns oder die Behandlung des Jahresverlustes,**
3. **die Bestellung der Abschlussprüferin oder des Abschlussprüfers (§ 89 Abs. 2 GemO),**
4. **die Zustimmung zur Bestellung der Werkleitung (§ 4),**
5. **den Abschluss von Verträgen, die die gemeindliche Haushaltswirtschaft erheblich belasten, und**
6. **die Rückzahlung von Eigenkapital (§ 11 Abs. 5).**

§ 3
Werkausschuss

(1) [1] Der Werkausschuss, der nach § 86 Abs. 4 GemO für jeden Eigenbetrieb zu bilden ist, ist ein Ausschuss des Gemeinderats im Sinne der §§ 44 bis 46 GemO. [2] Die allgemeinen Bestimmungen der Gemeindeordnung über Ausschüsse des Gemeinderats gelten auch für den Werkausschuss, soweit diese Verordnung keine besonderen Bestimmungen enthält.

(2) Die Mitglieder des Werkausschusses sollen die für ihr Amt erforderliche Sachkunde und Erfahrung besitzen.

(3) Die Mitglieder der Werkleitung haben an den Beratungen des Werkausschusses teilzunehmen; sie sind berechtigt und auf Verlangen verpflichtet, ihre Ansicht zu einem Beratungsgegenstand darzulegen.

(4) Der Werkausschuss hat die Beschlüsse, für die nach § 2 der Gemeinderat zuständig ist, vorzuberaten.

(5) Der Werkausschuss entscheidet im Rahmen der Beschlüsse des Gemeinderats (§ 2) über

1. die Grundsätze für die Wirtschaftsführung, die Vermögensverwaltung und die Rechnungslegung,
2. die Festsetzung allgemeiner Bedingungen und Regeln für Lieferungen und Leistungen des Eigenbetriebs,
3. Mehraufwendungen nach § 16 Abs. 3 Satz 2 und Mehrausgaben nach § 17 Abs. 5 Satz 3 sowie
4. sonstige wichtige Angelegenheiten des Eigenbetriebs, soweit für deren Entscheidung nicht der Gemeinderat, die Bürgermeisterin oder der Bürgermeister oder die Werkleitung zuständig ist.

§ 4
Werkleitung

(1) [1]Die Werkleitung leitet den Eigenbetrieb im Rahmen dieser Verordnung, der Betriebssatzung, der Beschlüsse des Gemeinderats und des Werkausschusses sowie der gemäß § 6 Abs. 2 ergangenen Weisungen der Bürgermeisterin oder des Bürgermeisters in eigener Verantwortung. [2]Der Werkleitung obliegt insbesondere die laufende Betriebsführung. [3]Sie ist der Bürgermeisterin oder dem Bürgermeister für die ordnungsgemäße und wirtschaftliche Betriebsführung verantwortlich; sie ist Vorgesetzter aller Bediensteten, die bei dem Eigenbetrieb beschäftigt sind.

(2) [1]Die Werkleitung hat die Bürgermeisterin oder den Bürgermeister und den Werkausschuss über alle wichtigen Angelegenheiten des Eigenbetriebs rechtzeitig zu unterrichten und soweit notwendig, deren Entscheidung einzuholen. [2]Sie hat ferner der Bürgermeisterin oder dem Bürgermeister den Entwurf des Wirtschaftsplans, des Jahresabschlusses und des Lageberichts, den Zwischenbericht nach § 21, die Ergebnisse der Betriebsstatistik und die Selbstkostenrechnungen vorzulegen und ihr oder ihm die notwendigen Auskünfte zu erteilen.

(3) [1]Die Werkleitung besteht aus einer Werkleiterin oder einem Werkleiter. [2]Die Betriebssatzung kann bestimmen, dass die Werkleitung aus zwei oder drei Mitgliedern besteht. [3]Besteht sie aus mehreren Mitgliedern, so hat die Bürgermeisterin oder der Bürgermeister mit Zustimmung des Werkausschusses die Geschäftsbereiche der einzelnen Mitglieder zu bestimmen. [4]Die Bürgermeisterin oder der Bürgermeister kann mit Zustimmung des Gemeinderats ein Mitglied zur Ersten Werkleiterin oder zum Ersten Werkleiter bestellen. [5]Die Erste Werkleiterin oder der Erste Werkleiter entscheidet, wenn unter den Mitgliedern der Werkleitung Stimmengleichheit besteht. [6]Sie oder er ist für den geordneten Geschäftsgang verantwortlich.

(4) [1]Die Bürgermeisterin oder der Bürgermeister kann nicht zugleich Werkleiterin oder Werkleiter sein. [2]Zur Werkleiterin oder zum Werkleiter können nur hauptamtliche Bedienstete der Gemeinde bestellt werden. [3]Zur Ersten Werkleiterin oder zum Ersten Werkleiter kann auch eine hauptamtliche Beigeordnete oder ein hauptamtlicher Beigeordneter bestellt werden. [4]Im Falle des Satzes 3 können der oder dem hauptamtlichen Beigeordneten die Aufgaben der Bürgermeisterin oder des Bürgermeisters nach dieser Verordnung nicht als Geschäftsbereich übertragen werden.

(5) Die Bürgermeisterin oder der Bürgermeister bestellt mit Zustimmung des Werkausschusses und im Benehmen mit der Werkleitung für deren Mitglieder stellvertretende Mitglieder.

§ 5
Vertretung des Eigenbetriebs

(1) [1]Die Werkleitung vertritt den Eigenbetrieb der Gemeinde im Rechtsverkehr. [2]Die Vertretung der Gemeinde in einem Unternehmen in Privatrechtsform bestimmt sich nach § 88 GemO, auch wenn die sich aus dieser Beteiligung ergebenden Aufgaben von einem Eigenbetrieb erfüllt werden. [3]Besteht die Werkleitung aus mehreren Mitgliedern, so obliegt die Vertretung zwei Mitgliedern gemeinschaftlich, sofern in der Betriebssatzung nicht etwas anderes bestimmt ist.

(2) Die Bürgermeisterin oder der Bürgermeister hat öffentlich bekannt zu machen, wer zur Vertretung des Eigenbetriebs befugt ist und welche Bediensteten neben den zur Vertretung Befugten zur Zeichnung für den Eigenbetrieb beauftragt sind.

§ 6
Aufgaben der Bürgermeisterin oder des Bürgermeisters

(1) [1]Die Bürgermeisterin oder der Bürgermeister ist Dienstvorgesetzte oder Dienstvorgesetzter der Bediensteten, die bei dem Eigenbetrieb beschäftigt sind. [2]Die Bürgermeisterin oder der Bürgermeister kann bestimmte den Dienstvorgesetzten obliegende Befugnisse auf die Werkleitung übertragen. [3]Befugnisse, für deren Ausübung die Bürgermeisterin oder der Bürgermeister nach § 47 Abs. 2 Satz 2 GemO der Zustimmung des Gemeinderats bedarf, können nicht übertragen werden. [4]Soweit der Werkleitung Befugnisse nicht übertragen sind, hat die Bürgermeisterin oder der Bürgermeister sie zuvor zu hören.

(2) [1]Die Bürgermeisterin oder der Bürgermeister ist Vorgesetzte oder Vorgesetzter der Werkleitung. [2]Einzelweisungen soll sie oder er der Werkleitung nur erteilen, wenn sie zur Sicherstellung der Gesetzmäßigkeit oder wichtiger Belange der Gemeinde oder der Einheit der Verwaltung oder zur Wahrung der Grundsätze eines geordneten Geschäftsganges notwendig sind.

(3) Die Bürgermeisterin oder der Bürgermeister hat vor Eilentscheidungen (§ 48 GemO), die den Eigenbetrieb betreffen, die Werkleitung zu hören.

§ 7
Bedienstete des Eigenbetriebs

(1) Für die bei dem Eigenbetrieb beschäftigten Beamtinnen und Beamten, Angestellten und Arbeiterinnen und Arbeiter (Bedienstete) gilt § 61 GemO.

(2) [1]Soweit die Bürgermeisterin oder der Bürgermeister für die in § 47 Abs. 2 Satz 2 GemO bezeichneten Personalentscheidungen der Zustimmung des Gemeinderats bedarf, ist für diese Zustimmung bei Bediensteten des Eigenbetriebs der Werkausschuss zuständig. [2]§ 2 Abs. 2 Nr. 4 bleibt unberührt.

§ 8
Führung der Eigenbetriebe von Ortsgemeinden

Soweit Ortsgemeinden wirtschaftliche Unternehmen und Einrichtungen im Sinne des § 85 Abs. 3 Satz 1 GemO als Eigenbetriebe führen, werden deren Verwaltungsgeschäfte von der Verbandsgemeindeverwaltung wahrgenommen, wenn nach Art und Umfang des Betriebs neben der Werkleitung, deren Mitglieder auch Bedienstete der Verbandsgemeindeverwaltung sein können, die Beschäftigung eigener Bediensteter für Verwaltungsgeschäfte wirtschaftlich nicht vertretbar wäre.

§ 9
Zusammenfassung von Betrieben, Nichtanwendung von Bestimmungen

(1) [1]Die als Eigenbetriebe geführten Versorgungsbetriebe einer Gemeinde sollen zu einem Eigenbetrieb zusammengefasst werden. [2]Das Gleiche gilt für Verkehrsbetriebe. [3]Hafen-, Schiffs- und Fährbetriebe können mit anderen Verkehrsbetrieben zu einem Eigenbetrieb zusammengefasst werden. [4]Die Betriebssatzung kann bestimmen, dass die Verkehrsbetriebe mit den Versorgungsbetrieben zu einem einheitlichen Eigenbetrieb verbunden werden.

(2) [1]Werden wirtschaftliche Unternehmen oder Einrichtungen im Sinne des § 85 Abs. 3 Satz 1 GemO nach den Bestimmungen dieser Verordnung verwaltet (§ 86 Abs. 2 Satz 1 GemO), kann in der Betriebssatzung die Anwendung des § 1 Abs. 2 und der §§ 2 bis 8 ausgeschlossen oder die Betriebsführung einem anderen Eigenbetrieb übertragen werden. [2]Satz 1 findet entsprechende Anwendung, wenn die technische und kaufmännische Betriebsführung auf einen privaten Dritten übertragen wird.

Abschnitt 2
Wirtschaftsführung und Rechnungswesen

§ 10
Vermögen des Eigenbetriebs

(1) [1]Der Eigenbetrieb ist finanzwirtschaftlich als Sondervermögen der Gemeinde zu verwalten und nachzuweisen. [2]Auf die Erhaltung des Sondervermögens ist Bedacht zu nehmen.

(2) [1]Der Eigenbetrieb ist mit einem angemessenen Stammkapital auszustatten. [2]Die Höhe des Stammkapitals ist in der Betriebssatzung festzusetzen.

§ 11
Maßnahmen zur Erhaltung des Vermögens und der Leistungsfähigkeit

(1) [1]Für die dauernde technische und wirtschaftliche Leistungsfähigkeit des Eigenbetriebs ist zu sorgen. [2]Insbesondere sind alle notwendigen Instandhaltungsarbeiten rechtzeitig durchzuführen.

(2) [1]Sämtliche Lieferungen, Leistungen und Kredite, auch im Verhältnis zwischen dem Eigenbetrieb und der Gemeinde, einem anderen Eigenbetrieb der Gemeinde oder einem Unternehmen in Privatrechtsform, an dem die Gemeinde beteiligt ist, sind angemessen zu vergüten. [2]Der Eigenbetrieb kann jedoch abweichend von Satz 1

1. Wasser für die Reinigung von Straßen- und Abwasseranlagen sowie für öffentliche Zier- und Straßenbrunnen unentgeltlich oder verbilligt liefern,
2. unter Beachtung der Konzessionsabgabenverordnung vom 9. Januar 1992 (BGBl. I S. 12, 407) in der jeweils geltenden Fassung auf die Tarifpreise für Leistungen von Elektrizität, Gas, Wasser und Wärme einen Preisnachlass gewähren, soweit dieser steuerrechtlich anerkannt ist.

[3]Der Eigenbetrieb hat Wasser für den Brandschutz und Anlagen für die Löschwasserversorgung unentgeltlich zur Verfügung zu stellen; § 46 Abs. 4 Satz 3 des Landeswassergesetzes bleibt unberührt.

(3) [1]Für die technische und wirtschaftliche Fortentwicklung des Eigenbetriebs und, soweit die Abschreibungen nicht ausreichen, für Erneuerungen sollen aus dem Jahresgewinn Rücklagen gebildet werden. [2]Bei umfangreichen Investitionen kann neben die Eigenfinanzierung die Finanzierung aus Krediten treten. [3]Eigenkapital und Fremdkapital sollen in einem angemessenen Verhältnis zueinander stehen.

(4) Bei der erstmaligen Bemessung des Eigenkapitals sind die aus Entgelten oder Zuwendungen stammenden Beträge als Eigenkapital zur Verfügung zu stellen, soweit eine Pflichtaufgabe der Selbstverwaltung oder Anschluss- und Benutzungszwang besteht.

(5) [1]Die Gemeinde darf das Stammkapital und die Rücklagen nur ausnahmsweise und nur dann vermindern, wenn dadurch die Erfüllung der Aufgaben und die zukünftige Entwicklung des Eigenbetriebs nicht beeinträchtigt werden. [2]Darüber hinaus darf bei Einrichtungen, die Pflichtaufgaben der Selbstverwaltung erfüllen oder für die Anschluss- und Benutzungszwang besteht, das zurückzuzahlende Kapital nicht durch Entgeltzahlungen der Bürgerinnen und Bürger oder durch Zuwendungen gebildet sein. [3]Vor der Entscheidung des Gemeinderats über die Rückzahlung von Eigenkapital hat die Werkleitung schriftlich oder elektronisch Stellung zu nehmen.

(6) Der Jahresgewinn des Eigenbetriebs soll so hoch sein, dass neben angemessenen Rücklagen nach Absatz 3 mindestens eine marktübliche Verzinsung des Eigenkapitals erwirtschaftet wird.

(7) [1]Ein Jahresverlust kann auf neue Rechnung vorgetragen werden, soweit zu erwarten ist, dass er durch Gewinne in den folgenden fünf Jahren ausgeglichen werden kann. [2]Gewinne sind zunächst zur Verlustdeckung zu verwenden. [3]Ein nach Ablauf von fünf Jahren nicht gedeckter Verlustvortrag kann durch Entnahmen aus den Rücklagen ausgeglichen werden, soweit dies die Eigenkapitalausstattung zulässt; ist dies nicht der Fall, so ist der Verlust aus Haushaltsmitteln der Gemeinde auszugleichen.

(8) [1]Ausgabewirksame Teile eines Jahresverlustes sind abweichend von Absatz 7 spätestens im folgenden Jahr aus Haushaltsmitteln der Gemeinde auszugleichen. [2]Soweit in den folgenden fünf Jahren Einnahmeüberschüsse aus laufenden Entgelten erwirtschaftet werden, können diese bis zur Höhe des Ausgleichs für ausgabewirksame Verluste an die Gemeinde zurückgezahlt werden. [3]Die Sätze 1 und 2 gelten entsprechend für nicht ausgabewirksame Verluste, soweit nicht zu erwarten ist, dass sie durch Gewinne in den folgenden fünf Jahren ausgeglichen werden können und der Jahresverlust auch nicht durch Entnahmen aus den Rücklagen ausgeglichen werden kann, weil dies die Eigenkapitalausstattung nicht zulässt.

§ 12
Kassenführung

(1) Für den Eigenbetrieb ist eine Sonderkasse einzurichten.

(2) [1]Vorübergehend nicht benötigte Geldmittel der Sonderkasse des Eigenbetriebs sollen in Abstimmung mit der Kassenlage der Gemeinde angelegt werden. [2]Wenn die Gemeinde die Mittel vorübergehend bewirtschaftet, ist sicherzustellen, dass die Mittel dem Eigenbetrieb bei Bedarf wieder zur Verfügung stehen.

§ 13
Wirtschaftsjahr

[1]Wirtschaftsjahr des Eigenbetriebs ist das Haushaltsjahr der Gemeinde. [2]Wenn die Art des Betriebs es erfordert, kann die Betriebssatzung ein hiervon abweichendes Wirtschaftsjahr bestimmen.

§ 14
Aufbau und Leitung des Rechnungswesens

(1) Zum Rechnungswesen des Eigenbetriebs gehören

1. der Wirtschaftsplan,
2. die Buchführung,
3. der Jahresabschluss und
4. die Kostenrechnungen.

(2) [1] Alle Zweige des Rechnungswesens sind einheitlich zu leiten. [2] Hat der Eigenbetrieb eine Werkleiterin oder einen Werkleiter für die kaufmännischen Angelegenheiten, so ist diese oder dieser für das Rechnungswesen verantwortlich.

(3) [1] Das Rechnungswesen ist nach steuerpflichtigen und nicht steuerpflichtigen Betriebszweigen zu trennen; im Übrigen gilt § 24 Abs. 3. [2] In der Betriebsabrechnung sind die auf die einzelnen Betriebszweige entfallenden Teile des Eigen- und Fremdkapitals ebenso wie der Teil-Jahresgewinn oder -verlust jedes Betriebszweiges statistisch nachzuweisen und im Anhang darzustellen.

§ 15
Wirtschaftsplan

(1) [1] Der Eigenbetrieb hat vor Beginn eines jeden Wirtschaftsjahres einen Wirtschaftsplan aufzustellen. [2] Dieser besteht aus dem Erfolgsplan, dem Vermögensplan und der Stellenübersicht.

(2) Dem Wirtschaftsplan sind als Anlagen beizufügen:

1. der Beschluss über die Festsetzung des Gesamtbetrages der Erträge und Aufwendungen sowie des Jahresergebnisses im Erfolgsplan, der Einnahmen, Ausgaben und Verpflichtungsermächtigungen im Vermögensplan, der vorgesehenen Kreditaufnahmen (Kreditermächtigung) und des Höchstbetrages der Kassenkredite (Betriebsmittelkreditermächtigung),
2. ein Erläuterungsbericht zum Wirtschaftsplan soweit erforderlich,
3. der Finanzplan und
4. eine Übersicht über die aus Verpflichtungsermächtigungen in den einzelnen Jahren voraussichtlich fällig werdenden Ausgaben.

(3) Der Wirtschaftsplan ist unverzüglich zu ändern, wenn

1. das Jahresergebnis sich gegenüber dem Erfolgsplan verschlechtern wird und diese Verschlechterung die Haushaltslage der Gemeinde beeinträchtigt oder
2. zum Ausgleich des Vermögensplans erheblich höhere Zuführungen der Gemeinde oder höhere Kredite erforderlich werden oder
3. im Vermögensplan weitere Verpflichtungsermächtigungen vorgesehen werden sollen oder
4. eine erhebliche Vermehrung oder Hebung der in der Stellenübersicht vorgesehenen Stellen erforderlich wird, es sei denn, dass es sich um eine vorübergehende Einstellung von Aushilfskräften handelt.

(4) [1] Die Gesamtbeträge der im Vermögensplan vorgesehenen Verpflichtungs- und Kreditermächtigungen sowie der Höchstbetrag der Kassenkredite werden vom Gemeinderat im Rahmen der Haushaltssatzung festgesetzt. [2] Sie sind in der Haushaltssatzung gesondert auszuweisen.

(5) Sind bei Beginn des Wirtschaftsjahres die nach § 80 Abs. 3 in Verbindung mit den §§ 102 und 103 GemO erforderlichen Genehmigungen der Aufsichtsbehörde nicht erteilt und reichen die Einnahmen zur Fortsetzung der Bauten, der Beschaffungen und der sonstigen Leistungen des Vermögensplans nicht aus, so darf der Eigenbetrieb Kredite bis zu einem Viertel der im Vermögensplan beschlossenen Kredite aufnehmen.

(6) Liegt bei Beginn des Wirtschaftsjahres noch kein Wirtschaftsplan vor, so darf der Eigenbetrieb nur Ausgaben leisten, zu deren Leistung er rechtlich verpflichtet ist oder die für die Weiterführung notwendiger Aufgaben unaufschiebbar sind.

§ 16
Erfolgsplan

(1) [1]Der Erfolgsplan muss alle voraussehbaren Erträge und Aufwendungen des Wirtschaftsjahres enthalten. [2]Der Erfolgsplan ist mindestens wie die Gewinn- und Verlustrechnung (§ 24 Abs. 1) zu gliedern. [3]Sofern der Eigenbetrieb mehrere Betriebszweige umfasst, ist der Erfolgsplan nach dem Formblatt 5 (Anlage 5) zu gliedern oder es ist für jeden Betriebszweig ein Erfolgsplan aufzustellen; § 14 Abs. 3 bleibt unberührt.

(2) [1]Die veranschlagten Erträge, Aufwendungen und Zuführungen zu Rücklagen sind ausreichend zu begründen, insbesondere soweit sie von den Vorjahreszahlen erheblich abweichen. [2]Zum Vergleich sind die Zahlen des Erfolgsplans des laufenden Jahres und die abgerundeten Zahlen der Gewinn- und Verlustrechnung des Vorjahres daneben zu stellen.

(3) [1]Sind bei der Ausführung des Erfolgsplans erfolggefährdende Mindererträge zu erwarten, so hat die Werkleitung die Bürgermeisterin oder den Bürgermeister unverzüglich zu unterrichten. [2]Erfolggefährdende Mehraufaufwendungen bedürfen der Zustimmung des Werkausschusses, es sei denn, dass sie unabweisbar sind. [3]Bei Eilbedürftigkeit tritt an die Stelle der Zustimmung des Werkausschusses die der Bürgermeisterin oder des Bürgermeisters; der Werkausschuss ist unverzüglich zu unterrichten. [4]Sind erfolggefährdende Mehraufwendungen unabweisbar, sind die Bürgermeisterin oder der Bürgermeister und der Werkausschuss unverzüglich zu unterrichten.

§ 17
Vermögensplan

(1) Der Vermögensplan muss mindestens enthalten:

1. alle voraussehbaren Einnahmen und Ausgaben des Wirtschaftsjahres, die sich aus Anlagenänderungen (Erneuerung, Erweiterung, Neubau, Veräußerung) und aus der Kreditwirtschaft des Eigenbetriebs ergeben, und
2. die notwendigen Verpflichtungsermächtigungen.

(2) [1]Auf der Einnahmenseite des Vermögensplans sind die vorhandenen oder zu beschaffenden Deckungsmittel nachzuweisen. [2]Deckungsmittel, die aus dem Haushalt der Gemeinde stammen, müssen mit den Ansätzen im Haushaltsplan der Gemeinde übereinstimmen.

(3) [1]Die Ausgaben und die Verpflichtungsermächtigungen für Anlagenänderungen sind nach Vorhaben getrennt zu veranschlagen und zu erläutern. [2]Die Vorhaben sind nach dem Anlagennachweis (§ 25 Abs. 3) und die Ansätze, soweit möglich, nach Anlageteilen zu gliedern. [3]§ 10 der Gemeindehaushaltsverordnung (GemHVO) vom 18. Mai 2006 (GVBl. S. 203, BS 2020-1-2) in der jeweils geltenden Fassung ist sinngemäß anzuwenden.

(4) [1]Für die Inanspruchnahme der Ausgabenansätze gilt § 93 Abs. 5 Satz 3 GemO sinngemäß. [2]Die Ausgabenansätze sind übertragbar.

(5) [1] Ausgaben für Vorhaben, die in der Anlage 3 mit arabischen Ziffern gekennzeichnet sind, sind gegenseitig deckungsfähig, wenn sie zu derselben Anlagengruppe gehören. [2] Die Anlagengruppen sind in der Anlage 3 mit den Buchstaben A bis G gekennzeichnet. [3] Mehrausgaben für die Anlagengruppe, die einen in der Betriebssatzung festzusetzenden Betrag überschreiten, bedürfen der Zustimmung des Werkausschusses. [4] Bei Eilbedürftigkeit tritt an die Stelle der Zustimmung des Werkausschusses die Zustimmung der Bürgermeisterin oder des Bürgermeisters. [5] Der Werkausschuss ist unverzüglich zu unterrichten.

§ 18
Stellenübersicht

(1) [1] Die Stellenübersicht hat die im Wirtschaftsjahr erforderlichen Stellen für Angestellte sowie Arbeiterinnen und Arbeiter zu enthalten. [2] Beamtinnen und Beamte, die bei dem Eigenbetrieb beschäftigt werden, sind im Stellenplan der Gemeinde zu führen und in der Stellenübersicht des Eigenbetriebs nachrichtlich anzugeben.

(2) Zum Vergleich sind die Zahlen der im laufenden Wirtschaftsjahr vorgesehenen und der am 30. Juni tatsächlich besetzten Stellen anzugeben.

§ 19
Finanzplanung

Der fünfjährige Finanzplan besteht aus:

1. einer Übersicht über die Entwicklung der Ausgaben auf der Grundlage eines Investitionsprogramms und der Deckungsmittel des Vermögensplans entsprechend der für diesen vorgeschriebenen Ordnung, nach Jahren gegliedert, sowie
2. einer Übersicht über die Entwicklung der Einnahmen und Ausgaben des Eigenbetriebs, die sich auf die Finanzplanung für den Haushalt der Gemeinde auswirken.

§ 20
Buchführung und Kostenrechnung

(1) Der Eigenbetrieb führt seine Rechnung nach den Regeln der kaufmännischen doppelten Buchführung.

(2) [1] Die Vorschriften des dritten Buchs des Handelsgesetzbuchs über Buchführung, Inventar und Aufbewahrung finden Anwendung, soweit sie nicht bereits unmittelbar gelten. [2] § 257 Abs. 3 bis 5 des Handelsgesetzbuchs findet beim Eigenbetrieb nur auf Handelsbriefe Anwendung.

(3) Der Eigenbetrieb hat zur Ermittlung der Entgelte, im Übrigen nach Bedarf, Kostenrechnungen zu erstellen und die dazu erforderlichen Unterlagen zu führen.

§ 21
Zwischenbericht

Die Werkleitung hat die Bürgermeisterin oder den Bürgermeister und den Werkausschuss spätestens zum 30. September über die Entwicklung der Erträge und Aufwendungen sowie über die Entwicklung des Vermögensplans schriftlich oder elektronisch zu unterrichten.

§ 22
Jahresabschluss

(1) Für den Schluss eines jeden Wirtschaftsjahres ist ein Jahresabschluss aufzustellen, der aus der Bilanz, der Gewinn- und Verlustrechnung und dem Anhang besteht.

(2) Die allgemeinen Vorschriften, die Ansatzvorschriften, die Vorschriften über die Bilanz und die Gewinn- und Verlustrechnung, die Bewertungsvorschriften und die Vorschriften über den Anhang für den Jahresabschluss der großen Kapitalgesellschaften des dritten Buchs des Handelsgesetzbuchs finden sinngemäß Anwendung, soweit sich aus dieser Verordnung nichts anderes ergibt.

(3) [1] Für Pensionsverpflichtungen, die durch laufende Umlagen oder Beiträge gedeckt werden, besteht keine Rückstellungsverpflichtung. [2] Grabnutzungsentgelte sind abweichend von Absatz 2 vollständig als Ertrag des Wirtschaftsjahres zu buchen.

§ 23
Bilanz

(1) [1] Die Bilanz ist unbeschadet einer weiter gehenden Gliederung nach Formblatt 1 (Anlage 1) aufzustellen. [2] Eine abweichende Gliederung, die gleichwertig sein muss, ist zulässig, wenn der Gegenstand des Betriebs sie erfordert. [3] § 268 Abs. 1, 2 und 4 Satz 1 sowie Abs. 5 Satz 1, § 270 Abs. 1 Satz 1 und Abs. 2 sowie § 272 des Handelsgesetzbuchs finden keine Anwendung.

(2) Das Stammkapital ist mit seinem in der Betriebssatzung festgelegten Betrag anzusetzen.

(3) [1] Ertragszuschüsse können als Passivposten nach Formblatt 1 Posten C ausgewiesen oder von den Anschaffungs- und Herstellungskosten der bezuschussten Anlagen abgesetzt werden. [2] Zuschüsse Nutzungsberechtigter (Beiträge und ähnliche Entgelte), ausgenommen Grabnutzungsentgelte (§ 22 Abs. 3 Satz 2), sind als Ertragszuschüsse auf der Passivseite der Bilanz auszuweisen. [3] Sie sind jährlich mit dem Vomhundertsatz aufzulösen, der dem durchschnittlichen betriebsgewöhnlichen Abschreibungssatz entspricht. [4] Zuschüsse von Erneuerungsverpflichteten (Bauzuschüsse) sind von den Anschaffungs- und Herstellungswerten abzusetzen. [5] Kapitalzuschüsse der öffentlichen Hand, die die Gemeinde für den Eigenbetrieb erhalten hat, sind dem Eigenkapital unmittelbar zuzuführen, soweit die den Zuschuss bewilligende Stelle nichts Gegenteiliges bestimmt.

§ 24
Gewinn- und Verlustrechnung, Erfolgsübersicht

(1) [1] Die Gewinn- und Verlustrechnung ist unbeschadet einer weiter gehenden Gliederung nach Formblatt 4 (Anlage 4) aufzustellen. [2] Eine abweichende Gliederung, die gleichwertig sein muss, ist zulässig, wenn der Gegestand des Betriebs sie erfordert.

(2) Bei Ver- und Entsorgungsbetrieben müssen die Umsatzerlöse in jedem Wirtschaftsjahr 365, in Schaltjahren 366 Tage umfassen und auf den Bilanzstichtag abgegrenzt sein.

(3) [1] Eigenbetriebe mit mehr als einem Betriebszweig haben zum Ende eines jeden Wirtschaftsjahres außerdem eine Erfolgsübersicht aufzustellen, die mindestens nach Formblatt 5 (Anlage 5) zu gliedern ist, sofern nicht für jeden Betriebszweig eine Gewinn- und Verlustrechnung aufgestellt wurde. [2] Dabei sind gemeinsame Aufwendungen und Erträge sachgerecht auf die Betriebszweige aufzuteilen, soweit Lieferungen und Leistungen nicht gesondert verrechnet werden (Formblatt 5 Zeilen 1b und 14b).

§ 25
Anhang, Anlagennachweis

(1) [1] Für die Darstellung im Anhang gilt § 285 des Handelsgesetzbuchs mit der Maßgabe, dass

1. die Angaben nach den Nummern 1 und 2 in einem Verbindlichkeitenspiegel, der Bestandteil des Anhangs ist, aufzunehmen sind und dabei auch der Betrag der Verbindlichkeiten mit einer Restlaufzeit bis zu einem Jahr für jeden gesondert ausgewiesenen Posten anzugeben ist,
2. die Angaben nach Nummer 4 um eine Mengen- und Tarifstatistik (des Berichtsjahrs im Vergleich mit dem Vorjahr) und bei der Abwasserbeseitigung und Wasserversorgung um den Vergleich von Entgeltbedarf und Entgeltaufkommen mit den Grenzwerten des § 7 Abs. 3 des Kommunalabgabengesetzes zu ergänzen sind,
3. die Angaben nach Nummer 7 um eine Statistik des Personalaufwands sowie über die zahlenmäßige Entwicklung der Belegschaft unter Angabe der Gesamtsumme der Löhne, Gehälter, Vergütungen, sozialen Abgaben, Aufwendungen für Altersversorgung und Unterstützung einschließlich der Beihilfen und sonstigen sozialen Aufwendungen (des Berichtsjahrs im Vergleich mit dem Vorjahr) zu ergänzen sind,
4. Nummer 8 keine Anwendung findet,
5. die Angaben nach Nummer 9 über die vom Eigenbetrieb gewährten Leistungen für die Mitglieder der Werkleitung sowie für sonstige für den Eigenbetrieb in leitender Funktion tätige Personen zu machen sind und
6. die Angaben nach Nummer 10 für die Mitglieder der Werkleitung und des Werkausschusses zu machen sind.

[2] § 286 Abs. 2 und 3 des Handelsgesetzbuchs findet keine Anwendung.

(2) Außerdem sind im Anhang darzustellen:

1. Zusammensetzung und Entwicklung des Eigenkapitals und der Rückstellungen,
2. in einem Forderungenspiegel, der Bestandteil des Anhangs ist, auch die Forderungen mit einer Restlaufzeit bis zu einem Jahr für jeden gesondert ausgewiesenen Posten und
3. die Überleitung vom Vorjahresergebnis zum Gewinn- und Verlustvortrag.

(3) In einem Anlagennachweis als Bestandteil des Anhangs ist die Entwicklung der einzelnen Posten des Anlagevermögens einschließlich der Finanzanlagen nach den Formblättern 2 und 3 (Anlagen 2 und 3) darzustellen.

§ 26
Lagebericht

[1] Gleichzeitig mit dem Jahresabschluss ist ein Lagebericht aufzustellen. [2] § 289 des Handelsgesetzbuchs gilt sinngemäß. [3] Im Lagebericht ist auch einzugehen auf

1. die Änderung im Bestand, die Leistungsfähigkeit und den Ausnutzungsgrad der wichtigsten Anlagen und
2. den Stand der geplanten Bauvorhaben.

§ 27
Aufstellung, Behandlung und Offenlegung des Jahresabschlusses und des Lageberichts

(1) [1] Die Werkleitung hat den Jahresabschluss, die Erfolgsübersicht und den Lagebericht innerhalb von sechs Monaten nach Ende des Wirtschaftsjahres aufzustellen. [2] Der Jahresabschluss und der Lagebericht sind von der Werkleiterin oder dem Werkleiter, bei einer

Werkleitung mit mehreren Mitgliedern von sämtlichen Mitgliedern unter Angabe des Datums zu unterzeichnen und über die Bürgermeisterin oder den Bürgermeister dem Werkausschuss vorzulegen.

(2) [1] Der Jahresabschluss, die Erfolgsübersicht und der Lagebericht sind mit der Stellungnahme des Werkausschusses dem Gemeinderat zur Feststellung vorzulegen. [2] Die Prüfung gemäß § 89 Abs. 1 GemO hat dieser Vorlage vorauszugehen. [3] Der Jahresabschluss soll innerhalb eines Jahres nach Ablauf des Wirtschaftsjahres festgestellt werden. [4] Gleichzeitig ist über die Verwendung des Jahresgewinns oder die Behandlung des Jahresverlustes zu beschließen.

(3) [1] Die Feststellung des Jahresabschlusses ist ortsüblich bekannt zu machen. [2] Gleichzeitig sind der Jahresabschluss, der Lagebericht, der Bestätigungsvermerk oder der Vermerk über dessen Versagung und der Bestätigungsbericht öffentlich auszulegen; in der Bekanntmachung ist auf die Auslegung hinzuweisen.

TEIL 2
ANSTALTEN DES ÖFFENTLICHEN RECHTS

§ 28
Bezeichnung

Die Anstalt soll eine Bezeichnung führen, die ihren Gewährträger und ihre Rechtsform erkennen lässt.

§ 29
Maßnahmen zur Erhaltung des Vermögens und der Leistungsfähigkeit

(1) [1] Die Gemeinde stellt sicher, dass die Anstalt ihre Aufgaben nachhaltig erfüllen kann. [2] Die Anstalt ist mit einem angemessenen Stammkapital auszustatten, dessen Höhe in der Anstaltssatzung festzusetzen ist.

(2) Auf die Maßnahmen zur Erhaltung des Vermögens und der Leistungsfähigkeit der Anstalt findet § 11 entsprechende Anwendung.

§ 30
Kassenführung

Die Anordnung und die Ausführung finanzwirksamer Vorgänge sind personell und organisatorisch zu trennen.

§ 31
Wirtschaftsjahr

[1] Wirtschaftsjahr der Anstalt ist das Kalenderjahr. [2] Wenn die Art der Anstalt es erfordert, kann in der Anstaltssatzung ein hiervon abweichendes Wirtschaftsjahr bestimmt werden.

§ 32
Rechnungswesen

[1] Das aus dem Wirtschaftsplan, der Buchführung, dem Jahresabschluss und den Kostenrechnungen bestehende Rechnungswesen der Anstalt ist einheitlich zu leiten. [2] Hat die Anstalt ein Vorstandsmitglied, das für die kaufmännischen Angelegenheiten zuständig

ist, so ist dieses für das Rechnungswesen verantwortlich. [3] § 14 Abs. 3 findet entsprechende Anwendung.

§ 33

Wirtschaftsplan

(1) [1] Die Anstalt hat vor Beginn eines jeden Wirtschaftsjahres einen Wirtschaftsplan aufzustellen. [2] Dieser besteht aus dem Erfolgsplan, dem Vermögensplan und der Stellenübersicht.

(2) Der Wirtschaftsplan ist unverzüglich zu ändern, wenn

1. das Jahresergebnis sich gegenüber dem Erfolgsplan erheblich verschlechtern wird und diese Verschlechterung eine Änderung des Vermögensplans bedingt oder zu einer Inanspruchnahme der Gemeinde führt oder
2. zum Ausgleich des Vermögensplans erheblich höhere Kredite erforderlich werden oder
3. eine erhebliche Vermehrung oder Hebung der in der Stellenübersicht vorgesehenen Stellen erforderlich wird, es sei denn, dass es sich um eine vorübergehende Einstellung von Aushilfskräften handelt.

(3) Auf den Erfolgsplan findet § 16 Abs. 1 und 2 entsprechende Anwendung.

(4) Auf den Vermögensplan findet § 17 Abs. 1 Nr. 1 und Abs. 2 bis 5 entsprechende Anwendung.

(5) Die Stellenübersicht hat die im Wirtschaftsjahr erforderlichen Stellen für Angestellte, für Arbeiterinnen und Arbeiter und, soweit der Anstalt die Dienstherrnfähigkeit verliehen wurde, für Beamtinnen und Beamte zu enthalten.

(6) Der fünfjährige Finanzplan besteht aus einer nach Jahren gegliederten Übersicht über die Entwicklung der Ausgaben auf der Grundlage eines Investitionsprogramms und der Deckungsmittel des Vermögensplans entsprechend der für diesen vorgeschriebenen Ordnung.

§ 34

Buchführung

Die Anstalt führt ihre Rechnung nach den Regeln der kaufmännischen doppelten Buchführung.

§ 35

Jahresabschluss

(1) [1] Für den Schluss eines jeden Wirtschaftsjahres ist ein Jahresabschluss aufzustellen, der aus der Bilanz, der Gewinn- und Verlustrechnung und dem Anhang besteht. [2] Auf den Jahresabschluss findet § 22 Abs. 2 und 3 Satz 2 entsprechende Anwendung.

(2) Die Bilanz ist in entsprechender Anwendung des § 23 aufzustellen.

(3) Für die Gewinn- und Verlustrechnung gilt § 24, für die Darstellung im Anhang § 25 entsprechend.

§ 36

Lageberichт

Gleichzeitig mit dem Jahresabschluss ist ein Lagebericht in entsprechender Anwendung des § 26 aufzustellen.

§ 37

Aufstellung, Behandlung und Offenlegung des Jahresabschlusses und des Lageberichts

(1) [1]Der Vorstand hat den Jahresabschluss, die Erfolgsübersicht und den Lagebericht innerhalb von sechs Monaten nach dem Ende des Wirtschaftsjahres aufzustellen und dem Verwaltungsrat zur Feststellung vorzulegen. [2]Die Prüfung gemäß § 89 Abs. 1 GemO hat dieser Vorlage vorauszugehen. [3]Der Jahresabschluss und der Lagebericht sind vom Vorstand unter Angabe des Datums zu unterzeichnen. [4]Bei der Feststellung des Jahresabschlusses, die innerhalb eines Jahres nach Ablauf des Wirtschaftsjahres erfolgen soll, hat der Verwaltungsrat über die Verwendung des Jahresgewinns oder die Behandlung des Jahresverlustes sowie über die Entlastung des Vorstands zu entscheiden.

(2) [1]Der Beschluss über die Feststellung des Jahresabschlusses ist ortsüblich bekannt zu geben. [2]Gleichzeitig sind der Jahresabschluss, der Lagebericht, der Bestätigungsvermerk oder der Vermerk über dessen Versagung und der Bestätigungsbericht öffentlich auszulegen; in der ortsüblichen Bekanntgabe ist auf die Auslegung hinzuweisen.

§ 38

Vermögensübergang bei Auflösung der Anstalt

Das Vermögen einer aufgelösten Anstalt geht im Wege der Gesamtrechtsnachfolge auf die Gemeinde über.

TEIL 3

SONDER- UND SCHLUSSBESTIMMUNGEN

§ 39

Anwendung von Bestimmungen der Gemeindehaushaltsverordnung

Die §§ 22 bis 24 GemHVO gelten sinngemäß auch für die Eigenbetriebe und die rechtsfähigen Anstalten des öffentlichen Rechts.

§ 40

In-Kraft-Treten

(1) Diese Verordnung tritt am Tage nach der Verkündung in Kraft.

(2) *(Aufhebungsbestimmung)*

Anlage 1
(zu § 23 Abs. 1 Satz 1)

Formblatt 1 Bilanz

Aktivseite

A. Anlagevermögen:
  I. Immaterielle Vermögensgegenstände:
    1. Konzessionen, gewerbliche Schutzrechte und ähnliche Rechte und Werte sowie Lizenzen an solchen Rechten und Werten,
    2. Baukostenzuschüsse,
    3. geleistete Anzahlungen;
  II. Sachanlagen:
    1. Grundstücke und grundstücksgleiche Rechte mit
      a) Geschäfts-, Betriebs- und anderen Bauten,
      b) Bahnkörper und Bauten des Schienenweges,
    2. Grundstücke und grundstücksgleiche Rechte mit Wohnbauten,
    3. Grundstücke und grundstücksgleiche Rechte ohne Bauten,
    4. Bauten auf fremden Grundstücken, die nicht zu Nummer 1 oder Nummer 2 gehören,
    5. Beschaffungs-, Erzeugungs-, Gewinnungs- und Bezugsanlagen[1],
    6. Abwasserbehandlungsanlagen,
    7. Abfallverarbeitungsanlagen,
    8. Verteilungsanlagen[1],
    9. Abwassersammelanlagen,
    10. Einbringungsanlagen der Abfallbeseitigung,
    11. Gleisanlagen, Streckenausrüstung und Sicherheitsanlagen,
    12. Fahrzeuge für Personen- und Güterverkehr,
    13. Maschinen und maschinelle Anlagen, die nicht zu den Nummern 5 bis 12 gehören,
    14. Betriebs- und Geschäftsausstattung,
    15. geleistete Anzahlungen und Anlagen im Bau;
  III. Finanzanlagen:
    1. Anteile an verbundenen Unternehmen,
    2. Ausleihungen an verbundene Unternehmen,
    3. Beteiligungen,
    4. Ausleihungen an Unternehmen, mit denen ein Beteiligungsverhältnis besteht,
    5. Wertpapiere des Anlagevermögens,
    6. sonstige Ausleihungen.

B. Umlaufvermögen:
  I. Vorräte:
    1. Roh-, Hilfs- und Betriebsstoffe,
    2. unfertige Erzeugnisse, unfertige Leistungen,
    3. fertige Erzeugnisse und Waren,
    4. geleistete Anzahlungen;
  II. Forderungen und sonstige Vermögensgegenstände:
    1. Forderungen aus Lieferungen und Leistungen[2],

---

1) **Amtl. Anm.:** Anlagen der Energie- und Wasserversorgung, auch Talsperren und die Erschließung von Wasservorkommen, nicht dagegen die geologischen und hydrologischen Untersuchungen zur Wasserfindung.
2) **Amtl. Anm.:** Unter Abgrenzung der Verbrauchsablesung auf den Bilanzstichtag.

2. Forderungen gegen verbundene Unternehmen,
3. Forderungen gegen Unternehmen, mit denen ein Beteiligungsverhältnis besteht,
4. Forderungen an den Einrichtungsträger[1)2)],
5. Forderungen an Gebietskörperschaften[1)2)],
6. sonstige Vermögensgegenstände;

III. Wertpapiere:
1. Anteile an verbundenen Unternehmen,
2. sonstige Wertpapiere;

IV. Schecks, Kassenbestand, Bundesbank- und Postgiroguthaben, Guthaben bei Kreditinstituten.

C. Rechnungsabgrenzungsposten.

Passivseite

A. Eigenkapital:
I. Stammkapital,
II. zweckgebundene Rücklagen (Zuweisungen und Zuschüsse),
III. allgemeine Rücklage[3)],
IV. Gewinnvortrag/Verlustvortrag,
V. Jahresgewinn/Jahresverlust.

B. Sonderposten mit Rücklageanteil[4)].

C. Empfangene Ertragszuschüsse.

D. Rückstellungen:
1. Rückstellungen für Pensionen und ähnliche Verpflichtungen,
2. Steuerrückstellungen,
3. sonstige Rückstellungen.

E. Verbindlichkeiten:
1. Förderdarlehen,
2. Anleihen,
3. Verbindlichkeiten gegenüber Kreditinstituten,
4. erhaltene Anzahlungen auf Bestellungen,
5. Verbindlichkeiten aus Lieferungen und Leistungen,
6. Verbindlichkeiten aus der Annahme gezogener Wechsel und der Ausstellung eigener Wechsel,
7. Verbindlichkeiten gegenüber verbundenen Unternehmen,
8. Verbindlichkeiten gegenüber Unternehmen, mit denen ein Beteiligungsverhältnis besteht,
9. Verbindlichkeiten gegenüber dem Einrichtungsträger[2)],
10. Verbindlichkeiten gegenüber Gebietskörperschaften[2)],
11. sonstige Verbindlichkeiten
davon
a) aus Steuern,
b) im Rahmen der sozialen Sicherheit.

F. Rechnungsabgrenzungsposten.

---

1) **Amtl. Anm.:** Ohne Forderungen aus Wasser- und Energielieferungen; diese sind unter Forderungen aus Lieferungen und Leistungen auszuweisen.
2) **Amtl. Anm.:** Einschließlich Forderungen an dessen/deren Einrichtungen.
3) **Amtl. Anm.:** Die Zuführungen umfassen u. a. die Selbstbehalte des Einrichtungsträgers.
4) **Amtl. Anm.:** Die Vorschriften, nach denen der Sonderposten gebildet wurde, sind im Anhang anzugeben.

Anlage 2
(zu § 25 Abs. 3)

Formblatt 2
Kopfspalten des Anlagennachweises

	Anschaffungs- und Herstellungskosten					Abschreibungen/Wertberichtigungen							Kennzahlen	
Posten des Anlagevermögens[1]	Anfangsstand	Zugang	Abgang	Umbuchungen[2]	Endstand	Anfangsstand	Abschreibungen im Wirtschaftsjahr[3]	Umbuchungen[2]	angesammelte Abschreibungen auf die in Spalte 4 ausgewiesenen Abgänge	Endstand	Restbuchwerte am Ende des Wirtschaftsjahres[4]	Restbuchwerte am Ende des vorangegangenen Wirtschaftsjahres[5]	Durchschnittlicher Abschreibungssatz[6]	Durchschnittlicher Restbuchwert[7]
	DM/EUR[8]	DM/EUR[8]	DM/EUR[8]	DM/EUR[8]	DM/EUR[8]	DM/EUR[8]	DM/EUR[8]	DM/EUR[8]	DM/EUR[8]	DM/EUR[8]	DM/EUR[8]	DM/EUR[8]	v. H.[9]	v. H.[9]
1	2	3	4	5	6	7	8	9	10	11	12	13	14	15

1) Gemäß Formblatt 3
2) Umbuchungen von einer Anlagengruppe in die andere
3) Zuschreibungen sind in Spalte 3 und Spalte 8 gesondert aufzuführen
4) Spalte 6 ./. Spalte 11
5) Spalte 2 ./. Spalte 7
6) Spalte 8 x 100 : Spalte 6
7) Spalte 12 x 100 : Spalte 6
8) Nicht Zutreffendes streichen
9) Mit einer Dezimale anzugeben, z. B. 56,2 v. H.

Anlage 3
(zu § 25 Abs. 3)

Formblatt 3

Gliederung des Anlagennachweises
der Versorgungs-, Entsorgungs- und Verkehrsbetriebe[1)]

A. Stromversorgung
  I. Immaterielle Vermögensgegenstände:
    1. Konzessionen, gewerbliche Schutzrechte und ähnliche Rechte und Werte sowie Lizenzen an solchen Rechten und Werten,
    2. Baukostenzuschüsse,
    3. geleistete Anzahlungen;
  II. Sachanlagen:
    1. Grundstücke und grundstücksgleiche Rechte mit Geschäfts-, Betriebs- und anderen Bauten,
    2. Grundstücke und grundstücksgleiche Rechte mit Wohnbauten,
    3. Grundstücke und grundstücksgleiche Rechte ohne Bauten,
    4. Bauten auf fremden Grundstücken, die nicht zu Nummer 1 oder Nummer 2 gehören,
    5. Erzeugungs- und Bezugsanlagen
      a) Betriebseinrichtungen der Erzeugung,
      b) Betriebseinrichtungen des Bezugs,
    6. Verteilungsanlagen
      a) Umspannungs- und Umformungsanlagen,
      b) Leitungsnetz und Hausanschlüsse,
      c) Messeinrichtungen (Licht- und Kraftstromzähler, Messwandler, Schaltuhren, Höchstlastanzeiger usw. einschließlich Lagerbestand),
      d) Straßenbeleuchtung,
    7. Maschinen und maschinelle Anlagen, die nicht zu Nummer 5 oder Nummer 6 gehören,
    8. Betriebs- und Geschäftsausstattung,
    9. geleistete Anzahlungen und Anlagen im Bau;
  III. Finanzanlagen:
    1. Anteile an verbundenen Unternehmen,
    2. Ausleihungen an verbundene Unternehmen,
    3. Beteiligungen,
    4. Ausleihungen an Unternehmen, mit denen ein Beteiligungsverhältnis besteht,
    5. Wertpapiere des Anlagevermögens,
    6. sonstige Ausleihungen.

B. Gasversorgung
  I. Immaterielle Vermögensgegenstände:
    1. Konzessionen, gewerbliche Schutzrechte und ähnliche Rechte und Werte sowie Lizenzen an solchen Rechten und Werten,
    2. Baukostenzuschüsse,
    3. geleistete Anzahlungen;

---

1) **Amtl. Anm.:** Diese Gliederung gilt sinngemäß für andere Betriebe; sie ist erforderlichenfalls zu ergänzen. Bei den Posten des Anlagevermögens sind unbeschadet einer weiteren Aufgliederung die Posten A I bis III der Bilanz zugrunde zu legen.

II. Sachanlagen:
1. Grundstücke und grundstücksgleiche Rechte mit Geschäfts-, Betriebs- und anderen Bauten,
2. Grundstücke und grundstücksgleiche Rechte mit Wohnbauten,
3. Grundstücke und grundstücksgleiche Rechte ohne Bauten,
4. Bauten auf fremden Grundstücken, die nicht zu Nummer 1 oder Nummer 2 gehören,
5. Erzeugungs- und Bezugsanlagen
   a) Betriebseinrichtungen der Erzeugung,
   b) Betriebseinrichtungen des Bezugs,
6. Verteilungsanlagen
   a) Speicherung, Verdichtung, Druckregelung,
   b) Leitungsnetz und Hausanschlüsse,
   c) Messeinrichtungen (einschließlich Lagerbestand),
   d) Straßenbeleuchtung,
7. Maschinen und maschinelle Anlagen, die nicht zu Nummern 5 oder Nummer 6 gehören,
8. Betriebs- und Geschäftsausstattung,
9. geleistete Anzahlungen und Anlagen im Bau;

III. Finanzanlagen:
1. Anteile an verbundenen Unternehmen,
2. Ausleihungen an verbundene Unternehmen,
3. Beteiligungen,
4. Ausleihungen an Unternehmen, mit denen ein Beteiligungsverhältnis besteht,
5. Wertpapiere des Anlagevermögens,
6. sonstige Ausleihungen.

C. Wasserversorgung

I. Immaterielle Vermögensgegenstände:
1. Konzessionen, gewerbliche Schutzrechte und ähnliche Rechte und Werte sowie Lizenzen an solchen Rechten und Werten,
2. Baukostenzuschüsse,
3. geleistete Anzahlungen;

II. Sachanlagen:
1. Grundstücke und grundstücksgleiche Rechte mit Geschäfts-, Betriebs- und anderen Bauten,
2. Grundstücke und grundstücksgleiche Rechte mit Wohnbauten,
3. Grundstücke und grundstücksgleiche Rechte ohne Bauten,
4. Bauten auf fremden Grundstücken, die nicht zu Nummer 1 oder Nummer 2 gehören,
5. Wassergewinnungs- und Bezugsanlagen
   a) Betriebseinrichtungen der Gewinnung,
   b) Betriebseinrichtungen des Bezugs,
6. Verteilungsanlagen
   a) Speicheranlagen,
   b) Leitungsnetz und Hausanschlüsse,
   c) Messeinrichtungen (einschließlich Lagerbestand),
7. Maschinen und maschinelle Anlagen, die nicht zu Nummer 5 oder Nummer 6 gehören,
8. Betriebs- und Geschäftsausstattung,
9. geleistete Anzahlungen und Anlagen im Bau;

- III. Finanzanlagen:
  1. Anteile an verbundenen Unternehmen,
  2. Ausleihungen an verbundene Unternehmen,
  3. Beteiligungen,
  4. Ausleihungen an Unternehmen, mit denen ein Beteiligungsverhältnis besteht,
  5. Wertpapiere des Anlagevermögens,
  6. sonstige Ausleihungen.

D. Verkehrsbetriebe

- I. Immaterielle Vermögensgegenstände:
  1. Konzessionen, gewerbliche Schutzrechte und ähnliche Rechte und Werte sowie Lizenzen an solchen Rechten und Werten,
  2. Baukostenzuschüsse,
  3. geleistete Anzahlungen;
- II. Sachanlagen:
  1. Grundstücke und grundstücksgleiche Rechte mit
     a) Geschäfts-, Betriebs- und anderen Bauten,
     b) Bahnkörper und Bauten des Schienenweges,
  2. Grundstücke und grundstücksgleiche Rechte mit Wohnbauten,
  3. Grundstücke und grundstücksgleiche Rechte ohne Bauten,
  4. Bauten auf fremden Grundstücken, die nicht zu Nummer 1 oder Nummer 2 gehören,
  5. Gleisanlagen, Streckenausrüstung und Sicherungsanlagen,
  6. Fahrzeuge für Personen- und Güterverkehr,
  7. Maschinen und maschinelle Anlagen, die nicht zu Nummer 5 oder Nummer 6 gehören,
  8. Betriebs- und Geschäftsausstattung,
  9. geleistete Anzahlungen und Anlagen im Bau;
- III. Finanzanlagen:
  1. Anteile an verbundenen Unternehmen,
  2. Ausleihungen an verbundene Unternehmen,
  3. Beteiligungen,
  4. Ausleihungen an Unternehmen, mit denen ein Beteiligungsverhältnis besteht,
  5. Wertpapiere des Anlagevermögens,
  6. sonstige Ausleihungen.

E. Abwasserbeseitigung

- I. Immaterielle Vermögensgegenstände:
  1. Konzessionen, gewerbliche Schutzrechte und ähnliche Rechte und Werte sowie Lizenzen an solchen Rechten und Werten,
  2. Baukostenzuschüsse,
  3. geleistete Anzahlungen;
- II. Sachanlagen:
  1. Grundstücke und grundstücksgleiche Rechte mit Geschäfts-, Betriebs- und anderen Bauten,
  2. Grundstücke und grundstücksgleiche Rechte mit Wohnbauten,
  3. Grundstücke und grundstücksgleiche Rechte ohne Bauten,
  4. Bauten auf fremden Grundstücken, die nicht zu Nummer 1 oder Nummer 2 gehören,
  5. Abwasserbehandlungsanlagen,

6. Abwassersammelanlagen
   a) Haupt- und Verbindungssammler,
   b) Regenbauwerke,
   c) Pumpwerke,
   d) Sammler in der Ortslage und Hausanschlüsse,
   e) Messeinrichtungen,
7. Maschinen und maschinelle Anlagen, die nicht zu Nummer 5 oder Nummer 6 gehören,
8. Betriebs- und Geschäftsausstattung,
9. geleistete Anzahlungen und Anlagen im Bau;

III. Finanzanlagen:
1. Anteile an verbundenen Unternehmen,
2. Ausleihungen an verbundene Unternehmen,
3. Beteiligungen,
4. Ausleihungen an Unternehmen, mit denen ein Beteiligungsverhältnis besteht,
5. Wertpapiere des Anlagevermögens,
6. sonstige Ausleihungen.

F. Abfallbeseitigung

I. Immaterielle Vermögensgegenstände:
1. Konzessionen, gewerbliche Schutzrechte und ähnliche Rechte und Werte sowie Lizenzen an solchen Rechten und Werten,
2. Baukostenzuschüsse,
3. geleistete Anzahlungen;

II. Sachanlagen:
1. Grundstücke und grundstücksgleiche Rechte mit Geschäfts-, Betriebs- und anderen Bauten,
2. Grundstücke und grundstücksgleiche Rechte mit Wohnbauten,
3. Grundstücke und grundstücksgleiche Rechte ohne Bauten,
4. Bauten auf fremden Grundstücken, die nicht zu Nummer 1 oder Nummer 2 gehören,
5. Betriebseinrichtungen der Abfallverarbeitungsanlagen
   a) Abfallbehandlung,
   b) Abfalllagerung,
   c) Abfallablagerung,
   d) Abfallverwertung,
6. Einbringungsanlagen der Abfallbeseitigung
   a) Betriebseinrichtungen der Einsammlung,
   b) Betriebseinrichtungen der Beförderung,
7. Maschinen und maschinelle Anlagen, die nicht zu Nummer 5 oder Nummer 6 gehören,
8. Betriebs- und Geschäftsausstattung,
9. geleistete Anzahlungen und Anlagen im Bau;

III. Finanzanlagen:
1. Anteile an verbundenen Unternehmen,
2. Ausleihungen an verbundene Unternehmen,
3. Beteiligungen,
4. Ausleihungen an Unternehmen, mit denen ein Beteiligungsverhältnis besteht,
5. Wertpapiere des Anlagevermögens,
6. sonstige Ausleihungen.

Anlage 3 Text

G. Gemeinsame Anlagen

I. Immaterielle Vermögensgegenstände:

1. Konzessionen, gewerbliche Schutzrechte und ähnliche Rechte und Werte sowie Lizenzen an solchen Rechten und Werten,
2. Baukostenzuschüsse,
3. geleistete Anzahlungen;

II. Sachanlagen:

1. Grundstücke und grundstücksgleiche Rechte mit Geschäfts-, Betriebs- und anderen Bauten,
2. Grundstücke und grundstücksgleiche Rechte mit Wohnbauten,
3. Grundstücke und grundstücksgleiche Rechte ohne Bauten,
4. Bauten auf fremden Grundstücken, die nicht zu Nummer 1 oder Nummer 2 gehören,
5. Maschinen und maschinelle Anlagen,
6. Betriebs- und Geschäftsausstattung,
7. geleistete Anzahlungen und Anlagen im Bau;

III. Finanzanlagen:

1. Anteile an verbundenen Unternehmen,
2. Ausleihungen an verbundene Unternehmen,
3. Beteiligungen,
4. Ausleihungen an Unternehmen, mit denen ein Beteiligungsverhältnis besteht,
5. Wertpapiere des Anlagevermögens,
6. sonstige Ausleihungen

Anlage 4
(zu § 24 Abs. 1)

Formblatt 4

Gewinn- und Verlustrechnung

1.	Umsatzerlöse[1]		....
2.	Erhöhung oder Verminderung des Bestands an fertigen und unfertigen Erzeugnissen	....	
3.	Andere aktivierte Eigenleistungen	....	
4.	Sonstige betriebliche Erträge	....	....
	davon Auflösungen von Sonderposten mit Rücklageanteil		
5.	Materialaufwand:[2]		
	a) Aufwendungen für Roh-, Hilfs- und Betriebsstoffe und für bezogene Waren	....	
	b) Aufwendungen für bezogene Leistungen[3]	....	....
6.	Personalaufwand:[4]		
	a) Löhne und Gehälter	....	
	b) Soziale Abgaben und Aufwendungen für Altersversorgung und für Unterstützung	....	....
	davon für Altersversorgung		
7.	Abschreibungen:		
	a) auf immaterielle Vermögensgegenstände des Anlagevermögens und Sachanlagen sowie auf aktivierte Aufwendungen für die Ingangsetzung und Erweiterung des Geschäftsbetriebs	....	
	davon nach § 253 Abs. 2 Satz 3 des Handelsgesetzbuchs		
	b) auf Vermögensgegenstände des Umlaufvermögens, soweit diese die im Unternehmen üblichen Abschreibungen überschreiten	....	....
	davon nach § 253 Abs. 3 Satz 3 des Handelsgesetzbuchs		
8.	Konzessionsabgabe	....	
9.	Sonstige betriebliche Aufwendungen	....	....
	davon Zuführungen zu Sonderposten mit Rücklageanteil		
10.	Erträge aus Beteiligungen	....	
	davon aus verbundenen Unternehmen		
11.	Erträge aus anderen Wertpapieren und Ausleihungen des Finanzanlagevermögens	....	
	davon aus verbundenen Unternehmen		

1) Einschließlich Auflösung der empfangenen Ertragszuschüsse
2) Materiallieferungen und Fremdleistungen für Anlagenzugänge sind unmittelbar zu aktivieren, soweit nicht abrechnungstechnische Gründe entgegenstehen.
3) Einschließlich Unterhaltungsaufwand für den betrieblichen Bereich
4) Einschließlich aktivierter Beträge

12.	Sonstige Zinsen und ähnliche Erträge davon aus verbundenen Unternehmen	....	....
13.	Abschreibungen auf Finanzanlagen und auf Wertpapiere des Umlaufvermögens	....	
14.	Zinsen und ähnliche Aufwendungen davon an verbundene Unternehmen	....	....
15.	Ergebnis der gewöhnlichen Geschäftstätigkeit		....
16.	Erträge aus Gewinngemeinschaften, Gewinnabführungs- und Teilgewinnabführungsverträgen	....	
17.	Aufwendungen aus Verlustübernahme	....	....
18.	Außerordentliche Erträge	....	
19.	Außerordentliche Aufwendungen	....	
20.	Außerordentliches Ergebnis		....
21.	Steuern vom Einkommen und vom Ertrag	....	
22.	Sonstige Steuern	....	....
23.	Jahresgewinn/Jahresverlust		....

Anlage 5
(zu § 24 Abs. 3)

Formblatt 5
Erfolgsübersicht

Aufwendungen nach Bereichen nach Aufwandsarten	Betrag insgesamt	Allgemeine und gemeinsame Betriebsabteilungen		Versorgungsbetriebe				Verkehrsbetriebe[1]	Andere Betriebszweige einschl. Nebenbetriebe (Gliederung nach Bedarf)	Hilfsbetriebe[2]	Aktivierte Eigenleistungen
		Verwaltung und Vertrieb	Sonstige	Stromversorgung	Gasversorgung	Wasserversorgung	Andere Versorgungszweige (z. B. Fernwärme)				
	DM/EUR[3]	DM/EUR[3]	DM/EUR[3]	DM/EUR[3]	DM/EUR[3]	DM/EUR[3]	DM/EUR[3]	DM/EUR[3]	DM/EUR[3]	DM/EUR[3]	DM/EUR[3]
1	2	3	4	5	6	7	8	9	10	11	12
1. Materialaufwand a) Bezug von Fremden b) Bezug von Betriebszweigen											
2. Löhne und Gehälter[4]											
3. Soziale Abgaben[4]											
4. Aufwendungen für Altersversorgung und für Unterstützung											
5. Abschreibungen[5]											
6. Zinsen und ähnliche Aufwendungen											
7. Steuern (soweit nicht in Zeile 19 auszuweisen)[6]											
8. Konzessions- und Wegeentgelte[7]											
9. andere betriebliche Aufwendungen[8]											
10. Summe 1-9											
11. Umlage der Spalten 3 und 4 — Zurechnung (+)											
Abgabe (–)											
12. Leistungsausgleich der Aufwandbereiche — Zurechnung (+)											
Abgabe (–)											
13. Aufwendungen 1-12											
14. Betriebserträge a) nach der GuV-Rechnung[9]											
b) aus Lieferungen an andere Betriebszweige											
15. Betriebserträge insgesamt											
16. Betriebsergebnis (+ = Überschuss – = Fehlbetrag)											
17. Finanzerträge[10]											
18. Außerordentliches Ergebnis[11]											
19. Steuern vom Einkommen und vom Ertrag[12]											
20. Unternehmensergebnis[13] (+ = Jahresgewinn – = Jahresverlust)											

Anlage 5 Text

Fußnoten zu Formblatt 5:

1) Spalte 9 kann ggf. nach Verkehrszweigen aufgegliedert werden (Straßenbahn, Obus, Kraftomnibus usw.).
2) Gesonderter Nachweis, soweit aus organisatorischen Gründen erforderlich.
3) Nicht Zutreffendes streichen.
4) Die Löhne und Gehälter können mit den sozialen Abgaben zusammen ausgewiesen werden. Aktivierte Beträge sind in Spalte 12 auszuweisen.
5) Posten 7 und 13 der Gewinn- und Verlustrechnung.
6) Posten 22 der Gewinn- und Verlustrechnung.
7) Posten 8 der Gewinn- und Verlustrechnung.
8) Posten 9 der Gewinn- und Verlustrechnung abzüglich der Zuführungen zu Sonderposten mit Rücklageanteil (Zeile 18).
9) Posten 1 bis 4 der Gewinn- und Verlustrechnung abzüglich der Auflösungen von Sonderposten mit Rücklageanteil (Zeile 18).
10) Posten 10 bis 12 und 16 der Gewinn- und Verlustrechnung abzüglich Posten 17 der Gewinn- und Verlustrechnung.
11) Posten 20 der Gewinn- und Verlustrechnung zuzüglich der Auflösungen von und abzüglich der Zuführungen zu Sonderposten mit Rücklageanteil aus Posten 4 bzw. 9 der Gewinn- und Verlustrechnung.
12) Posten 21 der Gewinn- und Verlustrechnung.

Eigenbetriebs- und Anstaltsverordnung (EigAnVO)

vom 5. Oktober 1999 (GVBl. S. 373),
zuletzt geändert durch Art. 8 des Gesetzes vom 20. Dezember 2024 (GVBl. S. 473)

– Kommentar –

TEIL 1

EIGENBETRIEBE

Abschnitt 1

Verfassung und Verwaltung

§ 1

Rechtsgrundlagen und Bezeichnung

(1) Soweit diese Verordnung keine besonderen Bestimmungen enthält, gelten für Eigenbetriebe (§ 86 Abs. 1 GemO) die Bestimmungen des Kommunalverfassungsrechts sowie die Betriebssatzung.

(2) Die Eigenbetriebe müssen eine Bezeichnung führen, die ihren Rechtsträger und ihre Rechtsform erkennen lässt.

Erläuterungen

Übersicht

1. Wirtschaftliche Betätigung der Gemeinden

1.1 Bedeutung

1.1.1 Die wirtschaftliche Betätigung der Gemeinden, ein wesentlicher Teil der öffentlichen Wirtschaft, ist geprägt von der Teilnahme der Kommunen am Produktions- und sonstigen Wirtschaftsprozess. Die volkswirtschaftliche Bedeutung der wirtschaftlichen Betätigung der Gemeinden und Gemeindeverbände ist beachtlich. Ihre Aufgabenbereiche machen sie zu einem nicht zu unterschätzenden Wirtschaftsfaktor, insbesondere bei lebensnotwendigen, täglichen Bedürfnissen (*Kunze/Bronner/Katz*, Gemeindeordnung für Baden-Württemberg, Erl. 1 zu § 102 GemO BW). Die Vielfalt kommunaler Wirtschaftstätigkeit reicht von der Abfallbeseitigung über Druckereien, Hotel- und Gaststättenbetriebe, Reisebüros, Tierkörperbeseitigungsbetriebe, Wohnungsunternehmen bis zu Zuckerfabriken (vgl. *Hidien*, Gemeindliche Betätigung rein erwerbswirtschaftlicher Art und „öffentlicher Zweck" kommunaler wirtschaftlicher Unternehmen, 1981, S. 34 ff.). Das heißt: Die

Palette der Aktivitäten reicht von der gemeinwohlorientierten Leistungsverwaltung bis zu mehr oder weniger rein unternehmerischem Handeln im Marktverkehr, etwa in Gestalt von Industriebeteiligungen.

Kommunale Einrichtungen in den Bereichen Erziehung, Kultur, Bildung, Freizeit und Gesundheit schaffen mit ihren Angeboten Lebensqualität; Versorgungs- und Entsorgungsbetriebe sichern mit ihren Leistungen die technische Infrastruktur; die kommunale Wohnungswirtschaft sichert erschwinglichen Wohnraum; der öffentliche Nahverkehr schafft Mobilität.

Ausdrücklich verboten ist den Gemeinden in § 85 Abs. 5 GemO nur die Errichtung von Bankunternehmen.

1.1.2 Der Trend zur Ausgliederung öffentlicher Aufgaben aus den Verwaltungen in selbständige Betriebs- und Rechtsformen hält weiter an. Dieser Trend, der eine wesentliche Ursache in der Finanzkrise des Bundes, der Länder und der Kommunen hat, wird noch verstärkt durch die Einführung kaufmännischer Buchhaltungs- und Steuerungssysteme und vermengt mit der allgemeinen Diskussion über die Privatisierung öffentlicher Aufgaben.

Angefacht wird die Diskussion durch die Absicht vieler Gemeinden, neue Aufgabenfelder zu erschließen, vorrangig im Bereich der Energieversorgung oder der interkommunalen Zusammenarbeit.

Die Städte und Gemeinden wollen den Wettbewerb mit den Privaten auf den Zukunftsmärkten aufnehmen, nicht zuletzt, um damit einen Beitrag zur Konsolidierung ihrer nahezu flächendeckend defizitären Haushalte zu leisten. Ein anschauliches Beispiel hierfür sind die in den vergangenen Jahren zu beobachtenden Rekommunalisierungen in der Energiewirtschaft oder die Bemühungen im Bereich der Erneuerbaren Energien. Aber auch die Oligopolisierung auf einigen Märkten wie bspw. der Abfallentsorgung oder dem ÖPNV führen zu Rekommunalisierungstendenzen. Die Gemeinden sind dabei, ihre Organisation nach betriebswirtschaftlichen Kriterien umzustrukturieren. Sie verstehen sich dabei vielfach als Konzern (vgl. *Krähmer*, VR 1993 S. 415; *Hill*, BB 1997 S. 426; *Held*, WiVerw 1998 S. 264). Neue Managementmethoden und stärkeres betriebswirtschaftliches Denken haben Einzug in die Rathäuser gehalten und in vielen Gemeinden zu ganz erheblichen Rationalisierungserfolgen geführt. Vielfältige Modernisierungs- und Umstrukturierungsprozesse sind durchgeführt und die Mitarbeiter für aktives Mitwirken gewonnen worden; (personelle) Kapazitäten konnten so und werden zukünftig durch zunehmende Digitalisierung und Einsatz künstlicher Intelligenz freigesetzt werden; dem steht allerdings der demografiebedingte Fachkräftemangel gegenüber.

1.1.3 Dabei liegt es für die jetzt betriebswirtschaftlich organisierten Gemeinden und ihre verselbständigten Einheiten nahe, auch jenseits kommunaler Aufgabenerfüllung im eigentlichen Sinne neue Geschäftsfelder zu erschließen und vor allem wirtschaftlich ertragreiche neue Tätigkeiten aufzunehmen (vgl. *Badura*, DÖV 1998 S. 819; *Held*, a. a. O.; *Hill*, a. a. O.; *Henneke*, NdsVBl. 1998 S. 295 f.). Das gilt insbesondere für das Energiewirtschaftsrecht, das 1998 den Schutz geschlossener Versorgungsbetriebe mit der Folge beseitigt hat, dass Ausschließlichkeitsvereinbarungen unzulässig wurden und fremde Energieversorgungsunternehmen Großkunden aus dem bisherigen Kundenkreis der Stadtwerke herausbrechen können. Mittlerweile hat sich die Strom- und Gasversorgung nahezu vollständig liberalisiert, der Wechsel des Anbieters ist problemlos möglich. Das Netz selbst ist das letzte verbliebene Monopol.

Weitere Entmonopolisierungen ergeben sich etwa im Bereich des öffentlichen Personennahverkehrs. Letztlich haben diese Änderungen dazu geführt, dass sich die Gemeinden neue Geschäftsfelder gesucht und diese teilweise auch gefunden haben, mit dem Ziel, ihre kommunalen Unternehmen zu erhalten und durch Gewinne anderweitig gemachte Verluste abzudecken oder verfügbare Kapazitäten auszulasten (vgl. *Henneke*, NdsVBl. 1999

S. 271; *Leidinger*, DÖV 1999 S. 861; *Löwer*, NWVBl. 2000 S. 241 ff.). Viele Kommunen und Regionen setzen – mit unterschiedlich großem Erfolg – im Rahmen der Energiewende auf Erneuerbare Energien zur Stärkung ihrer regionalen Wirtschaftskreisläufe zur Verbesserung der kommunalen Haushaltslage und der Attraktivität des Wirtschaftsstandortes. Die Grenze derartiger Betätigungen definiert § 85 Abs. 1 GemO, der allerdings Erleichterungen für wirtschaftliche Unternehmen im Bereich der Energieversorgung vorsieht.

1.1.4 Die Wahrnehmung der sog. Daseinsvorsorge wird überwiegend akzeptiert. Davon kann indessen nicht ohne Weiteres die Rede sein, wenn kommunale Träger sich wirtschaftlicher Betätigung zuwenden und hierbei die öffentlich-rechtlichen Zweckbindungen abstreifen. Denn anders als ein privater Unternehmer ist die öffentliche Hand ungleich bessergestellt, sie kann auch über längere Zeit „rote Zahlen" schreiben, ohne befürchten zu müssen, den Gang zum Insolvenzrichter anzutreten. Der Gemeinde können des Weiteren Vorrechte – u. U. gar Monopole durch Anschluss- und Benutzungszwang – zur Seite stehen, die einen partiellen Ausschluss des freien Wettbewerbs zur Folge haben.

1.1.5 Auf verfassungsrechtlicher Ebene findet sich nach allgemeiner Ansicht keine Vorschrift für ein bestimmtes Wirtschaftsmodell, das den Vorrang des wirtschaftlichen Handelns den Privaten oder dem Staat zuweist (vgl. *Waechter*, Kommunalrecht, Köln, Rdnr. 596). Die h. M. geht vielmehr davon aus, dass das GG weder den privaten Unternehmen die Ausschließlichkeit des Wirtschaftens oder des Marktes garantiert noch einen generellen Schutz vor staatlicher Konkurrenz, noch ein Verbot erwerbswirtschaftlicher Betätigung der Gemeinden und der öffentlichen Hand insgesamt enthält (*Kunze/Bronner/Katz*, Erl. 13 zu § 102 GemO BW). Zu beachten ist jedoch die Subsidiaritätsklausel in § 85 Abs. 1 S. 1 Nr. 3 GemO.

1.2 Entwicklung

1.2.1 Die wirtschaftliche Betätigung der Gemeinden besitzt eine lange Tradition und hatte eine wechselvolle historische Entwicklung. Eine ältere Traditionslinie reicht zurück bis zur Teilnahme der Städte am Wirtschaftsleben in der Zeit des Mittelalters (*Stern*, AfK 1964 S. 81 ff.). Erste Ansätze für eine wirtschaftliche Betätigung finden sich mit dem Betrieb allgemeiner Wasserversorgungsanlagen bereits in der Antike (*Stern/Püttner*, Die Gemeindewirtschaft, Recht und Realität, 1965, S. 17).

Der Merkantilismus führte zu einer Ausweitung der gemeindlichen Wirtschaft. Das gemeindliche Handeln drang immer mehr in Gebiete ein, die auch von privaten Unternehmen wahrgenommen wurden. So wurden Tuchfabriken, Eisenwerke oder Porzellanmanufakturen von der öffentlichen Hand betrieben (*Siedentopf*, Grenzen und Bindungen der Kommunalwirtschaft, 1963, S. 17). Grund für diese Ausweitung war einerseits das Bestreben der Gemeinden, der Privatwirtschaft wirtschaftliche Vorbilder und Musterbetriebe zu präsentieren und andererseits vor allem der Wunsch, auf diese Weise mit auf Gewinn ausgerichteten Betrieben höhere Einnahmen zu erzielen (*Schnaudigel*, Der Betrieb nichtwirtschaftlicher Unternehmen in Rechtsformen des Privatrechts, 1995, S. 29).

Als maßgeblicher Ausgangspunkt für die geschichtliche Herleitung der heutigen wirtschaftlichen Betätigung der Gemeinden gilt allerdings vor allem die Zeit der Industrialisierung in der ersten Hälfte des 19. Jahrhunderts (vgl. *Stern/Püttner*, a. a. O., S. 13). In diese Zeit fällt die Gründung kommunaler Leihämter und Sparkassen. Seit Mitte des 19. Jahrhunderts übernahmen die Gemeinden dann zunehmend die Versorgung der Bevölkerung mit Wasser und mit Gas (*Püttner*, Das Recht der kommunalen Energieversorgung, 1967, S. 13 f.). Im Bereich der Daseinsvorsorge wollten die Gemeinden eine geregelte Versorgung der Bevölkerung sicherstellen.

Zum Ende des 19. Jahrhunderts setzte dann das Engagement der Gemeinden in der Stromversorgung und beim Betrieb elektrischer Straßenbahnen ein.

Nach dem Ersten Weltkrieg folgte noch einmal eine beträchtliche Ausweitung kommunaler Wirtschaftstätigkeit (*Stern*, AfK 1964 S. 81 ff.). Die wirtschaftliche Not in Krisenzeiten nach dem Ersten Weltkrieg führte dazu, dass Gemeinden insbesondere Unternehmen der Grundversorgung der Bevölkerung mit Waren (z. B. kommunale Bäckereien) und Dienstleistungen (z. B. Friseure) gründeten. Die Finanznot der Gemeinden als Folge der Abschaffung des gemeindlichen Zuschlagsrechts auf die Einkommensteuer durch die Erzbergersche Finanzreform von 1920 veranlasste die Gemeinden, sich umfassend wirtschaftlich zu betätigen; ihre Einnahmen aus kommunalen Unternehmen wurden angesichts schwindender Steuereinnahmen zu einer unersetzlichen Säule der Gemeindehaushalte. Diesen Zustand fand die Deutsche Gemeindeordnung (DGO) vom 30.1.1935 (RGBl. I S. 49) vor, als sie auf die zunehmende Kritik an der gemeindlichen Wirtschaftstätigkeit in den §§ 67 ff. DGO allgemeine Grenzen ihrer Zulässigkeit statuierte.

1.2.2 An die Regelungen der §§ 67 ff. DGO knüpften nach dem Zweiten Weltkrieg die Landesgesetzgeber bei der Neuregelung des Kommunalwirtschaftsrechts in den einzelnen Ländern an. Hinsichtlich des für das Verhältnis der Kommunalwirtschaft zur Privatwirtschaft zentralen dritten Punkts der sog. Schrankentrias des § 67 Abs. 1 DGO wählten sie dabei im Einzelnen unterschiedliche Fassungen. Während einzelne Länder ganz auf eine entsprechende Klausel verzichteten, übernahmen andere Länder wörtlich die Funktionssperrklausel des § 67 Abs. 1 Nr. 3 DGO.

1.2.3 Auch die Gemeindeordnung für Rheinland-Pfalz (Teil A des Selbstverwaltungsgesetzes) vom 27.9.1948 (GVBl. S. 335) folgte insoweit dem Vorbild der DGO. Namentlich die zentrale Bestimmung des § 71 Abs. 1 Gemeindeordnung 1948 ist wortgleich mit § 67 Abs. 1 DGO. Diese Regelung ist auch in den folgenden Novellierungen der Gemeindeordnung in der Sache unverändert geblieben. Dem Vorbild des § 71 Gemeindeordnung 1948 folgten § 77 Abs. 1 der Gemeindeordnung (Teil A des Selbstverwaltungsgesetzes für Rheinland-Pfalz) vom 5.10.1954 (GVBl. S. 11), § 80 Abs. 1 der Gemeindeordnung (Teil A des Selbstverwaltungsgesetzes für Rheinland-Pfalz) vom 25.9.1964 (GVBl. S. 145), § 85 Abs. 1 der Gemeindeordnung für Rheinland-Pfalz vom 14.12.1973 (GVBl. S. 419) sowie § 85 Abs. 1 GemO i. d. F. der Bekanntmachung vom 31.1.1994 (GVBl. S. 153). Die bis dahin in der Traditionslinie der §§ 67 ff. DGO verbliebene Regelung der rheinland-pfälzischen Gemeindeordnung hat durch das Vierte Landesgesetz zur Änderung kommunalrechtlicher Vorschriften vom 2.4.1998 (GVBl. S. 108) grundlegende Änderungen erfahren. Die Funktionssperre wurde in eine Subsidiaritätsklausel umgewandelt (vgl. *Gabler/Höhlein/u. a.*, Kommunalverfassungsrecht Rheinland-Pfalz, Loseblattsammlung, Erl. 3.5 zu § 85 GemO).

1.2.4 Seit einigen Jahren befinden sich die gemeindlichen Unternehmen in einem schwierigen Anpassungsprozess und in einer Umbruchsituation: Eine zunehmende Europäisierung des Rechts, neue, bisherige Monopole ablösende, wettbewerbliche Rahmenbedingungen und die Diskussion über die Frage, ob und in welchem Umfang kommunale Aufgaben in stärkerem Umfang privaten Anbietern überlassen werden sollen, lassen eine Neubewertung gemeindlicher Wirtschaftstätigkeit vor dem Hintergrund sich wandelnder Rahmenbedingungen in Staat und Gesellschaft als geboten erscheinen. Die meist unter dem Stichwort Globalisierung genannten Entwicklungen, nämlich die Verschärfung des Kostendrucks und des Wettbewerbs, haben auch die kommunale Wirtschaft nicht unberührt gelassen. Die jüngere Entwicklung lässt erkennen, dass zunehmend historisch gewachsene, angestammte Geschäftsfelder der Gemeinden zur Disposition stehen, indem bislang ihnen zur alleinigen Erledigung zugewiesene Aufgaben für den Wettbewerb ge/>öffnet wurden (zur Frage, wie die Kommunalwirtschaft auf neue Herausforderungen reagieren soll, *Ehlers*, DVBl 1998 S. 497 ff.). Der Wettbewerb hält Einzug, wo einst Demarkationsgrenzen die ausschließliche Leistungsverantwortung der Kommunalverwaltung begründet haben.

1.3 Bereiche wirtschaftlicher Betätigung

Bei der wirtschaftlichen Betätigung der Gemeinden sind zwei Bereiche zu unterscheiden:

1.3.1 Wirtschaftliche Unternehmen (§ 85 Abs. 1 bis 3 GemO)

Es geht zum einen um wirtschaftliche Unternehmen, so wie dies in § 85 Abs. 1 bis 3 GemO zum Ausdruck kommt. Mit Rücksicht auf die Vielgestaltigkeit des Wirtschaftslebens enthält § 85 Abs. 1 GemO keine definitorische Festlegung des Begriffs wirtschaftliches Unternehmen. Zurückzugreifen ist deshalb auf den Begriff der Volks- und Betriebswirtschaftslehre. Wirtschaftliche Unternehmen sind hiernach rechtlich selbständige oder unselbständige Zusammenfassungen persönlicher und sächlicher Mittel in der Hand von Rechtsträgern zum Zwecke der Teilnahme am Wirtschaftsverkehr, d. h. zum Zwecke des Handelns mit dem Ziele der Produktion und des Umsatzes von Gütern und Dienstleistungen mit der regelmäßigen Absicht der Gewinnerzielung (*Brüning*, Deutsches Kommunalrecht, 5. Aufl., Rdnr. 993–997). Die Gewinnerzielungsabsicht ist allerdings kein zwingendes Begriffsmerkmal für ein wirtschaftliches Unternehmen, sondern lediglich ein Indiz dafür (vgl. *Bulla*, DVBl 1975 S. 643 f.). Der gemeinderechtliche Begriff des wirtschaftlichen Unternehmens basiert auf diesem Begriff. Hiernach sind kommunale wirtschaftliche Unternehmen Wirtschaftseinheiten in der Gemeinde, die auch von privaten Rechtsträgern betrieben werden können (vgl. BVerwGE 39, 329 ff.). Auf eine tatsächliche Konkurrenzsituation kommt es aber nicht an (*Ronellenfitsch*, Handbuch kommunale Unternehmen, § 4 Rdnr. 1).

Bei der Begriffsbestimmung gilt es zu beachten, dass sie praktischen Bedürfnissen und fortschreitenden Entwicklungen gegenüber offen sein muss und darüber hinaus kommunale Wirtschaftsunternehmen sowohl Teile der Wirtschaft sind als auch der Erfüllung kommunaler Aufgaben dienen (*Stern/Püttner*, Gemeindewirtschaft, S. 120).

Kriterien bzw. Indizien, die für das Vorliegen eines wirtschaftlichen Unternehmens im Sinne des Absatzes 1 sprechen, sind insbesondere:

- Erzeugung, Verteilung oder Verkauf von Gütern und Dienstleistungen,
- fortgesetzte und planmäßige Teilnahme am geschäftlichen Verkehr,
- Handeln nach betriebswirtschaftlichen Arbeitsmethoden,
- Wille der Gemeinde zur aktiven Teilnahme am Wirtschaftsleben,
- Gewinnerzielungsabsicht (vgl. *Wolff*, AfK 1963 S. 149 ff.; *Zeiss*, DÖV 1969 S. 821 ff.).

1.3.2 Nichtwirtschaftliche Einrichtungen (§ 85 Abs. 4 GemO)

§ 85 Abs. 1 GemO geht zwar von einem weiten Begriff des wirtschaftlichen Unternehmens aus; doch nimmt § 85 GemO in Absatz 4 bestimmte Bereiche wirtschaftlicher Betätigung kraft ausdrücklicher gesetzlicher Anordnung von dem Unternehmensbegriff aus. Es handelt sich um eine Negativabgrenzung im Sinne eines Ausschlusskatalogs. Dies hat zur Folge, dass für die in § 85 Abs. 4 GemO genannten Einrichtungen die in § 85 Abs. 1 und 2 GemO festgelegten einschränkenden und verpflichtenden Voraussetzungen, aber auch die Soll-Vorschrift, für den Gemeindehaushalt Erträge abzuwerfen (§ 85 Abs. 3 Satz 1 Halbsatz 2 GemO), nicht gelten. Die enumerativ aufgeführten Einrichtungen dienen der kommunalen Daseinsvorsorge und tragen daher ihre öffentliche Zwecksetzung gewissermaßen auf der Stirn (*Ehlers*, DVBl 1998 S. 497). Bei der in § 85 Abs. 4 Satz 1 GemO enthaltenen Definition der „nichtwirtschaftlichen Unternehmen" handelt es sich um eine Fiktion (*Oebbecke*, StuGR 1995 S. 387 ff.). Denn von ihr werden auch Unternehmen erfasst, die rein tatsächlich als Teil der kommunalen Wirtschaftstätigkeit anzusehen sind und den Voraussetzungen eines „wirtschaftlichen Unternehmens" entsprechen würden. Die damit getroffene Unterscheidung zwischen wirtschaftlichen Unternehmen (§ 85 Abs. 1 GemO) und nichtwirtschaftlichen Einrichtungen (§ 85 Abs. 4 GemO) knüpft an eine Zweiteilung des Aufgabenbereichs der Gemeinden an, und zwar in verwaltungstypische und von der

Gemeinde geforderte Aufgaben einerseits sowie den eher untypischen Aufgaben der wirtschaftlichen Betätigung andererseits.

Nach § 85 Abs. 4 GemO sind nicht als wirtschaftliche Unternehmen zu qualifizieren:

1. Einrichtungen der Erziehung, Bildung und Kultur (Nr. 1), z. B. Schulen, Theater, Orchester, Bibliotheken, Museen, Musikschulen.
2. Sport- und Erholungseinrichtungen (Nr. 2), z. B. Sportanlagen, Turnhallen, Tierparks, zoologische und botanische Gärten, Hallen- und Freibäder; nicht aber sog. Spaßbäder, Fitnessstudios oder Saunaeinrichtungen.
3. Einrichtungen der Sozial- und Jugendhilfe (Nr. 3), z. B. Altenheime, Pflegeheime, Wohnheime für Mutter und Kind, Altenbegegnungsstätten, Kindertagesstätten, Jugendheime, Jugendbegegnungsstätten, Jugendhäuser, Obdachlosenheime, Frauenhäuser.
4. Einrichtungen des Gesundheitswesens (Nr. 4), z. B. Krankenhäuser, Kliniken, Sanatorien, Kurmittelhäuser.
5. Einrichtungen für den Umweltschutz (Nr. 5), hierzu zählen insbesondere Abwasserbeseitigungseinrichtungen, Abfallbeseitigungseinrichtungen und Tierkörperbeseitigungseinrichtungen.
6. Einrichtungen des Wohnungswesens und der Stadtentwicklung (Nr. 6), z. B. gemeindliche Wohnungsgesellschaften; nicht aber die Wohnungsvermittlung der Gemeinde an Wohnungssuchende.
7. Einrichtungen zur Deckung des Eigenbedarfs der Gemeinde (Nr. 7), z. B. Bauhöfe, Druckereien, Tischler-, Maler-, Schlosser- und andere Werkstätten, Fuhrparks, Stadtgärtnereien, soweit sie zur Deckung des Eigenbedarfs der Gemeinde dienen. Andernfalls gilt § 85 Abs. 1 GemO. Der Grundsatz der Eigenbedarfsdeckung wird nicht dadurch in Frage gestellt, dass im Vergleich zu den „eigentlichen" Aufgaben des Hilfsbetriebs daneben noch untergeordnete Neben-, Rand- oder Annextätigkeiten wahrgenommen werden; diese sind noch der nichtwirtschaftlichen Einrichtung Hilfsbetriebe zuzuordnen. Zulässig sind deshalb Tätigkeiten eines Hilfsbetriebs, die er bei Gelegenheit der Erfüllung seines eigentlichen Betriebszwecks im Sinne einer ergänzenden, arrondierenden, unselbstständigen Nebennutzung wahrnimmt. Wenn aber der Bereich der ergänzenden, unselbstständigen Nebennutzungen z. B. zum Zweck der Gewinnmaximierung verlassen wird, wenn gar neue Kapazitäten mit dem Ziel anschließender Vermarktung aufgebaut werden oder aber die Leistungserbringung gegenüber Dritten nicht mehr untergeordnet ist, liegt insoweit eine über die Annextätigkeit eines Hilfsbetriebs hinausgehende eigenständige Dienstleistung vor, die ihrerseits nach den Vorschriften über die Zulässigkeit wirtschaftlicher Unternehmen (§ 85 Abs. 1 GemO) zu beurteilen ist. Maßgeblich ist letztlich die konkrete, fallbezogene Ausgestaltung des Dienstleistungsspektrums vor Ort.

Die in § 85 Abs. 4 Satz 1 GemO aufgeführten Einrichtungen sind gemäß § 85 Abs. 4 Satz 2 GemO auch nach wirtschaftlichen Gesichtspunkten zu verwalten. Hierbei ist allerdings nach § 85 Abs. 4 Satz 2 GemO eine differenzierte Betrachtungsweise notwendig. Die konkrete Ausgestaltung der wirtschaftlichen Führung der Einrichtungen muss den Besonderheiten des Einzelfalls angepasst werden (vgl. etwa Schulen, Krankenhäuser, Alten- und Pflegeheime, Werkstätten).

1.3.3 Zulässigkeit von wirtschaftlicher Betätigung

Die sich aus § 85 Abs. 1 und 4 GemO ergebende Unterscheidung zwischen wirtschaftlichen Unternehmen (§ 85 Abs. 1 bis 3 GemO) und nichtwirtschaftlichen Einrichtungen (§ 85 Abs. 4 GemO) ist für die Zulässigkeit wirtschaftlicher Betätigung von Bedeutung:

Für wirtschaftliche Unternehmen gemäß § 85 Abs. 1 GemO sind die dort enthaltenen einschlägigen Zulässigkeitsvoraussetzungen zu beachten. Für die nichtwirtschaftlichen Einrichtungen gemäß § 85 Abs. 4 GemO gilt die Schrankentrias des § 85 Abs. 1 GemO nicht. Mit Inkrafttreten des Landesgesetzes zur Änderung der Gemeindeordnung, des Zweckverbandsgesetzes und der Landkreisordnung vom 7.4.2009 (GVBl 2009, S. 162 vom 23.4.2009) wurde ein neuer Absatz 2 eingefügt, der besagt, dass die Betätigung eines wirtschaftlichen Unternehmens der Gemeinde außerhalb des Gemeindegebiets zulässig ist, wenn die Voraussetzungen des Absatz 1 vorliegen und die berechtigten Interessen aller hiervon unmittelbar betroffenen Gemeinden gewahrt sind. Damit wird das Verbot grenzüberschreitender Betätigung aufgehoben. Für die Versorgung mit Elektrizität und Gas geht die Öffnung sogar noch weiter, indem nur solche Nachbarinteressen als „berechtigt" zugelassen werden, die nach den Bestimmungen des EnWG eine Einschränkung des Wettbewerbs zulassen.

Zur Begrenzung kommunaler Wirtschaftstätigkeit sieht § 85 Abs. 1 GemO im Anschluss an § 67 DGO drei wesentliche Zulässigkeitsvoraussetzungen vor, die mit den Stichworten

- „öffentlicher Zweck",
- „Leistungsfähigkeitsbezug" und
- „Subsidiaritätsklausel (bei Tätigwerden außerhalb der Energieversorgung, der Wasserversorgung, der Versorgung mit Breitbandtelekommunikation und des öffentlichen Personennahverkehrs)"

umschrieben werden können.

Keine Anwendung findet diese sog. „Schrankentrias" auf weite Bereiche des sozialwirtschaftlichen Betätigungsfelds, was vom Gesetzgeber durch die in § 85 Abs. 4 GemO ausgesprochene Fiktion, wonach solche hier aufgeführte Einrichtungen nicht als wirtschaftliche Unternehmen anzusehen sind, erreicht wird.

1.3.4 Formen der interkommunalen Zusammenarbeit

Das Örtlichkeitsprinzip in der dargestellten verfassungsrechtlichen Ausprägung – und unbeschadet der Öffnungen des § 85 Abs. 2 bzw. 2a GemO – bedeutet nicht, dass kommunale Unternehmen in jedem Fall ihre Tätigkeit mit dem Erreichen der Gemarkungsgrenze einstellen müssen. Grenzüberschreitende Tätigkeiten sind zulässig, wenn die betroffene Gemeinde (ausdrücklich oder konkludent) zustimmt und demzufolge auf ihr Abwehrrecht verzichtet oder auch in den Formen der interkommunalen Zusammenarbeit.

Die interkommunale Zusammenarbeit kann insbesondere in folgenden Organisationsformen erfolgen:

Rechtsform	**Zweckvereinbarung**	**Zweckverband**	**GmbH (privatrechtlich)**
Rechtsgrundlage	§ 12 ff. KomZG	§ 2 ff. KomZG	– Voraussetzungen gem. § 87 Gemeindeordnung (GemO) – GmbH-Gesetz
Beteiligte	Kommunale Gebietskörperschaften	Kommunale Gebietskörperschaften. Juristische Personen des Privatrechts und natürliche Personen, wenn Mitglieder- und Stimmenmehrheit in der Verbandsversammlung bei den kommunalen Gebietskörperschaften verbleiben (§ 2 KomZG)	Kommunale und private Gesellschafter (Eigengesellschaft oder Beteiligungsgesellschaft)

Rechtsform	**Zweckvereinbarung**	**Zweckverband**	**GmbH (privatrechtlich)**
Organe	Kommunale Gremien	– Verbandsversammlung bestehend aus weisungsgebundenen Vertretern der Verbandsmitglieder (§ 8 KomZG) – Verbandsvorsteher, § 9 KomZG (von der Verbandsversammlung gewählt; soll gesetzlicher Vertreter einer Mitgliedskommune sein)	– Gesellschafterversammlung – Geschäftsführer (haupt- oder nebenamtlich) – Aufsichtsrat (obligatorisch oder fakultativ)
Rechtsfähigkeit	Aufgabenübertragung auf einen anderen Vertragspartner	Eigene Rechtsfähigkeit (§ 2 Abs. 1 KomZG)	Eigene Rechtsfähigkeit
Aufgabenerledigung	Durch die Verwaltung des Beauftragten	– Durch die Verwaltung der beteiligten Verbandsmitglieder – Durch eigene Zweckverbandsverwaltung	Durch die Gesellschaft
Regelung Finanzierungsanteile	In der Zweckvereinbarung	In der Zweckverbandssatzung	Im Gesellschaftsvertrag
Kommunale Einflussnahme	Rechte und Pflichten gehen auf den Beauftragten über, sofern die Zweckvereinbarung nicht anderes regelt (§ 13 Abs. 1 KomZG)	Direkter Einfluss über Verbandsversammlung, die sich aus Vertretern der Verbandsmitglieder zusammensetzt. Die Zusammensetzung der Verbandsversammlung und damit die Mitbestimmungsrechte sind in der Regel proportional zur finanziellen Beteiligung der Gebietskörperschaften	– Mittelbare Einflussmöglichkeiten über die Gesellschafterversammlung. Die Zusammensetzung der Gesellschafterversammlung und damit die Mitbestimmungsrechte sind in der Regel proportional zur finanziellen Beteiligung der Gebietskörperschaften – Wirtschaftlichkeit der Gesellschaft soll gewährleistet werden – Sperrminorität der Gesellschafter ist Verhandlungssache
Wirtschaftliches Risiko	Kommunen	Kommunen	Kommunale Gesellschafter
Kreditbeschaffung	Entsprechend Vorschriften der kommunalen Haushaltswirtschaft **genehmigungspflichtig**	Entsprechend Vorschriften der kommunalen Haushaltswirtschaft **genehmigungspflichtig**	**Bei geringem Stammkapital** sind Sicherheiten durch die Gesellschafter zu stellen und damit **ebenfalls** entsprechend Vorschriften der kommunalen Haushaltswirtschaft **genehmigungspflichtig** (i. d. R.

Rechtsform	Zweckvereinbarung	Zweckverband	GmbH (privatrechtlich)
			Bürgschaften). Stammkapital muss aus dem Haushalt finanziert werden.
Steuer	Steuerpflicht, soweit wirtschaftliche Betätigung erfolgt (BgA)	Steuerpflicht, soweit wirtschaftliche Betätigung erfolgt (BgA)	voll steuerpflichtig (§ 1 Abs. 1 KStG)
Organisatorischer und finanzieller Aufwand	**Gering**	**Hoch**	**Hoch**
	Vertragsverhandlungen zwischen den Partnern notwendig	– Aushandlung und Beschluss Verbandssatzung – Regelmäßige Einberufung Verbandsversammlung; Bestimmung Verbandsvorsteher – Aufstellung Haushaltssatzung – Zweckverbandshaushalt	– Aushandlung und Beschluss Gesellschaftsvertrag – Regelmäßige Einberufung Gesellschafterversammlung – Bestellung Geschäftsführer – Aufstellung Wirtschaftsplan – Finanzbuchhaltung – Prüfung durch Wirtschaftsprüfer

Rechtsform	Kommunale Arbeitsgemeinschaft	Gemeinsame kommunale Anstalt
Rechtsgrundlage	§ 14 KomZG	§ 14a KomZG
Beteiligte	Kommunale Gebietskörperschaften, sonstige Körperschaften, Anstalten, Stiftungen sowie jur. Personen des Privatrechts	Kommunale Gebietskörperschaften, Zweckverbände und Anstalten i. S. d. § 86a Abs. 1 GemO.
Organe	Regelungen zu Organen können in einem öffentlich-rechtlichen Vertrag individuell vereinbart werden. Die Organe fassen jedoch keine die Mitglieder bindenden Beschlüsse, sondern geben Anregungen und machen Vorschläge.	Vorstand Verwaltungsrat
Rechtsfähigkeit	Keine eigene Rechtsfähigkeit (§ 14 KomZG Abs. 1)	Eigene Rechtsfähigkeit (§ 14a Abs. 1 KomZG)
Aufgabenerledigung	Auf die AG werden keine kommunalen Aufgaben übertragen. Die AG berät,	Durch die Anstalt

Rechtsform	**Kommunale Arbeitsgemeinschaft**	**Gemeinsame kommunale Anstalt**
	plant, stimmt ab, koordiniert und gibt Empfehlungen.	
Regelung Finanzierungsanteile	Im öffentlich-rechtlichen Vertrag	In der Anstaltssatzung
Kommunale Einflussnahme	Direkter Einfluss der Gemeinden über ihre Vertreter in der AG	Einfluss über den Verwaltungsrat, der sich aus Vertretern der Anstaltsmitglieder zusammensetzt.
Wirtschaftliches Risiko	Mitglieder	Kommunen über ihre beteiligten Anstalten, Betriebe etc.
Kreditbeschaffung	Entfällt	Entsprechend Vorschriften der kommunalen Haushaltswirtschaft **genehmigungspflichtig**
Steuer	Entfällt	Steuerpflicht, soweit wirtschaftliche Betätigung erfolgt (BgA)
Organisatorischer und finanzieller Aufwand	**Gering**	**Hoch**
	Vertragsverhandlungen zwischen den Mitgliedern notwendig. Sehr zwanglose Rechtsform	– Errichtung ggf. Verschmelzung, – Aushandlung und Beschluss Anstaltssatzung, – Regelmäßige Einberufung Verwaltungsrat, Regelung der Sitz- und Stimmverteilung, Bestimmung Vorstand, – Aufstellung Wirtschaftsplan – Anstaltshaushalt
		– Anzeigepflichten Aufsichtsbehörde – u. U. aufwendige Finanzierungs- und Kostenverteilungsmodalitäten – Aufstellung und Prüfung Jahresabschluss nach den für große Kapitalgesellschaften geltenden Vorschriften

2. Organisationsformen zur Aufgabenerfüllung

2.1 Wahlfreiheit

Kommunale Gebietskörperschaften versorgen ihre Einwohnerinnen und Einwohner mit öffentlichen Dienstleistungen und steuern für begrenzte Räume die Entwicklung der unmittelbaren Lebensumwelt.

Die Aufgaben werden unterteilt in

- freie Selbstverwaltungsaufgaben (vgl. § 2 Abs. 1 Satz 1 GemO)
- Pflichtaufgaben der Selbstverwaltung (vgl. § 2 Abs. 1 Satz 2 GemO) und
- Auftragsangelegenheiten (vgl. § 2 Abs. 2 GemO).

Die Vielfalt kennzeichnet aber nicht nur den kommunalen Aufgabenbestand, sondern auch die von den kommunalen Gebietskörperschaften zur Erledigung und Bewältigung ihrer Aufgabenfülle gewählten Rechts- und Gestaltungsformen. Das Spektrum ist vielfältig, der Grad der Verselbständigung durchaus unterschiedlich. Aus dem grundgesetzlich garantierten Selbstverwaltungsrecht der kommunalen Gebietskörperschaften (vgl. Art. 28 Abs. 2 GG) ergibt sich die Formenwahlfreiheit, d. h. die kommunalen Gebietskörperschaften können entscheiden, ob sie ihre Aufgabenerfüllung öffentlich-rechtlich oder privatrechtlich gestalten (Organisationshoheit), wobei aktuell eine Tendenz zu erkennen ist, eher privatrechtliche Gestaltungen zu wählen. Soweit den kommunalen Gebietskörperschaften das Gesetz keine besondere Handlungsform auferlegt, sind sie grundsätzlich frei zu entscheiden, ob sie sich zur Erfüllung ihrer Aufgaben der Formen des öffentlichen oder des privaten Rechts bedienen. Sie dürfen die Erfüllung eines rechtmäßigen öffentlichen Interesses auch mit Mitteln des Privatrechts bewerkstelligen, wenn ihr diese dafür am besten geeignet erscheinen und keine öffentlich-rechtlichen Normen oder Rechtsgrundsätze entgegenstehen (BVerwG, NJW 1993 S. 2695 ff.; BVerwG, NJW 1994 S. 1169 f.). Sie kann wirtschaftliche Unternehmen insbesondere auch in einer Rechtsform des privaten Rechts führen oder sich daran beteiligen, wenn die in den § 87 GemO enthaltenen Voraussetzungen eingehalten werden.

2.2 Aspekte der Rechtsformwahl

2.2.1 Hoheitliche Tätigkeit – privatrechtliche Tätigkeit

Unabhängig davon, welche Organisationsform eine Gemeinde wählt, gelten für die Gemeinde im Rahmen der Verfolgung öffentlicher Zwecke die typischen öffentlich-rechtlichen Bindungen, denen alle Hoheitsträger unterworfen sind.

Wählt die Gemeinde eine öffentlich-rechtliche Organisationsform, darf sie öffentlich-rechtlich und privatrechtlich handeln. Wählt sie eine privatrechtliche Organisationsform, darf sie nur privatrechtlich handeln. Will die Kapitalgesellschaft einen Verwaltungsakt erlassen, müsste sie mit Hoheitsrechten beliehen werden (vgl. § 85 Abs. 6 GemO).

Wirtschaftet die Gemeinde in den öffentlich-rechtlichen oder privatrechtlichen Organisationsformen privatrechtlich, gilt Verwaltungsprivatrecht (vgl. BVerwG, NJW 1978 S. 1539 f.). Daraus ergibt sich die Bindung der Gemeinde an die öffentlich-rechtlichen Kompetenznormen und an die Grundrechte, insbesondere an die Freiheitsrechte, an den Gleichheitssatz und an das Übermaßverbot. Die Gemeinden sowie ihre Unternehmen und Einrichtungen sind nicht grundrechtsberechtigt, sondern grundrechtsverpflichtet (vgl. BVerfGE 45, 63 ff.). Eine Gemeinde kann sich nicht durch privatrechtliche Ausgestaltung des Benutzungsverhältnisses oder durch Gründung einer juristischen Person des Privatrechts öffentlich-rechtlichen Bedingungen, insbesondere den Grundrechten und abgabenrechtlichen Grundsätzen entziehen. Auch die in den Formen des Privatrechts handelnde Verwaltung hat die grundlegenden Prinzipien des öffentlichen Finanzgebarens zu beachten und darf sich nicht durch eine Flucht in das Privatrecht illegale Finanzquellen erschließen bzw. Kostenüberdeckungen erzielen (vgl. BGHZ 91, 84 ff.; BGH, NVwZ-RR 1989 S. 388).

2.2.2 Abwägungskriterien

Welche Organisationsform die Gemeinde für ihre wirtschaftlichen Unternehmen gemäß § 85 Abs. 1–3 GemO oder ihre nichtwirtschaftlichen Einrichtungen gemäß § 85 Abs. 4 Satz 1 GemO im konkreten Fall wählt, ist Ergebnis einer Gesamtabwägung. Kriterien für die Entscheidung können zum Beispiel sein: Sicherung der stetigen Aufgabenerfüllung, bessere Verwirklichung der allgemeinen Haushaltsgrundsätze von Sparsamkeit und Wirtschaftlichkeit, Planungs-, Steuerungs- und Kontrollmöglichkeiten, Kostensenkung, effizientes Management, Flexibilität in der Personalwirtschaft, Verbesserung des Haushalts- und Rechnungswesens, Ausschöpfung steuerlicher Vorteile, Wirtschaftlichkeit und Effizienz, Senkung von Entgelten, Kapitalbeschaffung, Anforderungen des Rechnungswesens/Aussagekraft des Rechnungswesens u. a. m. Ein konkretes Für und Wider lässt sich nur im Einzelfall herausarbeiten. Entscheidend sind stets die tatsächlichen Bedingungen und Zielvorstellungen im Einzelfall. Deshalb verpflichtet § 92 Abs. 1 GemO die Gemeinden eine Analyse zu erstellen über die Vorteile und Nachteile der öffentlichen und der privatrechtlichen Organisationsformen, wenn beabsichtigt ist, ein wirtschaftliches Unternehmen gemäß § 85 Abs. 1 und 2 GemO oder eine Einrichtung i. S. d. § 85 Abs. 4 Satz 1 GemO als Unternehmen in einer Rechtsform des privaten Rechts (§ 87 GemO) zu errichten, zu übernehmen, wesentlich zu erweitern, zu veräußern, einzustellen oder seine Rechtsform zu ändern (§ 92 Abs. 1 Satz 1 GemO). § 14a Abs. 3 Satz 2 KomZG erstreckt diese Verpflichtung auch auf die gemeinsame kommunale Anstalt. In der Analyse sind die organisatorischen, personalwirtschaftlichen, mitbestimmungs- und gleichstellungsrechtlichen sowie die wirtschaftlichen, finanziellen und steuerlichen Unterschiede und die Auswirkungen auf den kommunalen Haushalt und die Entgeltgestaltung gegenüberzustellen (§ 92 Abs. 1 Satz 2 GemO), was in der Praxis oft einen erheblichen Aufwand bedeutet und nur teilweise zielführende Ergebnisse liefert.

2.2.3 Kommunalaufsicht

Wie jedes kommunale Handeln unter staatlicher Kontrolle steht, da kommunale Selbstverwaltung sich „im Rahmen der Gesetze" zu halten hat (Art. 28 Abs. 2 GG), untersteht auch die kommunale Wirtschaftstätigkeit staatlicher Aufsicht (Kommunalaufsicht). Diese erfasst bei Regiebetrieb, Eigenbetrieb, selbständiger Anstalt (vgl. § 86b Abs. 5 Satz 1 GemO) und öffentlich-rechtlicher Stiftung das kommunale Handeln unmittelbar. Bei privatrechtlich organisierten Unternehmen dagegen kann die Kommunalaufsicht nur mittelbar über die Gemeinde auf die Betätigung einwirken. Die Gründungs- und Beteiligungsakte der Gemeindeorgane werden jedoch als unmittelbares Verwaltungshandeln (noch) von der Kommunalaufsicht erfasst. Eine aus Praktikabilitätsgründen dringend gebotene Bagatellgrenze für Kleinstbeteiligungen, wie sie in anderen Bundesländern für Beteiligungshöhen bis maximal 2 % bereits umgesetzt ist, fehlt in Rheinland-Pfalz derzeit noch.

2.2.4 Wirtschaftlichkeit und Effizienz

Der Einsatz bestimmter Organisationsformen ist kein Selbstzweck. Vielmehr hängt der Einsatz einer bestimmten Organisationsform davon ab, welche Form im Einzelfall ein Höchstmaß an Wirtschaftlichkeit und Effizienz bietet.

2.2.4.1 Da die wirtschaftlichen Unternehmen (§ 85 Abs. 1–3 GemO) und nichtwirtschaftlichen Einrichtungen (§ 85 Abs. 4 GemO) Aufgaben der Gemeinde im Rahmen der Daseinsvorsorge erfüllen, sind die Gemeinden gehalten, sich ausreichende Einwirkungs- und Kontrollmöglichkeiten auf ihre Unternehmen und Einrichtungen zu sichern.

- Einwirkungs- und Kontrollmöglichkeiten sind bei den öffentlich-rechtlichen Organisationsformen (Regiebetrieb, Eigenbetrieb, rechtlich selbständige Anstalt, öffentlich-rechtliche Stiftung) ohne Weiteres gegeben: sie sind Teil der Kommunalverwaltung.
- Die Kapitalgesellschaften sind als juristische Personen des Privatrechts rechtlich selbständig. Durch eine entsprechende Ausgestaltung der Satzung muss daher sichergestellt werden, dass das Unternehmen den öffentlichen Zweck erfüllt (§ 87 Abs. 1 Satz 1 Nr. 2 GemO) und die Gemeinde als Gesellschafterin bzw. Anteilseignerin Einfluss auf die Geschäftspolitik ausüben kann. Dieser Einfluss lässt sich allein durch die Vertretung der Gemeinde in den Organen des Unternehmens nicht immer hinreichend verwirklichen, da den der Gemeinde nach § 88 Abs. 1 Satz 6 GemO zustehenden Weisungsrechten im Einzelfall Bestimmungen des Gesellschaftsrechts entgegenstehen können. § 87 Abs. 1 Satz 1 Nr. 3 GemO fordert daher für die Errichtung eines Unternehmens in Privatrechtsform eine der Beteiligung der Gemeinde angemessene Einflussnahme auf das Unternehmen. Wie weit der Einfluss reichen muss, um angemessen zu sein, ist § 87 Abs. 1 Satz 1 Nr. 3 GemO nicht zu entnehmen.

2.2.4.2 Hier kann eine Konkretisierung durch Rückgriff auf verfassungsrechtliche Grundsätze hergestellt werden. Vornehmlich einschlägige verfassungsrechtliche Vorgabe ist das Demokratieprinzip. Ergänzend wird das Ingerenzgebot abgeleitet aus dem Rechtsstaatsprinzip und der Aufgabenzuweisung durch die staatliche Kompetenzordnung (vgl. *Püttner*, DVBl 1975 S. 353 ff.). Das Demokratieprinzip gebietet, dass das Volk die Staatsgewalt, deren Träger es ist, außer durch Wahlen und Abstimmungen durch besondere Organe der Gesetzgebung, der vollziehenden Gewalt und der Rechtsprechung ausübt, was insbesondere auch voraussetzt, dass das Volk einen effektiven Einfluss auf die personelle Zusammensetzung und/oder auf die Tätigkeit dieser Organe hat. Die Rechtsform muss deshalb so ausgestaltet sein, dass das Volk über personell-demokratisch legitimierte Vertreter einen hinreichend effektiven Einfluss auf die Wahrnehmung der Verwaltungsaufgabe durch die Gesellschaft in privater Rechtsform hat. Der Einfluss der Gemeinde ist angemessen, wenn er den mit der Beteiligung verfolgten Zweck und die Höhe und Bedeutung der Beteiligung berücksichtigt. Neben einem der Beteiligungsquote entsprechenden Stimmenanteil in der Haupt- oder Gesellschafterversammlung ist insbesondere auch eine angemessene Vertretung im Aufsichtsrat oder in einem entsprechenden Überwachungsorgan geboten. Bei Unternehmen, die nicht kraft Gesetzes einen Aufsichtsrat zu bilden haben, wird im Gesellschaftsvertrag häufig ein gleichwertiges Überwachungsorgan vorgesehen. Wird – was zulässig ist! – auf ein besonderes Überwachungsorgan verzichtet, muss die Überwachung und Kontrolle der Geschäftsführung auf andere Weise, z. B. durch die Gesellschafter, sichergestellt sein. Es gibt keinen festen Schlüssel für die Verteilung der Sitze in den Organen des Unternehmens. Zum einen kann die Zahl und die Höhe der jeweiligen Gesellschaftsanteile unterschiedlich sein, zum anderen darf die Zahl der Mitglieder des Überwachungsorgans nicht beliebig groß sein (vgl. § 95 AktG). Das Drittelbeteiligungsgesetz bzw. das Mitbestimmungsgesetz verlangen ab einer bestimmten Unternehmensgröße zwingend die Einrichtung eines Aufsichtsrats und machen Vorgaben für dessen Besetzung. Die praktischen Anwendungsfälle in Rheinland-Pfalz sind aber selten.

2.3 Öffentlich-rechtliche Organisationsformen

Erfolgt die Aufgabendurchführung in der unmittelbaren Kommunalverwaltung, handelt es sich um den klassischen Verwaltungsaufbau (Dezernate, Ämter, Abteilungen, Referate, Sachgebiete) (s. a. Einführung, Ziff. 3.5).

2.3.1 Regiebetriebe

Zu den rechtlich unselbständigen Organisationsformen gehört zunächst der Regiebetrieb, der organisatorisch ein Amt, eine Abteilung, ein Referat oder ein Sachgebiet bildet. Regiebetriebe sind die älteste Organisationsform und die ursprünglich in den Kommunalverwaltungen am weitesten verbreitete Form von Ansätzen kommunaler Unternehmerschaft. Beispiele sind etwa Friedhöfe, Kindergärten, Jugendzentren, Alten- und Pflegeheime, Stadtbüchereien, Fuhrpark, Abwasserbeseitigung oder auch die Bauhöfe (*Bennemann* in PdK Hessen, § 1 EigBGes, Ziffer 1.1.1). Der Regiebetrieb unterliegt einer strengen Budgetbindung, das Ergebnis seiner Haushaltsführung geht in die Jahresrechnung ein. Regiebetriebe besitzen keine eigenen Organe, kein eigenes abgegrenztes Betriebsvermögen und auch kein eigenständiges Rechnungswesen. Sie verfügen allenfalls über eine, um eine Kostenrechnung erweiterte, Buchführung im Haushaltsplan der kommunalen Gebietskörperschaft und sind ggf. als eigene Teilhaushalte oder Produkte im Haushalt der Kommune abgebildet. Da die Regiebetriebe Bestandteil des Gemeindehaushaltes sind, unterliegen sie der Beschlussfassung des Gemeinderates (vgl. § 32 Abs. 1 GemO) auch hinsichtlich der Art und Weise ihrer Aufgabenerfüllung. Für sie gilt das Gesamtdeckungsprinzip (vgl. § 14 GemHVO). Kredite sind grundsätzlich keinem Einzelvorhaben zuzuordnen und müssen daher in die Genehmigung der Kreditaufnahme im Rahmen der Haushaltssatzung einbezogen werden (§§ 95 Abs. 2 Satz 1 Nr. 1 Buchst. d, 103 Abs. 2 GemO). Da der Regiebetrieb Teil der Verwaltung der Trägerkörperschaft ist, gilt für ihn das kommunale Haushaltsrecht ohne Einschränkungen. Gerade in kritischen Haushaltssituationen, bei denen oft die Neuverschuldung durch die Aufsichtsbehörden untersagt wird, können Investitionen des Regiebetriebs zur Steigerung seiner Leistungsfähigkeit nur in eingeschränktem Umfang getätigt werden. Erwirtschaftete Abschreibungen sowie eventuelle Überschüsse „verschwinden" im Haushalt. Sie werden damit der eigentlichen Aufgabe entzogen, was die Rechtsprechung ausdrücklich für rechtmäßig erklärt hat (OVG Münster, NVwZ 1995 S. 1233; VG Kassel, HSGZ 1993 S. 211 f.), aber einer geordneten Erledigung der Aufgaben nicht immer zuträglich sein dürfte (vgl. *Bennemann*, PdK Hessen, § 1 EigBGes, Ziffer 1.1.1).

2.3.2 Eigenbetriebsähnliche Einrichtung

Wegen der Eigenart der eigenbetriebsähnlichen Einrichtung ist die vollständige Anwendung der EigAnVO nicht notwendig. Ist in diesem Fall jedoch aus betriebswirtschaftlichen Gründen erwünscht, die Vorschriften über die Wirtschaftsführung und das Rechnungswesen anzuwenden (Teil 1, Abschnitt 2 der EigAnVO), so kann in der Betriebssatzung gemäß Absatz 2 Satz 1 die Anwendung des § 1 Abs. 2 und der §§ 2 bis 8 EigAnVO ausgeschlossen werden. Dann entfallen die Bezeichnung, der Werkausschuss und die Werkleitung. In diesem Fall bleibt das wirtschaftliche Unternehmen gemäß § 85 Abs. 1 GemO oder die Einrichtung gemäß § 85 Abs. 3 GemO Regiebetrieb. Die eigenbetriebsähnliche Einrichtung verbleibt im gemeindlichen Haushalt. Unter Berücksichtigung der durch die EigAnVO vorgeschriebenen Wirtschaftsführung und der Besonderheiten des Rechnungswesens erscheint im gemeindlichen Haushalt jedoch nur das voraussichtliche Endergebnis nach dem Wirtschaftsplan, in der Haushaltsrechnung das Endergebnis der Jahresrechnung. Voraussichtliches Endergebnis ist der Teil des Gewinns, der als Überschuss für den Haushalt ausgeschüttet wird, oder der Teil des Verlusts, der aus dem Haushalt der Gemeinde abzudecken ist.

2.3.3 Eigenbetriebe (§ 86 GemO)

2.3.3.1 Die Eigenbetriebe besitzen wie die Regiebetriebe keine eigene Rechtspersönlichkeit (keine juristische Person), sie bilden jedoch ein Sondervermögen (§ 80 Abs. 1 Nr. 3 GemO). Das unterscheidet den Eigenbetrieb zugleich von den privatrechtlich organisierten Gesellschaften. Der Eigenbetrieb kann mangels Rechtsfähigkeit nicht selbst Träger von Rechten und Pflichten sein; er besitzt keine eigene, von der Gemeinde losgelöste Rechtspersönlichkeit. Die Eigenbetriebe werden somit einerseits von der wirtschaftlichen Selbständigkeit geprägt, andererseits unterliegen sie dem durchgreifenden Einfluss der Organe der kommunalen Gebietskörperschaft. Der Eigenbetrieb ist damit Teil des öffentlich-rechtlichen Gesamtsystems der kommunalen Selbstverwaltung, das von der Gesamtverantwortung der gewählten Gemeindeorgane ausgeht, eine weitgehende Information der Bürger vorsieht und eine Kontrolle durch die Aufsichts- und Prüfungsbehörden umfasst. Organisatorisch bietet der Eigenbetrieb den Vorteil, dass er ohne Schwierigkeiten mit den Ämtern, Abteilungen, Referaten oder Sachgebieten koordiniert werden kann. Arbeitsteilung und enge Koordination mit der Verwaltung ermöglichen es in der Regel, Kosten und Personal effektiv einzusetzen und damit sparsam zu wirtschaften. Die Gemeinde kann bei Eigenbetrieben im Gegensatz zu Eigen- und Beteiligungsgesellschaften als Träger hoheitlicher Rechte und Pflichten zudem Satzungen erlassen sowie Gebühren und Beiträge nach dem KAG erheben.

2.3.3.2 Die fehlende eigene Rechtspersönlichkeit führt dazu, dass der Eigenbetrieb selbst vor Gericht nicht Partei sein kann (§ 50 Abs. 1 ZPO). Partei im gerichtlichen Verfahren kann vielmehr nur die Gemeinde als der jeweilige Rechtsträger sein. Zur Vermeidung praktischer Schwierigkeiten wird dies in der Praxis von den Zivil- und Arbeitsgerichten meist recht großzügig gehandhabt. Der BGH hat in einem Urteil vom 25.2.1981 (MDR 1981, S. 1011) beispielsweise entschieden: *„Erhebt ein solcher Eigenbetrieb Klage, ist davon auszugehen, daß [...] Klägerin die Stadtgemeinde ist, die in den Angelegenheiten des Eigenbetriebs zulässig unter dessen Bezeichnung [...] auftritt."*

2.3.3.3 Da ihm die eigene Rechtsfähigkeit fehlt, ist der Eigenbetrieb auch kein eigenständiges Steuerrechtssubjekt. Die Eigenbetriebe sind zwar häufig Betriebe gewerblicher Art im Sinne des § 1 Abs. 1 Nr. 6 i. V. m. § 4 Abs. 1 bis 4 KStG. Trotzdem ist nach der Rechtsprechung des BFH die öffentlich-rechtliche Körperschaft das Steuerrechtssubjekt für jeden einzelnen Betrieb gewerblicher Art, nicht der jeweilige Eigenbetrieb.

2.3.3.4 Aus der Stellung des Eigenbetriebs als unselbständiges Sondervermögen der Gemeinde folgt, dass die Gemeinde gegenüber Dritten für Verbindlichkeiten des Eigenbetriebs in vollem Umfang haftet, wobei die Haftung auch nicht auf das Sondervermögen beschränkt ist.

2.3.3.5 Eigenbetriebe sind gekennzeichnet durch eine eigene Buchführung und durch eine eigene Personalwirtschaft. Die wichtigsten Selbstständigkeitsverbürgungen sind die eigene Wirtschaftsführung und die der Werkleitung unwiderruflich übertragene Kompetenz zur selbstständigen Erledigung der „laufenden Betriebsführung".

2.3.4 Rechtsfähige Anstalten des öffentlichen Rechts (§§ 86a, 86b GemO)

Gemeinden können rechtlich selbständige Anstalten des öffentlichen Rechts errichten. Die Errichtung bedarf einer ausdrücklichen gesetzlichen Ermächtigung, die sich aus §§ 86a, 86b GemO, bzw. für die gemeinsame kommunale Anstalt aus § 14a KomZG ergibt. Die Anstalt als juristische Person des öffentlichen Rechts gewährt einerseits mehr Spielraum als der rechtlich unselbständige Eigenbetrieb, andererseits ermöglicht sie der Gemeinde eine bessere Steuerung als privatrechtliche Organisationsformen, da sie nicht den Bindungen des Gesellschaftsrechts unterliegt. Hinzu kommen weitere praktische Vorteile, z. B. Maßgeblichkeit des Landesrechts, Festlegung eines Anschluss- und Benutzungszwangs zugunsten der Anstalt (vgl. § 86a Abs. 3 Satz 2 GemO), Möglichkeit eines öffentlich-rechtlichen Tätigwerdens der Anstalt einschließlich der Erhebung von Kommunalabgaben sowie die im Wesentlichen gleiche steuerliche Behandlung wie Eigen- und Regiebetriebe. Zudem ist die Beteiligung anderer juristischer und natürlicher Personen bis zu 49 % am Stammkapital der Anstalt möglich (vgl. § 86a Abs. 1 Satz 2 GemO).

2.3.5 Stiftungen des öffentlichen Rechts

2.3.5.1 Die Stiftung des öffentlichen Rechts stellt eine Organisation dar, die die Verwaltung eines Bestandes an Vermögenswerten übernimmt. Sie ist hierin an einen Stiftungszweck gebunden. Das Stiftungsrecht des BGB ist nicht auf sie anwendbar. Dagegen gilt das Landesstiftungsgesetz von Rheinland-Pfalz auch für die öffentlich-rechtlichen Stiftungen. Ansonsten richten sich ihre Rechtsverhältnisse nach ihrem Errichtungsakt und ihrer Satzung.

2.3.5.2 Wirtschaftliche Unternehmen gemäß § 85 Abs. 1–3 GemO oder nichtwirtschaftliche Einrichtungen gemäß § 85 Abs. 4 GemO können auch kommunale Stiftungen i. S. d. § 9 des Landesstiftungsgesetzes Rheinland-Pfalz (LStiftG) sein.

Unter Stiftungen versteht man die „Widmung von Vermögen zur dauerhaften Erfüllung eines bestimmten Zwecks". Sie können

- rechtsfähig oder
- nicht rechtsfähig sein

und dürfen nur solche Aufgaben wahrnehmen, die in die Verbandskompetenz der Gemeinde fallen. Auf die Verwaltung und Wirtschaftsführung der kommunalen Stiftungen finden die Vorschriften der GemO Anwendung.

Die rechtlich nicht selbständigen örtlichen Stiftungen sind Sondervermögen (§ 80 Abs. 1 Nr. 2 GemO), die rechtsfähigen Stiftungen sind Treuhandvermögen (§ 81 GemO).

Die Rechtsform der Stiftung für die Führung eines wirtschaftlichen Unternehmens ist im kommunalen Bereich sehr selten, da für sie die Gemeinnützigkeit der Vermögensbindung kennzeichnend ist und dieser Zweck einer wirtschaftlichen Unternehmensausrichtung in der Regel im Wege stehen dürfte.

Daher kommen kommunale Stiftungen i. d. R. wohl nur für nichtwirtschaftliche Einrichtungen (§ 85 Abs. 4 GemO) in Betracht.

2.4 Privatrechtliche Organisationsformen

Die Gemeinden können sich auch an selbständigen Unternehmen des Privatrechts beteiligen (vgl. § 87 GemO). Sind die Gemeinden an einem Unternehmen allein beteiligt, spricht man allgemein von einer Eigengesellschaft. Ist die Gemeinde in einer bestimmten Höhe an dem Stammkapital einer Gesellschaft beteiligt, ohne Alleingesellschafterin zu sein, so handelt es sich um eine Beteiligungsgesellschaft. Gibt es mehrere öffentlich-rechtliche Anteilseigner, ist die Beteiligungsgesellschaft „gemischt-öffentlich"; befinden sich unter den Kapitalbeteiligten auch private Anteilseigner, so handelt es sich um ein „gemischtwirtschaftliches" Unternehmen. Allerdings werden diese Begrifflichkeiten in der Praxis nicht immer konsequent voneinander abgegrenzt.

Die Organisationsformen des Privatrechts werden in Personengesellschaften und Kapitalgesellschaften eingeteilt. Bei Personengesellschaften sind der Gesellschaftszweck und der Mitgliederbestand sehr eng miteinander verbunden, d. h. gerade diese Personen müssen diesen Zweck verfolgen. Kapitalgesellschaften stellen hingegen die Zweckverfolgung in den Vordergrund.

2.4.1 Haftungsbeschränkung

Wegen § 87 Abs. 1 Satz 1 Nr. 4 GemO kommt für die kommunalwirtschaftliche Betätigung (vgl. § 85 GemO) den Gesellschaften mit beschränkter Haftung und – subsidiär – den Aktiengesellschaften besondere Bedeutung zu (vgl. *Stober*, NJW 1984 S. 450 f.), da sie dem Gebot der Haftungsbeschränkung entsprechen. Daneben kommt aber jedenfalls auch die GmbH & Co. KG als Handlungsalternative in Betracht und wird in der Praxis auch verwendet, da hier ebenfalls Nachschusspflichten für den kommunalen Haushalt vermieden werden und die daher den kommunalrechtlichen Beschränkungen entsprechend strukturiert werden können.

2.4.1.1 Damit scheiden die privaten Rechtsformen aus, bei denen die Gesellschafter für die Verbindlichkeit des Unternehmens in unbeschränkter Höhe haften. Die Gemeinde kann zur Wahrnehmung ihrer Aufgaben nicht Gesellschafter einer offenen Handelsgesellschaft (OHG) oder einer BGB-Gesellschaft (GbR) und nicht persönlich haftender Gesellschafter einer Kommanditgesellschaft (KG) oder einer Kommanditgesellschaft auf Aktien (KGaA) werden (vgl. *Ehlers*, DÖV 1986 S. 897 ff.).

2.4.1.2 Die Gemeinde hat aber grundsätzlich die Befugnis, sich an einer Aktiengesellschaft (AG), einer Gesellschaft mit beschränkter Haftung (GmbH), mit Aktien an einer KGaA und als Kommanditist an einer KG zu beteiligen. Für die Beteiligungen an Genossenschaften ist vieles noch ungeklärt, es sprechen aber keine zwingenden Gründe gegen diese Rechtsform, die in der Praxis jedoch keine wesentliche Rolle spielt.

- Die **Aktiengesellschaft (AG)** ist als juristische Person des Privatrechts mit eigener Rechtspersönlichkeit rechtlich und organisatorisch gegenüber der Kommune verselbständigt. Dies bedeutet nicht nur eine haushaltsmäßige und vermögensmäßige Trennung des Gemeinde- und Gesellschaftsvermögens und damit der Haushalts- und Betriebswirtschaft, sondern auch eine Loslösung von öffentlich-rechtlichen Bindungen, etwa den Besoldungsordnungen oder dem Personalvertretungsrecht. Zielsetzung ist, durch eine von bürokratischen und politischen Hemmnissen befreite, ausschließlich an betriebswirtschaftlichen Grundsätzen, rationellen Arbeitsmethoden und kaufmännischer Buchführung orientierten Unternehmensführung den Gesellschaftszweck möglichst optimal erreichen zu können. Organe der AG sind der mit zentralen Befugnissen ausgestattete Vorstand, der (zwingende) Aufsichtsrat und die Hauptversammlung.

- Die **Gesellschaft mit beschränkter Haftung (GmbH)** ist eine rechtsfähige, durch Organe handelnde Gesellschaft, bei der den Gläubigern im Grundsatz nur das Vermögen der Gesellschaft haftet. Die Gesellschafter sind durch einen oder mehrere Geschäftsanteile (Stammeinlage) an diesem Vermögen beteiligt, übernehmen aber durch die Beteiligung keine persönliche Haftung gegenüber den Gläubigern der Gesellschaft. Als juristische Person kann die GmbH nur durch ihre Organe handeln. Organe der Gesellschaft sind die Geschäftsführer, die Gesellschafterversammlung und ggf. der (fakultative) Aufsichtsrat. Nach außen wird die Gesellschaft durch ihre Geschäftsführer vertreten. Die innere Willensbildung obliegt der Gesellschafterversammlung. Diese kann einen Teil ihrer Aufgaben auch dem Aufsichtsrat oder einem oder mehreren Gesellschafter/n oder Geschäftsführer übertragen.

2.5 Konzern

Die Gemeinden können im Rahmen des § 87 GemO auch kommunale Konzerne gründen. Konzern ist die Zusammenfassung eines herrschenden und eines oder mehrerer abhängiger Unternehmen unter der einheitlichen Leitung des herrschenden Unternehmens (§ 18 AktG). Eine besondere Form des Konzerns ist die Holding-Gesellschaft. Ihr obliegt lediglich die Verwaltung der angeschlossenen Unternehmen. Die Leistungserstellung verbleibt bei den Unternehmen. Die Konzernstruktur wird zum einen zur Steuerreduzierung eingesetzt, da hier Gewinne und Verluste, unter bestimmten Voraussetzungen, saldiert werden können. Zum anderen können sich die Gemeinden über diese Lösung mittels des Beherrschungsvertrags Weisungsrechte sichern, die insbesondere im Aktienrecht sonst nicht möglich wären.

3. Rechtsformvergleich

3.1 Gründe für die Herauslösung kommunaler Aufgaben aus der Kommunalverwaltung

Welche Rechts- bzw. Organisationsform zur Erledigung bestimmter Aufgaben die beste ist, lässt sich nicht allgemein, sondern nur im Einzelfall beantworten. Die Organisationsform kann nicht losgelöst von der Art der Aufgabe betrachtet werden. Die Herauslösung kommunaler Aufgaben aus der Kommunalverwaltung ist dann angebracht, wenn ein wirtschaftliches Ergebnis erzielt werden soll bzw. die Ergebnisverantwortung konsequent durchgesetzt werden soll (vgl. § 86 Abs. 2 Satz 1 GemO). Bei der Verselbständigung ist zu prüfen, ob damit die Ziele erreicht werden, oder ob nicht der vorhandenen Organisationsstruktur größere Autonomie eingeräumt werden kann, z. B. indem bei der Einbindung in die Kommunalverwaltung die oft beklagten langen Entscheidungswege durch Kompetenzverlagerungen verkürzt werden (vgl. KGSt-Bericht „Kommunale Beteiligungen"). Bei der Verselbständigung sind insbesondere die sozialen und kulturellen Vor- und Nachteile abzuwägen und die sonstigen Interessen der Allgemeinheit zu berücksichtigen, die diese an die Erledigung bestimmter Aufgaben oder an die Existenz bestimmter Einrichtungen wie z. B. Theater, Jugendclubs usw. stellt. Deshalb muss die interne Organisationsuntersuchung, die einer Verselbständigung vorausgehen sollte, mindestens Folgendes beachten:

- Aufgaben abgrenzen und Ziele beschreiben, die mit der Organisationsänderung erreicht werden sollen,
- Auswirkungen auf interkommunale Zusammenarbeit darlegen,
- finanzielle Folgen der Organisationsänderung aufzeigen, insbesondere Auswirkungen auf die Haushaltswirtschaft und Benutzungsgebühren darlegen und die steuerlichen Folgen berücksichtigen,
- personalrechtliche Auswirkungen und
- kommunalrechtliche Steuerungs- und Kontrollrechte aufzeigen.

Für die Auslagerung in eine Rechtsform des privaten Rechts sieht § 92 Abs. 1 GemO ausdrücklich vor, dass vor einer Entscheidung eine Analyse über die Vor- und Nachteile der öffentlichen und der privatrechtlichen Organisationsform im Einzelnen zu erstellen und der Kommunalaufsichtsbehörde vorzulegen ist. Dabei sind die

- organisatorischen
- personalwirtschaftlichen, mitbestimmungs- und gleichstellungsrechtlichen sowie die
- wirtschaftlichen
- finanziellen und
- steuerlichen

Unterschiede und die Auswirkungen auf den kommunalen Haushalt und die Entgeltgestaltung gegenüberzustellen.

3.2 Besondere Vorschriften für Wasserversorgung, Abwasserbeseitigung und Abfallentsorgung

3.2.1 Eigenbetrieb oder eigenbetriebsähnliche Einrichtung

Aus § 86 Abs. 2 Sätze 2 und 3 GemO ergibt sich, dass Einrichtungen und Anlagen der Wasserversorgung, Abwasserbeseitigung und – wenn der Träger die Aufgabe unmittelbar erfüllt -Abfallentsorgung (mindestens) als Eigenbetriebe zu führen oder nach den Bestimmungen der Eigenbetriebsverordnung zu verwalten sind. Demzufolge wird die Wasserversorgung, Abwasserbeseitigung und Abfallentsorgung entweder durch Eigenbetriebe oder durch (optimierte) Regiebetriebe (sog. eigenbetriebsähnliche Einrichtung) wahrgenommen; die Wirtschaftsführung, die Vermögensverwaltung und die Rechnungslegung dieser (optimierten) Regiebetriebe sind so einzurichten, dass sie eine besondere Beurteilung der Betriebsführung und des Betriebsergebnisses ermöglichen, d. h. es gelten für die Regiebetriebe, die Aufgaben der Wasserversorgung, Abwasserbeseitigung und Abfallentsorgung wahrnehmen, die Bestimmungen des Abschnitts 2 (§§ 10 ff.) der EigAnVO.

3.2.2 Andere Organisationsformen

Nach § 86 Abs. 2 Satz 2 Halbsatz 2 GemO bleiben die §§ 86a und 87 GemO unberührt. Demzufolge können die Aufgaben der Wasserversorgung, Abwasserbeseitigung und Abfallentsorgung auch durch Anstalten des öffentlichen Rechts (§§ 86a, 86b GemO) oder durch privatrechtliche Gesellschaften (§ 87 GemO) wahrgenommen werden, soweit das LWG und das LKrWG/KrWG nicht entgegenstehen.

3.3 Zusammenfassender Rechtsformvergleich

Nachsehend wird ein zusammenfassender Rechtsformvergleich in tabellarischer Form gegeben.

	Regiebetrieb	**eigenbetriebsähnliche Einrichtung**	**Eigenbetrieb**	**Anstalt**	**GmbH**	**AG**
rechtliche Verhältnisse	keine eigene Rechtspersönlichkeit, Teil des Gemeindevermögens	keine eigene Rechtspersönlichkeit Teil des Gemeindevermögens	Sondervermögen der Kommune; rechtlich unselbstständig	Juristische Person des öffentlichen Rechts	Juristische Person des Privatrechts	Juristische Person des Privatrechts

	Regiebetrieb	**eigenbetriebsähnliche Einrichtung**	**Eigenbetrieb**	**Anstalt**	**GmbH**	**AG**
Mindestkapital	keines	keines	angemessenes Stammkapital	angemessenes Stammkapital	TEUR 25 gem. § 5 Abs. 1 GmbHG	TEUR 50 gem. § 7 AktG
Organe	keine besonderen Organe	keine besonderen Organe	Werkausschuss, Werkleitung, Rat, Bürgermeister	Vorstand und Verwaltungsrat	Geschäftsführung, ggf. Aufsichtsrat, Gesellschafterversammlung	Vorstand, Aufsichtsrat, Hauptversammlung
Geschäftsführung	Bürgermeister	Bürgermeister	Werkleitung	Vorstand	Geschäftsführer	Vorstand
Vertretung	Bürgermeister	Bürgermeister	Werkleitung	Vorstand	Geschäftsführer	Vorstand
überwachendes Organ	Rat		Werkausschuss	Verwaltungsrat	Aufsichtsrat	Aufsichtsrat
beschließendes Organ	Rat	Rat	Rat	Verwaltungsrat	Gesellschafterversammlung	Hauptversammlung
Leitungsstruktur	lange Entscheidungswege und parzellierte Zuständigkeiten	Wegen Wegfall Werkleitung und Werkausschus wie Regiebetrieb	kürzere Entscheidungswege und parzellierte Zuständigkeiten	Kurze Entscheidungswege; Vorstand ist weitgehend selbstständig	Kurze Entscheidungswege und Gesamtzuständigkeit des Vorstands; Identität von Verantwortung und Entscheidung	Kurze Entscheidungswege; Vorstand ist weitgehend selbstständig
Haftung	unbeschränkt	unbeschränkt	unbeschränkt	unbeschränkt	beschränkt auf Gesellschaftsvermögen	beschränkt auf Gesellschaftsvermögen
Wirtschaftsplanung	Bestandteil des Haushaltsplans; unterliegt somit strenger	Haushaltsrechtliche Selbstständigkeit	eigener Wirtschaftsplan (außerhalb des allgemeinen	eigener Wirtschaftsplan (außerhalb des allgemeinen	eigener Wirtschaftsplan (außerhalb des allgemeinen	eigener Wirtschaftsplan (außerhalb des allgemeinen

	Regie-betrieb	eigenbetriebsähnliche Einrichtung	Eigenbetrieb	Anstalt	GmbH	AG
	Budgetbindung.		Haushalts); kaufmännische Buchführung; Jahresabschluss	Haushalts); handelsrechtliche Buchführung	Haushalts); handelsrechtliche Buchführung	Haushalts); handelsrechtliche Buchführung
Finanzierung	aus allg. Haushaltsmitteln oder Gebührenhaushalt	aus allg. Haushaltsmitteln oder Gebührenhaushalt	beschränkt eigene Kreditwirtschaft; teilw. Gebührenhaushalt	eigene Kreditwirtschaft	eigene Kreditwirtschaft	eigene Kreditwirtschaft
Abrechnung	Kein eigenständiges Rechnungswesen. Bestandteil des Haushaltsplans	Eigene Buchführung und Kostenrechnung; Jahresabschluss	Eigene Buchführung und Kostenrechnung; Jahresabschluss	Eigene handelsrechtliche Buchführung und Kostenrechnung; Jahresabschluss	Jahresabschluss nach Handelsrecht	Jahresabschluss nach Handelsrecht
Lagebericht		Lagebericht	Lagebericht	Lagebericht	Lagebericht (größenabhängig)	Lagebericht (größenabhängig)
Prüfung						
- örtlich	RPA	sachverständiger Abschlussprüfer	sachverständiger Abschlussprüfer	sachverständiger Abschlussprüfer	Prüfung gem. HGB	Prüfung gem. HGB
- überörtlich	GPA, Rechnungshof	GPA, Rechnungshof	GPA, Rechnungshof	GPA, Rechnungshof	Betätigungsprüfung	Betätigungsprüfung
wirtschaftliches Risiko	Kommune	Kommune	Kommune	Anstaltsträger	Gesellschafter	Aktionäre
Einwirkungsmöglichkeit der Kommunalaufsicht	unmittelbar	unmittelbar	unmittelbar	unmittelbar	mittelbar über die Kommune	mittelbar über die Kommune
Beteiligung fremder/nicht-kommunaler Per-	Nein	Nein	nein	ja, bis zu 49 %	ja	ja

	Regiebetrieb	eigenbetriebsähnliche Einrichtung	Eigenbetrieb	Anstalt	GmbH	AG
sonen möglich?						

4. Gründungsvoraussetzungen

Mit der Formulierung in § 86 Abs. 2 Satz 1 GemO *„Die Gemeinde **kann** wirtschaftliche Unternehmen sowie Einrichtungen im Sinne des § 85 Abs. 3 Satz 1 als Eigenbetriebe führen"* räumt der Gesetzgeber den kommunalen Gebietskörperschaften ein Wahlrecht ein. Es gibt demnach keine zwingenden Voraussetzungen, dass ein wirtschaftliches Unternehmen gemäß § 85 Abs. 1 GemO oder eine Einrichtung gemäß § 85 Abs. 3 Satz 1 GemO als Eigenbetrieb geführt werden **muss**. Die Wahlfreiheit wird allerdings durch § 86 Abs. 2 Sätze 2 und 3 GemO für Wasserversorgung, Abwasserbeseitigung und Abfallentsorgung eingeschränkt (vgl. Erl. 2.2.1). Im Übrigen muss der Umfang des wirtschaftlichen Unternehmens gemäß § 85 Abs. 1 GemO oder der Einrichtung im Sinne des § 85 Abs. 3 Satz 1 GemO eine selbständige Wirtschaftsführung rechtfertigen (§ 86 Abs. 2 Satz 1 GemO).

4.1 Formale Gründungsvoraussetzungen

4.1.1 Beschluss des Vertretungsorgans

Die Gründung eines Eigenbetriebs ist kein Geschäft der laufenden Verwaltung (§ 47 Abs. 1 Satz 1 Nr. 3 GemO). Deshalb ist für die Gründung eines Eigenbetriebs, ebenso für dessen Auflösung, gemäß § 32 Abs. 1 GemO ein Beschluss des Gemeinderats erforderlich. Die Zuständigkeit kann nicht übertragen werden (§ 32 Abs. 2 Nrn. 13 bis 15 GemO).

4.1.2 Betriebssatzung

Weitere formale Gründungsvoraussetzung ist der Erlass einer Betriebssatzung (§ 86 Abs. 3 Satz 1 GemO). Die Betriebssatzung wird vom Gemeinderat in öffentlicher Sitzung beschlossen (§ 24 Abs. 2 GemO).

4.2 Materielle Gründungsvoraussetzungen

4.2.1 Rechtfertigung der selbständigen Wirtschaftsführung

Nach § 86 Abs. 2 Satz 1 GemO kann die Gemeinde wirtschaftliche Unternehmen (§ 85 Abs. 1 GemO) sowie Einrichtungen im Sinne des § 85 Abs. 3 Satz 1 GemO als Eigenbetriebe führen, wenn deren Art und Umfang eine selbständige Wirtschaftsführung rechtfertigen. Die KGSt hat bereits 1986 Kriterien für die Entscheidung einer Verselbständigung kommunaler Einrichtungen entwickelt. Sie hat seinerzeit empfohlen, im Einzelfall zu prüfen, ob die angestrebten Verbesserungen nicht in Form eines optimierten Regiebetriebes erreicht werden können. Die Folgen einer Herauslösung der Aufgabenerfüllung aus der originären Kommunalverwaltung sind im Vorfeld durch interne Organisationsuntersuchungen bzw. auch externe Gutachten aufzuzeigen (vgl. § 92 Abs. 1 GemO für Rechtsformen des privaten Rechts).

4.2.2 Wirtschaftliche Unternehmen als Eigenbetrieb

Wirtschaftliche Unternehmen gemäß § 85 Abs. 1 GemO sind nach § 85 Abs. 3 GemO so zu führen, dass der öffentliche Zweck erfüllt wird; sie sollen einen Überschuss für den Haushalt der Gemeinde abwerfen, soweit dies mit der Erfüllung des öffentlichen Zwecks in Einklang zu bringen ist.

5. Anzuwendende Vorschriften

Die Bestimmung in Absatz 1 hat lediglich deklaratorischen Charakter.

5.1 Die wesentlichsten Bestimmungen

Für den Eigenbetrieb gelten namentlich die EigAnVO (Erl. 4.1.1), das Kommunalverfassungsrecht (Erl. 4.1.2), die Betriebssatzung (Erl. 4.1.3) sowie sonstige Vorschriften (Erl. 4.2).

5.1.1 Die EigAnVO

Absatz 1 bestimmt, dass für Eigenbetriebe vorrangig die Bestimmungen der EigAnVO gelten.

5.1.2 Das Kommunalverfassungsrecht

Nur soweit die EigAnVO keine Bestimmungen enthält, gelten die GemO, LKO, BezO und das KomZG mit den dazu ergangenen Durchführungsverordnungen und Verwaltungsvorschriften. Neben den allgemeinen Bestimmungen dieser Gesetze sind besonders die nach § 80 Abs. 3 GemO für gemeindliches Sondervermögen und somit auch für Eigenbetriebe sinngemäß anzuwendenden Bestimmungen zu beachten, nämlich

- § 78 GemO: Erwerb und Verwaltung von Vermögen
- § 79 GemO: Veräußerung von Vermögen
- § 93 GemO: Allgemeine Haushaltsgrundsätze
- § 94 GemO: Grundsätze der Erzielung von Erträgen und Einzahlungen
- § 101 GemO: Haushaltswirtschaftliche Sperre
- § 102 GemO: Verpflichtungsermächtigungen
- § 103 GemO: Investitionskredite
- § 104 GemO: Sicherheiten und Gewährleistungen für Dritte
- § 105 GemO: Kredite zur Liquiditätssicherung

Die zu den Bestimmungen des Kommunalverfassungsrechts ergangenen Durchführungsverordnungen und Verwaltungsvorschriften sind ebenfalls zu beachten.

5.1.3 Die Betriebssatzung

Die Betriebssatzung ergänzt das Eigenbetriebsrecht und das Kommunalverfassungsrecht dort, wo dieses nur Rahmenvorschriften enthält. Auch die Betriebssatzung ist nach der Systematik der EigAnVO subsidiär zu den Vorgaben der Verordnung. Ihr Erlass ist in § 86 Abs. 3 Satz 1 GemO vorgeschrieben. Sie ist eine Ortssatzung im Sinne von § 24 GemO. Der Inhalt der zu erlassenden Betriebssatzung wird in § 86 Abs. 3 Satz 1 GemO nicht näher bestimmt. Die Vorschriften darüber, was Inhalt dieser Satzung sein kann, sind über die gesamte EigAnVO verstreut. Im Gegensatz zum Eigenbetriebsrecht einiger anderer Länder ist in der EigAnVO kein Mindestregelungsgehalt ausdrücklich genannt. Vom GStB wird in regelmäßigen Abständen ein Satzungsmuster herausgegeben, das die aktuellen Rahmenbedingungen berücksichtigt und bei der Formulierung herangezogen werden kann.

5.2 Sonstige Vorschriften

Neben diesen eigentlichen Rechtsgrundlagen des Eigenbetriebsrechts sind noch eine Reihe weiterer Vorschriften zu beachten, so u. a.

- das HGrG,
- das HGB,
- das AktG,

- das GmbHG,
- das GWB,
- das UWG sowie
- die Steuergesetze, insbesondere KStG, UStG, GewStG.

Hinzuweisen ist vor allem auf das Wettbewerbsrecht nach GWB und UWG. Das GWB soll den Wettbewerb und die Wettbewerbsfreiheit schützen, das UWG soll unlautere Wettbewerbshandlungen verhindern bzw. ahnden. Als problematisch erweist sich hierbei der § 19 GWB (Missbrauch marktbeherrschender Stellung). Eine marktbeherrschende Stellung kann sich bei der Beurteilung von Eigenbetrieben nicht nur durch eine Monopolstellung (Anschluss- und Benutzungszwang, § 19 Abs. 2 Nr. 1 GWB), sondern auch durch im Vergleich zu anderen Bewerbern große Finanzkraft ergeben (§ 19 Abs. 2 Nr. 2 GWB). In diesem Zusammenhang ist das nach § 26 GWB bestehende Diskriminierungsverbot zu nennen, wonach marktbeherrschende Unternehmen andere gewerbliche Unternehmen nicht unbillig behindern oder ohne sachlichen Grund unterschiedlich behandeln dürfen. Zivilgerichtlich relevant für Eigenbetriebe sind vor allem Verstöße gegen § 1 UWG, wonach derjenige auf Unterlassung und Schadenersatz in Anspruch genommen werden kann, der im geschäftlichen Verkehr zu Zwecken des Wettbewerbs Handlungen vornimmt, die gegen die guten Sitten verstoßen. Den kommunalen Unternehmen kann diesbezüglich vorgeworfen werden, hoheitliche Machtstellung und amtliche Beziehungen auszunutzen bzw. Preisdumping zu betreiben. Hierfür können folgende Beispiele aus der Rechtsprechung genannt werden.

Wettbewerbswidrig ist demnach z. B.

a) die räumliche Verbindung eines stadteigenen Reisebüros mit dem städtischen Passamt, wenn die Besucher des Passamtes durch die Art der Unterbringung veranlasst werden, ihre Fahrkarten bei dem städtischen Reisebüro zu erwerben (vgl. BGH, GRUR 1956 S. 227),
b) die Handlungsweise eines kommunalen Eigenbetriebes, wenn er unter Missbrauch seiner Vertrauensstellung Auskünfte über Notdienste wissentlich nicht objektiv und sachgerecht erteilt (vgl. BGH, GRUR 1995 S. 516, 518) und
c) die Unterbietung üblicher Hotelpreise durch ein aus öffentlichen Abgaben errichtetes „Haus der Jugend", welches satzungswidrig Erwachsene beherbergt (vgl. OLG SH, WRP 1995 S. 971).

Ob ein Verstoß gegen § 1 UWG vorliegt, ist im Rahmen einer Einzelfallprüfung zu entscheiden.

6. Bezeichnung

Absatz 2 bestimmt, dass die Eigenbetriebe eine Bezeichnung führen müssen, die ihren Rechtsträger und ihre Rechtsform erkennen lässt. Die vorgeschriebene Bezeichnung ist der Firmenbezeichnung des Handelsrechts vergleichbar (§§ 17 ff. HGB) und für den Rechtsverkehr verbindlich.

Rechtsträger des Eigenbetriebs ist die Gemeinde, die Stadt, die Verbandsgemeinde, der Landkreis, der Bezirksverband Pfalz oder ein Zweckverband.

Rechtsform ist der Eigenbetrieb.

Die Bezeichnung sollte in der Betriebssatzung festgelegt werden.

7. Eintragung in das Handelsregister

Durch das Handelsrechtsreformgesetz vom 22.6.1998 (BGBl. I S. 1474) wurde die in § 36 HGB a. F. enthaltene registerrechtliche Privilegierung gewerblicher Unternehmen der öffentlichen Hand beseitigt (vgl. Art. 3 Nr. 18). Erfasst werden über den Wortlaut des § 33 HGB hinaus nicht nur Unternehmen, die selbständige juristische Personen sind, sondern auch Unternehmen, die von kommunalen Gebietskörperschaften außerhalb der allgemeinen Verwaltung, jedoch ohne eigene Rechtspersönlichkeit, betrieben werden, insbesondere die rechtlich unselbständigen Eigenbetriebe, soweit sie ein Handelsgewerbe betreiben. Auch kommunale Unternehmen und Einrichtungen können demzufolge eintragungspflichtig sein (vgl. §§ 29, 33 Abs. 1 HGB). Voraussetzung für die Anmeldepflicht zur Eintragung in das Handelsregister ist, dass der Eigenbetrieb gemäß § 1 HGB als Kaufmann anzusehen ist. Hinzu kommt noch das Kriterium der „wirtschaftlichen Betätigung" (vgl. im Einzelnen *Boos*, DB 2000 S. 1061 ff.).

7.1 Kaufmann

Nach § 1 HGB ist Kaufmann, wer ein Handelsgewerbe betreibt. Handelsgewerbe ist dabei jeder Gewerbebetrieb, es sei denn, dass das Unternehmen nach Art und Umfang einen in kaufmännischer Weise eingerichteten Geschäftsbetrieb nicht erfordert. Von einer Definition des Begriffs „Gewerbe" wurde im Handelsrechtsreformgesetz abgesehen. Nach der Begründung des Regierungsentwurfs sollte es bei der bisherigen Definition durch die Rechtsprechung verbleiben, wie sie schon zum Gewerbebegriff des früheren § 2 HGB entwickelt worden ist (BT-Drs. 13/8444, S. 24). Ein handelsrechtliches Gewerbe ist demgemäß jede selbständige und berufsmäßige wirtschaftliche, nicht künstlerische, wissenschaftliche oder freiberufliche Tätigkeit, die auf Gewinnerzielung durch einen auf Dauer angelegten Geschäftsbetrieb gerichtet ist (*Boos*, a. a. O., S. 1062). Entgegen dem früherer Rechtsprechung zugrunde liegenden Verständnis erfordert ein Gewerbe mittlerweile wohl aber nicht mehr zwingend ein von dauerhafter Gewinnerzielungsabsicht getragenes Verhalten. Vielmehr soll jede Geschäftstätigkeit genügen, die mit dem Ziel betrieben wird, laufende Einnahmen aus dem Angebot entgeltlicher Leistungen am Markt zu erzielen (vgl. OLG Dresden, Urt. vom 20.11.2001 – 2 U 1928/01 –). Dem ist zwischenzeitlich auch der BGH gefolgt und dem dürften Eigenbetriebe vielfach unterfallen.

Zu beachten ist, dass das geltende Recht keinen einheitlichen Gewerbebegriff kennt. Die Gewerbebegriffe des Gewerberechts, des Steuerrechts und des Handelsrechts sind – bedingt durch unterschiedliche Normzwecke – nicht deckungsgleich. Selbst innerhalb des Steuerrechts bestehen Unterschiede.

7.2 Wirtschaftliche Betätigung

Bei reinen Hoheitsbetrieben scheidet eine gewerbliche Tätigkeit von vornherein aus. Problematisch ist aber die Frage der Eintragungspflicht, wenn ein Eigenbetrieb sowohl hoheitlich als auch gewerbsmäßig im Sinne des HGB tätig ist. In diesen Fällen stellt sich die Frage, ob **eine** gewerbliche Aufgabe bereits ausreicht, um die Eintragungspflicht zu begründen oder ob erst die **Mehrheit** von gewerblichen Tätigkeiten eines Unternehmens für die Eintragung maßgeblich ist. Richtigerweise wird man bei solchen Mischbetrieben auf den Schwerpunkt der Tätigkeit abstellen müssen (vgl. *Boos*, DB 2000 S. 1061). Die Abgrenzung ist jedoch weiterhin nicht vollständig geklärt. An einer Beurteilung anhand des konkreten Einzelfalles führt somit kein Weg vorbei.

Schwierigkeiten bereitet auch ganz allgemein die Abgrenzung von hoheitlichen und gewerblichen Tätigkeiten. In der Zivilrechtsprechung wird dabei eine wirtschaftliche Tätigkeit angenommen, wenn sich die Körperschaft durch ihre Einrichtung in den wirtschaftlichen Verkehr einschaltet und eine Tätigkeit ausübt, die auch von privaten gewerblichen Unternehmen ausgeübt werden kann (vgl. etwa BGH vom 2.7.1985 – X ZR 77/84 – zur Gewerbeeigenschaft der Deutschen Bundesbahn).

7.3 Auswirkungen

Die Praxis der Registergerichte ist uneinheitlich. Zum Teil erfolgen die Eintragungen der Eigenbetriebe im Register, teilweise wird eine Eintragung aber auch abgelehnt. So hat das Amtsgericht Koblenz die Eintragung der Eigenbetriebe Koblenz Touristik und Koblenzer Entsorgungsbetrieb sowie des Regiebetriebs forstliche Betriebe und des Klinikums Kemperhof ausdrücklich abgelehnt (Schreiben AG Koblenz vom 12.8.2002 – 5 AR 71/100 –). Dagegen ist das Kommunale Gebietsrechenzentrum Koblenz – Eigenbetrieb der Stadt Koblenz – im Handelsregister des AG Koblenz eingetragen. Das OLG Frankfurt am Main hat schon im Jahr 2002 die Eintragungspflicht eines kommunalen Eigenbetriebs bejaht (OLG Frankfurt am Main, NVwZ 2002 S. 895 f.). Bei der Eintragung eines Eigenbetriebs in das Handelsregister sind als Vorstand im Sinne des § 33 Abs. 2 HGB die Mitglieder der Werkleitung anzugeben (*Boos*, a. a. O., S. 1064).

8. Rechtsschutz

Der Betrieb wirtschaftlicher Unternehmen gemäß § 85 Abs. 1 bis 3 GemO und nichtwirtschaftlicher Einrichtungen gemäß § 85 Abs. 4 GemO führt nicht selten zur Konkurrenz mit Privatunternehmen der gleichen Branche. Soweit dies Geschäftsbeeinträchtigungen mit sich bringt, geht es um die Rechtsschutzmöglichkeiten des privaten Konkurrenten.

Zunächst haben private Unternehmen gegen die Konkurrenz durch gemeindliche wirtschaftliche Unternehmen die üblichen wettbewerbsrechtlichen Ansprüche. Bei Vorliegen der tatbestandlichen Voraussetzungen haben Private die Unterlassungs-, Beseitigungs- und Schadensersatzansprüche nach dem Gesetz gegen Wettbewerbsbeschränkungen (GWB) und dem Gesetz gegen den unlauteren Wettbewerb (UWB).

Zunehmend geht es den privaten Unternehmen jedoch weniger um das „Wie" der Tätigkeit wirtschaftlicher Unternehmen, sondern – vorgelagert – um das „Ob".

8.1 Rechtsschutz vor den Verwaltungsgerichten

Zuerst ist daran zu denken, dass der Private Klage vor dem Verwaltungsgericht erhebt. Als Klageart kommt die Allgemeine Leistungsklage in Betracht. Die Klage ist gerichtet auf Unterlassen der wirtschaftlichen Betätigung. Klagebefugnis und Rechtsschutzinteresse setzen die Geltendmachung der Möglichkeit der Verletzung eigener Rechte des Konkurrenten voraus. Die herrschende Meinung wendet § 42 Abs. 2 VwGO analog an (vgl. BVerwG, NJW 1977 S. 118 f.). Es kommt dann darauf an, ob § 85 Abs. 1 bis 4 GemO drittschützende Wirkung hat. Das wird vom OVG Münster für das Erfordernis des öffentlichen Zwecks bejaht (DVP 2004 S. 168 ff.), von der h. M. aber wohl noch abgelehnt.

Die Subsidiaritätsklausel (§ 85 Abs. 1 Nr. 3 GemO) entfaltet hingegen drittschützende Wirkung.

- Die Befürworter einer solchen drittschützenden Wirkung finden sich insbesondere in der Zivilgerichtsbarkeit und in Teilen des Schrifttums (*Henneke*, DVBl 2000 S. 997 ff.; *Gerke*, Jura 1985 S. 40 ff.; *Hösch*, DÖV 2000 S. 393 ff.; *David*, NVwZ 2000 S. 738 ff.; *Ruffert*, NVwZ 2000 S. 763 f.; *Darsow*, LKV 2002 S. 1 ff.). Sie gehen davon aus, der Gesetzgeber habe durch eine solche Formulierung wenigstens auch den privaten Mitkonkurrenten Vorteile einräumen wollen. Ergänzend werden grundrechtliche Erwägungen vorgetragen. Selbst wenn Art. 12 und 14 GG keinen absoluten Schutz des Privatunternehmers vor wirtschaftlicher Konkurrenz durch die öffentliche Hand bewirkten, seien die kommunalrechtlichen Bestimmungen über die wirtschaftliche Betätigung im Sinne dieser Grundrechte subjektiv-rechtlich zu interpretieren: Wegen der faktischen Grundrechtsbeeinträchtigungen, die von einer wirtschaftlichen Betätigung der kommunalen Gebietskörperschaften ausgehen können, schützten die Art. 12 und 14 GG den einzelnen Konkurrenzunternehmer vor solchen Betätigungen, die nicht durch einen öffentlichen Zweck gerechtfertigt werden bzw. erforderlich seien (vgl. *Henneke*, NdsVBl. 1998 S. 273 ff.; *Tettinger*, NJW 1998 S. 3474). Das ist auch die Auffassung des OVG Münster (Beschluss vom 13.8.2003 – 15 B 1137/03 –). Die Bedeutung des Beschlusses in einem Verfahren des vorläufigen Rechtsschutzes liegt darin, dass – soweit ersichtlich – die erste obergerichtliche Entscheidung zur wirtschaftlichen Tätigkeit von Kommunen in der Verwaltungsgerichtsbarkeit vorliegt (vgl. *Oster*, DVP 2004 S. 168 ff.). Das OVG Münster sieht den Drittschutz bereits in § 107 Abs. 1 Nr. 1 GO NRW verankert,

d. h. die Voraussetzung des „öffentlichen Zwecks" in § 107 Abs. 1 Satz 1 Nr. 1 GO NRW soll diesen Drittschutz begründen.

- Demgegenüber wird von der wohl noch herrschenden Auffassung, insbesondere in der Verwaltungsgerichtsbarkeit (vgl. BVerwGE 39 S. 329 ff.; BVerwG, NJW 1995 S. 2938; VGH München, JZ 1976 S. 641 f.; OVG Münster, NVwZ 1986 S. 1045 f.; OVG Lüneburg, NVwZ-RR 1990 S. 506), auf die wirtschaftspolitische Neutralität des Grundgesetzes verwiesen, dem sich kein Bekenntnis zu einem bestimmten Wirtschaftssystem entnehmen lasse. Ein genereller Vorrang der Privatwirtschaft sei ebenso wenig ersichtlich wie die öffentliche Eigenwirtschaft keinen grundsätzlichen verfassungsrechtlichen Bedenken begegne. Folglich gebiete die Verfassung nicht, einfach-gesetzliche Normen über die Zulässigkeit der wirtschaftlichen Betätigung von Gemeinden restriktiv auszulegen, um der Wirtschaftstätigkeit der kommunalen Gebietskörperschaften möglichst enge Grenzen zu ziehen. Die Nachfolgeregelungen der DGO zur wirtschaftlichen Betätigung zielten auf den Selbstschutz der kommunalen Gebietskörperschaften vor wirtschaftlicher Überforderung und sollten nicht die Privatwirtschaft begünstigen. Selbst wenn man dies annähme, sei aber allenfalls der betroffene Wirtschaftszweig insgesamt, nicht aber der einzelne Unternehmer geschützt (vgl. *Stehlin*, NVwZ 2001 S. 645 ff.; *Pagenkopf*, GewArch 2000 S. 177 ff.).
- Es kann dahingestellt bleiben, welcher Auffassung zuzustimmen ist. Für § 85 Abs. 1 Nr. 3 GemO hat der Verfassungsgerichtshof RhPf in der Streitsache Stadt Bad Kreuznach ./. Land Rheinland-Pfalz entschieden, dass diese Vorschrift nach Wortlaut und Gesetzeszweck eine drittschützende Norm i. S. d. § 42 Abs. 2 VwGO ist (Urt. vom 28.3.2000 – VGH N 12/1998 –, NVwZ 2000 S. 801 = DVBl 2000 S. 992 ff.). § 85 Abs. 1 Nr. 3 GemO sei zumindest auch dem Schutz von Individualinteressen derart zu dienen bestimmt, dass deren Inhaber die Einhaltung des Rechtssatzes soll verlangen können.

Demzufolge ist die Klagebefugnis jedenfalls dann gegeben, wenn von einem Konkurrenten die Verletzung von § 85 Abs. 1 Nr. 3 GemO gerügt wird.

8.2 Rechtsschutz vor den Zivilgerichten

Weniger zurückhaltend bei der Gewährung von Rechtsschutz für einen privaten Mitbewerber zeigten sich bisher die Zivilgerichte (vgl. OLG Hamm, NJW 1998 S. 3504; OLG Düsseldorf, NVwZ 2000 S. 111; LG München, ZKF 2000 S. 112; OLG München, NVwZ 2000 S. 835). Die Brisanz der Entscheidungen liegt in dem Schluss vom Verstoß gegen Gemeindewirtschaftsrecht auf die Sittenwidrigkeit der Betätigung i. S. d. § 1 UWG. Praktisch wurden die Zulässigkeitsbeschränkungen für die kommunalwirtschaftliche Betätigung in das UWG inkorporiert, sodass bei einem Verstoß zwangsläufig auf ein wettbewerbsrelevantes Verhalten der öffentlichen Hand geschlossen wurde.

Der BGH ist der bisherigen Praxis der Mehrzahl der Oberlandesgerichte allerdings teilweise entgegengetreten (Urt. vom 25.4.2002, NVwZ 2002 S. 1139 = NJW 2002 S. 2645). Die Urteile des LG München (a. a. O.) und OLG München (a. a. O.) wurden aufgehoben. Nicht jeder Verstoß gegen die durch Gesetz gezogenen Grenzen erwerbswirtschaftlicher Betätigung der kommunalen Gebietskörperschaften indiziere die Sittenwidrigkeit i. S. v. § 1 UWG. Wettbewerbsrechtlich relevant seien „Marktverbote" nur, wenn sie dem Schutz des lauteren Wettbewerbs als solchem dienen sollen. Dies sei aber bei den vorrangig als Schutznormen gegen die Überforderung der Leistungsfähigkeit der kommunalen Gebietskörperschaften konzipierten Vorschriften des Gemeindewirtschaftsrechts nicht der Fall. Der BGH hält eine erwerbswirtschaftliche Tätigkeit der kommunalen Gebietskörperschaften erst dann für unlauter im Sinne des Wettbewerbs, wenn besondere Umstände hinzutreten, beispielsweise durch eine Verquickung der öffentlich-rechtlichen Tätigkeit der Gemeinde mit den erwerbswirtschaftlichen Zielen, der Missbrauch der amtlichen Autorität und des Vertrauens auf die Objektivität der Amtsführung oder die Gefährdung des Wettbewerbs auf dem einschlägigen Markt durch eine übermächtige Stellung der kommunalen Gebietskörperschaft (vgl. *Oster*, DVP 2003 S. 32 ff.).

§ 2
Aufgaben des Gemeinderats

(1) Der Gemeinderat beschließt über alle Angelegenheiten des Eigenbetriebs, die nach § 32 Abs. 2 GemO seiner Beschlussfassung vorbehalten sind, soweit die Hauptsatzung nicht aufgrund des § 32 Abs. 3 GemO bestimmt, dass die Beschlussfassung über die in § 32 Abs. 2 Nr. 11 bis 13 GemO bezeichneten Angelegenheiten bis zu einer bestimmten Wertgrenze dem Werkausschuss (§ 3) übertragen wird.

(2) Der Gemeinderat beschließt ferner über

1. **die Feststellung und Änderung des Wirtschaftsplans (§ 15),**
2. **die Feststellung des Jahresabschlusses sowie die Verwendung des Jahresgewinns oder die Behandlung des Jahresverlustes,**
3. **die Bestellung der Abschlussprüferin oder des Abschlussprüfers (§ 89 Abs. 2 GemO),**
4. **die Zustimmung zur Bestellung der Werkleitung (§ 4),**
5. **den Abschluss von Verträgen, die die gemeindliche Haushaltswirtschaft erheblich belasten, und**
6. **die Rückzahlung von Eigenkapital (§ 11 Abs. 5).**

Erläuterungen

Übersicht

1. Der Gemeinderat als oberstes Organ der Eigenbetriebe

Oberster Träger der gemeindlichen Selbstverwaltung ist der Gemeinderat. Er ist grundsätzlich zuständig für alle örtlichen Angelegenheiten (vgl. § 32 Abs. 1 Satz 2 GemO). Der Gemeinderat ist Teil der vollziehenden Gewalt (Exekutive). Satzungs- und Verordnungsrechte – ausgeübt durch den Gemeinderat – sind qualitativ allerdings nicht mit der Gesetzgebung des Bundes und der Länder vergleichbar. Der Erlass einer Satzung, obwohl materielle Rechtsetzung, ist doch eine Verwaltungstätigkeit, für den der Vorrang des Gesetzes gilt. Unbeschadet ihrer quasi-selbstständigen Organisationsform bleiben die Eigenbetriebe stets Teil der Gemeindeverwaltung. Da die Grundsätze für die Verwaltung vom Gemeinderat festgelegt werden (§ 32 Abs. 1 Satz 2 GemO), ist der Gemeinderat auch das oberste Organ der Eigenbetriebe.

2. Aufgaben des Gemeinderates

2.1 Allgemeines

Gemäß § 32 Abs. 1 Satz 2 GemO beschließt der Gemeinderat über alle Selbstverwaltungsangelegenheiten, soweit er die Entscheidung nicht einem Ausschuss übertragen hat oder soweit nicht der Bürgermeister kraft Gesetzes zuständig ist oder der Gemeinderat ihm bestimmte Angelegenheiten zur Entscheidung übertragen hat. Der Umfang der gesetzlichen Zuständigkeit des Bürgermeisters ergibt sich aus § 47 GemO.

In § 32 Abs. 2 GemO sind die Aufgabenbereiche genannt, für die der Gemeinderat kraft Gesetzes ohne Dispositionsmöglichkeit zuständig ist. Eine Übertragung dieser Zuständigkeit ist nicht möglich (vgl. aber die Einschränkung in § 32 Abs. 3 GemO).

2.2 Aufgaben nach der EigAnVO

Der Verordnungsgeber hat davon abgesehen, in § 2 den Zuständigkeitsbereich des Gemeinderates genau und eindeutig zu umschreiben (anders z. B. § 5 EigBGes Hessen). Er begnügt sich vielmehr mit einer negativen Abgrenzung, indem darauf hingewiesen wird, dass der Gemeinderat über alle Angelegenheiten der Eigenbetriebe zu beschließen hat, die nach § 32 Abs. 2 GemO seiner Beschlussfassung vorbehalten sind, es sei denn, dass er sie gemäß § 32 Abs. 3 i. V. m. § 32 Abs. 2 Nr. 11 bis 13 GemO dem jeweiligen Werkausschuss übertragen hat. Im **Zweifelsfall** besteht daher für wichtige Entscheidungen eine Vermutung für die Zuständigkeit des Gemeinderats.

3. Ausschließliche Zuständigkeit des Gemeinderates nach der Gemeindeordnung

Insbesondere in § 32 Abs. 2 GemO sind diejenigen Aufgabenbereiche aufgezählt, für die allein der Gemeinderat zuständig ist und die deshalb auch nicht auf den Werkausschuss (abgesehen von den Fällen des § 32 Abs. 3 GemO), den Bürgermeister oder die Werkleitung übertragen werden können. Dazu gehören vor allem:

- Die Wahl der Mitglieder des Werkausschusses (§ 45 Abs. 1 GemO). Der Gemeinderat ist die Vertretung der Bürgerinnen und Bürger, er ist Ortsgesetzgeber und oberstes Verwaltungsorgan. Die Ausschüsse als Teile des Gemeinderates leiten ihre Legitimation von diesem ab, weil sie von ihm gewählt werden.
- Der Erlass, die Änderung und die Aufhebung von Satzungen (§ 24 Abs. 2, § 32 Abs. 2 Nr. 1 GemO).
  Der Gemeinderat als Ortsgesetzgeber ist das Organ der Gemeinde, das die Satzungen erlässt. Da die Eigenbetriebe Teil der Gemeinde bleiben, kann nur der Gemeinderat, wenn für die Arbeit der Eigenbetriebe satzungsrechtliche Regelungen notwendig sind, die entsprechenden Satzungen erlassen. Zu denken ist hier neben der Betriebssatzung gemäß § 1 Abs. 1 an Satzungen zur Regelung eines Anschluss- und Benutzungszwangs nach § 26 GemO sowie an Abgabensatzungen nach dem KAG.
- Die Festsetzung der Sätze und Tarife für öffentliche Abgaben oder für privatrechtliche Entgelte sowie die allgemeinen Tarife der Versorgungs- und Verkehrsbetriebe (§ 32 Abs. 2 Nr. 10).
  Eigenbetriebe als wirtschaftliche Unternehmen gemäß § 85 Abs. 1 GemO bieten regelmäßig Leistungen am Markt an. Für die Leistung muss eine Gegenleistung festgesetzt werden. Das ist Aufgabe des Gemeinderats unabhängig davon, ob es sich um öffentlichrechtliche Abgaben (Beiträge oder Gebühren) oder um privatrechtliche Entgelte handelt.
- Die teilweise oder vollständige Veräußerung oder Verpachtung von Eigenbetrieben (§ 32 Abs. 2 Nr. 13 GemO).
  Der hier angesprochene Tatbestand wird materiell in § 79 GemO geregelt. Diese Vorschrift ist eine spezielle Ausgestaltung des Grundsatzes des sorgsamen Umgangs mit dem Gemeindevermögen. Danach darf die Gemeinde ihr Vermögen nur veräußern (§ 79 Abs. 1 GemO) oder zur Nutzung überlassen (§ 79 Abs. 2 GemO), soweit es in absehbarer Zeit nicht mehr zur Aufgabenerfüllung gebraucht wird. Der Gemeinderat hat hier sorgsam zu prüfen, ob die Gemeinde auch nach der Vornahme des Rechtsgeschäfts in der Lage ist, ihre Aufgabe so wie bisher wahrzunehmen. Eine Verpachtung von Eigenbetrieben wird eher selten vorgenommen, näher liegt da schon eine materielle Privatisierung durch Veräußerung. In einem solchen Fall kommt es zu tiefgreifenden Veränderungen in der Aufgabenstruktur.

- Die Errichtung, Erweiterung, Übernahme und Aufhebung öffentlicher Einrichtungen und wirtschaftlicher Unternehmen sowie die Beteiligung an diesen (§ 32 Abs. 2 Nr. 14 GemO).
  Nur der Gemeinderat kann darüber befinden, ob ein Teil der Gemeindeverwaltung als Eigenbetrieb geführt werden soll.
  - Der Errichtungsbeschluss ist Aufgabe des Gemeinderates. Dazu gehört auch die Festlegung, welche Aufgaben vom Eigenbetrieb wahrgenommen werden sollen.
  - Die Erweiterung eines Eigenbetriebs ist regelmäßig die Zuweisung zusätzlicher Aufgaben. Die Übernahme eines Eigenbetriebs kommt kaum in Frage. Da jeder Eigenbetrieb Teil der jeweiligen Gemeinde ist, kann eine Gemeinde keinen Eigenbetrieb in einer anderen Gemeinde betreiben (Örtlichkeitsprinzip). Die Aufhebung eines Eigenbetriebs ist die völlige Einstellung eines Eigenbetriebs.
- Die Umwandlung der Rechtsform von Eigenbetrieben (§ 32 Abs. 2 Nr. 15 GemO).
  Ein Eigenbetrieb kann in eine öffentlich-rechtliche Anstalt (§§ 86a, 86b GemO) oder in eine Kapitalgesellschaft (§ 87 GemO) umgewandelt werden.

Damit ist der Gemeinderat nach der GemO zuständig für alle Angelegenheiten, die die Gemeinde als „Eigner" zu treffen hat.

4. Ausschließliche Zuständigkeit des Gemeinderates nach der EigAnVO

Durch § 2 Abs. 2 EigAnVO wird geregelt, dass der Gemeinderat – unberührt von § 32 Abs. 2 GemO – bestimmte Zuständigkeiten nicht übertragen kann. Auch bei diesen Entscheidungen handelt es sich um wesentliche Entscheidungen für den Eigenbetrieb und die Gemeinde, so dass der Ratsvorbehalt auch gerechtfertigt ist. Das sind:

- Die Feststellung und die Änderung des Wirtschaftsplans (Absatz 2 Nr. 1). Der Wirtschaftsplan ist gemäß § 1 Abs. 1 Nr. 6 GemHVO dem Haushaltsplan der Gemeinde als Anlage beizufügen.
- Die Feststellung des Jahresabschlusses sowie die Verwendung des Jahresgewinns oder die Behandlung des Jahresverlustes (Absatz 2 Nr. 2).
  Die Feststellung des Jahresabschlusses schließt auch die Entlastung ein.
- Die Bestellung der Abschlussprüferin oder des Abschlussprüfers gemäß § 89 Abs. 2 GemO (Absatz 2 Nr. 3 i. V. m. § 2 der Landesverordnung über die Prüfung kommunaler Einrichtungen vom 22.7.1991 (GVBl. 1991, S. 331), zuletzt geändert durch Verordnung vom 4.4.2016 (GVBl. 2016 S. 210).
- Die Zustimmung zur Bestellung der Werkleitung (Absatz 2 Nr. 4 i. V. m. § 4).
- Der Abschluss von Verträgen, die die gemeindliche Haushaltswirtschaft erheblich belasten (Absatz 2 Nr. 5).
  Verträge, die für die Gemeinde von Bedeutung sind, fallen nur dann in die Kompetenz des Gemeinderats, wenn sie die Haushaltswirtschaft der Gemeinde (nicht des Eigenbetriebs) **erheblich** – wenn auch nur mittelbar – belasten. Ob dies zutrifft, ist nach den Umständen des Einzelfalles (z. B. Einwohnerzahl, Haushaltsvolumen, Einnahmekraft, Finanzlage und Verschuldung der Gemeinde einerseits, Folgekosten des Vertrages, finanzielle Auswirkungen auf andere Bereiche der Gemeinde, Vertragsdauer andererseits) zu beurteilen.
- Die Rückzahlung von Eigenkapital (Absatz 2 Nr. 6).
  Gemäß § 11 Abs. 5 EigAnVO darf die Gemeinde die Rücklagen nur ausnahmsweise und unter bestimmten Bedingungen vermindern.

§ 3
Werkausschuss

(1) Der Werkausschuss, der nach § 86 Abs. 4 GemO für jeden Eigenbetrieb zu bilden ist, ist ein Ausschuss des Gemeinderats im Sinne der §§ 44 bis 46 GemO. Die allgemeinen Bestimmungen der Gemeindeordnung über Ausschüsse des Gemeinderats gelten auch für den Werkausschuss, soweit diese Verordnung keine besonderen Bestimmungen enthält.

(2) Die Mitglieder des Werkausschusses sollen die für ihr Amt erforderliche Sachkunde und Erfahrung besitzen.

(3) Die Mitglieder der Werkleitung haben an den Beratungen des Werkausschusses teilzunehmen; sie sind berechtigt und auf Verlangen verpflichtet, ihre Ansicht zu einem Beratungsgegenstand darzulegen.

(4) Der Werkausschuss hat die Beschlüsse, für die nach § 2 der Gemeinderat zuständig ist, vorzuberaten.

(5) Der Werkausschuss entscheidet im Rahmen der Beschlüsse des Gemeinderats (§ 2) über

1. **die Grundsätze für die Wirtschaftsführung, die Vermögensverwaltung und die Rechnungslegung,**
2. **die Festsetzung allgemeiner Bedingungen und Regeln für Lieferungen und Leistungen des Eigenbetriebs,**
3. **Mehraufwendungen nach § 16 Abs. 3 Satz 2 und Mehrausgaben nach § 17 Abs. 5 Satz 3 sowie**
4. **sonstige wichtige Angelegenheiten des Eigenbetriebs, soweit für deren Entscheidung nicht der Gemeinderat, die Bürgermeisterin oder der Bürgermeister oder die Werkleitung zuständig ist.**

Erläuterungen

Übersicht

1. Werkausschuss als Pflichtausschuss (Absatz 1)

Absatz 1 Satz 1 schreibt in Übereinstimmung mit § 86 Abs. 4 GemO zwingend vor, dass für **jeden** Eigenbetrieb ein Werkausschuss zu bilden ist. Der Werkausschuss ist ein Pflichtausschuss und ein besonderes Organ des Eigenbetriebs. Damit ist auch klar, dass der Gemeinderat die Aufgaben des Werkausschusses weder durch einen anderen Ausschuss wahrnehmen lassen, noch sie selbst übernehmen kann. Vielmehr ist der Werkausschuss ein Pflichtausschuss mit einem gesetzlich geregelten Aufgabenbereich. Der Gemeinderat kann den Werkausschuss zwar umgestalten, ihn aber nicht abschaffen. Die früher in der GemO enthaltene Möglichkeit, für mehrere Eigenbetriebe einen gemeinsamen Werkausschuss zu bilden, ist weggefallen, da dies bei einer Mitarbeiterbeteiligung zu praktischen Schwierigkeiten führen würde. Andere Bundesländer lassen dies hingegen weiterhin zu (vgl. z. B. § 6 Abs. 1 EigBGes Hessen).

Als Ausschuss des Gemeinderats unterliegt der Werkausschuss den Bestimmungen der §§ 44 bis 46 GemO (Abs. 1 Satz 1). Er unterscheidet sich von anderen Gemeindeausschüssen dadurch, dass ihm entscheidende Funktionen durch die EigAnVO übertragen sind (vgl. Abs. 1 Satz 2).

2. Zusammensetzung und Wahl des Werkausschusses

2.1 Zusammensetzung (Absatz 2)

2.1.1 Ratsmitglieder und Bürger

Für die Zusammensetzung des Werkausschusses gilt § 44 GemO. Der Werkausschuss setzt sich entweder nur aus Ratsmitgliedern oder aus Ratsmitgliedern und sonstigen wählbaren Bürgern der Gemeinde zusammen (§ 44 Abs. 1 Satz 2 Halbsatz 1 GemO). Mindestens die Hälfte der Mitglieder des Werkausschusses soll dann jedoch Ratsmitglied sein (§ 44 Abs. 1 Satz 2 Halbsatz 2 GemO). Hinsichtlich der Zusammensetzung des Werkausschusses besteht insoweit eine Besonderheit, als die Mitglieder des Werkausschusses die für ihr Amt erforderliche **Sachkunde** und **Erfahrung** besitzen sollen, was bei mehrheitlicher Besetzung durch Ratsmitglieder allerdings nicht immer zu gewährleisten ist. Diese Soll-Vorschrift liegt aber letztlich auch im eigenen Interesse des Eigenbetriebs und ist zu beachten, da erfahrungsgemäß fachkundige und im Wirtschaftsleben stehende Personen die wirtschaftlichen Vorgänge eines Eigenbetriebs mit besonderer Fachkunde zu beurteilen vermögen.

2.1.2 Vertreter der Beschäftigten

Nach § 90 Abs. 1 Satz 1 Halbsatz 1 LPersVG müssen zu dem Werkausschuss mindestens in einem Drittel der Mitgliederzahl Vertreter der Beschäftigten hinzutreten, wenn der Eigenbetrieb mehr als zehn Beschäftigte hat. Die Vertreter der Beschäftigten haben beratende Stimme (§ 90 Abs. 1 Satz 1 Halbsatz 2 LPersVG).

2.2 Wahl

2.2.1 Wahl der stimmberechtigten Mitglieder

Die (stimmberechtigten) Mitglieder des Werkausschusses und ihre Stellvertreter werden auf Grund von Vorschlägen der im Gemeinderat vertretenen politischen Gruppen gewählt (§ 45 Abs. 1 Satz 1 GemO). Zur Wahl der Ausschussmitglieder siehe ausführlich *Gabler u. a.*, Kommunalverfassungsrecht Rheinland-Pfalz und PRAXIS-Beitrag *B 1 RhPf*, Erl. zu § 45 GemO.

2.2.2 Wahl der Beschäftigtenvertreter

Die Vertreter der Beschäftigten, die mit beratender Stimme an den Sitzungen des Werkausschusses teilnehmen, werden ebenfalls vom Gemeinderat gewählt (§ 90 Abs. 2 Satz 3 LPersVG i. V. m. § 40 Abs. 2 bis 4 GemO). Das Vorschlagsrecht für die Wahl der Vertreter der Beschäftigten durch den Gemeinderat steht dem Personalrat zu (§ 90 Abs. 2 Satz 1 LPersVG). Der Gemeinderat vermittelt mit seiner Wahl den Beschäftigtenvertreten die notwendige Legitimation, die diese brauchen, um an der Ausübung von Staatsgewalt teilnehmen zu können (vgl. VGH NRW, DVBl 1986 S. 1196; VGH RhPf, Urt. vom 18.4.1994 – VGH N 1 und 2/93 –). Die Beschäftigtenvertreter müssen keine Bürger der Gemeinde sein. Aufgrund der verfassungsrechtlich gebotenen Begrenzung der Rechte der Beschäftigtenvertreter auf eine Beratungsfunktion ist es mit dem Kommunalverfassungsrecht vereinbar, den Kreis der wählbaren Beschäftigten auszuweiten (Schreiben ISM vom 6.12.2000 – 16 610/311 –, GStB-Nachrichten Nr. 0069/2001).

3. Teilnahme- und Redepflicht der Werkleitung (Absatz 3)

Die Mitglieder der Werkleitung nehmen an den Sitzungen des Werkausschusses teil. Sie sind dazu verpflichtet, aber auch berechtigt (Absatz 3 Halbsatz 1); sie sind außerdem berechtigt und auf Verlangen verpflichtet, ihre Ansicht zu einem Beratungsgegenstand darzulegen (Absatz 3 Halbsatz 2). Damit ist sichergestellt, dass die Werkleitung auch eine abweichende Meinung den Mitgliedern des Werkausschusses zur Kenntnis bringen kann und dies ggf. sogar tun muss.

4. Vorsitz

Da der Werkausschuss ein Gemeindeausschuss ist, führt den Vorsitz im Werkausschuss grundsätzlich der **Bürgermeister** (§ 46 Abs. 1 Satz 1 GemO), bei dessen Verhinderung die Beigeordneten in der Reihenfolge ihrer Vertretungsbefugnis (§ 46 Abs. 5 Satz 1 GemO i. V. m. § 36 Abs. 1 Satz 1 Halbsatz 2 GemO), bei Verhinderung des Bürgermeisters und der Beigeordneten das älteste Ausschussmitglied (vgl. § 46 Abs. 5 Satz 1 GemO i. V. m. § 36 Abs. 1 Satz 2 GemO). Verzichtet das älteste anwesende Ausschussmitglied auf den Vorsitz, so wählt der Werkausschuss aus seiner Mitte den Vorsitzenden (vgl. § 46 Abs. 5 Satz 1 GemO i. V. m. § 35 Abs. 1 Satz 3 GemO). Soweit **Beigeordnete mit eigenem Geschäftsbereich** bestellt sind, führt nicht der Bürgermeister, sondern derjenige Beigeordnete den Vorsitz, zu dessen Geschäftsbereich der Eigenbetrieb gehört (vgl. § 46 Abs. 1 Satz 2 GemO). Führt ein Beigeordneter im Werkausschuss gemäß § 46 Abs. 1 Satz 2 GemO den Vorsitz, ist der Bürgermeister in den Sitzungen des Werkausschusses jederzeit befugt, das Wort zu ergreifen (vgl. § 46 Abs. 2 GemO). In den Sitzungen des Werkausschusses steht dem Vorsitzenden als Mitglied kraft Gesetzes ein Stimmrecht zu, sofern er nicht gewähltes Mitglied ist (§ 46 Abs. 5 Satz 1 i. V. m. § 29 Abs. 1 Satz 1 und § 36 Abs. 3

Satz 1 GemO). Zum Verfahren in den Ausschüssen des Gemeinderates siehe ausführlich *Gabler u. a.*, Kommunalverfassungsrecht Rheinland-Pfalz und PRAXIS-Beitrag *B 1 RhPf*, Erl. zu § 46 GemO.

5. Einladung

5.1 Form der Einladung

Über § 46 Abs. 5 GemO findet § 34 Abs. 2 GemO Anwendung. Der Vorsitzende (Bürgermeister oder Beigeordneter gemäß § 46 Abs. 1 GemO) lädt die Mitglieder des Werkausschusses schriftlich oder elektronisch unter Mitteilung der Tagesordnung ein.

5.2 Frist

Zwischen Einladung und Sitzung müssen – von Fällen besonderer Dringlichkeit abgesehen – mindestens vier volle Kalendertage liegen (§ 46 Abs. 5 Satz 1 i. V. m. § 34 Abs. 3 Satz 1 GemO).

6. Beschlussfähigkeit

Der Werkausschuss ist beschlussfähig, wenn bei der Beschlussfassung mehr als die Hälfte der Ausschussmitglieder anwesend ist (vgl. § 46 Abs. 5 Satz 1 i. V. m. § 39 Abs. 1 GemO). Zu den Ausnahmen siehe *Gabler u. a.*, Kommunalverfassungsrecht Rheinland-Pfalz und PRAXIS-Beitrag *B 1 RhPf*, Erl. 3 bis 6 zu § 39 GemO.

7. Beschlussfassung

Durch die Verweisung in § 46 Abs. 5 Satz 1 GemO auf § 40 GemO ergibt sich, dass Beschlüsse des Werkausschusses der Mehrheit der Stimmen der anwesenden (stimmberechtigten) Ausschussmitglieder bedürfen. Bei Stimmengleichheit ist der Antrag abgelehnt (§ 40 Abs. 1 Satz 2 GemO).

8. Sitzungsöffentlichkeit

8.1 Abschließende Entscheidung durch Werkausschuss

Bei abschließenden Entscheidungen des Werkausschusses bestimmt sich die äußere Form der Sitzung gemäß § 46 Abs. 4 Satz 1 GemO nach den für den Gemeinderat geltenden Vorschriften des § 35 Abs. 1 GemO. Das bedeutet, dass die Sitzungen grundsätzlich öffentlich sind. Nur in ausdrücklich bestimmten Ausnahmefällen oder wenn die Beratung in nicht öffentlicher Sitzung der Natur des Beratungsgegenstands nach erforderlich ist, sind Beratungsgegenstände in nicht öffentlicher Sitzung zu behandeln.

8.2 Vorbereitung der Beschlussfassung durch den Rat

Bereitet der Werkausschuss lediglich Beschlüsse des Gemeinderats vor, sind die Sitzungen dagegen i. d. R. nichtöffentlich (§ 46 Abs. 4 Satz 2 Halbsatz 1 GemO). Lediglich in Einzelfällen kann der Werkausschuss die Öffentlichkeit der Sitzung beschließen (§ 46 Abs. 4 Satz 2 Halbsatz 2 GemO).

9. Teilnahmerechte von Personen, die dem Werkausschuss nicht als Mitglied angehören

9.1 Mitglieder der Werkleitung

Die Mitglieder der Werkleitung sind nach Absatz 3 zur Teilnahme an den Sitzungen des Werkausschusses nicht nur berechtigt, sondern verpflichtet.

9.2 Beigeordnete

Beigeordnete – sofern nicht bereits kraft Zuständigkeit Ausschussvorsitzender – können gemäß § 50 Abs. 5 Satz 1 GemO an den Werkausschusssitzungen mit beratender Stimme teilnehmen (zum Umfang des Beratungsrechts vgl. § 37 Abs. 3 GemO).

9.3 Ratsmitglieder, die keine gewählten Ausschussmitglieder sind

Ratsmitglieder haben die Möglichkeit, sich über die Arbeit der Ausschüsse, die ja ihre Zuständigkeit vom Gemeinderat ableiten, zu informieren. Sie können gemäß § 46 Abs. 4 Satz 2 GemO an den Sitzungen der Ausschüsse als Zuhörer teilnehmen. Das gilt **auch in nicht öffentlichen Sitzungen**.

9.4 Ortsbürgermeister

Die Ortsbürgermeister können an den Sitzungen des Werkausschusses der Verbandsgemeindebetriebe, in denen Belange der Ortsgemeinde berührt werden, mit beratender Stimme teilnehmen (§ 69 Abs. 3 GemO).

9.5 Ortsvorsteher

Ortsvorsteher haben gemäß § 76 Abs. 3 GemO das Recht, an den Sitzungen des Werkausschusses, in denen Belange des Ortsbezirks berührt werden, teilzunehmen.

9.6 Sachverständige und Vertreter berührter Bevölkerungskreise

Der Werkausschuss kann beschließen, zu bestimmten Beratungsgegenständen Sachverständige und Vertreter berührter Bevölkerungskreise zu hören und einzelne Beratungsgegenstände mit ihnen auch erörtern (§ 46 Abs. 5 Satz 1 i. V. m. § 35 Abs. 2 Satz 1 GemO). Der Begriff des Sachverständigen ist dabei weit auszulegen. Besondere Sachkunde ist ausreichend.

9.7 Stellvertretende Ausschussmitglieder

Zum Teilnahmerecht von stellvertretenden Ausschussmitgliedern als Zuhörer in nicht öffentlichen Sitzungen des Werkausschusses siehe *Gabler u. a.*, Kommunalverfassungsrecht Rheinland-Pfalz und PRAXIS-Beitrag *B 1 RhPf*, Erl. 5.3 zu § 46 GemO.

10. Zuständigkeit des Werkausschusses

10.1 Vorbereitung der Beschlüsse der Gemeindevertretung (Absatz 4)

Nach Absatz 4 bereitet der Werkausschuss die Beschlüsse, für die nach § 2 der Gemeinderat zuständig ist, vor, d. h., der Werkausschuss berät alle Angelegenheiten vor, über die der Gemeinderat endgültig entscheidet (vgl. hierzu im Einzelnen die Erl. zu § 2 EigAnVO).

10.2 Eigene Entscheidungskompetenz (Absatz 5)

In Absatz 5 sind die Zuständigkeiten des Werkausschusses nur sehr allgemein umschrieben. Demnach ist diese Vorschrift ihrem Wesen nach nur als Rahmenvorschrift aufzufassen, die durch die Betriebssatzung näher ausgefüllt werden sollte. Die Genehmigung über- oder außerplanmäßiger Mehrausgaben betreffend wird auf die Erl. zu § 16 und zu § 17 EigAnVO verwiesen.

10.3 Übertragung weiterer Zuständigkeiten

Nach § 32 Abs. 1 Satz 1 GemO i. V. m. § 2 Abs. 1 EigAnVO kann dem Werkausschuss durch den Gemeinderat die Entscheidung in weiteren Angelegenheiten übertragen werden. Diese Vorgabe findet dort ihre Grenzen, wo der Gemeinderat ausdrücklich zur Entscheidung berufen ist (vgl. Erl. 3 und 4 zu § 2 EigAnVO).

11. Niederschrift

Über jede Sitzung des Werkausschusses ist eine Niederschrift anzufertigen (§ 46 Abs. 5 Satz 1 GemO i. V. m. § 41 Abs. 1 Satz 1 GemO). Inhalt und Form der Niederschrift ergeben sich aus § 41 Abs. 1 Satz 2 GemO. Die Niederschriften über Sitzungen des Werkausschusses stellen öffentliche Urkunden dar.

12. Aussetzung von Beschlüssen

Grundsätzlich haben der Vorsitzende und die Werkleitung die Beschlüsse des Werkausschusses auszuführen (vgl. § 47 Abs. 1 Satz 2 Nr. 2 GemO, § 4 EigAnVO). Die Ausführung **rechtswidriger Beschlüsse** ist jedoch auszusetzen. § 42 GemO, der die Aussetzung rechtswidriger Beschlüsse des Gemeinderats durch den Bürgermeister bzw. den Beigeordneten, der den Vorsitz führt, regelt, ist gemäß § 46 Abs. 5 Satz 1 GemO sinngemäß auf Beschlüsse der Ausschüsse anzuwenden. Für das Aussetzungsverfahren gilt eine Besonderheit: Beharrt der Werkausschuss auf dem ausgesetzten Beschluss, ist nicht sofort die Entscheidung der Aufsichtsbehörde einzuholen. Zunächst ist die Angelegenheit dem Gemeinderat zu unterbreiten (§ 46 Abs. 5 Satz 2 letzter Halbsatz; zum weiteren Aussetzungsverfahren siehe *Gabler u. a.*, Kommunalverfassungsrecht Rheinland-Pfalz und PRAXIS-Beitrag *B 1 RhPf*, Erl. 8 zu § 46 GemO).

§ 4
Werkleitung

(1) Die Werkleitung leitet den Eigenbetrieb im Rahmen dieser Verordnung, der Betriebssatzung, der Beschlüsse des Gemeinderats und des Werkausschusses sowie der gemäß § 6 Abs. 2 ergangenen Weisungen der Bürgermeisterin oder des Bürgermeisters in eigener Verantwortung. Der Werkleitung obliegt insbesondere die laufende Betriebsführung. Sie ist der Bürgermeisterin oder dem Bürgermeister für die ordnungsgemäße und wirtschaftliche Betriebsführung verantwortlich; sie ist Vorgesetzter aller Bediensteten, die bei dem Eigenbetrieb beschäftigt sind.

(2) Die Werkleitung hat die Bürgermeisterin oder den Bürgermeister und den Werkausschuss über alle wichtigen Angelegenheiten des Eigenbetriebs rechtzeitig zu unterrichten und soweit notwendig, deren Entscheidung einzuholen. Sie hat ferner der Bürgermeisterin oder dem Bürgermeister den Entwurf des Wirtschaftsplans, des Jahresabschlusses und des Lageberichts, den Zwischenbericht nach § 21, die Ergebnisse der Betriebsstatistik und die Selbstkostenrechnungen vorzulegen und ihr oder ihm die notwendigen Auskünfte zu erteilen.

(3) Die Werkleitung besteht aus einer Werkleiterin oder einem Werkleiter. Die Betriebssatzung kann bestimmen, dass die Werkleitung aus zwei oder drei Mitgliedern besteht. Besteht sie aus mehreren Mitgliedern, so hat die Bürgermeisterin oder der Bürgermeister mit Zustimmung des Werkausschusses die Geschäftsbereiche der einzelnen Mitglieder zu bestimmen. Die Bürgermeisterin oder der Bürgermeister kann mit Zustimmung des Gemeinderats ein Mitglied zur Ersten Werkleiterin oder zum Ersten Werkleiter bestellen. Die Erste Werkleiterin oder der Erste Werkleiter entscheidet, wenn unter den Mitgliedern der Werkleitung Stimmengleichheit besteht. Sie oder er ist für den geordneten Geschäftsgang verantwortlich.

(4) Die Bürgermeisterin oder der Bürgermeister kann nicht zugleich Werkleiterin oder Werkleiter sein. Zur Werkleiterin oder zum Werkleiter können nur hauptamtliche Bedienstete der Gemeinde bestellt werden. Zur Ersten Werkleiterin oder zum Ersten Werkleiter kann auch eine hauptamtliche Beigeordnete oder ein hauptamtlicher Beigeordneter bestellt werden. Im Falle des Satzes 3 können der oder dem hauptamtlichen Beigeordneten die Aufgaben der Bürgermeisterin oder des Bürgermeisters nach dieser Verordnung nicht als Geschäftsbereich übertragen werden.

(5) Die Bürgermeisterin oder der Bürgermeister bestellt mit Zustimmung des Werkausschusses und im Benehmen mit der Werkleitung für deren Mitglieder stellvertretende Mitglieder.

Erläuterungen

Übersicht

1. Selbstständigkeit der Werkleitung

Der Eigenbetrieb ist wirtschaftlich – nicht rechtlich – Sondervermögen der Gemeinde (§ 80 Abs. 1 Nr. 3 GemO). Diese Selbstständigkeit kommt auch in der eigenständigen Leitung des Eigenbetriebs zum Ausdruck. Die Werkleitung leitet den Eigenbetrieb im Rahmen

- der EigAnVO,
- der Betriebssatzung (vgl. § 1 Abs. 1 EigAnVO),
- der Beschlüsse des Gemeinderats (vgl. § 2 EigAnVO),
- der Beschlüsse des Werkausschusses (vgl. § 3 EigAnVO) und
- der gemäß § 6 Abs. 2 ergangenen Weisungen des Bürgermeisters.

§ 4 EigAnVO bildet eine wichtige Grundlage der gesamten Verfassung der Eigenbetriebe. Die rechtliche Verankerung der Leitungsbefugnisse der Werkleitung stellt eine Sonderregelung innerhalb der allgemeinen Bestimmungen des Gemeindeverfassungsrechts dar, die sich aus den Besonderheiten und den wirtschaftlichen Notwendigkeiten der Eigenbetriebe erklärt. Mit der weitgehenden Selbstständigkeit der Werkleitung im Rahmen ihrer Zuständigkeit – vergleichbar mit der Geschäftsführer- bzw. Vorstandsfunktion in privatrechtlichen Gesellschaften – ist gleichzeitig eine besondere Verantwortung gegeben. Die Werkleitung ist dem Bürgermeister für die ordnungsgemäße und wirtschaftliche Betriebsführung verantwortlich (Absatz 1 Satz 3 Halbsatz 1).

2. Zuständigkeit der Werkleitung (Absatz 1)

2.1 Allgemeines

Gemäß § 86 Abs. 5 Satz 2 GemO sollen die Befugnisse der Werkleitung so ausgestaltet werden, wie es eine wirtschaftliche Betriebsführung erfordert und die Belange der Gemeinde es erlauben. Daher werden die Entscheidungsbefugnisse und Aufgaben der Werkleitung zweckmäßigerweise in der Betriebssatzung festgelegt (vgl. § 1 Abs. 1 EigAnVO). Dabei werden die zu treffenden Regelungen u. a. von der Größe des Eigenbetriebs und den damit zu erledigenden Aufgaben abhängen. Um die erforderliche Selbstständigkeit zu sichern, sollte der Werkleitung bei der Erledigung ein möglichst weiter Handlungsspielraum zugestanden werden. Dabei dürfen die im Interesse einer flexiblen Wirtschaftsführung durch die Betriebssatzung ausgestalteten Befugnisse der Werkleitung freilich nicht dazu führen, dass die Werkleitung die Einbindung des Eigenbetriebes in die Gesamtverwaltung außer Acht lässt.

2.2 Laufende Betriebsführung

Der Werkleitung obliegt insbesondere die laufende Betriebsführung (Abs. 1 Satz 2). Der Begriff „laufende Betriebsführung“ ist schwer zu greifen (vgl. zu Einzelfragen auch *Bennemann*, PRAXIS-Beitrag *D 1d He*, § 4 EigBGes, Erl. 2.1). Letztendlich kommt es entscheidend darauf an, ob sich eine bestimmte Angelegenheit nach ihrer finanziellen Bedeutung, nach ihren Auswirkungen in sachlicher und zeitlicher Hinsicht und durch den Charakter der Einmaligkeit aus den laufenden, im Einzelnen nicht besonders bedeutsamen und wiederkehrenden Geschäften heraushebt. Dabei kommt es auf die Größe, den Geschäftskreis und die satzungsmäßigen Vorgaben des jeweiligen Eigenbetriebs an.

Der Begriff der laufenden Betriebsführung hat sein Vorbild im Begriff der „laufenden Verwaltung“, wie er bereits seit dem 19. Jahrhundert im preußischen Kommunalrecht vorhanden war. Diesen Begriff hat das Preußische OVG dahingehend umschrieben, dass es sich um Angelegenheiten handelt, die *„in mehr oder weniger regelmäßiger Wiederkehr vorkommen und zugleich sachlich von wenig erheblicher Bedeutung sind“* (PrOVGE 37, 116; PrOVGE 70, 119). Dabei wurde hervorgehoben, dass sich eine ein für alle Mal gültige Abgrenzung nicht formulieren lasse, sondern je nach den Verhältnissen entschieden werden müsse. Leitlinie sollten dabei aber die beiden Merkmale „regelmäßige Wiederkehr“ und „finanzielle Bedeutung“ sein und den Eckpfeiler der Abgrenzung bilden.

Dem haben sich die Zivilgerichte angeschlossen (vgl. RGZ 146, 50; BGHZ 8, 396 ff.; 14, 89 ff.; 21, 59 ff.; 32, 375 ff.; BGH, NJW 1980 S. 117), ebenso die Verwaltungsgerichte in der Nachkriegszeit (insbesondere OVG Münster, Städtetag 1956, S. 469). Diese Rechtsprechung, deren historischer Ablauf in BGHZ, 8 S. 93 ff. umfassend dargestellt ist, hat nach dem Zweiten Weltkrieg interessante Verfeinerungen erfahren. So ist herausgearbeitet worden, dass nicht allein die geringe geldliche Bedeutung für die Zurechnung einer Angelegenheit zur laufenden Verwaltung maßgebend sein darf, sondern dass auch geldlich bedeutsame, aber staatlich vorgeschriebene und bezahlte Maßnahmen sowie unabweisbar notwendige und risikolose Geschäfte dieser Eigenschaften wegen zur laufenden Verwaltung gehören können (BGHZ 8, 396 ff.; BGHZ 14, 89). Im Übrigen soll aber die finanzielle Bedeutung der Sache durchaus eine Rolle spielen (BGH, NJW 1980, 117 f.), daneben aber auch der Grad der gegebenen Entscheidungsfreiheit (BGHZ 8, S. 396); in besonderem Maße ist auf die regelmäßige Wiederkehr einerseits bzw. auf den einmaligen, richtungsweisenden Charakter einer Entscheidung andererseits abzustellen (OVG Münster, OVGE 25, 186 ff.; BGHZ 29, 59; 32, 375; OVG Münster, KStZ 1972, 123). In diesem Zusammenhang kann auch die zeitliche Dimension eine Rolle spielen.

Ungeachtet der Auslegungsschwierigkeiten kann davon ausgegangen werden, dass Maßnahmen, die zur Aufrechterhaltung eines einwandfreien Betriebes ständig getroffen werden müssen, zur laufenden Betriebsführung zählen. Dazu gehören u. a. der Personaleinsatz, der Einkauf von Rohstoffen und Materialien, die notwendigen Instandsetzungen und laufenden Netzerweiterungen (siehe hierzu einschränkend *Bennemann*, PRAXIS-Beitrag *D 1d He*, Erl. 2.1 zu § 4 EigBGes, Erl. 2.1, dort wird auf den materiellen Umfang und die Beitragsfähigkeit der Maßnahme abgestellt), die Beschaffung der hierfür erforderlichen Werkstoffe und Fremdleistungen, der Abschluss der üblichen und den allgemeinen Lieferbedingungen entsprechenden Lieferverträge sowie der Einkauf laufend benötigter Maschinenteile (vgl. VGH Kassel, HSGZ 1987 S. 76). Die Verfolgung von Ansprüchen des Eigenbetriebs ist ebenfalls ein Geschäft der laufenden Verwaltung. Darunter fallen regelmäßig z. B. auch Entscheidungen über die Gewährung besonderer Zahlungsmodalitäten (Stundungen, Ratenzahlungen), unabhängig davon, ob es sich um öffentlich-rechtliche oder privatrechtliche Ansprüche handelt.

Zu der laufenden Betriebsführung gehören neben der Erledigung des üblichen Geschäftsablaufs, dem Abschluss von Verträgen mit Abnehmern und der regelmäßigen Öffentlichkeitsarbeit insbesondere auch der Vollzug der Beschlüsse des Werkausschusses und der den Eigenbetrieb betreffenden Gemeinderatsbeschlüsse, während besondere Einzelfallentscheidungen (z. B. über die Befreiung vom Anschluss- und Benutzungszwang) ebenso wenig zu der laufenden Betriebsführung gehören, wie Eilentscheidungen anstelle des Werkausschusses oder des Gemeinderats.

2.3 Sonstige Aufgaben

Die laufende Betriebsführung stellt nur einen Ausschnitt aus dem Kompetenzbereich der Werkleitung dar, wie auch das Wort „insbesondere" in Absatz 1 Satz 2 verdeutlicht. Gewicht zu legen ist auf die Befugnis zur selbstständigen Leitung des Eigenbetriebs (vgl. Erl. 1) und auf die Verantwortung für die Führung des Eigenbetriebs (Absatz 1 Satz 1). Die so gegebene Leitungsbefugnis und Verantwortung geht über die übliche Leitungsbefugnis und Verantwortung eines Verwaltungsbereichs hinaus. Man erwartet von der Werkleitung also nicht nur eine ordentliche und sachgemäße Verwaltung des Eigenbetriebs, sondern darüber hinaus unternehmerische Führung. Das aber bedeutet, dass die Werkleitung für die Gesamtentwicklung des Eigenbetriebs Verantwortung trägt. Sie kann und darf sich nicht auf die „laufende Betriebsführung" zurückziehen, sondern muss ihren Blick auf alle Entscheidungen in Sachen des Eigenbetriebs richten, gerade auch auf die grundlegenden Entscheidungen, die dem Gemeinderat (§ 2 EigAnVO) oder dem Werkausschuss (§ 3 EigAnVO) obliegen. Es ist die Aufgabe und die Pflicht der Werkleitung, diese Entscheidungen anzuregen und im Einzelnen vorzubereiten. Die Werkleitung ist insoweit der Geschäftsführung in privatrechtlich organisierten Unternehmen angenähert.

2.4 Werkleitung als Vorgesetzter

Die Werkleitung ist schließlich **Vorgesetzter** aller Bediensteten, die bei dem Eigenbetrieb beschäftigt sind (Absatz 1 Satz 3 Halbsatz 2). Vorgesetzter ist, wer für die dienstliche Tätigkeit der Beschäftigten Weisungen erteilen kann (vgl. § 4 Abs. 3 LBG). Der Bürgermeister ist gemäß § 6 Abs. 1 Satz 1 **Dienstvorgesetzter**, der für Entscheidungen über die persönlichen Angelegenheiten der ihm nachgeordneten Beschäftigten zuständig ist (vgl. § 4 Abs. 2 LBG). Der Bürgermeister kann bestimmte, den Dienstvorgesetzten obliegende Befugnisse auf die Werkleitung übertragen (§ 6 Abs. 1 Satz 2 EigAnVO). Die Ausgestaltung der Verantwortlichkeiten des Bürgermeisters und der Werkleitung sowie deren gegenseitige Abgrenzung auf ihre Vorgesetzteneigenschaft entsprechen den Besonderheiten und den wirtschaftlichen Notwendigkeiten der Eigenbetriebe. Sofern mehrere Werkleiter bestellt sind, ist jeder für seinen Geschäftsbereich Vorgesetzter (vgl. Erl. 4.1.2).

2.5 Zusammenfassung

Zusammenfassend ergeben sich für die Werkleitung in der Praxis folgende Zuständigkeiten:

- Führen der laufenden Geschäfte des Eigenbetriebes, insbesondere
  - der innerbetriebliche Personaleinsatz,

  - der Einkauf von regelmäßig benötigten Rohstoffen und Materialien,
  - die Anordnung der notwendigen Instandhaltungsmaßnahmen und der damit verbundene Abschluss von Dienst- und Werkverträgen und
  - Ersatz- und Erweiterungsinvestitionen bis zu bestimmten Wertgrenzen in Abhängigkeit des Umfanges des Eigenbetriebes in Bezug auf Bilanzsumme und Umsatz,
- Aufstellung und Ausführung des Wirtschaftsplanes nach Beschlussfassung durch den Gemeinderat
- Leitung des Rechnungswesens,
- Wahrnehmung der Vorgesetztenfunktion gegenüber den Beschäftigten des Eigenbetriebes,
- Zeichnungsbefugnis für Arbeitgeber- oder Vorgesetztenzuständigkeiten in Angelegenheiten der Bediensteten des Eigenbetriebes,
- Außenvertretung des Eigenbetriebes (vgl. § 5 EigAnVO),
- Vorbereitung der Beschlüsse des Werkausschusses und des Gemeinderats in Angelegenheiten des Eigenbetriebes,
- Teilnahme an den Sitzungen des Werkausschusses,
- Ausführung der Beschlüsse des Werkausschusses und des Gemeinderates in Angelegenheiten des Eigenbetriebes,
- Erstellen von Zwischenberichten für den Bürgermeister und den Werkausschuss sowie
- Aufstellen des Jahresabschlusses.

3. Unterrichtungspflichten (Absatz 2)

Der Werkleitung obliegen umfassende Unterrichtungspflichten gegenüber dem Bürgermeister und dem Werkausschuss.

3.1 Wichtige Angelegenheiten

Die Unterrichtungspflichten betreffen zunächst alle wichtigen Angelegenheiten des Eigenbetriebs. Nach Absatz 2 Satz 1 hat die Werkleitung dem Bürgermeister und dem Werkausschuss Informationen über alle wichtigen Angelegenheiten des Eigenbetriebes rechtzeitig zukommen zu lassen.

Als eine **wichtige Angelegenheit** kann zum Beispiel eine erhebliche Betriebsstörung, ein größerer im Laufe des Jahres bereits erkennbarer Verlust, der die Liquidität des Eigenbetriebs beeinflussen könnte, die Insolvenz wichtiger Kunden und anderes angesehen werden. Die Werkleitung muss dabei im Einzelfall entscheiden, ob ein Ergebnis von besonderer Bedeutung ist. Im Zweifel sollte die Unterrichtung eher umfassend erfolgen, um der in § 4 Abs. 2 EigAnVO geregelten Verpflichtung zu genügen.

Die Unterrichtung durch die Werkleitung hat **rechtzeitig** zu erfolgen, was ähnlich, aber nicht zwingend gleichbedeutend ist mit einer *unverzüglichen* Unterrichtung. Dadurch soll sichergestellt werden, dass der Bürgermeister oder der Werkausschuss im Interesse der gebotenen Einheitlichkeit der Verwaltung eingreifen und unbeschadet der Verantwortung der Werkleitung für die wirtschaftliche Führung des Betriebes Weisungen erteilen bzw. Beschlüsse fassen kann. Der Bürgermeister muss als Leiter der Gemeindeverwaltung die Erfüllung der Aufgaben des Sondervermögens Eigenbetrieb als öffentliche Aufgabe innerhalb der Gemeindeverwaltung sichern.

3.2 Spezielle Berichtspflichten

Spezielle Berichtspflichten ergeben sich u. a. aus Absatz 2 Satz 2. Die Werkleitung hat danach dem Bürgermeister

- den Entwurf des Wirtschaftsplans,

- den Entwurf des Jahresabschlusses,
- den Entwurf des Lageberichts,
- den Zwischenbericht,
- die Ergebnisse der Betriebsstatistik und
- die Selbstkostenrechnungen

vorzulegen und ihm die notwendigen Auskünfte zu erteilen.

4. Organisation der Werkleitung (Absatz 3 und 4)

4.1 Zusammensetzung der Werkleitung

Hinsichtlich der Zusammensetzung der Werkleitung sieht Absatz 3 verschiedene Möglichkeiten vor.

4.1.1 Einköpfige Werkleitung (Absatz 3 Satz 1)

Nach Abs. 3 Satz 1 besteht die Werkleitung aus einem Werkleiter. Diese Regelung gilt immer dann, wenn in der Betriebssatzung keine abweichende Bestimmung getroffen wurde. Es gibt keine feststehenden Regeln für die Zusammensetzung. Die Gemeinde wird dies individuell nach der Aufgabenstellung und Größe des Eigenbetriebes entscheiden, wobei sie den Grundsatz der Sparsamkeit und Wirtschaftlichkeit der Verwaltung beachten muss. Im Allgemeinen werden sich kleinere Eigenbetriebe daher mit einem Werkleiter begnügen.

4.1.2 Mehrköpfige Werkleitung (Absatz 3 Sätze 2 und 3)

4.1.2.1 Gleichgeordnete Mitglieder – Rangordnung

Nach Abs. 3 Satz 2 kann die Betriebssatzung (vgl. § 1 Abs. 1 EigAnVO) bestimmen, dass die Werkleitung aus zwei oder drei Mitgliedern besteht. In der Praxis ist die Besetzung mit einem kaufmännischen Werkleiter und einem technischen Werkleiter häufiger anzutreffen. Besteht die Werkleitung aus mehreren Personen, so

- **hat** der Bürgermeister die Geschäftsbereiche der einzelnen Mitglieder (zwingend) zu bestimmen; für diese Bestimmung ist die Zustimmung des Werkausschusses erforderlich (Absatz 3 Satz 2);
- **kann** der Bürgermeister, ähnlich wie beim Vorstand einer Aktiengesellschaft, eine dieser Personen zum Ersten Werkleiter bestellen; für diese Bestimmung ist die Zustimmung des Gemeinderats erforderlich (Absatz 3 Satz 3).

Unabhängig von der Frage der ressortmäßigen Aufteilung und damit der Verantwortlichkeit des einzelnen Werkleiters für den ihm unterstellten Bereich ist die Verantwortung jedes Werkleiters für den Gesamtbetrieb. Überwachungspflichten treffen einen Werkleiter daher auch bezüglich der ihm nicht zugewiesenen Ressorts.

4.1.2.2 Stellung des Ersten Werkleiters (Absatz 3 Sätze 4 und 5)

Ist vom Bürgermeister mit Zustimmung des Gemeinderats ein Mitglied der Werkleitung zum Ersten Werkleiter bestellt, so entscheidet bei Meinungsverschiedenheiten im Falle der Stimmengleichheit der Erste Werkleiter (Absatz 3 Satz 4); er ist auch für den geordneten Geschäftsgang verantwortlich (Absatz 3 Satz 5). Die Verantwortung für den geordneten Geschäftsgang enthält die Pflicht, Weisungen für den äußeren Geschäftsablauf und den inneren Dienstbetrieb zu treffen. Dazu gehören z. B. Regelungen über den Publikumsverkehr, die Arbeitszeit, das Fernbleiben vom Dienst (Krankheit, Dienstbefreiung), den Urlaub, die Betriebssicherheit, den Unfallschutz sowie die Aufgaben nach dem LPersVG.

4.2 Fachliche Anforderungen

Es gibt keine Vorschriften über die fachliche Ausbildung, die ein Werkleiter haben muss. Für ihn gilt die allgemeine Vorschrift des § 61 Abs. 1 GemO. Danach müssen die Beamten, Angestellten und Arbeiter der Gemeinde die fachlichen Voraussetzungen erfüllen und die Ablegung der Prüfungen nachweisen, die nach beamtenrechtlichen Bestimmungen oder tarifrechtlichen Regelungen erforderlich sind. Es gibt keinen Zwang, einen kaufmännisch Ausgebildeten an die Spitze des Eigenbetriebs zu stellen. Naturwissenschaftler, Techniker, Verwaltungsfachleute, Kaufleute und Juristen oder auch sonstiges Fachpersonal finden sich in der Praxis allein oder gemeinsam an der Spitze eines Eigenbetriebs. Abzustellen ist bei der Auswahl der Werkleitung auf die Aufgabe des jeweiligen Eigenbetriebs sowie seine Größe und Komplexität.

4.3 Stellung der Werkleitung

Zum Werkleiter können nur hauptamtliche Bedienstete der Gemeinde bestellt werden (Abs. 4 Satz 2). Damit geht die EigAnVO zwar davon aus, dass die Werkleiter hauptamtliche Gemeindebedienstete sind. Gefordert wird aber nicht, dass diese ausschließlich mit Aufgaben der Werkleitung beschäftigt werden. Eine ausschließliche Beschäftigung mit Aufgaben der Werkleitung ist nur dann gerechtfertigt, wenn der Umfang des Betriebs es erfordert.

Werkleiter können sowohl Angestellte als auch Beamte sein.

4.4 Beigeordneter als Werkleiter

Da die Werkleitung im Rahmen der Leitung des Eigenbetriebes einen besonderen Teil des Gemeindevermögens verwaltet, muss ihre Stellung zur Verwaltung der Gemeinde eindeutig festgelegt sein. Die EigAnVO lässt hierfür drei verschiedene Möglichkeiten offen:

a) die Werkleitung untersteht unmittelbar dem Bürgermeister,

b) es wird ein Beigeordneter für den Eigenbetrieb bestellt,

c) ein Beigeordneter wird zum Werkleiter bestellt.

Soweit der Eigenbetrieb im Geschäftsbereich des Bürgermeisters verbleibt, untersteht die Werkleitung unmittelbar und direkt seiner Weisungsbefugnis. Falls er jedoch dezernatsmäßig einem Beigeordneten zugewiesen ist, der nicht zugleich Werkleiter ist, so nimmt dieser die Funktion des Bürgermeisters in dessen Vertretung wahr. Da ihm nicht die Befugnisse eines Werkleiters zustehen, kann der Beigeordnete auch nicht unmittelbar die Geschäfte des Eigenbetriebes führen, da diese der Werkleitung vorbehalten sind. Seine Aufgaben und Weisungsbefugnisse beschränken sich deshalb darauf, die für die Einheitlichkeit der Verwaltung und zur Wahrung des Gesamtinteresses der Gemeinde notwendig und zweckmäßig erscheinenden Maßnahmen zu treffen.

Um eine möglichst enge Zusammenarbeit zwischen Verwaltung und Eigenbetrieb zu erreichen, wird nicht selten von der dritten Möglichkeit Gebrauch gemacht und ein Beigeordneter zum Werkleiter bestellt. Dies hat den Vorteil, dass der Werkleiter die Belange des Eigenbetriebes unmittelbar im Beigeordneten-Kollegium vortragen und vertreten kann. Wenn ein hauptamtlicher Beigeordneter der Gemeinde zum Werkleiter bestellt wird, so entspricht es schon seiner Stellung als Vertreter des Bürgermeisters, dass er gleichzeitig und unbeschadet seiner Stellung als Beigeordneter auch ohne weiteres Erster Werkleiter ist (vgl. Absatz 3 Satz 3). Ist ein hauptamtlicher Beigeordneter Werkleiter, so ist die Funktion des Bürgermeisters nach der EigAnVO von dem in der Reihenfolge der allgemeinen Vertretung nachfolgenden Beigeordneten wahrzunehmen. Die Aufgaben des Bürgermeisters nach der EigAnVO können dem Beigeordneten, der zugleich Erster Werkleiter ist, nicht als Geschäftsbereich gemäß § 50 Abs. 3 GemO übertragen werden; d. h. der Bürgermeister nimmt die ihm nach der EigAnVO obliegenden Aufgaben wahr.

5. Werkleitung bei Eigenbetrieben der Ortsgemeinden

Bei Eigenbetrieben der Ortsgemeinden kann der Werkleiter Bediensteter der Ortsgemeinde, aber auch der Verbandsgemeinde sein (vgl. Erl. 3 zu § 8 EigAnVO).

6. Stellvertretende Werkleiter (Absatz 5)

Gibt es nur einen Werkleiter, muss ein Stellvertreter des Werkleiters für die Abwesenheit des ordentlichen Leiters vorhanden sein. Aber auch in mehrköpfigen Werkleitungen bestellt der Bürgermeister mit Zustimmung des Werkausschusses und im Benehmen mit der Werkleitung stellvertretende Mitglieder der Werkleitung.

Der stellvertretende Werkleiter gehört ständig der Werkleitung an. Dies ist im Gesetz so zwar nicht ausdrücklich vorgegeben, sollte aber entsprechend den Grundsätzen des Aktienrechts auch in Rheinland-Pfalz so gehandhabt werden. Das OLG Frankfurt hat in seinem Beschluss vom 20.12.2001 (HSGZ 2002, S. 134 f.) unter die Betriebsleitung (= Werkleitung) des klagenden Eigenbetriebs ebenfalls die Betriebsleiter (= Werkleiter) **und deren Stellvertreter** subsumiert (vgl. auch *Bennemann*, Kommunalverfassungsrecht Hessen und PRAXIS-Beitrag *B 1 He*, § 2 EigBGes, Erl. 2).

§ 5
Vertretung des Eigenbetriebs

(1) Die Werkleitung vertritt den Eigenbetrieb der Gemeinde im Rechtsverkehr. Die Vertretung der Gemeinde in einem Unternehmen in Privatrechtsform bestimmt sich nach § 88 GemO, auch wenn die sich aus dieser Beteiligung ergebenden Aufgaben von einem Eigenbetrieb erfüllt werden. Besteht die Werkleitung aus mehreren Mitgliedern, so obliegt die Vertretung zwei Mitgliedern gemeinschaftlich, sofern in der Betriebssatzung nicht etwas anderes bestimmt ist.

(2) Die Bürgermeisterin oder der Bürgermeister hat öffentlich bekannt zu machen, wer zur Vertretung des Eigenbetriebs befugt ist und welche Bediensteten neben den zur Vertretung Befugten zur Zeichnung für den Eigenbetrieb beauftragt sind.

Erläuterungen

Übersicht

§ 5 Kommentar

1. Vertretungsbefugnis (Absatz 1)

1.1 Eigenbetrieb ist Teil der Gemeinde

Obwohl der Eigenbetrieb ein unselbstständiger Teil der Gemeinde ist und demzufolge keine eigene Rechtspersönlichkeit besitzt, ist seine Vertretung abweichend von § 47 Abs. 1 Satz 1 GemO durch Absatz 1 festgelegt: Die Werkleitung vertritt den Eigenbetrieb im Rechtsverkehr (Absatz 1 Satz 1). Dazu gehört die Abgabe und Entgegennahme rechtserheblicher Erklärungen, insbesondere die Führung des Schriftverkehrs.

Trotz der missverständlichen Formulierung von Abs. 1 Satz 1 ist Vertretener immer die Gemeinde als juristische Person des öffentlichen Rechts. Davon zu unterscheiden ist die Frage, ob die Gemeinde unter dem Namen des Eigenbetriebs klagen oder verklagt werden kann.

- Eigenbetriebe sind weder natürliche noch juristische Personen noch Vereinigungen, denen Rechte zustehen können (vgl. § 61 Nr. 1 und 2 VwGO). Ob sie Behörden im Sinne des § 2 LVwVfG sind, kann dahingestellt bleiben, weil die AGVwGO die Beteiligungsfähigkeit von Behörden im Verwaltungsprozess nur hinsichtlich der besonderen Aufsichtsklage der zuständigen Aufsichtsbehörde gemäß § 17 Abs. 1 AGVwGO vorsieht (§ 17 Abs. 2 AGVwGO). Der Eigenbetrieb als solcher ist daher **im Verwaltungsprozess nicht beteiligungsfähig** im Sinne des § 61 VwGO; er kann in Rheinland-Pfalz nicht Beklagter im Sinne des § 78 VwGO sein. Mithin kann (und muss) im Verwaltungsprozess die Gemeinde klagen und verklagt werden.
- In **bürgerlichen Rechtsstreitigkeiten** haben die Zivilgerichte dagegen mehrfach anerkannt, dass die Gemeinde unter dem Namen des Eigenbetriebs klagen oder verklagt werden kann (vgl. LG Mönchengladbach, Urt. vom 26.8.1958, Rechtsbeilage zur Elektrizitätswirtschaft 1958 S. 89). Die Bezeichnung des Eigenbetriebs ist dann der Name, mit dem die Gemeinde als Partei auftritt. Diese Rechtsfigur ist vergleichbar derjenigen des § 17 HGB: Ein Kaufmann tritt im Rechtsverkehr unter seiner Firma auf. Die Firma ist der Name des Kaufmanns, unter dem er im Handel seine Geschäfte betreibt und die Unterschrift abgibt. Die innere Rechtfertigung dafür, dass eine Gemeinde unter dem Namen ihres Eigenbetriebes im Rechtsverkehr auftreten darf, ergibt sich aus der unbeschränkten Haftung des gesamten Gemeindevermögens für die Schulden des Eigenbetriebs.

Aus der Vertretertätigkeit der Werkleitung wird, weil der Eigenbetrieb keine eigene juristische Person ist, letztlich die Gemeinde selbst berechtigt und verpflichtet.

Wird die Werkleitung einem privaten **Dritten** überlassen (vgl. hierzu *Fröhlich*, KommP BY 1965 S. 163), so kann dieser den Eigenbetrieb nicht bei der Ausübung **hoheitlicher Befugnisse** (z. B. beim Erlass von Abgabebescheiden o. Ä.) vertreten (vgl. Erl. 4.2 zu § 9 EigAnVO).

1.2 Umfang der Vertretungsbefugnis

Die Vertretungsbefugnis der Werkleitung erstreckt sich auf **alle Geschäfte des Eigenbetriebs**, und zwar ohne Rücksicht darauf, ob im Innenverhältnis die Werkleitung, der Werkausschuss, der Bürgermeister oder der Gemeinderat für die Entscheidung zuständig ist.

Abs. 1 Satz 1 begründet die Vertretungsbefugnis der Werkleitung aus eigenem Recht. Deshalb bedarf sie für die Vertretung des Eigenbetriebs im Rechtsverkehr, d. h. gerichtlich und außergerichtlich, keiner besonderen Beauftragung oder Vollmacht. Werkleiter unterzeichnen für den Eigenbetrieb mit ihrem Namen ohne Angabe des Vertretungsverhältnisses, die stellvertretenden Werkleiter „In Vertretung", während Bedienstete, die neben der Werkleitung zur Zeichnung für den Eigenbetrieb beauftragt sind, mit dem Zusatz „Im Auftrag" unterzeichnen müssen. Im Rahmen ihrer Vertretungsbefugnis ist somit die Werkleitung auch berechtigt, ohne besondere Vollmacht die Gemeinde, soweit es sich um eine Angelegenheit des Eigenbetriebs handelt, gerichtlich zu vertreten und erforderlichenfalls

Prozessvollmachten auszustellen. Nach Auffassung des OVG RhPf (Beschluss vom 16.2.1993 – 12 B 10017/93. OVG –) steht der Werkleitung im Abgabenerhebungsverfahren kein eigenes Recht zur Vertretung der Gemeinde zu; Abgabengläubiger und damit Inhaber der Befugnis, das Abgabenerhebungsverfahren durchzuführen, sei allein die Gemeinde und nicht der Eigenbetrieb, so dass die sich aus Absatz 1 Satz 1 ergebenden Rechte der Werkleitung in einem Abgabenerhebungsverfahren ohne Bedeutung seien.

2. Gesamtvertretung

Soweit nur ein Werkleiter bestellt ist, vertritt dieser den Eigenbetrieb allein. Besteht die Werkleitung aus mehreren Mitgliedern (vgl. § 4 Abs. 3 Satz 2 EigAnVO), vertreten zwei von ihnen gemeinschaftlich den Eigenbetrieb (Abs. 1 Satz 3 Halbsatz 1). Wenn mehrere Werkleiter den Eigenbetrieb gemeinschaftlich vertreten, kann diese Art der Vertretung entsprechend § 125 Abs. 2 Satz 1 HGB als Gesamtvertretung bezeichnet werden. Bei Gesamtvertretung genügt es jedoch, wenn eine Willenserklärung, die dem Eigenbetrieb gegenüber abgegeben werden soll, gegenüber **einem** vertretungsberechtigten Werkleiter abgegeben wird. Willenserklärungen sind also dem Eigenbetrieb gegenüber dann wirksam, wenn sie einem vertretungsberechtigten Werkleiter zugegangen sind (§ 130 Abs. 1 BGB, § 125 Abs. 2 Satz 3 HGB).

Durch die Betriebssatzung kann eine abweichende Bestimmung getroffen werden (Absatz 1 Satz 3 Halbsatz 2). Nach **außen** kann die Vertretungsbefugnis dadurch jedoch nicht eingeschränkt werden. **Intern** ist es möglich, die Werkleiter anzuweisen, wie die Außenvertretung zu erfolgen hat, also zum Beispiel durch eine Bestimmung, dass immer der Erste Werkleiter mitunterzeichnen muss oder dass der kaufmännische Werkleiter immer mitunterzeichnen muss.

3. Vertretung der Gemeinde in Organen von juristischen Personen des Privatrechts

Die Gemeinde kann wirtschaftliche Unternehmen gemäß § 85 Abs. 1 GemO sowie Einrichtungen im Sinne des § 85 Abs. 3 Satz 1 GemO als Unternehmen in einer Rechtsform des privaten Rechts führen oder sich daran beteiligen (§ 87 Abs. 1 Satz 1 GemO). Die **Vertretung der Gemeinde in den Gesellschaftsorganen** (Hauptversammlung, Gesellschafterversammlung, Generalversammlung, Mitgliederversammlung, Aufsichtsrat, Verwaltungsrat) richtet sich nach § 88 GemO. Die dort enthaltene Vertretungsregelung gilt auch dann, wenn die sich aus der Beteiligung an dem Unternehmen in Privatrechtsform ergebenden Aufgaben vom Eigenbetrieb erfüllt werden (Absatz 1 Satz 2). Das bedeutet, dass die Vertretung in den Gesellschaftsorganen in diesem Fall nicht durch die Werkleitung erfolgt, sondern regelmäßig vom Bürgermeister bzw. Beigeordneten wahrzunehmen ist, wobei dieser jedoch Gemeindebedienstete – namentlich auch den Werkleiter – mit seiner Vertretung beauftragen kann (§ 88 Abs. 1 Satz 4 GemO).

4. Verpflichtungserklärungen

4.1 Zuständigkeit

Die Vertretungsbefugnis der Werkleitung umfasst auch die Abgabe von Verpflichtungserklärungen für den Eigenbetrieb.

4.2 Form

Unabhängig davon gilt für die Form der Verpflichtungserklärungen durch die Werkleitung jedoch § 49 Abs. 1 GemO, ebenso § 49 Abs. 2 GemO für Erklärungen durch Bevollmächtigte und § 49 Abs. 3 GemO für Geschäfte der laufenden Betriebsführung. Hiernach bedürfen Erklärungen, durch die der Eigenbetrieb verpflichtet werden soll, der **Schriftform** (§ 49 Abs. 1 Satz 1 GemO). Sie sind außerdem nur dann rechtsverbindlich, wenn sie von der Werkleitung unter **Beifügung der Amtsbezeichnung und des Dienstsiegels handschriftlich unterzeichnet** oder in elektronischer Form mit einer dauerhaft überprüfbaren qualifizierten elektronischen Signatur versehen sind (§ 49 Abs. 1 Satz 2 GemO). Von der Amtsbezeichnung und dem Dienstsiegel kann dann abgesehen werden, wenn die Verpflichtungserklärung gerichtlich oder notariell beurkundet worden ist (§ 49 Abs. 1 Satz 2 GemO).

Die uneingeschränkte Geltung der Formvorschriften für Verpflichtungserklärungen würde zu einer wesentlichen Einschränkung der Vertretungsbefugnis der Werkleitung führen, zumal z. B. alle Auftragserteilungen und Bestellungen als Verpflichtungserklärung anzusehen sind. Um den Bedürfnissen der Praxis Rechnung zu tragen, bestimmt § 49 Abs. 3 GemO, dass die für Verpflichtungserklärungen vorgeschriebenen Formerfordernisse nicht für **Erklärungen der laufenden Verwaltung**, die für den Eigenbetrieb **finanziell unerheblich** sind, gelten. Obgleich es sich hierbei um einen unbestimmten Rechtsbegriff handelt, der nach den tatsächlichen Verhältnissen und unter Berücksichtigung der Größe des Eigenbetriebs auszulegen ist, wird hiervon regelmäßig der überwiegende Teil der laufenden Betriebsführung erfasst sein.

4.3 Folgen bei Rechtsverstoß

4.3.1 Öffentlich-rechtliche Verpflichtungserklärungen

Die Verletzung der zwingenden Formvorschriften macht öffentlich-rechtliche Verträge, durch welche der Eigenbetrieb verpflichtet werden soll, nach § 59 Abs. 1 VwVfG i. V. m. § 125 BGB sowie sonstige öffentlich-rechtliche Verpflichtungserklärungen in entsprechender Anwendung des § 125 BGB nichtig (*Gern*, Kommunalrecht Baden-Württemberg, 13. Aufl., S. 206).

4.3.2 Privatrechtliche Rechtsgeschäfte

Die Rechtsfolgen einer Verletzung der zwingenden Formvorschriften bei privatrechtlichen Rechtsgeschäften sind dagegen nicht so eindeutig. Da der Bund nach Art. 74 Nr. 1 GG die konkurrierende Gesetzgebungszuständigkeit für das Bürgerliche Recht besitzt und das Bürgerliche Recht abschließend geregelt hat (vgl. Art. 55 EGBGB), sind die Länder im Bereich des Bürgerlichen Rechts zur Gesetzgebung nicht befugt. Bei den Formvorschriften in § 49 GemO kann es sich daher nicht um Formvorschriften im Sinne des § 125 BGB handeln. Die Kompetenz des Landesgesetzgebers beschränkt sich hinsichtlich der privatrechtlichen Willenserklärungen juristischer Personen des öffentlichen Rechts vielmehr auf die Regelung der Vertretungsmacht ihrer Organe, so dass es sich insoweit um öffentliches Recht handelt (*Dahm/Lukas*, Kommunalverfassungsrecht Rheinland-Pfalz, 3. Aufl., S. 83). Verstöße gegen die Formvorschriften des § 49 Abs. 1 GemO führen daher **nicht** zur Nichtigkeit des Rechtsgeschäfts (BGH, DVP 1994 S. 42 mit Anm. *Oster*). Die Rechtsfolgen einer unter Verstoß gegen § 49 GemO abgegebenen privatrechtlichen Verpflichtungserklärung beurteilen sich nicht nach § 125 BGB, sondern einheitlich nach §§ 177 ff. BGB (*Gabler u. a.*, Kommunalverfassungsrecht Rheinland-Pfalz, PRAXIS-Beitrag *B 1 RhPf*, Erl. 1.3 zu § 49 GemO), d. h. das betreffende Rechtsgeschäft ist (nur) schwebend unwirksam (vgl. BGH, NJW 1982 S. 1036 f.). Sofern der Mangel nicht ausnahmsweise unter Berücksichtigung von Treu und Glauben (§ 242 BGB) oder der in der Literatur entwickelten Grundsätze der Duldungs- und Anscheinsvollmacht (BGHZ 21, 59; BGH, NJW 1972 S. 940; BGH, DÖV 1974 S. 389) unbeachtlich ist, wird entsprechend § 184 Abs. 1 BGB bei Vertretungsmängeln mit der nachträglichen Zustimmung des Vertretungsberechtigten, bei Formmängeln mit der Nachholung der erforderlichen Form, das schwebend unwirksame Rechtsgeschäft ex tunc wirksam (vgl. *Gabler u. a.*, a. a. O., Erl. 5.3.2 zu § 49 GemO). Eventuell kommt eine Haftung aus Verschulden beim Vertragsschluss (culpa in contrahendo) in Betracht (BGH, NJW 1984 S. 606 f.).

§ 49 GemO stellt sich dabei auch als ausschließlich im öffentlichen Interesse liegende Schutzvorschrift für die Gemeinde dar (*Gabler u. a.*, a. a. O., Erl. 1.1 zu § 49 GemO). Die Vorschrift regelt daher besondere Formalien **nur für die Gemeinde bzw. den Eigenbetrieb**.

Bei zweiseitigen Rechtsgeschäften muss die **Erklärung des Vertragspartners** nicht zwingend in gleicher Form ergehen. Die mündliche Annahme eines durch die Werkleitung unterbreiteten, formgültigen Vertragsangebotes ist daher kommunalrechtlich nicht ausgeschlossen.

5. Vertretung durch Beauftragte

Abhängig von der Größe eines Eigenbetriebes wird die Werkleitung bei steigender Betriebsgröße regelmäßig nicht in der Lage sein, alle Angelegenheiten des Unternehmens selbst zu bearbeiten. Deshalb sind die Beauftragung von Bediensteten des Eigenbetriebes (vgl. Abs. 2) mit der Wahrnehmung bestimmter Angelegenheiten und die Ermächtigung, den Eigenbetrieb insoweit vertreten zu können, unerlässlich. Die durch die Werkleitung Beauftragten sind dabei jedoch nicht Organ des Eigenbetriebes und vertreten nicht die Werkleitung in deren allgemeinen Führungspositionen, sondern sie vertreten die Werkleitung nur ausschnitthaft in deren Berechtigung, den Eigenbetrieb nach außen hin zu vertreten. Die Beauftragten zeichnen unter dem Namen des Eigenbetriebes „Im Auftrag". Für Verpflichtungserklärungen eines Bevollmächtigten gilt § 49 Abs. 2 GemO.

6. Öffentliche Bekanntmachung der Vertretungsberechtigten und Beauftragten (Absatz 2)

Gemäß Abs. 2 macht der Bürgermeister die Vertretungsberechtigung der Werkleitung sowie der Beauftragten öffentlich bekannt. Diese dem Handelsrecht nachgebildete Regelung dient sowohl der allgemeinen Rechtssicherheit als auch dem Schutz des Eigenbetriebs. Die Publizität der Vertretungsberechtigung erfordert also jedenfalls keine Eintragung der Eigenbetriebe in das Handelsregister (vgl. Erl. 6 zu § 1 EigAnVO).

Für die Form der öffentlichen Bekanntmachung gilt § 27 GemO i. V. m. §§ 7 bis 10 DVO zu § 27 GemO i. V. m. VV zu § 27 GemO. Die Form ihrer öffentlichen Bekanntmachungen regelt die Gemeinde in der Hauptsatzung (§ 27 Abs. 3 i. V. m. § 25 GemO).

§ 6
Aufgaben der Bürgermeisterin oder des Bürgermeisters

(1) Die Bürgermeisterin oder der Bürgermeister ist Dienstvorgesetzte oder Dienstvorgesetzter der Bediensteten, die bei dem Eigenbetrieb beschäftigt sind. Die Bürgermeisterin oder der Bürgermeister kann bestimmte den Dienstvorgesetzten obliegende Befugnisse auf die Werkleitung übertragen. Befugnisse, für deren Ausübung die Bürgermeisterin oder der Bürgermeister nach § 47 Abs. 2 Satz 2 GemO der Zustimmung des Gemeinderats bedarf, können nicht übertragen werden. Soweit der Werkleitung Befugnisse nicht übertragen sind, hat die Bürgermeisterin oder der Bürgermeister sie zuvor zu hören.

(2) Die Bürgermeisterin oder der Bürgermeister ist Vorgesetzte oder Vorgesetzter der Werkleitung. Einzelweisungen soll sie oder er der Werkleitung nur erteilen, wenn sie zur Sicherstellung der Gesetzmäßigkeit oder wichtiger Belange der Gemeinde oder der Einheit der Verwaltung oder zur Wahrung der Grundsätze eines geordneten Geschäftsganges notwendig sind.

(3) Die Bürgermeisterin oder der Bürgermeister hat vor Eilentscheidungen (§ 48 GemO), die den Eigenbetrieb betreffen, die Werkleitung zu hören.

Erläuterungen

Übersicht

1. Organstellung des Bürgermeisters

Dem Bürgermeister kommt im Eigenbetrieb eine **Organstellung** zu. Diese ergibt sich aus der engen Verbindung zwischen Eigenbetrieb und Gemeinde, die dem Bürgermeister trotz der organisatorischen Verselbstständigung des Eigenbetriebs unentziehbare Rechte im Eigenbetrieb zuweist; der Eigenbetrieb bleibt Teil der Gemeindeverwaltung. Der Bürgermeister ist **gesetzlicher Vertreter** der Gemeinde und damit auch – unbeschadet von § 5 EigAnVO – des Eigenbetriebs, weil dieser Teil der Gemeindeverwaltung ist (vgl. § 47 Abs. 1 Satz 1 GemO). Er hat das Recht und die Pflicht, Beschlüsse des Werkausschusses, die nach seiner Ansicht rechtswidrig sind, zu beanstanden (vgl. § 42 GemO).

2. Verantwortung des Bürgermeisters für den Eigenbetrieb

Der Bürgermeister trägt die Verantwortung für die Einheitlichkeit der Verwaltung, ihre Organisation und ihr gesetzmäßiges Funktionieren (vgl. § 47 Abs. 1 Satz 1 GemO). Die Werkleitung hat zwar die Zuständigkeit und Verantwortung für den Eigenbetrieb, insbesondere für die laufende Betriebsführung (§ 4 Abs. 1 Satz 2 EigAnVO); das ändert aber nichts an der allgemeinen Aufsichtspflicht des Bürgermeisters für die Einhaltung des Prinzips der Gesetzmäßigkeit der Verwaltung. Er bleibt daher für die Überwachung des Eigenbetriebs verantwortlich. Den Bürgermeister trifft auch im Zweifel ein Organisationsverschulden, wenn er seine Aufgaben vernachlässigt.

3. Bürgermeister als Dienstvorgesetzter und Vorgesetzter

Der Bürgermeister ist **Dienstvorgesetzter** der Bediensteten, die beim Eigenbetrieb beschäftigt sind (Abs. 1 Satz 1). Zu diesen Bediensteten zählen auch die Mitglieder der Werkleitung, deren **Vorgesetzter** der Bürgermeister zudem ist (Absatz 2 Satz 1).

3.1 Begriffe

3.1.1 Dienstvorgesetzter

Dienstvorgesetzter ist, wer für beamtenrechtliche Entscheidungen über die persönlichen Angelegenheiten des ihm nachgeordneten Beamten zuständig ist (§ 4 Abs. 2 Satz 1 LBG). Zu den Befugnissen des Dienstvorgesetzten gehören zum Beispiel die Bewilligung von Urlaub, die Verfügung von Umsetzungen und Versetzungen. Eine bedeutsame Funktion des Dienstvorgesetzten ist zudem die Ausübung der Disziplinargewalt.

3.1.2 Vorgesetzter

Vorgesetzter ist, wer einem Beamten für seine dienstliche Tätigkeit Weisungen erteilen kann (§ 4 Abs. 2 Satz 2 LBG).

3.2 Zuständigkeit in beamtenrechtlichen Angelegenheiten

Nach § 47 Abs. 2 Satz 1 GemO i. V. m. Abs. 1 Satz 1 trifft der Bürgermeister die personalrechtlichen Entscheidungen. Er kann bestimmte dem Dienstvorgesetzten obliegende Befugnisse auf die Werkleitung übertragen (Absatz 1 Satz 2); ausgenommen von der Befugnis zur Delegation sind lediglich diejenigen Befugnisse, für deren Ausübung der Bürgermeister gemäß § 47 Abs. 2 Satz 2 GemO selbst der Zustimmung des Werkausschusses (vgl. § 7 Abs. 2 Satz 1 EigAnVO) bedarf (Absatz 1 Satz 3). Es handelt sich um:

- die Ernennung der Beamten des höheren und des gehobenen Dienstes sowie die Entlassung der Beamten auf Probe dieser Laufbahngruppen gegen deren Willen (§ 47 Abs. 2 Satz 2 Nr. 1 GemO); Fälle der Ernennung sind die Begründung des Beamtenverhältnisses (§ 8 Abs. 1 Nr. 1 LBG), die Umwandlung des Beamtenverhältnisses in ein solches anderer Art (§ 8 Abs. 1 Nr. 2 i. V. m. § 7 Abs. 1 Satz 1 LBG), die Anstellung (§ 8 Abs. 1 Nr. 3 LBG), die Beförderung (§ 8 Abs. 1 Nr. 4 LBG) und der Aufstieg in die nächsthöhere Laufbahngruppe (§ 8 Abs. 1 Nr. 5 LBG),
- die Entscheidung über Anträge auf Hinausschiebung des Ruhestandsbeginns (§ 47 Abs. 2 Satz 2 Nr. 3 GemO).

3.3 Zuständigkeit in Angelegenheiten der Angestellten

Auch für die personalrechtlichen Entscheidungen der beim Eigenbetrieb beschäftigten **Angestellten** ist der Bürgermeister zuständig. Im Rahmen des Absatz 1 Satz 2 kann er die Befugnisse auf die Werkleitung übertragen. Ausgeschlossen ist davon lediglich die Befugnis zur Delegation bei der Einstellung und Eingruppierung der dem höheren und dem gehobenen Dienst vergleichbaren Angestellten sowie die Kündigung gegen deren Willen (§ 47 Abs. 2 Satz 2 Nr. 2 GemO).

4. Anhörung der Werkleitung

Die in Absatz 1 Satz 4 normierte Pflicht des Bürgermeisters, die Werkleitung vor Personalentscheidungen zu hören, soweit der Werkleitung personalrechtliche Befugnisse nicht ohnehin übertragen sind, bezieht sich sowohl auf Befugnisse, die der Werkleitung nicht übertragen werden **können** (Absatz 1 Satz 3 i. V. m. § 47 Abs. 2 Satz 2 GemO), als auch auf Befugnisse, die zwar der Werkleitung übertragen werden **könnten**, aber nicht übertragen worden sind. Auch in diesem Fall muss eine Anhörung erfolgen.

5. Weisungsbefugnis

5.1 Allgemeine Weisungen – Einzelweisungen

Aufgrund ihrer Selbstständigkeit und Eigenverantwortung ist die Werkleitung gehalten, für eine ordnungsgemäße Leitung des Eigenbetriebs zu sorgen (vgl. § 4 Abs. 1 EigAnVO). Da sich jedoch der Eigenbetrieb stets in die Gesamtverwaltung der Gemeinde einordnen muss, kann der Bürgermeister der Werkleitung Weisungen erteilen (vgl. Absatz 2 Satz 2). Bei diesen Weisungen kann es sich i. d. R. jedoch nur um **allgemeine Weisungen** handeln. Solche allgemeinen Weisungen betreffen die Organisation der Gemeindeverwaltung und die Regelung des Dienstbetriebs. Einzelweisungen sind demgegenüber nur dann zulässig, wenn sie zur

a) Sicherstellung der Gesetzmäßigkeit,

b) Sicherstellung wichtiger Belange der Gemeinde oder

c) Wahrung der Grundsätze eines geordneten Geschäftsganges

notwendig sind (Absatz 2 Satz 2). Voraussetzung für die Ausübung des Weisungsrechtes ist es, dass der Bürgermeister über die Abläufe im Eigenbetrieb ausreichend informiert ist. Der erforderliche Informationsfluss wird über § 4 Abs. 2 Satz 1 EigAnVO sichergestellt.

5.2 Rechtsbehelf gegen Weisung

Ist die Werkleitung mit einer Weisung des Bürgermeisters nicht einverstanden, so hat sie die Möglichkeit, die Angelegenheit dem Werkausschuss vorzutragen, da sie gemäß § 3 Abs. 3 EigAnVO ausdrücklich berechtigt ist, auch ihre vom Standpunkt des Bürgermeisters abweichende Ansicht zu einem Punkt der Tagesordnung darzulegen.

5.3 Weisungen nur gegenüber Werkleitung

Der Bürgermeister kann die Einzelweisungen gemäß Abs. 2 Satz 2 nur an die Werkleitung, nicht jedoch unmittelbar an die der Werkleitung nachgeordneten Bediensteten richten, denn deren Vorgesetzter ist die Werkleitung (§ 4 Abs. 1 Satz 3 Halbsatz 2 EigAnVO).

6. Eilentscheidungsrecht

Der Bürgermeister kann in Angelegenheiten Eilentscheidungen treffen, deren Erledigung nicht ohne Nachteil für die Gemeinde bis zu einer Sitzung des Gemeinderats oder des Werkausschusses aufgeschoben werden kann (§ 48 GemO). Vor Eilentscheidungen, die den Eigenbetrieb betreffen, hat der Bürgermeister jedoch die Werkleitung zu hören (Absatz 3).

7. Übertragung von Funktionen des Bürgermeisters

Der Bürgermeister kann mit Zustimmung des Gemeinderats gemäß § 50 Abs. 4 GemO den Geschäftsbereich des Eigenbetriebs auf einen (haupt- oder ehrenamtlichen) Beigeordneten übertragen. Dieser Beigeordnete übt grundsätzlich die Vorgesetztenfunktion – nicht jedoch die Funktionen des Dienstvorgesetzten – des Bürgermeisters gegenüber der Werkleitung einschließlich seiner Weisungsbefugnis aus. Nach VV Nr. 3.4 zu § 50 GemO können die Befugnisse des Bürgermeisters, die über einen sachlich abgrenzbaren Geschäftsbereich hinausreichen und die Gemeinde als Ganzes betreffen, wie z. B. die Unterrichtung des Gemeinderats (§ 33 Abs. 1 und 2 GemO), die Aussetzung von Beschlüssen des Gemeinderats (§ 42 GemO), das Eilentscheidungsrecht (§ 48 GemO), die Vorlegung des Jahresabschlusses und des Gesamtabschlusses (§ 110 Abs. 2 Satz 1 GemO) und die Übertragung weiterer Aufgaben auf das Rechnungsprüfungsamt (§ 112 Abs. 2 GemO), nicht auf den Beigeordneten für den Geschäftsbereich des Eigenbetriebs übertragen werden, sondern gemäß § 50 Abs. 2 GemO nur auf den Ersten Beigeordneten als allgemeinen Vertreter des Bürgermeisters bei dessen Verhinderung.

§ 7
Bedienstete des Eigenbetriebs

(1) Für die bei dem Eigenbetrieb beschäftigten Beamtinnen und Beamten, Angestellten und Arbeiterinnen und Arbeiter (Bedienstete) gilt § 61 GemO.

(2) Soweit die Bürgermeisterin oder der Bürgermeister für die in § 47 Abs. 2 Satz 2 GemO bezeichneten Personalentscheidungen der Zustimmung des Gemeinderats bedarf, ist für diese Zustimmung bei Bediensteten des Eigenbetriebs der Werkausschuss zuständig. § 2 Abs. 2 Nr. 4 bleibt unberührt.

Erläuterungen

Übersicht

1. Allgemeines

Zentrale Vorschrift über die Rechtsstellung der Gemeindebediensteten ist § 61 GemO, der Mindeststandards an die fachliche Qualifikation aufstellt (§ 61 Abs. 1 GemO) und die Vergütung der Arbeitnehmer nach oben begrenzt (§ 61 Abs. 3 GemO). Da der Eigenbetrieb – vergleichbar dem Regiebetrieb – rechtlich unselbstständig ist, findet für die Bediensteten des Eigenbetriebs über § 7 die Vorschrift des § 61 GemO Anwendung. Die Bediensteten sind Beschäftigte der Gemeinde, wobei in § 61 GemO die überkommene Unterscheidung zwischen Angestellten und Arbeitern, die in der EigAnVO noch fortbesteht, bereits aufgegeben ist und einheitlich von Arbeitnehmern gesprochen wird.

2. Bedienstete des Eigenbetriebs

2.1 Beamte

Für die Gemeindebeamten gelten u. a. das LBG, das in § 119 besondere Vorschriften für Kommunalbeamte enthält, das BeamtStG i. V. m. §§ 121 ff. BRRG, das BBesG sowie das BeamtVG.

2.1.1 Oberste Dienstbehörde

Oberste Dienstbehörde ist die oberste Behörde des Dienstherrn, in deren Dienstbereich die Beamtin oder der Beamte ein Amt bekleidet. (§ 4 Abs. 1 LBG).

2.1.2 Dienstvorgesetzter

Dienstvorgesetzter des Beamten ist, wer für beamtenrechtliche Entscheidungen über die persönlichen Angelegenheiten des Beamten zuständig ist (§ 4 Abs. 2 Satz 1 LBG). Das ist für Gemeindebeamte der Bürgermeister (§ 47 Abs. 2 Satz 1 GemO, § 6 Abs. 1 Satz 1 EigAnVO). Der Bürgermeister kann bestimmte, ihm als Dienstvorgesetzten obliegende Befugnisse auf die Werkleitung übertragen (§ 6 Abs. 1 Satz 2 EigAnVO). Ausgenommen von der Übertragungsbefugnis sind jedoch die unter Zustimmungsvorbehalt stehenden Personalentscheidungen (§ 6 Abs. 1 Satz 3 EigAnVO).

2.1.3 Vorgesetzter

Vorgesetzter der Werkleiter oder des Werkleiters ist der Bürgermeister (§ 6 Abs. 2 Satz 1 EigAnVO), Vorgesetzter der übrigen beim Eigenbetrieb beschäftigten Beamten ist die Werkleitung (§ 4 Abs. 1 Satz 3 Halbsatz 2 EigAnVO).

2.2 Angestellte, Arbeiter

Für Arbeitnehmer des Eigenbetriebs gelten die von den zuständigen Tarifvertragsparteien vereinbarten Tarifverträge. Die Verordnung verwendet insoweit noch die Unterscheidung zwischen Angestellten und Arbeitern, die seit der Reform des Betriebsverfassungsgesetzes im Jahr 2001 einheitlich unter den Oberbegriff „Arbeitnehmer" fallen.

Arbeitgeber ist die Gemeinde, vertreten durch den Bürgermeister (§ 47 Abs. 1 Satz 1 GemO). Vorgesetzter der beim Eigenbetrieb beschäftigten Bediensteten ist die Werkleitung (§ 4 Abs. 1 Satz 3 Halbsatz 2 EigAnVO), Dienstvorgesetzter der Bürgermeister (§ 6 Abs. 1 Satz 1 EigAnVO).

3. Zuständigkeit für Personalentscheidungen

Die statusrechtlich wirkenden Personalentscheidungen trifft der Bürgermeister (§ 47 Abs. 2 Satz 1 GemO), es sei denn, der Bürgermeister hat die ihm zustehende Befugnis auf die Werkleitung übertragen. § 47 Abs. 2 Satz 2 GemO enthält einen Katalog von Personalentscheidungen, für die die Zustimmung des Gemeinderats erforderlich ist. Bei Bediensteten der Eigenbetriebe ist für diese Zustimmung der Werkausschuss zuständig (Absatz 2 Satz 1). Über die Zustimmung zur Bestellung der Werkleitung entscheidet dagegen der Gemeinderat (Absatz 2 Satz 2 i. V. m. § 2 Abs. 2 Nr. 4 EigAnVO), d. h. dieser Zustimmungsvorbehalt ist nicht auf den Werkausschuss übertragbar.

4. Anhörung der Werkleitung

Trifft der Bürgermeister eine Personalentscheidung, hat er die Werkleitung zuvor zu hören (§ 6 Abs. 1 Satz 4 EigAnVO).

5. Personalvertretung

5.1 Personalrat

Für die Bediensteten beim Eigenbetrieb gelten die Bestimmungen des LPersVG. Der Personalrat der Gemeindeverwaltung, Stadtverwaltung, Verbandsgemeindeverwaltung, Kreisverwaltung oder der Verwaltung des Bezirksverbandes vertritt (auch) die Interessen der Beschäftigten des Eigenbetriebs (vgl. § 88 Abs. 1 LPersVG i. V. m. § 1 LPersVG). Eigenbetriebe, bei denen nicht nur vorübergehend mehr als 30 Beschäftigte tätig sind, erhalten eine eigene Personalvertretung, wenn die Mehrheit ihrer wahlberechtigten Beschäftigten dies in geheimer Abstimmung beschließt (§ 88 Abs. 2 Satz 1 Halbsatz 1 LPersVG). An der allgemeinen Personalvertretung der Dienststelle nehmen die Beschäftigten dann nicht teil (§ 88 Abs. 2 Satz 1 Halbsatz 2 LPersVG).

5.2 Mitgliedschaft im Werkausschuss

Hat der Eigenbetrieb mehr als zehn Beschäftigte, so müssen zum Werkausschuss mindestens in einem Drittel der Mitgliederzahl Vertreterinnen und Vertreter der Beschäftigten hinzutreten; die Beschäftigten haben beratende Stimme (§ 90 Abs. 1 LPersVG). Gemäß § 90 Abs. 2 Satz 1 LPersVG steht das Vorschlagsrecht für die Wahl der Vertreterinnen und Vertreter der Beschäftigten sowie deren Stellvertreterinnen und Stellvertreter durch die oberste Dienstbehörde dem Personalrat zu. Beschäftigte einer Gemeinde, die stimmberechtigt deren Vertretungskörperschaft oder einem Ausschuss der Vertretungskörperschaft angehören, der mit mitbestimmungspflichtigen Personalangelegenheiten der Gebietskörperschaft befasst werden kann, sind für die Personalvertretungen ihrer Dienststelle nicht wählbar (vgl. § 88 Abs. 3 LPersVG). Die Vertreterinnen und Vertreter der Beschäftigten sowie ihre Stellvertreterinnen und Stellvertreter müssen **nicht** zum Gemeinderat gemäß § 44 Abs. 1 Satz 2 Halbsatz 1 GemO i. V. m. §§ 4, 1 KWG wählbar sein. Aufgrund der verfassungsrechtlich gebotenen Begrenzung der Befugnis auf eine Beratungsbefugnis ist es mit dem Kommunalverfassungsrecht vereinbar, den Kreis der wählbaren Beschäftigten nicht auf Bürgerinnen und Bürger der Gemeinde zu beschränken (Schreiben ISM vom 6.12.2000 – 16610/311 –; GStB-Nachrichten Nr. 0069 vom 15.1.2001).

§ 8
Führung der Eigenbetriebe von Ortsgemeinden

Soweit Ortsgemeinden wirtschaftliche Unternehmen und Einrichtungen im Sinne des § 85 Abs. 3 Satz 1 GemO als Eigenbetriebe führen, werden deren Verwaltungsgeschäfte von der Verbandsgemeindeverwaltung wahrgenommen, wenn nach Art und Umfang des Betriebs neben der Werkleitung, deren Mitglieder auch Bedienstete der Verbandsgemeindeverwaltung sein können, die Beschäftigung eigener Bediensteter für Verwaltungsgeschäfte wirtschaftlich nicht vertretbar wäre.

Erläuterungen

Übersicht

1. Verwaltungsgeschäfte der Ortsgemeinden

Nach § 68 Abs. 1 Satz 1 GemO führt die Verbandsgemeindeverwaltung die Verwaltungsgeschäfte der Ortsgemeinden. Demzufolge können Ortsgemeinden grundsätzlich weder eine eigene Verwaltung einrichten noch eigenes Verwaltungspersonal beschäftigen (vgl. *Gabler u. a.*, Kommunalverfassungsrecht Rheinland-Pfalz und PRAXIS-Beitrag *B 1 RhPf*, Erl. 2.2 zu § 68 GemO).

§ 68 Abs. 5 Satz 1 GemO bestimmt durch einen Verweis auf § 68 Abs. 1 GemO, dass die Verbandsgemeindeverwaltung auch die Verwaltungsgeschäfte der gemeindlichen Betriebe, Einrichtungen und Stiftungen im Auftrag und im Namen der Ortsgemeinde führt, soweit bei diesen keine eigene Verwaltung eingerichtet ist.

2. Sonderregelung für Eigenbetriebe

Für die Führung der Verwaltungsgeschäfte der Eigenbetriebe von Ortsgemeinden enthält § 8 eine spezielle Regelung. Hiernach ist zu unterscheiden:

2.1 Beschäftigung eigener Bediensteter ist wirtschaftlich nicht vertretbar

Ist die Beschäftigung eigener Bediensteter für Verwaltungsgeschäfte der Eigenbetriebe der Ortsgemeinden (z. B. Personalverwaltung, Buchhaltung, Kassengeschäfte) wirtschaftlich nicht vertretbar, führt die Verbandsgemeindeverwaltung die Verwaltungsgeschäfte des Eigenbetriebs der Ortsgemeinde. Dies gilt unabhängig davon, ob die Verbandsgemeindeverwaltung möglicherweise selbst nicht über die erforderliche Leistungsfähigkeit verfügt. Dafür, dass in die Regelung des § 8 EigAnVO zusätzlich das ungeschriebene Tatbestandsmerkmal der Leistungsfähigkeit der Verbandsgemeinde hineinzulesen ist, gibt es keine greifbaren Anhaltspunkte. Sie lassen sich weder dem Wortlaut noch der Systematik der Regelung entnehmen (VG Neustadt a. d. Weinstraße, Urt. vom 17.2.2020 – 3 K 885/18.NW –, Rn. 52).

2.2 Beschäftigung eigener Bediensteter ist wirtschaftlich vertretbar

Ist dagegen die Beschäftigung eigener Bediensteter der Ortsgemeinden wirtschaftlich vertretbar, dann können die Verwaltungsgeschäfte des Eigenbetriebs entweder durch die Ortsgemeinde **oder** durch die Verbandsgemeindeverwaltung wahrgenommen werden. Die Entscheidung liegt im Ermessen der Ortsgemeinde. Gegen ihren Willen können der Verbandsgemeinde die Verwaltungsgeschäfte in diesem Fall allerdings nicht übertragen werden, die Verbandsgemeinde kann die Führung der Verwaltungsgeschäfte bei wirtschaftlicher Vertretbarkeit der Beschäftigung eigener Beschäftigter ablehnen (ebenso: *Gabler u. a.*, a. a. O., Erl. 9.1 zu § 68 GemO).

Die Beschäftigung eigener Bediensteter ist dann wirtschaftlich vertretbar, wenn trotz dieser Beschäftigung die Voraussetzungen für wirtschaftliche Unternehmen gemäß § 85 Abs. 3 GemO erfüllt werden. Eine rein monetäre Vorteilhaftigkeit der Beschäftigung eigener Bediensteter gegenüber dem Führen der Geschäfte durch Personal der Verbandsgemeindeverwaltung ist nicht erforderlich.

3. Werkleitung

3.1 Verbandsgemeindeverwaltung führt Verwaltungsgeschäfte

Werden die Verwaltungsgeschäfte des Eigenbetriebs der Ortsgemeinde durch die Verbandsgemeindeverwaltung geführt, können die Mitglieder der Werkleitung oder der Werkleiter entweder Bedienstete der Verbandsgemeinde oder der Ortsgemeinde sein.

Die Befugnisse des Ortsgemeinderates und des Ortsbürgermeisters bleiben unberührt. Die Bestellung der Werkleitung erfolgt durch den Ortsbürgermeister mit Zustimmung des Ortsgemeinderates. Beabsichtigt der Ortsbürgermeister Bedienstete der Verbandsgemeinde mit der Werkleitung zu beauftragen, kann er dies nicht ohne Einverständnis des Bürgermeisters der Verbandsgemeinde tun. Da dieser als Behördenleiter Inhaber der Organisationsgewalt ist, obliegt ihm das Recht, die Verwaltung zu organisieren, die Geschäfte auf die Mitarbeiter zu verteilen und die Mitarbeiter auf die einzelnen Dienstposten einzusetzen. Dieses Recht wird nicht durch die Befugnis des Ortsbürgermeisters, Bedienstete der Verbandsgemeinde zum Werkleiter zu bestellen, eingeschränkt.

3.2 Ortsgemeinde führt Verwaltungsgeschäfte

Führt die Ortsgemeinde die Verwaltungsgeschäfte des Eigenbetriebes, so ist der Werkleiter Bediensteter der Ortsgemeinde.

4. Weisungsrecht

Ist der Werkleiter Bediensteter der Verbandsgemeinde (vgl. Erl. 3.1), untersteht er in Angelegenheiten des Eigenbetriebs dem Weisungsrecht des Ortsbürgermeisters. Das gilt (selbstverständlich) auch, wenn der Werkleiter Bediensteter der Ortsgemeinde ist.

5. Aufwendungsersatz

Die Verbandsgemeindeverwaltung führt die Verwaltungsgeschäfte der Eigenbetriebe der Ortsgemeinde grundsätzlich kostenlos. § 68 Abs. 5 Satz 2 GemO enthält hierzu eine Einschränkung. Ortsgemeinden haben für ihre wirtschaftlichen Unternehmen (vgl. § 85 Abs. 1 GemO) der Verbandsgemeinde auf Verlangen jedoch die Aufwendungen zu erstatten, die für die Führung von Verwaltungsgeschäften durch die Verbandsgemeindeverwaltung entstehen (vgl. *Gabler u. a.*, a. a. O., Erl. 9.3 zu § 68 GemO). § 85 Abs. 3 Nr. 1 GemO differenziert klar zwischen Aufwendungen einerseits und Kosten bzw. kalkulatorischen Kosten andererseits. Die Ortsgemeinden schulden den Verbandsgemeinden für die Wahrnehmung der Verwaltungstätigkeit lediglich die angefallenen Aufwendungen im handelsrechtlichen Sinn (Wert aller verbrauchten Güter und Dienstleistungen pro Periode). Für kalkulatorische Kosten ist kein Raum.

6. Schadenersatz

Im Falle der Wahrnehmung der Verwaltungsgeschäfte gemäß § 68 Abs. 5 Satz 1, Abs. 1 Satz 1 GemO i. V. m. § 8 EigAnVO scheiden nach Auffassung des VG Neustadt an der Weinstraße auch bei möglicherweise fehlerhafter Ausführung entsprechende Schadenersatzansprüche der Ortsgemeinde von vorneherein aus. Denn die Verbandsgemeindeverwaltung führt die Verwaltungsgeschäfte insoweit namens und im Auftrag der Ortsgemeinde. Die Geltendmachung eines Schadensersatzanspruchs durch die Ortsgemeinde wegen tatsächlich oder vermeintlich unzulänglicher Führung der Verwaltungsgeschäfte durch die Verbandsgemeindeverwaltung stellte sich in der Konsequenz im Kern als unzulässiger Insichprozess dar. Durch die entsprechende Aufgabenübertragung wird zwischen der Ortsgemeinde und der Verbandsgemeinde ein offenes Organleiheverhältnis begründet. Damit tritt das Handeln der Verbandsgemeinde auch nach außen als dasjenige der Ortsgemeinde in Erscheinung. Bei der Erledigung gemeindlicher Verwaltungsgeschäfte wird die Verbandsgemeindeverwaltung als Behörde der jeweiligen Ortsgemeinde tätig. Das Verwaltungshandeln der Verbandsgemeindeverwaltung ist daher der Ortsgemeinde zuzurechnen. Das haftungsrechtliche Innenverhältnis zwischen Verbandsgemeinde und Ortsgemeinde begründet damit im Ergebnis lediglich einen Eigenschaden (VG Neustadt a. d. Weinstraße Urt. vom 17.2.2020 – 3 K 885/18.NW –, Rn. 53).

§ 9
Zusammenfassung von Betrieben, Nichtanwendung von Bestimmungen

(1) Die als Eigenbetriebe geführten Versorgungsbetriebe einer Gemeinde sollen zu einem Eigenbetrieb zusammengefasst werden. Das Gleiche gilt für Verkehrsbetriebe. Hafen-, Schiffs- und Fährbetriebe können mit anderen Verkehrsbetrieben zu einem Eigenbetrieb zusammengefasst werden. Die Betriebssatzung kann bestimmen, dass die Verkehrsbetriebe mit den Versorgungsbetrieben zu einem einheitlichen Eigenbetrieb verbunden werden.

(2) Werden wirtschaftliche Unternehmen oder Einrichtungen im Sinne des § 85 Abs. 3 Satz 1 GemO nach den Bestimmungen dieser Verordnung verwaltet (§ 86 Abs. 2 Satz 1 GemO), kann in der Betriebssatzung die Anwendung des § 1 Abs. 2 und der §§ 2 bis 8 ausgeschlossen oder die Betriebsführung einem anderen Eigenbetrieb übertragen werden. Satz 1 findet entsprechende Anwendung, wenn die technische und kaufmännische Betriebsführung auf einen privaten Dritten übertragen wird.

Erläuterungen

Übersicht

1. Allgemeines

Die Entwicklung der Kommunalwirtschaft hat gezeigt, dass die Zusammenfassung von Eigenbetrieben zu einem einheitlichen Unternehmen (sog. Querverbund) gegenüber der getrennten Führung dieser Betriebe in der Regel zu bevorzugen ist. Die betriebswirtschaftlichen Vorteile einer Zusammenfassung sind zahlreich. Insbesondere sprechen folgende Gründe für die Zusammenfassung:

- Organisation und Verwaltung können vereinfacht werden. Die Einheit der Werkleitung bewirkt eine straffe Gliederung und Ordnung, wobei ein einheitliches Rechnungswesen die Übersicht über den Eigenbetrieb erleichtert.
- Die gemeinsame Erledigung von Aufgaben kann in erheblichem Umfang Doppelarbeit vermeiden und deshalb zu Einsparungen führen. Nicht nur die Querschnittsaufgaben (z. B. Personal, Recht, Liegenschaften, Buchhaltung, Marketing) und die Führungsebenen müssen nicht mehrfach vorgehalten werden, auch direkt auf den Kunden bezogene Aufgaben müssen nicht mehrfach, sondern nur einmal erledigt werden. Auch Reparaturen lassen sich zusammenfassen.
- Die Zusammenfassung gestattet einen weitgehenden finanziellen und personellen Ausgleich.

Motive für die Zusammenfassung von Eigenbetrieben können demnach sein:

- Techniksynergien,
- Verwaltungssynergien,
- Finanzsynergien,
- Steuersynergien.

Synergien nutzen einerseits Verbundeffekte und andererseits Größen- und Spezialisierungseffekte aus.

2. Zusammenfassung von Betrieben (Absatz 1)

2.1 Zusammenfassung von Versorgungsbetrieben (Absatz 1 Satz 1)

Die als Eigenbetriebe geführten Versorgungsbetriebe der Gemeinde **sollen** zu einem Eigenbetrieb zusammengefasst werden (Absatz 1 Satz 1), d. h. es handelt sich um eine Muss-Vorschrift in dem Sinne, dass für **typische Fälle** die Gemeinde die Versorgungsbetriebe zu einem Eigenbetrieb zusammenfassen muss, Ermessensspielraum dagegen für atypische Fälle verbleibt, wobei die Gemeinde die „Darlegungslast" für eine atypische Fallgestaltung hat, also einen Sonderfall geltend machen muss. Versorgungsbetriebe sind Strom-, Gas-, Wärme- und Wasserversorgungsbetriebe. Sie sollen zu **einem** Eigenbetrieb zusammengefasst werden

2.2 Zusammenfassung von Verkehrsbetrieben (Absatz 1 Satz 2)

Dieselbe Sollbestimmung gilt für Verkehrsbetriebe (Absatz 1 Satz 2). Beispiele für Verkehrsbetriebe sind Straßenbahnen, Autobusse, U- und S-Bahnbetriebe, Bergbahnen, Skilifte, Luftverkehr, Flughäfen, aber auch Parkhäuser, Tiefgaragen und sonstige Parkplätze.

2.3 Zusammenfassung von Hafen-, Schiffs- und Fährbetrieben mit anderen Verkehrsbetrieben (Absatz 1 Satz 3)

Eine Verpflichtung zur Zusammenfassung von Hafen-, Schiffs- und Fährbetrieben mit anderen Verkehrsbetrieben besteht nicht (Absatz 1 Satz 3): Hafen-, Schiffs- und Fährbetriebe **können** vielmehr mit anderen Verkehrsbetrieben zusammengefasst werden. Die Entscheidung liegt im Ermessen der Gemeinde. Ihr wird durch Absatz 1 Satz 3 ein Entschließungsermessen eingeräumt. Sie hat die für und gegen die Zusammenfassung sprechenden Umstände zu prüfen und abzuwägen (vgl. Erl. 1). Für die Verbindung dieser Bereiche sprechen regelmäßig die sich daraus ergebenden betriebswirtschaftlichen Vorteile.

2.4 Verbindung von Verkehrs- und Versorgungsbetrieben (Absatz 1 Satz 4)

Letztlich erlaubt es Absatz 1 Satz 4, auch Betriebe mit unterschiedlicher Aufgabenstellung zu verbinden. Durch diese Verbindung zu einem Querverbundunternehmen lassen sich betriebswirtschaftliche Vorteile generieren. Finanzplan, Wirtschaftsplan, Abschluss und Lagebericht müssen nur einmal erstellt werden. Durch die Zusammenfassung der Sonderkassen können sich Finanzierungsvorteile ergeben. Die Einnahmen des einen Betriebszweigs stehen den anderen zur Verfügung und umgekehrt. Dadurch kann es möglich sein, die Notwendigkeit der Aufnahme von Fremdkapital zu reduzieren. Jedoch sind hierbei die beihilferechtlichen Vorschriften stets zu beachten, denn auch Quersubventionen zwischen verschiedenen Betriebsteilen eines Eigenbetriebs können den Beihilfetatbestand des Art. 107 AEUV erfüllen. Betriebswirtschaftliche Vorteile können sich auch aus der Zusammenfassung der Hilfsbetriebe (Fuhrpark, Werkstätten, Lager usw.) ergeben. Ferner ist eine einheitliche Personalbewirtschaftung möglich.

2.5 Vorgehensweise bei der Zusammenfassung

Zur Zusammenfassung von Betrieben ist ein Beschluss des Gemeinderates (vgl. § 32 Abs. 1 GemO) unter Festlegung aller Einzelheiten (z. B. Stichtag der Zusammenfassung, Name des Eigenbetriebs, Stammkapital etc.) erforderlich.

Für die Übernahme des einzugliedernden Betriebes ist grundsätzlich eine Übernahmebilanz notwendig, der ein Inventar zugrunde zu legen ist. War der aufzunehmende Betrieb bislang nicht bilanzierungspflichtig und hat er bisher auch nicht freiwillig bilanziert, so hat er § 242 Abs. 1 HGB zu beachten. Abs. 1 Satz 2 dieser Vorschrift verlangt, dass auf die

Eröffnungsbilanz (hier Übernahmebilanz) die für den Jahresabschluss geltenden Vorschriften entsprechend anzuwenden sind, soweit sie sich auf die Bilanz beziehen. In erster Linie sind danach formelle Aspekte des Jahresabschlusses bereits bei der Eröffnungsbilanz zu beachten.

Nach § 240 Abs. 1 HGB hat der Kaufmann die in das Inventar aufzunehmenden Vermögensgegenstände und Schulden einzeln zu erfassen und zu bewerten. Von dem Grundsatz der Einzelerfassung und -bewertung hat der Gesetzgeber zwei Ausnahmen zugelassen: die Festbewertung nach § 240 Abs. 3 HGB und die Gruppenbewertung nach § 240 Abs. 4 HGB. Beide Regelungen sind gemäß § 256 Satz 2 HGB auch auf den Jahresabschluss anwendbar.

Handelsrechtlich bilden die Anschaffungs- bzw. Herstellungskosten der Wirtschaftsgüter die Wertobergrenze. Gemäß § 253 Abs. 1 Satz 1 HGB ist diese Wertobergrenze für alle Kaufleute verbindlich vorgeschrieben. Sie vermindert sich um die vorzunehmenden Abschreibungen. Die EigAnVO gibt über die Bewertung des zu übernehmenden Vermögens keine Auskunft. Inwieweit über die fortgeführten Anschaffungs- und Herstellungskosten hinaus die Aufdeckung stiller Reserven möglich ist, ist strittig, insbesondere die analoge Anwendbarkeit des UmwG.

2.6 Steuerlicher Querverbund

2.6.1 Vorbemerkung

Unter steuerlichen Gesichtspunkten kann die Zusammenfassung mehrerer Eigenbetriebe für die Gemeinde von Bedeutung sein, wenn Betriebe jeweils für sich Gewinne oder Verluste erwirtschaften. Körperschaftsteuerliche Folge ist die Saldierung der Gewinne und Verluste und damit ein Ergebnisausgleich, der für die Gemeinde erhebliche steuerliche Vorteile bieten kann. Daher sind für den Querverbund vor allem die Gewinnsteuern – Körperschaftsteuer und Gewerbesteuer –, aber auch die Umsatzsteuer von Bedeutung. Sind alle zusammengeschlossenen Betriebe in der Gewinnzone, so ergeben sich, rein steuerlich gesehen, aus der Zusammenfassung weder Vor- noch Nachteile. Steuerliche Vorteile ergeben sich dann, wenn Verluste einer Sparte mit den Gewinnen anderer Sparten steuerlich verrechnet (saldiert) werden können. Bezüglich der Eigenbetriebe als nichtrechtsfähige Sondervermögen ist es wichtig, dass nicht etwa die Gemeinde insgesamt Steuersubjekt ist, sondern dass sie vielmehr körperschaftsteuerpflichtig nur mit ihren Betrieben gewerblicher Art (BgA) ist. Die Finanzverwaltung und die Finanzgerichte vertreten seit Jahren unverändert den Standpunkt, dass nicht etwa sämtliche einschlägigen Aktivitäten der Gemeinde als Ganzes als ein einheitlicher BgA anzusehen sind, sondern grundsätzlich jede einzelne sich wirtschaftlich heraushebende Einrichtung (vgl. BFH, BStBl. 1974 II S. 391 und BStBl. 1990 II S. 242; R 4.1 Abs. 3 KStR 2022).

2.6.2 Betrieb gewerblicher Art – Hoheitsbetrieb

Der kommunalrechtliche Begriff des Eigenbetriebs hat als solcher steuerrechtlich keine Relevanz. Steuerlich entscheidend sind vielmehr die steuerlichen Figuren des Betriebes gewerblicher Art (BgA) und des Hoheitsbetriebes.

- Der BgA unterliegt nach § 1 Abs. 1 Nr. 6 KStG und § 2 Abs. 3 UStG der Körperschaft- und Umsatzsteuer. Gewerbesteuerpflicht besteht für den BgA (nur) dann, wenn die Voraussetzungen eines Gewerbebetriebes nach § 15 Abs. 2 Satz 1 EStG vorliegen; dies bedingt auch die Gewinnerzielungsabsicht und die Beteiligung am allgemeinen wirtschaftlichen Verkehr. Sofern keine sonstige Steuerbefreiung nach § 4 GrStG vorliegt, ist der Grundbesitz der Betriebe gewerblicher Art auch grundsteuerpflichtig.
- Hoheitsbetriebe sind weder körperschaft-, umsatz-, gewerbe- noch grundsteuerpflichtig.

Aus kommunalrechtlicher Sicht ist es beispielsweise zulässig, dass die Wasserversorgung und die Abwasserbeseitigung in einem einheitlichen Eigenbetrieb zusammengefasst werden (vgl. § 86 Abs. 2 Satz 2 GemO). Steuerrechtlich ist diese Zusammenfassung jedoch nicht möglich.

Ein Betrieb gewerblicher Art ist jede Einrichtung, die aufgrund nachhaltiger wirtschaftlicher Betätigung nicht unbeträchtliche Einnahmen (35 000 Euro) erzielt, insofern also das äußere Erscheinungsbild eines Gewerbebetriebes hat (vgl. § 4 Abs. 1 bis 4 KStG, R 4.1 Abs. 4 und 5 KStR 2015; R 2.11 Abs. 4 UStAE; Abschnitt 9 Abs. 4 GrStR).

2.6.2.1 Hoheitsbetrieb

Kennzeichnend für den Hoheitsbetrieb ist die Ausübung öffentlicher Gewalt; dies ist eine Tätigkeit, die der öffentlich-rechtlichen Körperschaft eigentümlich und vorbehalten ist (vgl. § 4 Abs. 5 KStG).

2.6.3 Querverbund von BgA und Hoheitsbetrieb?

Die Zusammenfassung von Hoheitsbetrieben (vgl. § 4 Abs. 5 KStG) mit Betrieben gewerblicher Art (vgl. § 4 Abs. 1 bis 4 KStG) wird nicht anerkannt (BFH, BStBl. III 1962 S. 448; § 4 Abs. 6 Satz 2 KStG). Deshalb scheidet beispielsweise der steuerliche Querverbund zwischen Abwasserbeseitigung (Hoheitsbetrieb) einerseits und Wasserversorgung (BgA) andererseits aus. Es ist deshalb nicht möglich, die Gewinne und Verluste dieser beiden Betriebszweige mit steuerlicher Auswirkung miteinander zu verrechnen.

2.6.4 Querverbund von Betrieben gewerblicher Art

Die Bestimmungen zur Zusammenfassung von Betrieben gewerblicher Art finden sich in § 4 Abs. 6 KStG und R 4.2 KStR 2015. Danach sind folgende Betriebe zusammenfassbar: gleichartige Betriebe, verflochtene Betriebe und sogen. Katalogbetriebe.

2.6.4.1 Zusammenfassung gleichartiger BgA

Die Zusammenfassung gleichartiger Betriebe gewerblicher Art ist steuerlich zulässig (§ 4 Abs. 6 Nr. 1 KStG). Ein Indiz kann ein Tätigsein im selben Gewerbezweig oder eine sich ergänzende Tätigkeit sein. So dürften bspw. der Bereich Bäder und Sport als Maßnahmen der Gesundheitsertüchtigung gleichartige Tätigkeiten darstellen.

2.6.4.2 Zusammenfassung nicht gleichartiger, verflochtener BgA

Nicht gleichartige Betriebe gewerblicher Art können zusammengefasst werden, wenn zwischen den Betrieben nach dem Gesamtbild der tatsächlichen Verhältnisse eine enge wechselseitige technisch-wirtschaftliche Verflechtung von einigem Gewicht besteht (BFH, BStBl. III 1967 S. 240; BFH, BStBl. III 1967 S. 510; BFH, BStBl. III 1967 S. 576). Hierzu hat das BMF in seinem Schreiben vom 11.5.2016 – IV C 2 – S 2706/08/10004:004 und im Schreiben vom 10.10.2025 – IV C 2 – S 2706/00061/003/134 mit Hinblick auf den in der Praxis am häufigsten anzutreffenden Fall der Verflechtung eines Badbetriebs mit einem Netzbetriebs-/Energieversorgungsbetrieb Stellung genommen. Die Verflechtung wird dabei entweder mittels eines Blockheizkraftwerkes (auch mobile BHKW), oder, nunmehr ergänzt durch das BMF-Schreiben von 10.10.2025, einer Wärmepumpe, einer hybriden Photovoltaikanlage (PV-Anlage) oder einem Fernwärmenetz hergestellt, das jeweils beiden Betrieben dient. Eine hinreichend enge wechselseitige technisch-wirtschaftliche Verflechtung der beiden jeweiligen Einrichtungen, die nach § 4 Abs. 6 Satz 1 Nr. 2 KStG zusammengefasst werden sollen, ist dabei grundsätzlich in Bezug auf den Gesamtwärmebedarf des Bad-BgA einerseits und die Stromerzeugung bzw. die Möglichkeit eines systemgerechten Lastenmanagements auf Seiten des Versorgungs-BgA andererseits gegeben. Wesentliche Kriterien der Zusammenfassbarkeit werden wie folgt definiert:

Blockheizkraftwerk:

- Der Energieversorgungs-BgA muss ein EVU (§ 3 Nr. 39 EnWG), das Energie an Letztverbraucher liefert oder ein Netzbetriebsunternehmen sein.
- Die Energieversorgung/der Netzbetrieb darf nicht nur von untergeordneter Bedeutung für den (ggf. nach § 4 Abs. 3 KStG) zusammengefassten Energieversorgungs-BgA sein (Definition „untergeordnete Bedeutung" wird aber nicht gegeben).
- Das BHKW muss mindestens 25 % des Gesamtwärmebedarfs des Bads liefern.
- Das BHKW muss mindestens über eine elektrisch installierte Leistung von 50 kW verfügen.
- Das BHKW muss wirtschaftlich sein und zwar nur unter Einbeziehung des Bad-BgA, d. h. es darf nicht bereits aus Lieferungen an Dritte wirtschaftlich sein, sondern die Wirtschaftlichkeit muss sich kausal aus der Belieferung des Bades ergeben (Nachweis über VDI-Gutachten).

Mobile BHKW müssen mehr als 50 % ihrer jährlichen Wärmeproduktion an das Bad abgeben.

Wärmepumpe:

- Die Zusammenfassung muss mit einem Netzbetriebs-BgA erfolgen.
- Die Tätigkeit des Netzbetriebs darf nicht nur von untergeordneter Bedeutung sein (Umsatz aus dem Netzbetrieb muss mindestens 10 % des Gesamtumsatzes des zusammengefassten BgA betragen).
- Dem Netzbetriebs-BgA müssen regulierende Zugriffsrechte (Zu- und Abschaltung der Wärmepumpe) gewährt werden.
- Die erzeugte Wärme muss vollständig an das unmittelbar verflochtene Bad abgegeben werden. Dadurch muss mindestens 1/3 des rechnerischen Gesamtwärmebedarfs dieses Bades abgedeckt werden (kein Einbezug der Nebenräume).
- Die Wärmepumpe muss mindestens über eine elektrisch installierte Leistung von 50 kW verfügen.

Hybride Photovoltaikanlage:

- Die Zusammenfassung muss mit einem Energieversorgungs-BgA erfolgen.
- Die Tätigkeit des Energieversorgungsbetriebs darf nicht nur von untergeordneter Bedeutung sein (Umsatz aus dem Energieversorgungsbetrieb muss mindestens 10 % des Gesamtumsatzes des zusammengefassten BgA betragen).
- Die hybride PV-Anlage muss dem Betriebsvermögen des Energieversorgungs-BgA und damit dessen Stromerzeugung zugeordnet sein.
- Die erzeugte Wärme muss vollständig an das unmittelbar verflochtene Bad abgegeben werden. Dadurch muss mindestens 10 % des rechnerischen Gesamtwärmebedarfs dieses Bades abgedeckt werden (kein Einbezug der Nebenräume).
- Die hybride PV-Anlage muss mindestens über eine elektrisch installierte Leistung von 50 kW verfügen.

Fernwärmenetz:

- Die Zusammenfassung muss mit einem Fernwärmeversorgungs-BgA erfolgen.
- Die Tätigkeit des Fernwärmeversorgungsbetriebs darf nicht nur von untergeordneter Bedeutung sein (Umsatz aus dem Fernwärmeversorgungsbetrieb muss mindestens 10 % des Gesamtumsatzes des zusammengefassten BgA betragen).
- Dem Fernwärmeversorgungsbetrieb müssen die erforderlichen Zugriffsrechte (Zu- und Abschaltung an einer Fernwärmeübergabestation) gewährt werden.

- Durch die Fernwärmeversorgung muss mindestens 80 % des rechnerischen Gesamtwärmebedarfs des unmittelbar verflochtenen Bades abgedeckt werden.
- Das Bad muss über ein Wasservolumen von mindestens 750 Kubikmeter verfügen.

Für die Zusammenfassung von mehr als zwei BgA hat der BFH mit Urt. vom 29.8.2024 – V R 43/21 – entschieden, dass für die Zusammenfassung die Voraussetzungen des § 4 Abs. 6 Satz 1 Nr. 1 bis 3 KStG jeweils zwischen allen BgA einzeln vorliegen müssen. Dies würde die Zusammenfassbarkeit erheblich einschränken, da somit beispielsweise bei einer Zusammenfassung eines Bades mit einem Blockheizkraftwerk (BHKW) ein weiteres Bad ohne BHKW nicht mehr zusammengefasst werden könnte, obwohl die Bäder gleichartig sind. Daraufhin gab es erneut ein Schreiben des BMF, vom 6.6.2025 (IV C – S 2706/00061/002/081, BStBl I 2025, 1453), in dem klargestellt wird, dass die Meinung des BFH nicht geteilt wird, sondern ausdrücklich die Grundsätze des BMF-Schreibens vom 12.11.2009 (IV C 7 – S 2706/08/1004, BStBl I 2009, 1303) weiterhin anzuwenden sind.

Damit ist auch weiterhin die sogenannte „Kettenzusammefassung" bzw. „Mitschlepptheorie" anwendbar, nach der ein BgA für die Zusammenfassung mit einem anderen zusammengefassten BgA oder einer Einrichtung, die mehrere Betriebe umfasst, die Voraussetzungen mit nur einem BgA des bereits zusammengefassten BgA erfüllen muss. In den Fällen des § 4 Abs. 6 Satz 1 Nr. 2 KStG muss die Voraussetzung „von einigem Gewicht" jedoch im Verhältnis zum zusammengefassten BgA vorliegen.

2.6.4.3 Zusammenfassung Katalog-BgA

Die Zusammenfassung der in § 4 Abs. 3 KStG genannten Betriebe ist gemäß § 4 Abs. 6 Nr. 3 KStG zulässig.

Demzufolge ist die Zusammenfassung

- von Versorgungsbetrieben,
- von Verkehrsbetrieben,
- von Hafenbetrieben,

jeweils untereinander wie auch in verschiedenen Kombinationen miteinander, steuerlich anerkannt; einer Prüfung des „engen wirtschaftlichen Zusammenhangs" bedarf es nicht (BFH, BStBl. III 1962 S. 448; BFH, BStBl. III 1990 S. 242).

2.6.5 Übersicht

2.6.5.1 Steuerlich zulässige Zusammenfassungen

- Versorgungsbetrieb mit Versorgungsbetrieb.
- Verkehrsbetrieb mit Verkehrsbetrieb.
- Versorgungsbetrieb mit Verkehrsbetrieb.
- Versorgungsbetrieb mit Hafenbetrieb.
- Verkehrsbetrieb mit Hafenbetrieb.
- Gaststätte mit Gaststätte (gleichartig).
- Kurbad mit Kurbad (gleichartig).
- Hallenbad mit Freibad (gleichartig).
- Hotel mit Hotel (gleichartig).

2.6.5.2 Steuerlich nicht zulässige Zusammenfassungen

- Kur- und Verkehrsverwaltung mit Gaststätte (nicht gleichartig, weil kein wirtschaftlich-technischer Zusammenhang).
- Verkehrsbetrieb mit Gaststätte (nicht gleichartig, weil kein wirtschaftlich-technischer Zusammenhang).
- Verpachtete Betriebe aus verschiedenen Betriebszweigen (R 4.2 Satz 3 KStR 2022).

2.6.6 Steuerliche Folgen der Zusammenfassung

2.6.6.1 Die verschiedenen Tätigkeiten der Gemeinde als juristische Person des öffentlichen Rechts sind steuerlich grundsätzlich für sich zu beurteilen. Die Gemeinde ist Steuersubjekt mit jedem einzelnen ihrer Betriebe gewerblicher Art (§ 4 Abs. 1 KStG). Ein Zusammenrechnen der Ergebnisse der verschiedenen BgA im Rahmen der Einkünfteermittlung darf daher nicht erfolgen.

Damit ist auch ein Verlustausgleich zwischen den einzelnen BgA ausgeschlossen. Aufgrund des fehlenden Verlustausgleichs und der damit i. d. R. verbundenen steuerlichen Belastungen stellt sich für die Gemeinde die Frage, ob und auf welche Weise mehrere an sich selbstständige BgA zu einem einheitlichen BgA zusammengefasst werden können. Ertragsteuerlich geht es dabei im Kern um die Frage nach der Möglichkeit einer vollständigen oder zumindest teilweisen Zusammenfassung der Ergebnisse verschiedener BgA. Umsatzsteuerlich sind die Tätigkeiten seit der Neuregelung durch den § 2b UStG unabhängig von der körperschaftsteuerlichen Einordnung als BgA zu würdigen. Hierzu ergibt sich folgender Überblick:

BgA

↓

Mögliche steuerliche Wirkungen einer Zusammenfassung

↙ ↓ ↘

Körperschaftsteuer	Gewerbesteuer	Umsatzsteuer
Verrechnung von Gewinnen und Verlusten möglich	wie bei Körperschaftsteuer	Besteuerung wirtschaftlicher Tätigkeiten unabhängig von Zusammenfassung

Die Zusammenfassung von BgA ist vor allem dann von Vorteil, wenn es gelingt, die Gewinnbetriebe mit Verlustbetrieben zusammenzufassen.

2.6.6.2 In § 8 Abs. 8 KStG ist manifestiert, dass die Zusammenlegung von BgA grundsätzlich zu einem neuen BgA führt und die bisherigen aufgelaufenen Verlustvorträge der einzelnen BgA von dem neu entstandenen BgA nicht genutzt werden können. Auch ein Rücktrag auf die einzelnen BgA ist nicht zulässig. Allerdings gehen mit der Zusammenlegung die „Altverluste" nicht verloren. Sie können dann wieder in Anspruch genommen werden, wenn die jeweiligen BgA nach Beendigung der Zusammenfassung positive Einkünfte erzielen. Die Einschränkungen gelten jedoch nicht, wenn gleichartige BgA zusammengefasst oder getrennt werden (§ 8 Abs. 8 Satz 5 KStG).

2.7 Abgabenrecht

Abgaben- und gebührenrechtlich bleiben auch nach einer Zusammenfassung die einzelnen Betriebszweige selbstständig. Jeder einzelne Betriebszweig hat die Kalkulationsgrundsätze des § 8 KAG für die Benutzungsgebühren und die wiederkehrenden Beiträge zu beachten. Danach sind die den Benutzungsgebühren und wiederkehrenden Beiträgen zugrunde liegenden Kosten nach den betriebswirtschaftlichen Grundsätzen für Kostenrechnungen zu ermitteln (§ 8 Abs. 1 Satz 1 KAG).

3. Umsatzsteuer

3.1 Kommunale Gebietskörperschaften im Umsatzsteuerrecht

3.1.1 Im Rahmen ihrer hoheitlichen Tätigkeit sind die Gemeinden und Gemeindeverbände grundsätzlich nicht steuerpflichtig im Sinne der Umsatzbesteuerung. Umsatzsteuerlich mangelt es bei der hoheitlichen Tätigkeit an der Beteiligung am allgemeinen wirtschaftlichen Verkehr in der Absicht, damit Einnahmen zu erzielen. Im Rahmen hoheitlicher Tätigkeit werden die kommunalen Gebietskörperschaften vielmehr im Rahmen eines Über-/Unterordnungsverhältnisses tätig. Sie können in diesem Bereich Maßnahmen durch Anwendung öffentlicher Gewalt erzwingen.

Das für gewisse hoheitliche Tätigkeiten erlangte Entgelt (Gebühren, Beiträge) wird nicht des Entgelts willen erlangt, sondern aufgrund gesetzlicher Befugnis. Eine für hoheitliche Tätigkeiten entrichtete Gebühr dient der Kostendeckung und ist nicht als Entgelt im umsatzsteuerlichen Sinne anzusehen.

Allerdings führt die Neuregelung des § 2b UStG zur Umsatzbesteuerung der juristischen Personen des öffentlichen Rechts für die Fälle, in denen eine Wettbewerbsverzerrung eintritt. Zudem wird differenziert, ob eine Tätigkeit privatrechtlich oder öffentlich-rechtlich ausgeübt wird. Mit Ausnahmen (hoheitliche Hilfsgeschäfte) kommt es im ersten Fall immer zu einer Umsatzsteuerbarkeit der Leistung.

3.1.2 Neben dem hoheitlichen Bereich können Gemeinden und Gemeindeverbände mit den verschiedensten Aktivitäten in Konkurrenz zu privatwirtschaftlichen Unternehmen treten. Tritt eine kommunale Gebietskörperschaft mit einem privatrechtlichen Unternehmen in Konkurrenz, wird sie i. d. R. unternehmerisch tätig. Die kommunale Gebietskörperschaft ist i. d. R. gleichwertiger Partner des Kunden (Bürger). Dann tritt die kommunale Gebietskörperschaft in die Rechtsposition eines Unternehmers mit allen daran anknüpfenden Rechten und Pflichten.

3.1.3 Betriebe gewerblicher Art sind umsatzsteuerpflichtig (§§ 1, 2 UStG). Bei der Ausübung öffentlicher Gewalt ohne Wettbewerbsverzerrung ist die Gemeinde nicht steuerpflichtig mit dem Nachteil, dass hier ein Vorsteuerabzug ausscheidet. Dies ist besonders bei hohen Investitionen oder bei Dauerverlusttätigkeiten, bei denen hohe vorsteuerbehaftete Fremdleistungen bezogen werden, nachteilig. Die Zusammenfassung der einzelnen vorliegenden BgA einer Gemeinde zu einem Steuersubjekt ist juristisch kodifiziert (Abschn. 2.11 Abs. 2 Satz 1 UStAE), im umsatzsteuerlichen Sinn gibt es nur einen Unternehmer.

3.1.4 Durch die Neuregelung des § 2b UStG folgt die Umsatzsteuer nicht mehr dem körperschaftsteuerlichen BgA-Begriff. Vielmehr sind alle auf privatrechtlicher Grundlage oder im Wettbewerb ausgeübten Tätigkeiten grundsätzlich umsatzsteuerbar, unabhängig von der Höhe der Einnahmen. Damit sind nicht mehr nur die ertragsteuerlichen BgA umsatzsteuerpflichtig, sondern auch wirtschaftliche Tätigkeiten außerhalb des körperschaftsteuerlichen BgA-Begriffs, die Umsatzbesteuerung von Tätigkeiten jPdöR wird hierdurch erheblich ausgedehnt.

3.1.5 Als Besonderheit ist auszuführen, dass die Gemeinde ebenfalls mit ihren land- und forstwirtschaftlichen Bereichen der USt unterliegt, für die allerdings ermäßigte Steuersätze gelten (vgl. § 24 UStG). Der Regelsteuersatz beträgt 19 %. Bei BgA spielt auch der ermäßigte Steuersatz von 7 % eine Rolle. Er gilt vor allem für Schwimmbadumsätze – nicht jedoch für Zusatzleistungen wie Verkauf von Badeartikeln usw. –, Kureinrichtungen mit Kurtaxe, Personenbeförderung, Wasserversorgung, Bücher, Zeitschriften, Kunstgegenstände, Sammlergegenstände, Orchester, Museen und Lebensmittel sowie Leistungen für anerkannte gemeinnützige oder mildtätige Zwecke. Auch wenn für Einnahmen des BgA der ermäßigte Steuersatz gilt, ist die Gemeinde dennoch zum vollen Vorsteuerabzug berechtigt. Bemessungsgrundlage ist das Entgelt. Entgelt ist die Summe, die der Leistungsempfänger aufwendet, und zwar ohne Mehrwertsteuer. Beim „Eigenverbrauch" (unentgeltliche Wertentnahmen § 3 Abs. 1b UStG) ist der Einkaufspreis im Zeitpunkt des Verbrauchs maßgebend. Eigenverbrauch liegt insbesondere dann vor, wenn ein für den BgA erworbener Gegenstand ganz oder teilweise für andere Zwecke genutzt wird. Für juristische Personen des öffentlichen Rechts schließen steuerfreie Umsätze nach § 4 Nr. 9 bis 27 UStG den Vorsteuerabzug grundsätzlich aus. Darunter fallen z. B. die mit dem Betrieb von Krankenhäusern, Altenheimen und Pflegeheimen eng verbundenen Umsätze sowie die „typischen Umsätze" der Orchester, Theater, Museen, Tierparks, Büchereien, Vermietung und Verpachtung von Grundstücken. Als Besonderheit bietet § 9 UStG für einige, abschließend aufgeführte steuerfreie Umsätze die Option zur Steuerpflicht an. Das bedeutet, dass die Gemeinde in diesen Fällen auf die gesetzliche Steuerfreiheit verzichten und diese Umsätze der Steuerpflicht unterwerfen kann. Dieses Optionsrecht besteht vor allem bei der Vermietung und Verpachtung von Grundstücken der BgA. Voraussetzung ist aber, dass das Grundstück an einen Unternehmer für dessen Unternehmen vermietet oder verpachtet wird, der seinerseits ausschließlich umsatzsteuerpflichtige Umsätze tätigt. Die Option ist vor allem dann lohnend, wenn im Zusammenhang mit Investitionen hohe Vorsteuern anfallen, niedrige Umsätze erzielt werden und es sich um Verlustbetriebe mit hohen Fremdbezugskosten handelt. Der Vorsteuerabzug bedeutet, dass die Gemeinde die für Lieferungen und Leistungen an den BgA in Rechnung gestellte USt als Vorsteuer abziehen darf (§ 15 UStG). Erbringt der BgA gleichzeitig steuerfreie und steuerpflichtige Leistungen, dann ist der Vorsteuerbetrag entsprechend aufzuteilen, wie dies bspw. regelmäßig bei Schwimmbädern, die sowohl öffentliches als auch Schulschwimmen durchführen, der Fall ist. Übersteigen die Vorsteuerabzugsbeträge die Steuerschuld der Gemeinde, dann entsteht ein Erstattungsanspruch an das Finanzamt. Der Vorsteuerabzug ist jedoch ausgeschlossen, wenn der BgA steuerfreie Umsätze erbringt. Dies gilt z. B. für Krankenhäuser oder Theater, weil Pflegesätze und Eintrittsgelder steuerfrei sind und keine Optionsmöglichkeit besteht.

3.1.6 Die jPdöR konnten bis zum 31.12.2016 gegenüber ihrem zuständigen Finanzamt erklären, dass in einer ursprünglich bis zum 31.12.2020 (§ 27 Abs. 22 UstG) befristeten Übergangszeit weiterhin die Altregelung des § 2 Abs. 3 UstG anzuwenden ist. Diese Übergangsregelung ist bis zum 31.12.2026 (§ 27 Abs. 22a UStG) verlängert worden.

3.1.7 Die Finanzverwaltung hat u. a. mit dem BMF-Schreiben vom 9.7.2020 (– III C 2 – S 7107/19/10005:014 –, BStBl. 2020 I S. 643) Stellung zu Anwendungsfragen des § 2b UStG genommen und Abschn. 2 b.1 UStAE ergänzt. Die Überlassung unselbstständiger Parkbuchten auf öffentlich-rechtlich gewidmeten Straßen gegen eine entsprechende Gebühr (Erhebung mittels Parkscheinautomat) ist als hoheitliche Tätigkeit nicht steuerbar. Sofern eine Leistung privatrechtlich ausgestaltet wird, führt dies, auch wenn ein Anschluss- und Benutzungszwang besteht, dazu, dass kein Handeln im Rahmen der öffentlichen Gewalt nach § 2b Abs. 1 Satz 1 UStG vorliegt. Hoheitliche Hilfsgeschäfte, die der nichtunternehmerische Bereich einer jPdöR mit sich bringt, sind grundsätzlich nicht steuerbar. Dies gilt unabhängig von ihrer Anzahl und führt auch nicht zu einer nachhaltigen wirtschaftlichen Betätigung. Es fehlt somit an der Steuerbarkeit. Anders ist es, wenn die jPdöR aufgrund der Vielzahl der Geschäfte am Markt wie ein professioneller Händler auftritt (z. B. Online-Shop) und eine Nichtsteuerbarkeit zu einer Wettbewerbsverzerrung führen würde.

3.1.8 In einem weiteren BMF-Schreiben hat die Finanzverwaltung Stellung zur umsatzsteuerlichen Behandlung der Konzessionsabgabe genommen (BMF vom 5.8.2020 – III C 2 – S 7107/19/10007:005 –, BStBl. 2020 I S. 669). Bei den Leistungen, die unter Konzessionsverträgen von einer Gemeinde an Versorgungsunternehmen gegen Entrichtung von Konzessionsabgaben auf privatvertraglicher Basis erbracht werden, handelt es sich stets um eine unternehmerische Tätigkeit i. S. d. UStG auf Ebene der jPdöR. Die Steuerbarkeit wird zudem nicht durch § 46 EnWG aufgehoben. Insbesondere ist unbeachtlich, dass die jPdöR zum Abschluss derartiger Verträge verpflichtet sind. Weiterhin ist die Steuerbefreiung des § 4 Nr. 12 Satz 1 Bs. a oder Bs. c UStG möglich. Die Befreiung ist dann einschlägig, wenn die Bestellung des Nutzungsrechts unter den Begriff der Vermietung und Verpachtung subsumiert werden kann. Die Frage, ob mit dem Abschluss eines Konzessionsvertrags oder der Vereinbarung eines einfachen Wegerechts umsatzsteuerrechtlich eine Vermietung oder Verpachtung eines Grundstücks vorliegt, richtet sich allerdings nicht nach den Vorschriften des nationalen Zivilrechts, sondern nach Unionsrecht. Danach setzt die Vermietung eines Grundstücks voraus, dass dem Mieter vom Vermieter auf bestimmte Zeit gegen eine Vergütung das Recht eingeräumt wird, das Grundstück so in Besitz zu nehmen, als ob er dessen Eigentümer wäre, und jede andere Person von diesem Recht auszuschließen. Zu berücksichtigen sind dabei alle Umstände des Einzelfalls, vor allem der tatsächlich verwirklichte Sachverhalt. Diese Voraussetzungen gelten auch für die Vermietung und Verpachtung eines Grundstücks und die hierdurch typischerweise eingeräumten Berechtigungen an dem Grundstück zur Ausübung einer sachgerechten und nachhaltigen Bewirtschaftung (vgl. hierzu Abschnitt 4.12.1 Abs. 1 UStAE). Bei der Bestellung eines dinglichen Nutzungsrechts ist es allerdings nicht erforderlich, dass der Nutzungsberechtigte das Nutzungsrecht allein ausüben kann; es genügt, wenn er – vergleichbar einem Eigentümer – Unbefugte von der Nutzung ausschließen kann (vgl. BFH, Urt. vom 24.2.2005 – V R 45/02 –, BStBl. 2007 II S. 61). Soweit es sich bei der Überlassung von Grundstücken zum Verlegen von Erdleitungen (z. B. Erdgas- oder Elektrizitätsleitungen) nach der jeweiligen Vertragslage um eine einheitliche, nach § 1 Abs. 1 Nr. 1 UStG umsatzsteuerbare Leistung handelt, kommt der Bewilligung der Grunddienstbarkeit neben der Vermietung und Verpachtung der Grundstücke in diesen Fällen kein eigenständiger umsatzsteuerlicher Gehalt zu, da die Bewilligung nur der Absicherung der Rechte aus dem Miet- bzw. Pachtvertrag dient (vgl. Abschnitt 4.12.8 Abs. 2 UStAE).

3.2 Die Umsatzbesteuerung von Kapitalgesellschaften

Kapitalgesellschaften sind umsatzsteuerpflichtig (§§ 1, 2 UStG). Auch die Leistungen, die sie gegenüber ihrer Trägerkörperschaft erbringen, unterliegen der Umsatzsteuer. Dies birgt allerdings den Nachteil in sich, dass die Gebietskörperschaft die Vorsteuer nicht zum Abzug bringen kann, soweit die Leistungserbringung nicht für einen BgA der Gemeinde erfolgt.

4. Verwaltung eigenbetriebsähnlicher Einrichtungen nach der EigAnVO (Absatz 2 Satz 1)

Die Verwaltung eines wirtschaftlichen Unternehmens gemäß § 85 Abs. 1 GemO oder einer Einrichtung gemäß § 85 Abs. 3 GemO nach den Bestimmungen der EigAnVO setzt nicht das Bestehen eines Eigenbetriebs zwingend voraus. Es sind vielmehr folgende Möglichkeiten zu unterscheiden:

4.1 Vollständige Anwendung der EigAnVO

Besteht das Bedürfnis, ein wirtschaftliches Unternehmen gemäß § 85 Abs. 1 GemO oder eine Einrichtung gemäß § 85 Abs. 3 GemO als eigenbetriebsähnliche Einrichtung unter vollständiger Anwendung der EigAnVO zu führen, so gelten alle Vorschriften der EigAnVO, also auch, soweit sie die Bezeichnung, den Werkausschuss, die Werkleitung und die Vertretung betreffen. Zugleich drängt sich dann aber die Überführung der eigenbetriebsähnlichen Einrichtung in einen Eigenbetrieb auf.

4.2 Anwendung der Vorschriften über die Wirtschaftsführung und das Rechnungswesen

Siehe die Ausführungen zu Erl. 1.2.2 zu § 1 EigAnVO.

5. Betriebsführung

5.1 Betriebsführung durch Eigenbetrieb (Absatz 2 Satz 1)

Die Betriebsführung einer eigenbetriebsähnlichen Einrichtung kann gemäß Abs. 2 Satz 1 einem Eigenbetrieb übertragen werden. Dabei ist durchaus auch eine (kaufmännische oder technische) Teilübertragung möglich. Die eigenbetriebsähnliche Einrichtung verbleibt im gemeindlichen Haushalt, es sei denn, es gelten alle Vorschriften der EigAnVO (vgl. Erl. 3.1). Soweit die Betriebsführung einer eigenbetriebsähnlichen Einrichtung einem Eigenbetrieb übertragen wird, sind dessen Werkausschuss und Werkleitung auch für die übertragene Einrichtung zuständig, sofern nichts anderes vereinbart ist.

5.2 Betriebsführung durch privaten Dritten (Absatz 2 Satz 2)

Die Wahrnehmung öffentlicher Aufgaben unter Beteiligung privater funktionaler Privatisierung hat zwei Erscheinungsformen: Entweder erledigt der Private den Auftrag im Namen der Gemeinde (Erl. 4.2.1) oder ihm wird die Ausübungsbefugnis konstitutiv übertragen mit der Folge, dass er im eigenen Namen tätig wird (Erl. 4.2.2).

5.2.1 Einschaltung des Privaten als Verwaltungshelfer

In der ersten Variante wird der Private gleichsam als Werkzeug in die Erledigung hoheitlicher Aufgaben einbezogen; er steht nicht in unmittelbaren Rechtsbeziehungen zu Dritten und handelt auf vertraglicher Grundlage im Auftrag und nach Weisung der Gemeinde; der Private ist kommunaler Erfüllungsgehilfe. Die Ausübung hoheitlicher Befugnisse kann dem Dritten nicht übertragen werden.

5.2.2 Beleihung

Bei der zweiten Alternative handelt es sich um eine stärker entscheidungsteilende Organisationsform. Unabhängig von der internen Aufgabenverteilung kommt dem Privaten eine gesteigerte Verantwortlichkeit zu bis hin zur Grenze der Delegation originärer gemeindlicher Befugnisse im Sinne einer Beleihung (zur Zulässigkeit siehe Erl. 4.3).

5.3 Zulässigkeit der funktionalen Privatisierung

Die Zulässigkeit der Einschaltung privater Dritter wird in Absatz 2 Satz 2 nicht geregelt; diese beurteilt sich nach den spezialgesetzlichen Vorschriften (vgl. z. B. § 46, 46a LWG, § 52 Abs. 1 Satz 3 LWG, § 85 Abs. 6 GemO). Abs. 2 Satz 2 geht von der funktionalen Privatisierung durch Einschaltung der Privaten als Erfüllungsgehilfen aus. Bei der Betriebsführung einer eigenbetriebsähnlichen Einrichtung durch einen privaten Dritten bleibt die Gemeinde Eigentümerin der Einrichtung; der Dritte wird (nur) zur weisungsgebundenen Führung des Betriebs im Namen der Gemeinde und für ihre Rechnung vertraglich gegen Entgelt beauftragt. Im Außenverhältnis tritt der Drittunternehmer als bevollmächtigter Vertreter der Gemeinde auf, so dass sich keine selbstständige Rechtsbeziehung zwischen dem Betriebsführer und dem Bürger ergibt (vgl. *Schoch*, DVBl 1994 S. 11; *Gabler u. a.*, Kommunalverfassungsrecht Rheinland-Pfalz und PRAXIS-Beitrag *B 1 RhPf* Vorbem. zu § 87 GemO, Erl. 2.3.2.2.2). Vergaberechtliche Vorgaben bei der Beauftragung privater Dritter sind selbstredend einzuhalten.

5.4 Ausschluss von Bestimmungen der EigAnVO

Bei Übertragung der Betriebsführung einer eigenbetriebsähnlichen Einrichtung auf einen privaten Dritten kann in der Betriebssatzung die Anwendung des § 1 Abs. 2 und der §§ 2 bis 8 EigAnVO ausgeschlossen werden. Aus dem Kontext von Satz 2 mit Satz 1 ergibt sich, dass der Ausschluss von Bestimmungen der EigAnVO nur bei der Betriebsführung einer eigenbetriebsähnlichen Einrichtung durch einen privaten Dritten zulässig ist. Absatz 2 Satz 2 gilt hingegen nicht bei der zulässigen Betriebsführung eines Eigenbetriebes durch einen privaten Dritten.

Abschnitt 2
Wirtschaftsführung und Rechnungswesen

§ 10
Vermögen des Eigenbetriebs

(1) Der Eigenbetrieb ist finanzwirtschaftlich als Sondervermögen der Gemeinde zu verwalten und nachzuweisen. Auf die Erhaltung des Sondervermögens ist Bedacht zu nehmen.

(2) Der Eigenbetrieb ist mit einem angemessenen Stammkapital auszustatten. Die Höhe des Stammkapitals ist in der Betriebssatzung festzusetzen.

Erläuterungen

Übersicht

1. Sondervermögen

Sondervermögen sind getrennt vom Haushalt geführte Zweckvermögen ohne eigene Rechtspersönlichkeit, die für die Erfüllung bestimmter Zwecke vom Haushalt der Gemeinde abgesondert oder von einem Dritten an die Gemeinde für einen bestimmten Zweck übereignet worden sind (*Gabler/Höhlein/Klöckner*, Kommunalverfassungsrecht Rheinland-Pfalz und PRAXIS-Beitrag *B 1 RhPf*, Erl. 1 zu § 80 GemO). Bei den Eigenbetrieben ergibt sich die Abtrennung als Sondervermögen aus der besonderen Aufgabenstellung der Eigenbetriebe, die als wirtschaftliche Unternehmen am Erwerbsleben teilnehmen und zum Teil auch zur Privatwirtschaft in Konkurrenz stehen. Im Gegensatz hierzu erfüllt die allgemeine Verwaltung Aufgaben, die in der Regel hoheitlichen Charakter tragen. Insofern ist eine Trennung beider Bereiche erforderlich. Nach § 80 Abs. 1 Nr. 3 GemO gehören zum Sondervermögen der Gemeinde auch die wirtschaftlichen Unternehmen ohne Rechtsfähigkeit und öffentliche Einrichtungen, für die aufgrund gesetzlicher Vorschriften oder einer Satzung Sonderrechnungen geführt werden. Wirtschaftliche Unternehmen der Gemeinde (§ 85 Abs. 1 und 2 GemO) können als Eigenbetriebe geführt werden (§ 86 Abs. 2 Satz 1 GemO); Einrichtungen und Anlagen der Wasserversorgung und Abwasserbeseitigung sind als Eigenbetriebe zu führen, ebenso wie Abfallwirtschaftsbetriebe, wenn der Träger die Aufgabe unmittelbar erfüllt (§ 86 Abs. 2 Sätze 2 und 3 GemO). Eigenbetriebe werden als Sondervermögen mit Sonderrechnung ohne Rechtsfähigkeit geführt (§ 86 Abs. 1 GemO). Auch Einrichtungen, die nicht zu den wirtschaftlichen Unternehmen i. S. v. § 85 Abs. 1 und 2 GemO zählen, können als Eigenbetriebe geführt oder nach den Bestimmungen der EigAnVO verwaltet werden (§ 86 Abs. 2 Satz 1 GemO). Kennzeichnend für die wirtschaftlichen Unternehmen ohne eigene Rechtsfähigkeit sind folgende Merkmale:

– Zivilrechtlich handelt es sich bei dem Sondervermögen um Eigentum der Gemeinde. Die wirtschaftlichen Unternehmen sind daher nicht rechtsfähig.

- Sie verfügen über eine gewisse Selbständigkeit, zum Teil auch in organisatorischer und rechtlicher Hinsicht.
- Eigenbetriebe sind nicht Bestandteil des gemeindlichen Haushaltsplanes. Sie verfügen über ein eigenständiges Rechnungswesen, bestehend aus Wirtschaftsplan, Buchführung, Jahresabschluss und Kostenrechnungen (§ 14 Abs. 1 EigAnVO). Der Wirtschaftsplan ist als Anlage dem Haushaltsplan der Gemeinde beizufügen und durch den Gemeinderat festzustellen. Ebenso wird der Jahresabschluss unabhängig von der doppischen Jahresrechnung der Gemeinde selbständig aufgestellt und vom Gemeinderat festgestellt. Buchführung und Jahresabschluss folgen den handelsrechtlichen Vorschriften. Hinsichtlich der Aufstellung des Wirtschaftsplans gelten die Vorschriften des Haushaltsrechts grundsätzlich nicht. Allerdings verweist § 80 Abs. 3 GemO auf eine Reihe von haushaltsrechtlichen Vorschriften und Grundsätzen, die auch Eigenbetriebe zu beachten haben. Daneben gilt die GemHVO sinngemäß, soweit nach § 80 GemO auf das Sondervermögen die Vorschriften über die Haushaltswirtschaft anzuwenden sind (§ 60 GemHVO). Ferner sind in der EigAnVO in einzelnen Vorschriften konkrete Verweise auf die Anwendbarkeit einzelner Vorschriften der GemHVO enthalten.

2. Erwerb, Verwaltung und Nachweis des Sondervermögens

Nach § 10 Abs. 1 Satz 1 ist der Eigenbetrieb finanzwirtschaftlich als Sondervermögen der Gemeinde zu verwalten und nachzuweisen. Damit geht die Verpflichtung einher, einen eigenen Wirtschaftsplan aufzustellen und auch das Rechnungswesen für externe Zwecke (Finanzbuchhaltung und Jahresabschluss) als auch für interne Zwecke (Kostenrechnung) aufzubauen und zu führen (§ 14 EigAnVO). Darüber hinaus sind die für das Gemeindevermögen geltenden Vorschriften zu Erwerb und Verwaltung von Vermögen nach § 78 GemO i. V. m. § 80 Abs. 3 GemO auch von Eigenbetrieben zu beachten.

2.1 Erwerb

Der Eigenbetrieb soll Vermögensgegenstände nur erwerben, soweit dies zur Erfüllung seiner Aufgaben erforderlich ist. Dies bedeutet, dass es dem Eigenbetrieb nicht freigestellt ist, Vermögensgegenstände für Zwecke zu erwerben, die außerhalb seines Aufgabenbereiches liegen. Insbesondere soll durch die Einschränkung verhindert werden, dass Vermögensgegenstände ausschließlich in der Erwartung von Gewinnen oder zu Spekulationszwecken erworben werden. Über den Erwerb von Vermögensgegenständen, insbesondere im Rahmen von Anlagenänderungen, entscheidet der Gemeinderat durch Feststellung des Wirtschaftsplans, in dem die Veränderungen des Anlagevermögens als Bestandteil des Vermögensplans getrennt nach Vorhaben zu veranschlagen und zu erläutern sind. Die Vorhaben sind darüber hinaus nach dem Anlagennachweis (§ 25 Abs. 3 EigAnVO) und die Ansätze, soweit möglich, nach Anlageteilen zu gliedern (§ 17 Abs. 3 Satz 1 und 2 EigAnVO).

2.2 Verwaltung

2.2.1 Allgemeines

§ 78 Abs. 2 Satz 1 GemO verlangt eine pflegliche und wirtschaftliche Verwaltung des Vermögens. Hieraus leitet sich die Pflicht ab, rechtzeitig Maßnahmen zur Unterhaltung und Instandsetzung der Vermögensgegenstände einzuleiten und notwendige Reparaturen durchzuführen. Die pflegliche Verwaltung erfordert die Erhaltung der Substanz und Funktionsfähigkeit von Vermögensgegenständen sowie die Vermeidung von Schäden. Wirtschaftlich verwalten bedeutet, das Vermögen nutzbringend einzusetzen (*Dazert/Oster*, a. a. O., Erl. 3.1.1 zu § 78 GemO). Zur pfleglichen und wirtschaftlichen Verwaltung gehört insbesondere die Vermögenserhaltung bzw. Vermögensunterhaltung. Eine Orientierungshilfe können dabei die handelsrechtlichen Abschreibungen darstellen. Zur Vermögenserhaltung sind i. d. R. Investitionen in Höhe dieser Abschreibungen nötig. Der Grundsatz der Vermögenserhaltung kann allerdings nicht bei jedem Eigenbetrieb uneingeschränkt

Anwendung finden. Neben dem Erfordernis, das Vermögen der Eigenbetriebe in seinem Wert zu erhalten, verlangt § 85 Abs. 3 Nr. 2 GemO, dass wirtschaftliche Unternehmen der Gemeinde über den Grundsatz der Vermögenserhaltung hinaus Erträge erwirtschaften, die eine Rücklagenzuführung erlauben und die technische und wirtschaftliche Fortentwicklung des Betriebs ermöglichen. Dieser Grundsatz geht über die bloße Bestandserhaltung des Vermögens hinaus. Das Erfordernis, für die dauernde technische und wirtschaftliche Fortentwicklung des Eigenbetriebs zu sorgen, ist neben der genannten Vorschrift auch in § 11 Abs. 1 Satz 1 EigAnVO niedergelegt. Unter der Erhaltung des Vermögens i. S. d. § 10 Abs. 1 EigAnVO kann somit nur die reale Kapitalerhaltung, und nicht bloß die nominelle Kapitalerhaltung verstanden werden. Nur so kann das Potenzial des Eigenbetriebs unter Berücksichtigung von Geldwertschwankungen für die Zukunft aufrechterhalten werden. Eine Rücklagenbildung, um die technische und wirtschaftliche Fortentwicklung des Eigenbetriebs zu sichern, ist zu begrüßen. Folgende Einschränkungen sind allerdings zu beachten:

- Es ist durchaus möglich und in der Praxis auch zu beobachten, dass Ersatzinvestitionen im Vergleich zur Erstinvestition billiger werden. Dies kann mit Produktivitätsfortschritten zusammenhängen oder auch durch veränderte technische Verfahren verursacht sein. So kann z. B. das sogenannte Inlinerverfahren zur Erneuerung von Sammlern in der Ortslage bei einem Eigenbetrieb der Abwasserbeseitigung günstiger sein, als der komplette Austausch des Kanals. Beim Inlinerverfahren werden Straßenbaumaßnahmen nicht erforderlich, der bestehende und zu sanierende Kanal wird von innen durch eine Auskleidung abgedichtet. Andererseits haben die Corona-Krise und der Ukraine-Krieg zu Lieferengpässen und starken Preiserhöhungen geführt. Die Energiekosten haben sich durch den Wegfall der billigen russischen Gaslieferungen und die Dekarbonisierung nachhaltig verteuert.
- Während die Finanzverwaltung bei einem Eigenbetrieb und auch bei einer eigenbetriebsähnlichen Einrichtung in Folge der BFH-Rechtsprechung mittlerweile jedes Stehenlassen von Gewinnen, sei es durch Bebuchen der Rücklagen oder einen Gewinnvortrag, als zulässige, die Kapitalertragsteuer vermeidende Rücklagenbildung anerkennt, sind bei einem Regiebetrieb weitere Voraussetzungen notwendig, um zu einer zulässigen Rücklagenbildung zu gelangen. Hier müssen die Rücklagen für bestimmte Vorhaben, für deren Durchführung bereits konkrete Zeitvorstellungen bestehen (oder die glaubhaft und finanziell in einem angemessenen Zeitraum durchführbar sind), gebildet werden. Zudem muss die Rücklage nötig sein, um den Zweck des BgA nachhaltig erfüllen zu können. (vgl. BMF-Schreiben vom 28.1.2019 – IV C 2 – S 2706-a/15/10001, BStBl. 2019 I S. 97 und BMF-Schreiben vom 2.2.2016 – IV C 2 – S 2706-a/14/10001 –).

2.2.2 Instandhaltungsplanung

Die Notwendigkeit zur Vermögenserhaltung und -unterhaltung ergibt sich neben den allgemeinen Vorschriften der GemO und EigAnVO auch aus einer Reihe von spezialrechtlichen Vorschriften. Hierbei ist z. B. an Bestimmungen der Gewerbeaufsicht, des Umweltschutzes, des Brandschutzes oder der Technischen Überwachungsvereine zu denken. Instandhaltungsmaßnahmen, die der Vermögenserhaltung und -unterhaltung dienen, erlangen darüber hinaus zunehmend an Bedeutung, da bei den anlageintensiven Eigenbetrieben der Wasserversorgung und Abwasserbeseitigung mittlerweile ein hoher Anschlussgrad erreicht ist und die Erstinvestitionen folglich sinken. Damit gewinnen aber die Instandhaltung des bestehenden Vermögens und die damit einhergehenden Kosten stark an Bedeutung. Die Auswahl geeigneter Instandhaltungsstrategien und eine darauf abgestimmte Kostenplanung sind unmittelbarer Ausfluss der Grundsätze der Sparsamkeit und Wirtschaftlichkeit (§§ 93 Abs. 3 i. V. m. 80 Abs. 3 GemO). Planung und Kontrolle von Instandhaltungsmaßnahmen sind wichtiger Bestandteil einer ordnungsmäßigen und wirtschaftlichen Geschäftsführung. Die Auswahl geeigneter Instandhaltungsmaßnahmen soll die Wirtschaftlichkeit des Betriebes erhöhen, die Produkt- oder Leistungsqualität gewährleisten und einen hohen Sicherheitsstandard ermöglichen. Die betriebswirtschaftliche Literatur unterscheidet grundsätzlich drei Instandhaltungsstrategien:

- inspektionsorientierte Instandhaltung,
- lebensdauerorientierte Instandhaltung,
- ausfallbedingte Instandhaltung.

Die Wahl einer geeigneten Instandhaltungsstrategie kann nach dem nachfolgend dargestellten Ablaufschema erfolgen (Schaubild 1/Wahl der Instandhaltungsstrategie).

Eine ausfallbedingte Instandhaltung („Feuerwehrstrategie") ist nur dort anwendbar, wo weder Instandhaltungs- noch Ausfallkosten hoch sind und auch keine hohen Folgeschäden aufgrund von Anlagenstörungen auftreten können. Die lebensdauerorientierte und inspektionsorientierte Instandhaltung ist dort angezeigt, wo hohe Folgeschäden auftreten können oder die Instandhaltungskosten und/oder Ausfallkosten hoch sind. Bei der lebensdauerorientierten Instandhaltung ist das Verschleißverhalten der Anlage bekannt, sodass nach einer bestimmten Laufzeit bzw. nach Erreichen bestimmter Produktions- oder Leistungsmengen Instandhaltungsmaßnahmen vorzunehmen sind. Dahingegen ist bei Anlagen, für die das Ausfallverhalten nicht vorhersehbar ist, eine inspektionsorientierte Instandhaltung zu wählen.

Schaubild 1: Wahl der Instandhaltungsstrategie

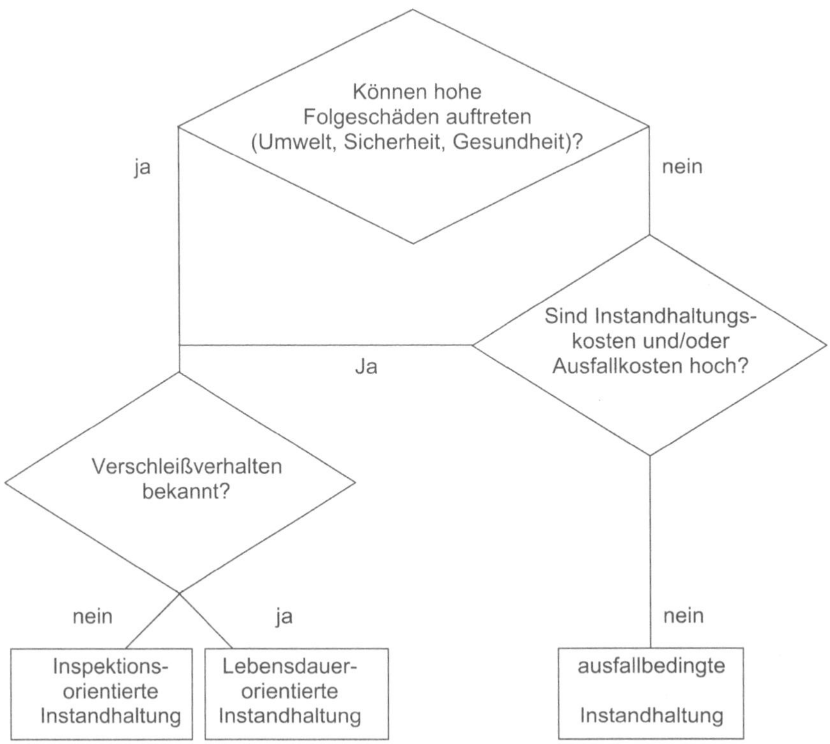

2.2.3 Vermögenserhaltung in weiteren Vorschriften der EigAnVO

Neben § 10 Abs. 1 und § 11 Abs. 1 EigAnVO kommt der Grundsatz der Vermögenserhaltung in einigen weiteren Vorschriften der EigAnVO mit unterschiedlichem Gewicht zum Ausdruck. Hierzu zählen:

- die angemessene Ausstattung des Eigenbetriebs mit Eigenkapital:
  - Eigen- und Fremdkapital müssen in einem angemessenen Verhältnis zueinanderstehen (§ 11 Abs. 3 Satz 3 EigAnVO).
  - Die Rückzahlbarkeit von Eigenkapital ist eingeschränkt (§ 11 Abs. 5 Satz 1 und 2 EigAnVO).
  - Es soll eine marktübliche Verzinsung des Eigenkapitals erzielt werden (§ 11 Abs. 6 EigAnVO).
  - Es sind Maßnahmen zur Verlustabdeckung zu ergreifen (§ 11 Abs. 7 und 8 EigAnVO).
  - Die Ausstattung des Eigenbetriebs mit einem angemessenen Stammkapital (§ 10 Abs. 2 Satz 1 EigAnVO).
- die Zustimmungspflicht zu erfolggefährdenden Mehraufwendungen und zu Mehrausgaben (§§ 16 Abs. 3 Satz 2, 17 Abs. 5 Satz 3 EigAnVO).

Dem Grundsatz der Vermögenserhaltung dient auch die Vorschrift des § 79 Abs. 1 i. V. m. § 80 Abs. 3 GemO, nach der die Veräußerung von Vermögensgegenständen des Eigenbetriebes nur mit dem vollen Wert erfolgen darf. Dieser Wert ist der unter voller Ausnutzung aller Möglichkeiten am Markt erzielbare Wert. Er entspricht in der Regel dem Verkehrswert. Das bei der Bilanzierung von Eigenbetrieben zu beachtende handelsrechtliche Prinzip der Vorsicht, ebenso wie das Realisationsprinzip und das Imparitätsprinzip (vgl. Erl. 5 zu § 20 EigAnVO) führen tendenziell zu einem niedrigeren Ausweis des vorhandenen Vermögens. Die hiervon ausgehende Signalwirkung dient damit im weiteren Sinne auch der Vermögenserhaltung.

2.3 Nachweis des Vermögens

Das Vermögen des Eigenbetriebes ist ordnungsgemäß nachzuweisen. Dieses Erfordernis ergibt sich aus den auf Eigenbetriebe anzuwendenden handelsrechtlichen Vorschriften. Der Jahresabschluss des Eigenbetriebs hat sämtliche Vermögensgegenstände zu enthalten (§ 246 Abs. 1 HGB). Sämtliche Vermögensbestandteile sind nach Art, Menge und unter Angabe ihres Wertes genau in einem Inventar zu verzeichnen (§ 240 HGB). Nach § 25 Abs. 3 EigAnVO hat der Eigenbetrieb einen Anlagennachweis entsprechend den Formblättern 2 und 3 der EigAnVO zu führen.

3. Angemessenes Stammkapital

Nach § 10 Abs. 2 Satz 1 EigAnVO ist der Eigenbetrieb mit einem angemessenen Stammkapital auszustatten. Die Höhe des Stammkapitals, seine Veränderungen und die betragsmäßige Aufteilung auf etwaige Betriebszweige sind in der Betriebssatzung festzusetzen. In allen Fällen ist ein Gemeinderatsbeschluss erforderlich. Die EigAnVO verlangt anders als das GmbH-Gesetz bzw. das Aktienrecht keine betragsmäßig festgelegte Mindestausstattung für Eigenbetriebe. Bei GmbHs beträgt das Stammkapital mindestens 25 000,00 Euro (§ 5 Abs. 1 GmbHG), bei Aktiengesellschaften wird eine Ausstattung mit Grundkapital von mindestens 50 000,00 Euro verlangt (§ 7 AktG).

Die Frage, welches Stammkapital angemessen ist oder welche Kriterien für die Bemessung anzuwenden sind, wird in der EigAnVO nicht beantwortet. Nach den Amtlichen Erläuterungen zu § 11 Tz. 2 (Rundschreiben des Ministeriums des Innern und für Sport vom 24.9.1992, MinBl. S. 386) sollte bei der Aufteilung des Eigenkapitals in Stammkapital und Rücklagen ein möglichst hoher Anteil als Stammkapital rechtlich gebunden werden, um zu verhindern, dass das Eigenkapital durch die Deckung von Verlusten aus den weniger stark gebundenen Kapitalteilen (Rücklagen) zu sehr geschmälert wird. Zur Angemessenheit des Eigenkapitals wird im Übrigen auf die Erl. zu § 11 EigAnVO verwiesen.

§ 11

Maßnahmen zur Erhaltung des Vermögens und der Leistungsfähigkeit

(1) [1]Für die dauernde technische und wirtschaftliche Leistungsfähigkeit des Eigenbetriebs ist zu sorgen. [2]Insbesondere sind alle notwendigen Instandhaltungsarbeiten rechtzeitig durchzuführen.

(2) [1]Sämtliche Lieferungen, Leistungen und Kredite, auch im Verhältnis zwischen dem Eigenbetrieb und der Gemeinde, einem anderen Eigenbetrieb der Gemeinde oder einem Unternehmen in Privatrechtsform, an dem die Gemeinde beteiligt ist, sind angemessen zu vergüten. [2]Der Eigenbetrieb kann jedoch abweichend von Satz 1

1. **Wasser für die Reinigung von Straßen- und Abwasseranlagen sowie für öffentliche Zier- und Straßenbrunnen unentgeltlich oder verbilligt liefern,**
2. **unter Beachtung der Konzessionsabgabenverordnung vom 9. Januar 1992 (BGBl. I S. 12, 407) in der jeweils geltenden Fassung auf die Tarifpreise für Leistungen von Elektrizität, Gas, Wasser und Wärme einen Preisnachlass gewähren, soweit dieser steuerrechtlich anerkannt ist.**

[3]Der Eigenbetrieb hat Wasser für den Brandschutz und Anlagen für die Löschwasserversorgung unentgeltlich zur Verfügung zu stellen; § 46 Abs. 4 Satz 3 des Landeswassergesetzes bleibt unberührt.

(3) [1]Für die technische und wirtschaftliche Fortentwicklung des Eigenbetriebs und, soweit die Abschreibungen nicht ausreichen, für Erneuerungen sollen aus dem Jahresgewinn Rücklagen gebildet werden. [2]Bei umfangreichen Investitionen kann neben die Eigenfinanzierung die Finanzierung aus Krediten treten. [3]Eigenkapital und Fremdkapital sollen in einem angemessenen Verhältnis zueinander stehen.

(4) Bei der erstmaligen Bemessung des Eigenkapitals sind die aus Entgelten oder Zuwendungen stammenden Beträge als Eigenkapital zur Verfügung zu stellen, soweit eine Pflichtaufgabe der Selbstverwaltung oder Anschluss- und Benutzungszwang besteht.

(5) [1]Die Gemeinde darf das Stammkapital und die Rücklagen nur ausnahmsweise und nur dann vermindern, wenn dadurch die Erfüllung der Aufgaben und die zukünftige Entwicklung des Eigenbetriebs nicht beeinträchtigt werden. [2]Darüber hinaus darf bei Einrichtungen, die Pflichtaufgaben der Selbstverwaltung erfüllen oder für die Anschluss- und Benutzungszwang besteht, das zurückzuzahlende Kapital nicht durch Entgeltzahlungen der Bürgerinnen und Bürger oder durch Zuwendungen gebildet sein. [3]Vor der Entscheidung des Gemeinderats über die Rückzahlung von Eigenkapital hat die Werkleitung schriftlich oder elektronisch Stellung zu nehmen.

(6) Der Jahresgewinn des Eigenbetriebs soll so hoch sein, dass neben angemessenen Rücklagen nach Absatz 3 mindestens eine marktübliche Verzinsung des Eigenkapitals erwirtschaftet wird.

(7) [1]Ein Jahresverlust kann auf neue Rechnung vorgetragen werden, soweit zu erwarten ist, dass er durch Gewinne in den folgenden fünf Jahren ausgeglichen werden kann. [2]Gewinne sind zunächst zur Verlustdeckung zu verwenden. [3]Ein nach Ablauf von fünf Jahren nicht gedeckter Verlustvortrag kann durch Entnahmen aus den Rücklagen ausgeglichen werden, soweit dies die Eigenkapitalausstattung zulässt; ist dies nicht der Fall, so ist der Verlust aus Haushaltsmitteln der Gemeinde auszugleichen.

(8) [1]Ausgabewirksame Teile eines Jahresverlustes sind abweichend von Absatz 7 spätestens im folgenden Jahr aus Haushaltsmitteln der Gemeinde auszugleichen. [2]Soweit in den folgenden fünf Jahren Einnahmeüberschüsse aus laufenden Entgelten erwirtschaftet

werden, können diese bis zur Höhe des Ausgleichs für ausgabewirksame Verluste an die Gemeinde zurückgezahlt werden. [3] Die Sätze 1 und 2 gelten entsprechend für nicht ausgabewirksame Verluste, soweit nicht zu erwarten ist, dass sie durch Gewinne in den folgenden fünf Jahren ausgeglichen werden können und der Jahresverlust auch nicht durch Entnahmen aus den Rücklagen ausgeglichen werden kann, weil dies die Eigenkapitalausstattung nicht zulässt.

Erläuterungen

Übersicht

1. Technische und wirtschaftliche Leistungsfähigkeit – Allgemeines (Absatz 1)
2. Technische Leistungsfähigkeit
3. Wirtschaftliche Leistungsfähigkeit
4. Personelle Leistungsfähigkeit
5. Liefer- und Leistungsbeziehungen mit anderen Eigenbetrieben der Gemeinde, der Gemeinde oder gemeindeeigenen Gesellschaften (Absatz 2)
   - 5.1 Allgemeines
   - 5.2 Steuerliche Beurteilung der Vergütungen
   - 5.3 Verwaltungskostenerstattungen
   - 5.4 Darlehen
   - 5.5 Weitergabe von Hebedaten des Wasserwerks an den Hoheitsbetrieb Abwasserbeseitigung
   - 5.6 Überführung eines Wirtschaftsgutes des BgA in den Hoheitsbereich der Trägerkörperschaft
   - 5.7 Mietverträge mit der Trägerkörperschaft
   - 5.8 Konzessionsabgaben
6. Rücklagenbildung und Eigenkapitalverzinsung (Absatz 3 Satz 1 und Absatz 6)
   - 6.1 Abschreibungen auf Wiederbeschaffungskosten
   - 6.2 Eigenkapitalverzinsung
7. Gewinnerwirtschaftung
   - 7.1 Wirtschaftliche Unternehmen
   - 7.2 Nichtwirtschaftliche Einrichtungen
8. Fremdfinanzierung (Absatz 3 Satz 2)
9. Angemessene Eigenkapitalausstattung (Absatz 3 Satz 3)
10. Weitere Vorschriften zur Erhaltung des Eigenkapitals (Absatz 4 und Absatz 5)
11. Behandlung von Verlusten (Absatz 7 und Absatz 8)
    - 11.1 Überblick
    - 11.2 Ausgabewirksame Verluste (Absatz 8 Satz 1)
      - 11.2.1 Allgemeines
      - 11.2.2 Cashflow als Grundlage für die Definition des ausgabewirksamen Verlustes
      - 11.2.3 Definition des liquiditätswirksamen Ergebnisses
      - 11.2.4 Bilanzielle Behandlung ausgabewirksamer Jahresverluste
      - 11.2.5 Ausgabewirksame Verluste bei Unternehmen in privater Rechtsform
    - 11.3 Ausgleichspflicht bei nicht ausgabewirksamen Verlusten (Absatz 8 Satz 3)
    - 11.4 Behandlung des Jahresverlustes bei positiver Gewinnerwartung

1. Technische und wirtschaftliche Leistungsfähigkeit – Allgemeines (Absatz 1)

Die Aufrechterhaltung der technischen und wirtschaftlichen Leistungsfähigkeit dient der Erhaltung der Substanz und der Sicherstellung des öffentlichen Zwecks des Eigenbetriebs (§ 85 Abs. 3 GemO). Im Bereich der Daseinsvorsorge betrifft dies vor allem die Bereiche der Energieversorgung (Strom, Gas, Wärme) und der Wasserversorgung. Es gilt aber auch für den Bereich der Entsorgung (Abfall, Abwasser).

Der öffentliche Zweck ist nachhaltig nur erreichbar, wenn nicht nur die technischen und wirtschaftlichen, sondern auch die personellen und finanziellen Bedingungen für die Erfüllung der übertragenen Aufgaben permanent gewährleistet werden.

Einem „schleichenden" Wertverlust, weil Mittel für Wiederbeschaffungs- oder Erstinvestitionen nicht erwirtschaftet werden, dauerhaft Verluste erlitten werden oder notwendige Reparaturen und Instandhaltungsmaßnahmen unterlassen werden, tritt die EigAnVO mit Vorschriften zur Erhaltung des Vermögens und der Leistungsfähigkeit des Betriebs entgegen (vgl. Erl. 2.2.1 zu § 10 EigAnVO).

Die Maßnahmen zur Aufrechterhaltung der technischen und wirtschaftlichen Leistungsfähigkeit stehen in enger Beziehung zu § 10 EigAnVO (Vermögen des Eigenbetriebes), dessen Sinn darin liegt, nicht den Bestand, sondern den wirtschaftlichen Wert des Vermögens zu erhalten (*Bolsenkötter*, W 47).

2. Technische Leistungsfähigkeit

Voraussetzung für die Erhaltung der technischen Leistungsfähigkeit (§ 10 Abs. 1 Satz 2 EigAnVO) ist u. a. die rechtzeitige Durchführung der notwendigen Instandhaltungsmaßnahmen – Inspektion, Wartung, Instandsetzung – bei den technischen Anlagen und Geräten (§ 11 Abs. 1 Satz 2 EigAnVO). Das Hinausschieben von Unterhaltungsarbeiten kann insbesondere bei leitungsgebundenen Ver- und Entsorgungsbetrieben (Strom, Gas, Wasser, Abwasser, Fernwärme) zu erheblichen Folgeschäden führen, deren wirtschaftliche Risiken und strafrechtliche Haftungsrisiken kaum kalkulierbar sind. Die durch solche Schäden drohenden Risiken können durch gezielte Instandhaltungsmaßnahmen frühzeitig erkannt und entsprechend reduziert werden. Im Sinne einer wirtschaftlichen Durchführung von Instandhaltungsmaßnahmen verlangt die Betriebswirtschaftslehre ein planvolles Vorgehen durch Auswahl geeigneter anlagenbezogener Instandhaltungsstrategien. Diese Instandhaltungsstrategien sind in Erl. 2.2.2 zu § 10 EigAnVO erläutert.

Die Erhaltung der technischen Leistungsfähigkeit umfasst auch die Anpassung an die fortschreitende technische Entwicklung und soll die Wirtschaftlichkeit, die Konkurrenzfähigkeit und die Sicherheit der betrieblichen Tätigkeit und der Leistungserbringung an den Bürger gewährleisten. Dies betrifft vor allem die Betriebe der Versorgungs-, Entsorgungs- und Verkehrswirtschaft (*Bolsenkötter*, W 47). In diesem Sinne fordert die EigAnVO in § 11 Abs. 3 Satz 1 für die technische und wirtschaftliche Fortentwicklung des Eigenbetriebs durch entsprechende Rücklagenbildung Sorge zu tragen (vgl. Erl. 6), um damit entsprechende Investitionen zu ermöglichen.

In technischer Hinsicht sind zahlreiche Vorschriften im Europäischen Recht, im Bundesrecht und im Landesrecht zu beachten, die je nach Art des Eigenbetriebs differieren und ihren Niederschlag in einer Vielzahl von Gesetzen, Rechtsverordnungen, Richtlinien, Erlassen, Verwaltungsvorschriften und technischen Anleitungen gefunden haben. Diese Vorschriften füllen den in der EigAnVO nur in allgemeiner Form formulierten Grundsatz der Erhaltung der technischen Leistungsfähigkeit aus. Es bestehen zahlreiche branchenbezogene, spezialgesetzliche Vorschriften und Verordnungen etwa bezogen auf die Bereiche Wasserversorgung, Abwasserbeseitigung, Abfallwirtschaft, Gesundheitswesen.

3. Wirtschaftliche Leistungsfähigkeit

Die Pflicht zur Erfüllung der Aufgaben des Eigenbetriebs und zur Erhaltung bzw. Verbesserung der technischen Leistungsfähigkeit setzt die finanzielle und personelle Leistungsfähigkeit voraus. Der Werkleitung obliegt die gegenwärtige und zukünftige Umsetzung dieser Aufgabenerfüllung. Sie muss die Abschreibungen und Rücklagen aus Entgelten Dritter erwirtschaften. Ist sie dazu wirtschaftlich nicht in der Lage, muss der Eigenbetrieb bestrebt sein, die notwendigen Mittel von der Gemeinde zur Verfügung gestellt zu bekommen (vgl. Erl. 6 und 7).

Beispielsweise sind als geeignete Maßnahmen zur Verbesserung der Wirtschaftlichkeit beim Bau und Betrieb von Kläranlagen vor allem die Verringerung der Herstellkosten, die Verringerung der Betriebskosten und eine günstige Finanzierung zu nennen. Für die jeweilige Zielerreichung sind unterschiedliche Lösungsansätze und Verfahren denkbar (Deutsche Bundesstiftung Umwelt: Themenheft Abwasserentsorgung im ländlichen Raum, S. 9, Berlin, 2001):

Eine Verringerung der Herstellkosten ist erreichbar durch

- innovative, kostenorientierte Planung,
- situationsangepassten Dezentralisierungsgrad,
- Einsatz vorgefertigter Module (Nachrüstsätze für Mehrkammergruben, Kompaktanlagen),
- Nutzung neuer Technologien,
- Einbringen von Eigenleistungen.

Eine Verringerung der Betriebskosten ist erreichbar durch

- energiesparende Klärsysteme,
- optimale Dimensionierung aller Aggregate zur Reduzierung von Energiekosten,
- Klärschlammreduzierung/-vererdung/-verwertung,
- Wartungsverträge mit Dritten,
- Verwertung nachwachsender Rohstoffe.

Eine günstige Finanzierung kann erreichbar sein durch

- Überprüfung der Abschreibungsmodalitäten
- Abschluss von Leasingverträgen
- Erhebung Einmaliger Beiträge
- Ausschöpfung von Fördermitteln
- Sonderfinanzierungen (zum Einsatz von Derivaten bei kommunalen Gebietskörperschaften vgl. den Beitrag von *Oster*, Gemeinde und Stadt Beilage 3/2001 zu Heft 4/2001).

Um den Wettbewerb mit anderen Anbietern aufgrund von Liberalisierungs- und Privatisierungsbestrebungen insbesondere in der Wasserversorgung bestehen zu können, sind bei den kommunalen Aufgabenträgern Maßnahmen zu untersuchen, um die wirtschaftliche Leistungsfähigkeit zu verbessern. Hierfür bieten sich an:

- die formale Privatisierung (Umwandlung der öffentlich-rechtlichen in eine privatrechtliche Organisationsform)
- die Einschaltung privater Dritter bei der Aufgabenerfüllung
- die Kostensenkung durch interkommunale Zusammenarbeit.

Bei der Einschaltung privater Dritter bei der Aufgabenerfüllung kommen insbesondere das Betriebsführungsmodell, das Pachtmodell, das Betreibermodell sowie das Kooperationsmodell in Betracht.

Im Bereich der interkommunalen Zusammenarbeit gibt es sowohl im technischen als auch im kaufmännischen Bereich Möglichkeiten, die im Einzelnen auf ihre Alltagstauglichkeit und Wirtschaftlichkeit untersucht werden müssen.

Im technischen Bereich sind dies z. B.

- Unterhaltung nur eines leistungsstarken Labors,
- nur einen Ruf- und Bereitschaftsdienst, insbesondere für Pumpstationen und Notstromaggregate,
- nur eine Betriebswerkstatt,
- Nutzung eines gemeinsamen Fuhr- und Maschinenparks,
- geringere Organisation der Materialbeschaffung und Lagerhaltung.

Im kaufmännischen Bereich sind dies z. B.

- Einsatz nur einer EDV-Anlage z. B. bei der Entgeltsberechnung und Erstellung der Bescheide
- interkommunaler Einkauf führt zu einer besseren Verhandlungsposition gegenüber Lieferanten und somit zu einer Sicherung besserer Konditionen und Rabatte.

4. Personelle Leistungsfähigkeit

Sowohl für den wirtschaftlichen als auch den Bereich der technischen Leistungsfähigkeit hat der Personaleinsatz und -bedarf eine bedeutende Rolle. In der Versorgungs- und Entsorgungswirtschaft wird dieser im Wesentlichen bestimmt durch die betriebsbedingten Arbeitsabläufe aufgrund der Anforderungen im Ver- und Entsorgungsgebiet, dem Alter der Anlagen, ihrer Struktur und der Qualitätsvorgaben. Des Weiteren wird der Bedarf durch die Leistungsfähigkeit und die Leistungsbereitschaft des Personals beeinflusst.

Dabei gilt, dass ein zu geringer Personalbestand die sachgerechte Aufgabenerfüllung der kommunalen Einrichtung gefährdet, ein zu hoher Bestand dagegen die Erfüllung der Wirtschaftlichkeit erschwert.

Im Rahmen einer überörtlichen Prüfung des Rechnungshofes Rheinland-Pfalz zu Organisation und Personalbedarf kommunaler Einrichtungen der Wasserversorgung und der Abwasserbeseitigung wurden Personalbedarfsrichtwerte als Durchschnittswerte ermittelt, die zum einen Richtwerte für eine vereinfachte Ermittlung des Personalbedarfs an die Hand geben, zum anderen aber auch Spielraum erlauben, um je nach Einzelfall und örtlicher Gegebenheiten gewisse Zu- oder Abschläge zu machen.

5. Liefer- und Leistungsbeziehungen mit anderen Eigenbetrieben der Gemeinde, der Gemeinde oder gemeindeeigenen Gesellschaften (Absatz 2)

5.1 Allgemeines

Nach § 11 Abs. 2 Satz 1 EigAnVO sind sämtliche Lieferungen, Leistungen und Kredite des Eigenbetriebs angemessen zu vergüten. Die Vorschrift umfasst auch die Liefer- und Leistungsbeziehungen zwischen dem Eigenbetrieb als Leistendem und der Gemeinde, einem anderen Eigenbetrieb der Gemeinde oder einer gemeindeeigenen Gesellschaft. Durch diese Regelung sollen unangemessene Vergütungen verhindert werden und die Erhaltung des Vermögens und der Leistungsfähigkeit des Eigenbetriebs im Sinne von § 11 Abs. 1 EigAnVO gesichert werden (Amtliche Erläuterungen zu § 12 Tz. 2, Rundschreiben des Ministeriums des Innern und für Sport vom 24.9.1992, MinBl. S. 386). Ebenso unerwünscht sind auch unentgeltliche oder nicht kostendeckende Vergütungen der Gemeinde an den Eigenbetrieb mit der Folge einer versteckten Subventionierung. Die Frage nach der angemessenen Vergütung ist daran zu messen, was Dritte für die erbrachte Leistung zu zahlen bereit wären. Der Eigenbetrieb kann grundsätzlich neben den entstandenen Kosten auch einen angemessenen Gewinnzuschlag (beachte aber § 8 Abs. 1 Satz 6 KAG) berechnen.

Preisnachlässe können andererseits gewährt werden, wenn diese bei Dritten in entsprechender Weise eingeräumt werden.

5.2 Steuerliche Beurteilung der Vergütungen

Für steuerpflichtige Eigenbetriebe (BgA) einer Gemeinde tritt neben die geschilderten allgemeinen Grundsätze der Berechnung angemessener Vergütungen nach § 11 Abs. 2 EigAnVO Satz 1 auch das steuerliche Erfordernis der Vereinbarung angemessener Vergütungen, damit die Liefer- und Leistungsbeziehungen zwischen Trägerkörperschaft, ihren Eigenbetrieben bzw. gemeindeeigenen Gesellschaften einerseits und dem BgA andererseits steuerlich akzeptiert werden.

Steuerlich wird der BgA im Verhältnis zu seiner Trägerkörperschaft wie eine „virtuelle Kapitalgesellschaft" behandelt (*Hüttemann*, Die Besteuerung der öffentlichen Hand, Köln, 2002, S. 138 ff.). Zwar bildet ein BgA zivil- und verwaltungsrechtlich mit der Trägerkörperschaft eine Einheit, für Zwecke der Einkommensermittlung wird der BgA aber fiktiv verselbständigt (R 8.2 Abs. 1 KStR 2022). Jeder BgA einer juristischen Person des öffentlichen Rechts hat sein Einkommen gesondert zu ermitteln. Die Körperschaftsteuer wird jeweils gesondert für jeden BgA festgesetzt. Obwohl zivilrechtlich wirksame Verträge zwischen der Gemeinde und dem BgA nicht geschlossen werden können, weil der BgA als Teil der juristischen Person des öffentlichen Rechts kein selbstständiges Rechtssubjekt ist, werden aufgrund der steuerlichen Verselbständigung des BgA Vereinbarungen zwischen Trägerkörperschaft und BgA steuerlich anerkannt.

Die Finanzverwaltung macht die Anerkennung von Aufwendungen jedoch davon abhängig, dass zwischen der juristischen Person des öffentlichen Rechts und dem BgA klare und eindeutige Regelungen getroffen wurden. Diese Regelungen können steuerlich nur für die Zukunft ihre Wirkung entfalten, nicht aber mit Rückwirkung für die Vergangenheit getroffen werden (R 8.2 Abs. 1 Satz 3 KStR 2022). Die Finanzverwaltung akzeptiert nur solche Vereinbarungen, die auch einem Drittvergleich standhalten. Werden unangemessene Vergütungen abgeschlossen, wird die Finanzverwaltung das Vorliegen einer vGA prüfen (§ 8 Abs. 3 Satz 2 KStG). Eine vGA wird angenommen, wenn der BgA durch die Vereinbarung eine Vermögensminderung oder verhinderte Vermögensmehrung erleidet, die durch das mitgliedschaftsähnliche Verhältnis zur Gemeinde veranlasst ist, sich auf die Höhe des Einkommens auswirkt und nicht auf einem den kommunalrechtlichen Vorschriften entsprechenden Gewinnverteilungsbeschluss beruht (*Bolsenkötter*, W 79). Beim Vorliegen einer vGA wird der vom BgA geltend gemachte Betriebsausgabenabzug nicht anerkannt, was eine entsprechende Erhöhung des steuerlichen Einkommens zur Folge hat. Darüber hinaus führt die vGA als spezieller Einkommenstatbestand nach § 20 Abs. 1 Nr. 10b) EStG zur Erhebung einer 15 %igen Kapitalertragsteuer.

Fraglich ist, wie die vGA zu bemessen ist. Die vGA zugunsten der Kommune ist mit der angemessenen Vergütung anzusetzen, die auch einen Gewinnzuschlag erfasst.

Häufige Fälle von vGA sind:

- Vorliegen verzinslicher Darlehen der Trägerkörperschaft bei zu niedrigem Eigenkapital des Eigenbetriebs (siehe Erl. 3 zu § 12 EigAnVO),
- unentgeltliche Überlassung der Hebedaten Wasserverbrauch für den Betriebszweig Abwasserbeseitigung zur Gebührenerhebung,
- unentgeltliche Überführung von Wirtschaftsgütern,
- unangemessene Miet-, Pacht- und Darlehenszinsen,
- unangemessen hohe Konzessionsabgaben,
- Spenden des BgA an die Kommune oder an Dritte, um der Kommune Aufwendungen zu ersparen.

Ein besonderes Problem stellt die Verlustabdeckung dauerdefizitärer BgA durch die Kommune dar. Hier liegt unter bestimmten Voraussetzungen eine vGA vor. Der Gesetzgeber hat diesen Bereich im § 8 Abs. 7 KStG ab 2009 geregelt. Danach gibt es „begünstigte" Dauerverlustgeschäfte, bei denen der Verlustausgleich nicht zu einer vGA führt. Diese begünstigten Dauerverlustgeschäfte liegen vor, soweit aus verkehrs-, umwelt-, sozial-, kultur-, bildungs-, oder gesundheitspolitischen Gründen eine Betätigung ohne kostendeckendes Entgelt unterhalten wird. In den übrigen Fällen führt der Verlustausgleich zu einer vGA.

5.3 Verwaltungskostenerstattungen

Die Verwaltung erbringt in der Regel umfangreiche Leistungen an ihren Eigenbetrieb, z. B. im Bereich der Personalverwaltung, der Kasse oder des Rechtsamtes. Als Berechnungsgrundlage für die an den Eigenbetrieb weiter zu belastenden Kosten kann insbesondere das Schema der KGSt in dem Bericht „Verwaltungsinterne Leistungsverrechnung" herangezogen werden. Ergänzende Grundlagen bilden die Berichte/Materialien „Kosten eines Arbeitsplatzes" bzw. „Arbeitszeit einer Normalarbeitskraft". Bei der Kostenermittlung zur Berechnung der Verwaltungskostenerstattungen wird vom Personaleinsatz der jeweils leistungserbringenden Stelle ausgegangen (arbeitsplatzorientiertes Ermittlungsverfahren). Die Kosten des einzelnen erstattungsberechtigten Arbeitsplatzes setzen sich aus den Bestandteilen

- Brutto-Personalkosten,
- sächliche Kosten des Arbeitsplatzes und
- Verwaltungsgemeinkosten

zusammen.

Daneben sind in Einzelfällen noch spezielle Sachkosten, z. B. die Kosten für EDV-Anlagen oder technische Geräte zu berücksichtigen. Die Verteilung der Arbeitsplatzkosten und ggf. der speziellen Sachkosten auf die erstattungspflichtige Einrichtung kann

- durch Schlüsselung (Stellen-, Ausgaben-, Fallzahlenschlüssel) oder
- durch Ermittlung der Arbeitszeitanteile

erfolgen.

Steuerlich sind Aufwendungen der Gemeinde, die dieser aus der Unterhaltung des BgA erwachsen und an den BgA weiterbelastet werden, beim BgA als Betriebsausgabe in angemessener Höhe abziehbar. Eine besondere Regelung zwischen Trägerkörperschaft und BgA ist hier nicht erforderlich (*Dötsch/Eversberg/Jost/Witt*, Kommentar zum Körperschaftsteuergesetz, Loseblattsammlung, Potsdam, zu § 4 KStG Tz. 72). Angemessene Aufwendungen für gesetzlich vorgeschriebene Rechnungs- und Kassenprüfungen durch das Rechnungsprüfungsamt der Trägerkörperschaft sind als Betriebsausgabe abziehbar (R 8.2 Abs. 3 KStR 2022).

Die (anteilige) Erfassung des Gehalts des Bürgermeisters zuzüglich eines Gemeinkostenzuschlagssatzes im Verwaltungskostenbeitrag ist umstritten. Eine vom Rhein-Lahn-Kreis durchgeführte Umfrage im Rahmen einer großen Anfrage im Landtag Rheinland-Pfalz vom 3.5.2005 (Drs. 14/4097) hat ergeben, dass dennoch 109 von 163 Verbandsgemeinden in Rheinland-Pfalz das Gehalt eines Bürgermeisters oder Beigeordneten in die Gebührenkalkulation einbeziehen, also dem Eigenbetrieb fakturieren. Die Bandbreite reichte hier von 0,5 % der Personalkosten bis zu 47 % der Personalkosten. Ein höchstrichterliches Urteil zu der Zulässigkeit der Verrechnung steht noch aus. Dennoch hat der VGH BW mit Beschl. vom 27.2.1996 entschieden, dass anteilige Kosten aus dem Gehalt eines Landrates und den Sitzungsgeldern des Kreistages bei der Kalkulation von Abfallgebühren nicht berücksichtigt werden können. Dies gelte auch dann, wenn diese Organe sich nicht nur in unbedeutendem Umfang mit der Abfallwirtschaft des Landkreises und der Abfallsatzung beschäftigt haben. Nach Rechtsauffassung der Kreisverwaltung des Rhein-Lahn-Kreises sollte die

Obergrenze des Verwaltungskostenbeitrags für den Bürgermeister oder den Beigeordneten aber 10 % der Besoldung nicht überschreiten.

5.4 Darlehen

Bei der Inanspruchnahme von Kassenkrediten der Gemeinde durch den Eigenbetrieb bzw. auch umgekehrt ist eine angemessene Verzinsung zu vereinbaren. Der Zinssatz kann vereinfacht als Mischzinssatz zwischen dem Sollzinssatz, den die Gemeinde bei der Kreditinanspruchnahme zu leisten hat, und dem Habenzinssatz, als dem maßgeblichen Anlagezins der betreffenden Gemeinde, festgelegt werden.

Guthaben aus dem laufenden Verrechnungsverkehr zwischen Gemeinde und Eigenbetrieb brauchen nicht verzinst zu werden, sofern sich unterjährig sowohl Guthaben und Schulden ergeben, so dass sich aus dem Verzicht auf die Verzinsung keine Vor- und Nachteile ergeben (*Bolsenkötter*, W 78).

Steuerlich können Darlehenszinsen, die der BgA an die Gemeinde entrichtet, beim BgA als Betriebsausgabe einkommensteuermindernd angesetzt werden, vorausgesetzt, es liegen klare und eindeutige Vereinbarungen vor. Als solche Vereinbarungen werden Gemeinderatsbeschlüsse anerkannt, in denen bei einem Darlehensverhältnis sowohl die Verzinsung als auch die Tilgungsbedingungen festgehalten sind (*Dötsch/Pung/Möhlenbrock*, § 4 Tz. 207).

Voraussetzung für die Abziehbarkeit der Zinsen ist eine angemessene Eigenkapitalausstattung des Eigenbetriebs. Der BFH erkennt in seinem Urt. vom 1.9.1982 (BStBl. II 1983 S. 147) Regelungen der Trägerkörperschaft in Bezug auf ihren Betrieb gewerblicher Art über verzinsliche Darlehen steuerrechtlich nur an, soweit der Betrieb gewerblicher Art mit einem angemessenen Eigenkapital ausgestattet ist. Was als angemessen gilt, soll sich dabei nach der Kapitalstruktur gleichartiger Unternehmen der Privatwirtschaft im maßgebenden Zeitraum bestimmen. Die Finanzverwaltung sieht einen Betrieb gewerblicher Art grundsätzlich mit einem angemessenen Eigenkapital ausgestattet an, wenn das Eigenkapital mindestens 30 v. H. des Aktivvermögens beträgt (R 8.2 Abs. 2 Satz 3 KStR 2022). Für die Berechnung des Eigenkapitals und des Aktivvermögens wird zunächst von den Buchwerten in der Steuerbilanz am Anfang des Wirtschaftsjahres ausgegangen. Stille Reserven sind nicht zu berücksichtigen. Das so ermittelte Aktivvermögen ist um die erhaltenen Baukostenzuschüsse und die passiven Wertberichtigungen zu kürzen. Das Eigenkapital wiederum ist um unverzinsliche Darlehen, welche die Trägerkörperschaft ihrem Betrieb gewerblicher Art gewährt, zu erhöhen. Pensionsrückstellungen werden als echte Verpflichtungen nicht zum Eigenkapital gezählt. Soweit die Eigenkapitalquote unter der Grenze von 30 v. H. liegt, also keine angemessene Eigenkapitalausstattung vorliegt, wird ein von der Trägerkörperschaft an ihren Betrieb gewerblicher Art ausgereichtes verzinsliches Darlehen als Eigenkapital behandelt mit der Folge, dass die insoweit angefallenen Zinsen als vGA anzusehen sind. Dies gilt unabhängig davon, ob die Verzinsung in angemessener Höhe vereinbart wurde. Die Angemessenheit des Eigenkapitals ist für jeden Veranlagungszeitraum neu zu prüfen.

Entgegen dieser Verwaltungsauffassung, die eine starre Eigenkapitalquote von 30 % zur Anerkennung des Betriebsausgabenabzugs der Zinsen verlangt, hat der BFH sich im Urt. vom 9.7.2003 – I R 48/02 – (abgedruckt in Versorgungswirtschaft 12/2003 S. 279) für eine Einzelfallbeurteilung unter Berücksichtigung gesamtwirtschaftlicher und branchenspezifischer Entwicklungen zur Festlegung der maßgeblichen Eigenkapitalquote ausgesprochen. Eine starre Festlegung der Eigenkapitalquote lehnt der BFH ab. Die zugrunde zu legende Eigenkapitalquote hat sich vielmehr an der Eigenkapitalausstattung gleichartiger Unternehmen der Privatwirtschaft zu orientieren. Diese übliche Eigenkapitalquote unterliegt aber zwangsläufig Veränderungen in Abhängigkeit von den gesamtwirtschaftlichen und branchenspezifischen Bedingungen. Wichtig für die Festlegung der angemessenen Eigenkapitalquote sind insbesondere branchenspezifische Kennzahlen.

5.5 Weitergabe von Hebedaten des Wasserwerks an den Hoheitsbetrieb Abwasserbeseitigung

Das Wasserwerk stellt den Wasserverbrauch der Abnehmer durch Ablesen der Wasserzähler fest. Die Ablesedaten werden dem Abwasserwerk zur Verfügung gestellt, das die Verbrauchsdaten als Grundlage für die Erhebung der Schmutzwassergebühren verwendet. Bei einer unentgeltlichen Weitergabe der Hebedaten kann eine vGA vorliegen. Der BFH hat mit Urt. vom 10.7.1996 (BStBl. II 1997 S. 230) ein Entgelt in Höhe der Hälfte der entstandenen Kosten für die Gebührenmessung als angemessen betrachtet. Hierin enthalten seien insb. die Abschreibungen der Zähler, deren Unterhaltung, Lohnkosten für die Ableser, Gehälter der für die Abrechnung zuständigen Mitarbeiter, anteilige Kosten für die EDV-Verarbeitung und allgemeine Bürokosten. Hierauf ist nach Ansicht des BFH noch ein angemessener Gewinnzuschlag zu erheben. Die so ermittelte Entgeltbasis stellt auf die Deckung der Vollkosten ab. Mit Urt. vom 24.9.2002 (– 6 K 220/99 K, G, U, F –, EFG 2003 S. 482) hat das FG Düsseldorf die o. g. Grundsätze verworfen und nur auf die anteilige Deckung der Vollkosten abgestellt (hälftige Personalkosten für die Ablesung, *kein* hälftiger Abschreibungsaufwand für die Wasserzähler). Nach Auffassung des FG ist dieses Entgelt nicht unangemessen niedrig. Denn ein fremder Dritter hätte nicht mehr gezahlt, als er selbst für die Ermittlung hätte aufwenden müssen. Beurteilungsmaßstab war für das Gericht die Alternativmöglichkeit der Datenerhebung. Die Frischwasserdaten hätten auch von den Abgabepflichtigen im Wege eines entsprechenden Mitwirkungsverlangens erlangt werden können. Der BFH hat dieses FG-Urt. teilweise verworfen (Urt. vom 28.1.2004, BStBl. 2005 II S. 550). Demgemäß wird ein ordentlicher und gewissenhafter Geschäftsleiter jedenfalls dann nicht auf die (anteilige) Deckung der vollen Selbstkosten für die erbrachte Leistung verzichten, wenn er dies gegenüber dem (gedachten) Vertragspartner bei der Preisvereinbarung durchsetzen kann. Laut diesem Urt. wird ein sog. doppelter Fremdvergleich notwendig, der sowohl die Interessen der Gemeinde (gedachter Vertragspartner) als auch die des leistenden Unternehmens berücksichtigt. Aus diesem Gedankengang des doppelten Fremdvergleichs wird eine Bandbreite für ein angemessenes Entgelt zwischen Null und der Vollkostendeckung ersichtlich.

Im Gegensatz zur Ermittlung der vGA für ertragsteuerliche Zwecke ist die Bemessungsgrundlage für die Umsatzsteuer regelmäßig erheblich niedriger. Umsatzsteuerlich unterliegt die unentgeltliche Überlassung der Hebedaten der Umsatzsteuer nach § 3 Abs. 9 UStG. Die Bemessungsgrundlage sind nur die Kosten, die zusätzlich durch die Datenüberlassung angefallen sind. Denkbar sind z. B. Bürokosten, Übermittlungskosten oder auch Kosten für spezielle Auswertungen (vgl. Verfügung der OFD Nürnberg vom 18.5.1999 – S 7200 – 584/St 43/S 2742 – 82/St 31 –, abgedruckt in Versorgungswirtschaft, 9/1999 S. 211).

5.6 Überführung eines Wirtschaftsgutes des BgA in den Hoheitsbereich der Trägerkörperschaft

Nach dem BFH-Urt. vom 24.4.2002 (DStRE 2002 S. 1073) handelt es sich bei der unentgeltlichen Überführung eines Wirtschaftsgutes des BgA in den Hoheitsbereich der Trägerkörperschaft um eine vGA.

5.7 Mietverträge mit der Trägerkörperschaft

Mietverträge zwischen BgA und Trägerkörperschaft werden, auch wenn sie im Vorhinein auf klaren und eindeutigen schriftlichen Vereinbarungen beruhen, nicht anerkannt, wenn es sich bei den überlassenen Wirtschaftsgütern um wesentliche Betriebsgrundlagen handelt (H 8.2 „Miet- oder Pachtverträge" KStH 2022). Bei Büro- und Verwaltungsgebäuden liegt eine wesentliche Betriebsgrundlage für die Geschäftstätigkeit des BgA vor, wenn das Büro- und Verwaltungsgebäude für die Tätigkeit des BgA benötigt wird, für seine betrieblichen Zwecke geeignet und nicht von untergeordneter Bedeutung ist (BFH, Urt. vom 23.5.2000, BStBl. II S. 621). Büro- und Verwaltungsgebäude sind in der Regel als wesentliche Betriebsgrundlagen anzusehen (OFD Frankfurt, Verfügung vom 27.3.2000, DStR 2003 S. 2116).

Solche Mietverhältnisse werden steuerlich nicht mehr anerkannt mit der Folge, dass die Miet- und Pachtaufwendungen beim BgA steuerlich keine Betriebsausgabe darstellen. Die Mieten und Pachten führen zu einer vGA. Ferner ist das Büro- und Verwaltungsgebäude oder auch die betreffenden Büro- und Verwaltungsräume als notwendiges Betriebsvermögen in der Bilanz des BgA zu bilanzieren (H 8.2 „Betriebsvermögen" KStH 2022), woraus sich in der Praxis Bewertungsfragen ergeben. Nach dem BMF-Schreiben vom 18.9.2001 (BStBl. I S. 634) sind für die Bewertung die historischen Anschaffungs- oder Herstellungskosten abzüglich aufgelaufener Abschreibungen maßgeblich. Der einzubuchende Wert des Wirtschaftsgutes ist in der Steuerbilanz als Einlage zu behandeln. Die Betriebsaufspaltung lässt sich vermeiden, indem seitens der Trägerkörperschaft auf die Erhebung von Miete und Pacht verzichtet wird.

5.8 Konzessionsabgaben

Konzessionsabgaben sind Entgelte der Versorgungsunternehmen für die Einräumung des Rechts zur unmittelbaren Versorgung von Letztverbrauchern im Gemeindegebiet mittels Benutzung öffentlicher Verkehrswege für die Verlegung und den Betrieb von Leitungen. Sie kommen im Bereich der Versorgung mit Elektrizität, Gas, Wasser und Wärme oder dem öffentlichen Personennahverkehr durch Eigenbetriebe oder Gesellschaften, an deren Grund- oder Stammkapital die Gebietskörperschaft unmittelbar oder mittelbar beteiligt ist, in Betracht. Neben den preisrechtlichen Vorschriften ist bei der Zahlung der Konzessionsabgabe insbesondere die steuerliche Anerkennung zu berücksichtigen.

Das BMF hat in zwei Schreiben zur Abziehbarkeit von Konzessionsabgaben als Betriebsausgaben bei öffentlichen Verkehrs- und Versorgungsbetrieben Stellung genommen (Schreiben vom 9.2.1998, BStBl. 1998 I S. 209 und 27.9.2002, BStBl. 2002 I S. 940).

Das BMF nimmt insbesondere zu der Frage Stellung, inwieweit die Konzessionsabgabe als Betriebsausgabe abziehbar ist. Übersteigt die Konzessionsabgabe bestimmte Grenzen, so wird von der Finanzverwaltung insoweit eine vGA angenommen. Ist die Gebietskörperschaft weder unmittelbar noch mittelbar an dem Grund- oder Stammkapital des Versorgungsbetriebs beteiligt, sind die Konzessionsabgaben in voller Höhe als Betriebsausgaben abziehbar. Liegt eine Beteiligung der Gebietskörperschaft an dem Eigenbetrieb oder eine mittelbare oder unmittelbare Beteiligung der Gebietskörperschaft an dem Grund- oder Stammkapital des Versorgungsbetriebs vor, ist die Konzessionsabgabe nur insoweit abziehbar, als keine vGA vorliegt. Hierzu sind insbesondere zwei Bedingungen zu beachten:

- die in der KAV für die Strom- und Gasversorgung vom 9.1.1992 (BGBl. 1992 I S. 12) bzw. in der KAE für die Wasserversorgung vom 4.3.1941 festgelegten preisrechtlichen Höchstsätze werden nicht überschritten (1. Bedingung),
- nach Abzug der Konzessionsabgabe muss dem Versorgungsbetrieb ein angemessener handelsrechtlicher Jahresüberschuss (Mindestgewinn) verbleiben. Der Mindestgewinn darf 1,5 % des eigenen oder gemieteten Sachanlagevermögens nicht unterschreiten; maßgebend sind die Verhältnisse am Anfang des Wirtschaftsjahres (2. Bedingung).

Die beiden zuvor genannten Bedingungen müssen kumulativ erfüllt sein. Zum Sachanlagevermögen in diesem Sinne gehören nicht das auf Lager befindliche und zum späteren Einbau in Sachanlagen bestimmte Installationsmaterial sowie Baukostenzuschüsse, die für die Errichtung von Trafo-Stationen, Zuleitungen u. ä. geleistet und in der Bilanz des Versorgungsbetriebs aktiviert worden sind (OFD Frankfurt/Main vom 31.8.2012). Wird in der Strom- und Gasversorgung durch den Abzug der Konzessionsabgabe der Mindestgewinn unterschritten, ist für den jeweiligen Veranlagungszeitraum nach den Grundsätzen des Fremdvergleichs zu prüfen, ob eine vGA vorliegt. Eine vGA ist anzunehmen, wenn in dem Veranlagungszeitraum des Abzugs der Konzessionsabgabe und den folgenden fünf Jahren im Durchschnitt der Mindestgewinn nicht erreicht wird. Die Konzessionsabgabe wird in diesen Fällen nur so weit anerkannt, als der Mindestgewinn des jeweiligen Veranlagungszeitraums nicht unterschritten wird. Die Steuerveranlagungen sind im Hinblick auf die Konzessionsabgabe daher zunächst vorläufig durchzuführen. Zur umsatzsteuerlichen Behandlung wird verwiesen auf das BMF-Schreiben vom 5.8.2020 (III C 2 – S 7107/19/10007:005 (DOK 2020/0767842), BStBl. I 2020, 669) sowie das Schreiben des Ministeriums der Finanzen RLP vom 9.3.2021 an den Gemeinde- und Städtebund RLP.

6. Rücklagenbildung und Eigenkapitalverzinsung (Absatz 3 Satz 1 und Absatz 6)

6.1 Abschreibungen auf Wiederbeschaffungskosten

Die Vorschrift des § 11 Abs. 3 Satz 1 EigAnVO verfolgt den Zweck, die dauernde technische und wirtschaftliche Leistungsfähigkeit des Eigenbetriebs durch die Bildung von Substanzerhaltungsrücklagen zu gewährleisten (reale Kapitalerhaltung Erl. 2.2.1. zu § 10 EigAnVO). Die Notwendigkeit zur Bildung solcher Rücklagen wird in den Amtlichen Erläuterungen zu § 12 Tz. 7 (Rundschreiben des Ministeriums des Innern und für Sport vom 24.9.1992, MinBl. S. 386) beschrieben: *„Die Bildung von Rücklagen ist vor allem bei steigendem allgemeinen Preisniveau zur Substanzerhaltung notwendig, weil dann die auf Grund der früheren Anschaffungswerte vorgenommenen Abschreibungen nicht ausreichen, um die Kosten der Erneuerungsinvestitionen zu decken. Bei einer solchen Preisentwicklung entstehen durch die übliche und steuerrechtlich anerkannte Abschreibungsmethode Scheingewinne, die, wenn sie ausgeschüttet oder für die Verlusttilgung von Verkehrsbetrieben oder Bäderbetrieben verwendet werden, zu einer Schmälerung der realen Substanz des Unternehmens führen müssen. Durch Zuführung entsprechender Beträge (mindestens der Mindestgewinn für jeden Betriebszweig bei Ver- und Entsorgungsbetrieben) zu einer Rücklage sollten diese Scheingewinne im Unternehmen gebunden und die notwendigen Mittel für Erneuerungsinvestitionen gesichert werden."*

Fraglich ist, wie die Scheingewinne zu ermitteln sind und welcher Teil des Jahresergebnisses damit im Interesse der Substanzerhaltung den Rücklagen zugeführt werden muss. Hierzu hat das Institut der Wirtschaftsprüfer in seiner Stellungnahme HFA 2/1975 (IDW, HFA 2/1975, WPg 1975 S. 614 ff.) Stellung genommen. Grundsätzlich taucht das Problem der steigenden Wiederbeschaffungskosten sowohl beim Anlagevermögen als auch beim Umlaufvermögen auf. Rücklagen für gestiegene Wiederbeschaffungskosten sollen nach HFA-Stellungnahme 2/1975 nur für den eigenkapitalfinanzierten Anteil des Anlagevermögens und/oder des Vorratsvermögens zu bilden sein. Für den fremdfinanzierten Anteil des Anlage- und Umlaufvermögens ergeben sich zwar auch höhere Wiederbeschaffungskosten, dem stehen allerdings die positiven Effekte aus der Geldentwertung des Fremdkapitals gegenüber. Das Berechnungsschema nach HFA 2/1975 geht davon aus, dass zunächst das Eigenkapital für die Finanzierung des Anlagevermögens zur Verfügung gestellt wurde. Deckt das Eigenkapital vollumfänglich das Anlagevermögen ab, so ist eine Korrektur bei den Abschreibungen vorzunehmen. Steht darüber hinaus Eigenkapital auch zur Finanzierung des Vorratsvermögens zur Verfügung, so bezieht sich die Aufwandskorrektur neben den Abschreibungen auch auf das Umlaufvermögen. Reicht das Eigenkapital nicht zur Finanzierung des Anlagevermögens aus, so wird eine Aufwandskorrektur bei den Abschreibungen nur für den eigenfinanzierten Teil des Anlagevermögens vorgenommen.

Dem Gedanken der Substanzerhaltung wird dadurch Rechnung getragen, dass die bilanziellen Abschreibungen durch Abschreibungen ersetzt werden, die auf Wiederbeschaffungskosten ermittelt werden. Grundsätzlich sollte bei der Ermittlung der Abschreibungen auf Wiederbeschaffungskosten von den gleichen Nutzungsdauern wie bei den bilanziellen Abschreibungen ausgegangen werden.

Auch bei der Aufwandskorrektur im Vorratsvermögen werden Scheingewinne nur insoweit ermittelt, wie das Vorratsvermögen durch Eigenkapital finanziert ist. Nach der HFA-

Stellungnahme 2/1975 kann die Ermittlung des Scheingewinns in Form einer Nebenrechnung wie folgt gestaltet werden:

	Zusätzliche Abschreibungen auf abnutzbare Sachanlagen
+	zur Substanzerhaltung beim Vorratsvermögen erforderlicher Betrag
=	Zuführung zur Substanzerhaltungsrücklage

Der so ermittelte Zuführungsbetrag ist zur realen Kapitalerhaltung in eine Substanzerhaltungsrücklage einzustellen. Dieser ist aus dem handelsrechtlichen Jahresergebnis zu bilden und mindert den potenziell ausschüttbaren handelsrechtlichen Jahresüberschuss entsprechend. Siehe aber auch unten zu 7. Gewinnerwirtschaftung.

6.2 Eigenkapitalverzinsung

Neben der in § 11 Abs. 3 Satz 1 EigAnVO enthaltenen Forderung zur Bildung von Substanzerhaltungsrücklagen wird in § 11 Abs. 6 EigAnVO die Erzielung einer marktüblichen Verzinsung des Eigenkapitals verlangt. Dahinter steht folgender betriebswirtschaftlicher Zusammenhang: Unternehmen benötigen für ihre Leistungserstellung und -verwertung Anlage- und Umlaufvermögen. Die Finanzierung dieses Vermögens kann durch Eigen- und Fremdkapital bereitgestellt werden. Für die Inanspruchnahme von Fremdkapital zahlen Unternehmen Fremdkapitalzinsen an den Kreditgeber. Die entsprechenden Zinsen sind im Jahresabschluss des Unternehmens als Aufwand zu erfassen. Für das Eigenkapital entstehen keine Zinsaufwendungen. Allerdings hätte der Eigenkapitalgeber das investierte Kapital auch in anderen rentablen Anlagemöglichkeiten anlegen können. Die entgehenden Zinserträge (Opportunitätskosten) dürfen in der Finanzbuchhaltung nicht erfasst werden, sie können aber als kalkulatorische Zinsen in der Kostenrechnung und der Kalkulation der Entgelte zum Ansatz gebracht werden.

7. Gewinnerwirtschaftung

Eine Rücklagendotierung für Substanzerhaltung und die Erwirtschaftung einer marktüblichen Verzinsung des Eigenkapitals sind nur möglich, wenn der Eigenbetrieb entsprechende Jahresgewinne erwirtschaftet. Sowohl die Berechnung von Abschreibungen auf Wiederbeschaffungskosten als auch die Verzinsung des Eigenkapitals stellen kalkulatorische Kosten dar, die in der Finanzbuchhaltung und im Jahresabschluss nicht als Aufwendungen erfasst werden. Sie können aber (ggf.) bei der Kalkulation der Entgelte des Eigenbetriebs berücksichtigt werden und führen dann handelsrechtlich zu Gewinnen.

Darüber hinaus verlangt § 85 Abs. 3 GemO, dass wirtschaftliche Unternehmen der Gemeinde im Sinne von § 85 Abs. 1 GemO neben ihrer Primärfunktion, der Erfüllung des öffentlichen Zwecks (Muss-Vorschrift), auch als Sekundärfunktion einen Überschuss für den Haushalt der Gemeinde abwerfen sollen (Soll-Vorschrift). Die Erträge sollen mindestens so hoch sein, dass

- alle Aufwendungen und kalkulatorischen Kosten gedeckt werden,
- die Zuführungen zum Eigenkapital (Rücklagen) ermöglicht werden, die zur Erhaltung des Vermögens des Unternehmens sowie zu seiner technischen und wirtschaftlichen Fortentwicklung notwendig sind, und
- eine marktübliche Verzinsung des Eigenkapitals erzielt wird.

Allerdings wird die Möglichkeit der Verrechnung kalkulatorischer Kosten nach § 11 Abs. 3 Satz 1 EigAnVO und Abs. 6 und die Erzielung von Gewinnen nach § 85 Abs. 3 GemO durch das KAG eingeschränkt. Nicht alle Eigenbetriebe dürfen diese kalkulatorischen Kosten in die Kalkulation ihrer Entgelte einbeziehen oder Überschüsse für den Gemeindehaushalt erwirtschaften. Nachfolgend wird die Frage beleuchtet, welche Eigenbetriebe kalkulatorische Kosten in ihre Entgelte einbeziehen dürfen bzw. Gewinne erwirtschaften dürfen.

Schaubild 1: Überschusserwirtschaftung und Kostenüberschreitungsverbot

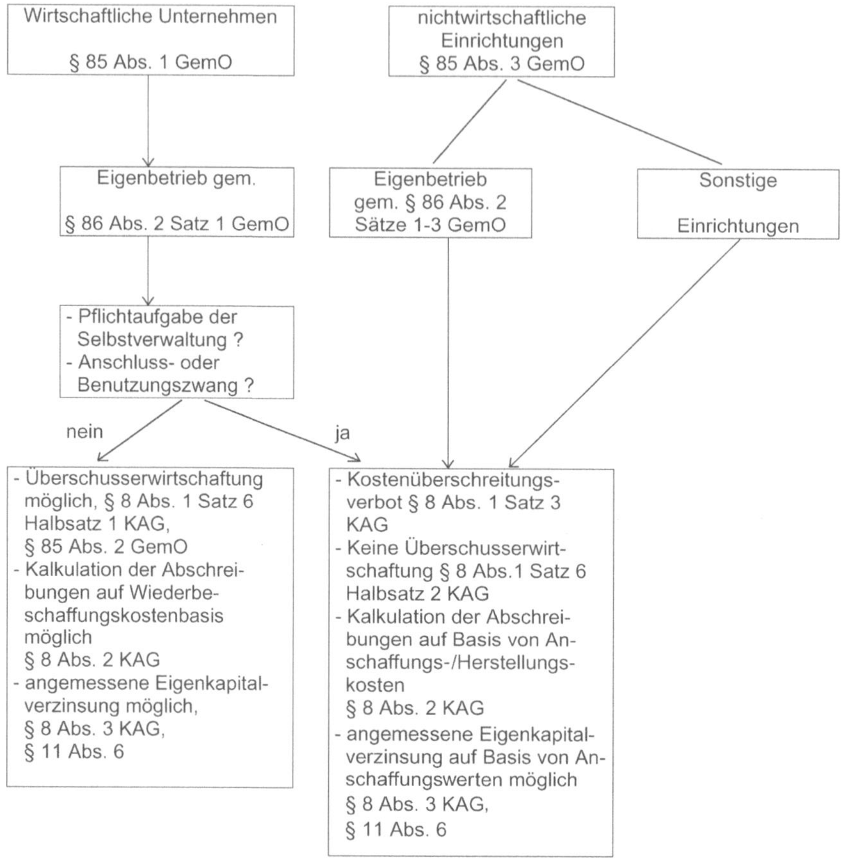

Wirtschaftliche Unternehmen i. S. v. § 85 Abs. 1 GemO als auch nichtwirtschaftliche Einrichtungen i. S. v. § 85 Abs. 4 GemO können als Eigenbetriebe geführt werden oder nach den Bestimmungen der EigAnVO verwaltet werden, wenn deren Art und Umfang eine selbständige Wirtschaftsführung rechtfertigt (§ 86 Abs. 2 Satz 1 GemO). Die Unterscheidung zwischen wirtschaftlichen Unternehmen und nichtwirtschaftlichen Einrichtungen wird detailliert in der Einführung zu diesem Kommentar erläutert. Zu den wirtschaftlichen Unternehmen zählen z. B. Versorgungsbetriebe (Wasserwerke, Gas-, Elektrizitäts- und Fernheizwerke) und Verkehrsbetriebe. Nicht als wirtschaftliche Unternehmen sind Einrichtungen zu verstehen, die überwiegend den in § 85 Abs. 4 Satz 1GemO aufgeführten Zwecken dienen (s. Erl. zu § 1).

Einrichtungen und Anlagen der Wasserversorgung und Abwasserbeseitigung sind als Eigenbetriebe zu führen oder nach den Bestimmungen der Eigenbetriebs- und Anstaltsverordnung zu verwalten; Gleiches gilt für die Abfallentsorgung, wenn der Träger die Aufgabe unmittelbar erfüllt (§ 86 Abs. 2 Satz 2 und 3 GemO).

7.1 Wirtschaftliche Unternehmen

Nach § 8 Abs. 1 Satz 6 KAG dürfen wirtschaftliche Unternehmen einen Überschuss für den Haushalt der Gemeinde erwirtschaften. Es können kostendeckende Entgelte kalkuliert werden, bei denen die Abschreibungen auf Wiederbeschaffungswerte und kalkulatorische Zinsen auf das Eigenkapital ebenfalls auf der Grundlage von Wiederbeschaffungswerten berechnet werden können (Maximalkalkulation; von der Maximalkalkulation ist die Normal- und die Minimalkalkulation zu unterscheiden, vgl. *Dazert*, Kommunalverfassungsrecht Rheinland-Pfalz, Wiesbaden, Erl. 6.2.2 zu § 85 GemO). Dies gilt jedoch nicht, soweit die Unternehmen eine Pflichtaufgabe der Selbstverwaltung erfüllen oder Anschluss- oder Benutzungszwang besteht (§ 8 Abs. 1 Satz 6 Halbsatz 2 KAG). Bei diesen wirtschaftlichen Unternehmen ist das Kostenüberschreitungsverbot des § 8 Abs. 1 Satz 3 KAG einzuhalten, wonach das veranschlagte Gebühren- und Beitragsaufkommen die voraussichtlichen Kosten der Einrichtung oder Anlage nicht überschreiten darf. Als wichtiges Beispiel für diese Gruppe der wirtschaftlichen Unternehmen sind die Eigenbetriebe der Wasserversorgung zu nennen. Sie sind wirtschaftliche Unternehmen im Sinne von § 85 Abs. 1 GemO, die Pflichtaufgaben der Selbstverwaltung wahrnehmen (§ 48 Abs. 1 LWG) und bei denen regelmäßig Anschluss- und Benutzungszwang vorliegt (§ 26 Abs. 1 GemO). Die Abschreibungen sind bei diesen Eigenbetrieben zwingend auf Grundlage der Anschaffungs- und Herstellungskosten zu bemessen (§ 8 Abs. 2 Satz 1 KAG). Abschreibungen auf Wiederbeschaffungskosten dürfen in der Kalkulation nicht berücksichtigt werden (Hinweise zum Vollzug des Kommunalabgabengesetzes zu § 8 KAG Tz. 2, Rundschreiben des Ministeriums des Innern und für Sport vom 6.3.1996, MinBl. S. 197). Eine Gewinnerwirtschaftung zur Rücklagenbildung i. S. v. § 11 Abs. 3 Satz 1 EigAnVO ist für diese Fälle also nicht möglich. Dagegen ist in die Kalkulation eine angemessene Verzinsung des Eigenkapitals einzubeziehen (vgl. § 8 Abs. 3 Satz 1 KAG). Allerdings ist nach den Hinweisen zum Vollzug des Kommunalabgabengesetzes zu § 8 KAG Tz. 3.1 (Rundschreiben des Ministeriums des Innern und für Sport, a. a. O.) nur der Anschaffungswert, d. h. also das tatsächlich aufgewandte Eigenkapital der Gemeinde für die Verzinsung anzusetzen (Normalkalkulation). Kalkulatorische Eigenkapitalzinsen auf Basis von Wiederbeschaffungswerten sind unzulässig. Die Bemessungsgrundlage für das zu verzinsende Eigenkapital ergibt sich nach Abzug des durch einmalige Beiträge, Zuweisungen oder Zuschüsse Dritter finanzierten Eigenkapitalanteils, da diese Kostenanteile nicht vom kommunalen Haushalt zur Verfügung gestellt werden mussten (vgl. § 8 Abs. 3 Satz 2 KAG). Als Vereinfachungsregelung kann unabhängig von den tatsächlichen Eigenkapitalverhältnissen als Bemessungsgrundlage der Eigenkapitalverzinsung 1,6 % des jeweiligen Buchrestwerts des Anlagevermögens angesetzt werden (vgl. § 8 Abs. 3 Satz 3 KAG). Eine Rücklagendotierung durch angemessene Eigenkapitalverzinsung wird jedoch häufig durch den Verzicht auf die Gewinnerzielungsabsicht bei Eigenbetrieben der Wasserversorgung ausgeschlossen. Durch den satzungsmäßigen Verzicht auf die Gewinnerzielungsabsicht im Bereich der Wasserversorgung wird eine Voraussetzung dafür geschaffen, dass keine Gewerbesteuerpflicht des ansonsten steuerpflichtigen BgA entsteht. Vor dem Hintergrund, dass durch eine ansonsten u. U. entstehende Steuerbelastung ein Teil des erwirtschafteten Gewinns an den Fiskus abfließt, wird der geringeren Belastung des Entgeltspflichtigen ein höherer Rang eingeräumt, als der Erwirtschaftung von Einnahmen durch den Eigenbetrieb (*Brod/Steenbock*, Preiskalkulation bei Wasser und Abwasser, Köln, 1980, S. 92), wobei der alleinige Verzicht auf die Gewinnerzielung in der Satzung für sich genommen nicht ausreicht, um eine Gewerbesteuerpflicht zu vermeiden. Vielmehr sind die tatsächlichen steuerlichen Verhältnisse maßgebend, d. h. der Eigenbetrieb Wasserversorgung darf tatsächlich auch keine nachhaltigen steuerlich relevanten Gewinne erzielen.

Ein Verzicht auf die Eigenkapitalverzinsung ist auch dann möglich, wenn im Bereich der Wasserversorgung bzw. Abwasserbeseitigung die Grenzwerte nach § 7 Abs. 3 KAG i. V. m. § 3 KAVO überschritten sind. Bei einer Belastung von 70,00 Euro je Einwohner und Jahr für die Abwasserbeseitigung und 1,10 Euro je m^3 für die Wasserversorgung kann auf die Verzinsung des Eigenkapitals und die die Tilgung übersteigenden Abschreibungen im

Rahmen der Erhebung von Benutzungsgebühren und Beiträgen verzichtet werden. Die ausgabewirksamen Kosten sind also auch bei Erreichen dieser Grenzwerte zu erwirtschaften (Minimalkalkulation). Übersteigt die Belastung bei der Abwasserbeseitigung 105,00 Euro je Einwohner und Jahr und bei der Wasserversorgung 1,65 Euro je m^3, kann auf die Erhebung von Benutzungsgebühren und Beiträgen verzichtet werden. Insoweit hierdurch auch ausgabewirksame Kosten, z. B. Tilgungen nicht mehr über die Benutzungsgebühren abgedeckt werden, sind die ausgabewirksamen Kosten aus allgemeinen Haushaltsmitteln zu finanzieren (§ 3 Abs. 2 KAVO). Der Ausgleich ausgabewirksamer Jahresverluste durch den Gemeindehaushalt wird im Übrigen auch durch § 11 Abs. 8 Satz 1 EigAnVO verlangt.

Die Vereinfachungsregelung zur Verzinsung des Eigenkapitals in Höhe von 1,6 % vom Buchrestwert des Anlagevermögens wurde auch deshalb gewählt, weil 1,6 % des Buchwerts gerade den für die Zahlung von Konzessionsabgaben erforderlichen Mindestgewinn nach Ertragsteuern ausmachte. Allerdings besteht mittlerweile hier keine Kongruenz mehr, da der für die Abziehbarkeit der Konzessionsabgabe zu erzielende Mindestgewinn nunmehr 1,5 % des eigenen oder gemieteten Sachanlagevermögens nicht unterschreiten darf. Die Vereinfachungsregelung in § 8 Abs. 3 Satz 3 KAG stellt nicht auf das Sachanlagevermögen, sondern auf das gesamte Anlagevermögen ab (vgl. *Kohout*, a. a. O., § 8 Rn. 147), außerdem sind in der Vorschrift die gemieteten Sachanlagen nicht erfasst (vgl. Erl. 5.8 zu § 11 EigAnVO und Erl. 9 zu § 24 EigAnVO).

7.2 Nichtwirtschaftliche Einrichtungen

Für nichtwirtschaftliche Einrichtungen gelten die in § 85 Abs. 1 bis 3 GemO festgelegten einschränkenden und verpflichtenden Voraussetzungen und das Ertragsgebot (§ 85 Abs. 3 Satz 2 GemO), nicht (*Dazert*, Erl. 6.3 zu § 85 GemO). Sie dürfen nach dem Kostenüberschreitungsverbot die voraussichtlichen Kosten der Einrichtung auf keinen Fall überschreiten (Hinweise zum Vollzug des Kommunalabgabengesetzes zu § 8 KAG Tz. 1.2, Rundschreiben des Ministeriums des Innern und für Sport, a. a. O.). Die Kalkulation entspricht den unter Erl. 2.1 erläuterten Grundsätzen für wirtschaftliche Unternehmen, die eine Pflichtaufgabe der Selbstverwaltung erfüllen oder für die Anschluss- oder Benutzungszwang besteht.

8. Fremdfinanzierung (Absatz 3 Satz 2)

Nach § 11 Abs. 3 Satz 2 EigAnVO kann neben die Eigenfinanzierung bei umfangreichen Investitionen auch die Finanzierung aus Krediten treten. Generell darf die Gemeinde Investitionskredite nur aufnehmen, wenn eine andere Finanzierung nicht möglich oder wirtschaftlich unzweckmäßig wäre (§ 94 Abs. 4 GemO). Grundsätzlich ist daher einer Finanzierung aus Gebühren und Beiträgen der Vorrang einzuräumen. Zu den Grundsätzen zur Erzielung von Erträgen und Einzahlungen des § 94 GemO, der über § 80 Abs. 3 GemO auch auf Eigenbetriebe anzuwenden ist, wird auf die Erl. 3.2 zu § 15 EigAnVO verwiesen. Eine Fremdfinanzierung ist möglich, wenn diese Finanzierungsart günstig ist und durch entsprechende ausgabendeckende Gebühren finanziert werden kann. Eine Fremdfinanzierung führt insbesondere bei hohem Kapitalbedarf für Investitionsmaßnahmen zu einer Verstetigung des Entgeltbedarfs. Zu den Voraussetzungen für die Aufnahme von Fremdmitteln vgl. Erl. 5.5 zu § 15 EigAnVO.

9. Angemessene Eigenkapitalausstattung (Absatz 3 Satz 3)

Der Eigenkapitalquote als Indikator für die finanzielle Stabilität kommt in allen Unternehmen eine bedeutende Rolle zu. Diese finanzielle Stabilität wird auch für Eigenbetriebe angestrebt. Der Eigenbetrieb ist mit einem angemessenen Stammkapital auszustatten (§ 10 Abs. 2 EigAnVO). Ferner wird in § 11 Abs. 3 Satz 3 EigAnVO verlangt, dass bei einem Eigenbetrieb Eigenkapital und Fremdkapital in einem angemessenen Verhältnis zueinanderstehen sollen. Das in § 11 EigAnVO postulierte Ziel der Erhaltung des Sondervermögens lässt sich ohne eine ausreichende Eigenkapitalfinanzierung nicht erreichen. Belastungen des Haushaltes aufgrund unzureichender Kapitalausstattung sollen vermieden werden.

Häufig werden vertikale und horizontale Kapitalstrukturregeln herangezogen, um eine Aussage über die Verschuldungsstruktur bzw. die Finanzierungsstruktur abzuleiten (*Schierenbeck*, Grundzüge der Betriebswirtschaftslehre, 19. Aufl., München 2016, S. 642 ff.). Bei den horizontalen Finanzierungsregeln steht der Anlagendeckungsgrad im Mittelpunkt, d. h. es wird untersucht, inwieweit langfristiges gebundenes Vermögen durch eigene Mittel und langfristige Fremdmittel gedeckt ist. Die „goldene Bilanzregel" fordert dementsprechend in ihrer unmodifizierten Form, dass das Anlagevermögen vollständig mit Eigenkapital finanziert wurde. Die modifizierte, gebräuchliche Form verlangt eine Deckung des Anlagevermögens durch eigene Mittel (Eigenkapital) sowie langfristiges Fremdkapital. Zu den langfristigen Finanzierungsposten sind, insbesondere bei Versorgungs- und Entsorgungsbetrieben, noch die passivierten Ertragszuschüsse zu rechnen. Die horizontale Finanzierungsregel beruht damit auf dem Konzept, dass langfristig gebundenes Vermögen auch fristenkongruent durch langfristige Passiva finanziert wird. Nimmt man nur die Bilanzzahlen zur Hand, ist die Aussagekraft des hieraus gewonnenen Vergleichs zwischen Anlagevermögen und langfristiger Finanzierungsmittel in der Regel nur beschränkt, da allein die Bilanzzahlen weder über die Liquiditätsprozesse der Aktiva noch über die tatsächliche Fristigkeit der Passiva eine verlässliche Aussage ermöglichen. Um eine weitgehende Übereinstimmung von betriebsgewöhnlicher Nutzungsdauer und Fristigkeit einer Fremdfinanzierung herzustellen, verlangen die Amtlichen Erläuterungen zu § 12 Tz. 8 (Rundschreiben des Ministeriums des Innern und für Sport vom 24.9.1992, a. a. O.) eine Ausrichtung der Tilgungssätze für das Fremdkapital an der betriebsgewöhnlichen Nutzungsdauer des finanzierten Vermögens. Insofern wird dem Konzept einer fristenkongruenten Finanzierung der Eigenbetriebe Rechnung getragen, ohne allerdings konkret die Einhaltung der „goldenen Bilanzregel" zu fordern.

Daneben verlangen die Amtlichen Erläuterungen zur EigVO (a. a. O.) auch die Einhaltung bestimmter vertikaler Finanzierungsregeln. Hierbei wird insbesondere auf den statischen Verschuldungsgrad abgestellt und die Herstellung eines angemessenen Verhältnisses zwischen Eigen- und Fremdkapital gefordert. Nr. 5.4 der Amtlichen Erläuterungen zu § 12 EigVO (a. a. O.) führt zur Angemessenheit Folgendes aus:

„Welches Verhältnis von Eigenkapital und Fremdkapital ‚angemessen' ist, lässt sich nicht formelmäßig für alle Fälle festlegen. Es kommt vielmehr auf die Verhältnisse des Betriebszweiges und des einzelnen Betriebes an, vor allem auch auf die Ertragslage und die Möglichkeiten des Unternehmens, Fremdkapital zu beschaffen. Eine Eigenkapitalausstattung von 30 – 40 v. H. der um die passivierten Ertragszuschüsse verminderten Bilanzsumme wird in der Versorgungswirtschaft als wünschenswert betrachtet. Bei der Beurteilung der Eigenkapitalausstattung von Eigenbetrieben ist zu berücksichtigen, dass das Eigenkapital bei Eigenbetrieben infolge der direkten Haftung der Gemeinde als Kreditgrundlage nicht die gleiche Bedeutung besitzt wie in der übrigen Versorgungswirtschaft."

Nach dem Prüfungshinweis IDW PH 9.720.1 „Beurteilung der Angemessenheit der Eigenkapitalausstattung öffentlicher Unternehmen", Stand 9.9.2010 des Instituts der Wirtschaftsprüfer ist das im Jahresabschluss ausgewiesene Eigenkapital Ausgangspunkt für die Beurteilung. Dies ermittelt sich wie folgt:

Nennkapital	
+	Rücklagen
+	Gewinnvortrag
./.	Verlustvortrag
+	Jahresgewinn (soweit er nicht ausgeschüttet wird)

Nennkapital

./. Jahresfehlbetrag (soweit er nicht im Folgejahr ausgeglichen wird)

./. ausstehende Einlagen, es sei denn, sie sind eingefordert und mit ihrer Realisation kann gerechnet werden

\+ Zuschüsse von Dritten (voll oder anteilig je nach Art der Finanzierung und Vorgaben des Zuschussgebers)

= Eigenkapital

Wenn für Investitionszuschüsse kein passivischer Sonderposten gebildet wurde, sondern die Beträge von den Anschaffungs- und Herstellungskosten abgesetzt wurden, soll dies nach dem Prüfungshinweis im Rahmen der Beurteilung der Angemessenheit berücksichtigt werden. Im Rahmen der durch den Wirtschaftsprüfer vorzunehmenden Prüfung nach § 53 HGrG ist die Frage zu beantworten, ob Finanzierungsprobleme aufgrund einer evtl. zu niedrigen Eigenkapitalausstattung bestehen. (vgl. IDW PS 720, Fragenkreis 13). In dem ergänzenden Prüfungshinweis IDW PH 9.720.1 „Beurteilung der Angemessenheit der Eigenkapitalausstattung öffentlicher Unternehmen) werden keine rechnerischen Größen festgelegt oder Verhältniszahlen genannt, bei deren Einhaltung eine angemessene Eigenkapitalausstattung vorliegt. Nach dem Prüfungshinweis lässt sich die Angemessenheit der Eigenkapitalausstattung nicht anhand starrer Grenzen für die Eigenkapitalquote beurteilen. Vielmehr ist auf Grundlage der individuellen wirtschaftlichen Situation des zu betrachtenden Unternehmens und dem wirtschaftlichen Umfeld eine Beurteilung abzuleiten. Einen Anhaltspunkt kann dabei auch die Eigenkapitalausstattung gleichartiger Unternehmen der Privatwirtschaft liefern.

10. Weitere Vorschriften zur Erhaltung des Eigenkapitals (Absatz 4 und Absatz 5)

Sinn und Zweck der Regelungen in § 11 Abs. 4 und 5 EigAnVO werden in Tz. 6 der Amtlichen Erläuterungen zu § 12 EigVO (a. a. O.) erläutert. Bei Einrichtungen, die Pflichtaufgaben der Selbstverwaltung erfüllen oder für die Anschluss- und Benutzungszwang besteht, darf durch Entgeltszahlungen der Bürger und durch Zuweisungen gebildetes Eigenkapital nicht zur Finanzierung des Haushaltes verwendet werden. Diese Mittel müssen der Einrichtung verbleiben.

§ 11 Abs. 4 EigAnVO fordert bei der erstmaligen Bemessung des Eigenkapitals, d. h. bei der Aufstellung der Eröffnungsbilanz, eine Einstellung der aus Entgelten oder Zuwendungen stammenden Beträge in das Eigenkapital, soweit eine Pflichtaufgabe der Selbstverwaltung oder Anschluss- und Benutzungszwang besteht. Die im Rahmen der Eröffnungsbilanz oder später im laufenden Betrieb empfangenen Entgeltzahlungen der Bürgerinnen und Bürger bzw. die empfangenen Zuwendungen dürfen nicht durch eine Kapitalrückzahlung an die Gemeinde fließen (§ 11 Abs. 5 Satz 2 EigAnVO). Hierunter ist zu verstehen, dass insbesondere Kapitalzuschüsse der öffentlichen Hand, die nach § 23 Abs. 3 Satz 5 EigAnVO unmittelbar dem Eigenkapital zuzuführen sind, nicht an die Gemeinde ausgeschüttet werden dürfen. Von dem „Ausschüttungsverbot" betroffen sind daneben sämtliche durch Entgeltzahlungen der Bürgerinnen und Bürger zur Verfügung gestellten Mittel, insbesondere auch die aus diesen Zahlungen entstandenen Überschüsse der Eigenbetriebe, die eine Pflichtaufgabe der Selbstverwaltung erfüllen oder für die Anschluss- und Benutzungszwang besteht. Eine Überschusserwirtschaftung ist für diese Eigenbetriebe nur im Rahmen einer angemessenen Eigenkapitalverzinsung nach § 8 Abs. 3 KAG möglich (vgl. auch die Erl. 7). Überschüsse aus der erwirtschafteten Eigenkapitalverzinsung sollen im Unternehmen verbleiben. Eine Ausschüttung an den Einrichtungsträger hätte einen Substanzverlust zur Folge.

Bei allen Eigenbetrieben ist eine Rückzahlung von Stammkapital oder Rücklagen nur unter der Voraussetzung möglich, dass die zukünftige Entwicklung des Eigenbetriebes nicht beeinträchtigt wird (§ 11 Abs. 5 Satz 1 EigAnVO). Die Deckung von Haushaltslücken bildet daher keinen Rechtfertigungsgrund für eine Rückzahlung des Eigenkapitals an die Gemeinde. Bei einer beabsichtigten Rückzahlung von Eigenkapital muss die Werkleitung schriftlich dazu Stellung nehmen, inwieweit die Rückzahlung sich auf die zukünftige Entwicklung des Eigenbetriebs auswirkt. Die wirtschaftlichen Verhältnisse des Eigenbetriebs dürfen durch die Rückzahlung nicht beeinträchtigt werden. Unproblematisch sind die Fälle, in denen der Eigenbetrieb – soweit er nicht Pflichtaufgaben der Selbstverwaltung erfüllt oder Anschluss- und Benutzungszwang besteht – Jahresüberschüsse erwirtschaftet, die dann aus der vorhandenen Liquidität an die Gemeinde transferiert werden können. Soll das Eigenkapital durch Fremdkapital ersetzt werden, so darf dies die Kreditfähigkeit des Eigenbetriebs in der Zukunft nicht gefährden. Insbesondere ist zu gewährleisten, dass Zinsen und Tilgungen in der Zukunft erwirtschaftet werden können. Eine Rückzahlung von Eigenkapital ist ausgeschlossen, insoweit in der Zukunft dadurch ausgabewirksame Verluste i. S. v. § 11 Abs. 8 EigAnVO entstehen würden.

Einer besonderen Güterabwägung bedürfen die Fälle, in denen stille Reserven im Wertpapiervermögen des Eigenbetriebs durch Veräußerung der Wertpapiere aufgedeckt und die zufließende Liquidität an die Gemeinde ausgeschüttet werden soll. In der Regel dienen in diesen Fällen die aus einem Aktienbestand resultierenden Dividendenerträge der Finanzierung der laufenden Aufgaben des Eigenbetriebs. Eine „Versilberung" des Vermögens bedeutet grundsätzlich eine Einschränkung des finanziellen Spielraums des Eigenbetriebs, es sei denn, der Geschäftsumfang des Eigenbetriebs habe sich verringert, da er seine Aufgabe (weitgehend) erfüllt hat oder sich die Aufgabenerfüllung durch den Eigenbetrieb aufgrund anderer Umstände erübrigt hat. Da die Frage der zukünftigen Aufgabenerfüllung des Eigenbetriebs in diesen Fällen berührt wird, ist eine schriftliche Stellungnahme durch die Werkleitung vor der Entscheidung durch den Gemeinderat i. S. v. § 11 Abs. 5 Satz 3 EigAnVO zu fordern, obwohl es hier nicht um eine Rückzahlung von Eigenkapital im Sinne der Vorschrift, sondern um die Ausschüttung eines Jahresüberschusses aufgrund der Realisierung von stillen Reserven geht. Ob es zu einer Einschränkung des finanziellen Spielraums für die zukünftige Aufgabenerfüllung kommt, ist durch die Werkleitung in diesen Fällen klar und eindeutig herauszuarbeiten, damit der Gemeinderat über eine fundierte Entscheidungsgrundlage verfügt.

Wenn durch die Kapitalrückzahlung oder eine vorgesehene Ausschüttung der Umfang der Aufgabenerfüllung des Eigenbetriebs aus Sicht der Werkleitung eingeschränkt wird oder gar die zukünftige Entwicklung des Eigenbetriebs beeinträchtigt wird, hat die Werkleitung hierauf im Rahmen der Lageberichterstattung nach § 26 i. V. m. § 289 Abs. 1 HGB hinzuweisen. Gleiches gilt, wenn die Kapitalverringerung zu einer wesentlichen Veränderung in der Kapitalstruktur des Eigenbetriebs führt. Sämtliche Veränderungen des Eigenkapitals sind im Anhang bei der Darstellung der Entwicklung des Eigenkapitals darzustellen (§ 25 Abs. 2 Nr. 1 EigAnVO). Eine Verminderung des Stammkapitals erfordert eine neue Festsetzung des Stammkapitals in der Betriebssatzung (§ 10 Abs. 2 Satz 2 EigAnVO).

11. Behandlung von Verlusten (Absatz 7 und Absatz 8)

11.1 Überblick

Vorschriften zur Behandlung von Jahresverlusten finden sich in § 11 Abs. 7 und Abs. 8 EigAnVO. In Absatz 7 werden nicht ausgabewirksame Jahresverluste behandelt, bei denen eine Verlustabdeckung durch voraussichtlich entstehende Gewinne der folgenden fünf Jahren erreicht werden kann. Können trotz positiver Gewinnerwartung nach Ablauf von fünf Jahren keine Gewinne zur Verlustabdeckung erwirtschaftet werden und verfügt der Eigenbetrieb nicht über eine angemessene Eigenkapitalausstattung, sind die in Absatz 7 behandelten nicht ausgabewirksamen Jahresverluste aus Haushaltsmitteln der Gemeinde auszugleichen.

Dahingegen schreibt Absatz 8 für ausgabewirksame Jahresverluste einen Verlustausgleich spätestens im folgenden Jahr nach ihrem Auftreten vor. Die verschärfende Regelung zum Verlustausgleich, spätestens in dem auf das Verlustentstehungsjahr folgenden Jahr, betrifft neben den ausgabewirksamen Jahresverlusten (§ 11 Abs. 8 Satz 1 EigAnVO) auch nicht ausgabewirksame Verluste, deren Deckung nicht durch voraussichtlich entstehende Gewinne der folgenden fünf Jahre zu erwarten ist und zu deren Deckung keine angemessene Eigenkapitalausstattung vorhanden ist (§ 11 Abs. 8 Satz 3 EigAnVO).

Das folgende Schaubild fasst die Behandlung der Jahresverluste nach § 11 Abs. 7 und Abs. 8 EigAnVO zusammen:

Schaubild 2: Behandlung von Jahresverlusten

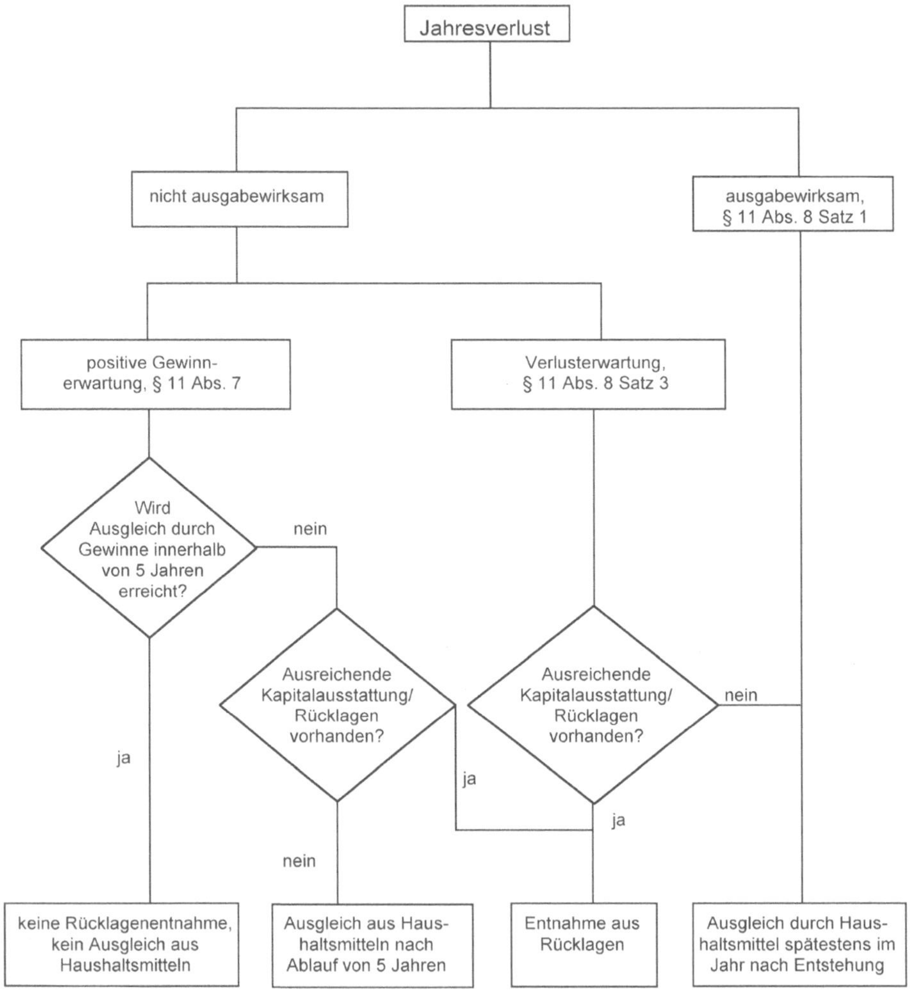

11.2 Ausgabewirksame Verluste (Absatz 8 Satz 1)

11.2.1 Allgemeines

§ 11 Abs. 8 Satz 1 EigAnVO enthält eine Verschärfung gegenüber Absatz 7. Ausgabewirksame Teile eines Jahresverlustes können nicht auf neue Rechnung vorgetragen werden, sondern sind spätestens im folgenden Jahr aus Haushaltsmitteln auszugleichen. Bei entsprechender Erwirtschaftung von Einnahmeüberschüssen innerhalb der folgenden fünf Jahre, können diese jedoch zur Rückzahlung an die Gemeinde verwendet werden. Eine Verrechnung/Saldierung von ausgabewirksamen Teilen eines Jahresverlustes mit Einnahmeüberschüssen aus Vorjahren sieht die EigAnVO nicht vor. Die Regelung in Absatz 8 Satz 1 enthält den in der betriebswirtschaftlichen Literatur nicht definierten Begriff der „ausgabewirksamen Teile eines Jahresverlustes". Wegen der zeitnahen Ausgleichspflicht der Gemeinde ist eine genaue Bestimmung des Begriffs geboten. Der Begriff kann auch als Einnahmenfehlbetrag oder negativer Cashflow interpretiert werden. Als Grundlage für die nachfolgend dargestellte Definition des ausgabewirksamen Jahresergebnisses wird zunächst der Cashflow bestimmt.

11.2.2 Cashflow als Grundlage für die Definition des ausgabewirksamen Verlustes

Unter dem Cashflow versteht man eine finanzwirtschaftliche Strömungsgröße. Sie repräsentiert den finanziellen Überschuss eines Geschäftsjahres. Hauptzweck ist es, die Liquiditätslage eines Unternehmens besser analysieren zu können. Im Rahmen der Jahresüberschussanalyse liefert der Cashflow Informationen über den Netto-Mittelzufluss aus der betrieblichen Tätigkeit und gibt somit Auskunft über die Fähigkeit, Mittel im Rahmen der Innenfinanzierung zu generieren, die dann für Investitionen, Schuldentilgung oder Gewinnausschüttungen zur Verfügung stehen. In der betriebswirtschaftlichen Literatur hat sich keine einheitliche Definition des Begriffs herausgebildet. Grundsätzlich besteht die Möglichkeit, den Cashflow nach der direkten oder nach der indirekten Methode zu ermitteln, die beide zum selben Ergebnis führen. Bei der direkten Methode werden sämtliche Einnahmen, die gleichzeitig auch Erträge sind, und Ausgaben, die gleichzeitig Aufwendungen sind, gegenübergestellt. Die Vorgehensweise lässt sich in aller Regel nur unternehmensintern umsetzen, da sie einen genauen Einblick in das Zahlenwerk eines Unternehmens verlangt. Einfacher und unmittelbar aus dem Jahresabschluss ableitbar, führt die indirekte Methode zum Cashflow. Ausgangspunkt ist das Jahresergebnis, das um die nicht ausgabewirksamen Aufwendungen bzw. nicht einzahlungswirksamen Erträge korrigiert wird. Die einfachste Definition des Cashflow lautet wie folgt:

Jahresergebnis	
+	Abschreibungen im Sach- und immateriellen Anlagevermögen
+	Erhöhung der langfristigen Rückstellungen
=	Cashflow

Ein externer Bilanzleser kann diese Berechnung unmittelbar aus dem Jahresabschluss herleiten. Diese einfache Definition liefert die Ausgangsgrößen für die Bestimmung des ausgabewirksamen Jahresverlustes, ist aber noch nicht hinreichend, wie noch gezeigt wird.

Vielfach trifft man in der Praxis auf die Vorstellung, der ausgabewirksame Verlust sei dadurch vermeidbar, dass die Abschreibungen für Vermögensgegenstände verlängert werden. Der hieraus erzielte Effekt eines niedrigeren Jahresverlustes müsse unmittelbar auch zu einem geringeren ausgabewirksamen Verlust führen. Tatsächlich ist aber die Höhe des Cashflow völlig unabhängig von der Höhe der Abschreibungen, da der Cashflow eine Erfolgsgröße **vor** Abschreibungen repräsentiert. Aus der obigen Definition ist unmittelbar ableitbar, dass eine Verminderung der Abschreibungen einerseits zu einem besseren Jahresergebnis führt, andererseits aber das Jahresergebnis auch nur um die niedrigeren Abschreibungen entlastet wird. Per Saldo lässt sich der Cashflow nicht durch eine Veränderung der Abschreibungen beeinflussen.

Die oben dargestellte Cashflow-Definition reicht für die Ermittlung des ausgabewirksamen Ergebnisses im Sinne von § 11 Abs. 8 Satz 1 EigAnVO nicht aus. Als Grundlage für die Ermittlung des ausgabewirksamen Ergebnisses wird hier der Cashflow nach der Definition des DVFA/SG vorgeschlagen (*Busse von Colbe/Becker/Berndt/Geiger/Haase/Schmitt/Seeberg*, Ergebnis nach DVFA/SG, 2. Aufl., Stuttgart 1996, S. 95). Der Cashflow ist allerdings noch um die Tilgungen zu korrigieren, vgl. nachfolgende Erl. 12.2.3. Bei der gemeinsamen Empfehlung der Deutschen Vereinigung für Finanzanlagen und Anlagenberatung (DVFA) und der Schmalenbach-Gesellschaft – Deutsche Gesellschaft für Betriebswirtschaft (SG) zur Cashflow-Definition –, wird das Jahresergebnis nur insoweit korrigiert, als die Korrekturen von wesentlicher Bedeutung sind und zeitliche Verwerfungen zwischen Erfolgs- und Zahlungswirksamkeit behoben werden müssen. Es werden nur diejenigen Aufwendungen und Erträge berücksichtigt, die nicht im Berichtsjahr oder Folgejahr zu Ausgaben bzw. Einnahmen führen:

Tabelle 1: Cashflow nach DVFA/SG

1.		Jahresüberschuss/-fehlbetrag
2.	+	Abschreibungen auf Gegenstände des Anlagevermögens
3.	–	Zuschreibungen zu Gegenständen des Anlagevermögens
4.	+/–	Veränderung der Rückstellungen für Pensionen bzw. anderer langfristiger Rückstellungen
5.	+/–	Veränderung der Sonderposten mit Rücklageanteil
6.	+/–	andere nicht zahlungswirksame Aufwendungen und Erträge von wesentlicher Bedeutung
7.	=	Jahres-Cashflow
8.	+/–	Bereinigung ungewöhnlicher zahlungswirksamer Aufwendungen/Erträge von wesentlicher Bedeutung
9.	=	Cashflow nach DVFA/SG

Das Schema entspricht weitgehend dem Rechnungslegungsstandard DRS 21 des Deutschen Rechnungslegungsstandards Comittee e. V. Kritisch an diesem Schema ist anzumerken, dass das Jahresergebnis um zahlungswirksame Aufwendungen und Erträge korrigiert wird, andererseits aber Aufwendungen und Erträge in den Cashflow eingehen, bei denen unterstellt wird, dass sie zahlungswirksam sind. Als Beispiel sind hier die Umsatzerlöse zu nennen, die im vorstehenden Schema als voll liquiditätswirksam eingestuft werden. Tatsächlich müssen die Umsatzerlöse aber noch nicht zu Einzahlungen geführt haben, sondern können auch einen Anstieg des Bilanzpostens Forderungen aus Lieferungen und Leistungen zur Folge haben. Andererseits könnten sich Forderungen in der betrachteten Periode durch Einzahlungen vermindert haben, so dass neben den Umsatzerlösen zusätzlich noch Einzahlungen aus beglichenen Forderungen verbucht werden könnten (*Bieg/Kussmaul*, Externes Rechnungswesen, München/Wien, 2016, S. 310 f.). Grundsätzlich müssten bei der Berechnung des Cashflow auch Veränderungen von Bilanzposten einbezogen werden. Diese liquiditätswirksamen Veränderungen von Bilanzposten insbesondere im Bereich des Netto-Umlaufvermögens als Differenz zwischen Umlaufvermögen und kurzfristigen Schulden einschließlich kurzfristiger Rückstellungen sollten jedoch keinen Niederschlag in der Berechnung des ausgabewirksamen Verlustes finden, da diese Posten sich in der Regel durch ihre kurzfristige Verweildauer im Unternehmen auszeichnen bzw. starken, stichtagsbedingten Schwankungen unterworfen sind. Es würde dem Sinn und Zweck der Ausgleichspflicht nach § 11 Abs. 8 Satz 1 widersprechen, wenn kurzfristige, stichtagsbedingte Veränderungen des Netto-Umlaufvermögens durch die Gemeinde ausgeglichen werden müssten. Es ist daher für die Definition des ausgabewirksamen Verlustes hilfreich, dass die Berechnung des Cashflow nach DVFA/SG Bewegungen im Netto-Umlaufvermögen und bei den kurzfristigen Rückstellungen unberücksichtigt lässt. Ein kurzfristiger Liquiditätsbedarf beim Netto-Umlaufvermögen sollte keine Ausgleichspflicht der Gemeinde auslösen. Hierfür stehen kurzfristige Kassenkredite oder innere Darlehen als Instrumente zur Behebung eines kurzfristigen Liquiditätsengpasses zur Verfügung.

11.2.3 Definition des liquiditätswirksamen Ergebnisses

Die Definition des Cashflow nach DVFA/SG genügt nicht vollständig der Intention des Verordnungsgebers. In den Amtlichen Erläuterungen zu § 12 EigVO Tz. 8 (a. a. O.) heißt es: *„Ausgabewirksame Verluste wegen fehlender Entgelte ... sind möglichst bald auszugleichen. Die Tilgungen dürfen nicht höher sein als die Abschreibungen abzüglich der Auflösung der Ertragszuschüsse. Die Tilgungssätze sind an der betriebsgewöhnlichen Nutzungsdauer auszurichten."* Bei der Berechnung des Cashflow nach DVFA/SG werden zwar zahlungsunwirksame Abschreibungen dem Jahresergebnis hinzugerechnet, während zahlungswirksame Erträge aus der Auflösung von Ertragszuschüssen abgezogen werden. Andererseits aber wird ein Liquiditätsabfluss aus Darlehenstilgungen im Cashflow nach DVFA/SG nicht berücksichtigt. Die Forderung in den Amtlichen Erläuterungen bedeutet, dass der Eigenbetrieb durch seine Innenfinanzierungskraft (Cashflow) in der Lage sein muss, seinen Darlehensverpflichtungen nachzukommen. Die Innenfinanzierung aus Abschreibungen muss ausreichend Liquidität schaffen, um die Fremdfinanzierung zu bedienen. Die planmäßigen Tilgungen sind deswegen bei der Ermittlung des ausgabewirksamen Ergebnisses abzuziehen.

Bei der Finanzierung aus Abschreibungen wird unterstellt, dass die Abschreibungen in der Entgeltkalkulation enthalten sind und so über die Umsatzerlöse als Liquidität dem Eigenbetrieb wieder zufließen. Werden die Abschreibungen nicht erwirtschaftet oder reichen sie nicht aus, um die Darlehenstilgungen zu leisten, ergibt sich eine Unterdeckung, die eine Ausgleichspflicht der Gemeinde nach sich zieht. Der Eigenbetrieb ist nicht in der Lage, die bestehende Finanzierung zu bedienen. Wichtig ist der Hinweis in den Amtlichen Erläuterungen auf die Kongruenz von Tilgungsdauer und Abschreibungsdauer. Im Gegensatz zu einer Anpassung von Abschreibungsdauern, die, wie erläutert, keinen Einfluss auf den Cashflow bzw. den ausgabewirksamen Verlust hat, wirkt sich eine Veränderung der Tilgungsdauer unmittelbar auf den ausgabewirksamen Verlust aus. Längere Tilgungsdauern führen zu geringeren jährlichen planmäßigen Tilgungen. Somit wird der Betrag, der als planmäßige Tilgung bei der Ermittlung des ausgabewirksamen Verlustes in Abzug gebracht wird, ebenfalls vermindert, was unmittelbar zu einem geringeren ausgabewirksamen Verlust führt.

Die folgende Übersicht zeigt das Schema zur Ermittlung des liquiditätswirksamen Jahresergebnisses, das negativ einen ausgabewirksamen Verlust bzw. positiv einen Einnahmenüberschuss darstellt:

Tabelle 2: Ermittlung des liquiditätswirksamen Jahresergebnisses

1.		Jahresüberschuss/-verlust
2.	+	Abschreibungen auf Gegenstände des Anlagevermögens
3.	–	Zuschreibungen zu Gegenständen des Anlagevermögens
4.	–	Auflösungen empfangener Ertragszuschüsse
5.	+/–	Zuführungen/Auflösungen langfristiger Rückstellungen
6.	+/–	Zuführungen/Auflösungen der Sonderposten mit Rücklageanteil
7.	+	andere nicht zahlungswirksame Aufwendungen von wesentlicher Bedeutung, z. B.: – Buchverluste aus Anlagenabgängen

- Wertberichtigungen auf das Umlaufvermögen (Vorräte, Forderungen, Wertpapiere)
- Aufwendungen aus der Berichtigung von Auflösungen empfangener Ertragszuschüsse
- Auflösungen aktiver Rechnungsabgrenzungsposten

8. – andere nicht zahlungswirksame Erträge von wesentlicher Bedeutung, z. B.:
   - Zuschreibungen zum Umlaufvermögen
   - Verminderung der Wertberichtigungen auf das Umlaufvermögen
   - Auflösungen passiver Rechnungsabgrenzungsposten
9. – Ausgaben, die keine laufenden Aufwendungen sind:
   - planmäßige Darlehenstilgungen
   - Inanspruchnahme langfristiger Rückstellungen
   - Einstellungen in aktive Rechnungsabgrenzungsposten
10. + Einnahmen, die keine laufenden Erträge sind:
   - Einstellungen in passive Rechnungsabgrenzungsposten
11. = Liquiditätswirksames Jahresergebnis

Das Schema zur Ermittlung des liquiditätswirksamen Jahresergebnisses ermöglicht eine Aussage über die langfristig verfügbaren Innenfinanzierungsmittel. Bei der Addition bzw. Subtraktion nicht zahlungswirksamer Aufwands- und Ertragsposten sind jene Posten wegzulassen, die in naher Zukunft voraussichtlich zu einem Mittelabfluss oder -zufluss führen. Als Beispiele sind zu nennen die

- Erhöhungen des Bestandes an halbfertigen und fertigen Erzeugnissen
- Erhöhungen des Bestandes an aktivierten Eigenleistungen
- Zuschreibungen zum Umlaufvermögen im geschäftsüblichen Umfang, etwa durch Herabsetzung der Wertberichtigungen auf Forderungen oder der Wertberichtigungen auf das Vorratsvermögen
- Zuführungen zu kurzfristigen Rückstellungen.

Erläuterung zu den einzelnen Posten des Schemas:

Jahresüberschuss/Jahresverlust:

Es ist vom Jahresergebnis des Geschäftsjahres auszugehen.

Abschreibungen auf Gegenstände des Anlagevermögens:

Zu korrigieren sind sowohl planmäßige als auch außerplanmäßige Abschreibungen sowie steuerliche Sonderabschreibungen, da diese Posten nicht zahlungswirksamen Aufwand darstellen.

Zuschreibungen zu Gegenständen des Anlagevermögens:

Aufgrund ihrer Zahlungsunwirksamkeit sind ertragswirksame Zuschreibungen zu Vermögensgegenständen des Anlagevermögens vom Jahresergebnis wieder abzuziehen.

Auflösungen empfangener Ertragszuschüsse:

Nach § 23 Abs. 3 Satz 1 EigAnVO besteht das Wahlrecht, Ertragszuschüsse als Passivposten auszuweisen oder sie von den Anschaffungs- und Herstellungskosten der bezuschussten Anlagen abzusetzen. Anders allerdings bei Zuschüssen Nutzungsberechtigter, die als Beiträge und ähnliche Entgelte vereinnahmt werden. Hier schreibt § 23 Abs. 3 Satz 2 EigAnVO einen passiven Ausweis vor. Der Passivposten ist entsprechend dem jährlichen Vomhundertsatz aufzulösen, der dem durchschnittlichen betriebsgewöhnlichen Abschreibungssatz der bezuschussten Anlagen entspricht. Die Auflösungserträge stellen ein Pendant zu den Abschreibungen der bezuschussten Anlagen dar. Aufgrund ihrer Zahlungsunwirksamkeit sind die Auflösungserträge vom Jahresergebnis abzusetzen.

Zuführungen/Auflösungen langfristiger Rückstellungen:

Die erfolgswirksamen Veränderungen langfristiger Rückstellungen sind aus dem Ergebnis herauszurechnen, da die entsprechenden Aufwendungen und Erträge nicht zu einem Mittelzu- oder Mittelabfluss führen. Fraglich ist in diesem Zusammenhang, wann eine Rückstellung als langfristig einzustufen ist. Grundsätzlich ist auf die anfängliche Restlaufzeit abzustellen. Hinsichtlich der Einordnung der Fristigkeit kann auf § 253 Abs. 2 HGB verwiesen werden. Somit könnten Rückstellungen mit einer Restlaufzeit von mehr als einem Jahr als langfristig angesehen werden. Der Aufwand aus der Bildung dieser Rückstellung wäre dann dem Jahresergebnis des Eigenbetriebs hinzuzurechnen. Dies erscheint aber im Hinblick auf den Planungshorizont des Eigenbetriebs zu kurz. Da der Finanzplan gemäß § 19 EigAnVO auf eine Dauer von fünf Jahren abstellt kann eine kürze Restlaufzeit nicht als langfristig eingestuft werden. Aus diesem Grund sind Rückstellungen mit einer anfänglichen Restlaufzeit von fünf Jahren oder mehr als langfristig einzustufen. Zu ihnen gehören auch die Pensionsrückstellungen. Zu korrigieren sind auch die nicht zahlungswirksamen Effekte aus der Auf- bzw. Abzinsung von Rückstellungen die handelsrechtlich nach § 253 Abs. 2 HGB vorzunehmen ist.

Zuführungen/Auflösungen der Sonderposten mit Rücklageanteil:

Nicht zahlungswirksame Veränderungen der Sonderposten mit Rücklageanteil sind für die Ermittlung des liquiditätswirksamen Jahresergebnisses zu eliminieren.

Andere nicht zahlungswirksame Aufwendungen und Erträge von wesentlicher Bedeutung:

Eine Bereinigung dieser Posten kommt nur in Betracht, wenn sie wesentlich sind. Die Wesentlichkeitsgrenze wird mit 5 % des durchschnittlichen liquiditätswirksamen Ergebnisses der vergangenen drei Wirtschaftsjahre festgelegt (*Busse von Colbe/Becker/Berndt/Geiger/Haase/Schmitt/Seeberg*, a. a. O., S. 103). Die Wertberichtigungen auf das Umlaufvermögen sind nur in Form der Pauschalwertberichtigungen hinzuzurechnen. Gemäß den Amtlichen Erläuterungen zu § 12 EigVO nimmt der Verordnungsgeber Bezug auf „fehlende Entgelte". Die Bildung und die Verringerung der Pauschalwertberichtigung hat nur pauschalierenden Charakter. Ein Entgeltausfall wird hier nicht konkret erwartet. Dem gegenüber ist die Bildung und Auflösung der Einzelwertberichtigung anlassbezogen. Hier wird ein konkreter Entgeltausfall erwartet. Aus diesen genannten Gründen sind die Aufwendungen aus der Erhöhung/Bildung der Pauschalwertberichtigung dem Jahresergebnis hinzuzurechnen, während die Bildung/Auflösung der Einzelwertberichtigung nicht zu korrigieren ist. Es sei darauf hingewiesen, dass zahlungswirksame außerordentliche Erträge und Aufwendungen uneingeschränkt in die Ermittlung des liquiditätswirksamen Jahresergebnisses einfließen. Die Amtlichen Erläuterungen zu § 12 EigVO Tz. 8 (a. a. O.) weisen ausdrücklich auf die Pflicht zur Abdeckung des außerordentlichen Ergebnisses hin, soweit es zu einem ausgabewirksamen Jahresverlust geführt hat.

Ausgaben, die keine laufenden Aufwendungen sind:

Es wurde in diesem Abschnitt bereits auf die Amtlichen Erläuterungen zu § 12 EigVO Tz. 8 (a. a. O.) hingewiesen, nach denen die Tilgungen nicht höher sein dürfen als der Saldo aus Abschreibungen, vermindert um die Auflösung der Ertragszuschüsse. Demgemäß sind hier also die Darlehenstilgungen abzusetzen. Fraglich ist, wie außerplanmäßige Tilgungen im Rahmen der Ermittlung des liquiditätswirksamen Jahresergebnisses zu behandeln sind. Kann der Eigenbetrieb außerplanmäßige Tilgungsleistungen aus Eigenmitteln finanzieren, verfügt er offensichtlich über genügend Liquiditätsreserven. Es wäre daher nicht sinnvoll, einen durch außerplanmäßige Tilgungen entstandenen ausgabewirksamen Verlust vom Einrichtungsträger ausgleichen zu lassen. Werden die außerplanmäßigen Tilgungen andererseits durch Fremdkapitalaufnahme finanziert (z. B. i. R. v. Umschuldungen), wird deren planmäßige Tilgung das liquiditätswirksame Jahresergebnis in den zukünftigen Perioden belasten. Würden außerplanmäßige Tilgungen abgezogen, käme es zu einer doppelten Berücksichtigung dieser Tilgungen: Zum einen im Jahr der außerplanmäßigen Tilgung und zum anderen durch zukünftige planmäßige Tilgungen der Finanzierungsmittel, die für die außerplanmäßige Tilgung aufgenommen wurden. Im Ergebnis sind daher außerplanmäßige Tilgungen nicht abzusetzen.

Bei den langfristigen Rückstellungen werden nichtzahlungswirksame Aufwendungen und Erträge im dargestellten Schema eliminiert. Vom Ergebnis abzusetzen sind zusätzlich die Inanspruchnahmen langfristiger Rückstellungen, da sie die Liquidität des Eigenbetriebs nachhaltig belasten. Als Beispiel sind die Inanspruchnahme von Rückstellungen für die Deponienachsorge von Abfallwirtschaftsbetrieben und Pensionsrückstellungen zu nennen.

Bei den Rechnungsabgrenzungsposten ist die Frage nach ihrer Fristigkeit und Nachhaltigkeit zu stellen. Handelt es sich um Abgrenzungen, die jährlich in etwa gleich bleibender Höhe auftreten, erübrigt sich eine Bereinigung. Beispielsweise werden Kfz-Versicherungen häufig für das Folgejahr am Ende des Geschäftsjahres vorausbezahlt. Eine Bereinigung scheidet aus, da der Posten regelmäßig und nachhaltig in jedem Geschäftsjahr zahlungswirksam wird und betragsmäßig in der Regel bedeutungslos ist. Andererseits sind Fälle denkbar, bei denen einmalige Zahlungen geleistet werden, die Aufwand oder Ertrag für einen längeren Zeitraum nach dem Zahlungsvorgang darstellen. Hinsichtlich der Einschätzung, wann ein „längerer" Zeitraum vorliegt, wird auf die Erläuterung zu den langfristigen Rückstellungen verwiesen. Als langfristig gelten Rechnungsabgrenzungsposten, die eine Laufzeit von fünf Jahren oder länger haben. Soweit es sich um wesentliche Beträge handelt, sind die zahlungsunwirksamen Aufwendungen und Erträge aus der Auflösung der Rechnungsabgrenzungsposten zu eliminieren. Andererseits muss auch die Bildung der Rechnungsabgrenzungsposten folgerichtig ebenso im Berechnungsschema berücksichtigt werden: Einstellungen in aktive Rechnungsabgrenzungsposten sind Ausgaben, die Aufwand für eine bestimmte Zeit nach dem Abschlussstichtag darstellen (§ 250 Abs. 1 HGB). Sie sind daher bei der Ermittlung des ausgabewirksamen Verlustes abzuziehen. Einstellungen in den passiven Rechnungsabgrenzungsposten sind Einnahmen, die Ertrag für einen bestimmten Zeitraum nach dem Abschlussstichtag darstellen (§ 250 Abs. 2 HGB). Diese Posten sind bei der Ermittlung des ausgabewirksamen Verlustes zu addieren.

11.2.4 Bilanzielle Behandlung ausgabewirksamer Jahresverluste

Der Ausgleich ausgabewirksamer Teile eines Jahresverlustes sollte ins Eigenkapital des Eigenbetriebes geleistet werden. Es empfiehlt sich eine Verbuchung unter dem Posten A. III. allgemeine Rücklage. Denkbar wäre grundsätzlich auch eine ertragswirksame Erfassung, da es begrifflich nahe liegt, einen ausgabewirksamen Jahresverlust auch durch eine ertragswirksame Erfassung des Ausgleichs zu behandeln. Da es sich bei dem Ausgleich durch die Gemeinde um eine Zahlung ohne eine Gegenleistung des Eigenbetriebs handelt, die zu einer Verbesserung der Vermögens- und Finanzlage und nicht der Ertragslage des Eigenbetriebs beitragen soll, wird jedoch der Erfassung im Eigenkapital der Vorzug gegeben. Der erfolgsneutralen Erfassung des Ausgleichs ist aus zweierlei Gründen der Vorzug zu gewähren. Laufende Jahresergebnisse werden auf der Passivseite unter der Position A. V. erfasst und auf Basis eines folgenden Ergebnisverwendungsbeschlusses in die Position A. IV. umgebucht. Der bilanzrechtliche Zweck der Unterscheidung zwischen der allgemeinen Rücklage gegenüber dem Gewinnvortrag/Verlustvortrag liegt darin, die von den Eigenkapitalgebern zufließenden Eigenkapitalmehrungen von denen zu unterscheiden, die der Eigenbetrieb selbst erwirtschaftet hat. Würde der Ausgleich erfolgswirksam gebucht werden, würde er nach dem Ergebnisverwendungsbeschluss im Gewinnvortrag/Verlustvortrag ausgewiesen werden, obwohl er nicht durch den Eigenbetrieb selbst erwirtschaftet wurde. Auch aus steuerlicher Sicht empfiehlt sich die Erfassung unmittelbar im Eigenkapital. Steuerlich werden diese Zuzahlungen im sogenannten steuerlichen Einlagenkonto erfasst. Eine spätere Rückzahlung von Eigenkapital aus dem steuerlichen Einlagenkonto löst keine Kapitalertragsteuer auf diese Transferzahlung aus. Wird hingegen die Zuzahlung der Gemeinde ertragswirksam erfasst, vermindert dies einerseits den steuerlichen Verlust bzw. erhöht den steuerlichen Gewinn. Bei einer späteren Rückzahlung durch BgA mit eigener Rechtspersönlichkeit (z. B. Anstalten des öffentlichen Rechts) oder bei Zuführung zu den Rücklagen bei BgA ohne eigene Rechtspersönlichkeit (z. B. Eigenbetriebe) kann dies zu einer Kapitalertragsteuerbelastung führen (§ 20 Abs. 1 Nr. 10 Buchst. a bzw. b EStG).

Fraglich ist, ob bereits bei Aufstellung des Jahresabschlusses eine Forderung an die Gemeinde auf Ausgleich des ausgabewirksamen Jahresverlustes eingestellt werden kann oder muss. Der Verordnungstext in § 11 Abs. 8 Satz 1 EigAnVO verlangt ausdrücklich einen Ausgleich ausgabewirksamer Verluste aus Haushaltsmitteln der Gemeinde spätestens im Jahr nach Entstehung dieser Verluste. Vor dem Hintergrund dieser Ausgleichspflicht durch die Gemeinde läge eine Erfassung als Forderung im Jahresabschluss bereits bei Jahresabschlusserstellung nahe. Dagegen spricht allerdings, dass der Jahresverlust und damit auch der ausgabewirksame Teil des Jahresverlustes erst mit der Feststellung des Jahresabschlusses durch den Gemeinderat feststehen. Der Gemeinderat beschließt nach § 27 Abs. 2 Satz 3 EigAnVO über die Verwendung des Jahresgewinns oder die Behandlung des Jahresverlustes. Dementsprechend hat der Gemeinderat auch über die Abdeckung der ausgabewirksamen Teile des Jahresverlustes zu beschließen. Im Rahmen der Feststellung des Jahresabschlusses ist ein Beschluss herbeizuführen, der neben der Feststellung des Jahresabschlusses auch die Behandlung der ausgabewirksamen Teile des Jahresverlustes behandelt. Die Forderung des Eigenbetriebs auf Abdeckung des ausgabewirksamen Jahresverlustes entsteht damit erst im Zeitpunkt der Beschlussfassung des Gemeinderats. Darüber hinaus scheitert in der Praxis die Bilanzierung der Forderung auf Abdeckung des ausgabewirksamen Verlustes häufig daran, dass der Einrichtungsträger die Forderung nicht bedienen will oder keine Geldleistung zum Ausgleich erbringen will sondern lediglich eine Verzinsung des Anspruchs akzeptiert. In diesen Fällen kann schon vor dem Hintergrund des Vorsichtsprinzips nicht bereits im Entstehungsjahr eine Forderung auf Ausgleich der ausgabewirksamen Verluste bilanziert werden. (Zur Frage einer möglichen Rückstellungsverpflichtung für an den Einrichtungsträger zurückzuzahlende Beträge nach § 11 Abs. 8 Satz 2 EigAnVO vgl. die Erl. 11.3 zu § 23 EigAnVO).

11.2.5 Ausgabewirksame Verluste bei Unternehmen in privater Rechtsform

Nach § 89 Abs. 6 Nr. 1 GemO soll der Gesellschaftsvertrag oder die Satzung von Unternehmen in privater Rechtsform, bei denen die Gemeinde Anteilseigner ist, vorsehen, dass der Jahresabschluss und der Lagebericht in entsprechender Anwendung der für Eigenbetriebe geltenden Vorschriften aufgestellt und geprüft werden. § 11 Abs. 8 Satz 1 EigAnVO ist keine Vorschrift betreffend die Aufstellung oder Prüfung des Jahresabschlusses oder Lageberichtes i. S. d. für Eigenbetriebe geltenden Vorschriften. Auch aus § 87 GemO ergeben sich keinerlei Hinweise auf die Anwendbarkeit von § 11 Abs. 8 EigAnVO auf Unternehmen in privater Rechtsform.

Insoweit neben der Gemeinde noch weitere Gesellschafter an dem Unternehmen beteiligt sind, würde eine Anwendung der Ausgleichspflicht des § 11 Abs. 8 EigAnVO zu einer einseitig die Gemeinde belastenden Ausgleichspflicht führen, von der die übrigen Gesellschafter profitieren würden. Dies kann wirtschaftlich betrachtet nicht Sinn und Zweck des § 11 Abs. 8 EigAnVO sein. Im Übrigen hätte die Anwendung von § 11 Abs. 8 EigAnVO auf Unternehmen in Privatrechtsform eine Konkurrenz zu § 87 Abs. 1 Nr. 6 EigAnVO zur Folge, nach der die Gemeinde sich nicht zur Übernahme von Verlusten in unbestimmter Höhe verpflichten darf. Die Verpflichtung zur Abdeckung ausgabewirksamer Teile eines Jahresverlustes wirkt betragsmäßig unbegrenzt. Damit ergäbe sich unmittelbar ein Widerspruch zu § 87 Abs. 1 Nr. 6 GemO, nach der eine Beteiligung der Gemeinde an Unternehmen nicht gestattet ist, wenn die Verlustübernahme unbegrenzt ist.

11.3 Ausgleichspflicht bei nicht ausgabewirksamen Verlusten (Absatz 8 Satz 3)

§ 11 Abs. 8 Satz 3 EigAnVO weitet die Ausgleichspflicht auf nicht ausgabewirksame Verluste aus. Nach der Grundregel für nicht ausgabewirksame Verluste nach § 11 Abs. 7

EigAnVO können Jahresverluste generell auf neue Rechnung vorgetragen werden, soweit positiv erwartet werden kann, dass in den folgenden fünf Jahren Gewinne entstehen, die den Verlustvortrag wieder ausgleichen. Soweit keine positive Gewinnerwartung für die folgenden fünf Jahre besteht und auch kein Verlustausgleich durch Entnahme aus den Rücklagen wegen unzureichender Eigenkapitalausstattung oder nicht vorhandener Rücklagen möglich ist, sind diese Verluste analog zu den ausgabewirksamen Jahresverlusten spätestens in dem auf das Verlustjahr folgenden Wirtschaftsjahr auszugleichen. Sowohl § 11 Abs. 7 EigAnVO als auch § 11 Abs. 8 Satz 3 EigAnVO behandeln damit nicht ausgabewirksame Verluste. Die abweichende Behandlung hinsichtlich des Zeitpunkts der Verlustausgleichspflicht ergibt sich aus der unterschiedlichen Ergebniserwartung für die folgenden fünf Geschäftsjahre. Die Verschärfung in § 11 Abs. 8 Satz 3 EigAnVO betrifft insbesondere Dauerverlustbetriebe, die nicht mit einer positiven Geschäftsentwicklung in der mittleren Frist rechnen können. Als Beispiele können Bäderbetriebe oder Verkehrsbetriebe mit dauerdefizitärem Geschäftsbetrieb angeführt werden.

11.4 Behandlung des Jahresverlustes bei positiver Gewinnerwartung

Jahresverluste können auch bei Eigenbetrieben entstehen, die als Kalkulationsgrundsatz das Kostendeckungsprinzip verfolgen. Nach § 7 Abs. 3 Satz 1 KAG i. V. m. § 3 KAVO können Eigenbetriebe der Wasserversorgung oder Abwasserbeseitigung bei Überschreiten bestimmter Belastungsgrenzen auf die Erhebung von Benutzungsgebühren verzichten. In diesem Falle führt der Verzicht auf die Erhebung von Benutzungsgebühren in aller Regel auch zu ausgabewirksamen Verlusten, falls dem Eigenbetrieb keine weiteren Erträge aus anderen Quellen zufließen. Ferner können Eigenbetriebe, die kostendeckende Gebühren oder Entgelte erheben, auch durch außerordentliche Aufwendungen oder sonstige Planabweichungen ausgabewirksame bzw. nicht ausgabewirksame Jahresverluste erleiden.

Die Möglichkeit, Verluste über einen Zeitraum von fünf Jahren vorzutragen, ist mit der Bedingung verbunden, dass in diesem Zeitraum in entsprechender Höhe Gewinne erwartet werden. Anknüpfungspunkt kann zunächst der nach § 19 EigAnVO zu erstellende fünfjährige Finanzplan sein, der durch entsprechende Berechnungen und belastbare Prognosen zu ergänzen ist. Gewinne, die in dem Fünfjahreszeitraum entstehen, sind zur Verlustdeckung zu verwenden, und zwar in der Reihenfolge, in der die Verluste entstanden sind. Dies macht in den Fällen, in denen der Verlustvortrag durch die Verluste mehrerer Geschäftsjahre entstanden ist, eine Aufteilung des Verlustvortrags nach dem jeweiligen Verlustentstehungsjahr erforderlich. Kann der Verlustvortrag nach Ablauf von fünf Jahren nicht durch entsprechende Gewinne abgedeckt werden, entscheidet der Gemeinderat im sechsten Jahr über die endgültige Behandlung der vorgetragenen Verluste. Verfügt der Eigenbetrieb über Rücklagen und eine angemessene Eigenkapitalausstattung i. S. v. § 11 Abs. 3 EigAnVO, kann der Gemeinderat bei dem Vorliegen nicht ausgabewirksamer Jahresverluste eine Entnahme aus den Rücklagen beschließen. Nur bei mangelhafter Eigenkapitalausstattung oder bei Nicht-Vorliegen entsprechender entnahmefähiger Rücklagen sind Haushaltsmittel zum Verlustausgleich heranzuziehen. Der Verlustausgleich durch die Gemeinde kann natürlich auch vor Ablauf der Fünfjahresfrist erfolgen.

Zur Verlustverrechnung steht die allgemeine Rücklage zur Verfügung. Daneben werden jedoch auch keine Einwendungen erhoben, eine Entnahme aus der zweckgebundenen Rücklage vorzunehmen. Vorrangig ist allerdings eine Entnahme aus der allgemeinen Rücklage vorzunehmen. S. hierzu auch die Erl. unter 8.1.2.1.

§ 12
Kassenführung

(1) Für den Eigenbetrieb ist eine Sonderkasse einzurichten.

(2) Vorübergehend nicht benötigte Geldmittel der Sonderkasse des Eigenbetriebs sollen in Abstimmung mit der Kassenlage der Gemeinde angelegt werden. Wenn die Gemeinde

die Mittel vorübergehend bewirtschaftet, ist sicherzustellen, dass die Mittel dem Eigenbetrieb bei Bedarf wieder zur Verfügung stehen.

Erläuterungen

Übersicht

1. Allgemeines

Nach der GemO können für Sondervermögen, für die Sonderrechnungen geführt werden, Sonderkassen eingerichtet werden (§ 82 GemO). Eigenbetriebe werden als Sondervermögen mit Sonderrechnung geführt. Die EigAnVO verlangt in § 12 Abs. 1 EigAnVO zwingend die Einrichtung einer Sonderkasse für den Eigenbetrieb. Die Vorschrift zur Führung von Sonderkassen in § 82 GemO ist lex specialis zu § 106 GemO, der das Prinzip der Einheitskasse festlegt. Nach diesem Prinzip erledigt die Gemeindekasse alle Kassengeschäfte der Gemeinde (*Gabler/Oster*, a. a. O., Erl. 1 zu § 82 GemO). Die Verpflichtung zur Führung einer Sonderkasse bei Eigenbetrieben stellt damit eine Ausnahme vom Grundsatz der Einheitskasse dar. Die Führung einer Sonderkasse für den Eigenbetrieb ist Ausdruck seiner Verselbständigung, die auch durch sein eigenständig zu führendes Rechnungswesen dokumentiert wird. Das gesamte Rechnungswesen des Eigenbetriebes steht eigenständig neben dem Rechnungswesen der Gemeinde. Dies ergibt sich aus § 14 EigAnVO sowie den Vorschriften zu einzelnen Bestandteilen des eigenbetrieblichen Rechnungswesens in den §§ 15 ff. EigAnVO. Eine Verpflichtung zu einer gesonderten Organisation des Kassenwesens der Eigenbetriebe ist mit der Führung einer Sonderkasse allerdings nicht verbunden. Eine örtliche oder personelle Trennung von der Gemeindekasse ist nicht erforderlich. Vielmehr soll aus Gründen der Sparsamkeit und Wirtschaftlichkeit die Sonderkasse des Eigenbetriebs mit der Gemeindekasse verbunden werden (§ 78 Abs. 2, § 82 Satz 2 GemO). Die Besonderheit der Sonderkasse besteht also nicht in einer gesonderten Organisation, sondern darin, dass ein gesonderter Kassenbestand zu führen ist. Aus Gründen der Wirtschaftlichkeit wird es überwiegend sinnvoll sein, die Organisation von Gemeinde- und Sonderkasse zusammenzufassen. Die Verbindung beider Kassen bedeutet, dass der Bestand an Zahlungsmitteln einheitlich für Gemeinde- und Sonderkasse geführt wird. Allerdings sind für beide Kassen getrennte Kassensollbestände auszuweisen. Die Verpflichtung zur Führung einer Sonderkasse enthält die Verpflichtung zu einer besonderen Zeit- und Sachbuchführung für den Eigenbetrieb. Eine räumliche Trennung der Barkassen oder die Einrichtung eines separaten Girokontos ist damit für den Eigenbetrieb nicht erforderlich. Gleichwohl empfehlen die Amtlichen Erläuterungen zu § 13 EigVO Tz. 2 (Rundschreiben des Ministeriums des Innern und für Sport vom 24.9.1992, MinBl. S. 386) für den Eigenbetrieb ein separates Girokonto einzurichten. Hat der Eigenbetrieb einen solchen Umfang, dass eigenes Kassenpersonal ausgelastet werden kann, wird es u. U. zweckmäßig sein, auch eine örtliche oder personelle Trennung von der Gemeindekasse vorzunehmen. Bei einer solchen Trennung müssen durch den Personalbestand mindestens die Anforderungen des § 106 GemO erfüllt werden. Ist die Sonderkasse des Eigenbetriebes von der Gemeindekasse getrennt, so hat die Werkleitung die Aufsicht über die Sonderkasse (*Bolsenkötter et al.*, Gemeindliche Eigenbetriebe und Anstalten, 5. Aufl., Stuttgart 2004, W 93).

Im Rahmen der Sonderkasse werden die Bücher gesondert geführt und ein von der Gemeindekasse getrennter Jahresabschluss für den Eigenbetrieb erstellt. Auch bei einer Verbindung mit der Gemeindekasse muss der Bestand der Sonderkasse jederzeit getrennt ermittelt werden können. Eine Übertragung der Ergebnisse der Sonderkasse in die Bücher der Gemeinde erfolgt nicht.

Nach § 82 Satz 3 GemO gilt § 107 GemO sinngemäß, d. h. die Übertragung der Kassengeschäfte auf eine Stelle außerhalb der Gemeindeverwaltung ist möglich, wenn die ordnungsgemäße Erledigung und die Prüfung nach den für die Gemeinde geltenden Vorschriften gewährleistet sind.

2. Anzuwendende Vorschriften

Nach § 61 GemHVO i. V. m. § 82 GemO gelten für Sonderkassen die Vorschriften der GemHVO über die Gemeindekasse sinngemäß, soweit nichts anderes bestimmt ist. Dies sind die Vorschriften zur Zahlungsanweisung und Zahlungsabwicklung (§ 25 GemHVO) sowie über die örtliche Prüfung der Zahlungsabwicklung (§ 26 GemHVO). Sie treten an die Stelle der bisher anwendbaren Regelungen der GemKVO.

Ferner ist auf die Sonderkasse der § 106 GemO analog anzuwenden (vgl. *Gabler/Oster*, a. a. O., Erl. 3 zu § 82). Danach

- ist die Buchführung von den übrigen Kassengeschäften organisatorisch zu trennen,
- sind ein hauptamtlicher Kassenverwalter und ein Stellvertreter zu bestellen,
- können anordnungsbefugte Gemeindebedienstete sowie Leiter und Prüfer des Rechnungsprüfungsamtes nicht gleichzeitig Kassenverwalter oder Stellvertreter sein,
- dürfen bestimmte verwandtschaftliche Beziehungen zwischen Kassenverwalter einerseits und Bürgermeister, dem für das Finanzwesen zuständigen Beamten sowie dem Leiter und den Prüfern des Rechnungsprüfungsamtes nicht bestehen,
- dürfen Kassenverwalter sowie die übrigen Bediensteten der Kasse nicht befugt sein, Zahlungen anzuordnen.

3. Vorübergehend nicht benötigte Geldmittel

Nach § 12 Abs. 2 Satz 1 EigAnVO sollen vorübergehend nicht benötigte Geldmittel der Sonderkasse des Eigenbetriebes in Abstimmung mit der Kassenlage der Gemeinde angelegt werden. Wenn die Gemeinde die Mittel vorübergehend bewirtschaftet, ist sicherzustellen, dass die Mittel dem Eigenbetrieb bei Bedarf wieder zur Verfügung stehen (§ 12 Abs. 2 Satz 2 EigAnVO). Bewirtschaftet die Gemeinde vorübergehend die Mittel der Sonderkasse, so handelt es sich um einen von der Gemeinde in Anspruch genommenen Kassenkredit nach § 105 GemO. Dies ist deshalb von Bedeutung, da Kassenkredite nur bis zu dem in der Haushaltssatzung festgesetzten Höchstbetrag aufgenommen werden können (§ 105 GemO). Nimmt die Sonderkasse umgekehrt Mittel der Gemeindekasse in Anspruch, so ist auch hier der Höchstbetrag der Kassenkredite nach dem festgestellten Wirtschaftsplan zu berücksichtigen (Betriebsmittelkreditermächtigung, § 15 Abs. 2 Nr. 1 EigAnVO). Auf eine marktübliche Verzinsung der gegenseitigen Kreditverhältnisse ist zu achten. Um eine verdeckte Gewinnausschüttung bei steuerpflichtigen BgA zu vermeiden, sind Guthaben des Eigenbetriebs bei der Gemeinde mindestens banküblich, Schulden des Eigenbetriebs bei der Gemeinde höchstens mit dem banküblichen Zinssatz zu verzinsen (*Bolsenkötter et al*, a. a. O., W 101). Im Übrigen werden Darlehensverhältnisse zwischen Gemeinde und BgA steuerrechtlich nur anerkannt, soweit der BgA mit einem angemessenen Eigenkapital ausgestattet ist (weiterführend siehe Erl. 5.4 zu § 11 EigAnVO).

4. Vereinbarkeit des Grundsatzes der Vermögenserhaltung (§ 10 Abs. 1 EigAnVO) und dem Grundsatz der Wirtschaftlichkeit und Sparsamkeit (§ 93 Abs. 3 GemO) mit negativen Guthabenzinsen

Gemäß § 12 Abs. 2 EigAnVO sind vorübergehend nicht benötigte Geldmittel der Sonderkasse des Eigenbetriebs in Abstimmung mit der Kassenlage der Gemeinde anzulegen. Die Geldanlage ist dabei die wertsichernde und ertragbringende Anlage von liquiden Mitteln. Der Gesetzgeber verwendet in § 78 Abs. 2 Satz 2 GemO zwei Halbsätze. Daraus wird eine Rangfolge zwischen der Sicherheit einerseits und der Rendite andererseits ersichtlich. Die sichere Anlage geht der Anlage mit relativ höherem Ertrag vor. Absolute Sicherheit wird dabei nicht verlangt. Der Gesetzgeber fordert explizit nur ausreichende Sicherheit ohne diese genauer zu definieren (*Gabler/Oster*, a. a. O., Erl. 1 zu § 78 GemO). Fraglich ist aber in diesem Zusammenhang, wie mit negativen Einlagenzinsen umzugehen ist. Diese sind im Zuge der expansiven Geldpolitik der Europäischen Zentralbank zumindest temporär zu einem Problem der vorübergehenden Geldanlage bei Kreditinstituten geworden. Da keine absolute Sicherheit der Geldanlage verlangt wird, ist eine ausschließliche Geldanlage in ausfallsichere Staatsanleihen nicht notwendig. Der Schuldner der Geldanlage muss allerdings über ein Rating im sog. Investment Grade verfügen. In Abhängigkeit der Laufzeit der Geldanlage bei Zeichnung können negative Einlagenzinssätze umgangen werden. Die rechtzeitige Verfügbarkeit der Geldanlagen ist aber zu beachten. Zu vermeiden sind Inkongruenzen der Laufzeit der Anlage und des Finanzmittelbedarfs, die zu einer möglichen Inanspruchnahme eines Kassenkredites führen könnten.

§ 13
Wirtschaftsjahr

Wirtschaftsjahr des Eigenbetriebs ist das Haushaltsjahr der Gemeinde. Wenn die Art des Betriebs es erfordert, kann die Betriebssatzung ein hiervon abweichendes Wirtschaftsjahr bestimmen.

Erläuterungen

Übersicht

1. Orientierung am Haushaltsjahr

Das Haushaltsjahr der Gemeinde ist das Kalenderjahr (§ 95 Abs. 6 GemO). Das Wirtschaftsjahr des Eigenbetriebs entspricht grundsätzlich dem Haushaltsjahr der Gemeinde (§ 13 Satz 1 EigAnVO).

2. Abweichendes Wirtschaftsjahr

Ein vom Kalenderjahr abweichendes Wirtschaftsjahr kann bestimmt werden, wenn die Art des Betriebes dies erfordert. Die Abweichung vom Kalenderjahr ist durch Gemeinderatsbeschluss in der Betriebssatzung festzulegen (§ 13 Satz 2 EigAnVO). In der Literatur werden als Beispiele Theaterbetriebe, bei denen die Spielzeit im Sommer endet, oder Betriebe der Land- und Forstwirtschaft, bei denen sich der 1. 10. als Beginn des Wirtschaftsjahres wegen Beendigung der Ernte anbietet, genannt (siehe PRAXIS-Beitrag *D1 d He*, Erl. zu § 13 EBG).

3. Rumpfwirtschaftsjahr

Wird vom Kalenderjahr auf ein abweichendes Wirtschaftsjahr oder umgekehrt vom abweichenden Wirtschaftsjahr auf das Kalenderjahr umgestellt, so ist ein Rumpfwirtschaftsjahr einzulegen. Grundsätzlich gilt, dass die Dauer des Geschäftsjahres zwölf Monate nicht überschreiten darf (§ 240 Abs. 2 Satz 2 HGB i. V. m. § 22 Abs. 2 EigAnVO).

4. Steuerliche Bestimmungen

Bei steuerpflichtigen BgA ist § 7 Abs. 4 KStG zu beachten. Bei abweichendem Wirtschaftsjahr gilt der Gewinn des BgA als in dem Kalenderjahr bezogen, in dem das Wirtschaftsjahr endet. Bei der Umstellung des Wirtschaftsjahres auf ein vom Kalenderjahr abweichendes Wirtschaftsjahr ist die Zustimmung des Finanzamtes erforderlich. Umgekehrt muss das Einverständnis des Finanzamtes bei Umstellung vom abweichenden Wirtschaftsjahr auf das Kalenderjahr nicht eingeholt werden.

§ 14
Aufbau und Leitung des Rechnungswesens

(1) Zum Rechnungswesen des Eigenbetriebs gehören

1. der Wirtschaftsplan,

2. die Buchführung,

3. der Jahresabschluss und

4. die Kostenrechnungen.

(2) Alle Zweige des Rechnungswesens sind einheitlich zu leiten. Hat der Eigenbetrieb eine Werkleiterin oder einen Werkleiter für die kaufmännischen Angelegenheiten, so ist diese oder dieser für das Rechnungswesen verantwortlich.

(3) Das Rechnungswesen ist nach steuerpflichtigen und nicht steuerpflichtigen Betriebszweigen zu trennen; im Übrigen gilt § 24 Abs. 3. In der Betriebsabrechnung sind die auf die einzelnen Betriebszweige entfallenden Teile des Eigen- und Fremdkapitals ebenso wie der Teil-Jahresgewinn oder -verlust jedes Betriebszweiges statistisch nachzuweisen und im Anhang darzustellen.

Erläuterungen

Übersicht

1. Aufgaben des betrieblichen Rechnungswesens

Das betriebliche Rechnungswesen hat insbesondere folgende Aufgaben zu erfüllen (*Schierenbeck*, Grundzüge der Betriebswirtschaftslehre, 19. Aufl., München/Wien 2016, S. 505):

- Dokumentation des betrieblichen Geschehens („Geschichtsschreibung"),

- extern orientierte Rechenschaftslegung gegenüber Gesellschaftern, Gläubigern, Öffentlichkeit und Staat,
- rechnerische Fundierung unternehmenspolitischer Entscheidungen.

Die Ausprägung des Rechnungswesens hängt davon ab, bei welchen Aufgaben des betrieblichen Rechnungswesens das Unternehmen seine Schwerpunkte setzt. Die EigAnVO normiert solche Schwerpunkte und gibt damit die Mindestanforderungen für Form und Ausgestaltung des Rechnungswesens vor. Selbstverständlich können die Eigenbetriebe über diese Mindestanforderungen der EigAnVO hinaus ihr Rechnungswesen nach den betriebsspezifischen Gegebenheiten weiterentwickeln und ausbauen, wobei die durch die EigAnVO gesetzten Anforderungen in jedem Falle aber einzuhalten sind.

2. Bestandteile des Rechnungswesens nach der EigAnVO

Folgende Übersicht zeigt die Komponenten des Rechnungswesens nach § 14 Abs. 1 EigAnVO:

Schaubild 1: Bestandteile des Rechnungswesens

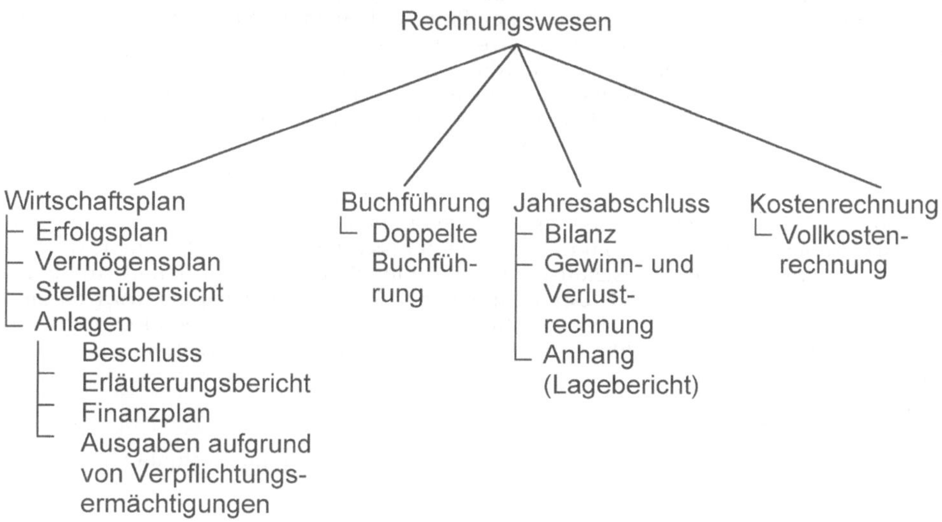

2.1 Buchführung

Die Buchführung hat die Aufgabe, Veränderungen des Anlage- und Umlaufvermögens sowie des Eigen- und Fremdkapitals fortlaufend und systematisch zu verzeichnen. Alle wirtschaftlich und rechtlich relevanten Vorgänge eines Geschäftsjahres, die das Vermögen und Kapital beeinflussen, sind in der Buchführung festzuhalten (*Falterbaum/Bolk/Reiß/Kirchner*, Buchführung und Bilanzierung, 23. Aufl., Achim 2020, S. 45 ff.). Die EigAnVO verlangt in § 20 Abs. 1 EigAnVO die Führung der Bücher nach den Regeln der kaufmännischen doppelten Buchführung (Doppik). Ferner sind die handelsrechtlichen Vorschriften zu Buchführung, Inventar und Aufbewahrung zu beachten (§ 20 Abs. 2 EigAnVO). Die Buchführung bildet die Grundlage für andere Teile des Rechnungswesens der Eigenbetriebe. Insbesondere liefert sie das notwendige Zahlenmaterial, um aus der Buchführung den Jahresabschluss entwickeln zu können. Aber auch die Kostenrechnung greift in vielfältiger Weise auf die Zahlen der Buchhaltung zurück. Dies gilt gleichermaßen für den Wirtschaftsplan, dessen Ausgangspunkt die in der Buchhaltung und dem Jahresabschluss enthaltenen Ist-Zahlen sind. Viele Plandaten werden aus der Buchhaltung abgeleitet, so werden z. B. die geplanten Abschreibungen durch Informationen aus der Anlagenbuchhaltung berechnet.

2.2 Jahresabschluss

Der Jahresabschluss ist ein extern orientiertes Instrument des Rechnungswesens. Er erfüllt insbesondere eine Informationsfunktion sowie die Funktion der Erfolgsermittlung und die Funktion der Rechenschaftslegung. Im Rahmen der Informationsfunktion werden die Informationsbedürfnisse der Personen oder Personengruppen befriedigt, die ein unmittelbares Interesse an dem Eigenbetrieb haben, sei es, dass sie Einrichtungsträger, Gläubiger, Bürger oder Finanzverwaltung sind. Wesentliche Aufgabe des Jahresabschlusses ist ferner die Erfolgsermittlung. Wirtschaftliche Unternehmen der Gemeinde sollen einen Überschuss für den Haushalt der Gemeinde abwerfen (§ 85 Abs. 3 Satz 1 GemO). Dieser Überschuss wird im Jahresabschluss ermittelt. Die Ermittlung des Jahresergebnisses liefert die Grundlage für die Ergebnisverwendung, die durch den Gemeinderat zu beschließen ist. Auch das KAG enthält eine Vorschrift über den Gewinn der wirtschaftlichen Unternehmen der Gemeinde. Nach § 8 Abs. 1 Satz 6 KAG dürfen wirtschaftliche Unternehmen einen Überschuss für den Haushalt der kommunalen Gebietskörperschaften erwirtschaften. Dies gilt allerdings nicht, soweit das Unternehmen Pflichtaufgaben der Selbstverwaltung erfüllt oder Anschluss- oder Benutzungszwang besteht (mit Ausnahme einer angemessenen Eigenkapitalverzinsung). Die Erfolgsermittlung ist nicht nur Grundlage für den Gewinnverwendungsbeschluss (Abführung der Gewinne an die Gemeinde, Vortrag auf neue Rechnung oder Zuführung zu den Rücklagen). Im Verlustfalle ist auch darüber zu entscheiden, ob Verluste durch den Einrichtungsträger ausgeglichen werden, durch die Entnahme aus Rücklagen abgedeckt werden (§ 11 Abs. 7 EigAnVO) oder ausgabewirksame Verluste durch den Einrichtungsträger auszugleichen sind (§ 11 Abs. 8 EigAnVO). Eine wichtige Funktion des Jahresabschlusses liegt in der Rechenschaftslegung gegenüber der Gemeinde, den Gläubigern, den Bürgern und anderen interessierten Parteien. Besonders deutlich wird die Funktion der Rechenschaftslegung bei Eigenbetrieben, bei denen Anschluss- oder Benutzungszwang besteht. Der Funktion der Rechenschaftslegung wird dadurch Rechnung getragen, dass der Jahresabschluss in öffentlicher Sitzung beraten wird (§ 35 Abs. 1 GemO), der Jahresabschluss ortsüblich bekannt zu machen und öffentlich auszulegen ist (§ 27 Abs. 3 EigAnVO).

2.3 Kostenrechnung

Der Kostenrechnung kommen im betrieblichen Geschehen folgende Aufgaben zu (*Haberstock*, Kostenrechnung II, 10. Aufl., Hamburg 2008, S. 4):

- Kalkulation der betrieblichen Leistungen
- Kontrolle der Wirtschaftlichkeit
- Bereitstellung von Zahlenmaterial für dispositive Zwecke (= Ermittlung relevanter Kosten).

Im Gegensatz zu privatwirtschaftlich organisierten Unternehmen, bei denen das Handelsrecht eine Kostenrechnung nicht vorschreibt, ist diese nach § 14 Abs. 1 Nr. 4 i. V. m. § 20 Abs. 3 EigAnVO bei Eigenbetrieben, die Entgelte erheben, zwingend einzurichten. Die EigAnVO legt damit einen Schwerpunkt der Aufgabe der Kostenrechnung von Eigenbetrieben auf die Entgeltkalkulation, d. h. die Kalkulation betrieblicher Leistungen. Die Anforderungen an die Kalkulation sind im KAG niedergelegt. Nach dem Kostenüberschreitungsverbot dürfen die voraussichtlichen Kosten der Einrichtung das veranschlagte Gebühren- und Beitragsaufkommen nicht überschreiten (§ 8 Abs. 1 Satz 3 KAG). Die Kostenrechnung ist zwingend nach dem System der Vollkostenrechnung im Gegensatz zum System der Teilkostenrechnung aufzubauen. Dieses Erfordernis ergibt sich neben dem Kostenüberschreitungsverbot auch aus den Grundsätzen der Einnahmebeschaffung (§ 94 Abs. 2 i. V. m. § 80 Abs. 3 GemO). Danach haben Eigenbetriebe ihre Einnahmen aus Entgelten zu decken, soweit diese Entgelte vertretbar und geboten sind. Zumutbarkeit und

Vertretbarkeit von Entgelten werden bei Wasserversorgungs- und Abwasserbeseitigungseinrichtungen durch § 3 KAVO festgelegt. Nur eine aussagekräftige Vollkostenrechnung kann ermitteln, inwieweit die Grenzwerte der KAVO überschritten sind und dementsprechend bestimmte Kostenbestandteile nicht in die Entgeltkalkulation eingehen müssen oder auf die Erhebung von Benutzungsgebühren und Beiträgen verzichtet werden kann. Darüber hinaus sind im Anhang als Bestandteil des Jahresabschlusses des Eigenbetriebs durch eine nach kostenrechnerischen Grundsätzen aufzustellende Nachkalkulation Entgeltbedarf und Entgeltaufkommen den Grenzwerten der KAVO vergleichend gegenüberzustellen (§ 25 Abs. 1 Nr. 2 EigAnVO). Auch hier steht die Kalkulation der betrieblichen Leistung als Aufgabe der Kostenrechnung im Vordergrund.

Daneben kommt auch der Kontrolle der Wirtschaftlichkeit bei Eigenbetrieben Bedeutung zu. Sie ist aber in der EigAnVO nicht so stark ausgeprägt wie die erstgenannte Funktion der Kalkulation betrieblicher Leistungen. Die Kostenrechnung dient nicht nur der Ermittlung des Entgeltbedarfs. Sie soll nach den Amtlichen Erläuterungen zu § 21 EigVO Tz. 3 (Rundschreiben des Ministeriums des Innern und für Sport vom 24.9.1992, MinBl. S. 386) auch Grundlage für die Entwicklung von Kostenstellenrechnungen und damit von Wirtschaftlichkeitsuntersuchungen sein. In privatwirtschaftlich organisierten Unternehmen stellt die kurzfristige Erfolgsrechnung ein wesentliches Instrument zur Kontrolle der Wirtschaftlichkeit dar. Die kurzfristige Erfolgsrechnung wird in der Regel in Form von Monats- oder Quartalsrechnungen aufgestellt und erlaubt eine zeitnahe Kontrolle des Unternehmenserfolgs sowie eine Analyse der Abweichungen zum geplanten Ergebnis. Eine solche kurzfristige Erfolgsrechnung ist in der EigAnVO nicht vorgesehen. Lediglich im Rahmen von § 21 EigAnVO „Zwischenbericht" muss die Werkleitung spätestens zum 30. September über die Entwicklung von Erträgen und Aufwendungen sowie über die Entwicklung des Vermögensplanes schriftlich berichten.

Die letzte allgemeine Funktion der Kostenrechnung, die Bereitstellung von Zahlenmaterial für dispositive Zwecke wird in der EigAnVO nicht explizit berücksichtigt, obgleich § 20 Abs. 3 EigAnVO auch andere Zwecke neben der Entgeltkalkulation „nach Bedarf" erwähnt. Diese Funktion der Kostenrechnung verfolgt das Ziel, die durch eine unternehmerische Entscheidung ausgelösten Kosten zu ermitteln (relevante Kosten). Das hierzu erforderliche Kostenrechnungssystem beruht in der Regel auf einer Teilkostenrechnung. Das KAG hingegen schreibt eine Vollkostenrechnung zur Kalkulation betrieblicher Leistungen vor. Bei Vollkostenrechnungen werden alle Periodenkosten auf die Produkte oder Leistungen verteilt, während durch eine Teilkostenrechnung die Frage beantwortet werden kann, welche zusätzlichen Kosten durch eine zusätzliche Lieferung oder zusätzliche Leistungen entstehen und welcher Preis mithin zur Deckung dieser Kosten mindestens verlangt werden muss (Kalkulation von Preisuntergrenzen).

Das Kostenüberschreitungsverbot einerseits und das Prinzip der Deckung aller Kosten aus Entgelten – soweit vertretbar und geboten – zwingt den Eigenbetrieb zur Anwendung einer Vollkostenrechnung. Betrachtet man die Eigenbetriebe, bei denen Anschluss- und Benutzungszwang gilt, ist die Teilkostenrechnung kein geeignetes Instrument für die Kalkulation. Dennoch kann sie auch in diesen Fällen von Bedeutung sein.

Beispiel:

Der Eigenbetrieb Wasserversorgung einer Verbandsgemeinde hat die Möglichkeit, einen Wasserlieferungsvertrag mit einem Abnehmer abzuschließen, der nicht zum Versorgungsgebiet gehört. Ist die Verbandsgemeinde nur ein möglicher Vertragspartner neben anderen Wasserlieferanten, so ist die Feststellung einer Preisuntergrenze für die Verbandsgemeinde von großer Bedeutung. Die Preisuntergrenze repräsentiert den Preis, bei dem die zusätzlich durch die Wasserlieferung entstehenden Kosten gerade gedeckt sind (relevante Kosten).

2.4 Wirtschaftsplan

Die EigAnVO enthält ein umfassendes Planungssystem, das jährlich aufzustellen ist. Der Planungshorizont umfasst das kommende Planjahr (Erfolgsplan, Vermögensplan) und darüber hinaus eine fünfjährige Mittelfristplanung (Finanzplanung). Die Planung hat die Aufgabe, Zukunftsprobleme zu erkennen und zu lösen (*Schierenbeck*, a. a. O., S. 101). Viele Eigenbetriebe zeichnen sich durch ihre Anlagenintensität aus. Hier gilt es im Rahmen der Planung Anlagenänderungen und die damit verbundenen Auswirkungen auf die Kreditwirtschaft des Eigenbetriebs in der Planung zu verarbeiten. Darüber hinaus besteht bei Eigenbetrieben und insbesondere bei Betrieben, bei denen Anschluss- und Benutzungszwang besteht, ein besonderes öffentliches Interesse an der zukünftigen Entwicklung des Eigenbetriebs. Dem wird dadurch Rechnung getragen, dass die Beratungen über den Wirtschaftsplan in öffentlicher Sitzung erfolgen (§§ 35 Abs. 1 Satz 2 Halbsatz 2 i. V. m. 32 Abs. 2 Nr. 2 GemO). Darüber hinaus ist der Wirtschaftsplan als Anlage zum Haushaltsplan öffentlich bekannt zu machen und auszulegen (§ 97 Abs. 2 GemO).

Kritisch zu sehen ist die Tatsache, dass die EigAnVO keine Vorschriften zur systematischen Erfassung von Plan-Ist-Abweichungen und zur Abweichungsanalyse enthält, die aber elementarer Bestandteil jedes Planungswesens sein müssen (vgl. Erl. 2.3). Der Zwischenbericht nach § 21 EigAnVO erfüllt diese Aufgabe nur in Ansätzen. Hierauf wird im Rahmen der Erl. zu § 15 EigAnVO noch näher eingegangen.

3. Beschlüsse und Genehmigungen

Wesentliche Bestandteile des Rechnungswesens der Eigenbetriebe sind durch Gemeinderatsbeschlüsse festzustellen. Hierzu gehören der Jahresabschluss, die aus der Kostenrechnung abgeleiteten öffentlich-rechtlichen Abgaben oder privatrechtlichen Entgelte sowie der Wirtschaftsplan. Einige Bestandteile des Wirtschaftsplanes sind durch die Aufsichtsbehörde zu genehmigen:

- der Gesamtbetrag der Verpflichtungsermächtigungen, für den in den künftigen Hauptwirtschaftsjahren voraussichtlich Kredite aufgenommen werden müssen (§ 95 Abs. 4 Nr. 1, i. V. m. § 102 GemO),
- der Gesamtbetrag der im Vermögenshaushalt vorgesehenen Kreditaufnahmen (Gesamtgenehmigung, § 95 Abs. 4 Nr. 2 i. V. m. § 103 Abs. 2 GemO).

Hinsichtlich der notwendigen Beschlüsse zum Wirtschaftsplan wird im Einzelnen auf die Erl. zu § 15 EigAnVO verwiesen.

4. Leitung des Rechnungswesens

Die Verselbständigung des Rechnungswesens der Eigenbetriebe folgt aus der Ausgliederung seines Vermögens in das so genannte Sondervermögen der Gemeinde. Verantwortlich für die ordnungsgemäße und wirtschaftliche Betriebsführung des Eigenbetriebs ist die Werkleitung (§ 4 Abs. 1 Satz 3 EigAnVO). Die Verantwortlichkeit der Werkleitung für eine wirtschaftliche Betriebsführung erfordert zwingend auch die einheitliche Leitung des Rechnungswesens durch die Werkleitung. Ansonsten würden Verantwortung für das Rechnungswesen und Leitungsaufgabe auseinanderfallen. Dem wird die EigAnVO gerecht, indem nach § 14 Abs. 2 Satz 1 EigAnVO alle Zweige des Rechnungswesens einheitlich zu leiten sind. Die Notwendigkeit zur einheitlichen Leitung ergibt sich auch aus den weitreichenden gegenseitigen Abhängigkeiten der einzelnen Bestandteile des Rechnungswesens, die unter Erl. 2 erläutert wurden.

Über die Ausgestaltung weiterer betrieblicher Funktionen, wie etwa das Einkaufswesen, Lagerwesen, der Verkauf oder das Marketing sind in der EigAnVO keine organisatorischen Vorschriften enthalten. Üblicherweise werden diese Bereiche ebenso wie das Rechnungswesen dem kaufmännischen Werkleiter verantwortlich übertragen, während die Bereiche Technik, Planungs- und Bauwesen in die Zuständigkeit des technischen Werkleiters fallen.

5. Trennung nach Betriebszweigen

Nach § 14 Abs. 3 Satz 1 EigAnVO ist das Rechnungswesen nach steuerpflichtigen und nicht steuerpflichtigen Betriebszweigen zu trennen. Die Trennung bezieht sich auf alle Teile des Rechnungswesens: es sind getrennte Wirtschaftspläne, Jahresabschlüsse und Kostenrechnungen zu erstellen. Es ist nicht erforderlich eine Zusammenfassung der Ergebnisse vorzunehmen, um ein Gesamtergebnis für den Eigenbetrieb zu erhalten (vgl. Amtliche Erläuterungen zu § 15 EigVO, Rundschreiben des Ministeriums des Innern und für Sport vom 24.9.1992, a. a. O.). Der häufigste Anwendungsfall dieser Vorschrift ist die rechnungsmäßige Aufteilung des Eigenbetriebs einer Verbandsgemeinde in den Betriebszweig Abwasserbeseitigung und den Betriebszweig Wasserversorgung. Während es sich bei der Wasserversorgung um einen steuerpflichtigen Betrieb gewerblicher Art handelt (§ 1 Abs. 1 Nr. 6 KStG), unterliegt der Bereich Abwasserbeseitigung nicht der Besteuerung (§ 4 Abs. 5 KStG, § 2 Abs. 1 Satz 2 GewStG i. V. m. § 2 Abs. 2 Satz 1 GewStDV). Die von der EigAnVO normierte Trennung des Rechnungswesens dieser Betriebszweige erleichtert die Feststellung des steuerpflichtigen Ergebnisses für den steuerpflichtigen Betriebszweig.

§ 14 Abs. 3 Satz 1 Halbsatz 2 verweist ferner auf die nach § 24 Abs. 3 aufzustellende Erfolgsübersicht. Eigenbetriebe mit mehr als einem Betriebszweig haben zum Ende eines jeden Wirtschaftsjahres eine Erfolgsübersicht aufzustellen, in der eine Aufteilung von Erlösen und Aufwendungen auf die verschiedenen Betriebszweige vorzunehmen ist (Formblatt 5). Die Aufstellung der Erfolgsübersicht ist allerdings nicht erforderlich für die in § 14 Abs. 3 Satz 1 Halbsatz 1 beschriebenen Fälle, in denen steuerpflichtige und nicht steuerpflichtige Betriebszweige nebeneinander existieren. In diesen Fällen ist zwingend eine völlige Trennung des Rechnungswesens und damit auch der Gewinn- und Verlustrechnungen für die Betriebszweige vorzunehmen. Eine Erfolgsübersicht nach § 24 Abs. 3, in der nur die Erträge und Aufwendungen für jeden Betriebszweig bis zum Betriebsergebnis und nicht bis zum Jahresergebnis getrennt auszuweisen sind, reicht bei Bestehen steuerpflichtiger und nicht steuerpflichtiger Betriebszweige nicht aus. Unklar bleibt die Bedeutung von § 14 Abs. 3 Satz 2 EigAnVO. Nach dieser Vorschrift sind die auf die einzelnen Betriebszweige entfallenden Teile des Eigen- und Fremdkapitals sowie der Teil-Jahresgewinn oder -verlust jedes Betriebszweiges in der Betriebsabrechnung nachzuweisen.

Zunächst ist die Betriebsabrechnung betriebswirtschaftlich ein Instrument der Kostenrechnung, in der Regel bestehend aus Kostenarten-, Kostenstellen- und Kostenträgerrechnung. Die in der Betriebsabrechnung verarbeiteten Kosten müssen mit der Ergebnisrechnung (Gewinn- und Verlustrechnung) übereinstimmen. Es können bei entsprechender Ausgestaltung in der Betriebsabrechnung auch Teil-Jahresgewinne oder Teil-Jahresverluste ermittelt werden. Die Betriebsabrechnung beschäftigt sich aber nicht mit dem Vermögen und den Schulden des Betriebs, so dass hieraus keine Informationen zum Eigen- oder Fremdkapital bzw. zu dem auf einzelne Betriebszweige eines Eigenbetriebs entfallenden Teile des Eigen- oder Fremdkapitals ableitbar wären.

Neben dieser begrifflichen Unklarheit in § 14 Abs. 3 Satz 2 EigAnVO steht die Vorschrift inhaltlich im Widerspruch zu § 14 Abs. 3 Satz 1 EigAnVO. Beim Bestehen von steuerpflichtigen und nicht steuerpflichtigen Betriebszweigen ist nach § 14 Abs. 3 Satz 1 EigAnVO zwingend eine Trennung sämtlicher Bestandteile des Rechnungswesens gefordert. Diese Trennung liefert für jeden Betriebszweig die Informationen über die Höhe von Eigen- und Fremdkapital sowie über die Höhe von Aufwendungen und Erträgen, d. h. über das Jahresergebnis. Ein statistischer Nachweis über Eigen- und Fremdkapital und die Jahresergebnisse jedes einzelnen Betriebszweigs, abgeleitet aus einer gemeinsamen „Betriebsabrechnung", kann es in diesem Fall nicht geben, da für die einzelnen steuerpflichtigen und nicht steuerpflichtigen Betriebszweige zwingend ein getrenntes Rechnungswesen zu führen ist. § 14 Abs. 3 Satz 2 EigAnVO umfasst daher nicht die Fälle eines gleichzeitigen Vorliegens eines steuerpflichtigen und eines nicht steuerpflichtigen Betriebszweiges.

Bezieht sich die Vorschrift daher generell auf den Fall des Bestehens mehrerer Betriebszweige eines Eigenbetriebs, steht sie nicht in Einklang zu § 24 Abs. 3 EigAnVO. Die Erfolgsübersicht des § 24 Abs. 3 verlangt einen getrennten Ausweis der Betriebsergebnisse der einzelnen Betriebszweige. Das Jahresergebnis ist nicht getrennt nach Betriebszweigen, sondern nur als Summe aller Betriebszweige des Eigenbetriebs auszuweisen (Formblatt 5). § 14 Abs. 3 Satz 2 EigAnVO verlangt dagegen aber einen getrennten Ausweis der Jahresergebnisse der einzelnen Betriebszweige im Anhang. Wenn dies gewollt ist, sollte das Formblatt 5 nicht nur die Betriebsergebnisse der einzelnen Betriebszweige ausweisen, sondern durchgerechnet auch die Jahresergebnisse der Betriebszweige in das Formblattschema aufnehmen. Die Forderung Betriebsergebnisse einzelner Betriebszweige in Formblatt 5 auszuweisen, dahingegen aber Jahresergebnisse der einzelnen Betriebszweige im Anhang darstellen zu müssen, ist nicht konsistent.

§ 15
Wirtschaftsplan

(1) Der Eigenbetrieb hat vor Beginn eines jeden Wirtschaftsjahres einen Wirtschaftsplan aufzustellen. Dieser besteht aus dem Erfolgsplan, dem Vermögensplan und der Stellenübersicht.

(2) Dem Wirtschaftsplan sind als Anlagen beizufügen:

1. der Beschluss über die Festsetzung des Gesamtbetrages der Erträge und Aufwendungen sowie des Jahresergebnisses im Erfolgsplan, der Einnahmen, Ausgaben und Verpflichtungsermächtigungen im Vermögensplan, der vorgesehenen Kreditaufnahmen (Kreditermächtigung) und des Höchstbetrages der Kassenkredite (Betriebsmittelkreditermächtigung),

2. ein Erläuterungsbericht zum Wirtschaftsplan soweit erforderlich,

3. der Finanzplan und

4. eine Übersicht über die aus Verpflichtungsermächtigungen in den einzelnen Jahren voraussichtlich fällig werdenden Ausgaben.

(3) Der Wirtschaftsplan ist unverzüglich zu ändern, wenn

1. das Jahresergebnis sich gegenüber dem Erfolgsplan verschlechtern wird und diese Verschlechterung die Haushaltslage der Gemeinde beeinträchtigt oder

2. zum Ausgleich des Vermögensplans erheblich höhere Zuführungen der Gemeinde oder höhere Kredite erforderlich werden oder

3. im Vermögensplan weitere Verpflichtungsermächtigungen vorgesehen werden sollen oder

4. eine erhebliche Vermehrung oder Hebung der in der Stellenübersicht vorgesehenen Stellen erforderlich wird, es sei denn, dass es sich um eine vorübergehende Einstellung von Aushilfskräften handelt.

(4) Die Gesamtbeträge der im Vermögensplan vorgesehenen Verpflichtungs- und Kreditermächtigungen sowie der Höchstbetrag der Kassenkredite werden vom Gemeinderat im Rahmen der Haushaltssatzung festgesetzt. Sie sind in der Haushaltssatzung gesondert auszuweisen.

(5) Sind bei Beginn des Wirtschaftsjahres die nach § 80 Abs. 3 in Verbindung mit den §§ 102 und 103 GemO erforderlichen Genehmigungen der Aufsichtsbehörde nicht erteilt und reichen die Einnahmen zur Fortsetzung der Bauten, der Beschaffungen und der sonstigen Leistungen des Vermögensplans nicht aus, so darf der Eigenbetrieb Kredite bis zu einem Viertel der im Vermögensplan beschlossenen Kredite aufnehmen.

(6) Liegt bei Beginn des Wirtschaftsjahres noch kein Wirtschaftsplan vor, so darf der Eigenbetrieb nur Ausgaben leisten, zu deren Leistung er rechtlich verpflichtet ist oder die für die Weiterführung notwendiger Aufgaben unaufschiebbar sind.

Erläuterungen

Übersicht

§ 15 Kommentar

1. Allgemeines

1.1 Bestandteile des Wirtschaftsplans

Der Wirtschaftsplan besteht aus Erfolgsplan, Vermögensplan und der Stellenübersicht. Diese drei Planungsinstrumente haben einen Planungshorizont von einem Jahr. Darüber hinaus ist als Anlage zum Wirtschaftsplan aufbauend auf einem Investitionsprogramm ein Finanzplan beizufügen (§ 15 Abs. 2 Nr. 3 EigAnVO). Der Planungshorizont des Finanzplans und des Investitionsprogramms umfasst fünf Jahre. Die Planungen sind jährlich aufzustellen, wodurch eine regelmäßige Fortschreibung und Konkretisierung der Pläne erfolgt. Der Wirtschaftsplan erfüllt damit das charakteristische Merkmal der sogenannten rollierenden Planung, bei der eine Trennung in eine langfristige Grobplanung (hier Finanzplan mit Investitionsprogramm) und eine kurzfristige Detailplanung (Erfolgsplan und Vermögensplan sowie Stellenübersicht) vorgenommen wird. Damit können die Vorteile einer Langfristplanung mit einer gleichzeitig notwendigen detaillierten Kurzfristplanung verbunden werden (*Schierenbeck*, a. a. O., S. 135). Insgesamt ist der Wirtschaftsplan als ein integriertes Planungssystem zu verstehen, bei dem die einzelnen Teilpläne ineinandergreifen und zwingend miteinander abzustimmen sind. Nur beispielsweise soll angeführt werden, dass die im Vermögensplan einzustellenden Investitionen über erforderliche Darlehensaufnahmen die Zinsaufwendungen im Erfolgsplan bestimmen oder auch unmittelbar Einfluss auf die Abschreibungen des Erfolgsplans haben. Das Mengengerüst aus der Personalplanung der Stellenübersicht hat unmittelbare Auswirkung auf die im Erfolgsplan zu erfassenden Personalaufwendungen.

Dadurch, dass der Vermögensplan insbesondere die Einnahmen und Ausgaben des Wirtschaftsjahres aus Anlagenänderungen zu berücksichtigen hat (§ 17 Abs. 1 Nr. 1 EigAnVO), ist der Wirtschaftsplan auf anlagenintensive Eigenbetriebe ausgerichtet. Dies sind insbesondere die Eigenbetriebe der Strom-, Gas-, Wasserversorgung, Abfall-, Abwasserbeseitigung, Verkehrsbetriebe oder auch die Badbetriebe. Für diese Unternehmen ist im Bereich der Investitionen eine sehr detaillierte Planung vorgesehen. Ausgaben und Verpflichtungsermächtigungen für Anlagenänderungen sind nach Vorhaben getrennt zu veranschlagen und zu erläutern, wobei die Investitionen nach dem Anlagennachweis des Formblatts 3 zu gliedern und die Ansätze, soweit möglich, nach Anlageteilen zu gliedern sind (§ 17 Abs. 3 EigAnVO). Im Bereich des Anlagevermögens verlangt die EigAnVO damit eine ausführliche und detaillierte Planung, während die kurzfristigen Posten des Umlaufvermögens oder auch der kurzfristigen Verbindlichkeiten kein Pflichtbestandteil der Planung sind. Die daraus folgende Beschränkung der Planung auf einen Mindestumfang kann bei anlagenintensiven Eigenbetrieben ohne weiteres hingenommen werden, ohne dass sich hieraus eine Einschränkung des Informationsgehaltes der Planung ergäbe. Auf der Ebene des Erfolgsplans sind nach § 16 Abs. 1 Satz 1 EigAnVO alle voraussehbaren Erträge und Aufwendungen zu planen.

1.2 Kontrollmechanismen zur Einhaltung des Wirtschaftsplans

Insgesamt fordert die EigAnVO trotz der erwähnten Beschränkung beim Vermögensplan eine detailgenaue, umfassende und integrierte Planung. Daran schließt sich unmittelbar die Frage nach der Kontrolle der Durchsetzung und Umsetzung der Planansätze an. Die Kontrolle bildet das Bindeglied zu nachfolgenden Planungs-, Entscheidungs- und Durchsetzungsprozessen. Erst die Durchführung eines Soll/Ist-Vergleichs und einer Abweichungsanalyse, die die Ursachen für die Abweichungen der Ist-Ergebnisse vom Plan untersucht, bilden das Fundament für die weitere Planung. Insofern ist zu fragen, inwieweit dem detailgenauen Planungssystem der EigAnVO auch ein entsprechendes Kontrollsystem gegenübersteht. Wichtige in der EigAnVO implementierte Kontrollfunktionen üben aus:

- der Zwischenbericht nach § 21 EigAnVO. Spätestens zum 30.9. eines Jahres hat die Werkleitung den Werkausschuss und die Bürgermeisterin oder den Bürgermeister über die Entwicklung der Erträge und der Aufwendungen sowie über die Entwicklung des Vermögensplans schriftlich zu unterrichten;

- die Pflicht zur Unterrichtung der Bürgermeisterin oder des Bürgermeisters bei erfolggefährdenden Mindererträgen (§ 16 Abs. 3 Satz 1 EigAnVO);
- die Zustimmungspflicht des Werkausschusses zu erfolggefährdenden Mehraufwendungen (§ 16 Abs. 3 Satz 2 EigAnVO);
- die Zustimmungspflicht des Werkausschusses zu Mehrausgaben für eine Anlagengruppe (§ 17 Abs. 5 Satz 3 EigAnVO) und
- die Pflicht zur Änderung des Wirtschaftsplans beim Eintreten der in § 15 Abs. 3 EigAnVO genannten vier Fälle.

Im Einzelnen wird auf Erl. 7 verwiesen.

Der Kontrollfunktion kommt insofern besondere Bedeutung für den Wirtschaftsplan zu, als das Rechnungswesen des Eigenbetriebs vom Rechnungswesen der Gemeinde getrennt ist. Der größeren Selbständigkeit des Eigenbetriebs wird im Planungswesen beispielsweise dadurch Rechnung getragen, dass der Wirtschaftsplan nicht in den Haushaltsplan der Gemeinde integriert wird, sondern eine selbständige Anlage zum Haushaltsplan darstellt. Die Eigenständigkeit des Eigenbetriebs zeigt sich ferner in höheren Freiheitsgraden, was die Behandlung außer- und überplanmäßiger Ausgaben betrifft, die nach Haushaltsrecht nur geleistet werden können, wenn sie unabweisbar sind und ihre Deckung gewährleistet ist. Sie bedürfen bei Erheblichkeit der Zustimmung des Gemeinderates. Demgegenüber muss die Werkleitung des Eigenbetriebs nur bei erfolggefährdenden Mehraufwendungen die Zustimmung des Werkausschusses einholen (§ 16 Abs. 3 Satz 2 EigAnVO). Vor dem Hintergrund dieser stärkeren Selbständigkeit, die es der Werkleitung erlaubt, sich schneller an veränderte Bedingungen anzupassen, stellt sich die Frage, ob die o. g. Kontrollfunktionen eine ausreichende Kontrolle ermöglichen. Die Informations- und Kontrollmechanismen der EigAnVO, etwa im Rahmen der Zustimmungspflicht für erfolggefährdende Mehraufwendungen, greifen punktuell. Entstehen erfolggefährdende Mehraufwendungen oder werden bestimmte in der Betriebssatzung festgelegte Schwellenwerte für Mehrausgaben (§ 4 Abs. 2 Nr. 1 Mustersatzung) überschritten, löst dies die genannten Zustimmungspflichten aus. Eine in sich geschlossene Ermittlung der Plan-Ist-Abweichungen für ein abgelaufenes Geschäftsjahr mit erläuternder Abweichungsanalyse wird jedoch von der EigAnVO nicht vorgeschrieben, ist aber dringend geboten und in privatwirtschaftlichen Unternehmen die Regel. Weder im Erfolgs- noch im Vermögensplan werden die Planzahlen des abgelaufenen Jahres den entsprechenden Istzahlen zusammenfassend gegenübergestellt. Ein solcher Vergleich wird in sehr eingeschränkter Form im Rahmen des Zwischenberichtes verlangt (§ 21 EigAnVO). Der Zwischenbericht bezieht sich allerdings nur auf die ersten drei Quartale des Wirtschaftsjahres. In ihm ist über die Entwicklung der Aufwendungen und Erträge sowie die Entwicklung des Vermögensplans in allgemeiner Form schriftlich zu berichten. Dies erlaubt aber keine systematische Kontrolle der Wirtschaftsführung für das abgelaufene Wirtschaftsjahr. Im Rahmen der Prüfung der Ordnungsmäßigkeit der Geschäftsführung und der wirtschaftlichen Verhältnisse nach § 53 HGrG ist die Frage nach einer systematischen Planabweichungsanalyse gestellt. Die Prüfung der wirtschaftlichen Verhältnisse und der Ordnungsmäßigkeit der Geschäftsführung sind Pflichtbestandteil der gesetzlichen Abschlussprüfung für Eigenbetriebe gemäß § 89 Abs. 3 Satz 4 GemO. Hierzu wurde vom Institut der Wirtschaftsprüfer ein Fragenkatalog entwickelt, indem im Fragenkreis 3: „Planungswesen, Rechnungswesen, Informationssystem und Controlling" unter Buchst. b die Frage gestellt wird: *„Werden Planabweichungen systematisch untersucht?"* Hieraus ergibt sich – obwohl in der EigAnVO nicht explizit festgeschrieben – für Eigenbetriebe die Notwendigkeit, einen systematischen Soll/Ist-Vergleich und eine Abweichungsanalyse, in der die Ursachen für Abweichungen untersucht werden, vorzunehmen. In der Praxis beschränkt sich diese Analyse in der Regel auf die (unzureichende) Berichterstattung im Rahmen des Zwischenberichts.

1.3 Anlagen zum Wirtschaftsplan

Neben den genannten Bestandteilen des Wirtschaftsplans – Erfolgsplan, Vermögensplan, Stellenübersicht – sind nach § 15 Abs. 2 EigAnVO verschiedene Anlagen dem Wirtschaftsplan beizufügen. Dies sind im Einzelnen:

- der Beschluss über die Festsetzung des Gesamtbetrags der Erträge und Aufwendungen sowie des Jahresergebnisses im Erfolgsplan, der Einnahmen, Ausgaben und Verpflichtungsermächtigungen im Vermögensplan, der vorgesehenen Kreditaufnahmen (Kreditermächtigungen) und des Höchstbetrages der Kassenkredite (Betriebsmittelkreditermächtigung),
- der Erläuterungsbericht zum Wirtschaftsplan soweit erforderlich,
- der Finanzplan und
- eine Übersicht über die aus Verpflichtungsermächtigungen in den einzelnen Jahren voraussichtlich fällig werdenden Ausgaben.

Der Beschluss des Gemeinderates kann beispielsweise folgendes Aussehen haben:

Beschluss

des Verbandsgemeinderates
über die Feststellung des Wirtschaftsplanes der Verbandsgemeindewerke – Abwasser –
für das Wirtschaftsjahr 20xx

Der Verbandsgemeinderat hat aufgrund des § 15 der Eigenbetriebs- und Anstaltsverordnung Rheinland-Pfalz (EigAnVO) vom 5. Oktober 1999 am ________ den nachfolgenden Wirtschaftsplan beschlossen:

§ 1

Der Wirtschaftsplan für das Wirtschaftsjahr			**20xx**
wird im Erfolgsplan	an Erträgen	auf	€
	an Aufwendungen	auf	€
wird im Vermögensplan	an Einnahmen	auf	€
	an Ausgaben	auf	€
festgesetzt.			

§ 2

Außerdem werden festgesetzt:

1.	der Gesamtbetrag der Kredite:	auf	€
2.	der Gesamtbetrag der Verpflichtungsermächtigungen:	auf	€
3.	der Höchstbetrag der Kassenkredite:	auf	€

Die notwendigen Genehmigungen wurden mit der Genehmigung der Haushaltssatzung von der Kreisverwaltung XY – Kommunalaufsicht – am ________ erteilt.

Ort, den

Verbandsgemeindeverwaltung XY
- Bürgermeister –

Die EigAnVO verlangt eine ausreichende Begründung der Erträge, Aufwendungen und Zuführungen zu Rücklagen (§ 16 Abs. 2 Satz 1 EigAnVO) und eine Erläuterung der Ausgaben und Verpflichtungsermächtigungen für Anlagenänderungen (§ 17 Abs. 3 Satz 1 EigAnVO). Diese Erläuterungen sind im sogenannten Erläuterungsbericht als Anlage dem Wirtschaftsplan beizufügen. Die Pflicht zur Begründung der veranschlagten Erträge und Aufwendungen wird insbesondere in den Fällen verlangt, in denen die Vorjahreszahlen erheblich von den Planzahlen abweichen (§ 16 Abs. 2 Satz 1 EigAnVO), wobei die Abweichungen durch Veränderungen in der Struktur des Eigenbetriebes durch externe Faktoren, wie etwa erwartete Preissteigerungen und Tariferhöhungen, oder durch interne Faktoren, beispielsweise durch besondere Einsparmaßnahmen, verursacht sein können.

Zum Finanzplan wird auf die Erl. zu § 19 EigAnVO verwiesen.

Die Verpflichtungsermächtigungen ermächtigen die Werkleitung im Planjahr Verpflichtungen einzugehen, die erst zu Ausgaben in den auf das Planjahr folgenden Wirtschaftsjahren führen werden. Eine entsprechende Übersicht über die sich aus den Verpflichtungsermächtigungen voraussichtlich ergebenden Ausgaben, verteilt auf die zukünftigen Wirtschaftsjahre, ist als Anlage dem Wirtschaftsplan beizufügen.

2. Anwendung der allgemeinen Grundsätze der Haushaltsführung

Trotz der größeren Eigenständigkeit der Eigenbetriebe, die durch die Ausgliederung der Eigenbetriebe als unselbständiges Sondervermögen der Gemeinde und die oben beispielhaft aufgeführten Regelungen erreicht wird, sind viele Vorschriften aus dem allgemeinen Haushaltsrecht auch von Eigenbetrieben zu beachten. Zentrale Vorschrift, die die allgemeinen Haushaltsgrundsätze auch für Eigenbetriebe verbindlich macht, ist § 80 Abs. 3 GemO. Nach dieser Vorschrift sind folgende Paragrafen der GemO auf Eigenbetriebe sinngemäß anzuwenden:

- § 78 GemO: Erwerb und Verwaltung von Vermögen
- § 79 GemO: Veräußerung von Vermögen
- § 93 GemO: Allgemeine Haushaltsgrundsätze
- § 94 GemO: Grundsätze der Erzielung von Erträgen und Einzahlungen
- § 102 GemO: Verpflichtungsermächtigungen
- § 103 GemO: Investitionskredite
- § 104 GemO: Sicherheiten und Gewährleistung für Dritte
- § 105 GemO: Kredite zur Liquiditätssicherung

Daneben sind die Vorschriften der GemHVO sinngemäß anzuwenden, soweit nach § 80 GemO die Vorschriften über die Haushaltswirtschaft anzuwenden sind (§ 60 GemHVO). Ferner finden sich in der EigAnVO auch ausdrückliche Verweise auf die Anwendung einzelner Vorschriften aus der GemHVO. Die haushaltswirtschaftlichen Grundsätze sind zum Teil für Eigenbetriebe etwas aufgelockert, um die Beweglichkeit und Anpassungsfähigkeit der Eigenbetriebe zu erhöhen. Nachfolgend werden die einzelnen für Eigenbetriebe geltenden Haushaltsgrundsätze erläutert (vgl. hierzu im Einzelnen die Darstellung von *Brod/Steenbock*, Preiskalkulation bei Wasser und Abwasser, Köln/Stuttgart/Berlin/Hannover/Kiel/Mainz/München 1980, S. 27 ff.).

2.1 Grundsatz der Sicherung der stetigen Aufgabenerfüllung (§ 93 Abs. 1 Satz 1 GemO)

Die Sicherung der stetigen Aufgabenerfüllung bedeutet, dass Ausgaben nur für die eigentlichen Gemeindeaufgaben vorgesehen werden dürfen. Eigenbetriebe dürfen dementsprechend nur Aufwendungen und Ausgaben tätigen für Maßnahmen, die in den Rahmen des eigentlichen Betriebszwecks fallen. Dieser Zweck ist im Rahmen der Betriebssatzung festgelegt.

2.2 Grundsatz des konjunkturgerechten Verhaltens (§ 93 Abs. 1 Satz 2 GemO)

Die Gemeinde hat ihre Haushaltswirtschaft so zu planen und zu führen, dass dabei den Erfordernissen des gesamtwirtschaftlichen Gleichgewichts Rechnung getragen wird. Die Pflicht, den Erfordernissen des gesamtwirtschaftlichen Gleichgewichts Rechnung zu tragen, gilt auch für Eigenbetriebe, wobei die Möglichkeit einer Kreditbeschränkung durch Rechtsverordnung des Bundes nach den §§ 19 ff. StWG nicht für wirtschaftliche Unternehmen ohne eigene Rechtspersönlichkeit greift (§ 19 Satz 2 StWG).

2.3 Grundsatz der Wirtschaftlichkeit und Sparsamkeit (§ 93 Abs. 3 GemO)

Dem Grundsatz der Wirtschaftlichkeit und Sparsamkeit als bedeutendstem haushaltswirtschaftlichen Grundsatz müssen auch die Eigenbetriebe Folge leisten. Nach der VV zu § 93 GemO gehört zum Grundsatz der Wirtschaftlichkeit und Sparsamkeit die Ausschöpfung aller Einnahmemöglichkeiten und der Verzicht auf Ausgaben, durch die die stetige Erfüllung der Aufgaben gefährdet wird. Der Grundsatz der Wirtschaftlichkeit und Sparsamkeit findet sich in vielen haushaltswirtschaftlichen Bestimmungen der GemO und der GemHVO, auf die hier im Einzelnen nicht eingegangen werden soll.

2.4 Grundsatz des Haushaltsausgleichs (§ 93 Abs. 4 GemO)

Dieser Grundsatz findet auf Eigenbetriebe ebenso Anwendung, allerdings verlangt § 85 Abs. 3 GemO, dass wirtschaftliche Unternehmen der Gemeinde einen Überschuss für den Haushalt der Gemeinde abwerfen sollen, soweit dies mit der Erfüllung des öffentlichen Zwecks in Einklang zu bringen ist. Die Erträge sollen mindestens die Aufwendungen und kalkulatorischen Kosten decken, Zuführungen zu den Rücklagen und eine marktübliche Verzinsung des Eigenkapitals ermöglichen. Eine Einschränkung hierzu findet sich im § 8 Abs. 1 Satz 6 KAG, nach dem wirtschaftliche Unternehmen zwar einen Überschuss für den Haushalt der Gemeinde erwirtschaften dürfen, dies jedoch nicht gilt, soweit sie Pflichtaufgaben der Selbstverwaltung erfüllen oder Anschluss- oder Benutzungszwang besteht. Diese Unternehmen haben lediglich eine angemessene Verzinsung des von der Gebietskörperschaft aufgewendeten Eigenkapitals zu erwirtschaften (§ 8 Abs. 3 Satz 1 KAG).

Der Grundsatz des Haushaltsausgleichs wird hinsichtlich des Vermögensplans indirekt in § 15 Abs. 3 Nr. 2 EigAnVO angesprochen. Zum Ergebnis- und Finanzhaushalt fordert die GemHVO einen Haushaltshausgleich unter Berücksichtigung von vorzutragenden Beträgen aus Vorjahren (§ 18 Abs. 1 i. V. m. § 60 GemHVO).

2.5 Grundsatz der Jährlichkeit bzw. Zweijährlichkeit (§ 95 Abs. 1 GemO)

Die Gemeinde hat für jedes Haushaltsjahr eine Haushaltssatzung zu erlassen. Gleichermaßen hat der Eigenbetrieb vor Beginn eines jeden Wirtschaftsjahres einen Wirtschaftsplan aufzustellen (§ 15 Abs. 1 Satz 1). Haushaltsrechtlich ist auch eine Aufstellung der Haushaltssatzung für zwei Haushaltsjahre, nach Jahren getrennt, möglich (§ 95 Abs. 5 Satz 2 GemO). Diese Alternative ist für Eigenbetriebe aufgrund des fehlenden Verweises in § 80 Abs. 3 GemO nicht vorgesehen.

2.6 Grundsatz der Vollständigkeit (§ 96 Abs. 3 Satz 1 GemO)

Der Haushaltsplan hat alle voraussichtlich anfallenden Erträge und eingehenden Einzahlungen, entstehenden Aufwendungen und zu leistenden Auszahlungen und notwendigen Verpflichtungsermächtigungen auszuweisen. Dieser Grundsatz wirkt auch auf die Eigenbetriebe. Konkret wird in § 16 Abs. 1 Satz 1 EigAnVO verlangt, dass **alle** voraussehbaren Erträge und Aufwendungen des Wirtschaftsjahres im Erfolgsplan enthalten sind. Ferner muss der Vermögensplan mindestens **alle** voraussehbaren Einnahmen und Ausgaben aus Anlagenänderungen und aus der Kreditwirtschaft enthalten (§ 17 Abs. 1 Nr. 1 EigAnVO). Im Rahmen des Vermögensplans ergibt sich damit eine gewisse Einschränkung des Grundsatzes der Vollständigkeit. Insbesondere aber bei anlageintensiven Eigenbetrieben wird die Planung auf die wesentlichen Einnahmen und Ausgaben im Bereich der Anlagenwirtschaft und der Darlehensbewirtschaftung konzentriert.

2.7 Grundsatz der Aufgliederung in einen Ergebnishaushalt und einen Finanzhaushalt (§ 96 Abs. 4 Nr. 1 und 2 GemO)

Der Haushaltsplan ist in einen Ergebnishaushalt und einen Finanzhaushalt zu gliedern, wobei erfolgswirksame Erträge und Aufwendungen im Ergebnishaushalt und zahlungswirksame Größen (Einzahlungen und Auszahlungen) im Finanzhaushalt erfasst werden. Die Parallele bei Eigenbetrieben findet sich im Erfolgsplan und im Vermögensplan (§ 15 Abs. 1 Satz 2 EigAnVO). Obwohl der Vermögensplan nicht auf Einzahlungen und Auszahlungen, sondern auf Einnahmen und Ausgaben beruht, lassen sich der Vermögensplan mit dem Finanzhaushalt und der Erfolgsplan mit dem Ergebnishaushalt vergleichen.

2.8 Grundsatz der Vorherigkeit (§ 97 Abs. 1 Satz 1 GemO)

Die Haushaltssatzung der Gemeinde ist mit dem Haushaltsplan und seinen Anlagen spätestens einen Monat vor Beginn des Haushaltsjahres der Aufsichtsbehörde vorzulegen. Nach der EigAnVO ist der Wirtschaftsplan der Eigenbetriebe vor dem Beginn eines jeden Wirtschaftsjahres aufzustellen. Da der Wirtschaftsplan eine Anlage zum Haushaltsplan ist (§ 1 Abs. 1 Nr. 6 GemHVO), muss faktisch der Wirtschaftsplan ebenso wie der Haushaltsplan spätestens einen Monat vor Beginn des Haushaltsjahres fertig gestellt sein. Die Vorlage des Haushaltsplans an die Aufsichtsbehörde hat in der Fassung zu erfolgen, die vom Gemeinderat verabschiedet worden ist. Da der Wirtschaftsplan dem Haushaltsplan als Anlage beizufügen ist, muss der Wirtschaftsplan ebenso bis spätestens einen Monat vor Beginn des Wirtschaftsjahrs beschlossen worden sein (§ 2 Abs. 2 Nr. EigAnVO, *Gabler u. a.*, Kommunalverfassungsrecht Rheinland-Pfalz und PRAXIS-Beitrag *B 1 RhPf*, Erl. zu § 97 GemO).

2.9 Bruttoprinzip (§ 9 Abs. 1 GemHVO)

Erträge und Aufwendungen sowie Einzahlungen und Auszahlungen im Haushaltsplan sind in voller Höhe und getrennt voneinander zu veranschlagen. Eine Saldierung würde dem Grundsatz der Haushaltsklarheit widersprechen. Dieses Bruttoprinzip gilt gleichermaßen für Eigenbetriebe, obwohl es sich dort aus dem handelsrechtlichen Saldierungsverbot des § 246 Abs. 2 HGB ableitet, nach dem Aufwendungen und Erträge in der Gewinn- und Verlustrechnung nicht verrechnet werden dürfen. Der Erfolgsplan ist mindestens wie die Gewinn- und Verlustrechnung zu gliedern (§ 16 Abs. 1 Satz 2 EigAnVO). Die Gewinn- und Verlustrechnung der Eigenbetriebe ist nach den Ansatzvorschriften des 3. Buches des HGB zu ermitteln. Das erwähnte Saldierungsverbot gehört zu diesen Ansatzvorschriften der §§ 246 bis 251 HGB. Da der Erfolgsplan wie die Gewinn- und Verlustrechnung zu gliedern ist und in § 16 Abs. 2 Satz 2 EigAnVO die Vergleichbarkeit des Erfolgsplans zu den Vorjahreszahlen der Gewinn- und Verlustrechnung gefordert wird, gilt das Saldierungsverbot uneingeschränkt auch für die Ansätze im Erfolgsplan.

2.10 Grundsatz der Einzelveranschlagung (§ 9 GemHVO)

Nach der GemHVO sind Erträge und Aufwendungen in ihrer voraussichtlichen Höhe in dem Haushaltsjahr zu veranschlagen, dem sie wirtschaftlich zuzurechnen sind. Ein- und Auszahlungen sind nur in Höhe der im Haushaltsjahr voraussichtlich eingehenden oder zu leistenden Beträge zu veranschlagen. Dies hat getrennt voneinander zu erfolgen. Diese Grundsätze gelten auch für Eigenbetriebe. Sie ergeben sich daraus, dass im Erfolgsplan alle voraussehbaren Erträge und Aufwendungen enthalten sein müssen und im Vermögensplan alle voraussehbaren Einnahmen und Ausgaben des Wirtschaftsjahres zu erfassen sind (§§ 16 Abs. 1 Satz 1, 17 Abs. 1 Nr. 1 EigAnVO). Die Ausgaben und Verpflichtungsermächtigungen für Anlagenänderungen sind getrennt nach Vorhaben zu veranschlagen und zu erläutern (§ 17 Abs. 3 Satz 1 EigAnVO). Auch die in § 16 Abs. 1 Satz 2 geforderte

Mindestuntergliederung des Erfolgsplans trägt dem Grundsatz der Einzelveranschlagung Rechnung.

2.11 Grundsatz der Gesamtdeckung (§ 14 GemHVO)

Nach dem Grundsatz der Gesamtdeckung dienen die Erträge und Einzahlungen insgesamt der Deckung der Aufwendungen und Auszahlungen des Ergebnis- bzw. Finanzhaushaltes, wobei es Einschränkungen in den § 15 GemHVO „Zweckbindung", § 16 GemHVO „Deckungsfähigkeit" und § 17 GemHVO „Übertragbarkeit" gibt. Zwar sind die Deckungsgrundsätze der GemHVO nicht unmittelbar durch Verweis in der EigAnVO auch für Eigenbetriebe anwendbar, allerdings ist von einer sinngemäßen Anwendung dieser Grundsätze auszugehen, da auch keine den Grundsatz der Gesamtdeckung einschränkenden Vorschriften in der EigAnVO niedergelegt sind.

Die gegenseitige Deckungsfähigkeit von Ausgaben im Vermögensplan ist durch § 17 Abs. 5 Satz 1 EigAnVO auf die Vorhaben, die zu derselben Anlagengruppe gehören, beschränkt. Für den Erfolgsplan sind keine einschränkenden Vorschriften für die gegenseitige Deckungsfähigkeit in der EigAnVO enthalten. Ausgabenansätze sind im Vermögensplan übertragbar (§ 17 Abs. 4 Satz 2 EigAnVO). Eine Übertragbarkeit im Erfolgsplan ist nicht gegeben.

2.12 Grundsatz der Haushaltswahrheit und -klarheit

Dieser zentrale Grundsatz ist nicht konkret in der GemO oder GemHVO normiert, findet sich aber in vielen Einzelvorschriften wieder. Für den Wirtschaftsplan gilt der Grundsatz der Wahrheit und Klarheit ebenso uneingeschränkt. Im Handelsrecht gibt es korrespondierend den Grundsatz der Bilanzwahrheit und -klarheit, nach dem der Jahresabschluss vollständig und im Rahmen der jeweils geltenden Bewertungsvorschriften aufzustellen ist. Dieser Grundsatz ist nach § 22 Abs. 2 EigAnVO auch auf Eigenbetriebe anzuwenden.

3. Anwendung weiterer Grundsätze

Nachfolgend sollen einige für die Haushalts- bzw. Wirtschaftsführung relevanten Regelungen, die nicht zu den Haushaltsgrundsätzen zählen, im Überblick dargestellt werden, soweit sie auch für Eigenbetriebe von Bedeutung sind.

3.1 Vorläufige Haushaltsführung (§ 99 GemO)

Für den Fall, dass die Haushaltssatzung bei Beginn des Haushaltsjahres noch nicht bekannt gemacht ist, sieht die GemO in § 99 Ermächtigungen zur Leistung von Ausgaben in der Übergangszeit vor. Entsprechende Regelungen finden sich auch in der EigAnVO. § 15 Abs. 6 EigAnVO behandelt den Fall, dass ein Wirtschaftsplan bei Beginn des Wirtschaftsjahres noch nicht vorliegt. Der Eigenbetrieb darf dann nur Ausgaben leisten, zu deren Leistung er rechtlich verpflichtet ist oder die für die Weiterführung notwendiger Aufgaben unaufschiebbar sind.

In § 15 Abs. 5 EigAnVO wird der Fall nicht vorliegender Genehmigungen behandelt. Zu genehmigen sind einerseits der Gesamtbetrag der Verpflichtungsermächtigungen, für den in den künftigen Haushaltsjahren voraussichtlich Kredite aufgenommen werden müssen (§ 95 Abs. 4 Nr. 1 i. V. m. § 102 GemO), und der Gesamtbetrag der vorgesehenen Kreditaufnahmen (Gesamtgenehmigung nach § 103 Abs. 2 Satz 1 GemO). Liegen diese Genehmigungen bei Beginn des Wirtschaftsjahres nicht vor und reichen die Einnahmen zur Fortsetzung der Bauten, der Beschaffungen und der sonstigen Leistungen des Vermögensplans nicht aus, so darf der Eigenbetrieb Kredite bis zu einem Viertel der im Vermögensplan beschlossenen Kredite aufnehmen.

3.2 Einnahmebeschaffungsgrundsätze (§ 94 GemO)

Nach § 94 Abs. 2 GemO hat die Gemeinde eine bestimmte Reihenfolge bei der Mittelbeschaffung für ihre Aufgabenerfüllung einzuhalten. Danach haben die sogenannten sonstigen Erträge und Einzahlungen Vorrang vor der Erhebung von Entgelten und der Beschaffung von Deckungsmitteln durch Steuern. Die sonstigen Erträge und Einzahlungen haben damit Vorrang vor den zu erhebenden Entgelten. Entgelte werden erhoben, soweit sie vertretbar und geboten sind. Für den Bereich Wasserversorgung und Abwasserbeseitigung wurden entsprechende Grenzwerte in § 3 KAVO festgelegt:

	Abwasserbeseitigung EUR je Einwohner	Wasserversorgung EUR je cbm
zumutbare Belastung	70,00	1,10
vertretbare Belastung	105,00	1,65

Als weitere Finanzierungsquelle stehen Kredite zur Verfügung, die aber erst dann aufgenommen werden dürfen, wenn eine andere Finanzierung nicht möglich ist (Subsidiarität der Kredite) oder eine andere Finanzierung wirtschaftlich unzweckmäßig wäre (§§ 94 Abs. 4, 103 Abs. 1 i. V. m. 80 Abs. 3 GemO). In der EigAnVO ist der Grundsatz der Subsidiarität der Kredite in § 11 Abs. 3 Satz 2 EigAnVO zusätzlich normiert. Dort wird bestimmt, dass bei umfangreichen Investitionen neben die Eigenfinanzierung die Finanzierung aus Krediten treten kann.

4. Unterschiede zwischen Haushalts-, Kassen- und Rechnungswesen der Gemeinde und des Eigenbetriebes

Unter Erl. 2 und 3 wurden die Punkte aufgeführt, bei denen im Wesentlichen Übereinstimmungen bei der Aufstellung von Haushaltsplan und Wirtschaftsplan bestehen, allerdings wurde dort auch auf Abweichungen im Einzelfall hingewiesen. Wesentliche Unterschiede zwischen beiden Planungssystemen sollen nachfolgend erläutert werden. Sie resultieren insbesondere aus einer anderen Zielsetzung, die mit dem Wirtschaftsplan verfolgt wird. Der Wirtschaftsplan ist Bestandteil eines an kaufmännischen Gesichtspunkten orientierten Rechnungswesens, wodurch sich insbesondere im Rahmen des Vermögensplans Unterschiede zum Finanzhaushalt ergeben. Demgegenüber sind die Unterschiede zum Erfolgsplan mit Einführung der Regeln der doppelten Buchführung für Gemeinden größtenteils entfallen.

4.1 Vermögensplan

In den Finanzhaushalt der Gemeinde gehen die in § 3 Abs. 1 GemHVO abschließend genannten Einzahlungen und Auszahlungen ein, er enthält damit nur zahlungswirksame Größen. Haushaltsrechtlich ist das so genannte Kassenwirksamkeitsprinzip zu beachten (§ 96 Abs. 3 i. V. m. § 9 GemHVO). Im Unterschied hierzu erfasst der Vermögensplan nach der EigAnVO neben zahlungswirksamen (kassenwirksamen) Einnahmen und Ausgaben auch erfolgswirksame Posten, die nicht zahlungswirksam werden. Diese nicht zahlungswirksamen Posten werden zwar nach der EigAnVO ebenfalls mit den Begriffen Einnahmen und Ausgaben versehen. Betriebswirtschaftlich handelt es sich aber um Erträge und Aufwendungen. Der Vermögensplan enthält damit zahlungswirksame und nicht zahlungs-, aber erfolgswirksame Ansätze. Als Beispiel sind die Abschreibungen zu nennen. Sie sind betriebswirtschaftlich Aufwendungen, da sie den Werteverzehr des Anlagevermögens erfassen, ohne zu einer Ausgabe zu führen. Ähnlich verhält es sich mit den Auflösungen der empfangenen Ertragszuschüsse, die keine Einzahlungen darstellen, aber betriebswirtschaftlich zu einem Ertrag führen. Sowohl Abschreibungen als auch Auflösungserträge aus empfangenen Ertragszuschüssen sind im Vermögensplan enthalten (vgl. Amtliche Erläuterungen zu § 18 EigVO im Rundschreiben des Ministeriums des Innern und für Sport vom 24.9.1992, MinBl. S. 386). Abschreibungen werden im Vermögensplan auf der Einnahmenseite erfasst, Auflösungen der empfangenen Ertragszuschüsse auf der Ausgabenseite. Die Vermischung von Aufwendungen und Ausgaben bzw. Erträgen und Einnahmen im Vermögensplan löst Verständnisprobleme aus. Sie lassen sich beseitigen, wenn die im Vermögensplan enthaltenen Aufwendungen und Erträge als Korrekturposten zum Jahresergebnis verstanden werden, das ja ebenfalls im Vermögensplan enthalten ist. Das Jahresergebnis in Form eines Jahresüberschusses führt nicht in gleicher Höhe zu einer Einnahme, da im Jahresüberschuss auch nicht zahlungswirksame Erfolgsgrößen enthalten sind. Zu diesen nicht zahlungswirksamen Erfolgsgrößen zählen beispielsweise auch die Abschreibungen und die Auflösungen der empfangenen Ertragszuschüsse. Die Korrektur des Jahresüberschusses im Vermögensplan um die nicht zahlungswirksamen Posten führt im Ergebnis zu einer zahlungswirksamen Erfolgsgröße, die dem Eigenbetrieb als Einnahme oder Ausgabe zur Verfügung steht. Gleichermaßen lässt sich bei einem geplanten Jahresverlust argumentieren. Auch er enthält Abschreibungen und Auflösungen empfangener Ertragszuschüsse. Bereinigt man den Jahresverlust im Vermögensplan um diese nicht zahlungswirksamen Posten, verbleibt als Ergebnis eine zahlungswirksame Einnahme- oder Ausgabegröße.

4.2 Über- und außerplanmäßige Aufwendungen und Auszahlungen

Nach § 100 GemO sind überplanmäßige und außerplanmäßige Aufwendungen und Auszahlungen nur zulässig, wenn ein dringendes Bedürfnis besteht und die Deckung gewährleistet ist oder wenn die Aufwendungen und Auszahlungen unabweisbar sind. Im Gegensatz hierzu können Eigenbetriebe auch über- und außerplanmäßige Aufwendungen bzw. zum Teil auch Ausgaben tätigen, die nicht unabweisbar sind, bzw. solche, deren Deckung nicht gewährleistet ist. Erst beim Entstehen von erfolggefährdenden Mehraufwendungen (§ 16 Abs. 3 Satz 2 EigAnVO) oder bei Mehrausgaben, die den satzungsmäßigen Schwellenwert (§ 4 Abs. 2 Nr. 1 Mustersatzung) überschreiten (§ 17 Abs. 5 Satz 3 EigAnVO), wird eine Zustimmung des Werkausschusses erforderlich. Damit wird den Eigenbetrieben eine größere Freiheit im Sinne einer schnelleren Anpassungsmöglichkeit an sich verändernde Umstände eingeräumt.

5. Wechselwirkungen zwischen Wirtschaftsplan und Haushaltsplan

Nachfolgend werden gegenseitige Beziehungen und Abhängigkeiten von Wirtschaftsplan und Haushaltsplan erläutert.

5.1 Vergleichbarkeit der Planungsinstrumente

Wegen der engen Verknüpfung des Sondervermögens der Eigenbetriebe zum Haushalt der Gemeinde ist es sinnvoll, dass Wirtschaftsplan und Haushaltsplan grob in ihrem Aufbau vergleichbar sind. Auf die Vergleichbarkeit zwischen Finanzhaushalt und Vermögensplan bzw. Ergebnishaushalt und Erfolgsplan wurde bereits bei Erl. 2.7 hingewiesen. Dies erleichtert dem Gemeinderat als Beschlussgremium das Verständnis für die Planung des Eigenbetriebes.

5.2 Gleichzeitige Aufstellung von Wirtschaftsplan und Haushaltsplan

Unter Erl. 2.8 wurde erläutert, dass der Wirtschaftsplan als Anlage dem Haushaltsplan beizufügen ist (§ 1 Abs. 1 Nr. 6 GemHVO). Daher gilt die Frist für Aufstellung des Haushaltsplans gleichermaßen auch für den Wirtschaftsplan. Beide Pläne sind spätestens einen Monat vor Beginn des Haushaltsjahres aufzustellen, bzw. zu beschließen (§ 97 Abs. 1 Satz 1 GemO sowie Erl. 2.8 und 6.).

5.3 Übernahme des Endergebnisses in den Haushaltsplan

Nach § 2 Abs. 1 Nr. 23 GemHVO i. V. m. Abs. 2 sowie § 19 Abs. 2 EigAnVO wird bei Eigenbetrieben das Endergebnis nach dem Wirtschaftsplan in den Ergebnis- und Finanzhaushalt als Teil des Finanzergebnisses bzw. des Saldos der Zins- und sonstigen Finanzein- und -auszahlungen aufgenommen. Die Zuordnung erfolgt entsprechend dem vom fachlich zuständigen Ministerium bekannt gegebenen Kontenrahmenplan. Eine Einzelaufführung von Aufwendungen und Erträgen bzw. Einnahmen und Ausgaben im Haushaltsplan ist nicht erforderlich. Mit dem Endergebnis des Wirtschaftsplans ist der Jahresgewinn oder Teil des Jahresgewinns gemeint, der an die Gemeinde abgeführt werden soll, bzw. der Jahresverlust oder Teil des Jahresverlustes, der aus Mitteln des Gemeindehaushaltes abzudecken ist. Auch die EigAnVO weist in § 17 Abs. 2 Satz 2 EigAnVO auf die notwendige Übereinstimmung der Deckungsmittel, die aus dem Haushalt der Gemeinde stammen, mit den Ansätzen im Haushaltsplan der Gemeinde hin.

5.4 Entwicklung der Einnahmen und Ausgaben

Nach § 19 Nr. 2 EigAnVO besteht der Finanzplan des Eigenbetriebes auch aus einer Übersicht über die Entwicklung der Einnahmen und Ausgaben, die sich auf die Finanzplanung für den Haushalt der Gemeinde auswirken.

5.5 Verpflichtungs-/Kreditermächtigungen und Höchstbetrag der Kassenkredite

Nach § 15 Abs. 5 EigAnVO sind die Gesamtbeträge der im Vermögensplan vorgesehenen Verpflichtungs- und Kreditermächtigungen sowie der Höchstbetrag der Kassenkredite vom Gemeinderat in der Haushaltssatzung festzusetzen und in dieser gesondert auszuweisen.

5.6 Leistungsbeziehungen mit der Gemeinde

Nach § 11 Abs. 2 Satz 1 EigAnVO sind sämtliche Lieferungen und Leistungen sowie Kredite im Verhältnis zwischen Eigenbetrieb und Gemeinde angemessen zu vergüten. Die entsprechenden Beträge sind in Haushaltsplan und Wirtschaftsplan übereinstimmend zu veranschlagen.

5.7 Stellenübersicht

Nach § 18 EigAnVO werden Beamtinnen und Beamte, die bei dem Eigenbetrieb beschäftigt werden, im Stellenplan der Gemeinde geführt und sind nur nachrichtlich in der Stellenübersicht des Eigenbetriebes anzugeben. Selbstverständlich müssen die nachrichtlichen Angaben in der Stellenübersicht mit den Angaben im Stellenplan der Gemeinde (§ 5 GemHVO) übereinstimmen.

6. Aufstellung des Wirtschaftsplans

Der Aufstellungsprozess für den Wirtschaftsplan erfolgt nach folgendem Schema:

a) Zuständig für die Aufstellung des Wirtschaftsplans ist die Werkleitung. Sie hat den Entwurf des Wirtschaftsplans der Bürgermeisterin oder dem Bürgermeister vorzulegen (§ 4 Abs. 2 Satz 2 EigAnVO).

b) Der Wirtschaftsplan wird dem Werkausschuss zur Vorberatung zugeleitet (§ 3 Abs. 4 EigAnVO).

c) Der Gemeinderat beschließt über die Feststellung des Wirtschaftsplans (§ 2 Abs. 2 Nr. 1 EigAnVO). Der Wirtschaftsplan ist als Anlage dem Haushaltsplan beizufügen (§ 1 Abs. 1 Nr. 6 GemHVO). Der Gemeinderat beschließt über den Haushaltsplan mit den Anlagen in öffentlicher Sitzung (§§ 35 Abs. 1 Satz 2 Halbsatz 2 i. V. m. 32 Abs. 2 Nr. 2 GemO).

d) Der Wirtschaftsplan wird als Teil der Haushaltssatzung der Aufsichtsbehörde vorgelegt. Dies hat spätestens einen Monat vor Beginn des Haushaltsjahres zu geschehen (§ 97 Abs. 1 Satz 1 GemO). Genehmigungen sind ggf. im Hinblick auf § 102 GemO (Verpflichtungsermächtigungen) und § 103 GemO (Investitionskredite) erforderlich (vgl. § 95 Abs. 4 GemO).

e) Der Haushaltsplan mit dem Wirtschaftsplan ist öffentlich bekannt zu machen und an sieben Werktagen öffentlich auszulegen (§ 97 Abs. 2 GemO).

f) Haushaltssatzung und Wirtschaftsplan treten mit Beginn des Haushaltsjahres in Kraft. Dies gilt auch dann, wenn die Satzung erst nach Beginn des Haushaltsjahres verabschiedet wird oder Genehmigungen erst nach Beginn des Haushaltsjahres erteilt werden (§ 95 Abs. 5 Satz 1 GemO). Die Vorschriften zur vorläufigen Haushaltsführung wurden bei Erl. 3.1 kommentiert.

7. Informations-, Beschluss- und Genehmigungsvorschriften

Nachfolgend werden die Informations-, Beschluss- und Genehmigungsvorschriften im Zusammenhang mit der Aufstellung des Wirtschaftsplans zusammenfassend dargestellt.

7.1 Informations- und Vorlagevorschriften

Bürgermeisterin oder Bürgermeister und Werkausschuss

- Bürgermeisterin oder Bürgermeister und Werkausschuss sind in einem Zwischenbericht über die Entwicklung der Aufwendungen und Erträge sowie über die Entwicklung des Vermögensplans schriftlich spätestens zum 30. September zu unterrichten.
- Über unabweisbare erfolggefährdende Mehraufwendungen ist unverzüglich zu unterrichten (§ 17 Abs. 3 Satz 4). Unabweisbar sind Aufwendungen, die nicht von Entschlüssen der Werkleitung abhängen. Als Beispiele sind Tariferhöhungen oder unaufschiebbare Instandhaltungsmaßnahmen zu nennen.

Bürgermeisterin oder Bürgermeister

- Die Bürgermeisterin oder der Bürgermeister ist über erfolggefährdende Mindererträge unverzüglich zu unterrichten (§ 16 Abs. 3 Satz 1 EigAnVO).

Werkausschuss

- Sind erfolggefährdende Mehraufwendungen eilbedürftig, tritt an die Stelle der Zustimmung des Werkausschusses die der Bürgermeisterin oder des Bürgermeisters. Der Werkausschuss ist allerdings unverzüglich zu unterrichten (§ 16 Abs. 3 Satz 3 Halbsatz 2 EigAnVO).
- Bei eilbedürftigen Mehrausgaben tritt an die Stelle der Zustimmung des Werkausschusses die Zustimmung der Bürgermeisterin oder des Bürgermeisters. Der Werkausschuss ist unverzüglich hierüber zu unterrichten (§ 17 Abs. 5 Satz 5 EigAnVO).

Aufsichtsbehörde

- Der Wirtschaftsplan ist als Anlage zur Haushaltssatzung der Aufsichtsbehörde spätestens einen Monat vor Beginn des Haushaltsjahres vorzulegen (§ 97 Abs. 1 Satz 1 GemO).

7.2 Zustimmungserfordernisse

Werkausschuss

- Erfolggefährdende Mehraufwendungen bedürfen der Zustimmung des Werkausschusses, es sei denn, dass sie unabweisbar sind (§ 16 Abs. 3 Satz 2 EigAnVO).
- Mehrausgaben für eine Anlagengruppe, die einen in der Betriebssatzung festzusetzenden Betrag überschreiten, sind zustimmungspflichtig (§ 17 Abs. 5 Satz 3 EigAnVO). Der Schwellenwert, bei dessen Überschreitung eine Zustimmungspflicht ausgelöst wird, ist in der Betriebssatzung festzulegen (§ 4 Abs. 2 Nr. 1 Mustersatzung).

Bürgermeisterin oder Bürgermeister

- Eilbedürftige erfolggefährdende Mehraufwendungen (§ 16 Abs. 3 Satz 3 Halbsatz 1 EigAnVO).
- Eilbedürftige Mehrausgaben für eine Anlagengruppe (§ 17 Abs. 5 Satz 4 EigAnVO).

7.3 Beschluss des Gemeinderates

- Über Feststellung und Änderung des Wirtschaftsplans beschließt der Gemeinderat (§ 2 Abs. 2 Nr. 1 EigAnVO). Bei Eigenbetrieben wird empfohlen, keine Nachträge zu erlassen, sondern den Wirtschaftsplan vollständig neu aufzustellen. Änderungen des Wirtschaftsplans sind erforderlich, wenn (§ 15 Abs. 3 EigAnVO)
  - sich das Jahresergebnis verschlechtern wird und dies die Haushaltslage der Gemeinde beeinträchtigt,
  - zum Ausgleich des Vermögensplans erheblich höhere Zuführungen der Gemeinde oder höhere Kredite erforderlich werden,
  - im Vermögensplan weitere Verpflichtungsermächtigungen vorgesehen werden sollen,
  - eine erhebliche Vermehrung oder Hebung der in der Stellenübersicht vorgesehenen Stellen erforderlich wird.
- Festsetzung der Gesamtbeträge der im Vermögensplan vorgesehenen Verpflichtungs- und Kreditermächtigungen sowie der Höchstbeträge der Kassenkredite in der Haushaltsatzung (§ 15 Abs. 4 EigAnVO).

7.4 Genehmigungsvorschriften

Aufsichtsbehörde

- Genehmigung des Gesamtbetrags der Verpflichtungsermächtigungen und der Kredite (§§ 95 Abs. 4 Nr. 1, 2 und 3 i. V. m. 102, 103 GemO). Die Gesamtgenehmigung der Kreditaufnahmen erfolgt im Zusammenhang mit der Genehmigung des Haushaltsplans. Auf die vorläufige Haushaltsführung bei nicht vorliegenden Genehmigungen der Aufsichtsbehörde wurde bei Erl. 3.1 eingegangen.
- Genehmigung der Zahlungsverpflichtungen, die einer Kreditverpflichtung gleichkommt (§ 103 Abs. 5 GemO).
- Genehmigung der Bestellung von Sicherheiten (§ 103 Abs. 6, § 104 GemO).

§ 16
Erfolgsplan

(1) Der Erfolgsplan muss alle voraussehbaren Erträge und Aufwendungen des Wirtschaftsjahres enthalten. Der Erfolgsplan ist mindestens wie die Gewinn- und Verlustrechnung (§ 24 Abs. 1) zu gliedern. Sofern der Eigenbetrieb mehrere Betriebszweige umfasst, ist der Erfolgsplan nach dem Formblatt 5 (Anlage 5) zu gliedern oder es ist für jeden Betriebszweig ein Erfolgsplan aufzustellen; § 14 Abs. 3 bleibt unberührt.

(2) Die veranschlagten Erträge, Aufwendungen und Zuführungen zu Rücklagen sind ausreichend zu begründen, insbesondere soweit sie von den Vorjahreszahlen erheblich abweichen. Zum Vergleich sind die Zahlen des Erfolgsplans des laufenden Jahres und die abgerundeten Zahlen der Gewinn- und Verlustrechnung des Vorjahres danebenzustellen.

(3) Sind bei der Ausführung des Erfolgsplans erfolggefährdende Mindererträge zu erwarten, so hat die Werkleitung die Bürgermeisterin oder den Bürgermeister unverzüglich zu unterrichten. Erfolggefährdende Mehraufwendungen bedürfen der Zustimmung

des Werkausschusses, es sei denn, dass sie unabweisbar sind. Bei Eilbedürftigkeit tritt an die Stelle der Zustimmung des Werkausschusses die der Bürgermeisterin oder des Bürgermeisters; der Werkausschuss ist unverzüglich zu unterrichten. Sind erfolggefährdende Mehraufwendungen unabweisbar, sind die Bürgermeisterin oder der Bürgermeister und der Werkausschuss unverzüglich zu unterrichten.

Erläuterungen

Übersicht

1. Allgemeines

1.1 Aufstellung

Der Erfolgsplan ist Bestandteil des Wirtschaftsplanes, der insgesamt als Anlage dem Haushaltsplan beigefügt wird (§ 1 Abs. 1 Nr. 6 GemHVO). Wie die übrigen Teilpläne des Wirtschaftsplanes, ist auch der Erfolgsplan jährlich aufzustellen. Der Planungsprozess für den Erfolgsplan muss parallel zur Haushaltsplanerstellung der Gemeinde erfolgen. Neben dem Erfordernis, den Wirtschaftsplan als Anlage dem Haushaltsplan beizufügen, muss die Gemeinde in ihrer Planung die Möglichkeit haben, einen geplanten Gewinn des Eigenbetriebes, der an sie abgeführt werden soll, oder einen Verlust, der von ihr auszugleichen ist, im Rahmen der Haushaltsplanerstellung zu berücksichtigen. § 97 Abs. 1 GemO, der die zeitliche Aufstellung des Haushaltsplanes und die Vorlage des Haushaltsplanes bei der Aufsichtsbehörde behandelt, ist somit implizit auch für die Erstellung des Erfolgsplanes anzuwenden. Da es sich bei dem Wirtschaftsplan um ein integriertes Planungssystem handelt, greifen Erfolgsplan, Vermögensplan, Stellenübersicht, Finanzplan und Investitionsprogramm ineinander und sind in vielen Bereichen voneinander abhängig. So wird bspw. das Ergebnis des Erfolgsplanes in den Vermögensplan übernommen.

1.2 Wirtschaftlichkeitskontrolle

In der Literatur wird die Kontrolle der Wirtschaftsführung der Werkleitung als Funktion des Erfolgsplanes angeführt (vgl. *Bolsenkötter et al*, a. a. O., W 151). Hierzu soll insbesondere der Zahlenvergleich nach § 16 Abs. 2 Satz 2 EigAnVO eine Hilfestellung leisten, nachdem die Zahlen des Erfolgsplanes, die Plan-Zahlen des laufenden Jahres und die (abgerundeten) Zahlen der Gewinn- und Verlustrechnung des Vorjahres im Erfolgsplan gegenüberzustellen sind. Diese Gegenüberstellung findet ihre Parallele in § 1 Abs. 2 GemHVO, der eine gleich lautende Gegenüberstellung bei den Ergebnissen im Rahmen der Haushaltsplanerstellung verlangt. Allerdings kann diese Gegenüberstellung keine

Hilfestellung bei der Kontrolle der Wirtschaftsführung der Werkleitung liefern. Sie gibt Auskunft über die Entwicklung von Aufwendungen und Erträgen und hat Signalwirkung für im Zeitablauf entstehende wesentliche Abweichungen bei einzelnen Posten.

Voraussetzung für eine effektive Kontrolle der Wirtschaftsführung wäre aber eine Gegenüberstellung der Vorjahres-Ist-Zahlen zu den Vorjahres-Plan-Zahlen bzw. eine Gegenüberstellung von Plan-Zahlen des laufenden Jahres und Ist-Zahlen des laufenden Jahres. Nur eine solche Darstellung der Plan-Ist-Abweichungen, in der Ist-Größen eines Jahres den Plan-Größen dieses Jahres gegenübergestellt werden, liefert eine geeignete Grundlage für eine Abweichungsanalyse. Der im Erfolgsplan vorgesehene Vergleich von Plan-Zahlen für das kommende Wirtschaftsjahr mit Plan-Zahlen für das laufende Jahr bietet ebenso wenig eine Grundlage für die Kontrolle der Wirtschaftsführung wie der Vergleich von Ist-Zahlen des Vorjahres mit Plan-Zahlen des laufenden bzw. des kommenden Wirtschaftsjahres. Eine solche Gegenüberstellung birgt die Gefahr, dass „Schlendrian mit Schlendrian" verglichen wird (*Hummel/Männel*, Kostenrechnung 1, 4. Aufl., Wiesbaden 1986, S. 31, unter Bezugnahme auf ein Zitat von *Schmalenbach*). Die Struktur des Erfolgsplanes hat im Ergebnis keinerlei Bedeutung für die Kontrolle der Wirtschaftlichkeit. Diese Kontrollfunktion wird ansatzweise durch den von der Werkleitung zu erstellenden Zwischenbericht (§ 21 EigAnVO) bzw. durch die in Absatz 3 geforderte Beobachtung erfolggefährdender Mindererträge bzw. Mehraufwendungen erfüllt. Aber auch im Zwischenbericht wird eine systematische Gegenüberstellung der Planansätze zu den tatsächlichen Ist-Werten eines Wirtschaftsjahres in der EigAnVO nicht gefordert.

1.3 Anwendbarkeit haushaltsrechtlicher Grundsätze

Im Rahmen der Erstellung des Erfolgsplanes sind sowohl allgemeine haushaltsrechtliche als auch handelsrechtliche Grundsätze zu beachten (vgl. im Einzelnen die Erl. 2 und 3 zu § 15 EigAnVO).

Hierzu zählen insbesondere:

- Das **Bruttoprinzip**: Nach § 9 Abs. 1 GemHVO sind Erträge und Aufwendungen sowie Ein- und Auszahlungen in voller Höhe und getrennt voneinander zu veranschlagen. Dieser haushaltsrechtliche Grundsatz hat im Handelsrecht seine Parallele im sog. Saldierungsverbot des § 246 Abs. 2 HGB, nachdem Aufwendungen nicht mit Erträgen verrechnet werden dürfen. Zwar fehlt in der EigAnVO eine konkrete Verweisung auf die Anwendbarkeit von § 9 Abs. 1 GemHVO, allerdings folgt der Erfolgsplan in seiner Gliederung der Gewinn- und Verlustrechnung des § 24 Abs. 1 EigAnVO. Da für diese Gewinn- und Verlustrechnung die Ansatzvorschriften des HGB anzuwenden sind (§ 22 Abs. 2 EigAnVO), ist das Saldierungsverbot auch Grundlage für die Aufstellung des Erfolgsplanes.
- **Grundsatz der Vollständigkeit**: Der Grundsatz der vollständigen Erfassung aller voraussichtlich anfallenden Erträge und eingehenden Einzahlungen sowie alle entstehenden Aufwendungen und zu leistenden Auszahlungen nach § 96 Abs. 3 GemO findet zwar nicht unmittelbar auf den Eigenbetrieb Anwendung, da eine entsprechende Verweisung in § 80 Abs. 3 GemO fehlt, allerdings verlangt § 16 Abs. 1 Satz 1 EigAnVO ausdrücklich die Erfassung aller voraussehbaren Erträge und Aufwendungen des Wirtschaftsjahres im Erfolgsplan.
- **Grundsatz der Einzelveranschlagung**: Nach § 9 Abs. 2 bis 4 GemHVO dürfen im Haushaltsplan keine pauschalen Gesamtbeträge angesetzt werden, sondern Erträge und Aufwendungen sind in ihrer voraussichtlichen Höhe in dem Haushaltsjahr zu veranschlagen, dem sie wirtschaftlich zuzurechnen sind. Ein- und Auszahlungen sind nur in Höhe der voraussichtlich eingehenden oder zu leistenden Beträge zu veranschlagen. Zwar ist § 9 GemHVO nicht unmittelbar durch Verweisung in der EigAnVO auf Eigenbetriebe anzuwenden, doch gilt der Grundsatz der Einzelveranschlagung sinngemäß auch für den Eigenbetrieb, da § 16 Abs. 1 Satz 1 EigAnVO die Mindestgliederung nach der Gewinn- und Verlustrechnung verlangt.

- **Grundsatz der Gesamtdeckung**: Haushaltsrechtlich dienen Erträge und Einzahlungen jeweils insgesamt zur Deckung der Aufwendungen und Auszahlungen im Ergebnis- bzw. Finanzhaushalt (§ 14 GemHVO). Die EigAnVO nimmt nicht ausdrücklich Bezug auf § 14 GemHVO. In Ermangelung anderer einschränkender Regelungen zur Deckungsfähigkeit in der EigAnVO gilt der Grundsatz der Gesamtdeckung damit aber uneingeschränkt auch für den Erfolgsplan.
- **Vorjahresangabe**: § 16 Abs. 2 Satz 2 EigAnVO verlangt die Gegenüberstellung des Planjahres mit dem laufenden Jahr sowie dem Ist-Ergebnis der Gewinn- und Verlustrechnung des Vorjahres. Die Regelung entspricht § 1 Abs. 2 GemHVO.

1.4 Unterschied zwischen Erfolgsplan und Ergebnishaushalt

Der Erfolgsplan entspricht in etwa dem Ergebnishaushalt der Gemeinde (§ 96 Abs. 4 GemO, § 2 GemHVO). Im Ergebnishaushalt werden Aufwendungen und Erträge gegenübergestellt. Auch im Erfolgsplan verändern Aufwendungen und Erträge das Nettovermögen des Eigenbetriebes. Systematisch bestehen keine Unterschiede beider Rechenwerke. Allerdings ergeben sich Abweichungen hinsichtlich der Art der Erträge und Aufwendungen. Für den Ergebnis- und Finanzhaushalt ergeben sich diese aus den über § 2 Abs. 2 GemHVO und § 3 Abs. 2 GemHVO anwendbaren eigenen Kontenrahmenplan, der jedoch für Eigenbetriebe keine Anwendung findet. Eine Wahlmöglichkeit zur Anwendung doppischer Grundsätze (wie z. B. in NRW) sieht die EigAnVO nicht vor.

1.5 Folgen von Plan-Ist-Abweichungen

Ein wesentlicher Unterschied zu den haushaltsrechtlichen Grundsätzen ergibt sich bezüglich der Behandlung von Mehraufwendungen. Nach Haushaltsrecht können über- und außerplanmäßige Ausgaben nur geleistet werden, wenn sie unabweisbar und ihre Deckung gewährleistet ist. Die Befolgung dieser Grundsätze würde den Eigenbetrieb in seiner Wirtschaftsführung sehr stark einengen und die Führung des Betriebs nach betriebswirtschaftlichen Grundsätzen über Gebühr erschweren. Nach der EigAnVO besteht stattdessen ein dreistufiges System hinsichtlich des Umgangs mit Plan-Ist-Abweichungen.

1.5.1 Informationspflicht

Die Werkleitung hat im Rahmen des Zwischenberichts nach § 21 EigAnVO über die Entwicklung der Erträge und Aufwendungen die Bürgermeisterin/den Bürgermeister und den Werkausschuss bis spätestens zum 30. September schriftlich zu unterrichten. Auch bei zu erwartenden erfolggefährdenden Mindererträgen ist die Bürgermeisterin oder der Bürgermeister unverzüglich zu unterrichten (§ 16 Abs. 3 Satz 1 EigAnVO). Unabweisbare erfolggefährdende Mehraufwendungen sind der Bürgermeisterin oder dem Bürgermeister und dem Werkausschuss unverzüglich mitzuteilen (§ 16 Abs. 3 Satz 4 EigAnVO).

1.5.2 Zustimmungserfordernis

Entstehen erfolggefährdende Mehraufwendungen, so bedürfen diese der Zustimmung des Werkausschusses, es sei denn, dass sie unabweisbar sind (§ 16 Abs. 3 Satz 2 EigAnVO). Was erfolggefährdende Mehraufwendungen sind, wird in der EigAnVO nicht näher definiert. Während die Musterbetriebssatzung für Mehrausgaben im Rahmen des Vermögensplanes die Festlegung einer betragsmäßigen Grenze vorsieht, bei deren Überschreiten die Zustimmung des Werkausschusses erforderlich wird (§ 4 Abs. 2 Nr. 1 Musterbetriebssatzung), ist ein solcher Schwellenwert für erfolggefährdende Mehraufwendungen in der Musterbetriebssatzung nicht vorgesehen. Somit obliegt die Einschätzung, wann erfolggefährdende Mehraufwendungen vorliegen, der Werkleitung. Um Konflikte aufgrund einer abweichenden subjektiven Beurteilung zwischen Werkleitung und Werkausschuss zu vermeiden, sollten in der Betriebssatzung auch Grenzwerte für erfolggefährdende Mehraufwendungen festgelegt werden. Nach § 16 Abs. 3 Satz 3 EigAnVO tritt bei Eilbedürftigkeit an die Stelle der Zustimmung des Werkausschusses die der Bürgermeisterin oder des Bürgermeisters. Der Werkausschuss ist in diesem Falle unverzüglich zu unterrichten.

1.5.3 Beschluss des Gemeinderates

Bei erheblichen Verschlechterungen des Jahresergebnisses, die sich auf die Haushaltslage der Gemeinde auswirken, ist der Wirtschaftsplan unverzüglich zu ändern (§ 15 Abs. 3 Nr. 1 EigAnVO).

2. Gliederung des Erfolgsplanes

Der Erfolgsplan ist in seiner Gliederung identisch mit der Gewinn- und Verlustrechnung nach § 24 Abs. 1 EigAnVO, zu den Auswirkungen des BilRUG siehe die Erläuterungen zu § 24 EigAnVO. Bestehen mehrere Betriebszweige, ist eine betriebszweigbezogene Planung nach dem Formblatt 5 anzufertigen. Dem Grundsatz der Wahrheit und Klarheit folgend, der sich in vielen Einzelvorschriften der GemO bzw. GemHVO findet, sollten folgende Gliederungsregeln befolgt werden, die ebenfalls auch handelsrechtlichen Grundsätzen entsprechen:

- Die Form der Darstellung der Gliederung in dem Dreijahresvergleich des Erfolgsplanes sollte beibehalten werden, soweit nicht besondere Umstände Abweichungen erforderlich machen. Die Abweichungen sollten angegeben und begründet werden (§ 265 Abs. 1 HGB).
- Sind die Beträge in dem Dreijahresvergleich des Erfolgsplanes nicht vergleichbar, sollte dies angegeben und erläutert werden (§ 265 Abs. 2 Satz 2 HGB).

Die Forderung des § 16 Abs. 1 Satz 2, für den Erfolgsplan die gleiche Gliederung zu verwenden wie für die Gewinn- und Verlustrechnung, ist grundsätzlich zu begrüßen, da damit insbesondere Zusammenfassungen vermieden werden, die Vergleichbarkeit der Zahlen gewährleistet ist und ferner eine unmittelbare Abstimmung der im Erfolgsplan enthaltenen Vorjahreszahlen mit dem geprüften Jahresabschluss ermöglicht wird. Eine weitere Untergliederung der geforderten Posten ist möglich, da der Erfolgsplan „mindestens wie die Gewinn- und Verlustrechnung zu gliedern ist". Vielfach planen die Eigenbetriebe Erträge und Aufwendungen auf Kontenebene und stellen dies auch im Erfolgsplan dar. Aus Gründen der Übersichtlichkeit sollte in diesen Fällen aber eine separate Zusammenfassung als Deckblatt des Erfolgsplanes verwendet werden, die in ihrer Gliederung der Gewinn- und Verlustrechnung nach § 24 Abs. 1 EigAnVO entspricht.

In der Praxis der gewerblichen Wirtschaft unterscheidet sich die Erfolgsplanung regelmäßig von dem Schema der handelsrechtlichen Gewinn- und Verlustrechnung des § 275 Abs. 2 HGB und der daraus abgeleiteten Gliederung der Gewinn- und Verlustrechnung der Eigenbetriebe nach Formblatt 4 der EigAnVO. Die Privatwirtschaft verwendet andere Gliederungen, um die betriebstypischen Besonderheiten in der Erfolgsplanung abbilden zu können und auch, um eine höhere betriebswirtschaftliche Aussagekraft der Zahlen zu erreichen. Daher wird häufig eine Unterscheidung zwischen fixen und variablen Kosten in der Planung der Erfolgsgrößen abgebildet oder es werden Deckungsbeitragsrechnungen in unterschiedlicher Form verwendet. Nach dem reinen Wortlaut des § 16 EigAnVO sind solche Gliederungen nicht zulässig. Sie können allenfalls als Nebenrechnungen erstellt werden.

3. Planungsprozess

Im Rahmen der Erfolgsplanung sind die einzelnen Posten separat zu planen.

3.1 Umsatzplanung

Die Umsatzplanung geht regelmäßig von einer Mengenplanung aus und berücksichtigt mögliche Preisänderungen im Planungszeitraum. Im Rahmen der Mengenplanung sind z. B. Ausweitungen oder Verengungen des Entsorgungs- oder Versorgungsgebietes sowie

Veränderungen der Anschlussdichte zu berücksichtigen. Ebenso sind selbstverständlich Änderungen bei den Entgelten in die Planung einzubeziehen. Die Umsatzerlöse enthalten nach Formblatt 4 Fn. 1 auch die Auflösung der empfangenen Ertragszuschüsse, die somit im Planungsprozess berücksichtigt werden muss.

3.2 Aufwendungen

Hinsichtlich des Materialaufwands wird eine Planung der einzusetzenden Roh-, Hilfs- und Betriebsstoffe und der Fremdleistungen gefordert, wobei voraussichtliche Preisänderungen zu schätzen sind. Nach Maßgabe der geplanten Unterhaltungsaufwendungen finden diese ebenfalls ihren Niederschlag in der Planung der Materialaufwendungen.

Die Planung des Personalaufwandes beruht auf der Stellenübersicht (§ 18 EigAnVO). Veränderungen in der Tarifentwicklung sind zu berücksichtigen.

Die Planung der Abschreibungen beruht auf dem vorhandenen Anlagenverzeichnis und den geplanten Investitionen, die im Vermögensplan und im Investitionsprogramm erfasst werden (§§ 17 Abs. 1 Nr. 1, 19 Nr. 1).

Die Planung des Finanzergebnisses, das im Wesentlichen durch den Saldo aus Zinsaufwendungen und Zinserträgen bestimmt wird, hat folgende Komponenten zu berücksichtigen: den vorhandenen Bestand liquider Mittel, Darlehensaufnahmen und Darlehenstilgungen, die erwarteten betrieblichen Liquiditätsüberschüsse oder -fehlbeträge sowie die Veränderungen des zu finanzierenden Nettoumlaufvermögens.

Für die Planung der sonstigen Aufwendungen empfiehlt es sich auf der Grundlage der Vergangenheitsergebnisse die Planung fortzuschreiben, wobei Inflationserwartungen, betrieblich bedingte Mehraufwendungen und auch Einsparpotentiale ihren Niederschlag finden müssen.

4. Erläuterung des Erfolgsplanes

§ 16 Abs. 2 Satz 1 EigAnVO verlangt ausdrücklich eine Begründung der veranschlagten Erträge, Aufwendungen und Zuführungen zu Rücklagen, insbesondere soweit sie von den Vorjahreszahlen erheblich abweichen. In der Praxis finden sich sehr häufig für jeden Posten des Erfolgsplanes erläuternde Berechnungen sowie Angaben über die der Planung zugrunde liegenden Annahmen. Nur solche Erläuterungen ermöglichen es dem Werkausschuss und dem Gemeinderat, die Planansätze nachvollziehen und beurteilen zu können.

§ 17
Vermögensplan

(1) Der Vermögensplan muss mindestens enthalten:

1. alle voraussehbaren Einnahmen und Ausgaben des Wirtschaftsjahres, die sich aus Anlagenänderungen (Erneuerung, Erweiterung, Neubau, Veräußerung) und aus der Kreditwirtschaft des Eigenbetriebs ergeben, und

2. die notwendigen Verpflichtungsermächtigungen.

(2) [1] Auf der Einnahmenseite des Vermögensplans sind die vorhandenen oder zu beschaffenden Deckungsmittel nachzuweisen. [2] Deckungsmittel, die aus dem Haushalt der Gemeinde stammen, müssen mit den Ansätzen im Haushaltsplan der Gemeinde übereinstimmen.

(3) [1] Die Ausgaben und die Verpflichtungsermächtigungen für Anlagenänderungen sind nach Vorhaben getrennt zu veranschlagen und zu erläutern. [2] Die Vorhaben sind nach dem Anlagennachweis (§ 25 Abs. 3) und die Ansätze, soweit möglich, nach Anlageteilen zu gliedern. [3] § 10 der Gemeindehaushaltsverordnung (GemHVO) vom 18. Mai 2006 (GVBl. S. 203, BS 2020-1-2) in der jeweils geltenden Fassung ist sinngemäß anzuwenden.

(4) [1]**Für die Inanspruchnahme der Ausgabenansätze gilt § 93 Abs. 5 Satz 3 GemO sinngemäß.** [2]**Die Ausgabenansätze sind übertragbar.**

(5) [1]**Ausgaben für Vorhaben, die in der Anlage 3 mit arabischen Ziffern gekennzeichnet sind, sind gegenseitig deckungsfähig, wenn sie zu derselben Anlagengruppe gehören.** [2]**Die Anlagengruppen sind in der Anlage 3 mit den Buchstaben A bis G gekennzeichnet.** [3]**Mehrausgaben für die Anlagengruppe, die einen in der Betriebssatzung festzusetzenden Betrag überschreiten, bedürfen der Zustimmung des Werkausschusses.** [4]**Bei Eilbedürftigkeit tritt an die Stelle der Zustimmung des Werkausschusses die Zustimmung der Bürgermeisterin oder des Bürgermeisters.** [5]**Der Werkausschuss ist unverzüglich zu unterrichten.**

Erläuterungen

Übersicht

1. Allgemeines

Der Vermögensplan ist grob mit dem Finanzhaushalt des Haushaltsplans der Gemeinde zu vergleichen (§ 96 Abs. 4 GemO, § 3 GemHVO). Er enthält die im Laufe eines Jahres zu erwartenden wesentlichen Veränderungen der einzelnen Bilanzposten der Aktiv- und Passivseite. Er erfasst keine Bestände für Vermögensgegenstände und Schulden zu einem bestimmten Stichtag, wie dies in einer Bilanz geschieht, sondern es werden im Vermögensplan die geplanten Veränderungen dieser Vermögens- und Schuldposten für das kommende Wirtschaftsjahr ausgewiesen. Dabei wird eine Aufteilung in den Bereich der Mittelherkunft und der Mittelverwendung vorgenommen (Amtliche Erläuterungen zu § 18 EigVO, Rundschreiben des Ministeriums des Innern und für Sport vom 24.9.1992, a. a. O.).

Zu den Aufstellungsfristen wird auf die Erl. 5.2 zu § 15 EigAnVO verwiesen. Die allgemeinen Grundsätze des Gemeindehaushaltsrechts sind bei Erstellung des Vermögensplans zu beachten. Auf die Erl. 2 und 3 zu § 15 EigAnVO wird verwiesen.

Der Vermögensplan als Bestandteil des Wirtschaftsplans ist mit den anderen Teilplänen abzustimmen. Das Ergebnis des Erfolgsplanes, der geplante Jahresgewinn oder geplante Jahresverlust, fließt unmittelbar in den Vermögensplan ein. Ein Jahresgewinn ist im Vermögensplan als Einnahme (Mittelherkunft) zu erfassen, ein Jahresverlust führt zu einer Ausgabe (Mittelverwendung). Der ein Planjahr umfassende Vermögensplan fließt seinerseits in den Finanzplan ein, der einen fünfjährigen Planungshorizont umfasst und das im Rahmen des Vermögensplans geplante Wirtschaftsjahr miteinschließt. Die Beziehungen zwischen den einzelnen Teilplänen sind vielfältig. Der gesamte Wirtschaftsplan ist als eine in sich abgestimmte und integrierte Planung aufzustellen. Auf die Erl. 1.1 zu § 15 EigAnVO wird verwiesen.

In § 17 Abs. 1 EigAnVO wird der Mindestinhalt des Vermögensplans bestimmt. Danach sind mindestens alle voraussehbaren Einnahmen und Ausgaben des Wirtschaftsjahres aus Anlagenänderungen und aus der Kreditwirtschaft des Eigenbetriebes und die notwendigen Verpflichtungsermächtigungen auszuweisen. Neben diesen Posten werden in den Amtlichen Erläuterungen zu § 18 EigVO (Rundschreiben des Ministeriums des Innern und für Sport vom 24.9.1992, a. a. O.) noch andere langfristige Posten genannt, die im Vermögensplan auszuweisen sind. Hierauf wird nachfolgend noch im Einzelnen eingegangen. Allerdings fehlt die Berücksichtigung kurzfristiger Vermögensposten, insbesondere des Umlaufvermögens und der kurzfristigen Verbindlichkeiten. Auf die Planung des kurzfristigen Vermögens und der kurzfristigen Schulden kann also verzichtet werden. Die Beschränkung auf die Veränderungen des Anlagevermögens und der Kreditwirtschaft ist vor dem Hintergrund des oft anlagenintensiven Vermögens der Eigenbetriebe zu verstehen. Das Anlagevermögen macht z. B. bei den Eigenbetrieben der Wasserversorgung und Abwasserbeseitigung regelmäßig über 90 % des Gesamtvermögens aus.

Im Rahmen der veranschlagten Beträge wird der Werkleitung eine Ausgabeermächtigung erteilt. Allerdings ist damit keine Ausgabeverpflichtung verbunden weder gegenüber der Gemeinde noch gegenüber Dritten.

Zwar fehlt im Rahmen des § 17 eine konkrete Vorschrift, welche Vergleichszahlen in den Vermögensplan aufzunehmen sind. Es sollten entsprechend dem Erfolgsplan neben den Zahlen des Planjahres auch das laufende Rechnungsjahr und die (abgerundeten) Zahlen des Vorjahres geführt werden (§ 16 Abs. 2 Satz 2). Diese Darstellungsweise entspricht auch § 1 Abs. 2 GemHVO.

2. Inhalt des Vermögensplans

Nach § 17 Abs. 1 EigAnVO hat der Vermögensplan mindestens zu enthalten:

- alle voraussehbaren Einnahmen und Ausgaben des Wirtschaftsjahres aus Anlagenänderungen (Erneuerungen, Erweiterung, Neubau, Veräußerung) und aus der Kreditwirtschaft des Eigenbetriebes und
- die notwendigen Verpflichtungsermächtigungen.

Nach den Amtlichen Erläuterungen zu § 18 EigVO (Rundschreiben des Ministeriums des Innern und für Sport vom 24.9.1992, a. a. O.) gehören zu den zu erfassenden Posten auch die Abschreibungen, die Jahresgewinne oder -verluste, die Anlagenabgänge, die Eigenkapitaleinlagen, die eingehenden Baukostenzuschüsse, die Eigenkapitalrückzahlungen, die Auflösungsbeträge aus der Rückstellung für Baukostenzuschüsse, die Zuführung zur Rückstellung für Versorgungsverpflichtungen und andere langfristige Rückstellungen und die Auflösungsbeträge aus diesen sowie die Zuführungen zu den Rücklagen und die Entnahme aus diesen.

Diese Posten umfassen als Mindestinhalt des Vermögensplans die langfristigen dem Eigenbetrieb zur Verfügung stehenden Vermögenswerte und die langfristigen Finanzierungsmittel. Eine weitergehende Gliederung ist möglich und u. U. auch sinnvoll. Insbesondere sollten das Umlaufvermögen und die kurzfristigen Verbindlichkeiten in den Vermögensplan eingestellt werden, wenn in diesen Bereichen stärkere Veränderungen zu erwarten sind. Die Amtlichen Erläuterungen zu § 18 EigVO (Rundschreiben des Ministeriums des Innern und für Sport vom 24.9.1992, a. a. O.) verlangen eine Berücksichtigung dieser Posten bei größeren Betrieben.

Ein bestimmtes Gliederungsschema für den Inhalt des Vermögensplans ist nicht vorgesehen.

Der Mindestinhalt des Vermögensplans wird nachfolgend dargestellt:

Tabelle 1: Vermögensplan entsprechend dem Mindestinhalt nach § 17 EigAnVO – Einnahmenseite –

Einnahmen				
Bezeichnung	Voranschlag Wirtschaftsjahr	Voranschlag laufendes Jahr	Rechnungsergebnis Vorjahr	Erläuterungen
	€	€	€	
Jahresgewinn				
Abschreibungen auf das Anlagevermögen				
Anlagenabgänge (Restbuchwert)				
Erhöhung Stammkapital				
Zuweisung/Zuführung zur Rücklage				
Zuwendungen Dritter zu Investitionen				
Zugang Empfangene Ertragszuschüsse				
Rückflüsse aus gewährten Darlehen				
Zugang langfristiger Verbindlichkeiten				
Zuführung langfristige Rückstellungen				
Verminderung Nettoumlaufvermögen 1)				

1) Der Ausgleich des Vermögensplans durch Verminderung des Nettoumlaufvermögens ist i. d. R. nur durch Verminderung eigener liquider Mittel erreichbar.

Tabelle 2: Vermögensplan entsprechend dem Mindestinhalt nach § 17 – Ausgabenseite –

Ausgaben					
Bezeichnung	Voranschlag Wirtschaftsjahr	Voranschlag laufendes Jahr	Rechnungsergebnis Vorjahr	Verpflichtungsermächtigungen	Erläuterungen
	€	€	€	€	
Jahresverlust					
Investitionen					
Rückzahlung von Stammkapital					
Rücklagenentnahmen					
Auflösung Investitionszuschüsse					
Auflösung/Abgang Empfangene Ertragszuschüsse					
Gewährung von Darlehen					
Tilgungen langfristiger Verbindlichkeiten					
Auflösung/Inanspruchnahme langfristiger Rückstellungen					
Erhöhung Nettoumlaufvermögen					

2.1 Einnahmen

Auf der Einnahmenseite des Vermögensplans sind die vorhandenen oder zu beschaffenden Deckungsmittel nachzuweisen (§ 17 Abs. 2 Satz 1 EigAnVO). Damit wird der Bereich der Mittelherkunft geplant. In der Kopfzeile des Vermögensplans wird zum einen der Voranschlag für das zu planende, kommende Wirtschaftsjahr aufgeführt. Daneben ist der Voranschlag für das laufende Jahr und das tatsächliche Rechnungsergebnis des Vorjahres enthalten (§ 1 Abs. 2 GemHVO). Im Gegensatz zur Ausgabenseite, für die in § 17 Abs. 3 Satz 1 EigAnVO eine Erläuterung der Anlagenänderungen getrennt nach einzelnen Vorhaben verlangt wird, ist ein solches Erläuterungserfordernis in § 17 Abs. 2 EigAnVO für die Einnahmenseite nicht enthalten. Gleichwohl sollte auf die Erläuterungen der Einnahmen nicht verzichtet werden.

2.2 Erläuterung der Posten auf der Einnahmenseite

2.2.1 Das Jahresergebnis des Erfolgsplans ist in den Vermögensplan zu übernehmen. Soweit ein Gewinn erwirtschaftet wird, wird hierdurch der Vermögensplan entlastet, entsprechend führt ein Jahresverlust zu einer Belastung. Ziel des Vermögensplans ist es, Einnahmen und Ausgaben darzustellen. Da das Jahresergebnis auch Aufwendungen und Erträge enthält, die nicht gleichzeitig auch Ausgaben bzw. Einnahmen darstellen, wird das Jahresergebnis um diese nichtausgabewirksamen Aufwendungen und nichteinnahmewirksamen Erträge im Vermögensplan korrigiert. Zu diesen Korrekturposten zählen insbesondere die Abschreibungen und die Auflösungen der empfangenen Ertragszuschüsse. Auf die Erl. 4.2 zu § 15 EigAnVO und die nachfolgende Erl. 2.2.2 wird verwiesen.

2.2.2 Abschreibungen auf das Anlagevermögen sind die aufwandsmäßige Erfassung des Werteverzehrs im Anlagevermögen. Sie führen nicht zu einem Liquiditätsabfluss, sondern stellen lediglich einen buchmäßigen Aufwand dar. Gedanklich stellen sie einen Korrekturposten zum Jahresergebnis dar. Da sie das Jahresergebnis aufwandsmäßig belastet haben, ohne dass sie zu einer Ausgabe geführt haben, werden die Abschreibungen auf der Einnahmenseite wieder addiert. Anders formuliert: In Höhe der Abschreibungen fließen dem Eigenbetrieb über den Umsatzprozess liquide Mittel zu, da die Abschreibungen in der Kalkulation der Entgelte als Kostenbestandteil enthalten sind, aber nicht ausgabewirksam werden. Die Abschreibungen führen damit zu einem Mittelzufluss, der im Vermögensplan als Einnahme auszuweisen ist. Die Erfassung der Abschreibungen auf das Anlagevermögen im Bereich der Einnahmen hat unabhängig davon zu erfolgen, ob ein Jahresgewinn oder ein Jahresverlust erwirtschaftet wurde.

2.2.3 Anlagenabgänge sind nur mit ihrem Restbuchwert anzusetzen. Wurde im Rahmen der Veräußerung der Anlagengegenstände ein Veräußerungsgewinn (Erlös größer Restbuchwert) erzielt, so ist dieser Gewinn bereits im Jahresergebnis enthalten und darf nicht nochmal als Einnahme erfasst werden. Verluste im Zusammenhang mit dem Abgang von Anlagegenständen sind ebenfalls im Jahresergebnis berücksichtigt. Sie dürfen nicht auf der Einnahmenseite bei dem Posten Anlagenabgänge gekürzt werden oder zusätzlich auf der Ausgabenseite erfasst werden.

2.2.4 Generell führen Erhöhungen des Eigenkapitals zu Einnahmen im Vermögensplan. Diese können bestehen in einer Erhöhung des Stammkapitals durch Neufestsetzung in der Betriebssatzung (§ 10 Abs. 2 EigAnVO), durch Kapitalzuschüsse der Öffentlichen Hand, die an die Gemeinde gezahlt wurden und an den Eigenbetrieb weiterzuleiten sind (§ 23 Abs. 3 Satz 5 EigAnVO), durch den Ausgleich eines ausgabewirksamen Verlustes (§ 11 Abs. 8 EigAnVO) oder durch sonstige Zuwendungen des Einrichtungsträgers, die mit der Maßgabe zur Eigenkapitalverstärkung vereinnahmt werden.

2.2.5 Zuwendungen Dritter (d. h. nicht vom Einrichtungsträger bzw. der öffentlichen Hand) werden nicht im Eigenkapital unmittelbar erfasst. Oftmals handelt es sich um Investitionszuschüsse, die auf der Passivseite in einem Sonderposten bilanziert werden und entsprechend der Nutzungsdauer des finanzierten Anlagegegenstandes aufgelöst werden.

2.2.6 Zuschüsse Nutzungsberechtigter, die im Rahmen von Baukostenzuschüssen oder empfangenen Ertragszuschüssen geleistet werden, sind auf der Einnahmenseite zu erfassen.

2.2.7 Rückflüsse aus gewährten Darlehen fallen unter die Kategorie Einnahmen aus der Kreditwirtschaft. Sie sind damit im Mindestinhalt des Vermögensplans erfasst, und im Bereich der Einnahmen anzusetzen.

2.2.8 Beim Zugang langfristiger Verbindlichkeiten werden im Wesentlichen Darlehensaufnahmen im Zusammenhang mit Förderdarlehen oder verzinslichen Kapitalmarktdarlehen erfasst. Generell sind die Einnahmen des Vermögensplans zur Deckung der Ausgaben nach dem Grundsatz der Gesamtdeckung bestimmt. Diesem Grundsatz folgend, besteht bei Krediten grundsätzlich keine Objektbindung. Soweit jedoch Auflagen des Kreditgebers hinsichtlich der Verwendung der Mittel bestehen, sind diese einzuhalten. Kurzfristige Lieferantenkredite brauchen im Rahmen des Vermögensplans nicht erfasst zu werden, soweit sich die Aufstellung des Vermögensplans auf den Mindestinhalt nach § 17 EigAnVO beschränkt. Bei der Kreditaufnahme ist der Grundsatz der Subsidiarität der Kredite zu beachten (§ 94 Abs. 4 GemO), nach dem Investitionskredite nur aufgenommen werden dürfen, wenn eine andere Finanzierung nicht möglich ist oder wirtschaftlich unzweckmäßig wäre. Kredite dürfen ferner nur für Investitionen, Investitionsförderungsmaßnahmen und zur Umschuldung aufgenommen werden (§ 103 Abs. 1 i. V. m. § 80 Abs. 3 GemO).

2.2.9 Die aufwandsmäßige Zuführung zu langfristigen Rückstellungen führt im Jahr der Rückstellungsbildung nicht zu einem Liquiditätsabfluss (Ausgabe). Der im Jahresergebnis enthaltene Aufwand ist im Vermögensplan als Korrekturposten zum Jahresergebnis auf der Einnahmenseite auszuweisen. Auf die Erl. 2.2.2 zu den Abschreibungen, die auch nichtausgabewirksamen Aufwand darstellen, wird verwiesen.

2.3 Ausgleich des Vermögensplans

Auch für den Eigenbetrieb gilt der Grundsatz des Haushaltsausgleichs (§§ 93 Abs. 4 i. V. m. 80 Abs. 3 GemO). Im Vermögensplan sind die Ausgaben für langfristig dem Eigenbetrieb dienende Vermögensposten (insbesondere Anlagevermögen) durch langfristig zur Verfügung stehende Finanzierungsmittel (Eigenkapital, langfristige Kredite, empfangene Ertragszuschüsse) zu decken. Nachfolgend werden die Fälle beschrieben, in denen ein solcher Ausgleich von Ausgaben und langfristigen Finanzierungsmitteln zunächst nicht erreicht wird und welche Bedeutung dem Nettoumlaufvermögen in diesem Zusammenhang zukommt.

Insoweit die Ausgabenseite die geplanten Einnahmen übersteigt und keine weiteren Finanzierungsmittel durch Eigenkapitalverstärkung des Einrichtungsträgers oder Kreditaufnahme zur Verfügung stehen, kann ein Ausgleich des Vermögensplans nur durch eine Verminderung des Nettoumlaufvermögens finanziert werden oder es müssen Ausgaben gekürzt werden. Unter dem Nettoumlaufvermögen ist der Saldo aus Umlaufvermögen und kurzfristigen Verbindlichkeiten zu verstehen. Insbesondere wird eine Verminderung der vorhandenen liquiden Mittel, die Bestandteil des Umlaufvermögens sind, zur Finanzierung der fehlenden Einnahmen dienen können. Unabdingbare Voraussetzung für einen Ausgleich des Vermögensplans durch die Verminderung liquider Mittel ist allerdings, dass entsprechende liquide Mittel im Rahmen von Guthaben bei Kreditinstituten oder Kassenbeständen auch nachgewiesen werden können. Es handelt sich um einen geplanten Abbau von liquiden Mitteln. Soweit keine liquiden Mittel zur Verfügung stehen, scheidet die Verminderung des Nettoumlaufvermögens zum Ausgleich des Vermögensplans in der Regel aus. Sollen die Ausgaben nicht gekürzt werden, wäre der Ausgleich des Vermögensplans in diesem Falle nur durch andere nicht geplante Einnahmequellen zu finanzieren. Dies hätte im Ergebnis eine zusätzliche Aufnahme von Fremdmitteln zur Folge, für die es im Rahmen des Vermögensplans keine (Betriebsmittel-)Kreditermächtigung gäbe. Die Zusammenhänge sollen anhand der nachfolgenden Schaubilder verdeutlicht werden.

Die Bilanzstruktur des Eigenbetriebs weist zum 31.12.2025 folgendes Bild aus:

Tabelle 3: Bilanz zum 31.12.2025

Anlagevermögen	Eigenkapital
	Empfangene Ertragszuschüsse
	langfristige Verbindlichkeiten Darlehen langfristige Rückstellungen
Umlaufvermögen	kurzfristige Verbindlichkeiten
Vorräte Forderungen Wertpapiere Liquide Mittel	kurzfristige Rückstellungen Verbindlichkeiten LuL erhaltene Anzahlungen kurzfr. Bankverbindlichkeiten

Die Bilanz des dargestellten Eigenbetriebs erfüllt die sogenannte „Goldene Bilanzregel": Eigenkapital, empfangene Ertragszuschüsse sowie langfristige Verbindlichkeiten, bestehend aus Darlehen und langfristigen Rückstellungen, finanzieren das Anlagevermögen. Gleichzeitig bedeutet dies, dass die Differenz aus Umlaufvermögen und kurzfristigen Verbindlichkeiten (Nettoumlaufvermögen) gleich Null ist. Ausgehend von dieser Bilanz zum Stichtag 31.12.2025 stellt der Eigenbetrieb seinen Vermögensplan für das Jahr 2026 auf. Der Eigenbetrieb verstößt damit zwar wegen verspäteter Aufstellung des Wirtschaftsplans gegen § 15 Abs. 1 EigAnVO, dies wird aber zur Verdeutlichung des Beispiels hier in Kauf genommen. Der Vermögensplan zeigt im Gegensatz zur Bilanz keine stichtagsbezogenen Bestandsgrößen. Im Bereich des Anlagevermögens wird daher nicht der Buchwert des Anlagevermögens zum 31. Dezember eines Jahres im Vermögensplan dargestellt, sondern es wird die geplante Veränderung des Postens Anlagevermögen für das Wirtschaftsjahr dargestellt. Der Eigenbetrieb muss nach § 17 Abs. 1 EigAnVO und den Amtlichen Erläuterungen zu § 18 EigAnVO Tz. 1 (Rundschreiben des Ministeriums des Innern und für Sport vom 24.9.1992, a. a. O.) mindestens die Veränderungen im Anlagevermögen und in der Kreditwirtschaft sowie die Veränderungen der sonstigen langfristigen Posten, also des Eigenkapitals, der empfangenen Ertragszuschüsse sowie der langfristigen Rückstellungen darstellen. Veränderungen im Umlaufvermögen sowie bei den kurzfristigen Verbindlichkeiten müssen nicht Bestandteil des Vermögensplans sein.

2.3.1 Ausgleich durch Erhöhung des Nettoumlaufvermögens

Die nachfolgende Tabelle zeigt, wie geplante Veränderungen im Anlagevermögen finanziert werden.

Tabelle 4: Vermögensplan 2026 – Erhöhung des Nettoumlaufvermögens

Anlagevermögen	Empfangene Ertragszuschüsse
	langfristige Verbindlichkeiten Darlehen
Umlaufvermögen	kurzfristige Verbindlichkeiten
Vorräte Forderungen Wertpapiere Liquide Mittel	kurzfristige Rückstellungen Verbindlichkeiten LuL erhaltene Anzahlungen kurzfr. Bankverbindlichkeiten

Die geplante Erhöhung des Anlagevermögens kann vollumfänglich durch den Zugang empfangener Ertragszuschüsse und durch Darlehensaufnahmen finanziert werden. Berücksichtigt man nur die langfristigen Posten, so ist die Einnahmenseite des Vermögensplans in diesem Falle größer als die Ausgabenseite, was eine Erhöhung des Nettoumlaufvermögens (Saldo aus Umlaufvermögen und kurzfristigen Verbindlichkeiten) zur Folge hat. Der Ausgleich des Vermögensplans ist durch eine geringere Darlehensaufnahme zu erreichen. Allerdings ist die Konstellation in dem Beispiel dennoch praxisrelevant, es trifft z. B. die Fälle, in denen Förderdarlehen vorzeitig in Anspruch genommen und abgerufen werden, um zu vermeiden, dass die Mittel später nicht mehr zur Verfügung stehen. Das vorliegende Beispiel könnte allerdings auch auf einen Verstoß gegen § 103 Abs. 1 i. V. m. § 80 Abs. 3 GemO hinweisen. Kredite dürfen nur für Investitionen, Investitionsförderungsmaßnahmen und Umschuldungen aufgenommen werden. Im vorliegenden Fall wäre denkbar, dass Darlehen zur Finanzierung von Wertpapierkäufen im Umlaufvermögen aufgenommen werden sollen.

2.3.2 Ausgleich durch Verminderung des Nettoumlaufvermögens

Die nachfolgende Tabelle zeigt das Beispiel einer Verminderung des Nettoumlaufvermögens zur Finanzierung eines Überhangs der Ausgaben über die Einnahmen.

Tabelle 5: Vermögensplan 2026 – Verminderung des Nettoumlaufvermögens

Anlagevermögen	Empfangene Ertragszuschüsse
	langfristige Verbindlichkeiten
	Darlehen
Umlaufvermögen	kurzfristige Verbindlichkeiten
Vorräte	kurzfristige Rückstellungen
Forderungen	Verbindlichkeiten LuL
Wertpapiere	erhaltene Anzahlungen
Liquide Mittel	kurzfr. Bankverbindlichkeiten

Die geplante Erhöhung des Anlagevermögens kann hier nur zum Teil durch die Vereinnahmung empfangener Ertragszuschüsse und die Neuaufnahme von Darlehen finanziert werden. Weitere Eigenmittel des Einrichtungsträgers zur Erhöhung des Eigenkapitals stehen nicht zur Verfügung, auch können über die in der Tabelle dargestellten langfristigen Darlehensaufnahmen keine weiteren Kredite zur Verfügung gestellt werden. Die Finanzierungslücke kann damit rechnerisch nur durch eine Erhöhung kurzfristiger Verbindlichkeiten oder eine Verminderung des Umlaufvermögens abgedeckt werden, wenn das Investitionsprogramm nicht gekürzt werden soll.

Gegen die Finanzierung durch Verminderung des Umlaufvermögens ist einzuwenden, dass der Eigenbetrieb im Bereich des Umlaufvermögens seinen Bestand an Vorräten oder Forderungen in der Regel nur in eingeschränktem Maße reduzieren kann. Ein gewisser Bestand an Vorräten wird für den laufenden Geschäftsbetrieb auf Lager vorzuhalten sein. Die Verminderung der Forderungen insbesondere im Bereich der Forderungen aus Lieferungen und Leistungen würde einen schnelleren Ausgleich der Außenstände durch die Kunden voraussetzen, was durch ein verbessertes Mahnwesen oder verbesserte Einzugsverfahren grundsätzlich möglich ist. Dennoch lässt sich ein gewisser Sockelbestand an ausstehenden Forderungen bspw. aufgrund der notwendigen Verbrauchsabrechnungen nicht vermeiden. Eine Erhöhung kurzfristiger Verbindlichkeiten kann rechnerisch ebenso zum Ausgleich des Vermögensplans führen. Dabei sind der Erhöhung kurzfristiger Rückstellungen durch die zu beachtenden handelsrechtlichen Vorschriften zur Rückstellungsbildung nach § 249 HGB enge Grenzen gesetzt. Eine Erhöhung der Verbindlichkeiten aus Lieferungen und Leistungen ließe sich durch eine Verlängerung des Zahlungsziels und damit durch einen späteren Ausgleich der Verbindlichkeiten gegenüber den Lieferanten erreichen. Allerdings ist diese Finanzierungsquelle nicht unbeschränkt gegenüber den Lieferanten durchsetzbar. Maßnahmen zur Erhöhung der erhaltenen Anzahlungen sind denkbar, aber ebenso nur in begrenztem Umfang planbar und umsetzbar. Zum Ausgleich des Vermögensplans durch Erhöhung der kurzfristigen Verbindlichkeiten könnten kurzfristige Bankverbindlichkeiten aufgenommen werden. Diese Abdeckung der Finanzierungslücke hätte allerdings die nachteilige Folge, dass damit langfristiges Anlagevermögen durch kurzfristige Schulden finanziert würde.

Im dargestellten Fall lässt sich ein Ausgleich des Vermögensplans nur durch einen Verkauf vorhandener Wertpapiere oder die Verminderung der vorhandenen Liquidität erreichen. Dies setzt voraus, dass über diese Mittel uneingeschränkt verfügt werden kann. Eine Finanzierung durch die übrigen Posten des Umlaufvermögens und der kurzfristigen Verbindlichkeiten scheitert wegen der erläuterten beschränkten Veränderbarkeit dieser Posten. Dem Beispiel lag die Annahme zugrunde, dass der Einrichtungsträger kein zusätzliches Eigenkapital zur Verfügung stellen kann, die zusätzliche Aufnahme langfristiger Darlehen nicht möglich ist und eine Verminderung der geplanten Ausgaben durch Streichungen oder Verschiebungen beim Investitionsprogramm zunächst nicht infrage kommt.

2.4 Ausgaben

Dem Haushaltsgrundsatz der Einzelveranschlagung (§ 9 Abs. 1 GemHVO) kommt auch bei Eigenbetrieben im Rahmen der Erstellung der Ausgabenseite im Vermögensplan von Eigenbetrieben besondere Bedeutung zu. Nach § 17 Abs. 1 Nr. 1 EigAnVO muss der Vermögensplan alle Ausgaben aus Anlagenänderungen für Erneuerung, Erweiterung und Neubau enthalten. Für jedes einzelne Vorhaben sind die Ausgaben- und Verpflichtungsermächtigungen für Anlagenänderungen getrennt nach einzelnen Vorhaben zu veranschlagen und zu erläutern (§ 17 Abs. 3 Satz 1 EigAnVO). Darüber hinaus sind die Vorhaben entsprechend dem Anlagennachweis und die Ansätze, soweit möglich, nach Anlageteilen zu gliedern (§ 17 Abs. 3 Satz 2 EigAnVO). Dem Erfordernis, die Investitionen nach einzelnen Maßnahmen zu gliedern, kann anstelle im Vermögensplan auch detailliert im Investitionsprogramm nachgekommen werden.

In § 17 Abs. 3 Satz 3 EigAnVO wird auf die Anwendbarkeit des § 10 GemHVO vom 18.5.2006 in der jeweils geltenden Fassung verwiesen. Nach § 10 GemHVO ist Folgendes zu beachten:

- Bei Maßnahmen, die sich über mehrere Jahre erstrecken, sind die voraussichtlichen Jahresraten unter Angabe der Kostenbeteiligung Dritter anzugeben. Die Verknüpfung und Abstimmung zum Finanzplan sind dergestalt herzustellen, dass die Ausgaben der Folgejahre im Finanzplan nach Jahren zu gliedern sind (§ 19 Nr. 1). Daneben sollten die bisher bereitgestellten Ausgabemittel aufgeführt werden (§ 1 Abs. 2 GemHVO).
- Dem Grundsatz der Sparsamkeit und Wirtschaftlichkeit Rechnung tragend, ist bei Investitionen von erheblicher finanzieller Bedeutung ein Wirtschaftlichkeitsvergleich, mindestens der Anschaffungs- oder Herstellungskosten sowie der Folgekosten für verschiedene in Betracht kommende Möglichkeiten durchzuführen und die wirtschaftlichste Lösung zu wählen. Hierbei sind auch die Alternativen Kauf oder Leasing, Eigen- oder Fremdherstellung/-leistung zu untersuchen.
- Bei Bauten und Instandsetzungen an Bauten dürfen Auszahlungen und Verpflichtungsermächtigungen erst veranschlagt werden, wenn Pläne, Kostenberechnungen, ein Investitionszeitenplan und Erläuterungen vorliegen, aus denen die Art der Ausführung, die gesamten Investitionskosten sowie die voraussichtlichen Jahresraten unter Angabe der Kostenbeteiligung Dritter ersichtlich sind. Eine Schätzung über die später entstehenden Folgekosten ist beizufügen. Eine Ausnahme gilt nur für Vorhaben von geringer finanzieller Bedeutung. Für diese Maßnahmen sind vor Beginn zumindest eine Kostenberechnung vorzulegen und die Notwendigkeit der Ausnahme ist zu erläutern (§ 10 Abs. 3 GemHVO).

Für die Inanspruchnahme der Ausgabenansätze wurde bisher eine rechtzeitige Bereitstellung der Deckungsmittel gefordert (§ 17 Abs. 4 i. V. m. §§ 96 Abs. 4 GemO a. F. und 27 Abs. 1 GemHVO a. F.). Hier gilt § 17 Abs. 4 i. V. m. §§ 93 Abs. 5 GemO n. F. in entsprechender Anwendung. Die Gemeinde hat danach ihre Zahlungsfähigkeit durch angemessene Liquiditätsplanung sicherzustellen. Die Liquiditätsplanung ist zu dokumentieren und der Vorlage an die Aufsichtsbehörde nach § 97 Abs. 2 Satz 1 beizufügen. Investitionsvorhaben oder selbständig nutzbare Teilvorhaben dürfen erst begonnen werden, wenn deren Finanzierung gesichert ist.

Im Vermögensplan sind zwingend auch die notwendigen Verpflichtungsermächtigungen aufzuführen (§ 17 Abs. 1 Nr. 2 EigAnVO). Die betreffenden Vorschriften der GemO gelten für Eigenbetriebe gleichermaßen (§ 102 i. V. m. § 80 Abs. 3 GemO). Verpflichtungsermächtigungen führen nicht bereits in dem zu planenden Wirtschaftsjahr zu Ausgaben, sie ermöglichen es vielmehr der Werkleitung im Planjahr Verpflichtungen einzugehen, die zu Ausgaben für Investitionen und Investitionsförderungsmaßnahmen in den auf das Planjahr folgenden Wirtschaftsjahren führen. Die Belastung zukünftiger Wirtschaftsjahre durch den Ausweis der Ausgaben aus beschlossenen Maßnahmen wird dadurch transparent gemacht. Zu weiteren Einzelheiten wird auf § 102 GemO verwiesen.

2.5 Erläuterung der Posten auf der Ausgabenseite

2.5.1 Zum Jahresverlust vgl. die Erl. 2.2.1.

2.5.2 Zu den Investitionen wird auf Erl. 2.4 verwiesen.

2.5.3 Rückzahlungen von Eigenkapital bedürfen eines Gemeinderatsbeschlusses (§ 2 Abs. 2 Nr. 6 EigAnVO). Sie können in einer Herabsetzung des Stammkapitals des Eigenbetriebs (Erl. 10 zu § 11 EigAnVO) begründet sein oder durch eine Gewinnabführung oder die Rückzahlung des Ausgleichs für ausgabewirksame Verluste veranlasst sein.

2.5.4 Die Auflösung der Investitionszuschüsse, die Auflösung/Abgang der empfangenen Ertragszuschüsse korrespondiert mit dem Einnahmeposten des Vermögensplans. Es wird auf die Erläuterungen verwiesen.

2.5.5 Gewährt der Eigenbetrieb Darlehen, sind diese als Ausgaben im Vermögensplan zu veranschlagen.

2.5.6 Unter die Tilgung langfristiger Verbindlichkeiten fallen insbesondere die Rückführungen von Förderdarlehen und Kapitalmarktdarlehen. Die Tilgung kurzfristiger Verbindlichkeiten beispielsweise bei den Verbindlichkeiten aus Lieferungen und Leistungen ist nicht Bestandteil des Mindestinhalts des Vermögensplans und ist daher auch hier nicht anzusetzen.

2.5.7 Die Auflösung und Inanspruchnahme langfristiger Rückstellungen korrespondiert mit dem entsprechenden Einnahmeposten, der auf der Einnahmeseite bereits erläutert wurde.

2.5.8 Die Veränderung des Postens Nettoumlaufvermögen wurde bereits erläutert. Es wird auf Erl. 2.3 verwiesen.

Neben der hier erläuterten Struktur des Vermögensplans, die den Mindestinhalt nach § 17 Abs. 1 EigAnVO umfasst, finden sich in der Praxis auch andere Strukturen. Häufig folgt der Vermögensplan in seiner Gliederung dem Bilanzgliederungsschema und umfasst auch das Umlaufvermögen sowie die kurzfristigen Verbindlichkeiten.

Tabelle 6: Vermögensplan nach Bilanzposten gegliedert

Einnahmen			
	Aktivseite		
		Anlagevermögen	
			Abschreibungen und Abgänge
		Umlaufvermögen	
			Verminderungen
		Rechnungsabgrenzungsposten	
			Auflösung
	Passivseite		
		Eigenkapital	
			Zuweisungen/Zuführungen
			Jahresgewinn
		Empfangene Ertragszuschüsse	
			Zugänge
		Rückstellungen	
			Zuführungen
		Verbindlichkeiten	
			Neuverschuldung
		Rechnungsabgrenzungsposten	
			Zuführung
Ausgaben			
	Aktivseite		
		Anlagevermögen	
			Anlagenzugänge
		Umlaufvermögen	
			Erhöhungen
		Rechnungsabgrenzungsposten	
			Zuführung
	Passivseite		
		Eigenkapital	
			Rückzahlungen/Entnahmen
			Jahresverlust
		Empfangene Ertragszuschüsse	
			Auflösung/Abgänge
		Rückstellungen	
			Inanspruchnahmen
		Verbindlichkeiten	
			Tilgungen
		Rechnungsabgrenzungsposten	
			Auflösung

Auf der Einnahmen- und der Ausgabenseite werden unter dem Posten Anlagevermögen die einzelnen Anlagengruppen nach dem Formblatt 1 ausgewiesen. Die Gliederung geht zum Teil noch tiefer und stellt auf Kontengruppen oder auf einzelne Konten ab.

3. Deckungsfähigkeit

Ausgaben für Anlagenänderungen sind nur eingeschränkt gegenseitig deckungsfähig. Nur Vorhaben, die zu derselben Anlagengruppe i. S. d. Anlage 3 (Formblatt 3) der EigAnVO gehören und die in der Anlage 3 mit arabischen Ziffern gekennzeichnet sind, sind gegenseitig deckungsfähig. Die Anlagengruppen sind in Formblatt 3 mit den Buchstaben A bis G gekennzeichnet. Mehrausgaben für eine Anlagengruppe bedürfen der Zustimmung des Werkausschusses, wenn die Mehrausgabe den in der Betriebssatzung festgelegten Betrag überschreitet (§ 17 Abs. 5 Satz 3 EigAnVO i. V. m. § 4 Abs. 2 Nr. 1 Musterbetriebssatzung). Bei Eilbedürftigkeit wird die Zustimmung des Werkausschusses durch die Zustimmung der Bürgermeisterin oder des Bürgermeisters ersetzt, wobei der Werkausschuss unverzüglich zu unterrichten ist.

4. Übertragbarkeit

Die Ausgabenansätze des Vermögensplans sind nach § 17 Abs. 4 Satz 2 EigAnVO auf Folgejahre übertragbar. Die Übertragung nicht in Anspruch genommener Verpflichtungsermächtigungen über das Ende des geplanten Jahres hinaus in das folgende Haushaltsjahr ist jedoch nicht möglich. Zu weiteren Einzelheiten vgl. *Bolsenkötter et al.*, a. a. O.

5. Einhaltung von Finanzierungsregeln und ausgabewirksamer Verlust

Der Vermögensplan enthält, wie unter Erl. 2 erläutert, einen Mindestinhalt. Dieser umfasst nur die langfristig dem Eigenbetrieb dienenden Vermögenswerte und die langfristigen Finanzierungsmittel. Nach §§ 93 Abs. 4 GemO i. V. m. 80 Abs. 3 GemO (mittelbar auch § 15 Abs. 3 Nr. 2 EigAnVO) ist der Vermögensplan in jedem Jahr auszugleichen. Wird der Ausgleich durch die Aufnahme langfristiger Finanzierungsmittel oder durch den Einsatz eigener Deckungsmittel erreicht, führt dies zwangsläufig zur Einhaltung der sog. „Goldenen Finanzierungsregel", nach der langfristige Vermögenswerte durch langfristige Finanzierungsmittel (Eigenkapital und langfristiges Fremdkapital) zu finanzieren sind. Bei einem durch Aufnahme kurzfristiger Finanzierungsmittel erreichten Ausgleich des Vermögensplans wird die genannte Finanzierungsregel verletzt. Zwar lassen sich gegen die starre Einhaltung von Finanzierungsregeln Einwendungen erheben. Jedoch kommt der „Goldenen Finanzierungsregel" insbesondere bei anlageintensiven Eigenbetrieben eine gewichtige Rolle zu.

Außerdem lässt sich anhand des Vermögensplans leicht ablesen, ob die Planung zu einem ausgabewirksamen Jahresverlust führt. Bei der Ermittlung des ausgabewirksamen Verlustes (vgl. Erl. zu § 11 Abs. 8 EigAnVO) handelt es sich um eine Berechnung mit Stromgrößen. Ebenso beruht der Vermögensplan auf Stromgrößen, da er eine Mittelherkunfts-, Mittelverwendungsrechnung darstellt. Die Kernelemente zur Ermittlung des ausgabewirksamen Verlustes sind auch im Vermögensplan enthalten. Es sollte daher bereits bei Aufstellung des Vermögensplans anhand des Schemas zur Berechnung des ausgabewirksamen Verlustes das geplante liquiditätswirksame Jahresergebnis festgestellt werden.

§ 18
Stellenübersicht

(1) Die Stellenübersicht hat die im Wirtschaftsjahr erforderlichen Stellen für Angestellte sowie Arbeiterinnen und Arbeiter zu enthalten. Beamtinnen und Beamte, die bei dem Eigenbetrieb beschäftigt werden, sind im Stellenplan der Gemeinde zu führen und in der Stellenübersicht des Eigenbetriebs nachrichtlich anzugeben.

(2) Zum Vergleich sind die Zahlen der im laufenden Wirtschaftsjahr vorgesehenen und der am 30. Juni tatsächlich besetzten Stellen anzugeben.

Erläuterungen

Übersicht

1. Allgemeines

Die Stellenübersicht ist nach § 15 Abs. 1 Satz 2 EigAnVO Bestandteil des Wirtschaftsplans. Die allgemeinen im Rahmen der Aufstellung des Wirtschaftsplans zu beachtenden Grundsätze gelten damit auch für die Planung des im Eigenbetrieb eingesetzten Personals. Dies betrifft insbesondere den Grundsatz der Wirtschaftlichkeit und Sparsamkeit nach § 93 Abs. 3 i. V. m. § 80 Abs. 3 GemO. Die Stellenübersicht findet ihre Parallele im Stellenplan, der Bestandteil des Haushaltsplans ist (§ 96 Abs. 4 Nr. 4 GemO). Die Parallele zum Stellenplan wird auch durch Verweis der Amtlichen Erläuterungen zu § 19 EigVO (Rundschreiben des Ministeriums des Innern und für Sport vom 24.9.1992, a. a. O.) auf die GemHVO deutlich: für die Stellenübersicht sind § 5 Abs. 1 und 2 GemHVO sinngemäß anzuwenden. Die Stellenübersicht als selbständiges Planungsinstrument für den Personalbereich des Eigenbetriebs unterstreicht dessen Eigenständigkeit. Da der Wirtschaftsplan ein in sich geschlossenes Planungsinstrument darstellt, ist es notwendig und folgerichtig, für den Eigenbetrieb eine separate Personalplanung vorzunehmen.

Durch die Stellenübersicht wird das Mengengerüst für die Planung des Personalaufwandes festgelegt. Neben der Anzahl der Stellen sind ferner Besoldungs-, Vergütungs- und Lohngruppen der einzelnen Mitarbeiter auszuweisen. Für die Personalplanung kann der Bericht des Rechnungshofes Rheinland-Pfalz zur „Organisation und Personalbedarf kommunaler Einrichtungen der Wasserversorgung und der Abwasserbeseitigung" vom 30.4.1999 eine wertvolle Orientierungshilfe für diese Eigenbetriebe bieten. Der Bericht ist Ergebnis einer Querschnittsprüfung bei 27 kommunalen Wasserversorgungseinrichtungen und 30 kommunalen Abwasserbeseitigungseinrichtungen. Er ist der Erl. zu § 7 EigAnVO beigefügt.

Die sich aus der Stellenübersicht ableitenden Personalkosten werden Bestandteil des Erfolgsplans. Die EigAnVO enthält für den Fall, dass die tatsächlichen Personalkosten von den in Stellenübersicht und Erfolgsplan geplanten Kosten abweichen, Regelungen. Nach § 16 Abs. 3 Satz 2 EigAnVO bedürfen erfolggefährdende Mehraufwendungen, zu denen auch die Personalkosten zählen können, der Zustimmung des Werkausschusses. Darüber hinaus müssen erhebliche Vermehrungen oder Hebungen der in der Stellenübersicht vorgesehenen Stellen zu einer unverzüglichen Änderung des Wirtschaftsplans führen (§ 15 Abs. 3 Nr. 4 EigAnVO). Damit löst zwar nicht jede Erhöhung des Personalbestandes eine Wirtschaftsplanänderung aus, da nur erhebliche Veränderungen diese Konsequenz nach sich ziehen. Allerdings reicht bei erheblichen Erhöhungen des Personalbestandes anders als bei den erfolggefährdenden Mehraufwendungen und den Mehrausgaben für bestimmte Anlagengruppen nicht die Zustimmung des Werkausschusses aus, sondern es ist der aufwendige Weg im Rahmen einer vom Gemeinderat zu beschließenden und vom Werkausschuss vorzuberatenden Wirtschaftsplanänderung zu beschreiten. Im Gegensatz zum Stellenplan, bei dem jede nicht im Plan enthaltene Ausweitung des Personalbestandes sowie Beförderungen und Höhergruppierungen unverzüglich eine Nachtragshaushaltssatzung zur Folge haben (§ 98 Abs. 2 Nr. 5 GemO), wird dem Eigenbetrieb mehr Flexibilität eingeräumt, da nur erhebliche Änderungen zu einem Nachtragswirtschaftsplan führen.

2. Inhalt der Stellenübersicht

Die vergleichsweise knappen Regelungen in § 18 EigAnVO über den Inhalt der Stellenübersicht werden durch § 5 Abs. 1 und 2 GemHVO ausgefüllt, die sinngemäß auf den Eigenbetrieb anzuwenden sind. In zeitlicher Hinsicht gehört neben der Stellenplanung für das kommende Wirtschaftsjahr auch die Stellenplanung für das laufende Jahr sowie die tatsächliche Besetzung am 30. Juni des laufenden Jahres zu den Pflichtbestandteilen der Stellenübersicht (§ 18 Abs. 2, § 5 Abs. 1 Satz 1 Halbsatz 2 GemHVO). Bezogen auf das einzusetzende Personal verlangt § 18 Abs. 1 i. V. m. § 5 Abs. 1 GemHVO folgende Angaben:

- die für das Wirtschaftsjahr erforderlichen Stellen für Angestellte sowie Arbeiterinnen und Arbeiter,
- eine Aufteilung des Personals nach einzelnen Teilhaushalten/Betriebszweigen,
- die Angabe der Laufbahn- und Fachrichtung,
- die Besoldungs-, und Entgeltgruppen,
- die nachrichtliche Angabe der im Stellenplan der Gemeinde zu führenden beim Eigenbetrieb beschäftigten Beamten. Eine Anzeige der künftig wegfallenden (kw) Stellen sowie der künftig umzuwandelnden (ku) Stellen ist in der Stellenübersicht nach § 5 Abs. 2 GemHVO erforderlich. Die künftige Umwandlung ist für Stellen, die in eine niedrigere Besoldungs- oder Entgeltgruppe oder in Stellen anderer Art umgewandelt werden können, erforderlich. Nicht von der EigAnVO oder der GemHVO verlangt, aber im Interesse der Bereitstellung einer verbesserten Entscheidungsgrundlage für Werkausschuss und Gemeinderat ist eine Erläuterung der für das kommende Wirtschaftsjahr geplanten Abweichungen in der Stellenübersicht gegenüber dem laufenden Jahr zu fordern. Abweichungen können sich zum einen in der absoluten Kopfzahl, als auch durch Änderungen der Besoldungs- oder Vergütungsstruktur sowie insbesondere auch durch Verschiebungen zwischen unterschiedlichen Betriebszweigen ergeben. Diese Veränderungen müssen wirtschaftlich begründet und damit auch inhaltlich den Gremien im Rahmen der Stellenübersicht erläutert werden (Grundsatz der Wirtschaftlichkeit und Sparsamkeit sowie Grundsatz der Haushaltswahrheit und Haushaltsklarheit).

§ 19
Finanzplanung

Der fünfjährige Finanzplan besteht aus:

1. **einer Übersicht über die Entwicklung der Ausgaben auf der Grundlage eines Investitionsprogramms und der Deckungsmittel des Vermögensplans entsprechend der für diesen vorgeschriebenen Ordnung, nach Jahren gegliedert, sowie**
2. **einer Übersicht über die Entwicklung der Einnahmen und Ausgaben des Eigenbetriebs, die sich auf die Finanzplanung für den Haushalt der Gemeinde auswirken.**

Erläuterungen

Übersicht

§ 19 Kommentar

1. Allgemeines

1.1 Aufstellung des Finanzplans

Der Eigenbetrieb hat einen mehrjährigen Finanzplan aufzustellen, der als Anlage dem Wirtschaftsplan beizufügen ist (§ 15 Abs. 2 Nr. 3 EigAnVO). Der Finanzplan ist in Analogie zum Finanzhaushalt jährlich aufzustellen und fortzuschreiben, sodass im Rahmen einer rollierenden Planung die umzusetzenden Investitionsmaßnahmen und ihre Auswirkungen auf die Finanzplanung an die aktuelle Entwicklung anzupassen sind (§ 1 Abs. 2 GemHVO). Der Finanzplan findet damit seine Parallele im Finanzhaushalt der Haushaltswirtschaft nach § 96 Abs. 4 Nr. 2 GemO. Der Planungszyklus in der Haushaltswirtschaft beträgt vier Jahre (§ 96 Abs. 4 Nr. 2 GemO i. V. m. § 1 Abs. 2 GemHVO). Insoweit geht die spezialgesetzliche Frist des § 19 über die Anforderungen der allgemeinen Haushaltswirtschaft hinaus. Ferner sind die Vorschriften zum Investitionsprogramm nach § 4 Abs. 12 GemHVO aufgrund des Verweises in § 60 GemHVO auch beim Eigenbetrieb zu berücksichtigen.

Bei Planabweichungen, die im Rahmen erfolggefährdender Mehraufwendungen oder der Mehrausgaben für bestimmte Anlagengruppen für den Erfolgsplan und den Vermögensplan einer Zustimmung des Werkausschusses bedürfen, werden entsprechende Zustimmungserfordernisse beim Finanzplan nicht gefordert. Entsprechende Erläuterungen von wesentlichen Abweichungen gegenüber früheren Planansätzen, die im Rahmen der jährlichen Planfortschreibung auftreten, sollten jedoch von der Werkleitung an den Werkausschuss weitergegeben werden.

1.2 Bedeutung des Finanzplans

Dem Finanzplan kommt eine bedeutende Funktion innerhalb der Planung des Eigenbetriebs zu, leitet er sich doch im Wesentlichen aus dem für die kommenden fünf Jahre festzulegenden Investitionsprogramm ab. Insbesondere bei den anlageintensiven Eigenbetrieben im Versorgungs- und Entsorgungsbereich, bei denen das Anlagevermögen in der Regel 90 % und mehr der gesamten Bilanzsumme des Eigenbetriebs repräsentiert, haben Entscheidungen über das umzusetzende Investitionsprogramm wesentlichen Einfluss auf die gesamte Entwicklung des Eigenbetriebs. Der Zusammenhang zwischen dem zukünftigen Investitionsvolumen und den daraus abzuleitenden Veränderungen der Abschreibungen sowie der Einfluss auf Tilgungsleistungen und Zinsaufwendungen ist unmittelbar erkennbar. Das Investitionsprogramm ist untrennbar verbunden mit der Frage der Finanzierung zukünftiger Investitionen, wodurch auch die Struktur und das Verhältnis von Eigen- zu Fremdkapital im mittelfristigen Planungshorizont beeinflusst werden. Darüber hinaus sind im Zusammenhang mit geplanten Investitionsmaßnahmen auch Fragen der Wirtschaftlichkeit von Investitionen zu beantworten, die in der betriebswirtschaftlichen Literatur im Rahmen der Investitionsrechnung diskutiert werden. Der Wirtschaftlichkeit von Investitionsmaßnahmen muss auch der Eigenbetrieb Rechnung tragen – der Grundsatz der Wirtschaftlichkeit und Sparsamkeit gilt uneingeschränkt auch für Eigenbetriebe (§§ 93 Abs. 3 i. V. m. 80 Abs. 3 GemO). Die Frage der Vorteilhaftigkeit bestimmter Investitionsmaßnahmen und die Bewertung von Investitionsalternativen sind allerdings nicht Gegenstand der Finanzplanung und des Investitionsprogramms nach § 19 EigAnVO. Das Investitionsprogramm und die daraus abgeleitete Finanzplanung zeigen lediglich die Auswirkungen von Investitionsentscheidungen auf die zukünftige Entwicklung des Eigenbetriebs, ohne Entscheidungsalternativen zu erläutern oder Vorteilhaftigkeitsberechnungen zu enthalten. Insofern reicht das Instrument des Investitionsprogramms und der Finanzplanung nicht als Entscheidungsgrundlage für Werkausschuss oder Gemeinderat zur Beschlussfassung über Investitionsentscheidungen aus. Die Frage, ob etwa der Anschluss eines Neubaugebietes an ein Ver- und Entsorgungsnetz durch eigene Mitarbeiter oder durch Fremdeinsatz geplant wird/werden kann oder bspw. die Bewertung unterschiedlicher Alternativen für die Verlegung oder Erneuerung von Abwasserkanälen in der Ortslage mit ihren Auswirkungen auf den Verkehr und die Gewerbebetriebe, ist nicht

Gegenstand des Investitionsprogramms und muss dort auch nicht bewertet werden. Hierzu sind gesonderte Informationen der Werkleitung an den Werkausschuss bzw. den Gemeinderat erforderlich.

1.3 Wechselwirkungen mit dem Gemeindehaushalt

Ebenso wie der Vermögensplan und der Erfolgsplan unmittelbare Wechselwirkungen mit dem Haushaltsplan der Gemeinde für das kommende Planjahr haben, ergeben sich solche Beziehungen auch zwischen dem Finanzplan nach EigAnVO und der Planung der Finanzhaushalte der Gemeinde im Rahmen ihrer Haushaltswirtschaft. Diese Wechselwirkungen werden in § 19 Nr. 2 EigAnVO angesprochen. Die Finanzplanung hat eine Übersicht über die Entwicklung der Einnahmen und Ausgaben des Eigenbetriebs, die sich auf die Finanzplanung des Gemeindehaushalts auswirken, zu enthalten. Hierbei geht es um die Frage, ob und inwieweit Gewinne an den Einrichtungsträger abgeführt oder Verluste von diesem ausgeglichen werden müssen bzw. ob Darlehensverhältnisse zwischen Gemeinde und Eigenbetrieb bestehen und wie sie getilgt werden. Eine sehr detaillierte Planung könnte gar auch die Entwicklung von Verwaltungskostenbeiträgen und Konzessionsabgaben in der Mittelfristplanung der kommenden fünf Jahre berücksichtigen. Die Beispiele zeigen, dass der Eigenbetrieb seine Finanzplanung parallel bzw. vor der Erstellung des gemeindlichen Finanzhaushalts vornimmt, sodass die in § 97 Abs. 1 GemO genannten zeitlichen Verfahrensvorschriften für die Haushaltssatzung auch unmittelbar Auswirkung auf die Erstellung des Finanzplans durch den Eigenbetrieb haben. Im Unterschied zum Finanzhaushalt der Gemeinde ist der mittelfristige Finanzplan des Eigenbetriebs jedoch wesentlich einfacher und weniger umfangreich. Zwar ist für die Entwicklung der Ausgaben und der Einnahmen im Rahmen des Finanzplans die Gliederung des Vermögensplans vorgeschrieben (§ 19 Nr. 1), demgegenüber muss eine den Anforderungen des § 16 EigAnVO „Erfolgsplan" entsprechende Planung der Aufwendungen und Erträge der kommenden fünf Jahre nicht vorgenommen werden. Das Jahresergebnis ist Bestandteil der fünfjährigen Finanzplanung, seine Ermittlung ist wegen der oben erläuterten Verbindungen zum Gemeindehaushalt auch erforderlich. Eine detaillierte Planung einzelner Aufwendungen und Erträge, wie sie im Verwaltungshaushalt nach § 2 Abs. 1 GemHVO bestimmt wird, kann beim Eigenbetrieb jedoch unterbleiben (*Brod/Steenbock*, Preiskalkulation bei Wasser und Abwasser, Köln, 1980, S. 74).

2. Investitionsplan

Inhaltlich gibt das Investitionsprogramm Auskunft über die zukünftigen größeren Bauvorhaben und die dafür vorgesehenen Deckungsmittel. Eine formblattmäßige Vorschrift über Form und Inhalt des Finanzplans oder des Investitionsprogramms gibt es wie auch für den Vermögensplan und den Erfolgsplan nach der EigAnVO nicht. Die Erfordernisse sind daher aus § 19 und § 4 Abs. 12 GemHVO abzuleiten. Wesentliche Grundsätze bei der Aufstellung des Investitionsprogramms wurden von *Bolsenkötter* beschrieben (*Bolsenkötter et al.*, a. a. O., W 194 ff.). Im Rahmen der Aufstellung des Investitionsprogramms ist von einer Zusammenstellung des Investitionsbedarfs auszugehen. Die anstehenden Investitionsmaßnahmen sollten vor der Aufstellung des Investitionsprogramms nach ihrer Dringlichkeit gegliedert werden, um die Entscheidung über die in das Investitionsprogramm einzustellenden Investitionen vorzubereiten. Das Investitionsvolumen der durchzuführenden Maßnahmen ist festzustellen und maßnahmenbezogen auf die einzelnen im Investitionsplan enthaltenen Jahre aufzuteilen (§ 4 Abs. 12 GemHVO). Dabei entspricht das erste Planungsjahr dem Ansatz des laufenden Haushaltsjahres (§ 1 Abs. 2 GemHVO). Die einzelnen Investitionsmaßnahmen sind nach der für den Vermögensplan vorgeschriebenen Ordnung zu gliedern (§ 19 Nr. 1 EigAnVO). Die für den Vermögensplan maßgebliche Gliederung des Anlagennachweises nach Formblatt 3 liefert damit auch die Grundlage für die Darstellung im Investitionsplan. Bei Investitionen, die einen Mehrjahreszeitraum umfassen, ist neben der Aufteilung auf die verschiedenen Jahre auch das Gesamtinvestitionsvolumen zu nennen. Der Anteil des Investitionsvolumens, der über den Planungszeitraum des Finanzplans hinausreicht, ist ebenfalls in einem Betrag anzugeben. Es empfiehlt sich weiterhin, die Verpflichtungsermächtigungen bei den Einzelmaßnahmen anzugeben, so dass deutlich wird, wie die Inanspruchnahme der Verpflichtungsermächtigung sich auf die einzelnen Jahre verteilt. Ferner sollte die Werkleitung in ausreichendem Maße Erläuterungen zu wichtigen Investitionsmaßnahmen geben, obwohl dies nicht unmittelbar in der EigAnVO gefordert ist. Die Gliederung des Investitionsprogramms kann beispielhaft wie folgt ausgestaltet werden:

Tabelle 1: Investitionsprogramm im Rahmen der Aufstellung des Wirtschaftsplans 2026 (in T€)

lfd. Nr.	Bezeichnung der Maßnahme, Beginn und Ende der Maßnahme	Insgesamt	Frühere Jahre	2025	2026	2027	2028	2029	Spätere Jahre	Verpflichtungsermächtigungen
1	2	3	4	5	6	7	8	9	10	11
12.	Neubau Kläranlage Beginn 2016; Ende 2022									
	Gesamtkosten	4.000								
	– Baumaßnahmen	3.845	20	135	2.000	1.845				
	– Planungskosten	155	20	135	2.000	1.845				1.845
	Finanzierung der Gesamtkosten									
	– Landesdarlehen	2.500			1.500	1.000				
	Durch vorstehende Beiträge nicht gedeckter Teil der Gesamtkosten (aus eigenen Mitteln zu finanzieren)	- 1.500	- 20	- 135	- 500	- 845				
	Folgekosten insgesamt					123	123	123		
	– davon personelle Mehrkosten									

Wie aus der Übersicht deutlich wird, sind bei den einzelnen Investitionsmaßnahmen auch Angaben zur Finanzierung der Gesamtkosten, d. h. also zu den Deckungsmitteln vorzunehmen. Ferner werden die aus den Investitionen entstehenden Folgekosten angegeben.

3. Finanzplan

Auf der Grundlage des geplanten Investitionsprogramms ist der Finanzplan für einen fünfjährigen Zeitraum aufzustellen. Er zeigt in einer Übersicht die Entwicklung der Ausgaben auf der Grundlage des Investitionsprogramms und der Deckungsmittel nach der für den Vermögensplan vorgeschriebenen Ordnung. Die Gliederung hat daher der Darstellung des Vermögensplans zu folgen. Die Gliederung der Einnahmen- und Ausgabenseite orientiert sich deswegen an der Tabelle 1, wie sie im Rahmen der Erl. 2 zu § 17 bereits dargestellt wurde. Davon abweichend ist auch eine Gliederung des Vermögensplans nach Bilanzposten möglich, vgl. Erl. 2.5 zu § 17 EigAnVO. Die Finanzplanung stellt eine Mehrjahresplanung dar, eine zu tief gehende Gliederung – etwa auf Kontenebene – würde eine Scheingenauigkeit vortäuschen, die angesichts des langfristigen Planungshorizonts nicht realistisch ist. Beispielhaft kann der Finanzplan bei einer an Tabelle 6 (Erl. 2.5 zu § 17 EigAnVO) orientierten Gliederung folgendes Aussehen haben:

Tabelle 2: Finanzplan

		Planansätze				
	EINNAHMEN	2025 T€	2026 T€	2027 T€	2028 T€	2029 T€
1.	Anlagevermögen ordentliche Abschreibungen					
2.	Umlaufvermögen Forderungen ggü. Verbandsgemeinde Abbau Kassenbestand					
3.	Empfangene Ertragszuschüsse - Einmalige Beiträge und Hausanschlusskostenersätze - Investitionskostenanteile Straßenabaulastträger					
4.	Rückstellungen Zuführungen					
5.	Verbindlichkeiten mit einer Laufzeit von mindestens 4 Jahren Darlehensaufnahme					
6.	Jahresgewinn					
7.	Summe Einnahmen					
	AUSGABEN					
1.	Anlagevermögen Investitionen lt. Einzelaufstellung					
2.	Umlaufvermögen Forderungszugang					
3.	Empfangene Ertragszuschüsse Auflösung passivierter Ertragszuschüsse					
4.	Rückstellungen Inanspruchnahmen					
5.	Verbindlichkeiten mit einer Laufzeit von mindestens 4 Jahren - planmäßige Tilgungen - außerplanmäßige Tilgungen					
6.	Summe Ausgaben					

§ 20
Buchführung und Kostenrechnung

(1) Der Eigenbetrieb führt seine Rechnung nach den Regeln der kaufmännischen doppelten Buchführung.

(2) Die Vorschriften des dritten Buchs des Handelsgesetzbuchs über Buchführung, Inventar und Aufbewahrung finden Anwendung, soweit sie nicht bereits unmittelbar gelten. § 257 Abs. 3 bis 5 des Handelsgesetzbuchs findet beim Eigenbetrieb nur auf Handelsbriefe Anwendung.

(3) Der Eigenbetrieb hat zur Ermittlung der Entgelte, im Übrigen nach Bedarf, Kostenrechnungen zu erstellen und die dazu erforderlichen Unterlagen zu führen.

Erläuterungen

Übersicht

1. Allgemeines

Eigenbetriebe sind nach § 20 Abs. 1 EigAnVO zur Buchführung verpflichtet. Die Buchführung hat die Aufgabe, Stand und Veränderung des Anlage- und Umlaufvermögens sowie des Eigen- und Fremdkapitals fortlaufend und systematisch zu erfassen. Alle wirtschaftlichen und rechtlichen Vorgänge, die das Vermögen und das Kapital des Eigenbetriebs verändern, sind in der Buchhaltung zahlenmäßig festzuhalten. Aus der Buchhaltung muss sich am Jahresende die Aufstellung des Jahresabschlusses, insbesondere der Bilanz und der Gewinn- und Verlustrechnung, ableiten lassen (*Falterbaum/Bolk/Reiß*, a. a. O., Bolk, W./Reiß, W./Kirchner, T., S. 44 ff.). Die Buchführung soll insbesondere folgende Zwecke erfüllen (*Plumbaum/Boldt/Liedtke/Brügmann*, Eigenbetriebe in Brandenburg, Kronach, a. a. O., Tz. 12.20, S. 5):

- die Selbstinformation für den Eigenbetrieb,
- die Rechenschaftslegung gegenüber interessierten Parteien,
- den Nachweis der Besteuerungsgrundlagen,
- den Gläubigerschutz,
- die Beweissicherung.

Die Buchführung muss so beschaffen sein, dass sie einem sachverständigen Dritten innerhalb angemessener Zeit einen Überblick über die Geschäftsvorfälle und über die Lage des Eigenbetriebs vermitteln kann (§ 238 Abs. 1 Satz 2 HGB).

2. Wesen der doppelten Buchführung

Folgende Punkte charakterisieren die nach § 20 Abs. 1 EigAnVO zwingend für Eigenbetriebe vorgeschriebene doppelte Buchführung ((*Falterbaum/Bolk/Reiß*, a. a. O., Bolk, W./Reiß, W./Kirchner, T., S. 73, 74):

- Die Geschäftsvorfälle sind in zeitlicher und sachlicher Ordnung mit ihrer Auswirkung auf das Betriebsvermögen darzustellen.
- Durch jede Buchung werden jeweils zwei Konten angesprochen, wobei jede Buchung zu einem Ausgleich von Soll und Haben führen muss.
- Alle Zahlungs- und Leistungsvorgänge sind unter Verwendung von Bestands- und Erfolgskonten darzustellen.
- Der Jahreserfolg als Saldo der Gewinn- und Verlustrechnung ergibt aufgrund des doppischen Zusammenhangs (GuV als Unterkonto des Eigenkapitals) zugleich die Veränderung des Eigenkapitals.

Im Gegensatz zur doppelten Buchführung verlangt die einfache Buchführung nur eine Erfassung der Geschäftsvorfälle in zeitlicher, nicht aber in sachlicher Ordnung. Ferner werden im Rahmen der einfachen Buchführung nur Zahlungsvorgänge der Gegenwart und der Zukunft erfasst, nicht aber Leistungsvorgänge. Eine Verbuchung auf Bestands- und Erfolgskonten ist nicht Gegenstand der einfachen Buchführung. Eine kameralistische Buchführung ist bei Eigenbetrieben unzulässig. Ihr gravierender Mangel besteht darin, dass sie auf die Inventur und auf die Bewertung des Vermögens und den Nachweis seiner Finanzierung verzichtet. Gerade aber bei anlageintensiven Eigenbetrieben sind die Erfassung und Bewertung des Vermögens von großer Bedeutung.

Eine Verwaltungsbuchführung, wie sie früher nach der Eigenbetriebsverordnung zulässig war (§ 21 Abs. 1 EigVO vom 18.9.1975, GVBl. S. 381) ist nicht mehr zulässig.

3. Buchführungspflicht

Die Buchführungspflicht für Eigenbetriebe nach den Regeln der kaufmännischen doppelten Buchführung ergibt sich nicht nur aus § 20 Abs. 1 EigAnVO. Bei steuerpflichtigen Betrieben gewerblicher Art leitet sich die Buchführungspflicht auch aus § 140 AO ab (abgeleitete Buchführungspflicht). Nach § 140 AO muss, wer nach anderen Gesetzen als den Steuergesetzen Bücher und Aufzeichnungen zu führen hat, die für die Besteuerung von Bedeutung sind, diese Verpflichtungen, die ihm nach anderen Gesetzen obliegen, auch für die Besteuerung erfüllen. Die steuerrechtliche Buchführungspflicht wird damit aus dem Handelsrecht abgeleitet. Sie greift insbesondere bei den Eigenbetrieben, die in ihrer Eigenschaft als Vollkaufmann verpflichtet sind, Bücher zu führen, die den handelsrechtlichen Vorschriften entsprechen.

Soweit der Eigenbetrieb handelsrechtlich nicht zur Buchführung verpflichtet ist, kann sich die Buchführungspflicht aber bei Betrieben gewerblicher Art auch nach § 141 AO ergeben (originäre Buchführungspflicht). Die Buchführungspflicht tritt ein, wenn

- ein Gesamtumsatz im Sinne des § 19 Abs. 2 des Umsatzsteuergesetzes von mehr als 800.000,00 Euro im Kalenderjahr erzielt wird,
- ein Gewinn aus Gewerbebetrieb oder aus Land- und Forstwirtschaft von mehr als 80.000,00 Euro pro Jahr erzielt wird.

4. Anlagenbuchführung

Bestandteil der Buchführung eines Eigenbetriebes ist nach § 25 Abs. 3 EigAnVO auch die Anlagenbuchführung. Ihr kommt im Rahmen anlageintensiver Eigenbetriebe (z. B. Wasserversorgung, Abwasser- oder Abfallbeseitigung) eine zentrale Bedeutung im Rahmen des Rechnungswesens der Eigenbetriebe zu.

5. Grundsätze ordnungsmäßiger Buchführung

Die Buchführung von Eigenbetrieben hat die Vorschriften des dritten Buchs des HGB zu Buchführung, Inventar und Aufbewahrung zu berücksichtigen (§ 20 Abs. 2 Satz 1 EigAnVO). Damit sind auch die Grundsätze ordnungsmäßiger Buchführung vom Eigenbetrieb zwingend zu beachten (§ 238 Abs. 1 Satz 1 HGB). Die Grundsätze ordnungsmäßiger Buchführung betreffen sowohl die Buchführung selbst als auch den Jahresabschluss. Mit dem Gesetz werden dabei die Buchführungs- und Jahresabschlusszwecke „Dokumentation, Rechenschaft und Kapitalerhaltung" verfolgt. Hier wird ein Zwecksystem gebildet, das dem ausgewogenen und damit gegenseitig relativierten Schutz aller (berechtigten) Jahresabschlussadressaten dienen soll (*Küting/Weber*, a. a. O., Prof. Dr. Dr. h. c. Baetge, J./ Prof. Dr. Bieg, H./Dr. Blab, D. et al., Tz. 44 zu Kapitel 4). Dabei ist im Rahmen der Buchführung eine zuverlässige und vollständige Aufzeichnung der Geschäftsvorfälle zu gewährleisten. Hieraus leiten sich Dokumentationsgrundsätze ab, die zum Teil auch in § 239 HGB enthalten sind. Nach *Küting/Weber*, a. a. O., Prof. Dr. Dr. h. c. Baetge, J./Prof. Dr. Bieg, H./ Dr. Blab, D. et al., Tz. 57 zu Kapitel 4 sind in diesem Zusammenhang bei der Buchführung folgende Grundsätze zu beachten:

- Grundsatz des systematischen Aufbaus der Buchführung (Ableitung eines systematischen Kontenplans aus einem Kontenrahmen),
- Grundsatz der Sicherung der Vollständigkeit der Konten (die Konten sind entsprechend der Verarbeitungstechnik gegen Veränderung und Verlust zu schützen),
- Grundsatz der vollständigen und verständlichen Aufzeichnung (jeder Geschäftsvorfall ist chronologisch zu buchen, die Aufzeichnungen haben in einer lebenden Sprache zu erfolgen, der Jahresabschluss ist in deutscher Sprache und in Euro aufzustellen),
- Beleggrundsatz (zu jeder Buchung gehört ein Beleg und umgekehrt),
- Grundsatz der Einhaltung von Aufbewahrungs- und Aufstellungsfristen (zu den Aufbewahrungsfristen vgl. Erl. 7, die Aufstellungsfristen werden im Rahmen des § 27 EigAnVO kommentiert),
- Grundsatz der Sicherung der Zuverlässigkeit und Ordnungsmäßigkeit des Rechnungswesens durch ein der Art und Größe des Eigenbetriebs angemessenes internes Überwachungssystem (das interne Überwachungssystem muss die Richtigkeit und Zuverlässigkeit des Rechnungswesens garantieren, die Methoden und Verfahren müssen auf die Verarbeitungsform der Daten, z. B. EDV, abgestimmt sein),
- Grundsatz der Dokumentation und Sicherung des internen Überwachungssystems (das interne Überwachungssystem ist durch Organigramme und Ablaufpläne schriftlich niederzulegen).

Folgende weitere Grundsätze ordnungsmäßiger Buchführung sind beim Jahresabschluss zu berücksichtigen (*Küting/Weber*, a. a. O., Prof. Dr. Dr. h. c. Baetge, J./Prof. Dr. Bieg, H./ Dr. Blab, D. et al., Tz. 58 ff. zu Kapitel 4):

- Grundsatz der Richtigkeit:
  Hiermit ist die getreue und gewissenhafte Rechnungslegung gemeint. Diese muss objektiv und willkürfrei sein. Die Rechnungslegung muss dabei „relativ" richtig sein, indem sie sowohl den kodifizierten als auch den nicht-kodifizierten handelsrechtlichen Regeln, also der Gesamtheit der Grundsätze ordnungsgemäßer Buchführung und der anderen handelsrechtlichen Vorschriften entspricht, die bei der Abbildung realer ökonomischer Sachverhalte abzubilden sind.
- Grundsatz der Vergleichbarkeit:
  Der Grundsatz der Vergleichbarkeit ist die Voraussetzung für zeitliche und zwischenbetriebliche Vergleiche von Jahresabschlüssen. Es muss dabei eine Vergleichbarkeit der Bilanzierung gegeben sein durch Beibehaltung der Bilanzierungsgrundsätze, der Ausweisgrundsätze und der Bewertungsmethoden. Vergleichsobjekte müssen dann unter gleichen Bedingungen ermittelt werden. Gleiche Bedingungen sind gegeben, wenn der Grundsatz der Stetigkeit eingehalten wird. Die Stetigkeit umfasst dabei die formelle und materielle Bilanzabschlusskontinuität. Dazu gehören die Bilanzidentität (Vermögensgegenstände und Schulden am Anfang eines Wirtschaftsjahres müssen identisch sein mit Vermögensgegenständen und Schulden am Schluss des vorangegangenen Wirtschaftsjahres) sowie die Bezeichnungs-, die Gliederungs- und die Ausweisstetigkeit. Der Grundsatz der materiellen Abschlusskontinuität wird auch als Bewertungsste-

tigkeit bezeichnet. Die Vergleichbarkeit zeitlich aufeinander folgender Jahresabschlüsse erfordert dabei eine stetige und gleichbleibende Anwendung der Ansatz-, Bewertungs- und Ausweisregelungen in aufeinanderfolgenden Jahresabschlüssen. Nur in begründeten Ausnahmefällen ist nach § 252 Abs. 2 HGB eine Durchbrechung der Bewertungsstetigkeit zulässig bzw. geboten, wenn dadurch die Aussagefähigkeit des Jahresabschlusses verbessert wird, d. h. wenn sonst kein anderer Grundsatz ordnungsgemäßer Buchführung verletzt wird. Durchbrechungen des Stetigkeitsgrundsatzes sind nach § 265 Abs. 1 und 2 HGB sowie nach § 284 Abs. 2 Nr. 2 HGB zu erläutern und zu begründen, damit auch hier die Jahresabschlüsse vergleichbar bleiben.

- Grundsatz der Klarheit und Übersichtlichkeit:
  Ein sachverständiger Dritter soll innerhalb angemessener Zeit in der Lage sein, sich ein Bild über die Situation des Eigenbetriebs machen zu können. Posten in der Buchführung oder im Jahresabschluss, die aus realen Geschäftsvorfällen resultieren, müssen ihrer Art nach eindeutig bezeichnet sowie hinreichend aufgegliedert sein. Die Sachverhalte müssen formell richtig dargestellt sein. Verwechslungsmöglichkeiten sind auszuschließen, Tatbestände sind überschaubar darzustellen. Der Grundsatz der Klarheit umfasst insbesondere auch den Ausweis sowie Angaben und Vermerke im Jahresabschluss.
- Grundsatz der Vollständigkeit:
  Der Grundsatz der Vollständigkeit erfordert die Erfassung aller buchungspflichtigen Vorgänge in der Buchführung (vgl. § 239 Abs. 2 HGB), aller Vermögensgegenstände, Schulden, Rechnungsabgrenzungsposten, Aufwendungen und Erträge (vgl. § 246 Abs. 1 HGB) sowie aller Risiken, die durch Inventur und die Auswertung aller anderen zugänglichen Informationen sichtbar werden, im Jahresabschluss. Der Grundsatz der Vollständigkeit wird durch das Stichtagsprinzip nach § 252 Abs. 1 Nr. 3 i. V. m. Nr. 4 HGB, sowie das durch das Periodisierungsprinzip (vgl. § 252 Abs. 1 Nr. 5 HGB) ergänzt. Dabei legt das Stichtagsprinzip fest, dass nur sog. wertaufhellende Informationen in Bilanz sowie Gewinn- und Verlustrechnung berücksichtigt werden dürfen. Informationen, die der Bilanzierende zwischen Abschlussstichtag und dem Zeitpunkt der Aufstellung des Jahresabschlusses erhält, können sich auf Gegebenheiten im alten Geschäftsjahr beziehen (wertaufhellende Informationen) oder ihre Ursache im neuen Geschäftsjahr haben (wertbegründende Ereignisse). Wertbegründende Ereignisse, wie z. B. die Zerstörung einer Lagerhalle durch Brand im neuen Geschäftsjahr, dürfen nach dem Stichtagsprinzip nicht in der Bilanz sowie der Gewinn- und Verlustrechnung berücksichtigt werden. Nach § 285 Nr. 33 HGB ist darauf allerdings im Anhang einzugehen, da es sich um Vorgänge von besonderer Bedeutung, die nach dem Schluss des Geschäftsjahres eingetreten sind, handelt. Das Periodisierungsprinzip verlangt gemäß § 252 Abs. 1 Nr. 5 HGB, dass alle Einzahlungen und Auszahlungen des Eigenbetriebs nach den Definitionsgrundsätzen für den Jahreserfolg und den Ansatzgrundsätzen für Bilanzgegenstände dem jeweiligen Geschäftsjahr zugerechnet werden.
- Grundsatz der Wirtschaftlichkeit:
  Kosten und Nutzen der Rechnungslegung müssen in einem sinnvollen Verhältnis zum Informationsgehalt des Jahresabschlusses stehen. Vereinfachungen sind dort möglich, wo die zusätzliche Informationsvermittlung in einem unangemessenen Verhältnis zu den daraus entstehenden Kosten steht.
- Realisationsprinzip:
  Gewinne dürfen nur angesetzt werden, wenn sie am Abschlussstichtag auch am Markt verwirklicht und durchgesetzt sind. Gewinne sind realisiert, wenn der Aufwand und der entsprechend höhere Ertrag realisiert sind. Aus dem Realisationsprinzip leitet sich das Anschaffungswertprinzip ab.
- Prinzip der Zuordnung periodenübergreifender und leistungsneutraler Ausgaben und Einnahmen (Abgrenzung der Sache und der Zeit nach):
  Grundsätzlich besagt dieses Prinzip, dass den Werten auf der Ertragsseite, die entsprechenden Aufwendungen gegenübergestellt werden müssen. Zeitraumbezogene Aus-

gaben und Einnahmen sind dabei im Interesse einer sachgerechten Periodenabgrenzung zeitanteilig zu verrechnen. Als Beispiel sind die sogenannten Rechnungsabgrenzungsposten zu nennen. Leistungsneutrale Ausgaben und Einnahmen sind in der Periode zu verrechnen, in der sie bekannt werden bzw. auf die sie sich beziehen.

- Grundsatz der Vorsicht:
  Dieser Grundsatz verlangt vom Kaufmann, dass er die wirtschaftliche Lage im Vergleich zu den tatsächlichen Verhältnissen tendenziell eher schlechter als besser darstellt.
- Imparitätsprinzip:
  Bis zur Bilanzerstellung sind alle vorhersehbaren Risiken und Verluste, die bis zum Bilanzstichtag verursacht sind, bei der Bewertung zu beachten, selbst wenn ihre Realisierung erst nach dem Bilanzstichtag liegt. Insoweit liegt hinsichtlich der Aufwendungen eine Ausnahme vom Realisationsprinzip vor.
- Grundsatz der Unternehmensfortführung:
  Der Grundsatz der Unternehmensfortführung nach § 252 Abs. 1 Nr. 2 HGB besagt, dass bei der Bewertung die Annahme der Fortführung der Unternehmenstätigkeit gilt, sofern dem nicht rechtliche oder tatsächliche Gegebenheiten entgegenstehen. Dieses Prinzip, auch „going concern" Prinzip genannt, verbietet danach zunächst die auf Vorsichtsüberlegungen basierende oder durch Zweifel „begründete" Unterstellung einer Unternehmenszerschlagung bei der Bewertung der Aktiven und Passiven der Bilanz. Im Bereich der Eigenbetriebe ist dieser Grundsatz aufgrund der nicht vorhandenen Insolvenzfähigkeit der Kommunen gegeben. Gleiches gilt aufgrund der Gewährträgerhaftung des § 86a Abs. 4 GemO für die Anstalt.
- Grundsatz der Einzelbewertung:
  Der Grundsatz der Einzelbewertung ist in § 240 Abs. 1 HGB für das Inventar und in § 252 Abs. 1 Nr. 3 HGB für alle im Jahresabschluss enthaltenen Vermögensgegenstände und Schulden kodifiziert. Hiermit wird vorgegeben, dass ein Betrieb nicht insgesamt, sondern in für Dritte nachvollziehbarer Form, nämlich bezogen auf einzelne Vermögensgegenstände und Schulden zu bewerten ist. Dazu sind Aktiva und Passiva einzeln nachzuweisen und zu begründen. Um diesem Grundsatz Genüge zu tun, ist aber auch mittels detaillierter Abbildungsregelungen festzulegen, was jeweils als einzelne Bewertungseinheit anzusehen ist. Da dies mit hohen Kosten verbunden sein kann, gestattet das Gesetz aus Gründen der Wirtschaftlichkeit und teilweise auch zur Erhöhung der Aussagefähigkeit eine Reihe genau abgegrenzter Ausnahmen von der Einzelbewertung.
- Prinzip der selbständigen Verwertbarkeit (Aktivierungsgrundsatz):
  Das Prinzip der selbständigen Verwertbarkeit bedeutet, dass ein aktivierungsfähiger Vermögenswert dann gegeben ist, wenn eine Sache, ein Recht oder ein wirtschaftlicher Wert außerhalb des eigenen Eigenbetriebs verwertet werden kann (ohne es oder ihn veräußern zu müssen), um die Schulden des Eigenbetriebs zu begleichen. Der wirtschaftliche Vorteil, den der bilanzierende Eigenbetrieb aus der Sache oder dem Recht schöpfen kann, muss selbständig Gegenstand des Rechtsverkehrs sein und somit gegenüber Dritten verwertbar sein können.
- Passivierungsgrundsatz des Prinzips der Verpflichtung, der wirtschaftlichen Belastung und der Quantifizierbarkeit:
  Der Passivierungsgrundsatz konkretisiert den Ansatz von Schulden auf der Passivseite der Bilanz. Grundsätzlich sind sämtliche Schulden passivierungspflichtig. Eine Schuld ist durch die Passivierungskriterien Verpflichtung, wirtschaftliche Belastung sowie der Quantifizierbarkeit charakterisiert. Die drei genannten Bedingungen müssen kumulativ erfüllt sein. Ist das Bestehen einer wirtschaftlich belastenden Verpflichtung sicher und die Höhe der Verpflichtung eindeutig quantifizierbar, so liegt eine passivierungspflichtige Verbindlichkeit vor. Ist die Verpflichtung hingegen nur „dem Grunde nach" nicht sicher, aber wahrscheinlich und/oder nicht punktuell, aber in einer Bandbreite quantifizierbar, so ist eine Rückstellung zu bilden. U. a. kann zwischen Innen- und Außenver-

pflichtungen differenziert werden. Bei einer Außenverpflichtung liegt eine Verpflichtung gegenüber einem fremden Dritten vor. Eine Innenverpflichtung besteht gegenüber dem Bilanzierenden selbst. Letztere resultieren – ähnlich wie die Außenverpflichtung ohne rechtliche Grundlage (z. B. Kulanzverpflichtung) – aus wirtschaftlichen Zwängen. Innenverpflichtungen begründen allerdings im Gegensatz zu Außenverpflichtungen keine bilanzrechtliche Schuld und sind daher nur in den gesetzlich geregelten Fällen von Drohverlusten, unterlassener Instandhaltung innerhalb von drei Monaten und Kulanzverpflichtungen zulässig (§ 249 HGB) passivierungsfähig. Dabei ist der Zeitpunkt zur Berücksichtigung der Schuld nicht nur bei rechtlicher Entstehung, sondern bereits im Zeitpunkt der wirtschaftlichen Verursachung zu berücksichtigen. Eine wirtschaftliche Belastung ist dann gegeben, wenn aus der Verpflichtung im Zeitpunkt ihres Eintritts eine Bruttovermögensminderung resultiert. So z. B. sind Schadensersatzforderungen eines Dritten an den Betrieb nicht erst mit dem rechtlichen Entstehen der Ansprüche (z. B. der rechtskräftigen Verurteilung durch ein Gericht) zu berücksichtigen, sondern bereits dann, wenn eine überwiegende Wahrscheinlichkeit dafür spricht, dass der Betrieb, die Schadensersatzforderungen auch tatsächlich begleichen muss. Quantifizierbarkeit bedeutet, dass die Höhe der Schuld mindestens abschätzbar sein muss.

6. Inventar

Eigenbetriebe haben nach § 20 Abs. 2 Satz 1 EigAnVO die handelsrechtlichen Vorschriften über das Inventar zu beachten. Nach § 240 HGB hat der Kaufmann zu Beginn seines Handelsgewerbes und am Ende eines jeden Geschäftsjahres eine körperliche Bestandsaufnahme vorzunehmen (Inventur). Hierdurch wird die Vollständigkeit der Bilanzansätze nachprüfbar, ebenso kann die Bewertung der Bilanzansätze nachvollzogen werden. Die Erfassung sämtlicher Vermögenswerte und Schulden durch eine körperliche Bestandsaufnahme ist Voraussetzung für die Erstellung eines Jahresabschlusses. Im Bereich des Anlagevermögens kann auf die jährliche Bestandsaufnahme verzichtet werden, wenn jeder Zugang und jeder Abgang im laufend geführten Bestandsverzeichnis erfasst werden.

Die Anforderungen an eine ordnungsmäßige Inventur sind vielfältiger Natur. Wichtig ist die Inventurplanung in zeitlicher, sachlicher und personeller Hinsicht, die Festlegung der Aufnahmegegenstände nach dem Grundsatz ihrer wirtschaftlichen Zugehörigkeit, die Auswahl und Gestaltung der Inventurmethoden, die Dokumentation und Aufbewahrung der Inventurbelege, die Überwachung der Inventur sowie die Abstimmung der Inventurergebnisse mit der Buchführung.

Die Inventur (körperliche Bestandsaufnahme) wird schriftlich in einem Verzeichnis festgehalten, das als Inventar bezeichnet wird. In ihm werden alle Vermögensgegenstände und Schulden nach Art, Menge und Angabe ihres Wertes genau verzeichnet. Besondere Bedeutung erlangt die Inventur im Bereich der Erfassung des Vorratsvermögens. Hinsichtlich der Inventurmethoden sind zu unterscheiden:

- Die Stichtagsinventur (§ 240 Abs. 1 und 2 HGB)
  Diese ist durch eine Bestandsaufnahme am Bilanzstichtag oder in unmittelbarer zeitlicher Nähe zum Bilanzstichtag gekennzeichnet, wobei eine Inventuraufnahme zehn Tage vor bis zehn Tage nach dem Bilanzstichtag als Stichtagsinventur gilt.
- Die permanente Inventur (§ 241 Abs. 2 HGB)
  Bei dieser Inventurmethode wird die Bestandsaufnahme über das Geschäftsjahr verteilt, in dem mindestens einmal im Jahr durch körperliche Bestandsaufnahme das komplette Vermögen erfasst wird. Der Bestand am Bilanzstichtag ist aufbauend auf dem Ergebnis der Inventur und der Bestandsfortschreibung durch die Lagerbuchführung festzustellen.

- Zeitlich verlegte Inventur (§ 241 Abs. 3 Nr. 1 HGB)
  Es besteht die Möglichkeit, die jährliche körperliche Bestandsaufnahme innerhalb der letzten drei Monate vor oder der ersten zwei Monate nach dem Bilanzstichtag durchzuführen (auch steuerlich möglich nach R 5.3 Abs. 2 Satz 1 EStR 2012).
- Stichprobeninventur (§ 241 Abs. 1 HGB)
  Der Bestand der Vermögensgegenstände kann zur Aufstellung des Inventars auch mit Hilfe anerkannter mathematisch-statistischer Methoden aufgrund von Stichproben ermittelt werden. Auf der Grundlage der Stichprobe wird der Gesamtbestand hochgerechnet.

Zur körperlichen Bestandsaufnahme im Rahmen von Inventurverfahren vgl. ISA (DE) 501.

7. Aufbewahrung

Für Handelsbriefe gelten die Aufbewahrungsvorschriften des § 257 HGB. Danach können Handelsbriefe auch auf einem Bildträger oder auf einem anderen Datenträger aufbewahrt werden. Ihre Aufbewahrungsfrist beträgt nach § 257 Abs. 4 i. V. m. Abs. 1 Nr. 2 HGB sechs Jahre. Für alle übrigen Unterlagen richtet sich die Aufbewahrung nach § 30 GemHVO (Amtliche Erläuterungen zu § 21 EigVO, Rundschreiben des Ministeriums des Innern und für Sport vom 24.9.1992, MinBl. S. 386). Danach sind Jahresrechnungen dauernd, Bücher sind zehn Jahre, Belege sind sechs Jahre aufzubewahren (§ 30 Abs. 2 GemHVO). Nach Abschluss der überörtlichen Prüfung, frühestens nach Ablauf von drei Jahren seit Beginn der Aufbewahrungsfrist, können die Bücher und Belege in verkleinerter Form auf Bildträgern aufbewahrt werden. Die Aufbewahrungsfristen beginnen am 1. Januar des der Beschlussfassung über den Jahresabschluss folgenden Wirtschaftsjahres.

8. Kostenrechnung

Die verschiedenen Aufgaben der Kostenrechnung wurden im Einzelnen in Erl. 2.3 zu § 14 EigAnVO erläutert. Kostenrechnungen im Sinne der EigAnVO dienen in erster Linie der Ermittlung des Entgeltbedarfs, d. h. der Ermittlung der Selbstkosten der Leistungen einer Abrechnungsperiode bzw. der Selbstkosten der erzeugten Leistungseinheiten. Darüber hinaus sind sie Grundlage für die Entwicklung einer Kostenstellenrechnung und damit von Wirtschaftlichkeitsuntersuchungen (Amtliche Erläuterungen zu § 21 EigVO, Rundschreiben des Ministeriums des Innern und für Sport vom 24.9.1992, MinBl. S. 386).

Nach dem KAG des Landes Rheinland-Pfalz erheben die kommunalen Gebietskörperschaften als Gegenleistung für die Inanspruchnahme öffentlicher Einrichtungen und Anlagen und zur Deckung von Kosten der Einrichtungen und Anlagen laufende Entgelte: Benutzungsgebühren und wiederkehrende Beiträge oder vergleichbare privatrechtliche Entgelte.

Diese Entgelte sind nach den Kosten für Betrieb, Verwaltung und Unterhaltung, Abschreibungen, Fremd- und Eigenkapitalzinsen sowie sonstige Kosten (Kostenarten) zu bemessen (Kostendeckungsgrundsatz). Für die Ermittlung von Entgelten nach betriebswirtschaftlichen Grundsätzen ist als Kalkulationsgrundlage eine Kostenrechnung erforderlich. Aufgabe der Kostenrechnung ist es in diesem Zusammenhang, die im Rahmen der betrieblichen Leistungserstellung und -verwertung entstehenden Kosten zu erfassen, zu verteilen und zuzurechnen. Die Kostenrechnung gliedert sich i. d. R. in eine Kostenarten-, Kostenstellen- und Kostenträgerrechnung. Die Kostenarten sind auf funktionell abgrenzbare Einrichtungsteile (Kostenstellen) und Lieferungen, Leistungen und Vorhaltetatbestände (Kostenträger) zu verteilen.

Der inhaltliche Aufbau der Kostenarten-, Kostenstellen- und Kostenträgerrechnung ist gesetzlich nicht geregelt. Er liegt im Ermessen des Eigenbetriebes unter Beachtung einer verursachungsgerechten Ermittlung der Leistungspreise bzw. der Entgelte. Dabei sollten die jeweiligen Bedürfnisse und Besonderheiten des Eigenbetriebes als auch neueste betriebswirtschaftliche Erkenntnisse berücksichtigt werden (*Bolsenkötter*, a. a. O., Beier,

M./Brummer, O./Donhauser, C. et al., Tz. 1074 ff.). Die Form der Darstellung (z. B. statistisch als Betriebsabrechnungsbogen, kontenmäßig als Betriebsbuchhaltung) bleibt dem Eigenbetrieb selbst überlassen. Die in der Regel längerfristige Kalkulation der Entgeltsätze für die Leistungen der Eigenbetriebe macht eine laufende Kalkulation der Preise/Gebühren entbehrlich, entbindet aber nicht von der Verpflichtung der Aufstellung einer jährlichen Kostenrechnung.

Muster für die Darstellung von Kostenrechnungen sind von den einschlägigen Fachverbänden entwickelt worden, die zumindest als Grundlage für die individuellen Kostenrechnungen der Eigenbetriebe dienen können.

§ 21
Zwischenbericht

Die Werkleitung hat die Bürgermeisterin oder den Bürgermeister und den Werkausschuss spätestens zum 30. September über die Entwicklung der Erträge und Aufwendungen sowie über die Entwicklung des Vermögensplans schriftlich oder elektronisch zu unterrichten.

Erläuterungen

Spätestens zum 30. September eines Wirtschaftsjahres hat die Werkleitung die Bürgermeisterin oder den Bürgermeister und den Werkausschuss über den Geschäftsverlauf zu unterrichten. Die Verantwortlichkeit für die Vorlage des Zwischenberichtes ist in der Regel auch in der Betriebssatzung festgelegt (§ 6 Abs. 2 Nr. 5 Musterbetriebssatzung, vgl. Anlage zur Kommentierung von § 1). Der Zwischenbericht ist schriftlich zu verfassen. Darüber hinaus hat die Werkleitung den Zwischenbericht der Bürgermeisterin oder dem Bürgermeister vorzulegen und die notwendigen Auskünfte hierzu zu erteilen (§ 4 Abs. 2 Satz 2 EigAnVO).

Gegenstand des Zwischenberichtes ist die Entwicklung der Erträge und Aufwendungen im Wirtschaftsjahr sowie die Entwicklung des Vermögensplans. Eine bestimmte Form für den Zwischenbericht verlangt die EigAnVO nicht. In der Erl. 1 zu § 15 EigAnVO wurde kritisiert, dass weder der Zwischenbericht noch andere Vorschriften in der EigAnVO einen systematischen Soll-/Ist-Vergleich und eine Abweichungsanalyse verlangen. Auf die Erläuterungen wird verwiesen. Es ist zu empfehlen, den Zahlen des laufenden Jahres die entsprechenden Vorjahreszahlen und die Ansätze des Erfolgsplanes gegenüberzustellen. Gleiches gilt für den Vermögensplan. Neben den Erlösen und Erträgen sind mindestens die wesentlichen Aufwandsposten wie Personal-, Material- und Zinsaufwendungen zu erläutern. Im Rahmen des Vermögensplanes sollte Auskunft über den Stand der Baumaßnahmen und der Kreditaufnahmen erteilt werden. Darüber hinaus empfiehlt es sich, über wichtige Ereignisse im Geschäftsjahr zu berichten.

§ 22
Jahresabschluss

(1) Für den Schluss eines jeden Wirtschaftsjahres ist ein Jahresabschluss aufzustellen, der aus der Bilanz, der Gewinn- und Verlustrechnung und dem Anhang besteht.

(2) Die allgemeinen Vorschriften, die Ansatzvorschriften, die Vorschriften über die Bilanz und die Gewinn- und Verlustrechnung, die Bewertungsvorschriften und die Vorschriften über den Anhang für den Jahresabschluss der großen Kapitalgesellschaften des dritten Buchs des Handelsgesetzbuchs finden sinngemäß Anwendung, soweit sich aus dieser Verordnung nichts anderes ergibt.

(3) [1] Für Pensionsverpflichtungen, die durch laufende Umlagen oder Beiträge gedeckt werden, besteht keine Rückstellungsverpflichtung. [2] Grabnutzungsentgelte sind abweichend von Absatz 2 vollständig als Ertrag des Wirtschaftsjahres zu buchen.

Erläuterungen

Übersicht

1. Aufstellungspflicht

§ 22 Abs. 1 EigAnVO bestimmt die Pflicht zur Aufstellung eines Jahresabschlusses für Eigenbetriebe. Aufgrund von § 263 HGB bleibt es den Bundesländern vorbehalten, für Unternehmen ohne eigene Rechtspersönlichkeit Vorschriften zu erlassen, die von den §§ 238 bis 261 HGB abweichen. Insbesondere Unternehmen, denen nach den allgemeinen Regeln des HGB (§§ 1 ff. HGB) die Kaufmannseigenschaft gegeben ist, werden durch § 263 HGB von der Anwendung der §§ 238 bis 261 HGB ausgenommen. Die landesrechtlichen Vorschriften gehen demnach den handelsrechtlichen Vorschriften vor, soweit abweichende Regelungen getroffen wurden.

2. Bestandteile des Jahresabschlusses

Der Jahresabschluss von Eigenbetrieben besteht aus Bilanz, Gewinn- und Verlustrechnung und Anhang. Nach § 24 Abs. 3 EigAnVO ist außerdem eine Erfolgsübersicht aufzustellen, wenn der Eigenbetrieb über mehr als einen Betriebszweig verfügt. Die Erfolgsübersicht ist nach Formblatt 5 (Anlage 5 zur EigAnVO) zu gliedern. Die Erfolgsübersicht gehört nicht zum Jahresabschluss. Die §§ 22 bis 25 EigAnVO enthalten eine Reihe von Vorschriften, die von den allgemeinen handelsrechtlichen Vorschriften abweichen. Besondere Bedeutung kommt dabei den Gliederungsvorschriften der EigAnVO zu. Für Bilanz und Gewinn- und Verlustrechnung wie auch den Anlagennachweis sind gesonderte Formblätter als Anlage zur EigAnVO beigefügt, die zwingend anzuwenden sind:

- Formblatt 1 – Bilanz
- Formblatt 2 – Kopfspalten des Anlagennachweises
- Formblatt 3 – Gliederung des Anlagennachweises der Versorgungs-, Entsorgungs- und Verkehrsbetriebe
- Formblatt 4 – Gewinn- und Verlustrechnung

Eine Abweichung von der Gliederung der Formblätter ist zulässig, wenn der Gegenstand des Betriebs dies erfordert und die abweichende Gliederung der im Formblatt vorgesehenen Gliederung gleichwertig ist (§§ 23 Abs. 1 Satz 2, 24 Abs. 1 Satz 2). Die Abweichung ist im Anhang anzugeben und zu begründen.

Hinzuweisen ist auf Folgendes: Nach § 22 Abs. 2 EigAnVO sind die allgemeinen Vorschriften, die Ansatzvorschriften, die Vorschriften über die Bilanz und die Gewinn- und Verlustrechnung, die Bewertungsvorschriften und die Vorschriften über den Anhang für den Jahresabschluss der großen Kapitalgesellschaften des dritten Buchs des Handelsgesetzbuchs sinngemäß anzuwenden, soweit sich aus dieser Verordnung nichts anderes ergibt. Es handelt sich hier bei der Bezugnahme auf die Vorschriften des HGB um einen sog. dynamischen Verweis. Ein statischer Verweis bestünde dann, wenn der HGB-Verweis in der EigAnVO nur auf die zum Zeitpunkt der Formulierung des Landesgesetzes gültige Fassung des HGB Bezug nehmen würde. Dies ist in Rheinland-Pfalz nicht der Fall (vgl. auch *Vogelpoth/Poullie/Voß*, Probleme im Zusammenwirken von HGB, BilMoG und kommunaler Rechnungslegung, WPg 2/2009 S. 85).

Durch den gegebenen dynamischen Verweis sind auch alle HGB-Änderungen nach Erlass der EigAnVO anzuwenden, unter anderem die Änderungen durch das Bilanzrechtsmodernisierungsgesetz (BilMoG) und das Bilanzrichtlinie-Umsetzungsgesetz (BilRUG). Lediglich dort, wo durch die §§ 22 – 25 EigAnVO Anpassungen bzw. Ergänzungen der HGB-Vorschriften vorgenommen worden sind, bleiben diese trotz späterer Änderungen des HGB bestehen, mit der Folge, dass der Landesgesetzgeber ggf. diese speziellen Regelungen der EigAnVO einem geänderten Rechnungslegungsprozess anpassen müsste.

Die Formblätter 1, 3 und 4 sind dabei eigenständige **landesgesetzliche** Regelungen, die von der nach HGB vorgesehenen Gliederung abweichen. Mithin werden diese nicht aufgrund des dynamischen Verweises automatisch an die Änderungen durch das BilMoG oder das BilRUG angepasst. Eine Anpassung der Formblätter durch den Gesetzgeber ist bisher nicht erfolgt. Jedoch sind die Formblätter aufgrund der geänderten Posteninhalte faktisch an das aktuelle HGB anzupassen. Dies bedeutet, dass sowohl Posten geändert oder hinzugefügt werden müssen, als auch den Wegfall von Posten, die aufgrund der aktuellen Bilanzierungsvorgaben keinen Inhalt mehr haben (z. B. die außerordentlichen Aufwände und Erträge, s. hierzu unten). Für eine dynamische Interpretation, also die faktische Übernahme der Reformen in das Eigenbetriebsrecht, spricht auch, dass z. B. das Land Brandenburg in der Schlussphase der gesetzgeberischen Arbeiten am BilMoG seine Eigenbetriebsverordnung neugefasst und verkündet hat und trotz der Kenntnis über die bevorstehenden Änderungen des HGB die Verweise in dieser Verordnung inhaltlich und in der Diktion den auch sonst im Eigenbetriebsrecht üblichen HGB-Verweisen entsprechen (vgl. *Bolsenkötter*, Modernisierung des Bilanzrechts – Auswirkungen auf öffentliche Unternehmen und Verwaltungen, ZögU 32. Jg. 3/2009, S. 267). Die Anwendung ebenfalls bejahend: *Martin Kronawitter* in Versorgungswirtschaft 11+12/2014 „Die neue EU-Bilanzrichtlinie 2013/34/EU- (geplante) Umsetzung in nationales Recht aus dem Blickwinkel kommunaler Unternehmen". Während durch das BilMoG z. B. materiellrechtliche Änderungen vorgenommen wurden, werden durch das BilRUG vor allem die Umsatzerlöse neu definiert und die außerordentlichen Posten eliminiert. Im Sinne einer teleologischen Auslegung des bestehenden Dissens zwischen Formblättern und den handelsrechtlichen Gliederungsvorschriften ist es notwendig, in Bilanz, Gewinn- und Verlustrechnung sowie Anlagespiegel die Postenbezeichnungen an die vorgenommenen Änderungen im HGB anzupassen (falls eigenbetriebsrechtliche Besonderheiten keine Abweichungen erfordern).

Im Hinblick auf das BilRUG sind folgende Änderungen in Formblatt 4 vorzunehmen:

- Die Posten Nr. 15 „Ergebnis der gewöhnlichen Geschäftstätigkeit", und Nr. 18. –19., die das außerordentliche Ergebnis beinhalten, werden aufgrund der Neudefinition der Umsatzerlöse (§ 277 Abs. 1 HGB) redundant. Der Gesetzgeber sieht keine Abgrenzung mehr nach den Tatbestandsmerkmalen der „gewöhnlichen Geschäftstätigkeit" und des „typischen Leistungsangebots" vor.
- Verschiebung des Postens „Steuern vom Einkommen und vom Ertrag" an Position 15. nach dem Posten „Zinsen und ähnliche Aufwendungen"
- Einfügung einer neuen Position hinter Position 15. mit der Bezeichnung: 16. „Ergebnis nach Steuern".

Abzuwarten bleibt, ob die Formblätter durch den Landesgesetzgeber an die neuen Postenbezeichnungen angepasst und um die neuen hinzugekommenen Posten erweitert werden. Zu den Änderungen hinsichtlich der Postenbezeichnung B. IV. des Formblattes 1 durch das sog. Kapitalgesellschaften- und Co-Richtlinie-Gesetz vgl. Erl. 3.4.1 zu § 23 EigAnVO. Zur Notwendigkeit der Einfügung neuer sog. „davon-Vermerke" in der Gewinn- und Verlustrechnung durch die Änderungen des HGB durch das Bilanzrechtsmodernisierungsgesetz vgl. die einzelnen Erläuterungen zu § 24 EigAnVO zu den jeweiligen Posten der Gewinn- und Verlustrechnung. Die Änderungen der einzelnen Positionen der Bilanz und Gewinn- und Verlustrechnung durch das BilRUG werden in den Kommentaren zu den §§ 23 und 24 EigAnVO näher erläutert.

3. Anzuwendende Vorschriften des HGB

Nach Absatz 2 finden die

- Allgemeinen Vorschriften
- Ansatzvorschriften
- Vorschriften über die Bilanz und die Gewinn- und Verlustrechnung
- Bewertungsvorschriften
- Vorschriften über den Anhang

der großen Kapitalgesellschaften des dritten Buches des HGB sinngemäß Anwendung auf die Eigenbetriebe, soweit sich aus der EigAnVO nichts anderes ergibt. Aufgrund dieser Vorschrift können Eigenbetriebe bei der Erstellung und Offenlegung des Jahresabschlusses keine größenabhängigen – für kleine und mittelgroße Kapitalgesellschaften geltenden – Erleichterungen in Anspruch nehmen. Die Anwendbarkeit der einzelnen Vorschriften des HGB auf Eigenbetriebe wird in der folgenden Aufstellung im Einzelnen dargestellt:

Tabelle 1: Anwendbarkeit handelsrechtlicher Vorschriften des dritten Buches des HGB

3. Buch des HGB			**Anwendbarkeit**	**EigAnVO**	**Bemerkung**
		§§		§§	
Vorschriften für alle Kaufleute					
	Buchführung und Inventar	238–241	Ja	20 Abs. 1 u. 2	
	Allgemeine Vorschriften				
	Pflicht zur Aufstellung	242	Ja	22 Abs. 1	
	Aufstellungsgrundsatz	243	Ja	22 Abs. 2	
	Sprache. Währungseinheit	244	Ja	22 Abs. 2	
	Unterzeichnung	245	Nein	27 Abs. 1 S. 2	Unterzeichnung von Jahresabschluss und Lagebericht durch Werkleitung
	Ansatzvorschriften				
	Vollständigkeit. Verrechnungsverbot	246	Ja	22 Abs. 2	
	Inhalt der Bilanz	247	Ja	22 Abs. 2	
	Bilanzierungsverbote	248	Ja	22 Abs. 2	

3. Buch des HGB		Anwendbarkeit	EigAnVO	Bemerkung
	§§		§§	
Rückstellungen	249	Ja	22 Abs. 2	Ausnahme: keine Rückstellungsverpflichtung für bestimmte Pensionsverpflichtungen, § 22 Abs. 3 EigAnVO
Rechnungsabgrenzungsposten	250	Ja	22 Abs. 2	
Haftungsverhältnisse	251	Ja	22 Abs. 2	
Bewertungsvorschriften				
Allgemeine Bewertungsgrundsätze	252	Ja	22 Abs. 2	
Wertansätze der Vermögensgegenstände und Schulden	253	Ja	22 Abs. 2	
Bildung von Bewertungseinheiten	254	Ja	22 Abs. 2	
Bewertungsmaßstäbe	255	Ja	22 Abs. 2	
Bewertungsvereinfachungsverfahren	256	Ja	22 Abs. 2	
Währungsumrechnung	256a	Ja	22 Abs. 2	
Aufbewahrung und Vorlage	257–261	Ja	22 Abs. 2	Außer § 257 Abs. 3 – 5 HGB, die nur auf Handelsbriefe Anwendung finden
Ergänzende Vorschriften für Kapitalgesellschaften sowie bestimmte Personengesellschaften				
Allgemeine Vorschriften				
Pflicht zur Aufstellung	264	Nein	22 Abs. 1	Originäre Aufstellungspflicht der EigAnVO ersetzt § 264 Abs. 1 HGB; § 264 Abs. 2 Satz 3 HGB ist auf Eigenbetriebe nicht anzuwenden.
Vorschriften für bestimmte Personengesellschaften	264a–264c	Nein	22 Abs. 1	
Vorschrift für kapitalmarktorientierte Unternehmen	264d	Nein	22 Abs. 1	
Allgemeine Grundsätze für die Gliederung	265 Abs. 1–4, 6, 8	Ja	22 Abs. 2	
– weitere Untergliederung der Posten	265 Abs. 5	Ja	23 Abs. 1 Satz 2, 24	Abweichungen der Gliederung nur falls gleichwertig

3. Buch des HGB		Anwendbarkeit	EigAnVO	Bemerkung
	§§		§§	
			Abs. 1 Satz 2	und betriebsbedingt erforderlich
– Zusammenfassung von Posten	265 Abs. 7	Nein	23 Abs. 1 Satz 1, 24 Abs. 1 Satz 1	Formblätter lassen Zusammenfassung von Posten nicht zu
Bilanz				
Gliederung der Bilanz	266	Nein	23 Abs. 1 Satz 1	Gliederung nach Formblatt 1 bzw. 3
Umschreibung der Größenklassen	267, 267a	Nein	22 Abs. 2	Keine größenabhängigen Erleichterungen für Eigenbetriebe
Vorschriften zu einzelnen Posten der Bilanz. Bilanzvermerke	268 Abs. 3 und 4 Satz 2, Abs. 5 Sätze 2 und 3, Abs. 6, Abs. 7, Abs. 8	Ja	22 Abs. 2	
– Aufstellung der Bilanz unter vollständiger oder teilweiser Ergebnisverwendung	268 Abs. 1	Nein	23 Abs. 1 Satz 3	Aufstellung des Jahresabschlusses unter Berücksichtigung einer Ergebnisverwendung nicht zulässig
– Restlaufzeit Forderungen über 1 Jahr	268 Abs. 4 Satz 1	Nein	23 Abs. 1 Satz 3, 25 Abs. 2 Nr. 2	Darstellung eines Forderungenspiegels im Anhang gefordert
– Restlaufzeit Verbindlichkeiten bis zu und größer 1 Jahr	268 Abs. 5 Satz 1	Nein	23 Abs. 1 Satz 3, 25 Abs. 1 Satz 1 Nr. 1	Darstellung eines Verbindlichkeitenspiegels im Anhang gefordert
Bildung bestimmter Posten	270			
– Kapitalrücklage	270 Abs. 1 Satz 1	Nein	23 Abs. 1 Satz 3	Keine Bildung einer Kapitalrücklage bei Eigenbetrieben bei Aufstellung
– Gewinnrücklagen	270 Abs. 2	Nein	23 Abs. 1 Satz 3	Keine Aufstellung des Jahresabschlusses unter Berücksichtigung einer Ergebnisverwendung zulässig

3. Buch des HGB		Anwendbarkeit	EigAnVO	Bemerkung
	§§		§§	
Beteiligungen. Verbundene Unternehmen	271	Ja	22 Abs. 2	
Eigenkapital	272	Nein	23 Abs. 1 Satz 3	Gliederung des Eigenkapitals nach Formblatt 1; ergänzende Vorschriften in § 23 Abs. 2 und 3 EigAnVO
Steuerabgrenzung	274	Ja	22 Abs. 2	
Größenabhängige Erleichterungen	274a	Nein	22 Abs. 2	Keine größenabhängigen Erleichterungen für Eigenbetriebe
Gewinn und Verlustrechnung				
Gliederung	275	Nein	24 Abs. 1 Satz 1	Gliederung nach Formblatt 4, aber faktische Anpassung wegen neuer Ansatzvorschriften nach BilRUG
Größenabhängige Erleichterungen	276	Nein	22 Abs. 2	Keine größenabhängigen Erleichterungen für Eigenbetriebe
Vorschriften zu einzelnen Posten der Gewinn- und Verlustrechnung	277	ja; aber Wahlrechtseinschränkung zu Abs. 3	22 Abs. 2	Außerplanmäßige Abschreibungen § 253 Abs. 3 Satz 5 und 6 HGB und Abschreibungen nach § 253 Abs. 3 Satz 3 HGB (außer bei Wertpapieren des Umlaufvermögens) sind in der GuV als „davon-Vermerk" darzustellen (Formblatt 4 Nr. 7)
Anhang				
Erläuterungen der Bilanz und der Gewinn- und Verlustrechnung	284	Ja	22 Abs. 2	Außer § 284 Abs. 3 HGB Darstellung des Anlagennachweises im Anhang nach Formblatt 2, jedoch zusätzliche Angabe aktivierter Fremdkapitalzinsen
Sonstige Pflichtangaben	285	Ja	22 Abs. 2, 25	Erweiterte Angabepflichten nach § 25 EigAnVO betreffen:
				– Verbindlichkeiten, Absatz 1 Satz 1 Nr. 1
				– Mengen- und Tarifstatistik, Entgeltbedarf und Entgeltaufkommen, Absatz 1 Satz 1 Nr. 2

3. Buch des HGB	§§	Anwendbarkeit	EigAnVO §§	Bemerkung
				– Personalaufwand und -statistik, Absatz 1 Satz 1 Nr. 3
				– Eigenkapital, Ergebnisvortrag, Rückstellungen, Absatz 2 Nr. 1 und Nr. 3
				– Forderungen, Absatz 2 Nr. 2
				– Anlagennachweis, Absatz 3
				Keine Angaben betreffend das Umsatzkostenverfahren, Absatz 1 Satz 1 Nr. 4
				Vorschriften ohne Bedeutung für Eigenbetriebe:
				– Name und Sitz des Mutterunternehmens, § 285 Nr. 14, 14a, 15 HGB
				– Erklärung zum Corporate Governance Kodex, § 285 Nr. 16 HGB
				– Angaben zu mit dem beizulegenden Zeitwert bewerteten Finanzinstrumenten
				von Kredit- und Finanzdienstleistungsinstituten, § 285 Nr. 20 HGB
Unterlassen von Angaben	286	eingeschränkt	22 Abs. 2, 25 Abs. 1 Satz 2	Keine Inanspruchnahme der Schutzklauseln nach 286 Abs. 2 und 3 HGB; § 286 Abs. 5 HGB trifft nicht auf Eigenbetriebe zu
Größenabhängige Erleichterungen	288	Nein	22 Abs. 2	Keine größenabhängigen Erleichterungen für Eigenbetriebe
Lagebericht	289	Ja	26	Erweiterte Angabepflichten nach § 26 EigAnVO betreffen:
				– Zusätzliche Angaben zu technischen Anlagen und Bauvorhaben
				Vorschriften ohne Bedeutung für Eigenbetriebe:
				– Angaben zu den Grundzügen des Vergütungssystems, soweit es sich um börsennotierte Aktiengesell-

3. Buch des HGB		Anwend-barkeit	EigAnVO	Bemerkung
	§§		§§	
				schaft handelt, § 286 Abs. 5 HGB
				– Angaben für Unternehmen bestimmter Rechtsform, die einen organisierten Markt im Sinne des § 2 Abs. 7 des Wertpapiererwerbs- und Übernahmegesetzes durch von ihnen ausgegebene stimmberechtigte Aktien in Anspruch nehmen
				– Angaben zu den wesentlichen Merkmalen des internen Kontroll- und Risikomanagementsystems im Hinblick auf den Rechnungslegungsprozess bei kapitalmarktorientierten Unternehmen i. S. d. § 264d HGB; § 289 Abs. 5 HGB
Ergänzende Vorgaben, nichtfinanzielle Erklärung, Erklärung zur Unternehmensführung	289a–f	Nein	22 Abs. 2, 26	Keine Bedeutung bei Eigenbetrieben
Konzernabschluss und Konzernlagebericht	290–315e	Nein		Keine Bedeutung bei Eigenbetrieben
Prüfungsvorschriften	316–319, 320–324	Ja	89 Abs. 1 GemO	
	319a, b, 321a, 324a	Nein	89 Abs. 1 GemO	Keine Bedeutung bei Eigenbetrieben
Offenlegung	325–329	Nein	27 Abs. 3	Nach § 27 Abs. 3 EigAnVO sind eigene Offenlegungsvorschriften für Eigenbetriebe festgelegt
Formblattermächtigung	330	Nein		
Straf- und Bußgeldvorschriften. Zwangsgelder	331–335c	Nein		
Ergänzende Bestimmungen für eingetragene Genossenschaften	336–339	Nein		nur für Genossenschaften

3. Buch des HGB		Anwendbarkeit	EigAnVO	Bemerkung
	§§		§§	
Ergänzende Vorschriften für Unternehmen bestimmter Geschäftszweige	340–341y	Nein		nur für Kredit- und ähnliche Institute, Versicherungsunternehmen, Pensionsfonds
Ertragsteuerinformationsbericht	342–342p	Nein		Keine Bedeutung für Eigenbetriebe, da auf bestimmte multinationale Unternehmen und Konzerne anzuwenden
Privates Rechnungslegungsgremium, Rechnungslegungsbeirat	342q, 342r	Nein		Da nur für Konzernrechnungslegung Grundsätze erarbeitet werden
Übergangsvorschriften zum Bilanzrechtsmodernisierungsgesetz	Art. 66, 67 EGHGB	Ja		Besondere Vorschriften im Zusammenhang mit dem Übergang auf das Bilanzrechtsmodernisierungsgesetz
Übergangsvorschriften zum Bilanzrichtlinie-Umsetzungsgesetz	Art. 75	Ja		Besondere Vorschriften im Zusammenhang mit dem Übergang auf das Bilanzrichtlinie-Umsetzungsgesetz

4. Gliederungsvorschriften

Im Rahmen der Buchführung und des Jahresabschlusses sind die Grundsätze ordnungsmäßiger Buchführung anzuwenden. Sie sind im Einzelnen in Erl. 5 zu § 20 EigAnVO wiedergegeben. Die allgemeinen Vorschriften, die Ansatzvorschriften, die Vorschriften über die Bilanz und die Gewinn- und Verlustrechnung, die Bewertungsvorschriften sowie die Vorschriften über den Anhang, die für große Kapitalgesellschaften gelten und sinngemäß für Eigenbetriebe anzuwenden sind, werden in der Kommentierung zu den §§ 23, 24 und 25 EigAnVO erläutert.

Nachfolgend soll speziell noch auf die Gliederungsvorschriften des § 265 HGB eingegangen werden:

4.1 Beibehaltung der Gliederung (§ 265 Abs. 1 HGB)

Die Gliederung der aufeinander folgenden Bilanzen und Gewinn- und Verlustrechnungen ist beizubehalten. Die Gliederung bezieht sich auf

- Postenbezeichnung,
- Postenzuordnung,
- Postenuntergliederung,
- Zuordnung von Vermögensgegenständen und Schulden sowie Aufwendungen und Erträgen zu den Posten des Jahresabschlusses.

Eine Abweichung von der Beibehaltung der Gliederung nur wegen besonderer Umstände ist erlaubt. Solche Umstände können in wesentlichen Veränderungen, die den Informationsgehalt berühren und im Falle der Beibehaltung der Gliederung zur Vermittlung eines falschen Eindrucks führen oder in Veränderungen der tatsächlichen Verhältnisse liegen. Bei Abweichungen von der Form der Darstellung aufeinander folgender Jahresabschlüsse ist eine Angabe im Anhang mit Begründung für die Abweichung erforderlich. Eine derartige Abweichung stellt auch die Änderung der handelsrechtlichen Gliederungsvorschriften durch gesetzliche Änderungen dar. Derartige Änderungen sind durch das BilMoG und das BilRUG eingetreten, s. a. oben. Durch die Änderungen des BilRUG wurden insbesondere die Posten Ergebnis der gewöhnlichen Geschäftstätigkeit, außerordentliche Aufwendungen und -Erträge und das außerordentliche Ergebnis aus der gesetzlichen Gliederung entfernt. Unter teleologischer Auslegung des § 22 Abs. 2 EigAnVO zur Anwendbarkeit der handelsrechtlichen Vorschriften ergibt sich eine Anpassung der Formblattgliederung an die neuen Vorschriften. Zwar wurde das Formblatt vom Gesetzgeber nicht aufgehoben und ist daher grundsätzlich weiter anzuwenden; jedoch richtet sich der Inhalt nach den Ansatzvorschriften des HGB, so dass de facto eine Übernahme der handelsrechtlichen Gliederung mit Bezug auf die neue Gliederung des BilRUG erfolgt. Die weitergehenden spezialgesetzlichen Gliederungspunkte des Formblatt 4 bleiben hingegen weiter anwendbar.

4.2 Angabe des Vorjahresbetrages (§ 265 Abs. 2 HGB)

Zu jedem Posten der Bilanz und der Gewinn- und Verlustrechnung ist der entsprechende Vorjahresbetrag anzugeben. Die Angabepflicht betrifft auch die „davon-Vermerke". Bei Anhangangaben sind grundsätzlich keine Vorjahresbeträge anzugeben, es sei denn, sie stellen Vermerke mit Postencharakter dar. Die Vorjahreszahlen können in T€ angegeben werden. Es besteht ein Wahlrecht der Anpassung der Vorjahreszahlen, falls ansonsten die Vergleichbarkeit nicht gewährleistet ist. Bei fehlender Vergleichbarkeit der Vorjahreszahlen besteht eine Angabe- und Erläuterungspflicht im Anhang: die Vorjahreszahlen sind dann trotzdem anzugeben, wobei die Erläuterung im Anhang hierzu nur verbaler Art sein muss. Werden die Vorjahreszahlen angepasst, ist dies im Anhang anzugeben und zu erläutern.

4.3 Mitzugehörigkeit (§ 265 Abs. 3 HGB)

Fällt ein Vermögensgegenstand oder eine Schuld unter mehrere Posten der Bilanz, so ist die Mitzugehörigkeit zu vermerken, wenn dies zur Aufstellung eines klaren und übersichtlichen Jahresabschlusses erforderlich ist. Der Vermerk kann als „davon-Vermerk" innerhalb der Bilanz oder im Anhang erfolgen.

Die Vorschrift ist nur auf die Bilanz, nicht auf die Gewinn- und Verlustrechnung anzuwenden.

> *Beispiel:*
>
> *Forderungen und Verbindlichkeiten aus Lieferungen und Leistungen gegenüber dem Einrichtungsträger. Es besteht bei Doppelzugehörigkeit grundsätzlich ein Ausweiswahlrecht. Der Mitzugehörigkeitsvermerk bei dem jeweils anderen Posten ist bei Wesentlichkeit erforderlich, die nach den Verhältnissen des Einzelfalles zu beurteilen ist.*

4.4 Gliederung bei mehreren Geschäftszweigen (§ 265 Abs. 4 HGB)

Der Jahresabschluss ist bei Existenz mehrerer Geschäftszweige nach den Gliederungsvorschriften für einen Geschäftszweig aufzustellen und entsprechend den Gliederungsvorschriften der anderen Geschäftszweige zu ergänzen. Die Vorschrift hat für Eigenbetriebe keine praktische Bedeutung. Falls mehrere Geschäftszweige bestehen, sind in der Bilanzgliederung des Formblatts 1 alle wesentlichen Posten betreffend die unterschiedlichen Betriebszweige enthalten. Aus diesen Posten sind die entsprechenden für den betrachteten Eigenbetrieb relevanten Posten auszuwählen. Die geschäftszweigspezifische Darstellung der Gewinn- und Verlustrechnung erfolgt in Formblatt 5.

Die Vorschrift hat insbesondere bei Kreditinstituten und Versicherungsunternehmen Bedeutung.

4.5 Weitere Untergliederung (§ 265 Abs. 5 HGB)

Eine weitere Untergliederung der Posten ist zulässig, dabei ist jedoch die vorgeschriebene Gliederung zu beachten. Sie ist im Anhang anzugeben. Neue Posten dürfen nur hinzugefügt werden, wenn ihr Inhalt nicht von einem vorgeschriebenen Posten gedeckt wird. Es besteht grundsätzlich ein Ausweiswahlrecht, wobei die vorgeschriebene Untergliederung vorgeht. Eine Veränderung der Postengruppen mit Großbuchstaben oder römischen Zahlen ist unzulässig. Zulässig sind Untergliederungen in Haupt- und Vorspalte, der Ersatz vorgesehener Posten durch Teilposten, die Ausgliederung einzelner Bestandteile aus Sammelposten. Eine abweichende Gliederung ist nur erlaubt, falls sie gleichwertig und betriebsbedingt erforderlich ist (§§ 23 Abs. 1 Satz 2, 24 Abs. 1 Satz 2 EigAnVO).

4.6 Anpassung der Gliederung (§ 265 Abs. 6 HGB)

Gliederung und Bezeichnung der mit arabischen Zahlen versehenen Posten der Bilanz und der Gewinn- und Verlustrechnung sind zu ändern, wenn dies wegen Besonderheiten des Eigenbetriebs zur Aufstellung eines klaren und übersichtlichen Jahresabschlusses erforderlich ist.

Es besteht eine Anpassungspflicht bei anderweitiger Beeinträchtigung der Aussagefähigkeit. Eine freiwillige Anpassung der Postenbezeichnungen ist möglich, wenn dies die Aussagefähigkeit erhöht. Als Beispiele können die Untergliederung der Vorräte oder der Sachanlagen genannt werden. In der Gewinn- und Verlustrechnung können z. B. die Umsatzerlöse durch Angabe spezifischer Erlösposten weiter untergliedert werden.

4.7 Zusammenfassungen von Posten (§ 265 Abs. 7 HGB)

Wenn nicht besondere Formblätter vorgeschrieben sind, ist eine Zusammenfassung von Posten mit arabischen Zahlen in der Bilanz und der Gewinn- und Verlustrechnung möglich. Die Vorschrift ist auf Eigenbetriebe nicht anwendbar, da hier bestimmte Formblätter die Gliederung vorgeben.

4.8 Leerposten (§ 265 Abs. 8 HGB)

Ein Leerposten der Bilanz oder Gewinn- und Verlustrechnung braucht nicht aufgeführt zu werden, es sei denn, dass im vorhergehenden Geschäftsjahr unter diesem Posten ein Betrag ausgewiesen wurde.

5. Pensionsverpflichtungen, Grabnutzungsentgelte (Absatz 3)

Für bestimmte Pensionsverpflichtungen besteht keine Rückstellungspflicht. Auf die Erl. 11.3 zu § 23 EigAnVO wird hingewiesen. Grabnutzungsentgelte sind ab dem Wirtschaftsjahr 2024 nicht mehr zu passivieren und über die vereinbarte Grabnutzungsdauer ratierlich aufzulösen, sondern im Jahr der Vereinnahmung als Ertrag zu buchen. Die Vorschrift wurde gleichlautend zu § 38 Abs. 4 GemHVO angepasst, widerspricht aber dem Periodisierungsgrundsatz des auch für Eigenbetriebe anzuwendenden § 252 Abs. 1 Nr. 5 HGB.

§ 23
Bilanz

(1) [1]Die Bilanz ist unbeschadet einer weiter gehenden Gliederung nach Formblatt 1 (Anlage 1) aufzustellen. [2]Eine abweichende Gliederung, die gleichwertig sein muss, ist zulässig, wenn der Gegenstand des Betriebs sie erfordert. [3]§ 268 Abs. 1, 2 und 4 Satz 1 sowie Abs. 5 Satz 1, § 270 Abs. 1 Satz 1 und Abs. 2 sowie § 272 des Handelsgesetzbuchs finden keine Anwendung.

(2) Das Stammkapital ist mit seinem in der Betriebssatzung festgelegten Betrag anzusetzen.

(3) [1]Ertragszuschüsse können als Passivposten nach Formblatt 1 Posten C ausgewiesen oder von den Anschaffungs- und Herstellungskosten der bezuschussten Anlagen abgesetzt werden. [2]Zuschüsse Nutzungsberechtigter (Beiträge und ähnliche Entgelte), ausgenommen Grabnutzungsentgelte (§ 22 Abs. 3 Satz 2), sind als Ertragszuschüsse auf der Passivseite der Bilanz auszuweisen. [3]Sie sind jährlich mit dem Vomhundertsatz aufzulösen, der dem durchschnittlichen betriebsgewöhnlichen Abschreibungssatz entspricht. [4]Zuschüsse von Erneuerungsverpflichteten (Bauzuschüsse) sind von den Anschaffungs- und Herstellungswerten abzusetzen. [5]Kapitalzuschüsse der öffentlichen Hand, die die Gemeinde für den Eigenbetrieb erhalten hat, sind dem Eigenkapital unmittelbar zuzuführen, soweit die den Zuschuss bewilligende Stelle nichts Gegenteiliges bestimmt.

Erläuterungen

Übersicht

1. Aktivseite

Für die Gliederung der Bilanz ist das Formblatt 1 der EigAnVO zu verwenden (§ 23 Abs. 1 Satz 1 EigAnVO). Das handelsrechtliche Gliederungsschema des § 266 Abs. 2 und 3 HGB ist nicht anwendbar. Größenabhängige Erleichterungen nach § 266 Abs. 1 Satz 3 HGB, die kleine Kapitalgesellschaften in Anspruch nehmen können, dürfen Eigenbetriebe nicht anwenden (§ 22 Abs. 2 EigAnVO). Zur Anpassung des Formblattes 1 an das handelsrechtliche Gliederungsschema des § 266 HGB nach Geltung des Bilanzrechtsmodernisierungsgesetzes vgl. Erl. 2 zu § 22 EigAnVO.

2. (A.) Anlagevermögen

Im Anlagevermögen sind nur die Gegenstände auszuweisen, die bestimmt sind, dauernd dem Geschäftsbetrieb zu dienen (§ 247 Abs. 2 HGB).

Die vertikale Gliederung des Anlagevermögens ergibt sich aus den Formblättern 1 und 3. Hierbei werden die Besonderheiten der Versorgungs-, Entsorgungs- und Verkehrsbetriebe durch den Ausweis von betriebstypischen Anlagepositionen berücksichtigt. In Formblatt 3 ist die Gliederung des Anlagennachweises für Versorgungs-, Entsorgungs- und Verkehrsbetriebe dargestellt. Diese Gliederung gilt nach der Fußnote zu Formblatt 3 sinngemäß auch für andere Betriebe; sie ist erforderlichenfalls zu ergänzen. Bei den Posten des Anlagevermögens sind unbeschadet einer weiteren Untergliederung die Posten A. I. bis A. III. zugrunde zu legen. Für Wohnungsunternehmen ist hierzu die Formblattverordnung über Formblätter für die Gliederung des Jahresabschlusses von Wohnungsunternehmen vom 22.9.1970 (BGBl. I S. 1334, zuletzt geändert durch Bekanntmachung vom 14.6.2023, BGBl. 2023 I Nr. 152)), für Krankenhäuser die Krankenhausbuchführungsverordnung, Anlage 1 A1 in der Fassung der Bekanntmachung vom 24.3.1987 (BGBl. I S. 1045, zuletzt geändert durch Art. 25 vom 7.8.2021, BGBl. I S. 3311)) und für Pflegeeinrichtungen die Pflege-Buchführungsverordnung, Anlage 1 in der Fassung des Art. 8 Bilanzrichtlinie-Umsetzungsgesetz (BilRUG) des Gesetzes vom 17.7.2015, BGBl. I S. 1245 m. W. vom 23.7.2015 (zuletzt geändert durch Art. 25 vom 7.8.2021, BGBl. I S. 3311)) heranzuziehen.

Die horizontale Gliederung des Anlagevermögens, d. h. die Entwicklung des Anlagevermögens, richtet sich nach Formblatt 2 (§ 25 Abs. 3 EigAnVO).

2.1 (A. I.) Immaterielle Vermögensgegenstände

2.1.1 Gliederung und Inhalt

2.1.1.1 (A. I.1.) Konzessionen, gewerbliche Schutzrechte und ähnliche Rechte und Werte sowie Lizenzen an solchen Rechten und Werten

2.1.1.1.1 Beispiele

Konzessionen, z. B.: Verkehrskonzessionen, Energieversorgungsrechte, Wegerechte, Wasserrechte.

Gewerbliche Schutzrechte, z. B.: Patente, Gebrauchsmuster, Urheber-, Verlags-, Markenrechte, Warenzeichen, Aufwendungen für Internet-Domain-Adresse.

Ähnliche Rechte, z. B.: Obligatorische Nutzungsrechte, Belieferungsrechte, Vertriebsrechte.

Ähnliche Werte, z. B.: Erfindungen, Rezepte, Know-how.

Lizenzen sind Befugnisse, die zur Nutzung oder Verwertung von Rechten anderer berechtigen.

Zu Internet-Domain Adressen:

Der BFH hat in seinem Urt. vom 19.10.2006 (– II R 6/05 –, BStBl. II 2007 S. 301) entschieden, dass Aufwendungen für die Internet-Domain-Adresse Anschaffungskosten für ein nicht planmäßig abnutzbares immaterielles Wirtschaftsgut des Anlagevermögens darstellen.

2.1.1.1.2 Besonderheiten bei Eigenbetrieben

Gas- und Stromversorgung:

- Gaslieferungs- und Vertragsrechte
- Ggf. digitale Netzpläne

Wasserversorgung:

- Grunddienstbarkeiten, beschränkte persönliche Dienstbarkeiten
- Wasserrechte
- Ggf. digitale Netzpläne

Abwasserbeseitigung:

- Grunddienstbarkeiten, beschränkte persönliche Dienstbarkeiten
- Ggf. digitale Netzpläne

Zertifizierungsaufwendungen nach ISO 9001– 9003 stellen nach dem Schreiben des BMF vom 22.1.1998 (Der Betrieb 1998 S. 344) sofort abzugsfähige Betriebsausgaben dar, da die Steigerung der Unternehmenseffizienz durch Standardisierung und Vereinfachung der Organisation als wertbildender Faktor in den Geschäfts- und Firmenwert mit eingeht.

Zu Grunddienstbarkeiten und beschränkten persönlichen Dienstbarkeiten:

Grunddienstbarkeiten und beschränkte persönliche Dienstbarkeiten liegen relativ häufig bei den Eigenbetrieben vor (insbesondere bei Betrieben der Wasserversorgung und Abwasserentsorgung).

Grunddienstbarkeiten (§§ 1018 ff. BGB) sowie beschränkte persönliche Dienstbarkeiten (§§ 1090 ff. BGB) gehören nicht zu den grundstücksgleichen Rechten (Posten A. II. 1.). Sofern sie entgeltlich erworben wurden, sind sie als selbstständiger Vermögensgegenstand anzusehen und unter dem Bilanzposten „Immaterielle Vermögensgegenstände" zu aktivieren (*ADS*, a. a. O., Prof. Dr. Dr. h. c. Forster, K.-H./Dr. Dr. h. c. Goerdeler, R./Lanfermann, J. et al., Tz. 40 zu § 266 HGB). Befristete Rechte sind planmäßig über den Zeitraum der Befristung abzuschreiben. Auch bei unbefristeten Rechten ist unter der Beachtung des Grundsatzes der Vorsicht (§ 252 Abs. 1 Nr. 4 HGB) im Zweifel von einer zeitlichen Begrenzung des Rechtes auszugehen (*ADS*, a. a. O., Prof. Dr. Dr. h. c. Forster, K.-H./Dr. Dr. h. c. Goerdeler, R./Lanfermann, J. et al., Tz. 356 zu § 253 HGB). Sobald die eingetragene Dienstbarkeit nicht mehr für den Eigenbetrieb benötigt wird, ist sie als Abgang zu buchen und darzustellen. Ebenfalls sollte dann auch die Austragung aus dem Grundbuch erfolgen.

Zu digitalen Netzplänen: Vgl. Erl. zu 2.2.2.4.4.

2.1.1.2 (A. I.2.) Baukostenzuschüsse

Baukostenzuschüsse sind gem. Formblatt 1 zur EigAnVO als separater Posten unter den immateriellen Vermögensgegenständen auszuweisen. Der Posten ist im handelsrechtlichen Gliederungsschema nach § 266 HGB nicht enthalten. Bei den Baukostenzuschüssen handelt es sich um Zuschüsse für mit einem Dritten gemeinsam genutzte Anlagen. Insbesondere werden hier die Fälle erfasst, in denen eine Gemeinde eine fremde Anlage (z. B. Kläranlage, Wasserbeschaffungsanlage) mitbenutzt. Die eigentliche Anlage wird z. B. bei einem Zweckverband oder einer Nachbargemeinde bilanziert und wird von der Gemeinde aufgrund einer öffentlich-rechtlichen Vereinbarung mitgenutzt. Sofern die Gemeinde sich an den Investitionsausgaben für die gemeinsam genutzte Anlage dergestalt beteiligt, dass sie ein Mitbenutzungsrecht an der Anlage, die im Eigentum eines Dritten steht, erwirbt, hat sie ein anlageähnliches Recht erworben, das als gegebener Baukostenzuschuss unter A. I.2. zu aktivieren ist. Eine andere Behandlung ergibt sich, wenn die Gemeinde eine Kapitalbeteiligung eingegangen ist, die dann als Finanzanlage zu bilanzieren ist (*Brod/ Steenbock*, a. a. O., S. 156 f.).

Von den hier auszuweisenden gegebenen Kostenzuschüssen sind die erhaltenen Baukostenzuschüsse zu unterscheiden (vgl. Erl. 10).

2.1.1.3 (A. I.3.) geleistete Anzahlungen

Hier sind Anzahlungen auf entgeltlich erworbene immaterielle Vermögensgegenstände auszuweisen. Es ist darauf zu achten, dass der Ausweis nicht unter A. II.15. bei den geleisteten Anzahlungen und Anlagen im Bau im Rahmen der Sachanlagen erfolgt. Bei selbstgeschaffenen immateriellen Werten erfolgt der Ausweis auch vor der Fertigstellung unter dem separaten Posten „Selbst geschaffene gewerbliche Schutzrechte und ähnliche Rechte und Werte".

2.1.2 Bilanzierung und Bewertung

2.1.2.1 Bilanzierung und Bewertung

Zur Inventarisierung von immateriellen Vermögensgegenständen nach § 240 Abs. 2 HGB vgl. Erl. 2.2.2.1.3 bei den Sachanlagen. Zu den allgemeinen Grundsätzen zur Bilanzierung und Bewertung, wie der Definition der Vermögensgegenstände, dem Anschaffungs- und Herstellungskostenbegriff sowie Erläuterungen zu Abschreibungen vgl. Erl. 2.2.2. zu der Bilanzierung und Bewertung des Sachanlagevermögens. Im Folgenden werden Besonderheiten bei der Bilanzierung und Bewertung immaterieller Vermögenswerte dargestellt.

2.1.2.2 Selbst geschaffene gewerbliche Schutzrechte und ähnliche Rechte und Werte

Nach § 266 Abs. 2 A. I. 1. HGB sind selbst geschaffene gewerbliche Schutzrechte und ähnliche Rechte gesondert in der Bilanz auszuweisen. Dies dient dazu, die selbst geschaffenen Vermögensgegenstände deutlich von den entgeltlich erworbenen immateriellen Vermögensgegenständen abzugrenzen, inhaltlich ist die Position nahezu identisch mit dem Posten der Aktivseite A. I.1. des Formblattes 4. Der Unterschied besteht darin, dass es sich hier um selbst geschaffene immaterielle Vermögensgegenstände handelt. Selbsterstellte immaterielle Vermögensgegenstände des Anlagevermögens können erst seit der Geltung des Bilanzrechtsmodernisierungsgesetzes unter bestimmten Voraussetzungen aktiviert werden. Die Position ist in Formblatt 1 nicht enthalten, muss aber nach Geltung des Bilanzrechtsmodernisierungsgesetzes, wenn solche Posten in der Bilanz enthalten sind, noch in die Bilanzgliederung gesondert eingefügt werden (vgl. auch Erl. zu § 22 EigAnVO). Das Aktivierungswahlrecht besteht nicht für selbst geschaffene immaterielle Vermögensgegenstände des Umlaufvermögens. Diese sind aufgrund ihrer bilanziellen Zuordnung zwingend zu aktivieren.

Zu den möglichen Posteninhalten bei immateriellen Vermögensgegenständen vgl. Erl. 2.1.1.1 ff.

Nach § 248 Abs. 2 Satz 1 HGB besteht ein Aktivierungswahlrecht für selbsterstellte immaterielle Vermögensgegenstände des Anlagevermögens. Ein Aktivierungsverbot besteht für selbst geschaffene Marken, Drucktitel, Verlagsrechte, Kundenlisten oder vergleichbare immaterielle Vermögensgegenstände des Anlagevermögens aufgrund der fehlenden selbständigen Bewertbarkeit dieser Güter (§ 248 Abs. 2 Satz 2 HGB). Nach § 268 Abs. 8 HGB ist im Rahmen der Aktivierung solcher selbst geschaffener immaterieller Vermögensgegenstände eine Ausschüttungssperre zu beachten, nach der Gewinne nur insoweit ausgeschüttet werden dürfen, als die nach der Ausschüttung verbleibenden frei verfügbaren Rücklagen zuzüglich eines Gewinnvortrages und abzüglich eines Verlustvortrages mindestens den insgesamt angesetzten Beträgen abzüglich der ggf. hierfür gebildeten latenten Steuern entsprechen. Frei verfügbare Rücklagen sind bei Eigenbetrieben ausschließlich die allgemeine Rücklage. Die ausschüttungsgesperrten Beträge sind nach § 285 Nr. 28 HGB im Anhang anzugeben (vgl. auch Erl. 6.23 zu § 25 EigAnVO). Hinzuweisen ist hierbei darauf, dass der Eigenbetrieb nach § 11 Abs. 5 Satz 2 EigAnVO Kapitalzuschüsse der öffentlichen Hand und Überschüsse, wenn der Eigenbetrieb eine Pflichtaufgabe der Selbstverwaltung erfüllt oder beim Eigenbetrieb ein Anschluss- und Benutzungszwang besteht, in der Regel ohnehin nicht an den Einrichtungsträger ausschütten darf, da die Ausschüttung einen Substanzverlust beim Eigenbetrieb zur Folge hätte. Entgeltzahlungen der Bürgerinnen und Bürger sowie empfangene Zuwendungen dürfen daher nicht durch eine Kapitalrückzahlung an die Gemeinde zurückfließen. Gleiches gilt auch für Überschüsse aus der erwirtschafteten Eigenkapitalverzinsung. Nach § 11 Abs. 5 Satz 1 EigAnVO darf die Gemeinde das Stammkapital und die Rücklagen nur ausnahmsweise und nur dann vermindern, wenn dadurch die Erfüllung der Aufgaben und die zukünftige Entwicklung des Eigenbetriebes nicht beeinträchtigt werden (vgl. auch Erl. 10 zu § 11 EigAnVO). Die Bewertung muss nach § 253 Abs. 1 Satz 1 HGB zu Herstellungskosten vermindert um Abschreibungen erfolgen. Der Herstellungskostenbegriff für selbst geschaffene immaterielle Vermögensgegenstände ist in § 255 Abs. 2a HGB definiert (zum Begriff der Herstellungskosten vgl. Erl. 2.2.2.22). Grundsätzlich sind die Herstellungskosten planmäßig abzuschreiben (§ 253 Abs. 3 Satz 1 und 2 HGB). Eine vorsichtige Schätzung der Nutzungsdauer ist vorzunehmen. Sofern diese nicht zuverlässig geschätzt werden kann, ist der selbst geschaffene immaterielle Vermögensgegenstand des Anlagevermögens über zehn Jahre planmäßig abzuschreiben (§ 253 Abs. 3 Satz 3 HGB). Außerplanmäßige Abschreibungen nach § 253 Abs. 3 Satz 5 HGB sind bei dauernder Wertminderung vorzunehmen.

Steuerrechtlich setzt § 5 Abs. 2 EStG voraus, dass die immateriellen Vermögensgegenstände entgeltlich erworben werden. Fehlt es an einem entgeltlichen Erwerb, besteht steuerrechtlich ein Aktivierungsverbot; selbsterstellte immaterielle Vermögensgegenstände können daher in der Steuerbilanz nicht aktiviert werden. Die insoweit zwingende Abweichung zwischen Handels- und Steuerbilanz führt zum Entstehen einer passiven Steuerlatenz bei steuerpflichtigen Einrichtungen (s. Erl. 14).

Selbst geschaffene gewerbliche Schutzrechte und ähnliche Werte sind bei Eigenbetrieben nur ausnahmsweise anzutreffen, die Vorschrift nach § 248 Abs. 2 HGB ist daher für Eigenbetriebe nur von geringer praktischer Relevanz. Beispiel für eine Aktivierungsfähigkeit könnte die Neugestaltung einer Internetseite sein. Die Frage, ob Internetauftritte generell als Wirtschaftsgut oder sofort abziehbarer Betriebsaufwand klassifiziert wird, muss durch die Klassifizierung als Vermögensgegenstand beurteilt werden. Der Sinn und Zweck von Internetauftritten liegt in der Ermöglichung der Übertragung und Sichtbarmachung bestimmter textlicher und bildlicher Informationen. Internetdokumenten kommt somit nicht die vergleichbare Funktionalität von Software-Programmen herkömmlicher Art zu, es handelt sich eher um Datensammlungen, die lediglich Dateiinformationen und keine eigentlichen Befehlsfolgen enthalten. In zwei BFH-Entscheidungen wurden Datensammlungen gleichwohl wie ein immaterielles Wirtschaftsgut beurteilt (BFH, Urt. vom 5.8.1988, BStBl. II 1988 S. 737 sowie BFH, Urt. vom 2.9.1988, BStBl. II 1989 S. 160). Auch in der Literatur wird das Vorliegen eines Vermögensgegenstandes bejaht (vgl. *Schick/Nolte* „Bilanzierung von Internetauftritten nach Handels- und Steuerrecht", Der Betrieb 2002 S. 542, 543). Neben den Fremdkosten können nunmehr auch im Unternehmen angefallene eigene Kosten (wie z. B. Personalkosten) im Zusammenhang mit der Erstellung des Internetauftritts aktiviert werden.

2.1.2.3 (A. I.1.) Konzessionen, gewerbliche Schutzrechte und ähnliche Rechte und Werte sowie Lizenzen an solchen Rechten und Werten

Für entgeltlich erworbene immaterielle Vermögensgegenstände besteht grundsätzlich Ansatzpflicht (§ 246 Abs. 1 HGB). Die Bewertungsprinzipien sind gleichermaßen wie bei den selbst geschaffenen gewerblichen Schutzrechten und ähnlichen Rechten und Werten anzuwenden. Steuerrechtlich sind entgeltlich erworbene immaterielle Vermögensgegenstände nach § 5 Abs. 2 EStG zu aktivieren.

Bei der Frage unter welchen Voraussetzungen und in welcher Höhe Ausgaben, die in Zusammenhang mit Software anfallen zu aktivieren sind, ist die Klassifizierung der Art der Software (Firmware, Standardsoftware oder Individualsoftware) einerseits und die Abgrenzung zwischen Herstellungs- und Anschaffungsvorgang andererseits entscheidend. Für letztere Abgrenzung ist die Zuordnung des Herstellerrisikos zum Softwareanwender oder zum Softwarehersteller von Bedeutung. Kommt man zu dem Ergebnis, dass ein Anschaffungsvorgang vorliegt, sind die Aufwendungen zwingend zu aktivieren. Liegt hingegen ein Herstellungsvorgang vor, besteht das Aktivierungswahlrecht des § 248 Abs. 2 HGB. Dies gilt insbesondere für Kosten, die in Zusammenhang mit der Unterstützung bei der Durchführung und Mitgestaltung des sog. Customizings (Anpassung der Software an die betrieblichen Erfordernisse) anfallen (vgl. IDW RS HFA 11 n. F.: Bilanzierung entgeltlich erworbener Software beim Anwender).

Im BMF-Schreiben vom 22.2.2022 wird die Verkürzung der Nutzungsdauer von Betriebs- und Anwendersoftware sowie Computerhardware auf ein Jahr ermöglicht. Dies ist handelsrechtlich regelmäßig nicht möglich, da hier die betriebsgewöhnliche Nutzungsdauer maßgeblich ist, die regelmäßig länger sein dürfte.

Zu den Kosten der Digitalisierung von Netzplänen und Aufwendungen für GIS-Systeme vgl. Erl. 2.2.2.4.4.

2.1.2.4 (A. I.2.) Baukostenzuschüsse

Ein Baukostenzuschuss ist mit den Anschaffungskosten zu bilanzieren, die um planmäßige Abschreibungen zu vermindern sind (§ 253 Abs. 1 Satz 1 HGB). Die Anschaffungskosten werden durch die Höhe des Baukostenzuschusses bzw. des von der Gemeinde zu leistenden Investitionskostenanteils bestimmt. Die Beträge sind i. d. R. in der getroffenen öffentlich-rechtlichen Vereinbarung festgelegt. Maßgeblich für die Bemessung der Abschreibungen ist die Laufzeit der öffentlich-rechtlichen Vereinbarung. Oftmals werden diese Vereinbarungen auf unbestimmte Zeit geschlossen. Dann ist im Rahmen vernünftiger kaufmännischer Beurteilung eine Abschreibung über die Nutzungsdauer der gebauten Anlage geboten.

In der Praxis liegen häufig Fälle vor, in denen Baukostenzuschüsse im Verhältnis Einrichtungsträger und Eigenbetrieb oder zwischen verschiedenen Eigenbetrieben eines Einrichtungsträgers geleistet werden. Wird z. B. eine EDV-Anlage vom Eigenbetrieb Wasserversorgung angeschafft, für die der Eigenbetrieb Abwasserbeseitigung entgeltlich ein Mitbenutzungsrecht erwirbt, so ist die Anlage beim Eigenbetrieb Wasserversorgung unter dem jeweiligen Posten im Sachanlagevermögen und beim Eigenbetrieb Abwasserversorgung als Baukostenzuschuss bei den immateriellen Vermögensgegenständen auszuweisen. Die Abschreibung beim Eigenbetrieb Wasserversorgung erfolgt auf Basis der um den Baukostenzuschuss reduzierten Anschaffungskosten. Beim Eigenbetrieb Abwasserbeseitigung wird der Baukostenzuschuss über die Nutzungsdauer der EDV-Anlage abgeschrieben.

2.1.2.5 (A. I.3.) Geleistete Anzahlungen

Maßgeblich für den Ansatz ist die Höhe des Anzahlungsbetrages. Die Umsatzsteuer ist nur insoweit aktivierbar, als nicht eine Verrechnung als Vorsteuer erfolgt ist (§ 9b EStG). Bei Erlangung des Zustands der Betriebsbereitschaft sind die Anschaffungskosten umzugliedern. Eine etwaige noch ausstehende Schlussrechnung ist unerheblich.

2.1.2.6 Geschäfts- oder Firmenwert

Der entgeltlich erworbene Geschäfts- oder Firmenwert wird als zeitlich begrenzt nutzbarer Vermögensgegenstand definiert (§ 246 Abs. 1 Satz 4 HGB). Er unterliegt damit dem Vollständigkeitsgrundsatz und ist von allen Kaufleuten zwingend im Anlagevermögen zu aktivieren (§ 246 Abs. 1 HGB). Für den selbstgeschaffenen oder unentgeltlich erworbenen Geschäfts- oder Firmenwert besteht weiterhin ein Aktivierungsverbot (*Schubert/Hargarten* in BeBiKo, Tz. 316 zu § 247 HGB). In Formblatt 4 wird der Geschäfts- oder Firmenwert nicht ausdrücklich genannt; er kann jedoch nicht ausgeschlossen werden und sollte entsprechend § 266 Abs. 2 HGB gesondert ausgewiesen werden (*Bolsenkötter*, a. a. O., Beier, M./Brummer, O./Donhauser, C. et al., Tz. 1173).

Der entgeltlich erworbene Geschäfts- oder Firmenwert ist nach § 253 Abs. 3 Satz 1 HGB planmäßig abzuschreiben. Der planmäßigen Abschreibung ist die individuelle betriebliche Nutzungsdauer des Geschäfts- oder Firmenwertes, wie sie sich im Zeitpunkt der Aktivierung voraussehen lässt, zu Grunde zu legen (§ 253 Abs. 3 Satz 2 HGB). Sofern diese nicht zuverlässig geschätzt werden kann, ist der Geschäfts- oder Firmenwert über zehn Jahre planmäßig abzuschreiben (§ 253 Abs. 3 Satz 3 – 4 HGB). Steuerrechtlich liegt die Nutzungsdauer nach § 7 Abs. 1 Satz 3 EStG bei 15 Jahren. Nach § 285 Nr. 13 HGB sind im Anhang durch eine Änderung des BilRUG nunmehr generell Erläuterungen zur gewählten Nutzungsdauer des Geschäfts- oder Firmenwertes notwendig. Wurden außerplanmäßige Abschreibungen nach § 253 Abs. 3 S. 5 HGB vorgenommen, ist in der Handelsbilanz ein niedrigerer Wertansatz nach § 253 Abs. 5 Satz 2 HGB beizubehalten (Wertaufholungsverbot).

2.2 (A. II.) Sachanlagen

Dem Sachanlagevermögen kommt in vielen Eigenbetrieben eine hervorgehobene Bedeutung zu. Bei den anlageintensiven Betrieben der Wasserversorgung, Abwasserbeseitigung oder auch der Strom- und Gas-, Wärmeversorgung macht es in der Regel mehr als 90 % der gesamten Bilanzsumme aus. Das Sachanlagevermögen ist nach Formblatt 1 tiefer gegliedert als dies das Handelsrecht in § 266 Abs. 2 HGB vorsieht. Die Berücksichtigung von Besonderheiten im Bereich der Versorgungs-, Entsorgungs- und Verkehrsbetriebe führt insgesamt zu einem Katalog von 15 Posten, die unter den Sachanlagen auszuweisen sind, während das Handelsrecht lediglich vier Unterposten zum Sachanlagevermögen vorsieht.

2.2.1 Gliederung und Inhalt

2.2.1.1 (A. II.1. bis 4.) Grundstücke, grundstücksgleiche Rechte und Bauten

Hierunter fallen die Posten A. II.:

(1.) Grundstücke und grundstücksgleiche Rechte mit
  a) Geschäfts-, Betriebs- und anderen Bauten,
  b) Bahnkörpern und Bauten des Schienenwegs,

(2.) Grundstücke und grundstücksgleiche Rechte mit Wohnbauten,

(3.) Grundstücke und grundstücksgleiche Rechte ohne Bauten,

(4.) Bauten auf fremden Grundstücken, die nicht zu Nr. 1 oder Nr. 2 gehören.

Unter den Posten A II.1. bis 3. sind Grundstücke und grundstücksgleiche Rechte mit oder ohne Bauten auszuweisen. Unter 4. sind die Bauten auf fremden Grundstücken auszuweisen. Grundstücke sind begrenzte, vermessene Teile der Erdoberfläche, die im Grundbuch als selbständige Grundstücke eingetragen sind. Es sind sowohl unbebaute als auch bebaute Grundstücke unter diesem Begriff zu verstehen.

Bei den grundstücksgleichen Rechten handelt es sich um dingliche Rechte, die bürgerlichrechtlich wie Grundstücke behandelt werden (z. B. Erbbaurechte, Teileigentum, Abbaurechte). Nicht zu den grundstücksgleichen Rechten zählen Grunddienstbarkeiten i. S. v. § 1018 BGB, der Nießbrauch, beschränkte persönliche Dienstbarkeiten i. S. v. §§ 1090 ff. BGB. Diese sind als immaterielle Vermögensgegenstände zu aktivieren (vgl. Erl. 2.1.1.1.2).

Als Gebäude ist ein Bauwerk anzusehen, das nicht nur fest mit dem Grund und Boden verbunden, von einiger Beständigkeit und ausreichend standfest ist, sondern das auch Menschen oder Sachen durch räumliche Umschließung Schutz gegen Witterungseinflüsse gewährt und den Aufenthalt von Menschen gestattet (BFH, Urt. vom 18.3.1987, BStBl. II. 1987 S. 551). Der Begriff Gebäude verdeutlicht, dass Betriebsvorrichtungen, die sich auf einem Grundstück befinden, nicht dazu führen, dass das Grundstück als bebautes Grundstück definiert wird (R 4.2 Abs. 3 EStR 2012).

Unbebaute Grundstücke sind Grundstücke, auf denen sich keine benutzbaren (vgl. § 178 BewG) oder im Bau befindlichen Gebäude befinden. Als bezugsfertig und somit benutzbar sind Gebäude anzusehen, wenn dem zukünftigen Nutzer zugemutet werden kann, sie zu benutzen. Auf die Abnahme der Bauaufsichtsbehörde kommt es nicht an. In Bau befindlich ist ein Gebäude, wenn auf dem Grundstück Abgrabungen begonnen worden sind. Im Bau befindliche Gebäude sind unter den Anlagen im Bau (A. I.15.) auszuweisen.

Unter A. II.1.a sind alle Bauten zu bilanzieren, die nicht Wohnbauten und nicht Bauten auf fremden Grundstücken sind. Es zählen hierzu beispielsweise Verwaltungs- und Wirtschaftsgebäude, Bürogebäude, Lagerhallen usw. Unter A. II.1.b sind Grundstücke mit Bahnkörpern und Bauten des Schienenweges aufzuführen. Der Posten ist damit speziell für Verkehrsbetriebe bestimmt.

Unter Wohnbauten sind beispielsweise Werkswohnungen, Arbeiterwohnheime, Lehrlingswohnheime, Kindergärten, Freizeit- und Erholungsheime zu verstehen.

Bauten auf fremden Grundstücken sind aufgrund eines obligatorischen Vertrages, z. B. im Rahmen eines Erbbaurechts- oder Pachtvertrages, errichtet. In der Praxis führt oftmals die Frage, ob eine Gebäudeeinrichtung zu den Bauten zählt oder bei den sonstigen Anlagen und Maschinen unter A. I.5. bis 13. (Betriebsvorrichtungen) auszuweisen ist, zu Abgrenzungsproblemen. Die Zuordnung hängt von der jeweiligen Zweckbestimmung ab.

Einrichtungen, die wirtschaftlich zum Gebäude gehören und der Gebäudenutzung dienen, zählen zu den Bauten (z. B. Heizungs-, Beleuchtungs- und Lüftungsanlagen, Rolltreppen). Zu den Anlagen und Maschinen (Betriebsvorrichtungen) sind Einrichtungen dann zuzurechnen, wenn sie unmittelbar oder überwiegend der Produktion zuzuordnen sind, auch wenn sie fest mit dem Boden bzw. dem Gebäude verbunden sind (z. B. Kühlanlagen, Transformatorenhäuser, Silos, Tanks, Lastenaufzüge). Steuerlich wird für diese Einrichtungen der Begriff Betriebsvorrichtungen verwendet.

Rohrleitungen sind als Betriebsvorrichtungen anzusehen (vgl. Beck'sche Textausgaben Steuererlasse München, zu 68/2 BewG „Rohrleitungen"). Bei Hochbehältern und Pumpwerken können im Einzelfall einige Merkmale für ein Gebäude sprechen. Der Hochbehälter ist als Betriebsvorrichtung anzusehen, wenn die zum Aufenthalt von Menschen geeigneten Räumlichkeiten lediglich von untergeordneter Bedeutung sind (HessFG, Urt. vom 16.12.1986, – 3 K 522/84 – und BFH, Urt. vom 14.11.1975, BStBl. II 1976 S. 189 ff.). Bei Hochbehältern dient der ganz überwiegende Teil der umbauten Fläche in der Regel als Wasserspeicher, sodass die strittige Fläche im Verhältnis zur Gesamtfläche ebenso von untergeordneter Bedeutung ist wie die Nutzungsintensität dieser Räume.

Die Abgrenzung zwischen Gebäude und Betriebsvorrichtung ist nicht nur für die Bilanzierung der Wirtschaftsgüter wichtig, sondern auch im Hinblick auf die Höhe der Grunderwerbsteuer. Während die Gebäude in die grunderwerbsteuerliche Bemessungsgrundlage eingerechnet werden, sind Betriebsvorrichtungen hier nicht einzubeziehen (§ 2 Abs. 1 Satz 2 Nr. 1 GrEStG).

Um im Einzelfall die Einordnung zu erleichtern, können folgende Quellen verwendet werden:

- ABC der Abgrenzung zwischen Betriebsvorrichtung und Betriebsgrundstücken vom 5.6.2013, Beck'sche Textausgaben Steuererlasse, München, zu § 68/1 BewG,
- Erlass betr. Abgrenzung des Grundvermögens von den Betriebsvorrichtungen vom 15.3.2006, BStBl. I S. 314.

Zur Abgrenzung der nachträglichen Anschaffungs- und Herstellungskosten von den Erhaltungsaufwendungen vgl. Erl. zu 2.2.2.4.

2.2.1.2 (A. II.5. bis 13.) Anlagen

Hier sind alle Vorrichtungen zu erfassen, die unmittelbar dem Betriebsprozess dienen (sogenannte Betriebsvorrichtungen, EStR 4.2 (3), 7.1 (3)). Reserve- und Ersatzteile gehören nur dann zum Anlagevermögen, wenn es sich um die Erstausstattung an Ersatz- und Reserveteilen handelt, die bei der Anschaffung oder Herstellung des Vermögensgegenstandes mitgeliefert oder mithergestellt worden sind (BMF-Schreiben vom 5.5.1977, BStBl. I, S. 249, BMF-Schreiben vom 16.6.1982, BStBl. I, S. 571 und BMF-Schreiben vom 11.10.1982, BStBl. I, S. 776). Gleichermaßen sind Spezialreserveteile für Maschinen und technische Anlagen und typengebundene Werkzeuge im Anlagevermögen mit der jeweiligen Maschine auszuweisen und auch gemeinsam abzuschreiben. Nicht zur Erstausstattung gehörende, allgemein einsetzbare Reserveteile und Werkzeuge sind nach ihrer geplanten Verwendung zuzuordnen, d. h. entweder zum Anlagevermögen oder zum Umlaufvermögen. Falls eine Zweckbestimmung zum Anlage- oder Umlaufvermögen nicht eindeutig möglich ist, kann vereinfachend ein Ausweis unter dem Vorratsvermögen, bei den Roh-, Hilfs- und Betriebsstoffen vorgenommen werden (*ADS*, a. a. O., Prof. Dr. Dr. h. c. Forster, K.-H./Dr. Dr. h. c. Goerdeler, R./Lanfermann, J. et al., Tz. 50 zu § 266 HGB). Zur Behandlung der Bau- und Installationsstoffe vgl. Erl. 3.1.1.1 Diese Reserve- und Ersatzteile sind gemäß der Nutzungsdauer der Anlage abzuschreiben (*ADS*, a. a. O., Prof. Dr. Dr. h. c. Forster, K.-H./Dr. Dr. h. c. Goerdeler, R./Lanfermann, J. et al., Tz. 381 zu § 253 HGB).

Verbrauchszähler und Transformatoren gehören zweifelsfrei zum Anlagevermögen und sind entsprechend abzuschreiben.

Anlage 1 zu § 23 Abs. 1 Satz 1 gibt folgende Gliederung vor:

(5.) Beschaffungs-, Erzeugungs-, Gewinnungs- und Bezugsanlagen,

(6.) Abwasserbehandlungsanlagen,

(7.) Abfallverarbeitungsanlagen,
(8.) Verteilungsanlagen,
(9.) Abwassersammelanlagen,
(10.) Einbringungsanlagen der Abfallbeseitigung,
(11.) Gleisanlagen, Streckenausrüstung und Sicherheitsanlagen,
(12.) Fahrzeuge für Personen- und Güterverkehr,
(13.) Maschinen und maschinelle Anlagen, die nicht zu den Nrn. 5 bis 12 gehören.

Anlagen der Energie- und Wasserversorgung sowie Talsperren und die Erschließung von Wasservorkommen (nicht dagegen die geologischen und hydrologischen Untersuchungen zur Wasserfindung) sind entsprechend Formblatt 1, Fußnote 1 unter den Beschaffungs-, Erzeugungs-, Gewinnungs- und Bezugsanlagen bzw. unter den Verteilungsanlagen auszuweisen.

2.2.1.2.1 Beschaffungs-, Erzeugungs-, Gewinnungs- und Bezugsanlagen

In Formblatt 1 der EigAnVO wird ausdrücklich auch von Beschaffungsanlagen gesprochen. Laut *Bolsenkötter*, a. a. O., Beier, M./Brummer, O./Donhauser, C. et al., Tz. 1183, sind hier einzuordnen:

- bei Elektrizitätswerken die Anlagen der Stromerzeugung, z. B. Kessel und Turbinen, die Kohlentransportanlagen, die Anlagen zur Überwachung und Steuerung, die Kabel- und Verteilungsanlagen im Werk, die Krananlagen und die Schornsteine,
- bei Gaswerken, die nur Bezug haben, z. B. Gasbehälter, Druckregler, Kompressoren und Leitungen im Werk,
- bei Wasserwerken z. B. die Pumpen, die Anlagen zur Wasseraufbereitung, Behälter sowie die Leitungen im Werk.

Warum in Formblatt 3 bei Werken der Strom-, Gas- und Wasserversorgung unter Posten 5. nur noch von Erzeugungs- und Bezugsanlagen die Rede ist, nicht aber von Beschaffungsanlagen, wie in Formblatt 1, Posten 5., ist fraglich. In den Eigenbetriebsverordnungen anderer Bundesländer, so z. B. in Hessen, Bayern und Nordrhein-Westfalen, wird in Formblatt 1 nur von Erzeugungs-, Gewinnungs- und Bezugsanlagen gesprochen, nicht aber von Beschaffungsanlagen.

Die folgenden Beispiele gehen von dem Gliederungsschema, wie es Formblatt 3 vorgibt, aus:

a) Stromversorgung
   - Betriebseinrichtungen der Erzeugung, z. B.:
   - Kessel und Turbinen
   - Kohlentransportanlagen
   - Anlagen zur Überwachung und Steuerung
   - Kabel- und Verteilungsanlagen im Werk
   - Betriebseinrichtungen des Bezugs

b) Gasversorgung
   - Betriebseinrichtungen der Erzeugung
   - Betriebseinrichtungen des Bezugs, z. B.:
   - Gasbehälter
   - Druckregler
   - Kompressoren
   - Leitungen im Werk

c) Wasserversorgung
Beispielhafte Untergliederung:
- Betriebseinrichtungen der Gewinnung
- Brunnen, Stollen, Quellen
- Aufbereitungsanlagen
- Betriebseinrichtungen des Bezugs
- Pumpenhäuser

2.2.1.2.2 Abwasserbehandlungsanlagen

Abwasserbehandlungsanlagen sind alle Anlagen der mechanischen Reinigung wie auch der biologischen und chemischen Behandlung der Abwässer (*Bolsenkötter*, a. a. O., Beier, M./Brummer, O./Donhauser, C. et al., Tz. 1184). Beispielhafte Untergliederung:
- Kläranlagen, mechanisch
- Kläranlagen, mechanisch-biologisch in kompakter Bauweise
- Kläranlagen, mechanisch-biologisch in aufgelöster Bauweise

2.2.1.2.3 Abfallverarbeitungsanlagen

Beispielhafte Untergliederung; Anlagen zur:
- Abfallbehandlung
- Abfalllagerung
- Abfallablagerung
- Abfallverwertung

2.2.1.2.4 Verteilungsanlagen

Hierunter sind Leitungsnetze der Energie- und Wasserversorgung aufzunehmen. Rohrleitungen der Entsorgungsbetriebe werden unter den Abwassersammelanlagen ausgewiesen. Hausanschlüsse gehören zum Versorgungsnetz, auch wenn sie vom Anschlussnehmer bezahlt oder hergestellt worden sind. Zu den Verteilungsanlagen gehören auch die Mess- und Steuerungsanlagen im Netz, die Druckregler und die Zähler (*Bolsenkötter*, a. a. O., Beier, M./Brummer, O./Donhauser, C. et al., Tz. 1185). Zu den nachträglichen Herstellungskosten für digitalisierte Netzplanwerke (Katasterflurkarten) vgl. Erl. 2.2.2.4.4. Beispielhafte Untergliederung:
- Speicheranlagen
- Druckerhöhungsanlagen
- Transportleitungen
- Ortsnetze
- Hausanschlüsse
- Messeinrichtungen
- Schieberschächte

2.2.1.2.5 Abwassersammelanlagen

Beispielhafte Untergliederung:
- Haupt- und Verbindungssammler
- Regenbauwerke
- Pumpwerke
- Sammler in der Ortslage
- Hausanschlüsse

- Messeinrichtungen
- Sonderschächte

Eine konsequente Trennung nach Anlagen für die Schmutzwassersammlung einerseits und der Regenwasser-/Oberflächenwassersammlung andererseits ist eigenbetriebsrechtlich nicht zwingend, kann aber gebührenrechtlich bei Anwendung des Trennsystems geboten sein (*Bolsenkötter*, a. a. O., Beier, M./Brummer, O./Donhauser, C. et al., Tz. 1187).

2.2.1.2.6 Einbringungsanlagen der Abfallbeseitigung

- Betriebseinrichtungen der Einsammlung
  - Restmülltonne
  - Papiertonne
  - Wertstofftonne
  - Biotonne
  - Container
- Betriebseinrichtungen der Beförderung
  - Fahrzeuge zur Beförderung bzw. Abfuhr des Mülls

2.2.1.2.7 Gleisanlagen, Streckenausrüstung und Sicherheitsanlagen

Hier sind der Gleisunterbau, die Schienen, die Weichen, die Oberleitungen, die Signale und die Funk- und Telefonanlagen für die Streckensicherung einzuordnen (*Bolsenkötter*, a. a. O., Beier, M./Brummer, O./Donhauser, C. et al., Tz. 1189).

2.2.1.2.8 Fahrzeuge für Personen- und Güterverkehr

Hier ist das sog. rollende Material der Verkehrsbetriebe auszuweisen (z. B. Triebwagen, Beiwagen, Omnibusse und Oberleitungsbusse). Nicht hier auszuweisen sind die Transportfahrzeuge der Energie- und Wasserversorgungsbetriebe (*Bolsenkötter*, a. a. O., Beier, M./Brummer, O./Donhauser, C. et al., Tz. 1190). Diese sind unter der Position Betriebs- und Geschäftsausstattung auszuweisen (vgl. Erl. 2.2.1.3).

2.2.1.2.9 Maschinen und maschinelle Anlagen, die nicht zu den Nrn. 5 bis 12 gehören

Hierunter werden grundsätzlich alle Vermögensgegenstände, die unmittelbar dem betrieblichen Produktionsprozess dienen (einschließlich Betriebsvorrichtungen und Anlagen von Hilfsbetrieben), subsumiert, wenn diese nicht bereits unter den Posten 5. bis 12. ausgewiesen wurden. Unter den Posten 5. bis 12. werden insbesondere Maschinen und maschinelle Anlagen bei Versorgungs-, Entsorgungs- und Verkehrsbetrieben ausgewiesen. Es handelt sich daher hier um einen Sammelposten für Maschinen und maschinelle Anlagen bei Versorgungs-, Entsorgungs- und Verkehrsbetrieben, die nicht den Posten 5. bis 12. zugeordnet werden können. Ferner sind hier die Maschinen und maschinellen Anlagen bei Eigenbetrieben ausgewiesen, die nicht Versorgungs-, Entsorgungs- oder Verkehrsbetriebe sind. Bei Bäderbetrieben sind hier z. B. zu erfassen:

- Mess-Steuer-Regeltechnik
- Wasseraufbereitungsanlage
- Klima- und Lüftungsanlage
- Aufzüge
- Energieerzeugung
- Wärmetauscher
- Wärmebezugsanlage

Im Übrigen zählen hierzu z. B. Eisenbahn- und Hafenanlagen, Kühltürme, Silos, Tanks, Spezialersatzteile und Werkzeuge, Kraft- und Arbeitsmaschinen, produktionsbezogene

Transportanlagen, Krane, Umspannwerke, Arbeitsbühnen, Krafterzeugungs- und Verteilungsanlagen, Gasometer u. Ä. (WPH, a. a. O., Burghardt, M./Dr. Ellenbürger, F./Dr. Gelhausen, H. F. et al., Kap. F Tz. 348).

2.2.1.3 (A. II.14.) Betriebs- und Geschäftsausstattung

Der Posten ist als Sammelposten für alle Vermögensgegenstände des Sachanlagevermögens zu verstehen, die keinem anderen Posten innerhalb des Sachanlagevermögens zugerechnet werden können. Es gehören insbesondere dazu Werkstätten- und Büroeinrichtungen, Arbeitsgeräte und Werkzeuge, Modelle, Muster, Fahrzeuge aller Art usw., soweit sie nicht als Teil einer maschinellen Anlage anzusehen sind. (*Bolsenkötter*, a. a. O., Beier, M./ Brummer, O./Donhauser, C. et al., Tz. 1192).

Fahrzeuge sind hier auszuweisen, wenn sie nicht zu Posten 12. gehören.

Eine weitere Ausnahme besteht bei gemeindlichen Alten- und Pflegeheimen, die die Pflege-Buchführungsverordnung zu beachten haben. Hier wird unter Posten 6. Fahrzeuge ein gesonderter Ausweis verlangt.

Aufgrund des technischen Fortschritts wurden für Computerhardware (einschließlich der dazu gehörenden Peripheriegeräte) sowie Betriebs- und Anwendersoftware zur Dateneingabe und -verarbeitung steuerlich die betriebsgewöhnliche Nutzungsdauer an die geänderten tatsächlichen Verhältnisse angepasst. Demzufolge wird nun eine betriebsgewöhnlich Nutzungsdauer von einem Jahr zugrunde gelegt (BMF-Schreiben vom 22.2.2022, – IV C 3 – 2190/21/10002:025 – 2022/0186479 –, BStBl I S. 187). Da handelsrechtlich für ebendiese Wirtschaftsgüter die verkürzte Nutzungsdauer regelmäßig nicht anzuerkennen ist, führt dies zu einer Abweichung der Handelsbilanz zur Steuerbilanz.

2.2.1.4 (A. II.15.) Geleistete Anzahlungen und Anlagen im Bau

Bei den geleisteten Anzahlungen handelt es sich um Vorleistungen auf im Übrigen noch schwebende Geschäfte, die auf die Anschaffung eines Vermögensgegenstandes des Sachanlagevermögens gerichtet sind. Es sind nur geleistete Anzahlungen auf Sachanlagen i. S. v. A. II. hier zu erfassen. Anzahlungen auf immaterielle Vermögensgegenstände sind unter A. I.3. auszuweisen.

Die Anlagen im Bau umfassen Investitionen in Anlagen, die am Bilanzstichtag noch nicht fertig gestellt sind. Unabhängig davon, ob die angefallenen Aufwendungen auf Eigen- oder Fremdleistungen beruhen, sind hier die bislang angefallenen Herstellungsaufwendungen insgesamt auszuweisen. Eine Aufteilung der Anlagen im Bau nach den einzelnen Posten des Sachanlagevermögens ist nicht erforderlich. Grundsätzlich dürfen hier nur aktivierungsfähige Aufwendungen ausgewiesen werden. Aufwendungen, die zunächst hier aktiviert wurden, bei denen sich aber später ergibt (z. B. im Zeitpunkt der Fertigstellung), dass sie nicht aktivierbar sind, müssen als Abgang ausgewiesen werden. Im Anlagennachweis ist dies durch einen negativen Betrag in der Zugangsspalte offen auszuweisen, oder (üblicherweise) als Abgang des laufenden Geschäftsjahres zu zeigen (*Bolsenkötter*, a. a. O., Beier, M./Brummer, O./Donhauser, C. et al., Tz. 1193). Bei Erlangung des Zustands der Betriebsbereitschaft der Anlage wird der Posten in eine der Anlagekategorien unter A. II. umgebucht. Eine etwaig noch ausstehende Schlussrechnung ist ohne Relevanz für die Umbuchung und den Beginn des Abschreibungslaufs.

2.2.2 Bilanzierung und Bewertung

2.2.2.1 Bilanzierungsvoraussetzung: Vorliegen eines Vermögensgegenstandes

2.2.2.1.1 Definition

Der Begriff des Vermögensgegenstands wird im HGB nicht definiert. Er umfasst nach allgemeiner Auffassung körperliche Gegenstände (z. B. Sachen im Sinne des § 90 BGB oder

Tiere nach § 90a BGB) sowie immaterielle Werte. Andererseits führen bloße Möglichkeiten, Chancen oder tatsächliche Vorteile (wie z. B. die gute Marktstellung eines Energieversorgers in seiner Region) nicht zur Annahme eines Vermögensgegenstandes. Aktive Rechnungsabgrenzungsposten gehören nicht zu den Vermögensgegenständen, wie auch passive Rechnungsabgrenzungsposten keine Schulden darstellen (*Schubert/Hargarten* in BeBiKo, Tz. 4 zu § 247 HGB). Der Geschäfts- und Firmenwert ist lediglich per gesetzlicher Definition nach § 246 Abs. 1 Satz 4 HGB zum Vermögensgegenstand erhoben worden. Die im Bilanzsteuerrecht gebräuchlichen Begriffe „Wirtschaftsgut"/ „Verpflichtung" sind anhand einer wirtschaftlichen Betrachtungsweise auszulegen und unterscheiden sich nicht von den Begriffen „Vermögensgegenstand" und „Schulden". Steuerrechtliche Sondervorschriften zur Bilanzierung auf der Passivseite gehen diesem allgemeinen Grundsatz vor (z. B. steuerrechtliches Verbot der Bildung von sog. Drohverlust-Rückstellungen nach §§ 5 Abs. 4a i. V. m. § 52 Abs. 13 EStG, aber: Drohverlustrückstellungen aus Bewertungseinheiten i. S. d. § 254 HGB sind auch in der Steuerbilanz zu bilden). Voraussetzung für das Vorliegen eines Vermögensgegenstandes ist die selbständige Verkehrsfähigkeit, die handelsrechtlich so definiert ist, dass der Vermögensgegenstand „einzeln" verwertet werden kann (*Schubert/Hargarten* in BeBiKo, Tz. 13 zu § 247 HGB bzw. *ADS*, a. a. O., Prof. Dr. Dr. h. c. Forster, K.-H./Dr. Dr. h. c. Goerdeler, R./Lanfermann, J. et al., Tz. 26 zu § 246 HGB). Steuerrechtlich wird auf den Begriff der selbständigen Bewertbarkeit abgestellt, danach können auch z. B. Bierlieferrechte trotz fehlender Einzelveräußerbarkeit und Markenrechte als Wirtschaftsgut beurteilt werden. Insoweit ist der steuerliche Aktivierungsbegriff weiter als der handelsrechtliche gefasst. Ferner ist für die Aktivierung eines Wirtschaftsgutes erforderlich, dass der sog. einheitliche Nutzungs- und Funktionszusammenhang gewahrt ist. In einem betrieblichen Nutzungszusammenhang sind bewegliche Wirtschaftsgüter in diesem Sinne als technisch aufeinander abgestimmt zu sehen, wenn zusätzlich zu einem wirtschaftlichen (betrieblichen) Zusammenhang ihre naturwissenschaftlichen oder technischen Eigenschaften auf einen gemeinsamen Einsatz angelegt sind (so auch § 6 Abs. 2 Satz 2 und Satz 3 EStG). Dies ist so zu verstehen, dass durch die Abtrennung eines der Teile für den zu beurteilenden Gegenstand dem Teil oder dem Wirtschaftsgut, aus dem es herausgetrennt wurde, die Nutzbarkeit für den Betrieb verloren geht (BFH, Urt. vom 14.4.2011 – IV R 46/09 –, sowie Beschl. des Großen Senates vom 26.11.1973, – GrS 5/71 –, BStBl. 1974 S. 132). So kann durchaus strittig sein, welche Teile einer Kläranlage, bestehend aus Vorreinigung, Absetzanlage, Rohwasserhebewerk und biochemischer Reinigung so in einem einheitlichen Nutzungs- und Funktionszusammenhang stehen, dass die einzelnen Anlagen infolge des Zusammenschlusses und der technischen Abstimmung auf- und zueinander vermutlich ihre bisherige Selbständigkeit verlieren und zu einem neuen Vermögensgegenstand „Kläranlage" zusammenwachsen (vgl. *Brüggen*, A 1.5 (2)). Zur Anwendung des mit der Beantwortung dieser Frage zusammenhängenden handelsrechtlichen sog. Komponentenansatzes vgl. Erl. zu 2.2.2.5.1.9. Fahrgelderhebungssysteme und Entwerter, die in oder außerhalb von Bussen angebracht werden können, sind demgegenüber geringwertige Wirtschaftsgüter bzw. selbständig bewertbare Wirtschaftsgüter, falls ihr Anschaffungswert über der Grenze der Nettoanschaffungskosten nach § 6 Abs. 2 und 2a EStG liegt. Diese Wirtschaftsgüter führen nicht zu einem einheitlichen Nutzungszusammenhang mit den Fahrzeugen. Sie erfüllen mit den Bussen keinen gemeinsamen Zweck und sind nicht fest i. S. des § 93 BGB mit den Bussen verbunden (FG Bbg, Urt. vom 19.1.1999, EFG 1999, rkr., S. 489). Gleiches gilt für Fahrgastinformationssysteme in Bussen, wenn sie nicht technisch auf die Busse, in die sie eingebaut wurden, abgestimmt, sondern in der Art ihrer Verwendung als Schriftlaufsender universell einsetzbar sind (FG Bbg, Urt. vom 19.1.1999, – 3 K 453/97 I – und – 3 K 455/97 I –, EFG 1999, rkr., S. 489 und S. 491). Bei der Prüfung nach der selbständigen Nutzungsfähigkeit von Verbrauchszählern ist wie folgt zu verfahren:

- Ist der Zähler im Leitungsnetz des Versorgungsunternehmens installiert, liegt ein nicht selbständig nutzungsfähiges Wirtschaftsgut vor, weil wegen der unmittelbaren technisch auf Dauer angelegten Verbindung Zähler und Leitungsnetz als Einheit anzusehen sind.

- Befindet sich der Zähler in dem Abnehmer gehörenden Teil des Netzes, liegt wegen der fehlenden körperlichen Verbindung zwischen dem Zähler und dem Leitungsnetz des Versorgungsunternehmens ein selbständiges nutzungsfähiges Wirtschaftsgut vor (vgl. Verfügung OFD Magdeburg vom 28.7.1998, – InvZ 1260-122 – St212 –, DB 1998 S. 1794).

2.2.2.1.2 Wirtschaftliches Eigentum

Voraussetzung für die Bilanzierung der Sachanlagen ist, dass dem Eigenbetrieb das wirtschaftliche Eigentum an der Sachanlage zuzurechnen ist (§ 246 Abs. 1 Satz 2 HGB sowie § 39 Abs. 2 Nr. 1 AO). Das zivilrechtliche Eigentum spielt insoweit keine Rolle. Wirtschaftlicher Eigentümer ist derjenige, der, ohne das rechtliche Eigentum zu besitzen, die tatsächliche Sachherrschaft über einen Vermögensgegenstand in der Weise ausübt, dass dadurch der nach bürgerlichem Recht Berechtigte wirtschaftlich auf Dauer von der Einwirkung auf den Vermögensgegenstand ausgeschlossen ist. Dies ist dann der Fall, wenn der nach bürgerlichem Recht Berechtigte keine oder nur einen praktisch bedeutungslosen Herausgabeanspruch gegenüber dem Besitzer (= wirtschaftlicher Eigentümer) hat oder wenn er den Vermögensgegenstand an diesen herauszugeben verpflichtet ist. Die tatsächliche Sachherrschaft über den Vermögensgegenstand hat in der Regel derjenige, bei dem Besitz, Gefahr, Nutzen und Lasten der Sache liegen (*Justenhoven/Meyer* in BeBiKo, Tz. 6, 7 zu § 246 HGB). Nach IDW ERS HFA 13 n. F. (IDW ERS HFA 13 n. F.: Entwurf einer Neufassung der IDW Stellungnahme zur Rechnungslegung: Einzelfragen zum Übergang von wirtschaftlichem Eigentum und zur Gewinnrealisierung nach HGB, Tz. 6 f., WPg 2007, Supplement 1) muss der wirtschaftliche Eigentümer grundsätzlich sowohl die Chancen als auch die Risiken aus der dauerhaften Nutzung des Vermögensgegenstandes sowie die Wertschwankungen, z. B. im Rahmen der Verwertung des Vermögensgegenstandes, tragen. Im Falle des wirtschaftlichen Eigentums hat der Eigenbetrieb daher den Vermögensgegenstand in der Bilanz auszuweisen. Der Grundbesitz des Eigenbetriebs ist in der Regel auf den Namen des Einrichtungsträgers (der Gemeinde) eingetragen, manchmal auch auf den Namen des Eigenbetriebs. Für die Bilanzierung nach Handels- und Steuerrecht ist nach den oben genannten Grundsätzen nicht die Eintragung im Grundbuch entscheidend, sondern die Widmung und die wirtschaftliche Nutzung. Hat die Gemeinde daneben z. B. dem Eigenbetrieb Wirtschaftsgüter überlassen, die eine wesentliche Grundlage des Eigenbetriebs darstellen, sind sie ebenfalls in der Handelsbilanz des Eigenbetriebs auszuweisen (*Bolsenkötter*, a. a. O., Beier, M./Brummer, O./Donhauser, C. et al., Tz. 1175).

2.2.2.1.3 Inventur und Inventar des Sachanlagevermögens

Grundsätzlich besteht nach § 240 Abs. 2 HGB, §§ 140 und 141 AO die Verpflichtung, für jeden Bilanzstichtag ein Verzeichnis der Gegenstände des beweglichen Anlagevermögens aufzustellen (Bestandsverzeichnis), in dem auch die bereits voll abgeschriebenen Wirtschaftsgüter aufzunehmen sind. Das Sachanlagevermögen und die immateriellen Vermögensgegenstände können dabei mit Hilfe einer sog. Buchinventur aufgenommen werden. Dabei kann auf eine jährliche körperliche Bestandsaufnahme verzichtet werden, wenn alle beweglichen Anlagegegenstände in einer Anlagenkartei verzeichnet sind und sichergestellt ist, dass der Bestand zuverlässig fortgeschrieben wird (*Kliem/Lewe* in BeBiKo, Tz. 6 zu § 240 HGB, HFA 1990/1 A II. b. und R 5.4 Abs. 4 EStR 2012). Gleichwohl sollte in Abständen von z. B. drei Jahren eine mindestens stichprobenweise körperliche Bestandsaufnahme durchgeführt werden, um eine Bestätigung der Ergebnisse aufgrund der Buchinventur zu erhalten, ggf. durch planmäßige Teilaufnahmen in jedem Jahr. Dies wird bei geringwertigen Wirtschaftsgütern (GWG) und Vermögensgegenständen des Sachanlagevermögens im Nettoanschaffungswert bis zu je 2 500,00 Euro, bei denen nach Ablauf der betriebsgewöhnlichen Nutzungsdauer auch eine sog. automatische Ausbuchung vorgenommen werden kann, für entbehrlich erachtet (*Kliem/Lewe* in BeBiKo, Tz. 6 zu § 240 HGB).

Steuerrechtlich bestehen zur generellen Inventarpflicht ab dem Veranlagungsjahr 2018 die folgenden Grundsätze: Bewegliche Wirtschaftsgüter des Anlagevermögens brauchen nicht in einem Bestandsverzeichnis erfasst zu werden, wenn ihre Anschaffungs- oder Herstellungskosten, vermindert um einen darin enthaltenen Vorsteuerbetrag gem. § 9b Abs. 1 EStG 250,00 Euro nicht übersteigen (§ 6 Abs. 2 Satz 4 EStG). Unabhängig davon ist das steuerrechtliche Wahlrecht zu beurteilen, dass Wirtschaftsgüter bis zu einem Nettoanschaffungswert von 800,00 Euro im Jahr der Anschaffung einen sofort abzugsfähigen Betriebsaufwand nach § 6 Abs. 2 Satz 1 EStG darstellen können. Diese Wirtschaftsgüter sind nach § 6 Abs. 2 Satz 4 EStG, wenn deren Nettoanschaffungswert 250,00 Euro übersteigt, unter Angabe des Tages der Anschaffung, Herstellung oder Einlage des Wirtschaftsgutes oder der Eröffnung des Betriebes und der Anschaffungs- und Herstellungskosten in ein besonderes, laufend zu führendes Verzeichnis aufzunehmen (§ 6 Abs. 2 Satz 4 EStG). Daneben besteht nach § 6 Abs. 2a EStG für Wirtschaftsgüter, deren Nettoanschaffungswert für das einzelne Wirtschaftsgut € 250,00 Euro, aber nicht 1 000,00 Euro übersteigt, ein Wahlrecht, einen sog. Sammelposten für GWG zu bilden (§ 6 Abs. 2a Satz 1 EStG). Abgesehen von der buchmäßigen Erfassung bestehen keine weiteren steuerlichen Aufzeichnungspflichten, d. h. eine inventarmäßige Erfassung bei der Anschaffung solcher Wirtschaftsgüter ist nicht erforderlich (BMF-Schreiben vom 30.9.2010, – IV C 6 – S 2180/09/ 10001 –, BStBl 2010 I S. 2). Für die Frage, ob die Grenze von 800,00 Euro bzw. 1 000,00 Euro überschritten ist, ist stets von den Anschaffungs- oder Herstellungskosten abzüglich eines darin enthaltenen Vorsteuerbetrages (Nettowert) auszugehen. Ob der Vorsteuerbetrag umsatzsteuerrechtlich abziehbar ist, ist für die Frage der Einhaltung der Grenze unbeachtlich (§ 6 Abs. 2 Satz 1 EStG und § 6 Abs. 2a Satz 4 EStG). Vermögensgegenstände von geringstem Wert (unter dem Nettoanschaffungswert von 250,00 Euro) müssen handelsrechtlich analog der steuerrechtlichen Regelungen ebenfalls nicht aktiviert und inventarisiert werden (*Schubert/Schieler* in BeBiKo, Tz. 275 zu § 253 HGB). Handelsrechtlich kann ebenfalls zur Bilanzierung der GWG der steuerrechtliche Jahressammelposten nach § 6 Abs. 2a EStG gebildet werden (Berichterstattung über die 208. Sitzung des HFA, IDW FN 2007 S. 506). Der HFA geht in seiner Stellungnahme dabei nicht auf die Behandlung der GWG im Inventar ein, wenn hierfür ein Jahressammelposten gebildet wird. Es spricht viel dafür, dass auch hier dass Handelsrecht den steuerrechtlichen Regelungen folgt. Auf den Einzelnachweis der stichtagsbezogenen Präsenz der zu Sammelposten verdichteten Vermögensgegenstände wird aber das Handelsrecht möglicherweise nicht vollständig verzichten können. Freiwillige Aufzeichnungen zur Wahrung eines ordnungsgemäßen Betriebsablaufes (insbesondere bei hohem Aufkommen geringwertiger Wirtschaftsgüter) sind dann vorzunehmen (vgl. *Brüggen*, A 20).

Die Vereinfachungsregeln können auf immaterielle Vermögensgegenstände zunächst nicht angewendet werden, da diese Vermögensgegenstände weder als beweglich noch als unbeweglich gelten (*Schubert/Schieler* in BeBiKo, Tz. 372 zu § 253 HGB). Gleichwohl ist in R 5.5 Abs. 1 EStR 2012 geregelt, dass Computerprogramme im Nettoanschaffungswert bis zu 410,00 Euro wie Trivialprogramme zu behandeln sind. Bei diesen Programmen können dann die Regelungen für geringwertige Wirtschaftsgüter angewendet werden, d. h. bis zum Nettoanschaffungswert von € 150,00 Euro existieren keine steuerrechtlichen Inventarisierungspflichten. Dieser expliziten steuerlichen Regelung wird man wohl auch handelsrechtlich aus Wesentlichkeitsgründen folgen können.

2.2.2.1.4 Fest- und Gruppenbewertung nach § 240 Abs. 3 und Abs. 4 HGB

Ferner können Sachanlagen, wenn sie regelmäßig ersetzt werden, ihr Gesamtwert für das Unternehmen von nachrangiger Bedeutung ist und ihr Bestand in seiner Größe, seinem Wert und seiner Zusammensetzung nur geringen Veränderungen unterliegt, mit einer gleich bleibenden Menge und einem gleich bleibenden Wert angesetzt werden (§ 240 Abs. 3 HGB). In der Regel ist alle drei Jahre eine körperliche Bestandsaufnahme durchzuführen. Bei festgestellten Mindermengen ist, abweichend von der steuerbilanziellen Behandlung, immer eine Anpassung des Festwertes erforderlich. Bei festgestellten Mengenerhöhungen ist eine Anpassung des Festwertes erst bei Erhöhungen um mehr als 10 % erforderlich (*Kliem/Lewe* in BeBiKo, Tz. 105, 106 zu § 240 HGB). Abweichend vom Grundsatz der Einzelbewertung ist eine Gruppenbewertung erlaubt, wenn gleichartige oder annähernd gleichwertige bewegliche Vermögensgegenstände vorliegen. Diese können jeweils zu einer Gruppe zusammengefasst werden und mit dem gewogenen Durchschnittspreis bewertet werden (§ 240 Abs. 4 HGB).

2.2.2.2 Bewertung zu Anschaffungs- und Herstellungskosten

2.2.2.2.1 Anschaffungskosten

Die Sachanlagen sind gemäß § 253 Abs. 1 Satz 1 HGB höchstens mit den Anschaffungs- bzw. Herstellungskosten vermindert um etwaige Abschreibungen zu bewerten.

Die Anschaffungskosten sind die Aufwendungen, die geleistet werden, um einen Vermögensgegenstand zu erwerben und ihn in einen betriebsbereiten Zustand zu versetzen. Sie müssen dem Vermögensgegenstand einzeln zugeordnet werden können (§ 255 Abs. 1 Satz 1 HGB). Die Anschaffungskosten ermitteln sich aus der Summe von Anschaffungspreis (abzüglich Anschaffungspreisminderungen), Anschaffungsnebenkosten und nachträglichen Anschaffungskosten. Als Anschaffungsnebenkosten bei Grundstücken sind zu berücksichtigen: Grunderwerbsteuer, Gerichts- und Notariatskosten, Sachverständigenhonorare, Maklerprovisionen. Bei sonstigen Anlagen und Betriebs- und Geschäftsausstattung gehören zu den Anschaffungsnebenkosten Frachtkosten, Transportversicherungen, Zölle, Provisionen, Steuern und Abgaben, Prüf- und Abnahmekosten usw. Zur Behandlung von Abbruchkosten als Bestandteil der Herstellungskosten bei Gebäuden wird auf H 6.4 EStR 2012 verwiesen.

Bei unentgeltlich erworbenen Sachanlagen ist von einem am Zweck der Zuwendung orientierten Bewertungswahlrecht auszugehen (*ADS*, a. a. O., Prof. Dr. Dr. h. c. Forster, K.-H./Dr. Dr. h. c. Goerdeler, R./Lanfermann, J. et al., Tz. 84 zu § 255 HGB). Primär ist der gesetzlichen Vorstellung des erfolgsneutralen Anschaffungsvorganges entsprechend ein Ansatz zu Null Euro vorzunehmen. Es ist aber auch eine Aktivierung mit den fiktiven Anschaffungskosten (Zeitwert) zulässig, wenn der Zuwendende den Vermögensgegenstand unentgeltlich in der Absicht überlassen hat, dem bilanzierenden Unternehmen durch den Verzicht auf ein Entgelt einen Vermögensvorteil zu verschaffen, der sich auch bilanziell als Ertrag oder als Erhöhung der Kapitalrücklage auswirken soll (*ADS*, a. a. O., Prof. Dr. Dr. h. c. Forster, K.-H./Dr. Dr. h. c. Goerdeler, R./Lanfermann, J. et al., Tz. 84 zu § 255 HGB; *Schubert/Hutzler* in BeBiKo, Tz. 100 zu § 255 HGB). Ein Ansatz zu einem Zwischenwert ist unzulässig (WPH, a. a. O., Justenhoven, P./Dangmann, T./Deubert, M. *et al.*, Kap. F Tz. 119). In Ermangelung der Position „Kapitalrücklage" in der Anlage 1 zur EigAnVO sind die fiktiven Anschaffungskosten aus einem unentgeltlichen Anschaffungsvorgang über die Position „A. III. allgemeine Rücklage" der Anlage 1 zur EigAnVO auszuweisen. Aus steuerlicher Sicht gilt der gemeine Wert als Anschaffungskosten für die unentgeltlich erhaltenen Wirtschaftsgüter (§ 6 Abs. 4 EStG).

Ein Sonderfall ist die unentgeltliche Übertragung von Versorgungsanlagen durch Erschließungsträger auf Eigenbetriebe. Nach § 123 Abs. 1 BauGB ist die Erschließung von Grundstücken grundsätzlich Aufgabe der Gemeinden. Hiernach gehört u. a. zur Erschließung auch die Herstellung von Be- und Entwässerungsanlagen, mit denen die Gemeinden Aufgaben der Daseinsvorsorge nachkommen. Überträgt die Gemeinde (der Einrichtungsträger) die Erschließung in technischer Hinsicht durch Vertrag auf Dritte, bleibt sie auch nach Fertigstellung Träger der Erschließungsmaßnahme. In diesem Fall rechnet der Erschließungsträger seine Leistungen ausschließlich mit den jeweiligen Grundstückseigentümern ab. Wirtschaftlich steht die Erschließung durch den Dritten der Erschließung durch die Gemeinde bzw. des Eigenbetriebs gleich, zumal die Erschließungsanlage nach Fertigstellung ohne Berechnung eines Entgelts von dem Dritten auf den Eigenbetrieb zu übertragen ist. Unter Beachtung allgemeiner Grundsätze sind die übertragenen Erschließungsanlagen als selbständiges Wirtschaftsgut (Betriebsvorrichtung) zu aktivieren, in gleicher Höhe ist ein Passivposten nach dem Vorbild der Baukostenzuschüsse anzusetzen, der analog der Abschreibung der aktivierten Vermögensgegenständen aufzulösen ist (OFD Berlin vom 21.1.1998 – St 447 – S 2137 - 3/94 –, BB 1998 S. 1105).

Aktivierungspflichtige Anschaffungskosten sind auch die Sicherheitseinbehalte eines Bauunternehmers. Diese können, wenn sie nicht zur Auszahlung durch den Eigenbetrieb gelangen (in der Regel erfolgt eine Auszahlung dann, wenn der Bauunternehmer eine Gewährleistungsbürgschaft einer Bank vorlegen kann), bis zu 10 % der Bausumme betragen. Der einbehaltene Betrag ist unter den Verbindlichkeiten aus Lieferungen und Leistungen oder, soweit der Einbehalt auf einer vorläufigen Bauabrechnung beruht, unter den Rückstellungen auszuweisen (*Fabry/Augsten*, a. a. O., Appel, M./Augsten, U./Dengler, H.-P. et al., S. 554).

2.2.2.2.2 Herstellungskosten

Den Begriff der Herstellungskosten definiert § 255 Abs. 2 Satz 1 HGB: *„Herstellungskosten sind die Aufwendungen, die durch den Verbrauch von Gütern und die Inanspruchnahme von Diensten für die Herstellung eines Vermögensgegenstandes, seine Erweiterung oder für eine über seinen ursprünglichen Zustand hinausgehende wesentliche Verbesserung entstehen.“* Handelsrechtlich sind als Wertuntergrenze für die Herstellungskosten mindestens die Materialeinzelkosten, die Fertigungseinzelkosten, die Sondereinzelkosten der Fertigung sowie angemessene Teile der Materialgemeinkosten, der Fertigungsgemeinkosten und des Werteverzehres des Anlagevermögens, soweit dieser durch die Fertigung veranlasst ist, zu aktivieren (§ 255 Abs. 2 Satz 2 HGB). Darüber hinaus können angemessene Teile der Kosten der allgemeinen Verwaltung sowie angemessene Aufwendungen für soziale Einrichtungen des Betriebs, für freiwillige soziale Leistungen und für betriebliche Altersversorgung eingerechnet werden, soweit sie auf den Zeitraum der Herstellung entfallen (§ 255 Abs. 2 Satz 3 HGB). Forschungs- und Vertriebskosten dürfen nicht aktiviert werden (§ 255 Abs. 2 Satz 4 HGB). Die so ermittelten Herstellungskosten stellen die Obergrenze der aktivierungsfähigen Herstellungskosten dar. Zinsen für Fremdkapital, das zur Finanzierung der Herstellung eines Vermögensgegenstands verwendet wird, dürfen zusätzlich aktiviert werden, soweit sie auf den Zeitraum der Herstellung entfallen (§ 255 Abs. 3 HGB). Für die Aktivierung erforderlich ist die Zurechenbarkeit des aufgenommenen Fremdkapitals in sachlicher und zeitlicher Hinsicht auf den jeweiligen Herstellungsvorgang (z. B. bei einer Objektfinanzierung). Da es sich bei dieser Vorschrift nicht um ein Bewertungswahlrecht, sondern um eine Bewertungshilfe handelt, kann die Entscheidung über die Einbeziehung von Fremdkapitalzinsen für jeden Vermögensgegenstand gesondert getroffen werden. Dies gilt auch für gleichartige Vermögensgegenstände (MüBiKo, *Tiedchen*, zu § 255, Tz. 120 ff.). Bei der steuerlichen Gewinnermittlung sind nach § 6 Abs. 1 Nr. 2 Satz 1 EStG die Herstellungskosten anzusetzen. Nachdem die Finanzverwaltung im BMF-Schreiben vom 12.3.2010 noch eine zwingende Einbeziehung von angemessenen Kosten der allgemeinen Verwaltung und der Aufwendungen für soziale Einrichtungen abweichend vom handelsrechtlichen Wahlrecht forderte, ist nunmehr durch die Einfügung des Abs. 1b in § 6 EStG klargestellt, dass diese Kosten auch weiterhin nur wahlweise einzubeziehen sind. Dabei ist das Wahlrecht nach § 5 EStG in Übereinstimmung mit der Handelsbilanz auszuüben. Ebenso wie im Handelsrecht, dürfen steuerrechtlich Forschungs- und Vertriebskosten nicht in die Herstellungskosten einbezogen werden.

Der Herstellungsbegriff ist wirtschaftlich aufzufassen, er erfordert Einflussnahme auf die Herstellung und die Übernahme der Risiken der Herstellung. Beginn der Herstellung ist, wenn Handlungen vorgenommen werden, die darauf ausgerichtet sind, ein Wirtschaftsgut zu schaffen oder ein bestehendes Wirtschaftsgut wesentlich zu verändern (BFH, Urt. vom 20.2.1975 – IV R 79/74 –, BStBl. II 1975 S. 510). Die Herstellung eines Wirtschaftsguts bzw. Vermögensgegenstandes endet, wenn es fertig gestellt ist. Fertig gestellt ist ein Wirtschaftsgut, sobald es seiner Zweckbestimmung entsprechend genutzt werden kann (z. B. BFH, Urt. vom 17.10.2001, BStBl. II 2002 S. 349 sowie *Brüggen*, A. 14). Hinzuweisen ist auf ein BGH-Urt. aus 2011 (Urt. vom 16.3.2011, – VIII ZR 48/10 –, WM 2011 S. 1040) im Zusammenhang mit der Gewährung von Vergütungen nach dem EEG, dass für den Zeitpunkt der Inbetriebnahme einer Anlage zur Erzeugung von Strom auch dann auf die erstmalige Inbetriebsetzung der Anlage nach Herstellung ihrer technischen Betriebsbereitschaft abzustellen ist, wenn der Stromerzeugung aus erneuerbarer Energie zunächst ein technisch notwendiger konventioneller Anfahrbetrieb mit fossilen Brennstoffen vorausgeht. Zu nachträglichen Herstellungskosten vgl. Erl. 2.2.2.4.

Die Errichtung von Kläranlagen beginnt nicht erst mit dem Beginn der eigentlichen Bauarbeiten, sondern setzt bereits mehr oder weniger umfangreiche Planungen voraus. Diese Planungskosten sind bereits mit zu aktivieren. Kosten für Fehlplanungen sind dann Betriebsausgaben, wenn diese ohne Auswirkung auf die Herstellung geblieben sind, weil nach Zweck und Art verschiedene Bauwerke zur Ausführung kommen (*Brüggen*, A 4).

Nach § 255 Abs. 2a Satz 1 HGB sind Herstellungskosten von selbst geschaffenen immateriellen Vermögensgegenständen, die bei deren Entwicklung anfallenden Aufwendungen. Steuerrechtlich können nach § 5 Abs. 2 EStG Entwicklungskosten nicht aktiviert werden. Können Entwicklungskosten nicht verlässlich von den Forschungskosten unterschieden werden, ist nach § 255 Abs. 2a Satz 1 HGB eine Aktivierung auch der Entwicklungskosten ausgeschlossen. Zu den selbsterstellten immateriellen Vermögensgegenständen (vgl. auch Erl. 2.1.2.2).

2.2.2.2.3 Anschaffungsnaher Aufwand

Unabhängig von den unter Erl. 2.2.2 aufgeführten allgemeinen Grundsätzen ist bei Aufwendungen, die im Zusammenhang mit dem Erwerb eines Gebäudes gemacht werden, zu prüfen, ob diese Aufwendungen anschaffungsnahe Aufwendungen darstellen. Handelt es sich um anschaffungsnahe Aufwendungen, so sind diese als Herstellungskosten zu aktivieren.

Steuerrechtliche Regelungen zum anschaffungsnahen Aufwand sind gesetzlich in § 6 Abs. 1 Nr. 1a EStG verankert. Soweit Aufwendungen für Instandsetzungs- und Modernisierungsmaßnahmen innerhalb von drei Jahren nach der Anschaffung des Gebäudes durchgeführt werden und diese Aufwendungen netto (ohne Umsatzsteuer) 15 % der Anschaffungskosten übersteigen, liegt anschaffungsnaher Herstellungsaufwand vor, der als Herstellungskosten zu aktivieren ist. Aufwendungen für Erweiterungen und Erhaltungsarbeiten, die jährlich üblicherweise anfallen, werden nicht berücksichtigt. Somit stellen die Aufwendungen, wenn die genannten Voraussetzungen erfüllt sind, keine sofort abzugsfähigen Werbungskosten/Betriebsausgaben dar, sondern sind über die Nutzungsdauer des Gebäudes im Rahmen von Abschreibungen zu verteilen. Diese Regelung gilt sowohl für Gebäude des Betriebsvermögens als auch für solche des Privatvermögens (§ 6 Abs. 1 Nr. 1a bzw. § 9 Abs. 5 Satz 2 EStG). Sie trifft auf Baumaßnahmen zu, mit denen nach dem 31.12.2003 begonnen wurde. Baubeginn ist dabei der Zeitpunkt, an dem der Bauantrag gestellt wird oder bei baugenehmigungsfreien Bauvorhaben, für die Bauunterlagen einzureichen sind, der Zeitpunkt, an dem diese Unterlagen eingereicht werden.

Die in § 255 Abs. 2 Satz 1 HGB gegebene Inhaltsbestimmung verbietet es handelsrechtlich aber, sogenannte anschaffungsnahe Aufwendungen allein wegen ihrer Höhe oder ihrer zeitlichen Nähe zur Anschaffung als Herstellungskosten des Gebäudes zu behandeln (*Schubert/Hutzler* in BeBiKo, Tz. 337 zu § 255 HGB; *Küting/Pfitzer/Weber*, a. a. O., *Schubert/Hutzler* in BeBiKo, Tz. 355 zu § 255 HGB). Anschaffungsnahe Aufwendungen sind vielmehr handelsrechtlich nur zu aktivieren, wenn sie als nachträgliche Herstellungskosten aktiviert werden können (*Küting/Pfitzer/Weber*, a. a. O., *Schubert/Hutzler* in BeBiKo, Tz. 357 zu § 255 HGB). Zu den nachträglichen Herstellungskosten (vgl. Erl. 2.3.2.4).

2.2.2.3 Besonderheiten bei der Bilanzierung bestimmter Vermögensgegenstände in der Ver- und Entsorgungswirtschaft

2.2.2.3.1 Leitungsnetze in der Versorgungswirtschaft

Die Kriterien für die Abgrenzung von Leitungsanlagen als selbständige Wirtschaftsgüter eines Unternehmens sind im Schreiben des BMF vom 30.5.1997 (BMF-Schreiben vom 30.5.1997 – IV B 2-S 2170-53/97 –, BStBl. I S. 567) dargestellt. Die Versorgungsanlage eines Versorgungsunternehmens besteht aus mehreren Wirtschaftsgütern. Diese sind nach der Funktion abzugrenzen, die sie innerhalb der gesamten Anlage erfüllen. Bei den leitungsgebundenen Vermögensgegenständen erfolgt die Trennung zunächst nach politischen Gemeinden und dann nach eigenständigen Funktionen. „Unterschiedliche Druckstufen" (Gasversorgungsnetze), Spannungsebenen (Stromversorgungsnetze) oder sonstige „Sonderfunktionen" führen zu eigenständigen Funktionen. Innerhalb dieser Funktionen kann noch eine Trennung nach Teilfunktionen, wie z. B. An- und Abtransport, Fern- und Zwischentransport sowie Abnehmergruppen erfolgen. Bei dem Verteilungsnetz innerhalb einer politischen Gemeinde handelt es sich um ein selbständiges Wirtschaftsgut, wenn das Netz der einheitlichen Funktion Endverteilung dient und innerhalb einer Druckstufe oder Spannungsebene miteinander verbunden ist. Das Netz ist grundsätzlich nicht mehr teilbar. Nur durch Netzteile mit Sonderfunktion wird das Ortsnetz unterbrochen, sodass das Ortsnetz in mehrere Ortsnetze und damit in mehrere Wirtschaftsgüter unterteilt wird. Netzteile mit Sonderfunktionen stellen eigene selbständige Wirtschaftsgüter dar. Dies ist dann der Fall, wenn Leitungen

- ein neues Versorgungsnetz für einen Stadtteil erschließen,
- das vorhandene Leitungsnetz eines bestimmten Stadtteils völlig neu gestalten,
- gezielt selbständige Sonderfunktionen (z. B. Weitertransport) erfüllen.

Teil des Ortsnetzes sind auch Notfallverbindungen, Schieber, Ventile und Hausanschlüsse. Dagegen stellen Zähler und technische Vorrichtungen und Baulichkeiten (z. B. Übergabe- und Reglerstationen) selbständige Wirtschaftsgüter mit eigenständiger Funktion innerhalb der gesamten Versorgungsanlage dar. Diese selbständigen Wirtschaftsgüter können das Ortsnetz zwar unterbrechen, das Ortsnetz wird dadurch jedoch nicht zusätzlich in mehrere Wirtschaftsgüter geteilt.

Daneben behandelt das o. g. BMF-Schreiben die anderen leitungsgebundenen Wirtschaftsgüter. Es handelt sich hierbei um die außerhalb des Ortsnetzes in einer einheitlichen Funktion miteinander verbundenen Leitungen gleicher Druckstufe oder Spannungsebene. Es gelten die o. g. Grundsätze entsprechend. Hausanschlüsse werden regelmäßig als nicht selbständige Wirtschaftsgüter angesehen.

Neben der Untergliederung der Leitungsanlage in Ortsnetze besteht eine weitere Möglichkeit der Aufteilung der Leitungsanlage in selbständige Wirtschaftsgüter. Aufgrund einer von der Finanzverwaltung eingeräumten Vereinfachungsregelung wird nicht beanstandet, wenn die jährlichen Aufwendungen für Erweiterungen, Verstärkungen und aktivierungspflichtige Erneuerungen einer Leitungsanlage wie Herstellungskosten für ein selbständig bewertbares Wirtschaftsgut (Jahressammelposten) behandelt werden (BMF-Schreiben vom 10.6.1974 – IV A 1 – S 7471 - 11/74/IV B2 – S 2172 - 10/74 –). Bei dieser grob vereinfachten Form der Buchführung und Bilanzierung ist es ohne Bedeutung, ob im konkreten Fall ein neues Wirtschaftsgut geschaffen oder ein altes umgestaltet wird. Der auf diese Weise „künstlich" geschaffene Jahressammelposten steht innerhalb des engen branchenspezifischen Anwendungsbereiches im Einklang mit den GoB und wird als Bilanzierungshilfe wie ein selbständig bewertbares Wirtschaftsgut angesehen. Der Jahressammelposten wird sodann über die gemäß der amtlichen AFA-Tabelle diesem Posten zugeordnete gesamte betriebsgewöhnliche Nutzungsdauer abgeschrieben. Dabei können die Abschreibungsmethoden (linear oder degressiv) für jeden Jahressammelposten gesondert festgelegt werden (*Brüggen*, A 10). Nach den o. g. allgemeinen Bilanzierungsgrundsätzen außerhalb der Vereinfachungsregel würden die Aufwendungen für Erweiterungen, Verstärkungen und aktivierungspflichtige Erneuerungen zu nachträglichen Herstellungskosten für die Leitungsanlage führen (vgl. Erl. zu 2.2.2.4.). Der Übergang von der Bilanzierung mit Hilfe der Jahressammelposten hin zu der steuerlichen Behandlung nach den allgemeinen Grundsätzen (nachträgliche Herstellungskosten für die Leitungsanlage) ist jederzeit möglich (BMF-Schreiben vom 30.5.1997 – IV B 2-S 2170-53/97 –, BStBl. I S. 567). Beim Übergang von der Bilanzierung in Jahressammelposten zur Bilanzierung nach allgemeinen Grundsätzen sind insbesondere Entscheidungen zu folgenden Problembereichen zu treffen (*Kaminski/Lambertz*, Leitungsanlagen innerhalb der Versorgungswirtschaft und ihre Bilanzierung nach allgemeinen Grundsätzen, Versorgungswirtschaft 9/1998 S. 201 ff.):

- Bestimmung der vorhandenen Wirtschaftsgüter
- Höhe des jeweiligen Buch- bzw. Restwertes
- Höhe der nachträglichen Herstellungskosten
- Zustand des jeweiligen Wirtschaftsgutes bei Beendigung der nachträglichen Herstellungskosten
- Neue Schätzung der Restnutzungsdauer
- Art der zulässigen Abschreibung.

2.2.2.3.2 Kanalnetze in der Abwasserbeseitigung

In der Praxis sind die steuerlich entwickelten Grundsätze für die Leitungsnetzbilanzierung bei Versorgungsunternehmen weitestgehend Grundlage für die handelsrechtliche Betrachtungsweise (*Becker/Biermann*, Bilanzierung von Kanalsanierungsmaßnahmen im Inlinerverfahren, bbr Fachmagazin für Brunnenbau, Leitungsbau und Geothermie, Ausgabe 9/2010 S. 25). In der Praxis der Wasser- und Abwasserwerke in Rheinland-Pfalz wird aber in der Regel abweichend von der „Ortsnetzbilanzierung", wie sie im o. g. BMF-Schreiben vom 30.5.1997 beschrieben wird, und auch abweichend von der „Jahressammelpostenmethode" eine andere oder weitergehende Aufteilung der Leitungsanlage in Wirtschaftsgüter vorgenommen. Es erfolgt zwar grundsätzlich auch eine funktionale Unterteilung der Leitungsanlage, z. B. im Hinblick auf die Entwässerung von Schmutz- und/oder Niederschlagswasser. Darüber hinaus werden aber pro Straße oder in noch feinerer Untergliederung (z. B. von Schacht zu Schacht, nach Straßenzügen, Rohrdimensionen) selbständige Wirtschaftsgüter bilanziert (*Becker/Biermann*, Bilanzierung von Kanalsanierungsmaßnahmen im Inlinerverfahren, bbr Fachmagazin für Brunnenbau, Leitungsbau und Geothermie, Ausgabe 9/2010 S. 26). Diese Vorgehensweise erleichtert bei einer späteren aktivierungspflichtigen Erneuerung die Erfassung von Abgängen. Die erneuerten, noch nicht vollständig abgeschriebenen Teile der Leitungsanlage müssen mit ihrem Restbuchwert als Abgang erfasst werden. Bei einer sehr detaillierten Erfassung und Untergliederung der Leitungsanlage ist die Bestimmung der abgehenden Teile der Leitungsanlage leichter möglich. Zur Abgrenzung von Herstellungs- und Erhaltungsaufwand bei Abwasserleitungsnetzen vgl. Erl. 2.2.2.4.3.

2.2.2.3.3 Besonderheiten bei der Bilanzierung von Windkraftanlagen

Windkraftanlagen bestehen aus mehreren selbständigen Wirtschaftsgütern, die aus einer beweglichen Sache oder mit einer oder mehreren beweglichen Sachen verbunden oder zu einer Anlage zusammengestellt worden sind; nach der Rechtsprechung des BFH gilt zur Wirtschaftsgutabgrenzung folgendes:

- Jede Windkraftanlage, die in einem Windpark betrieben wird, stellt mit dem zugehörigen Transformator nebst der Verkabelung ein zusammengesetztes Wirtschaftsgut dar.
- Ein weiteres Wirtschaftsgut bildet die Verkabelung von den Transformatoren bis zum Stromnetz des Energieversorgers einschließlich der Übergabestation, soweit dadurch mehrere Windkraftanlagen miteinander verbunden werden.
- Schließlich stellt die Zuwegung ein weiteres eigenständiges Wirtschaftsgut dar.

Der BFH begründet seine Auffassung damit, dass einzelne Windkraftanlagen mit Fundament einschließlich des Kompakttransformators sowie innerer Verkabelung zwar aus verschiedenen Gegenständen zusammengesetzt seien. Diese seien, so der BFH, aber technisch aufeinander abgestimmt und könnten nach der Montage nur zusammen genutzt werden, sodass es an einer selbständigen Nutzungsfähigkeit der einzelnen Bauteile fehle. Es wird der einheitlich selbständige Nutzungs- und Funktionszusammenhang gesehen. (BFH, Urt. vom 14.4.2011 – IV R 52/09 –, BFH/NV 2011 S. 1247, BFH, Urt. vom 14.4.2011 – IV R 52/10 –, BFH/NV 2011 S. 1339 sowie BGH, Urt. vom 14.4.2011 – IV R 46/09 –, BB 2011 S. 1648).

Im BFH-Urt. vom 14.4.2011 (vom 14.4.2011 – IV R 52/09 –, BFH/NV 2011 S. 1247) legte der BFH die Anschaffungskostenermittlung für Windkraftanlagen fest. Danach sind zunächst die Aufwendungen zuzuordnen, die den oben definierten Wirtschaftsgütern im Zusammenhang mit einer Windkraftanlage unmittelbar zugeordnet werden können. In einer zweiten Stufe sind die Aufwendungen, die nicht unmittelbar einem Wirtschaftsgut zugeordnet werden können, entsprechend dem Verhältnis der auf der ersten Stufe ermittelten Anschaffungskosten, auf alle Wirtschaftsgüter zu verteilen. Dies können z. B. Kosten für die Standortsuche, Gutachten, Ausgleichsmaßnahmen etc. sein. Die in der Literatur angedachte Möglichkeit, Projektierungskosten vor Errichtung des eigentlichen Windparks als immaterielles Wirtschaftsgut „Standort" zu aktivieren (vgl. *Wichott/Kroh/Nogens*, Steuerliche Risiken und Gestaltungsmöglichkeiten beim Erwerb und dem Betrieb von Windkraftanlagen, DStR 2009 S. 1741), ist der BFH nicht gefolgt. Handelsrechtlich wird man wohl den steuerlichen Grundsätzen folgen müssen. Windkraftanlagen sind dabei steuerrechtlich wie handelsrechtlich keine Gebäude, sondern eine Betriebsvorrichtung, bei der die selbständig bewertbaren Wirtschaftsgüter nach der Art ihrer Zusammenführung und bei weitestgehender identischer Nutzungsdauer von außen als einheitliche Sache im Rechtssinne wahrgenommen werden. Die Nutzungsdauer nach amtlicher AfA-Tabelle beträgt 16 Jahre, s. a. BFH, Urt. vom 14.4.2011 – IV/R 52/10 –, n. v. V. Ob auch (handelsrechtlich) eine Sachgesamtheit denkbar erscheint, bei der die als Einheit erscheinenden Wirtschaftsgüter rechtlich selbständig und selbständig bewertungsfähig bleiben, wenn sie eine unterschiedliche Nutzungsdauer haben und selbständige Handelsobjekte sind, sollte nicht zuletzt vor dem Hintergrund des durch das Bilanzrechtsmodernisierungsgesetz vorgesehenen Fortfalls langfristiger Großreparaturrückstellungen nach § 249 Abs. 2 HGB a. F. überprüft werden. Beim Ansatz einer Sachgesamtheit könnte mit der Zerlegung der „Wirtschaftsgüter" in solche mit unterschiedlichen Nutzungsdauern eine periodengerechtere Aufwandszuordnung erreicht werden. Steuerrechtlich hat der BFH den sog. Komponentenansatz bei Windkraftanlagen in den oben zitierten Urt. vom 14.4.2011 ausdrücklich abgelehnt. (vgl. *Brüggen*, A.9 sowie zur generellen Darstellung des Komponentenansatzes Erl. 2.2.2.5.1.9). Zum Abschreibungsbeginn und zur Nutzungsdauerfestlegung von Windkraftanlagen vgl. im Einzelnen Erl. 2.2.2.5.1.6 und 2.2.2.5.1.7.

2.2.2.3.4 Besonderheiten bei der Bilanzierung von Photovoltaikanlagen/ Blockheizkraftwerken

Photovoltaikanlagen sind, wenn sie als Freianlagen errichtet werden, unstreitig bewegliche Wirtschaftsgüter des Sachanlagevermögens. Eine andere Beurteilung könnte sich ergeben, wenn Photovoltaikanlagen auf Gebäudedächern installiert werden. Hier stellt sich die Frage, ob diese dann als Betriebsvorrichtung angesehen werden können (mit der Folge, damit ein selbständiges Wirtschaftsgut zu sein) oder als unselbständiger Gebäudebestandteil anzusehen sind. Dabei können Photovoltaikanlagen als Anlagen mit auf der vorhandenen Dacheindeckung aufgesetzten Photovoltaikmodulen (Aufdachanlage) oder mit in der Dacheindeckung integrierten Photovoltaikmodulen (sog. dachintegrierte Photovoltaikanlage, z. B. in der Form von Solardachsteinen, Solardachfolien oder Indach-Solarmodulen) betrieben werden. Während sog. Aufdachanlagen mittels einer Trägerkonstruktion auf dem Dach montiert werden, stellen bei integrierten Photovoltaikmodulen die

„Solar-Ziegel" die Abdeckung des Daches an sich dar (OFD Niedersachsen vom 17.9.2010 – S 2240 - 160-St 221/St 222 –, DStR 2010 S. 2035).

Aufdachanlagen dienen unmittelbar der Stromerzeugung und sind daher regelmäßig als Betriebsvorrichtung anzusehen. Sie rechnen zu den selbständigen, beweglichen und abnutzbaren Wirtschaftsgütern, die als notwendiges Betriebsvermögen dem Gewerbebetrieb Stromerzeugung zuzurechnen sind (OFD Niedersachsen vom 17.9.2010 – S 2240-160-St 221/St 222 –, DStR 2010 S. 2035).

Auch dachintegrierte Photovoltaikanlagen sind als selbständige, vom Gebäude losgelöste bewegliche Wirtschaftsgüter und damit nicht als unselbständige Gebäudebestandteile zu behandeln. Dabei ist unbeachtlich, ob die Anlagen im Zuge einer Neueinrichtung eines Gebäudes oder einer Sanierungsmaßnahme angeschafft bzw. hergestellt sind. Dachintegrierte Photovoltaikanlagen sind daher nach § 7 Abs. 1 bis 3 EStG zu behandeln. Dies wird in den EStR 2012 in R 4.2 Abs. 3 klargestellt (s. a. ausführlich: LfSt Bayern vom 30.7.2014 „Leitfaden Fotovoltaik im Steuerrecht", Ziff. 11.5). Nunmehr soll auch die ggf. hoheitliche Nutzung des Eigenverbrauchs an Strom und Wärme nicht zum Ausschluss der Annahme einer nahezu ausschließlichen betrieblichen Nutzung führen, sodass für die als BgA betriebenen Photovoltaikanlagen die Begünstigungen des § 7g EStG in Anspruch genommen werden können. Für Photovoltaikanlagen ist von einer betriebsgewöhnlichen Nutzungsdauer von 20 Jahren auszugehen. Nicht zulässig ist demnach die Übertragung von stillen Reserven nach § 6b Abs. 1 Satz 2 Nr. 3 EStG. Bei dachintegrierten Photovoltaikanlagen ist zu beachten, dass die auf die Dachkonstruktion entfallenden Aufwendungen nicht einbezogen werden dürfen. Wie dachintegrierte Photovoltaikanlagen sind Blockheizkraftwerke zu beurteilen, die in ein Gebäude eingebaut werden, um Strom und Wärme zu erzeugen. Bei diesen ist von einer betriebsgewöhnlichen Nutzungsdauer von zehn Jahren auszugehen (OFD NRW vom 13.1.2016 – S 2130-2011/0003-St 146 –, Gleichlautender Erlass zur Abgrenzung des Grundvermögens von den Betriebsvorrichtungen der obersten Finanzbehörden der Länder vom 5.6.2013, BStBl. I S. 734), OFD Niedersachsen vom 17.9.2010 – S 2240-160-St 221/St 222 –, DStR 2010 S. 2035 sowie FM Schleswig-Holstein vom 11.11.2010 – VI 304-S 2134-065 –, Beck Steuererlasse). Die Voraussetzung ist aber, dass ein Zusammenhang mit dem Gewerbe besteht und somit eine Betriebsvorrichtung vorliegt (s. a. LfSt Bayern vom 1.10.2015, S 2240.1.1- 6/2 St 32). Andernfalls handelt es sich um einen Gebäudebestandteil, der aber zumindest handelsrechtlich einer komponentenweisen Abschreibung zugänglich sein dürfte.

Bemessungsgrundlage für die Absetzungen für Abnutzung sind die nachgewiesenen Aufwendungen für die Aufdachanlage oder das Photovoltaikmodul bei dachintegrierten Aufgaben. Kann der Steuerpflichtige die Aufwendungen für das Photovoltaikmodul der dachintegrierten Anlage im Einzelfall nicht nachweisen, so sollte aus Vereinfachungsgründen der auf das Gebäude entfallende Anteil in Höhe der Kosten für eine Dacheindeckung ohne integrierte Photovoltaikanlage (in Anlehnung an die übrige Dacheindeckung) geschätzt werden. Der übersteigende Betrag ist dem Photovoltaikmodul zuzuordnen und stellt die Bemessungsgrundlage für die Berechnung der AfA dar (OFD Niedersachsen vom 17.9.2010 – S 2240-160-St 221/St 222 –, DStR 2010 S. 2035).

2.2.2.3.5 Besonderheiten bei der Bilanzierung von Aufwendungen zur Stilllegung, Rekultivierung und der Nachsorge von Deponien

Zur Frage der steuerbilanziellen Behandlung von Aufwendungen zur Stilllegung, Rekultivierung und der Nachsorge von Deponien ist ein Schreiben des BMF vom 25.7.2005 ergangen (BMF-Schreiben vom 25.7.2005 – IV B 2 – S 2137 - 35/05 –, BStBl. 2005 S. 826). Für die steuerrechtliche Beurteilung sind nach Tz. 12 des Schreibens die Errichtungs- und Ablagerungsphase einerseits und die Stilllegungs- und Nachsorgephase andererseits zu unterscheiden. Beim Übergang zur Stilllegung ändert der Deponiebereich (ggf. auch bezogen auf den jeweiligen Deponieabschnitt) seinen Zweck, so das BMF. Die Vermeidung von Gefahren für die Umwelt tritt in den Vordergrund. Soweit Aufwendungen in der Errichtungs- und Ablagerungsphase anfallen, dienen sie vorrangig der Abfalleinlagerung und sind nach allgemeinen Grundsätzen zu aktivieren, wenn sie Anschaffungs- und Herstellungskosten für Wirtschaftsgüter sind (Tz. 13 des Schreibens). Soweit Aufwendungen in der Stilllegungs- und Nachsorgephase anfallen, dienen sie vorrangig der umweltgerechten Wiederherstellung des Grundstücks. Durch diese Maßnahmen treten keine Wertverbesserungen des Grundstücks ein. Sie sind daher sofort abzugsfähige Betriebsausgaben (Tz. 14 des Schreibens). In Tz. 15 wird vom BMF bezogen auf einzelne Maßnahmen im Zusammenhang mit dem Deponiebetrieb eingeordnet, ob eine Aktivierung notwendig ist. Aufwendungen für Maßnahmen im Zusammenhang mit der Oberflächenabdichtung und der Rekultivierungsschicht, werden vom BMF, da in die Nachsorgephase fallend, als sofort abziehbarer Betriebsaufwand angesehen. Das BMF Schreiben ist inhaltlich auch für die Handelsbilanzierung vollumfänglich anwendbar (vgl. hierzu Ergebnisbericht-Online über die 96. Sitzung sowie 97. Sitzung des ÖFA vom 14.2.2006 S. 8 bzw. vom 19.9.2006 S. 7).

2.2.2.4 Nachträgliche Herstellungskosten: Abgrenzung zwischen Herstellungs- und Erhaltungsaufwand

2.2.2.4.1 Allgemeine Grundsätze

Nicht zu aktivieren, sondern sofort aufwandsmäßig zu erfassen sind die Erhaltungsaufwendungen. Zum Erhaltungsaufwand (§ 4 EStG) gehören die Aufwendungen für die laufende Instandhaltung und für die Instandsetzung. Sie werden im Allgemeinen durch die gewöhnliche Nutzung des jeweiligen Wirtschaftsgutes veranlasst. Als Beispiele für Aufwendungen der laufenden Instandhaltung sind Schönheitsreparaturen (Außenanstrich), Dachreparaturen, Ausbesserungen usw. zu nennen. Aufwendungen für Instandsetzungsarbeiten sind z. B. die Erneuerung einer defekten und wirtschaftlich verbrauchten Pumpe im Pumpwerk oder einer Heizungsanlage im Gebäude, die Beseitigung von Hausschwamm bei einem Gebäude oder einer Betriebsvorrichtung.

Klassische Merkmale des Erhaltungsaufwands sind:

- Keine Veränderung der Wesensart und
- Erhaltung des ordnungsgemäßen Zustands.

Aufwendungen für einzelne Wirtschaftsgüter können entweder sofort abzugsfähiger Erhaltungsaufwand oder zu aktivierender Herstellungsaufwand/Herstellungskosten sein. Im Steuerrecht liegen hierzu grundsätzliche Unterscheidungskriterien betreffend die Behandlung von Aufwendungen für Gebäude vor. Diese Grundsätze sind auch auf die Bereiche der Versorgungswirtschaft übertragbar. Die Rechtsprechung des BFH knüpft bei der Abgrenzung zwischen Herstellungs- und Erhaltungsaufwendungen an die handelsrechtliche Begriffsbestimmung der Herstellungskosten an (BFH, Urt. vom 12.9.2001, BStBl. II 2003 S. 569 sowie das dazu ergangene BMF-Schreiben vom 18.7.2003, IV C 3-S 2211-94/03 BStBl. I 2003 S. 386). Demnach sind Aufwendungen als Herstellungskosten zu aktivieren, wenn eine der drei folgenden Voraussetzungen erfüllt ist:

- Herstellung eines Vermögensgegenstandes,
- Erweiterung eines Vermögensgegenstandes,
- Wesentliche Verbesserung eines Vermögensgegenstandes, die über dessen ursprünglichen Zustand hinausgeht.

Herstellung eines Vermögensgegenstandes

Eine bauliche Maßnahme an einem bestehenden Vermögensgegenstand hat den Charakter der Herstellung, wenn wesentliche Teile so sehr abgenutzt waren, dass der Vermögensgegenstand unbrauchbar geworden ist (technischer Vollverschleiß) und durch die vorgenommenen Maßnahmen unter Verwendung der noch nutzbaren Teile ein neuer Vermögensgegenstand hergestellt wurde. Die Herstellung eines neuen Vermögensgegenstandes kann auch dann vorliegen, wenn der Vermögensgegenstand in seiner bisherigen Funktion nicht mehr nutzbar war (wirtschaftlicher Vollverschleiß) und bauliche Maßnahmen zur Änderung seiner Zweckbestimmung durchgeführt wurden. Hierbei ist von Bedeutung, dass der Vermögensgegenstand als neu anzusehen ist, d. h., dass verbrauchte Teile ersetzt werden, die für die Nutzungsdauer bestimmend sind.

Erweiterung eines Vermögensgegenstandes

Eine Erweiterung eines Vermögensgegenstands nach § 255 Abs. 2 Satz 1 HGB liegt vor, wenn bauliche Maßnahmen dazu dienen, das Gebäude in seiner Substanz zu vermehren, z. B. Anbau, sonstige Vergrößerungen der nutzbaren Fläche, nachträglicher Einbau bisher nicht vorhandener Bestandteile. Der Gebrauchswert muss sich im Ganzen erhöhen.

Wesentliche Verbesserung eines Vermögensgegenstandes, die über dessen ursprünglichen Zustand hinausgeht

Eine wesentliche Verbesserung liegt nicht bereits dann vor, wenn ein Gebäude generalüberholt wird, z. B. wenn in einem Jahr vorgenommene Erhaltungsaufwendungen in ungewöhnlicher Höhe zusammengeballt anfallen. Hierbei handelt es sich um eine zeitgemäße, substanzerhaltende Erneuerung und somit um Erhaltungsaufwand. Eine wesentliche Verbesserung ist erst dann gegeben, wenn über die zeitgemäße, substanzerhaltende Erneuerung hinaus die Gebrauchsmöglichkeit des Vermögensgegenstands im Ganzen deutlich erhöht wird. Liegen diese Merkmale nach den objektiven Gegebenheiten vor, spielt es keine Rolle, ob der Steuerpflichtige bei der Durchführung der Veränderungen die Absicht hatte, etwas Neues in dem vorgegebene Sinne zu schaffen. Eine Erhöhung der Gebrauchsmöglichkeit liegt insbesondere bei einer wesentlichen Verlängerung der Nutzungsdauer vor.

Als ursprünglicher Zustand im Sinne von § 255 Abs. 2 Satz 1 HGB gilt der Zustand des Vermögensgegenstands zu dem Zeitpunkt der Herstellung oder der Anschaffungszeitpunkt. Wurden die ursprünglichen Anschaffungs- oder Herstellungskosten um nachträglichen Herstellungsaufwand erhöht, so gilt als ursprünglicher Zustand nunmehr der Zustand des Vermögensgegenstands nach der Erhöhung. Wurden in früheren Jahren außerplanmäßige Abschreibungen vorgenommen, so gilt insoweit der Zustand des Vermögensgegenstands nach Eintritt des Substanzverlustes als ursprünglicher Zustand. Treffen bei einer Baumaßnahme sowohl aktivierungsfähige Aufwendungen als auch Aufwendungen zur zeitgemäßen Substanzerhaltung (Reparaturen) zusammen, so sind diese – ggf. im Wege einer Schätzung – in Herstellungs- und Erhaltungsaufwendungen aufzuteilen. Dies gilt auch dann, wenn sie einheitlich in Rechnung gestellt worden sind. Bei einem Bündel von Einzelmaßnahmen sind ausnahmsweise Herstellungs- und Erhaltungsaufwendungen insgesamt als Herstellungskosten zu beurteilen, wenn sie in einem engen räumlichen, zeitlichen und sachlichen Zusammenhang stehen. Bei einem sachlichen Zusammenhang greifen die einzelnen Maßnahmen bautechnisch ineinander. Dies ist gegeben, wenn die Erhaltungsarbeiten, die sich hierbei im Rahmen eines Gesamtplans über mehrere Jahre erstrecken können, für die Herstellungsarbeiten oder durch bestimmte Herstellungsarbeiten verursacht worden sind.

Nachträgliche Herstellungskosten wurden vom Niedersächsischen Finanzgericht (NdsFG, Urt. vom 12.4.2007 – 10 K 415/00 –, rkr., EFG, S. 1757) in folgendem Fall angenommen: Aufwendungen für die Dekontaminierung eines mit Schadstoffen belasteten Grundstücks gelten als nachträgliche Herstellungskosten des Grund und Bodens, sofern dieser hierdurch eine über seinen wesentlichen ursprünglichen Zustand hinausgehende Verbesserung erfährt. Im Streitfall ging es um im Zusammenhang mit späteren Entkontaminierungsaufwendungen stehenden Gutachterkosten. Diese wurden als nachträgliche Herstellungskosten angesehen, da sie die Grundlage für die späteren Entkontaminierungsaufwendungen bildeten, die eine wesentliche Verbesserung des Grundstücks über seinen ursprünglichen Zustand (kontaminierter Grund und Boden) hinaus bedeuteten.

Bei Gebäuden ist regelmäßig von nachträglichem Herstellungsaufwand auszugehen, wenn mindestens drei der zentralen Ausstattungsmerkmale (Heizung, Sanitär, Elektroinstallation, Fenster) in zeitlichem Zusammenhang erneuert werden (vgl. insb. BMF-Schreiben vom 18.7.2003 – IV C 3 – S 2211 - 94/03 –, BStBl. 2003 I S. 386).

Handelsrechtlich wird insbesondere bei Gebäuden ein anderes Verständnis einer wesentlichen Verbesserung über den ursprünglichen Zustand hinaus zugrunde gelegt. Gemäß dem IFA (IDW RS IFA 1 n.F., Rn. 7-14a) kann eine wesentliche Verbesserung auch in einer qualitativen Verbesserung des Gebäudes bestehen. Dies kann entweder durch die Anhebung des Gebäudestandards in mindestens drei der zentralen Bereiche der Ausstattung (Maßnahmen zur Wärme- und Energieerzeugung, -versorgung und -speicherung, Sanitärausstattung, Elektroinstallation/Informationstechnik inkl. Gebäudeautomation, Fenster, Wärmedämmung) erfolgen, oder durch die deutliche Minderung des Endenergiebedarfs oder -verbrauchs (Verringerung um mindestens 30 % des ursprünglichen Zustandes). Letzteres entspricht bei Wohngebäuden einer Verbesserung der Energieeffizienzklasse um mindestens zwei Stufen.

Diese Unterschiede können zu einer Abweichung der Handelsbilanz und Steuerbilanz führen.

2.2.2.4.2 Anwendung der Grundsätze bei Leitungsnetzen in der Versorgungswirtschaft

Neben den unter Erl. 2.2.2.4.1 dargestellten Grundsätzen sind folgende Besonderheiten bei Versorgungsunternehmen zu beachten. Grundlage ist ein auf Bund- und Länderebene abgestimmter Erlass des Finanzministeriums Sachsen zur Abgrenzung von Erhaltungs- und Herstellungsaufwand für Rohrnetz- und Kanalerneuerungen (FinMin. Sachsen, Erlass vom 8.10.1991 – 32 – S 2172 - 1/5 – 28 981 –, Versorgungswirtschaft 1/1992 S. 15):

Erweiterung der Versorgungsanlage

Aufwendungen für die Erweiterung der Versorgungsanlage sind stets Herstellungsaufwand (nachträgliche Herstellungskosten), weil etwas Neues, bisher nicht Vorhandenes, geschaffen wird.

Erneuerung der Versorgungsanlage

Aufwendungen für Erneuerungen von bereits vorhandenen Teilen, Einrichtungen und Anlagen der Versorgungsanlage sind nur dann Herstellungsaufwand, wenn die (einzelne) Versorgungsanlage wesentlich in ihrer Substanz vermehrt und in ihrem Wesen erheblich verändert oder über ihren bisherigen Zustand hinaus deutlich verbessert wird.

Verstärkung der Versorgungsanlage

Aufwendungen für die Verstärkung der Versorgungsanlage sind stets Herstellungsaufwand, wenn etwas Neues, bisher nicht Vorhandenes geschaffen wird. Beim Austausch bereits vorhandener Teile, Einrichtungen und Anlagen der Versorgungsanlage liegt Herstellungsaufwand dagegen nur unter besonderen Voraussetzungen vor; die oben aufgeführten Grundsätze für Erweiterungen und Erneuerungen sind dann hierbei nach dem Erlass entsprechend anzuwenden. Nach dem Erlass können unabhängig davon im Einzelfall besondere Merkmale als Abgrenzungshilfe zur Entscheidung herangezogen werden, z. B. die Länge der Rohrleitungen. Der Erlass lässt allerdings offen, welche Fälle und was damit gemeint ist; um Erweiterungen kann es sich nicht handeln, da hierzu im Erlass explizit Stellung genommen wurde. Die Aussage betrifft wohl die Abgrenzung von Erhaltungs- und Herstellungsaufwand bei einer Auswechslung von Rohrnetzteilen. In der Literatur wird zur Abgrenzung die Relation der ausgewechselten Rohrlänge zur Gesamtlänge des Netzes vorgeschlagen (Versorgungswirtschaft 1990 S. 71 ff.). Nach *Bolsenkötter* (*Bolsenkötter*, a. a. O., Beier, M./Brummer, O./Donhauser, C. et al., Tz. 1185) wird das Auswechseln von Leitungen bis zu einer Länge von 200 m heute generell als Erhaltungsaufwand behandelt. Ähnlich argumentiert *Brüggen*, ohne Netzlängen vorzugeben: Wird eine alte Leitung durch eine neuwertige Leitung (besser Leitungsabschnitte) ersetzt, so wird zwar in der Regel das Leitungsnetz verbessert. Die Ersatzleitung (Ersatzleitungsabschnitte) ist aber keine über den ursprünglichen Zustand hinausgehende wesentliche Verbesserung des Netzes. Sie dient nur dazu, dessen Nutzungsfähigkeit im bisherigen Umfang zu erhalten. Diese Grundsätze gelten auch, wenn die ersetzte Leitung technisch und wirtschaftlich verbraucht war (vgl. *Brüggen*, A 4).

Auf folgende BFH-Urt. ist zusätzlich hinzuweisen:

Nach Ansicht des BFH (Urt. vom 10.6.1996 – I R 9/91 –, BStBl. II 1996 S. 41) wird ein Leitungsnetz erweitert, wenn seine Kapazität vergrößert wird. Dies ist der Fall, wenn das Netz um zusätzliche Leitungen verlängert oder die Leistungsfähigkeit der vorhandenen Leitungen erhöht wird, damit zusätzliche Kunden beliefert oder die vorhandenen Kunden mit mehr Energie und Wasser versorgt werden können. Eine Erweiterung der Leitungsdimension ohne Erweiterung der Nutzungsmöglichkeiten ist nicht als Herstellung in diesem Sinne zu verstehen (BFH, Urt. vom 17.6.1997 – IX R 30/95 –, BStBl. II 1997 S. 802). Ein Leitungsnetz wird verbessert, wenn es durch zusätzliche Leitungen enger vermascht wird, um die Versorgungssicherheit zu erhöhen. In einem Austausch von Freileitungen durch Kabel wird man nicht von vornherein Erhaltungsaufwand sehen müssen (vgl. *Brüggen*, A.14).

Als unstrittige, sofort abziehbare Erhaltungsaufwendungen werden u. a. auch die Sanierung von Grauguss-Trinkwasserleitungen gesehen (vgl. *Brüggen*, A.14). Aufwendungen, die einem Versorgungsunternehmen dadurch entstehen, dass es vorhandene Versorgungsleitungen und -einrichtungen den von der Gemeinde vorgenommenen Änderungen der Straßenführung anpassen muss (sogenannte Folgekosten), sind in der Regel sofort abziehbarer Erhaltungsaufwand des Leitungsnetzes (BFH, Urt. vom 10.6.1992 – I R 9/91 –, BStBl. II 1993 S. 41). Folgekosten sind und waren keine Aufwendungen zur erstmaligen Herstellung des Wirtschaftsgutes und scheiden folglich aus den Herstellungskosten aus (BFH, Urt. vom 17.10.2001 – I R 32/00 –, BStBl. II 2002 S. 349).

Zur Einbeziehung der Abbruchkosten alter Leitungsanlagen in die nachträglichen Herstellungskosten der Leitungsanlagen ist Folgendes zu bemerken: Wird an der Stelle des physischen Netzabbruchs eine Folgeinvestition durchgeführt, ist die Vernichtung des alten Netzteilstücks Voraussetzung für die Durchführung einer Folgeinvestition in demselben Infrastrukturnetz. Damit besteht zwischen dem Abbruch des alten und der Herstellung des neuen Teilstücks ein enger wirtschaftlicher Zusammenhang, der es rechtfertigt, die mit dem Abbruch verbundenen Aufwendungen als Herstellungskosten des neuen Netzteilstücks zu behandeln, sofern die übrigen Voraussetzungen vorliegen. Wenn der alleinige Zweck des Abbruchs darin besteht, die Herstellung einer neuen Folgeinvestition in das Infrastrukturnetz zu ermöglichen, stellt der Abbruch den Beginn der Herstellung dar (vgl. *Brüggen* A. 4).

2.2.2.4.3 Anwendung der Grundsätze bei Kanalnetzen in der Abwasserbeseitigung

Der Erlass des Finanzministeriums Sachsen betrifft nur steuerpflichtige Unternehmen der Versorgungswirtschaft. Die o. g. Ausführungen können auf Einrichtungen der Abwasserbeseitigung sinngemäß angewendet werden. Nach einem DWA Merkblatt (Merkblatt ATV-DVWK-M 807: Abgrenzung von Herstellungskosten und Erhaltungsaufwand bei Abwasseranlagen, Stand Juli 2002, der Deutschen Vereinigung für Wasserwirtschaft, Abwasser und Abfall e. V., 2002 S. 6) ist alles, was der Erhaltung der Nutzungsfähigkeit innerhalb der betriebsgewöhnlichen Nutzungsdauer dient, Erhaltungsaufwand. Maßnahmen, durch die die betriebsgewöhnliche Nutzungsdauer erhöht wird, sind Herstellungskosten. Eine erhebliche Verbesserung ist aber nicht schon anzunehmen, wenn mit den notwendigen Erhaltungsmaßnahmen eine dem technischen Fortschritt entsprechende übliche Modernisierung verbunden ist. Die Zustandsverbesserung muss deutlich über das übliche Maß hinausgehen. Nach dem DWA Merkblatt ist es angesichts der Zielsetzung einer langfristig stetigen Ergebnissteuerung und damit auch einer gleichmäßigen Belastung der Gebührenschuldner vertretbar, für die Unterscheidung zwischen Herstellungskosten und Erhaltungsaufwand Größenkriterien festzusetzen, die sich an der Länge und der Dimension des erneuerten Anlagenteils orientieren, z. B. „Ersatz einer kompletten Kanalhaltung" oder „Erneuerungen ab einer Kanallänge von z. B. 40 m" (vgl. S. 8). Werden die festgesetzten Größenordnungen erreicht, wird die entsprechende Maßnahme aktiviert und ein ggf. vorhandener Restbuchwert des ersetzten bzw. sanierten Anlagenteils ausgebucht. Unterhalb der Größenordnungen erfolgt die Erfassung der jeweiligen Maßnahmen als Erhaltungsaufwand. Eine einheitliche Vorgehensweise wird für die Abwasserbeseitigungsbranche im DWA Merkblatt (vgl. S. 9) nicht definiert, da die wirtschaftliche Auswirkung einer Maßnahme abhängig von seiner Größe ist, d. h. die gleiche Maßnahme kann vom Eigenbetrieb einer Großstadt noch als Aufwand qualifiziert werden, vom Eigenbetrieb einer kleinen Gemeinde bereits aktiviert werden. Es sollten aber für jedes Unternehmen möglichst eindeutige Abgrenzungskriterien festgelegt werden und diese in einer sog. „Aktivierungsrichtlinie" festgehalten werden (vgl. S. 9). Hiermit wird die in § 252 Abs. 1 Nr. 6 HGB geforderte Bewertungsstetigkeit gewährleistet.

Bei der Sanierung von Leitungsnetzen in der Abwasserwirtschaft nach dem sog. Inlinerverfahren bestehen die folgenden Abgrenzungsgrundsätze zwischen Herstellungs- und Erhaltungsaufwand, die in der Literatur unterschiedlich beurteilt werden.

Da Eigenbetriebe oftmals die hohen Kosten für die Sanierung von Kanalnetzen scheuen und damit von einer vollständigen Erneuerung von Kanalhaltungen absehen, werden diese durch neuwertige Verfahren mit geringeren Kosten ersetzt.

Es lassen sich dabei zwei Verfahren unterscheiden:

- Relining- oder Beschichtungsverfahren: Auskleidung des Kanals mit einer neuen Innenschale (Inliner). Dieser Inliner kann auch tragende Funktion übernehmen. Dies kann im sog. Injektions- oder Abdichtungsverfahren geschehen oder im Ersatz einer Kanalhaltung in offener oder geschlossener Bauweise (Berstling).
- Partielles Inliner- oder auch Kurzinlinerverfahren: Auskleidung kurzer Teilstücke des Kanals in einer Länge von 1 m bis 3 m mit einer neuen Innenschale (Inliner), Auch hier kann dies im sog. Injektions- oder Abdichtungsverfahren geschehen oder im Ersatz einer Kanalhaltung in offener oder geschlossener Bauweise (Berstling) (*Dörschell/Gärtner/Grünewald*, Erfassung und Fortschreibung des Anlagevermögens kommunaler Abwasserbetriebe, Der Gemeindehaushalt 12/2012 S. 279).

Das DWA Merkblatt (S. 9) geht bei der Qualifizierung der Inlinermaßnahmen davon aus, dass die oben angesprochenen Kriterien auch hier gelten, dass die damit zusammenhängenden Kosten der Inlinerverfahren bis zu einer gewissen Größenordnung (Länge) als Erhaltungsaufwand zu qualifizieren sind. Der vorhandene Kanal werde zwar, so das DWA-Merkblatt, beim sog. Injektions- oder Abdichtungsverfahren nicht ersetzt (der alte Kanal bleibt damit bestehen, es entsteht kein neuer Kanal), aber durch die wesentliche Verlängerung der ursprünglichen Nutzungsdauer sei ein Kriterium erfüllt, das für eine Aktivierung ausreichend sei. Bei Short- und Inlinerverfahren nimmt das DWA-Merkblatt generell sofort abzugsfähigen Erhaltungsaufwand an. Beim Berstlingverfahren wird, so das DWA-Merkblatt, der vorhandene Kanal grundsätzlich zerstört und er geht unter. Durch die Sanierung entstehe hier immer ein neues Wirtschaftsgut, das aktiviert werden muss, sofern nicht die vorgenannten Kriterien (definierte Größenordnung der einzelnen Wirtschaftsgüter bzw. Nutzungsdauer) dagegensprechen (S. 9).

Becker/Biermann (*Becker/Biermann*, Bilanzierung von Kanalsanierungsmaßnahmen im Inlinerverfahren, bbr Fachmagazin für Brunnenbau, Leitungsbau und Geothermie, Ausgabe 9/2010 S. 28) grenzen die Frage, ob aktivierungspflichtiger Herstellungsaufwand oder Erhaltungsaufwand beim Inlinerverfahren vorliegt, ausschließlich über das Kriterium „Verlängerung der Nutzungsdauer" wie folgt ab:

- Bei bereits vollständiger Kanalabschreibung stellen die Instandhaltungskosten nachträgliche Herstellungskosten des Kanals dar, da seine Nutzungsdauer verlängert wird.

Die nachträglichen Herstellungskosten werden über die Nutzungsdauer des Inliners abgeschrieben.

- Liegt die Restnutzungsdauer des alten Kanals über der des Inliners, stellen die Kosten für das Inlinerverfahren vollständig Erhaltungsaufwand dar, da das Inlinerverfahren nur dazu dient, die Nutzungsfähigkeit der Anlage im bisherigen Umfang zu erhalten. Die Restnutzungsdauer des sanierten Kanals muss neu eingeschätzt werden, die Nutzungsdauer des sanierten Kanals hat sich an der betrieblichen Nutzungsdauer des Inliners zu orientieren.
- Liegt die Restnutzungsdauer des alten Kanals unter der Nutzungsdauer des neuen Kanals, liegt eine wesentliche Verbesserung (mit der Folge, die Inlinerkosten als Anschaffungs- und Herstellungskosten zu behandeln) dann vor, wenn die Restnutzungsdauer des Kanals um mindestens die Hälfte der voraussichtlichen Nutzungsdauer des Inliners durch die Sanierung verlängert wird. Andernfalls stellen die gesamten Sanierungskosten Erhaltungsaufwand dar und der Kanal wird über eine lediglich angepasste Restnutzungsdauer abgeschrieben.

Bei ihrer Beurteilung gehen *Becker/Biermann* (*Becker/Biermann*, Bilanzierung von Kanalsanierungsmaßnahmen im Inlinerverfahren, bbr Fachmagazin für Brunnenbau, Leitungsbau und Geothermie, Ausgabe 9/2010) nicht auf die Inlinersanierung nach dem sog. Brestlingverfahren ein, bei dem der vorhandene Kanal grundsätzlich zerstört wird und somit untergeht.

Die Gemeindeprüfungsanstalt Nordrhein-Westfalen nimmt in ihrem Grundsatzpapier „Abgrenzung von Herstellungskosten und Erhaltungsaufwand beim Infrastrukturvermögen" bei Inlinersanierungen generell nur bei einer Zweitherstellung aktivierungspflichtigen Herstellungsaufwand an. Diese liegt dann vor, wenn die ursprüngliche Haltung voll verschlissen und in Gänze unbrauchbar ist und der Inliner selbständig tragbar ist. Lediglich eine neue Innenverkleidung wird nicht als Herstellung sondern als Erhaltung eingeordnet (vgl. Gpa-in-nrw.de/files/2011/papier_infra_abgrenzung_hk_instand_veroeffentl_2011_04_20.pdf).

2.2.2.4.4 Bilanzierung von Kosten für die Digitalisierung von Netzplänen

Bis Ende der 1980er Jahre wurden im Ver- und Entsorgungsbereich analoge Netzpläne (Bestandskarten) erstellt. Hierfür wurden manuell und mit hohem zeitlichen Aufwand Zeichnungen, Listen und Karteien angefertigt. In den letzten Jahren gehen die Unternehmen zunehmend dazu über, die analogen Netzpläne durch digitale Netzpläne zu ersetzen. Die einfachste Variante umfasst lediglich die Speicherung der eingescannten „analogen" Daten in digitaler Form und die zusätzliche Zusammenführung von Raumdaten (Netzplankarten) und Sachdaten (wie z. B. Investitionskosten, kabel- und rohrspezifische Kennungen wie Baujahr, Baustoff und Dimension, Verbrauchszähler- und Reglerdaten, mitunter auch Hersteller/Lieferant und Produktionsserien). Weitaus komplexer ist die Digitalisierung der eingescannten Daten unter anschließender Verwendung neuer Auswertungs- und Informationsmöglichkeiten und Möglichkeiten der Verbesserung der allgemeinen Betriebsabläufe. Diese besteht in der Ergänzung digitalisierter Netzpläne durch zusätzlichen Erwerb von digitalisierten Grundkarten oder der Einführung eines komplexen Unternehmens-Informationssystems, bei dem der „klassische" Netzplan seine Basisinformationen und Identifikationsnummern dem innerbetrieblichen Prozessablauf für weitergehende Aufbereitungs- und Auswertungsanalysen zur Verfügung stellt, z. B. durch Schnittstellen zu anderen EDV-Systemen.

In der Literatur ist weiterhin umstritten, wie die Aufwendungen für die Digitalisierung von Netzplänen zu behandeln sind (*Jeremies*, Versorgungswirtschaft 1999 S. 177, *Laß*, Versorgungswirtschaft 2003, S. 77, *Jeremies*, Versorgungswirtschaft 2003 S. 253 und *Jebens*, Versorgungswirtschaft 2006 S. 57). Dies zeigt sich auch in der Sichtweise der Finanzverwaltung, die der (raren) Literatur und dem Standpunkt der Versorgungswirtschaft widerspricht. Grundlage für die Sichtweise der Finanzverwaltung sind zwei (nahezu inhaltsgleiche) Verfügungen der Oberfinanzdirektion Münster (Verfügung der OFD Münster vom 1.8.2007 – S 2170 - 114 – 5 St 12–33 –, Versorgungswirtschaft 2007 S. 270) und des bayerischen Landesamtes für Steuern (Verfügung des bayerischen Landesamtes für Steuern vom 17.4.2007 – S 2170 - 5 St 3106 M –, DB 2007 S. 1110) zu diesem Sachverhalt.

Für die bilanzielle Behandlung werden folgende Alternativen diskutiert bzw. Meinungen vertreten:

- Aktivierung als originäre Herstellungskosten eines immateriellen Wirtschaftsgutes,
- Aktivierung als nachträgliche Herstellungskosten des Wirtschaftsgutes Leitungsnetz (wesentliche Verbesserung über seinen ursprünglichen Zustand hinaus),
- Erhaltungsaufwand.

Nach *Jeremies* (*Jeremies*, Versorgungswirtschaft 2003 S. 254) könnte eine Aktivierung als selbständiges immaterielles Wirtschaftsgut in Betracht kommen. Die Digitalisierungskosten der Netzdaten können Bestandteil eines mit betriebsübergreifender Zielsetzung eingesetzten grafischen Informations-Systems (GIS) sein. Die entstehenden Kosten können dann, so Jeremies, originäre Herstellungskosten eines selbständigen immateriellen Wirtschaftsgutes GIS sein. Diese Auffassung wird aber in der Regel daran scheitern, dass eine selbständige Verkehrsfähigkeit des betreffenden Objektes nicht mehr gegeben ist, da es originär von den Netzplandaten lebt. Der Begriff eines Vermögensgegenstandes setzt immer die selbständige Verkehrsfähigkeit voraus, die an die Einzelverwertbarkeit anknüpft. Diese ist immer dann gegeben, wenn der Gegenstand einzeln veräußert werden kann (*Küting/Pfitzer/Weber*, a. a. O., Prof. Dr. Dr. h. c. Baetge, J./Prof. Dr. Bieg, H./ Dr. Blab, D. et al., Tz. 19 zu § 248 HGB). Wie *Laß* (*Laß*, Versorgungswirtschaft 2003 S. 79) zutreffend ausführt, besteht bei einem digitalisierten Netzplan ein enger, unmittelbarer Zusammenhang zwischen dem Netzplan und dem Leitungsnetz. Eine selbständige Verwertung ist ohne Veräußerung auch des dazugehörenden Netzes in diesem Zusammenhang ausgeschlossen.

Die Einordnung als nachträgliche Herstellungskosten (wesentliche Verbesserung des Wirtschaftsgutes Leitungsnetz über seinen ursprünglichen Zustand hinaus) wird mit dem Argument vertreten, dass die digitalen Bestandsdaten nicht nur der Pflege und Dokumentation des Leitungsnetzes dienen, sondern auch die Möglichkeit der Nutzung von weiteren, für das Unternehmen sehr bedeutsamen, Netzsteuerungen bieten. Dies wird dann vermutet, wenn neben der reinen Digitalisierung der Netzpläne ein GIS im Unternehmen aufgebaut wird. Der digitale Netzplan führe damit zu einer Erweiterung der Nutzungsmöglichkeit und ersetzt nicht nur die Funktion des bisherigen analogen Netzplanes. Daher handele es sich bei dem digitalen Netzplan um einen neuen, bisher in dieser Form nicht vorhandenen Bestandteil des Wirtschaftsgutes Leitungsnetz. Die Nutzungserweiterung komme insbesondere dadurch zum Ausdruck, dass die digitalen Bestandsdaten die Möglichkeit der Einbindung in weitere EDV-gestützte betriebliche Prozesse, wie Bestandserfassung, Netzverfolgung, Netzlastberechnung und Vertriebswesen bieten und hierdurch eine Anpassung an veränderte Versorgungsbedingungen erleichtert wird und zukünftig die wirtschaftliche Leistungsfähigkeit der Netze verbessert werde (*Jeremies*, Versorgungswirtschaft 2003 S. 254). Die Oberfinanzdirektion Münster und das Bayerische Landesamt für Steuern kommen ebenfalls zum Ergebnis, dass die Aktivierung als nachträgliche Herstellungskosten des Wirtschaftsgutes Leitungsnetz vorzunehmen ist, wenn im Zusammenhang mit der Digitalisierung der Netzpläne auch ein Netzinformationssystem eingerichtet ist. Mit der Einführung eines solchen Systems werden neben erheblichen Kosteneinsparungen neue zusätzliche Nutzungsmöglichkeiten für das gesamte Leitungsnetz geschaffen. Durch Anbindung an andere EDV-Programme können die Daten für die Bestandserfassung, Netzverfolgung, Netzlastberechnung und das Vertriebswesen nutzbar gemacht werden. Dabei sollen Anschaffungskosten für in das GIS eingebundene Katasterflurkarten sowie hierzu angeschaffte Software als *selbständige* Wirtschaftsgüter aktiviert und abgeschrieben werden. Die Oberfinanzdirektion Münster sieht daher verschiedene Komponenten eines grafischen Informationssystems (GIS), denen unterschiedliche Abschreibungszeiträume zu Grunde gelegt werden:

- Digitale Grundkarten: Nutzungsdauer 12 bis 15 Jahre; nach diesem Zeitraum ist ein neuer Datenbestand vorhanden;
- Digitalisierungsaufwendungen im Zusammenhang mit der Einführung eines GIS: Nutzungsdauer 12 bis 15 Jahre;
- Bearbeitungssoftware: Nutzungsdauer acht Jahre.

Bezüglich der Bearbeitungssoftware scheint die Finanzverwaltung wohl ein anderes Wirtschaftsgut anzunehmen. Dies entspricht auch der Auffassung der Versorgungswirtschaft, die die Bearbeitungssoftware als immateriellen Vermögensgegenstand ansieht, allerdings (wie für Software auch steuerrechtlich üblich) eine Abschreibung zwischen drei und fünf Jahren für geboten hält.

Im Gegensatz hierzu wird die Auffassung vertreten, dass die Digitalisierung von Netzplänen generell nicht zu einer Erweiterung oder wesentlichen Verbesserung des Leitungsnetzes führt. Die im Zusammenhang mit der Digitalisierung stehenden Aufwendungen seien daher nicht als nachträgliche Herstellungskosten zu aktivieren sondern als Erhaltungsaufwand zu behandeln (*Laß*, Versorgungswirtschaft 2003 S. 80). Diese Auffassung wird insbesondere von der Versorgungswirtschaft vertreten, die (abgesehen von den Kosten für die Bearbeitungssoftware) sofort abziehbare Erhaltungsaufwendungen annimmt, da substanziell nicht Neues geschaffen worden sei, weil die Nutzungsfähigkeit im bisherigen Umfang erhalten bleibt (*Petersen*: EDV-Großprojekte – Aktuelle Entwicklungen, NWB Heft 46/2008, Fach 17, S. 2321). Diesem Argument stimmt die Finanzverwaltung nur dann zu, wenn ein analoger Netzplan durch Einscannen ohne weitere Erfassung von Betriebs- und Sachdaten in eine digitale Form umgewandelt wird. Hier handelt es sich dann, so die Oberfinanzdirektion Münster und das Bayerische Landesamt für Steuern, allein um eine Digitalisierung, die keine wesentliche Verbesserung des Wirtschaftsguts Leitungsnetz darstellt. Die Aufwendungen stellen dann sofort abzugsfähigen Erhaltungsaufwand dar.

Letztlich ist die Entscheidung über die bilanzielle Behandlung der Kosten für die Digitalisierung von Netzplänen von den Umständen des konkreten Einzelfalles abhängig. Eine höchstrichterliche Entscheidung des BFH hierzu bleibt abzuwarten.

2.2.2.4.5 Kosten im Zusammenhang mit der Eigenüberwachung von Abwasserkanälen und -leitungen

Abwasserentsorgungsbetriebe haben die Landesverordnung über die Eigenüberwachung von Abwasseranlagen (SÜVOA) vom 27.8.1999 (BFBl. S. 211), zuletzt geändert durch Verordnung vom 14.7.2015 (GVBl. S. 127)zu beachten. Nach § 1 der SÜVOA legt die Verordnung die Eigenüberwachung von Abwasserbehandlungsanlagen und die Zustandsprüfung von Abwasserkanälen und -leitungen, aus denen Abwasser erlaubnispflichtig in Gewässer oder genehmigungspflichtig in öffentliche Abwasseranlagen eingeleitet wird, fest. Nach § 4 Abs. 1 SÜVOA sind Abwasserkanäle und -leitungen, Mischwasserbehandlungsanlagen und Pumpwerke von ihrem Betreiber planmäßig in einem festgelegten Turnus zu überprüfen. Nach Anlage 3 zur SÜVOA sind Abwasserkanäle und -leitungen mindestens alle zehn Jahre durch optische Untersuchungen auf ihren ordnungsgemäßen Zustand zu überprüfen. In Wasser- und Heilquellenschutzgebieten gelten kürzere Fristen. Für neue oder neuwertige Abwasserkanäle und -leitungen sind die ersten beiden Wiederholungsprüfungen nach der Inbetriebnahme nach jeweils 15 Jahren durchzuführen.

Die Prüfung geschieht in der Regel durch eine TV-Befahrung der Leitungen, bei der eine Abwasserleitung mit einem ferngesteuerten Kameraroboter befahren wird. Diese Kamera hat dabei üblicherweise eine Dreh- und Schwenkkopftechnik. Durch die geringe Größe können fast alle Abzweigungen eines Leitungsnetzes befahren werden. Die Aufnahmen der Kamera werden gespeichert. Es erfolgt eine sofortige Auswertung der Aufnahmen. Sollte ein sichtbarer Missstand entdeckt werden, wird dieser genau mit der Lage und dessen Ausmaß festgehalten. Eine nachfolgende Sanierung lässt sich somit leichter durchführen. Zudem kann eine Überprüfung mittels Luft- oder Wasserdruck erfolgen. Hier werden einzelne Leitungsabschnitte separat verschlossen und mit dem gewählten Prüfmittel befüllt. Der Leitungsabschnitt muss dem Druck über eine festgesetzte Zeit standhalten. Eventuelle Nachfüllungen dürfen eine vorgegebenen Menge nicht überschreiten. Kann durch die Leitung das eingefüllte Medium nicht austreten, gilt die Leitung als dicht. Treten Undichtigkeiten auf, so muss mittels Kamerabefahrung die Lage und die Art der Undichtigkeit festgestellt werden.

Fraglich ist, ob diese Überwachungskosten als immaterieller Vermögensgegenstand bzw. als Herstellungs- oder als Erhaltungsaufwand zu qualifizieren sind. Um Herstellungsaufwand anzunehmen, muss durch die Prüfung der Kanäle eine

- (Neu-)Herstellung des Leitungsnetzes,
- Erweiterung des Leitungsnetzes oder
- Wesentliche Verbesserung des Leitungsnetzes, die über dessen ursprünglichen Zustand hinausgeht, vorliegen.

Regelmäßig wird durch die Überwachung der Kanäle kein selbständig verwertbarerer Vermögensgegenstand geschaffen, da letztlich die Befahrungskosten nur dazu führen, den Netzzustand bildlich festzuhalten. Die Ergebnisse der Überwachung sind an den Kanal gebunden und können nicht separat verwertet werden. Ebenso erfolgt keine (Neu-)Herstellung des Leitungsnetzes, da die Überwachungskosten regelmäßig nur den (Sanierungs-)Zustand der Leitungsnetze festhalten. Eine Erweiterung des Leitungsnetzes liegt ebenfalls nicht vor. Demgegenüber kann man aber in den Befahrungskosten Sanierungsaufwand sehen, der zusammen mit den späteren Sanierungskosten zu einer wesentlichen Verbesserung des Leitungsnetzes führt und somit zusammen mit den eigentlichen Sanierungsarbeiten aktiviert werden kann. Weiterhin ist bei der erstmaligen Einbindung der per Befahrung gesammelten Bilder und Daten in das GIS-System unter den in den Erl. zu 2.2.2.4.4 genannten Voraussetzungen von einer wesentlichen Verbesserung auszugehen, die eine Aktivierung im Rahmen des GIS-Systems denkbar erscheinen lässt.

2.2.2.5 Abschreibungen

2.2.2.5.1 Planmäßige Abschreibungen

2.2.2.5.1.1 Gesetzliche Grundlagen

Das Handelsgesetzbuch (HGB) unterscheidet zwischen Vermögensgegenständen mit einer zeitlich begrenzten Nutzung (§ 253 Abs. 3 Satz 1 HGB) und solchen mit einer zeitlich unbegrenzten Nutzung (§ 253 Abs. 3 Satz 5 HGB). Bei Vermögensgegenständen des Anlagevermögens, deren Nutzung zeitlich begrenzt ist, sind die Anschaffungs- und Herstellungskosten (AK/HK) um planmäßige Abschreibungen zu vermindern. Dabei sind die Anschaffungs- und Herstellungskosten auf die voraussichtliche Nutzungsdauer zu verteilen (§ 253 Abs. 3 Satz 2 HGB). Steuerrechtlich tritt an die Stelle der planmäßigen Abschreibung die Absetzung für Abnutzung (AFA) und die Absetzung für Substanzverbrauch (AfS), §§ 6 und 7 EStG. Die Abschreibungsmethode darf für art- und funktionsgleiche Gegenstände nicht ohne sachlichen Grund unterschiedlich sein (*Bolsenkötter*, a. a. O., Beier, M./ Brummer, O./Donhauser, C. et al., Tz. 1143).

Als planmäßige Abschreibungsmethoden kommen insbesondere die lineare Abschreibung (= gleiche Abschreibungsraten), die degressive Abschreibung (= fallende Abschreibungsraten) und die Abschreibung nach der Inanspruchnahme (= Leistungsabschreibung) in Betracht.

Die gewählte Abschreibungsmethode ist grundsätzlich beizubehalten, es sei denn, ein Wechsel ist begründet (§ 252 Abs. 1 Nr. 6 HGB), also dann, wenn der Wechsel wirtschaftlich zu begründen ist, wenn also etwa die neue Abschreibungsmethode dem Entwertungsverlauf besser entspricht (*Bolsenkötter*, a. a. O., Beier, M./Brummer, O./Donhauser, C. et al., Tz. 1146). Zu beachten ist, dass Abweichungen in diesem Sinne gemäß § 284 Abs. 2 Nr. 2 HGB im Anhang anzugeben und zu begründen sind. Darüber hinaus muss der von der Abweichung entstehende Einfluss auf die Vermögens-, Finanz- und Ertragslage gesondert dargestellt werden.

Zur Bemessung der AFA beim Entstehen nachträglicher Anschaffungskosten wird auf die Regelungen in R 7.3 EStR 2012 verwiesen.

2.2.2.5.1.2 Lineare Abschreibungen

Die Abschreibung nach der linearen Methode gemäß § 7 Abs. 1 EStG verteilt die Anschaffungs- und Herstellungskosten gleichmäßig über die voraussichtliche Nutzungsdauer der Verwendung oder Nutzung. Um den jährlichen Abschreibungsbetrag zu ermitteln, werden die Anschaffungs- und Herstellungskosten durch die voraussichtliche Gesamtdauer dividiert. Mit dem Begriff der „Gesamtdauer" ist die voraussichtliche Nutzungsdauer des jeweiligen, also individuellen Wirtschaftsgutes gemeint, die primär abhängig ist von der Art seiner Verwendung und seiner Nutzung.

2.2.2.5.1.3 Degressive Abschreibungen

Die normale Abschreibung, also der planmäßige Werteverzehr von beweglichen abnutzbaren Wirtschaftsgütern kann auch über die voraussichtliche Gesamtnutzungsdauer in fallenden Jahresbeträgen (degressive Methode) ermittelt werden. Bei diesem Verfahren wird zur Berechnung der jährlichen Abschreibungsbeträge, wie bei der linearen Abschreibung, mit gleichbleibenden Prozentsätzen gerechnet. Allerdings bezieht sich dieser gleichbleibende Prozentsatz nur im ersten Jahr auf die Anschaffungs- und Herstellungskosten; in den anschließenden Folgejahren treten an ihre Stelle die jeweiligen Restbuchwerte (Anschaffungs- oder Herstellungskosten abzüglich Abschreibungen der vergangenen Jahre). Bei strikter Anwendung verbleibt am Ende der betriebsgewöhnlichen Nutzungsdauer immer ein Restwert, der im letzten Jahr der Nutzung vollständig auszubuchen ist. Die klassische Vorgehensweise spiegelt aber vor allem in der zweiten Hälfte der betriebsgewöhnlichen Nutzungsdauer des Wirtschaftsgutes nicht mehr reale Restwerte wider, weil diese zu hoch angesetzt sind. § 7 Abs. 3 Sätze 1 und 2 EStG a. F. erlaubte daher einen Methodenwechsel hin zur linearen Abschreibungsmethode, die üblicherweise in dem Jahr stattfindet, in dem eine gleichmäßige Verteilung der Restbuchwerte auf die restliche Nutzungsdauer höhere jährliche Abschreibungsbeträge ergibt, als die Fortführung der geometrisch-degressiven Abschreibung. Die geometrisch-degressive Abschreibung kann in den ersten Jahren einen hohen Werteverzehr aus der Nutzung des Wirtschaftsguts adäquat abbilden. Hohen Abschreibungen zu Beginn stehen verhältnismäßig geringe Reparaturaufwendungen gegenüber, die erfahrungsgemäß mit zunehmender Nutzungsdauer ansteigen, während die Abschreibungsbeträge fallen. Außerdem wird durch die am Anfang hohen Abschreibungsbeträge das Risiko wirtschaftlicher Entwertung bereits im Abschreibungsplan berücksichtigt, welches insbesondere bei technischen Anlagen im Bereich schnell fortschreitender Technologien zutreffend erscheint (*Schubert/Schieler* in BeBiKo, Tz. 242 zu § 253 HGB). Durch das Gesetz für ein steuerliches Investitionssofortprogramm zur Stärkung des Wirtschaftsstandorts Deutschland ist die degressive AfA für bewegliche Wirtschaftsgüter des Anlagevermögens befristet erneut eingeführt worden. Für Wirtschaftsgüter, die im Zeitraum vom 1.7.2025 bis zum 31.12.2027 angeschafft werden, bestimmt § 7 Abs. 2 EStG einen degressiven Abschreibungssatz von 30 %, begrenzt auf höchstens das 3,0-fache der jeweils zulässigen linearen AfA. Weitere Sonderabschreibungsmöglichkeiten gibt es für Elektrofahrzeuge.

Handelsrechtlich fand bis zum Inkrafttreten des Bilanzrechtsmodernisierungsgesetzes die degressive Abschreibungsmethode nach § 7 Abs. 2 EStG über die umgekehrte Maßgeblichkeit (§ 5 Abs. 1 Satz 2 EStG a. F.) und den korrespondierenden handelsrechtlichen Öffnungsklauseln (§§ 247 Abs. 3, 254 Abs. 1, 273, 279 Abs. 2 und 281 HGB a. F.) Eingang in die Handelsbilanz. Der bis dahin gültige Wortlaut von § 5 Abs. 1 Satz 2 EStG a. F. machte die Ausübung des Wahlrechtes zur Anwendung einer degressiven und nicht linearen Methode abhängig von einer korrespondierenden Vorgehensweise in der Handelsbilanz. Zudem wird die degressive Abschreibung als mit den Grundsätzen ordnungsgemäßer Buchführung als vereinbar angesehen (Gesetzesentwurf der Bundesregierung zum BilMoG vom 30.7.2008, BT-Drs. 16/10067 S. 56). Nach Abschaffung der Möglichkeit, steuerrechtliche Abschreibungen in der Handelsbilanz vorzunehmen, kann daher die degressive Abschreibung nur dann angewendet werden, wenn durch die gewählte Abschreibungsmethodik der Nutzungsverlauf bzw. der Werteverzehr des Vermögensgegenstandes sachgerecht abgebildet wird (vgl. *Brüggen*, A. 20).

2.3.2.5.1.4 Leistungsabschreibungen

Leistungsabschreibungen sind handelsrechtlich zulässig, soweit sie wirtschaftlich begründet sind. Steuerrechtlich gelten diese nur für bewegliche Wirtschaftsgüter nach § 7 Abs. 1 Satz 6 EStG. Die wirtschaftliche Begründung besteht in der Regel bei schwankendem Werteverzehr des Anlagegutes aufgrund seiner unterschiedlichen Beanspruchung in den einzelnen Nutzungsjahren. Die jährlichen Abschreibungsbeträge werden dann aufgrund der konkreten Leistungsabgabe berechnet. An die Stelle der geschätzten Nutzungsdauer tritt dabei die voraussichtliche Gesamtleistung, die sich z. B. in einer bestimmten Stück-, Kilometerzahl oder sonstigen Leistungseinheit ausdrücken lässt. Dieser Gesamtleistung werden die Anschaffungs- und Herstellungskosten gegenübergestellt und der Aufwand pro Leistungseinheit ermittelt. Der Abschreibungsbetrag eines Geschäftsjahres errechnet sich dann aus den jährlich in Anspruch genommenen Leistungseinheiten (*Schubert/Schieler* in BeBiKo, Tz. 245 zu § 253 HGB).

Leistungsabschreibungen kommen bei Eigenbetrieben selten vor.

2.2.2.5.1.5 Verbot der Übernahme nur steuerrechtlich zulässiger Abschreibungen

Vor Inkrafttreten des Bilanzrechtsmodernisierungsgesetzes konnten nach § 254 HGB a. F. i. V. m. § 279 Abs. 2 HGB a. F. Abschreibungen in der Handelsbilanz auch mit dem Wert angesetzt werden, der auf einer nur steuerrechtlich zulässigen Abschreibung (z. B. nach § 7d EStG) beruhte. Diese Möglichkeiten bestehen seit der Aufhebung der sog. umgekehrten Maßgeblichkeit mit der Abschaffung des § 5 Abs. 1 Satz 2 EStG a. F. nicht mehr.

2.2.2.5.1.6 Abschreibungsbeginn

Die Abschreibung beginnt handels- und steuerrechtlich mit der Lieferung/Fertigstellung des abnutzbaren Vermögensgegenstandes. Die Fertigstellung ist erfolgt, wenn das Anlagengut bestimmungsgemäß genutzt werden kann. Bei immateriellen Vermögensgegenständen ist der Zeitpunkt der Überlassung maßgeblich bzw. bei selbstgeschaffenen immateriellen Vermögensgegenständen der Zeitpunkt der Beendigung der Herstellung. Auf den Zeitpunkt der tatsächlichen Inanspruchnahme kommt es nicht an (*Schubert/Schieler* in BeBiKo, Tz. 224 zu § 253 HGB). Bei unterjähriger Anschaffung oder Herstellung kann steuerrechtlich nur die anteilige monatsgenau berechnete Jahresabschreibung abgesetzt werden (pro rata temporis-Abschreibung, § 7 Abs. 1 Satz 4 EStG). Dabei gilt der Monat der Anschaffung oder Herstellung als voller Abschreibungsmonat. Die Abschreibung nach Monaten statt nach Tagen ist eine Vereinfachungsregel, die als Grundsatz ordnungsgemäßer Buchführung auch im Handelsrecht angewendet werden kann (*Schubert/Schieler* in BeBiKo, Tz. 225 zu § 253 HGB). Handelsrechtlich wird noch die ehemals in R 44 Abs. 2 Satz 3 EStR 2003 kodifizierte Vereinfachungsregel für zulässig erachtet, nach der die Abschreibungen bei Zugängen im ersten Halbjahr zu Beginn des Geschäftsjahres und bei Zugängen des 2. Halbjahres zu Beginn des 2. Halbjahres vorgenommen werden können. Nachträgliche Anschaffungs- und Herstellungskosten dürfen so berücksichtigt werden, als wären sie zu Beginn des Wirtschaftsjahres angefallen (*Schubert/Schieler* in BeBiKo, Tz. 226 zu § 253 HGB).

Der BFH hat in mehreren Urteilen zuletzt vom 22.9.2016 zum Abschreibungsbeginn von Windkraftanlagen Stellung genommen (BFH, Urt. vom 1.2.2012 – IV R 57/10 –, BB 2012 S. 1211, BFH, Urt. vom 22.9.2016 – IV R 1/14 –, BStBl. 2017 II S. 171). Windkraftanlagen können hergestellt oder angeschafft werden. Kennzeichnung einer Herstellung ist es, dass der Bauherr auf eigene Rechnung und Gefahr ein Wirtschaftsgut herstellt oder herstellen lässt und der Bauherr das Baugeschehen beherrscht. Der den BFH-Urteilen zugrundeliegende Sachverhalt war ein Anschaffungsvorgang. Abschreibungsbeginn ist jeweils die Begründung wirtschaftlichen Eigentums am Wirtschaftsgut. Hierzu müssen, so der BFH, bereits vor dem Bilanzstichtag (Eigen-)Besitz, Gefahr und Lasten übergegangen sein. Ggf. hat eine wertende Beurteilung anhand des Chancen- und Risikoübergangs des Wirtschaftsgutes zu erfolgen. Eine bloße Besitzerlangung des Wirtschaftsgutes reicht hierzu nicht aus. Die Gefahr eines zufälligen Unterganges dürfte daher erst mit dem erfolgreichen Abschluss des Probebetriebes der Windkraftanlage und der Durchführung einer Abnahme auf den Erwerber der Windkraftanlage übergehen. Ob vor der Abnahme durch den Bilanzierenden bereits ein Nutzen in Form von Einspeisevergütungen gezogen wurde ist unerheblich für den Abschreibungsbeginn. Auch eine (ratenweise) Zahlung des Kaufpreises im alten Jahr kann für sich das wirtschaftliche Eigentum nicht begründen (BFH, Urt. vom 1.2.2012 – IV R 57/10 –, BB 2012 S. 1211).

Zur Wirtschaftsgut- bzw. Vermögensgegenstandsabgrenzung von Windkraftanlagen vgl. Erl. 2.2.2.3.3 und zur Nutzungsdauerfestlegung von Windkraftanlagen vgl. Erl. 2.2.2.5.1.7.

2.2.2.5.1.7 Festlegungen von Nutzungsdauern

Die handels- und steuerrechtliche Bemessungsgrundlage für die Abschreibung sind grundsätzlich die Anschaffungs- und Herstellungskosten. Ersatzwerte können der Teilwert (z. B. bei Einlagen) oder der gemeine Wert (z. B. bei unentgeltlichem Erwerb) sein. Als Nutzungsdauer wird der Abschreibungszeitraum, auf den das Abschreibungsvolumen (AK/HK) zu verteilen ist, bezeichnet. Es kann drei Arten von Nutzungsdauern geben:

- die technische Nutzungsdauer (Zeitraum, in dem sich das Wirtschaftsgut technisch abnutzt, d. h. physisch verschleißt),
- die wirtschaftliche Nutzungsdauer (Zeitraum, in dem das Wirtschaftsgut zur Erzielung von Einkünften verwendbar ist),
- die rechtliche Nutzungsdauer (zeitlich befristete Nutzungsdauer aufgrund von befristeten Verträgen, Nutzungsrechten usw.).

In der Regel sind die technische und wirtschaftliche Nutzungsdauer identisch. Die wirtschaftliche Nutzungsdauer kann z. B. kürzer als die technische Nutzungsdauer sein bei Wandel des modischen Geschmacks, durch die Erfindung neuer Maschinen oder durch Einstellung des Betriebs oder der Produktion. Das Wirtschaftsgut darf in diesen Fällen aber nicht anderweitig im Unternehmen eingesetzt werden. Die kürzere wirtschaftliche Nutzungsdauer muss anhand von konkreten Tatsachen glaubhaft gemacht werden.

Die Bestimmung der Nutzungsdauer beruht im Wesentlichen auf Schätzungen und ist daher verbunden mit einer Unsicherheit bezüglich der Bestimmung der maßgeblichen Faktoren. Es sollte das Prinzip der kaufmännischen Vorsicht angewandt werden. Im Zweifel ist eher von einer kürzeren Nutzungsdauer auszugehen. Unzulässig ist allerdings eine willkürliche Schätzung der Nutzungsdauer. Vielmehr ist bei der Beurteilung von der betriebstypischen Beanspruchung auszugehen. So kann z. B. eine Kanalleitung aufgrund des Durchflusses von aggressiven Abwässern eine kürzere Nutzungsdauer haben im Vergleich zur Beanspruchung durch normales Abwasser. Als Hilfsmittel für die Schätzung der Nutzungsdauern hat das Bundesministerium der Finanzen (BMF) AFA-Tabellen für allgemein verwendbare Anlagegüter und für verschiedene Wirtschaftszweige (Branchentabellen) veröffentlicht (vgl. Internet BMF). Die Tabelle für die allgemein verwendbaren Anlagegüter wurde in der Vergangenheit überarbeitet und wird seit dem 1.1.2001 verwendet. Ferner liegen AFA-Tabellen für die Energie- und Wasserversorgung, die Abfallentsorgungs- und Recyclingwirtschaft, das Gesundheitswesen, die Hafenbetriebe und die Heil-, Kur-, Sport- und Freizeitbäder vor. Bezüglich der Abwasserbeseitigung liegt keine AFA-Tabelle des BMF vor. Als Hilfsmittel zur Schätzung der Nutzungsdauer können für die Abwasserbeseitigung folgende Quellen verwendet werden:

- Abschreibungssätze in der Kommunalverwaltung, Bericht Nr. 1/1999 der Kommunalen Gemeinschaftsstelle für Verwaltungsvereinfachung (KGSt), Köln 1999
- ATV-Handbuch, Betriebstechnik, Kosten und Rechtsgrundlagen der Abwasserreinigung, 4. Aufl. 1995, Tabelle 4 bis 7 und 4 bis 8 i. V. m. dem Arbeitsblatt ATV-A 133 des ATV-DVWK, Berlin 2005
- Leitlinien zur Durchführung dynamischer Kostenvergleichsrechnungen (KVR-Leitlinien) herausgegeben von der Länderarbeitsgemeinschaft Wasser (LAWA), 8. Aufl., Berlin Juli 2012
- *Reimer Steenbock*, Grundlagen der Betriebsabrechnung, 5. Aufl., Mainz 1993, S. 56 ff.

Ein Abweichen von den AFA-Tabellen ist steuerrechtlich nur möglich, wenn hierfür sachliche Gründe vorgetragen werden können (*Bolsenkötter*, a. a. O., Beier, M./Brummer, O./Donhauser, C. et al., Tz. 1144 f.). So beträgt z. B. die betriebsgewöhnliche Nutzungsdauer einer Windkraftanlage nach den allgemeinen AFA-Tabellen 16 Jahre. Die Gültigkeit der allgemeinen AFA-Tabellen hier in Bezug auf Windkraftanlagen hat der BFH zuletzt mit drei Entscheidungen vom 14.4.2011 bestätigt (BFH, Urt. vom 14.4.2011 – IV R 52/09 –, BFH/NV 2011 S. 1247, BFH, Urt. vom 14.4.2011 – IV R 52/10 –, BFH/NV 2011 S. 1339 sowie BGH, Urt. vom 14.4.2011 – IV R 46/09 –, BB 2011 S. 1648). Fraglich war allerdings, welche Nutzungsdauern die neben der Windkraftanlage bestehenden Vermögensgegenstände wie externes Stromanschlusskabel/Übergabestation und Wegenutzung haben. Nach der AFA-Tabelle für den Wirtschaftszweig „Energie- und Wasserversorgung" beträgt die betriebsgewöhnliche Nutzungsdauer für die externe Verkabelung in Verbindung mit der Übergabestation 20 Jahre. Auch der Zuwegung könnte eine andere Nutzungsdauer als die der Windkraftanlage zugeordnet werden (in dem dem BFH vorgelegten Fall wollte das Finanzamt eine Nutzungsdauer für die Zuwegung von 25 Jahren festlegen). Der BFH (BFH, Urt. vom 14.4.2011 – IV R 52/10 –) geht in seinen Überlegungen demgegenüber davon aus, dass die Nutzungsdauer sowohl der externen Stromanschlusskabel/Übergabestation sowie der Wegenutzung an der in den AFA-Tabellen ausgewiesenen betriebsgewöhnlichen Nutzungsdauer eines anderen Wirtschaftsguts (hier der Windkraftanlage) bemessen werden kann. Der BFH führt aus, dass diese Auffassung berücksichtigt, dass die Wirtschaftsgüter einem gemeinsamen Zweck dienen. Sie stehe nicht im Widerspruch zu der Annahme, dass es sich bei der externen Verkabelung und der Zuwegung um eigenständige Wirtschaftsgüter handele. Dies vor dem Hintergrund, dass ungeachtet der Eigenständigkeit der einzelnen Wirtschaftsgüter nicht außer Betracht bleiben kann, dass diese Wirtschaftsgüter nach einem sog. „repowering" der Windkraftanlage an dem Standort der Windkraftanlage keiner Verwendung mehr zugeführt werden können. Zwar liege die technische Nutzungsdauer höher als die 16 Jahre Nutzungsdauer der Windkraftanlage, aber dadurch, dass die einzelnen Wirtschaftsgüter einem gemeinsamen Zweck dienen, muss bei den anderen Wirtschaftsgütern eine (kürzere) wirtschaftliche Nutzungsdauer angenommen werden, die sich an der Nutzungsdauer der Windkraftanlage ausrichtet. Als Fazit bleibt festzuhalten, dass auch, wenn mehrere Wirtschaftsgüter mit unterschiedlicher Nutzungsdauer vorliegen, ausgehend von der Nutzungsdauer des prägenden Wirtschaftsgutes einheitlich (kürzer) abgeschrieben wird. Zur Wirtschaftsgut- bzw. Vermögensgegenstandsabgrenzung von Windkraftanlagen (vgl. Erl. 2.2.2.3.3).

Die steuerlichen AFA-Tabellen sind auch handelsrechtlich bei der Beurteilung der Angemessenheit der Abschreibungen in der Handelsbilanz vertretbar (*Bolsenkötter*, a. a. O., Beier, M./Brummer, O./Donhauser, C. et al., Tz. 1144). Eine Änderung des Abschreibungssatzes kommt nur in Betracht, wenn sich die Schätzung der Nutzungsdauer nachträglich als unrichtig herausgestellt hat (*Bolsenkötter*, a. a. O., Beier, M./Brummer, O./Donhauser, C. et al., Tz. 1145).

Besonderheiten sind bei Abfallwirtschaftsbetrieben zu beachten, die eine Deponie betrieben haben bzw. noch betreiben: Nach Tz. 16 des BMF-Schreibens vom 25.7.2005 (BMF-Schreiben vom 25.7.2005 – IV B 2 – S 2137 - 35/05 –, BStBl. 2005 S. 826) zur steuerbilanziellen Behandlung von Aufwendungen zur Stilllegung, Rekultivierung und Nachsorge von Deponien sind bestimmte dort genannte Wirtschaftsgüter, wie z. B. Basisabdichtungen, Dichtwände, Grundwasserbrunnen oder Pumpenanlagen, spätestens zur Beendigung der Ablagerungsphase abzuschreiben. Dies gilt auch für Verwaltungsgebäude sowie Wirtschaftsgüter zur Entlüftung von Deponiegasen. Nach Auffassung des ÖFA ist diesem Vorgehen auch handelsrechtlich zu folgen, da den Vermögensgegenständen, die der Nachsorge dienen, nach Beendigung der Ablagerungsphase kein wirtschaftlich verwertbares Potential zur Deckung der Schulden des Eigenbetriebs mehr zuzurechnen ist (*ADS*, a. a. O., Prof. Dr. Dr. h. c. Forster, K.-H./Dr. Dr. h. c. Goerdeler, R./Lanfermann, J. et al., Tz. 28 zu § 246 HGB). Sie verkörpern keine Vermögenswerte, mit denen in den folgenden Wirtschaftsjahren noch Vorteile im Sinne von Erträgen erzielt werden können. Die Nachsorge beginnt gem. § 2 Nr. 27 DepV erst nach der endgültigen Stilllegung der Deponie, also zu einem Zeitpunkt, zu dem die wirtschaftliche und damit einkunftserzielende Tätigkeit des Eigenbetriebs bereits beendet ist. Nach Auffassung des ÖFA ändert sich an dieser Beurteilung auch dann nichts, wenn gebührenrechtlich die Möglichkeit besteht, die Kosten für die Schließung und Nachsorge bei den künftigen Gebührenkalkulationen zu berücksichtigen. Denn wirtschaftlich betrachtet dient die stillgelegte Deponie nicht mehr der Einkunftserzielung; die bis zur Beendigung der Ablagerungsphase vereinnahmten Gebühren hätten so kalkuliert sein müssen, dass sie für die Nachsorgekosten ausreichen. Sofern ein Vermögensgegenstand jedoch auch nach Beendigung der Ablagerungsphase für den bilanzierenden Eigenbetrieb noch einen wirtschaftlichen Vorteil darstellt, der als realisierbar angesehen werden kann (bspw. Veräußerung oder Vermietung des Verwaltungsgebäudes), ist dies bei der Bemessung der Abschreibungen zu berücksichtigen (Ergebnisbericht-Online über die 96. Sitzung sowie 97. Sitzung des ÖFA vom 14.2.2006 S. 8 bzw. vom 19.9.2006 S. 7).

2.2.2.5.1.8 Regeln zur Abschreibung geringwertiger Wirtschaftsgüter (GWG)

Abweichend vom allgemeinen Grundsatz der planmäßigen Abschreibung von Vermögensgegenständen und Wirtschaftsgütern lässt § 6 Abs. 2 EStG bzw. § 6 Abs. 2a EStG die Sofortabschreibung von sog. GWG bzw. die Bildung eines steuerrechtlichen sog. Jahressammelpostens für diese Wirtschaftsgüter zu. GWG können in verstärktem Maße z. B. bei Abfallwirtschaftsbetrieben im Zuge der Anschaffung von Müllbehältern vorkommen.

Das Steuerrecht sieht dabei in § 6 Abs. 2 EStG ein Bewertungswahlrecht für sogenannte GWG vor. Anschaffungs- oder Herstellungskosten für solche GWG können im Jahr ihres Zugangs sofort als Betriebsausgabe abgesetzt werden. Unerheblich ist dabei, ob es sich um neue oder gebrauchte Wirtschaftsgüter handelt. Voraussetzung für die steuerliche Anerkennung der Sofortabschreibung nach § 6 Abs. 2 EStG sind die folgenden Kriterien:

- es muss ein abnutzbares, bewegliches Wirtschaftsgut des Anlagevermögens vorliegen,
- das Wirtschaftsgut muss selbständig nutzungsfähig sein,
- die Anschaffungs- oder Herstellungskosten, vermindert um einen darin enthaltenen Vorsteuerbetrag, dürfen 800,00 Euro nicht übersteigen,
- die Führung eines besonderen Verzeichnisses bei einem Wert von über 250,00 Euro.

Nur bei kumulativem Vorliegen aller Voraussetzungen kann das Wahlrecht ausgeübt werden. Wird die Bewertungsfreiheit nicht in Anspruch genommen, ist ihre Nachholung in Folgejahren unzulässig (BFH, Urt. vom 17.3.1982, BStBl. II S. 545).

Zudem kann nach § 6 Abs. 2a EStG ein sog. steuerlicher Sammelposten gebildet werden. Hierzu sind die folgenden Kriterien Voraussetzung:

- es muss ein abnutzbares, bewegliches Wirtschaftsgut des Anlagevermögens vorliegen,

- das Wirtschaftsgut muss selbständig nutzungsfähig sein,
- die Anschaffungs- oder Herstellungskosten, vermindert um einen darin enthaltenen Vorsteuerbetrag, übersteigen 250,00 Euro und unterschreiten 1 000,00 Euro,
- die Führung eines besonderen Verzeichnisses.

Der Sammelposten ist im Wirtschaftsjahr der Bildung und in den folgenden vier Wirtschaftsjahren zu jeweils einem Fünftel gewinnmindernd aufzulösen (§ 6 Abs. 2a Satz 2 EStG). Scheidet ein GWG aus dem Betriebsvermögen aus, wird der Sammelposten nicht vermindert (§ 6 Abs. 2a Satz 3 EStG). Der Sammelposten wird insoweit steuerrechtlich daher nicht als Wirtschaftsgut, sondern als Rechengröße angesehen und ist auch beispielsweise einer Teilwertabschreibung nicht zugänglich (R 6.13 Abs. 6 EStR 2012). Das Wahlrecht, ob der Steuerpflichtige von dem Wahlrecht der Sofortabschreibung nach § 6 Abs. 2 EStG oder von der Möglichkeit eines jahresbezogenen Sammelpostens mit einer Poolabschreibung über die typisierte Nutzungsdauer von fünf Jahren nach § 6 Abs. 2a EStG Gebrauch macht, kann für alle in einem Wirtschaftsjahr angeschafften oder hergestellten geringwertigen Wirtschaftsgüter im Wert von mehr als 250,00 Euro und nicht mehr als 1 000,00 Euro nur einheitlich ausgeübt werden (§ 6 Abs. 2a Satz 5 EStG). Unschädlich für die Festlegung einer Methode ist die Behandlung von Wirtschaftsgütern im Nettowert von unter 250,00 Euro.

Handelsrechtlich ist die Behandlung von GWG nicht kodifiziert. In der Regel werden die steuerlichen Kriterien für die Inanspruchnahme der Vollabschreibung für GWG auch zur handelsrechtlichen Bilanzierung herangezogen. So steht nach Auffassung des HFA des IDW der Bildung eines Sammelpostens nach § 6 Abs. 2a EStG für die Handelsbilanz und der damit verbundenen Durchbrechung des Einzelbewertungsgrundsatzes unter dem Gesichtspunkt der Wirtschaftlichkeit grundsätzlich nichts entgegen. Bei Wesentlichkeit des Sammelpostens ist jedoch für die Handelsbilanz der Umfang der Abgänge festzustellen und ggf. zu buchen sowie die zugrunde gelegte Nutzungsdauer von fünf Jahren zur Vermeidung einer Überbewertung ebenfalls zu überprüfen und ggf. zu verkürzen. Es kann auch eine außerplanmäßige Abschreibung notwendig werden. (Berichterstattung über die 208. Sitzung des HFA, IDW FN 2007 S. 506, *Schubert/Schieler* in BeBiKo, Tz. 275 zu § 253 HGB, ber RegE-BilMoG, S. 38). Ebenso ist auch die steuerrechtliche Sofortabschreibung bis 800 Euro handelsrechtlich zulässig. Die Obergrenze für die Sofortabschreibung ist handelsrechtlich weiterhin nicht exakt festgelegt, in Anlehnung an die steuerrechtliche Regelung des Jahressammelpostens werden aber Beträge bis 1 000,00 Euro als zulässig angesehen (*Schubert/Schieler* in BeBiKo, Tz. 275 zu § 253 HGB, Berichterstattung über die 208. Sitzung des HFA, IDW FN 2007 S. 506). Zur Frage der bestandsmäßigen Erfassung (vgl. Erl. 2.2.2.1.3).

Die oben genannten Vereinfachungsregeln können steuerrechtlich auf Computerprogramme im Wert bis zu 410,00 Euro und sog. Trivialprogramme (immaterielle Vermögensgegenstände) angewendet werden. Ansonsten sind die Regelungen zur Behandlung von GWG nicht auf immaterielle Vermögensgegenstände anzuwenden, da diese nicht als bewegliche Vermögensgegenstände angesehen werden. Diese explizite steuerliche Regelung in R.5.5 Abs. 1 EStR 2012 wird man wohl auch handelsrechtlich aus Wesentlichkeitsgründen bei den immateriellen Vermögensgegenständen anwenden können (vgl. auch Erl. 2.2.2.1.3).

Fraglich ist, wie die Behandlung der GWG im Anlagennachweis (§ 25 Abs. 3 EigAnVO) zu erfolgen hat. Diesbezüglich werden für das Wahlrecht der Sofortabschreibung der GWG bis 250,00 Euro bzw. 800,00 Euro unterschiedliche Methoden diskutiert. Dem Zweck einer Vereinfachung kommt die Handhabung am nächsten, im Jahr des Zugangs auch einen Abgang zu unterstellen.

Die GWG werden als Zugang bei den Anschaffungs- und Herstellungskosten erfasst (Formblatt 2, Spalte 3), in gleicher Höhe wird ein Abgang bei den Anschaffungs- und Herstellungskosten (Spalte 4) gezeigt. Gleichermaßen ist bei der Darstellung der Abschreibungen zu verfahren: es erfolgt ein Zugang bei den Abschreibungen im Wirtschaftsjahr (Spalte 8) und der Ausweis eines Abgangs bei den Abschreibungen (Spalte 10). Es wird auch für zulässig gehalten, den Abgang in dem auf die Anschaffung folgenden Jahr zu unterstellen. Möglich ist auch, die geringwertigen Vermögensgegenstände unter Fortführung der gesamten Anschaffungskosten und Abschreibungen bis zum Zeitpunkt ihres durchschnittlichen Ausscheidens im Anlagespiegel auszuweisen. Bezüglich des Sammelpostens wird der Zugang unter den Anschaffungs- und Herstellungskosten (Formblatt 2, Spalte 3) erfasst, der Abschreibungszugang unter den Abschreibungen im Wirtschaftsjahr (Spalte 8). Der Sammelposten ist am Ende des Geschäftsjahres, in dem er vollständig abgeschrieben ist, im Anlagespiegel als Abgang bei den Anschaffungs- und Herstellungskosten (Spalte 4) sowie als Abgang bei den Abschreibungen (Spalte 10) zu erfassen (Berichterstattung über die 208. Sitzung des HFA, IDW FN 2007 S. 506).

2.2.2.5.1.9 Komponentenansatz bei der Verteilung von AHK planmäßig abnutzbarer Vermögensgegenstände des Sachanlagevermögens auf die Nutzungsperioden

Das in § 252 Abs. 1 Nr. 4 HGB kodifizierte Realisationsprinzip besagt, dass Gewinne nur zu berücksichtigen sind, wenn sie am Abschlussstichtag realisiert sind. Realisierten Umsatzbeiträgen müssen die diesen zurechenbaren Aufwendungen als Aufwand des Geschäftsjahres gegenübergestellt werden. Dementsprechend müssen Investitionen bei abnutzbaren Vermögensgegenständen umsatzproportional über Abschreibungen in die „periodengerechte" Gewinnermittlung einfließen. Da allerdings der reale Werteverzehr eines Vermögensgegenstandes sehr oft nicht linear (wie die Abschreibungstabellen dies unterstellen) verläuft, ist dem Grundsatz der periodengerechten Gewinnermittlung nicht vollumfänglich Genüge getan. Insbesondere bei großen und komplexen abnutzbaren Sachanlagevermögensgegenständen (wie etwa Erzeugungs-, Gewinnungs- oder Entsorgungsanlagen) ist das Ziel der Erreichung einer periodengerechten Aufwandsverteilung durch eine (einheitliche) Abschreibung problematisch. Diese Anlagen sind zu sogenannten Sachgesamtheiten zusammengeführt, es besteht eine Bündelung technisch unterschiedlicher Einrichtungen, die nach der allgemeinen Verkehrsanschauung in Gänze zwar einem gemeinsamen Zweck dienen, in der Regel aber rechtlich selbständig und selbständig bewertungsfähig bleiben. Einzelne Bestandteile haben dabei unterschiedlich lange Nutzungsdauern. Großreparaturen führen daher in der Regel dazu, dass einige Anlagenteile ausgetauscht oder generalüberholt werden müssen, andere nicht. Das Jahresergebnis ist dann überdurchschnittlich durch Aufwendungen belastet, die mit der (nicht aktivierungsfähigen) Großreparatur zusammenhängen. Vor Aufhebung durch das Bilanzrechtsmodernisierungsgesetz konnten hierfür sog. Aufwandsrückstellungen nach § 249 Abs. 2 HGB a. F. gebildet werden. So konnten z. B. für die alle vier bis fünf Jahre stattfindenden Gasturbinenwartungen in einem Heizkraftwerk, den Austausch von Auskleidungen von Faultürmen oder Müllverbrennungsanlagen Rückstellungen aufgebaut werden, sodass im Wartungsjahr eine Aufwandsballung vermieden werden konnte.

Um den aus dem Wegfall des § 249 Abs. 2 HGB a. F. betroffenen Unternehmen eine sachgerechte Ersatzlösung anzubieten, hat das IDW Voraussetzungen dargelegt, wie ein sog. Komponentenansatz eine bessere Aufwandsverteilung sicherstellen kann. Der Komponentenansatz ist aus dem angelsächsischen Rechtsraum entnommen und kann nach IAS 16.43–49 (IAS 16: Sachanlagen) angewendet werden (IDW RH HFA 1.016, IDW Rechnungslegungshinweis: Handelsrechtliche Zulässigkeit einer komponentenweisen planmäßigen Abschreibung von Sachanlagen, 29.5.2009).

Unter dem Komponentenansatz i. S. dieses IDW Rechnungslegungshinweises wird eine Methode verstanden, bei der ein abnutzbarer Vermögensgegenstand des Sachanlagevermögens gedanklich in seine wesentlichen Komponenten unterschiedlicher wirtschaftlicher Nutzungsdauern zerlegt wird, um den Betrag der planmäßigen Periodenabschreibung des Vermögensgegenstands als Summe der auf seine einzelnen Komponenten entfallenden planmäßigen Periodenabschreibungen zu ermitteln. Dieses Vorgehen führt im Vergleich zur Ermittlung der planmäßigen Periodenabschreibung für den Gesamtvermögensgegenstand auf Grundlage dessen pauschaler Gesamtnutzungsdauer zu abweichenden Abschreibungsbeträgen und im Ergebnis zu einer verursachungsgerechteren Periodisierung des Aufwands aus der Nutzung eines Vermögensgegenstands, wenn die jeweiligen wirtschaftlichen Nutzungsdauern einzelner Komponenten kürzer sind als die des Gesamtvermögensgegenstands (IDW RH HFA 1.016, 29.5.2009, Tz. 4).

Handelsrechtlich hält das IDW die Anwendung des Komponentenansatzes in den Fällen für zulässig, in denen physisch separierbare Komponenten ausgetauscht werden, die in Relation zum gesamten Sachanlagevermögensgegenstand wesentlich sind. Als Beispiel führt das IDW im Falle eines Gebäudes die separate Abschreibung des Daches (Nutzungsdauer 20 Jahre) und des restlichen Gebäudes (Nutzungsdauer 60 Jahre) an (IDW RH HFA 1.016, 29.5.2009, Tz. 5). Die separate Abnutzung/Ausbuchung einer einzelnen Komponente kann in diesen Fällen als Teilabgang/-verbrauch und deren Ersatz als Teilzugang wesentlicher physischer Substanz interpretiert werden. Deshalb ist die Ausgabe für den Ersatz einer Komponente nicht erfolgswirksam im Zeitpunkt der Ausgabe als Erhaltungsaufwand zu erfassen sondern als nachträgliche Anschaffungs- oder Herstellungskosten zu aktivieren und anschließend über die Nutzungsdauer der betreffenden Komponente abzuschreiben (IDW RH HFA 1.016, 29.5.2009, Tz. 6). Mangels physischen Austauschs wesentlicher separierbarer Komponenten sind Großreparaturen bzw. Inspektionen, anders als nach IAS 16, von einer komponentenweisen Abschreibung ausgenommen (IDW RH HFA 1.016, 29.5.2009, Tz. 7). Der Anwendung des Komponentenansatzes steht nach der Auffassung des IDW auch der Einzelbewertungsgrundsatz nach § 252 Abs. 1 Nr. 3 HGB nicht entgegen, da der in der jeweiligen Berichtsperiode als Aufwand zu erfassende Wertverzehr eines Vermögensgegenstands durch die Summe der Abschreibungsbeträge der einzelnen über unterschiedliche Nutzungsdauern abgeschriebenen Komponenten des betreffenden Gegenstands realitätsnäher bestimmt wird (IDW RH HFA 1.016, 29.5.2009, Tz. 8). Ferner stellt eine komponentenweise Abschreibung auch keinen Verstoß gegen die Abgrenzung von Vermögensgegenständen nach dem Konzept des einheitlichen Nutzungs- und Funktionszusammenhangs dar. Der Vermögensgegenstand als zu bilanzierende Einheit wird durch die Anwendung des Komponentenansatzes nicht tangiert. Modifiziert werden lediglich die Methode der planmäßigen Abschreibung des betroffenen Vermögensgegenstands und die bilanzielle Abbildung von Erhaltungsinvestitionen (IDW RH HFA 1.016, 29.5.2009, Tz. 9). Die Prüfung einer außerplanmäßigen Abschreibung ist demgegenüber weiterhin insgesamt für den Vermögensgegenstand durchzuführen (IDW RH HFA 1.016, 29.5.2009, Tz. 10). Fallbeispiele für den Komponentenansatz bei Eigenbetrieben können z. B. Heizkraftwerke, Kläranlagen, Schwimmbäder oder Wassergewinnungsanlagen sein. Der Komponentenansatz ist bei sog. Kanalsanierungen nach dem Inlinerverfahren ohne Austausch des alten Kanals nicht anzuwenden, da hier der alte Kanal nicht physisch abgeht, sondern immer noch als Stütze für den Inliner dient (*Becker/Biermann*, Bilanzierung von Kanalsanierungsmaßnahmen im Inlinerverfahren, bbr Fachmagazin für Brunnenbau, Leitungsbau und Geothermie, Ausgabe 9/2010, S. 29). Zur Abgrenzung von Herstellungs- und Erhaltungsaufwand bei Kanalsanierungen nach dem Inlinerverfahren (vgl. Erl. zu 2.2.2.4.3).

Steuerrechtlich wird der Komponentenansatz abgelehnt (BFH, Urt. vom 22.8.1966 – GrS 2/66 –, BStBl. III 1966 S. 672).

2.2.2.5.2 Außerplanmäßige Abschreibungen

2.2.2.5.2.1 Gesetzliche Grundlagen

Außerplanmäßige Abschreibungen erfassen die im Rahmen der planmäßigen Abschreibungen nicht erfassten Wertminderungen bei Vermögensgegenständen des Anlagevermögens. Bei voraussichtlich dauernder Wertminderung nach § 253 Abs. 3 Satz 5 HGB muss vom Eigenbetrieb zwingend eine außerplanmäßige Abschreibung auf Vermögensgegenstände des Anlagevermögens vorgenommen werden. Bei voraussichtlich nicht dauernder Wertminderung können Eigenbetriebe außerplanmäßige Abschreibungen nur bei

Finanzanlagen vornehmen (§ 253 Abs. 3 Satz 6 HGB, gemildertes Niederstwertprinzip). Zu den Abschreibungen auf Finanzanlagen (vgl. Erl. 2.3.2).

Die Abschreibung hat auf den so genannten niedrigeren beizulegenden Wert zu erfolgen, dazu zählen der Wiederbeschaffungswert (verstanden als Wiederbeschaffungszeitwert bzw. wenn ein solcher nicht zu ermitteln ist ein Wiederbeschaffungsneuwert abzgl. planmäßiger Abschreibungen oder bei gänzlichem Fehlen eines Beschaffungsmarktes der Reproduktionswert), der Einzelveräußerungswert (nur im Ausnahmefall zu verwenden, da Anlagevermögen dazu bestimmt, dauernd dem Geschäftsbetrieb zu dienen) oder der Ertragswert. Wird für das Anlagegut ein Börsen- oder Marktpreis notiert, ist dieser heranzuziehen (*Schubert/Schieler* in BeBiKo, Tz. 308 zu § 253 HGB, *ADS*, a. a. O., Prof. Dr. Dr. h. c. Forster, K.-H./Dr. Dr. h. c. Goerdeler, R./Lanfermann, J. et al., Tz. 459 zu § 253 HGB). Die Abschreibungen nach § 253 Abs. 3 Satz 5 HGB auf immaterielle Vermögensgegenstände des Anlagevermögens, Sachanlagen und Aufwendungen für die Ingangsetzung und Erweiterung des Geschäftsbetriebes sind in der Gewinn- und Verlustrechnung mit „davon-Vermerk" darzustellen (Formblatt 4, Nr. 7a).

Steuerrechtlich kann bei langfristig gebundenen Wirtschaftsgütern nach § 6 Abs. 1 Nr. 1 Satz 2 EStG und bei kurzfristig gebundenen Wirtschaftsgütern nach § 6 Abs. 1 Nr. 2 Satz 2 EStG bei einer voraussichtlich dauernden Wertminderung auf den niedrigeren Teilwert abgeschrieben werden. Dabei entsprechen sich die steuerrechtliche Teilwertabschreibung und die außerplanmäßige Abschreibung grundsätzlich (*Schubert/Schieler* in BeBiKo, Tz. 317 zu § 253 HGB). Handelsrechtliche Abschreibungen bedingen aufgrund des Maßgeblichkeitsgrundsatzes nach § 5 Abs. 1 Satz 1 EStG auch eine steuerrechtliche Abschreibung (außer im Falle nicht dauerhafter Wertminderung von Finanzanlagen).

Der Begriff dauernde Wertminderung ist gesetzlich nicht definiert. Nach herrschender Meinung liegt eine dauernde Wertminderung vor, wenn der Stichtagswert den Wert, der sich aus planmäßigen Abschreibungen ergibt, während eines erheblichen Teils der Restnutzungsdauer nicht erreichen wird, d. h. wenn der Stichtagswert voraussichtlich für mindestens die halbe Restnutzungsdauer oder die nächsten fünf Jahre unter dem planmäßigen Restbuchwert liegen wird (*Schubert/Schieler* in BeBiKo, Tz. 317 zu § 253 HGB).

2.2.2.5.2.2 Einzelfälle zur Vornahme außerplanmäßiger Abschreibungen

Überdimensionierungen in Transportnetzen oder Überkapazitäten in Kläranlagen rechtfertigen außerplanmäßige Abschreibungen (vgl. *Brüggen*, A. 20).

Der niedrigere beizulegende Wert i. S. v. § 253 Abs. 3 Satz 5 HGB für Vermögensgegenstände des Anlagevermögens eines defizitären bzw. nicht gewinnorientierten Betriebs der öffentlichen Hand ist grundsätzlich nach den in der Kommentierung dargestellten Überlegungen zum beizulegenden Wert abzuleiten, wonach in Abhängigkeit vom Einzelfall der Wiederbeschaffungswert zum Abschlussstichtag, der Einzelveräußerungswert oder der Ertragswert als Vergleichsmaßstab heranzuziehen sind.

Obwohl solche Einrichtungen nach wirtschaftlichen Gesichtspunkten zu verwalten sind, wirtschaften sie nicht mit dem Ziel, einen Ertrag für den Haushalt abzuwerfen. Häufig handelt es sich dabei um dauerdefizitäre Einrichtungen, deren Verluste nicht nur in Kauf genommen, sondern bereits im Haushaltsplan berücksichtigt werden. In solchen Fällen ist eine ertragswertorientierte Ermittlung des niedrigeren beizulegenden Wertes i. S. v. § 253 Abs. 3 Satz 5 HGB für Vermögensgegenstände des Anlagevermögens nicht sachgerecht. Stattdessen ist nach Auffassung des ÖFA bei dauerdefizitären Betrieben der öffentlichen Hand, die eine öffentlich-rechtliche Aufgabe wahrnehmen (z. B. Verkehrs-, Bäder-, Parkhaus- oder Entsorgungsbetriebe), i. d. R. auf die Substanz abzustellen. Der Wiederbeschaffungszeitwert ist dann als Vergleichsmaßstab für das Vorliegen einer Wertminderung maßgeblich. Würde in solchen Fällen auf den Ertragswert abgestellt werden, müssten bereits zum Zeitpunkt der Investition außerplanmäßige Abschreibungen durchgeführt werden, die zu einem Anfangsverlust führen. Die ausgeglichenen oder evtl. positiven Jahresabschlüsse der Folgejahre würden jedoch die tatsächliche Lage des Eigenbetriebs nicht richtig darstellen. Aus Transparenzgründen sollte im Anhang im Rahmen der Angaben zu den Bilanzierungs- und Bewertungsmethoden gemäß § 284 Abs. 2 Nr. 1 HGB sowie im Prüfungsbericht gemäß § 321 Abs. 2 Satz 4 HGB erläutert werden, dass für die Beurteilung, ob eine dauerhafte Wertminderung des Anlagevermögens vorliegt, der Substanzwert als Vergleichsmaßstab herangezogen wurde. Beruht die fehlende Rentabilität dagegen nicht auf der Zwecksetzung des Betriebs sondern auf veralteten Anlagen, bestehenden Überkapazitäten oder anderen Ursachen, die in dem Vermögensgegenstand begründet sind, so berührt dies unmittelbar den Wert des Vermögensgegenstandes. Hier sind außerplanmäßige Abschreibungen vorzunehmen (z. B. auf den Wiederbeschaffungszeitwert einer Anlage, deren Kapazität der tatsächlichen Auslastung entspricht). Im Falle bestehender Überkapazitäten ist auf den Wiederbeschaffungszweitwert einer Anlage zurückzugreifen, deren Kapazität der tatsächlichen Auslastung entspricht (Ergebnisbericht-Online über die 97. Sitzung sowie 99. Sitzung des ÖFA vom 19.9.2006 S. 3 bzw. vom 27.9.2007 S. 3). Bei Schließungsabsicht (z. B. eines kommunalen Bäderbetriebes) ist ebenfalls eine außerplanmäßige Abschreibung vorzunehmen (*Fabry/Augsten*, a. a. O., Appel, M./Augsten, U./ Dengler, H.-P. et al., S. 556 bzw. *Bolsenkötter*, a. a. O., Beier, M./Brummer, O./Donhauser, C. et al., Tz. 1145 ff.).

2.2.2.6 Wertaufholungen

Ist der Grund, der zu der außerplanmäßigen Abschreibung geführt hat, weggefallen, muss eine Zuschreibung (Wertaufholung) verbucht werden (§ 253 Abs. 5 Satz 1 HGB). Ein niedrigerer Wertansatz eines entgeltlich erworbenen Geschäfts- oder Firmenwertes ist beizubehalten (§ 253 Abs. 5 Satz 2 HGB). Steuerlich gilt ebenfalls ein Wertaufholungsgebot nach § 6 Abs. 1 Nr. 1 Satz 4 und Nr. 2 Satz 3 EStG.

2.2.2.7 Leasing

Hinsichtlich der Zurechnungskriterien in Bezug auf die Aktivierung der Leasinggegenstände beim Leasingnehmer oder beim Leasinggeber sind handelsrechtlich die steuerrechtlichen Zurechnungskriterien anzuwenden (*ADS*, a. a. O., Prof. Dr. Dr. h. c. Forster, K.-H./Dr. Dr. h. c. Goerdeler, R./Lanfermann, J. et al., Tz. 392 zu § 246 HGB und Justenhoven/Meyerin BeBiKo, Tz. 59 zu § 246 HGB). Grundsätzlich aktiviert der wirtschaftliche Eigentümer den Leasinggegenstand in seiner Bilanz. Im Einzelnen wird auf die entsprechenden Leasingerlasse verwiesen:

- Schreiben betr. ertragsteuerliche Behandlung von Leasing-Verträgen über bewegliche Wirtschaftsgüter vom 19.4.1971, BStBl. I S. 264,
- Schreiben betr. steuerrechtliche Zurechnung des Leasing-Gegenstandes bei Teilamortisations-Leasing-Verträgen über bewegliche Wirtschaftsgüter vom 22.12.1975,
- Schreiben betr. ertragsteuerliche Behandlung von Teilamortisations-Leasing-Verträgen über unbewegliche Wirtschaftsgüter vom 23.12.1991, BStBl. I 1992 S. 13,
- Schreiben betr. ertragsteuerliche Behandlung von Finanzierungs-Leasing-Verträgen über unbewegliche Wirtschaftsgüter; hier: betriebsgewöhnliche Nutzungsdauer und Restbuchwert bei Wirtschaftsgebäuden vom 9.6.1971, BStBl. I S. 440.

2.3 (A. III.) Finanzanlagen

2.3.1 Gliederung und Inhalt

Die Finanzanlagen sind in sechs Unterposten gegliedert:

(1.) Anteile an verbundenen Unternehmen

(2.) Ausleihungen an verbundene Unternehmen

(3.) Beteiligungen

(4.) Ausleihungen an Unternehmen, mit denen ein Beteiligungsverhältnis besteht

(5.) Wertpapiere des Anlagevermögens

(6.) sonstige Ausleihungen.

2.3.1.1 Anteile an verbundenen Unternehmen

Unter verbundenen Unternehmen (§ 271 Abs. 2 HGB) sind alle Unternehmen zu verstehen, zwischen denen ein Mutter-Tochter-Verhältnis i. S. v. § 290 HGB besteht, sowie alle Töchter untereinander. Dabei ist nicht maßgeblich, ob diese Unternehmen in einen Konzernabschluss einbezogen werden. Die unter diesen Posten zu erfassenden Anteile müssen dazu bestimmt sein, dauernd dem Geschäftsbetrieb zu dienen. Liegen verbundene Unternehmen vor, so werden diese bei Daueranlageabsicht unabhängig von der Höhe und der Art der Anteile hier ausgewiesen. Der Ausweis unter dieser Position geht dem Ausweis unter der Position „Beteiligungen" vor. Dabei können die Anteile – sie müssen aber nicht – in Wertpapieren verkörpert sein. Es kommen somit in Betracht: Aktien, GmbH-Anteile, Einlagen als persönlich haftender Gesellschafter und Kommanditeinlagen, Beteiligungen als stiller Gesellschafter sowie Genossenschaftsanteile. Sofern kurzfristig eine Veräußerung beabsichtigt ist, erfolgt ein Ausweis im Umlaufvermögen unter dem Posten B. III.1. (WPH, a. a. O., Justenhoven, P./Dangmann, T./Deubert, M. et al., Kap. F Tz. 357).

An dieser Stelle ist auf die haushaltsrechtlichen Beschränkungen der Geldanlage in Aktien hinzuweisen. Nach § 78 Abs. 2 Satz 2 i. V. m. § 80 Abs. 3 GemO ist bei Geldanlagen auf eine ausreichende Sicherheit zu achten; sie sollen einen angemessenen Ertrag erbringen. Nach Nr. 2 Satz 1 der VV zu § 78 GemO ist eine Anlage von Zahlungsmitteln als Form des kommunalen Vermögens und reinen Aktienfonds wegen der hohen und nur schwer abschätzbaren Kursrisiken unzulässig. Nach Nr. 2 Satz 2 der VV zu § 78 GemO kann unter bestimmten Umständen eine Geldanlage in auf Euro lautenden gemischten Investmentfonds mit begrenzter Aktienbeimischung im Einzelfall mit dem Sicherheitsgebot des § 78 Abs. 2 Satz 2 GemO vereinbar sein, wenn

- es sich um den gemischten Investitionsfonds einer Kapitalanlagegesellschaft mit dem Sitz in einem Mitgliedstaat der Europäischen Union handelt, die dem Investmentsteuergesetz vom 15.12.2003 (BGBl. I S. 2676, 2724), zuletzt geändert durch Art. 30 des Vierten Bürokratieentlastungsgesetzes vom 23.10.2024 (BGBl. I Nr. 323) unterliegt,
- der Investmentfonds neben der Anlage in festverzinslichen Wertpapieren lediglich bis zu 30 vom Hundert des Fondsvermögens in europäische Standardaktien bzw. Anteile an Aktienfonds, die in europäische Standardaktien investieren, anlegt, und
- sichergestellt ist, dass die betreffenden Mittel überhaupt für eine mittel- oder langfristige Geldanlage zur Verfügung stehen. Dies ist jedenfalls dort nicht der Fall, wo die Gelder angesichts der Finanzlage der jeweiligen Gemeinde vorrangig für die Finanzierungstätigkeit zu verwenden sind oder greifbar sein müssen.

2.3.1.2 Ausleihungen an verbundene Unternehmen

Unter Ausleihungen sind Finanz- und Kapitalforderungen, nicht jedoch Forderungen aus Lieferungen und Leistungen, zu verstehen. Eine Ausleihung kann auch dadurch entstehen, dass eine andere Forderung im Wege der Novation in eine Darlehens- und damit in eine Kapitalforderung umgewandelt wird. Ihre Laufzeit muss wenigstens ein Jahr betragen, um einen Ausweis im Anlagevermögen zu rechtfertigen. (WPH, a. a. O., Justenhoven, P./Dangmann, T./Deubert, M.*et al.*, Kap. F Tz. 358).

2.3.1.3 Beteiligungen, Ausleihungen an Unternehmen, mit denen ein Beteiligungsverhältnis besteht

Beteiligungen sind Anteile an anderen Unternehmen, die langfristig gehalten werden sollen und der Einflussnahme auf die Geschäftspolitik der betreffenden Unternehmen dienen. Bei Anteilen an einer Kapitalgesellschaft liegt im Zweifel eine Beteiligung bei einem

Anteilsbesitz von mehr als 20 % vor. Diese bereits in der Literatur seit längerem angewandte Beteiligungsvermutung wurde durch das BilRUG gesetzlich in § 271 Abs. 1 Satz 3 HGB kodifiziert. Allerdings ist diese Vermutung widerlegbar, da die Beteiligungsabsicht entscheidend ist. Beteiligungen können z. B. Aktien, Anteile an einer GmbH und Beteiligungen als stiller Gesellschafter sein. Genossenschaftsanteile sind keine Beteiligungen (§ 271 Abs. 1 Satz 5 HGB). Ihr Ausweis ist unter A. III.6. mit angepasster Bezeichnung, als Sonderposten nach § 265 HGB oder unter den sonstigen Vermögensgegenständen (B. II.6.) vorzunehmen, wenn keine dauerhafte Anlageabsicht besteht (WPH, a. a. O., Justenhoven, P./Dangmann, T./Deubert, M. *et al.*, Kap. F Tz. 361).

Bei Mitgliedschaft in einer Personengesellschaft liegt stets und unabhängig von der Beteiligungsquote eine Beteiligung vor.

2.3.1.4 Wertpapiere des Anlagevermögens

Wertpapiere des Anlagevermögens sind verbriefte Rechte, die einer längerfristigen Kapitalanlage dienen und die weder Beteiligungen noch Anteile an verbundenen Unternehmen darstellen. Es gehören hierzu insbesondere Wertpapiere mit Gewinnbeteiligungsansprüchen (z. B. Aktien, Investmentanteile, Anteile an offenen Immobilienfonds) und festverzinsliche Wertpapiere (z. B. Obligationen, Pfandbriefe, öffentliche Anleihen, Zero-Bonds).

2.3.1.5 Sonstige Ausleihungen

Hier werden Forderungen aus langfristigen Finanzkrediten erfasst. Als langfristig gelten auf jeden Fall Ausleihungen mit einer Laufzeit von mindestens vier Jahren. Bei einer Laufzeit zwischen ein und vier Jahren liegt es im Ermessen des Eigenbetriebs, ob ein Ausweis im Anlagevermögen oder Umlaufvermögen erfolgt. Laufzeiten unter einem Jahr sind als kurzfristige Forderungen nicht unter den Ausleihungen auszuweisen (*Schubert/Hartgarten* in BeBiKo, Tz. 257 zu § 247 HGB).

Als Besonderheit bei Eigenbetrieben der Abwasserbeseitigung werden unter diesem Posten auch die Beiträge zum freiwilligen bzw. gesetzlichen Klärschlammfonds bilanziert. Um bei Verwendung von Klärschlämmen als Düngemittel auf landwirtschaftlichen Flächen möglichen Schäden durch die Ausbringung von Schadstoffen zu begegnen, wurde zum 1.1.1990 ein freiwilliger Klärschlammfonds eingerichtet, der Geldmittel bereitstellt, über die eine Regulierungskommission verfügt und auftretende Schadenfälle aus der Klärschlammverwertung entschädigen kann. Der Fonds wird von der Bundesarbeitsgemeinschaft Deutscher Kommunalversicherer (BADK) treuhänderisch verwaltet. Dem freiwilligen Klärschlammfonds haben sich viele Kommunen angeschlossen. Die eingesammelten Gelder werden für die Kommunen auf separaten Konten erfasst und an die Kommunen zurückerstattet, sollte sich der Fonds wieder auflösen. Darüber hinaus wurde, um eine noch umfassendere Absicherung der Landwirtschaft zu erreichen, zum 1.1.1999 ein gesetzlicher Klärschlamm-Entschädigungsfonds mit der Klärschlamm-Entschädigungsverordnung (KlärEV) vom 20.5.1998 eingerichtet (BGBl. I S. 1048). Es besteht Zwangsmitgliedschaft für sämtliche Kläranlagenbetreiber, die Klärschlamm landwirtschaftlich verwerten. Die Bundesanstalt für Landwirtschaft und Ernährung verwaltet den Fonds. Wird das Sondervermögen aufgelöst, so werden die Fondsmittel im Verhältnis der geleisteten Beiträge an die Beitragspflichtigen erstattet. Der freiwillige Fonds konnte nicht aufgelöst werden, weil der gesetzliche Fonds die Regulierungszusagen von vor 1999 nicht übernommen hat. Da die finanzielle Ausstattung des Fonds mit der Beitragserhebung für das Kalenderjahr 2006 den Betrag von 63,9 Mio. Euro (= DM 125 Mio.) erreicht hatte, ruht seitdem für Klärschlämme, die ab dem 1.1.2007 zur landbaulichen Verwertung abgegeben werden, die Beitragspflicht (§ 6 Abs. 1 KlärEV). Die Beitragspflicht lebt erst wieder auf, wenn die finanzielle Ausstattung des Fonds den Betrag von 51,1 Mio. Euro (= DM 100 Mio.) unterschritten hat (§ 6 Abs. 2 KlärEV). Das Ruhen der Beitragspflicht nach § 6 Abs. 1 Satz 3 KlärEV lässt aber die Verpflichtung aus § 5 Abs. 2 KlärEV unberührt, das heißt, dass die

Mitteilung der für die jährliche Beitragsschuld maßgeblichen Mengen an Klärschlamm innerhalb von drei Monaten nach Ablauf des Kalenderjahres zusammen mit der Errechnung des geschuldeten Betrages weiterhin abzugeben ist.

In der Praxis wurden die geleisteten Beiträge an Klärschlammfonds in der Regel bis zum Ruhen der Beitragspflicht unter den sonstigen Ausleihungen aktiviert. Mit dem Ruhen der Beitragspflicht sind Zuführungen zum Klärschlammfonds (mithin eine Erhöhung der sonstigen Ausleihungen) nicht mehr vorzunehmen, es sind auch keine Rückstellungen für Beitragsverpflichtungen mehr zu bilanzieren, falls eine Beitragspflicht später erneut aufleben sollte. Die Bildung von Rückstellungen für ungewisse Verbindlichkeiten erfordert nämlich nach herrschender Meinung eine hinreichende Konkretisierung der Verpflichtung. Dies ist der Fall, wenn mit dem Be- oder Entstehen der Verpflichtung ernsthaft zu rechnen ist, was bedeutet, dass mehr Gründe für als gegen das Be- oder Entstehen einer Verbindlichkeit sprechen (*Schubert* in BeBiKo, Tz. 50 zu § 249 HGB). Ob mit dem Be- oder Entstehen einer Verpflichtung ernsthaft zu rechnen ist, lässt sich nicht anhand mathematischer Wahrscheinlichkeiten (wie z. B. mehr als 50 %) beurteilen, da die Wahrscheinlichkeitsangaben für das Be- oder Entstehen einer Verbindlichkeit der subjektiven Beurteilung des Bilanzierenden unterliegen und für Dritte nicht nachprüfbar sind. Daher kann nur entscheidend sein, ob bei einer Unternehmensfortführung mit dem Be- oder Entstehen der Verbindlichkeit ernsthaft zu rechnen ist. Dies gilt auch für öffentlich-rechtliche Verpflichtungen, um die es sich bei den Beitragszahlungen an den gesetzlichen Klärschlammfonds handelt (*Schubert* in BeBiKo, Tz. 50 zu § 249 HGB). Da sich bislang weder aus den aktuellen Bekanntmachungen der Bundesanstalt für Landwirtschaft und Ernährung (BLE) (vgl. unter https://www.ble.de/DE/Themen/Marktorganisation/Klaerschlamm-Entschaedigungsfonds/klaerschlamm-entschaedigungsfonds_node.html) noch aus den Bekanntmachungen kommunaler Institutionen Anhaltspunkte für ein Wiederaufleben der Beitragspflicht zum gesetzlichen Klärschlammfonds ergeben, ist mit dem Be- oder Entstehen der Verpflichtung zur Beitragszahlung für den Zeitraum ab dem 1.1.2007 nicht ernsthaft zu rechnen. Die Verpflichtung zur Beitragszahlung an die BLE, mithin zur Passivierung einer Rückstellung, ist nicht hinreichend konkretisiert. Aus diesem Grund kann eine Rückstellung für mögliche Beitragszahlungen für den Zeitraum ab dem 1.1.2007 gem. § 249 Abs. 1 Satz 1 HGB nicht gebildet werden.

Daran ändert auch die Tatsache nichts, dass die Abwasserentsorgungsbetriebe unabhängig vom Ruhen der Beitragspflicht jährliche Beitragsmitteilungen bei der BLE abzugeben haben. Die Beitragsmitteilungen gelten nur als Beitragsbescheide, falls die Beitragspflicht nach § 6 Abs. 2 KlärEV wieder auflebt. Für ein Aufleben der Beitragspflicht ergeben sich jedoch, wie bereits dargelegt, derzeit keine Anhaltspunkte.

2.3.2 Bilanzierung und Bewertung

Die Bewertung der Finanzanlagen erfolgt zu Anschaffungskosten, d. h. mit dem Kaufpreis zuzüglich Anschaffungsnebenkosten (Notariatskosten, Provisionen, Spesen usw.). Ausleihungen sind mit ihrem Nominalwert anzusetzen. Bei unverzinslichen Ausleihungen ist der Barwert maßgeblich. Bei Anteilen, Beteiligungen und Wertpapieren im Finanzanlagevermögen sind außerplanmäßige Abschreibungen bei voraussichtlich dauernder Wertminderung vorzunehmen (§ 253 Abs. 3 Satz 5 HGB), bei voraussichtlich nicht dauernder Wertminderung können Abschreibungen vorgenommen werden (§ 253 Abs. 3 Satz 6 HGB; gemildertes Niederstwertprinzip). Wird von dem Abwertungswahlrecht kein Gebrauch gemacht, sind Anhangangaben nach § 285 Nr. 18 HGB über den Buchwert, den beizulegenden Zeitwert der Finanzanlage sowie die Gründe für die Unterlassung der Abschreibung einschließlich der Anhaltspunkte, die darauf hindeuten, dass die Wertminderung nicht von Dauer ist, anzugeben (*Schubert/Schieler* in BeBiKo, Tz. 460 zu § 253 HGB sowie Erl. 6.14 zu § 25 EigAnVO). Die gesetzliche Terminologie „nicht dauernd" bzw. „vorübergehend" ist ein gesetzlich nicht definierter Zeitraum. Nach dem Gebot vorsichtiger Bewertung (§ 252 Abs. 1 Nr. 4 HGB) ist der Prognosezeitraum, der nach dem Abschlussstichtag liegt, möglichst kurz zu wählen. Steuerrechtlich ist § 253 Abs. 3 Satz 4 HGB ohne Relevanz, da eine eigenständige Regelung im Steuerrecht gem. § 6 Abs. 1 Nr. 2 Satz 2 EStG besteht, die Abschreibungen nur bei voraussichtlich dauernder Wertminderung zulässt. Sind die Gründe für die außerplanmäßige Abschreibung weggefallen, ist nach dem Wertaufholungsprinzip des § 253 Abs. 5 HGB eine entsprechende Zuschreibung vorzunehmen. Zu beachten ist bei der Frage, ob Anteile an verbundenen Unternehmen oder Beteiligungen abzuschreiben sind, folgendes: Der einer Beteiligung am Abschlussstichtag beizulegende Wert ist i. d. R. aus dem Ertragswert abzuleiten. Das Ertragswertverfahren ist nach dem IDW S 1 i. d. F. 2008 (IDW S 1 i. d. F. 2008: Grundsätze zur Durchführung von Unternehmensbewertungen, WPg 2008 Supplement 3, bzw. IDW ES 1 n. F. vom 7.11.2024) grundsätzlich zur Ermittlung des Unternehmenswerts vorgesehen. (IDW RS HFA 10: Anwendung der Grundsätze des IDW S 1 bei der Bewertung von Beteiligungen und sonstigen Unternehmensanteilen für die Zwecke eines handelsrechtlichen Jahresabschlusses, Tz. 3, WPg 2005 S. 1 322). Zu beachten ist hier aber, dass der beizulegende Wert bei der Bewertung von Beteiligungen nicht in jedem Fall aus dem Ertragswert ableitbar ist. So sind Betriebe der öffentlichen Hand, sofern sie Aufgaben der Daseinsvorsorge übernommen haben, regelmäßig defizitär oder weisen keinen nennenswerten Überschuss aus, da sie nicht gewinnorientiert wirtschaften. Sie stellen dabei keine finanziellen Ziele in den Vordergrund, sondern Gesichtspunkte der Leistungserstellung. Dauerhafte Verlustbetriebe sind z. B. Verkehrsbetriebe, Tourismusgesellschaften oder Bäderbetriebe. Fraglich ist hier, aus welchem Wert sich der niedrigere beizulegende Wert im Sinne von § 253 Abs. 3 Satz 5 HGB ableitet. Bei defizitären Betrieben der öffentlichen Hand, die eine öffentlich-rechtliche Aufgabe wahrnehmen, ist nach Auffassung des ÖFA der beizulegende Wert in der Regel aus der Substanz abzuleiten, d. h. in diesem Sonderfall ist der Wiederbeschaffungszeitwert und nicht der Ertragswert als Vergleichsmaßstab für das Vorliegen einer Wertminderung maßgeblich (Ergebnisbericht-Online über die 97. Sitzung des Fachausschusses für öffentliche Unternehmen und Verwaltungen [ÖFA] am 19.9.2006, S. 3). Dies entspricht auch der Meinung der handelsrechtlichen Kommentierung, die in Abhängigkeit vom Einzelfall, neben dem Einzelveräußerungswert und dem Ertragswert zum Abschlussstichtag auch den Wiederbeschaffungswert bzw. Reproduktionswert als Maßstab für die Ableitung des beizulegenden Wertes zulässt (*Schubert/Schieler* in BeBiKo, Tz. 306 ff. zu § 253 HGB). Auch die Anwendung der Grundsätze der Unternehmensbewertung sieht dies vor. Danach ist als Wert von Unternehmen, bei denen der Leistungserstellungsgedanke im Vordergrund steht (z. B. sog. Non-Profit-Unternehmen), nicht der Zukunftserfolgswert (Ertragswert), sondern der Rekonstruktionswert (Substanzwert) maßgeblich (IDW S. 1 i. d. F. 2008, Tz. 152). Die Bewertung mit dem Ertragswert würde hier zu nicht sachgerechten Ergebnissen führen, da kein nennenswerter Gewinn oder sogar Verluste erwirtschaftet werden, der Ertragswert läge dann bei Null oder wäre negativ. Zusammenfassend ist festzustellen, dass eine Abschreibung auf solche Beteiligungen in der Bilanz des Eigenbetriebs nicht alleine deshalb vorzunehmen ist, weil eine andauernde Verlustsituation vorherrscht. Abzuschreiben ist dann, wenn der Wiederbeschaffungsneuwert der Beteiligung unter dem Buchwert des Eigenbetriebs vorliegt. Im Einzelfall mag es schwierig sein, den Wiederbeschaffungsneuwert zu bestimmen. Bei steigenden Beschaffungspreisen erscheint es nach unserer Auffassung aber zulässig, das bilanzielle Eigenkapital der Beteiligung als Wertuntergrenze für den Wiederbeschaffungsneuwert zu verwenden. Wertabschläge aufgrund bestehender Überkapazitäten sind sachgerecht zu berücksichtigen. Im Ergebnis wird also eine außerplanmäßige Abschreibung auf Beteiligungsbuchwerte an Betrieben der öffentlichen Hand, bei denen der Leistungserstellungsgedanke im Vordergrund steht, in der Regel nur dann geboten sein, wenn das Eigenkapital des Beteiligungsunternehmens unter dem Buchwert der Beteiligung in der Bilanz beim Eigenbetrieb liegt. Anders muss der Sachverhalt bei Beteiligungen an Versorgungsunternehmen (Unternehmen der Strom- und Gas-/Wärmeversorgung) beurteilt werden. Bei diesen Betrieben ist der beizulegende Wert weiterhin aus dem Ertragswert abzuleiten, da diese Betriebe gewinnorientiert wirtschaften.

3. (B.) Umlaufvermögen

Eine gesetzliche Definition des Begriffs Umlaufvermögen liegt nicht vor. Vereinfachend lässt sich das Umlaufvermögen im Umkehrschluss zu § 247 Abs. 2 HGB definieren. Beim Umlaufvermögen sind Vermögensgegenstände auszuweisen, die nicht dazu bestimmt sind, dauernd dem Geschäftsbetrieb zu dienen.

3.1 (B. I.) Vorräte

3.1.1 Gliederung und Inhalt

Die Vorräte untergliedern sich in folgende Posten:

(1.) Roh-, Hilfs- und Betriebsstoffe

(2.) unfertige Erzeugnisse, unfertige Leistungen

(3.) fertige Erzeugnisse und Waren

(4.) geleistete Anzahlungen.

3.1.1.1 Roh-, Hilfs- und Betriebsstoffe

Roh-, Hilfs- und Betriebsstoffe sind fremdbezogene Stoffe, die in dem Unternehmen noch nicht be- oder verarbeitet sind und für den Einsatz in der Fertigung, ausnahmsweise auch in der Verwaltung und im Vertrieb, bestimmt sind. Zu den Rohstoffen zählen die Stoffe, die unmittelbar in die Erzeugnisse eingehen. Dabei kann es sich sowohl um Grundstoffe der Fertigung (Holz, Erz, Rohöl usw.) als auch um von Vorproduzenten aus Grundstoffen gefertigte Zwischenerzeugnisse handeln (Spanplatten, Stahl usw.). Auch Hilfsstoffe gehen in die Erzeugnisse ein, sie sind aber für die Erzeugnisse von untergeordneter Bedeutung (z. B. Farbe, Verpackungsmaterial, Nägel, Schrauben usw.). Betriebsstoffe gehen nicht unmittelbar in die Erzeugnisse ein, werden aber bei der Fertigung benötigt (z. B. Brenn- und Schmierstoffe, Reinigungs- und Kühlmittel).

Ferner sind hier auszuweisen die Reserve- und Ersatzteile, die zum Einsatz im Eigenbetrieb vorgesehen sind und nicht zum Anlagevermögen gehören (*ADS*, a. a. O., Prof. Dr. Dr. h. c. Forster, K.-H./Dr. Dr. h. c. Goerdeler, R./Lanfermann, J. et al., Tz. 103 zu § 266 HGB, vgl. Erl. 2.3.1.2).

Den Bau- und Installationsstoffen kommt bei den Eigenbetrieben der Versorgung und Entsorgung eine bedeutende Rolle zu.

Diese werden sowohl für die Erweiterung oder Erneuerung des Anlagevermögens als auch für eigene Unterhaltungsarbeiten und für Dritte verwendet. Aus Gründen der Vereinfachung schlägt *Bolsenkötter* (*Bolsenkötter*, a. a. O., Beier, M./Brummer, O./Donhauser, C. et al., Tz. 1204) vor, die Bau- und Installationsstoffe generell beim Umlaufvermögen zu aktivieren. Bestimmte Gegenstände bei den Versorgungsbetrieben gehören allerdings zweifelsfrei nicht zu den Rohstoffen, sondern zum Anlagevermögen. Dabei handelt es sich hauptsächlich um Verbrauchszähler und Transformatoren; diese sind als Anlagevermögen zu behandeln und im Anlagennachweis zu erfassen und ggf. als geringwertige Wirtschaftsgüter abzuschreiben (*Bolsenkötter*, a. a. O., Beier, M./Brummer, O./Donhauser, C. et al., Tz. 1204).

3.1.1.2 Unfertige Erzeugnisse, unfertige Leistungen

Zu den unfertigen Erzeugnissen zählen Gegenstände, die sich bereits im Fertigungsprozess befunden haben, aber bis zum endgültigen Verkauf noch weiter be- oder verarbeitet werden müssen. Die unfertigen Leistungen sind in Bearbeitung befindliche, aber noch nicht abgeschlossene Dienstleistungen. Hierzu zählen z. B. noch nicht abgerechnete Installationsaufträge für Dritte oder noch nicht abgerechnete Betriebskosten von Wohnungsunternehmen. Zu beachten ist, dass innerbetrieblich erbrachte Unterhaltungsaufträge nicht aktiviert werden dürfen. Im Allgemeinen haben unfertige Erzeugnisse und unfertige Leistungen in der Ver- und Entsorgungswirtschaft sowie bei Verkehrsunternehmen kein großes Gewicht.

3.1.1.3 Fertige Erzeugnisse und Waren

Fertige Erzeugnisse sind Güter, bei denen der Fertigungsprozess abgeschlossen ist und die zum Verkauf bestimmt sind. Unter den Waren sind Handelsartikel und Zubehör zu den Fertigerzeugnissen zu verstehen, die ohne Be- oder Verarbeitung zur Weiterveräußerung erworben wurden. Fertige Erzeugnisse sind bei Versorgungsbetrieben z. B. das verkaufsfertige, selbsterzeugte Gas, die Nebenprodukte und das Wasser. Gespeichertes Gas ist daher zwingend unter den fertigen Erzeugnissen auszuweisen. Wurden Gegenstände des Vorratsvermögens unter Eigentumsvorbehalt geliefert, erfolgt eine Bilanzierung der gelieferten Gegenstände beim erwerbenden Unternehmen. Der Eigentumsvorbehalt ist erst dann zu berücksichtigen, wenn er vom rechtlichen Eigentümer geltend gemacht wird (*Bolsenkötter*, a. a. O., Beier, M./Brummer, O./Donhauser, C. et al., Tz. 1208).

3.1.1.4 Geleistete Anzahlungen

Die geleisteten Anzahlungen stellen Zahlungen auf schwebende Beschaffungsgeschäfte dar, bei denen die Lieferung der Vermögensgegenstände noch nicht erfolgt ist. Es sind nur Anzahlungen auf Vorräte hier auszuweisen. Für geleistete Anzahlungen auf immaterielle Vermögensgegenstände bzw. Sachanlagen enthält Formblatt 1 eigene Posten (A. I.3. bzw. A. II.15.). Sobald die Lieferung erfolgt ist, werden die geleisteten Anzahlungen in die entsprechenden Posten des Vorratsvermögens umgebucht.

Im Gegensatz zu den geleisteten Anzahlungen haben die erhaltenen Anzahlungen auf Bestellungen Verbindlichkeitencharakter und sind deswegen grundsätzlich unter dem Posten E.4. auf der Passivseite auszuweisen. Nach § 268 Abs. 5 Satz 2 HGB besteht allerdings das Wahlrecht, die erhaltenen Anzahlungen auf Bestellungen offen (in einer Vorspalte) von den Vorräten abzusetzen. Voraussetzung ist, dass es sich um Anzahlungen auf Vorräte handelt und dass durch die offene Absetzung die Summe des Vorratsvermögens nicht negativ wird. Ein direkter Bezug zwischen Anzahlung und einzelnen Posten des Vorratsvermögens ist nicht nötig. Die offene Absetzung bedeutet, dass die erhaltenen Anzahlungen von der Summe der Posten B. I.1. bis 4. HGB abzusetzen sind. Der Vorteil der Ausübung dieses bilanzpolitischen Wahlrechtes liegt in einer Erhöhung der Eigenkapitalquote, bedingt durch die Verringerung der Bilanzsumme bei gleichbleibendem Eigenkapital. Für wirtschaftlich tätige Unternehmen können sich hier ggf. Vorteile bei einer erforderlichen Kreditbeschaffung ergeben, da die Eigenkapitalquote regelmäßig in das Rating eines Unternehmens einfließt.

3.1.2 Bilanzierung und Bewertung

Vorräte sind mit den Anschaffungskosten bzw. Herstellungskosten zu bewerten (§ 253 HGB). Zur Erläuterung der Begriffe wird auf die Erl. 2.2.2.1 verwiesen. Wie für die übrigen Vermögensgegenstände und Schulden gilt der Grundsatz der Einzelbewertung nach § 252 Abs. 1 Nr. 3 HGB. Als Ausnahme von diesem Grundsatz lässt das Gesetz allerdings Bewertungsvereinfachungen im Rahmen der Verbrauchsfolgeverfahren (§ 256 Satz 1 HGB), der Festbewertung (§§ 240 Abs. 3 i. V. m. 256 Satz 2 HGB) und der Gruppenbewertung (§§ 240 Abs. 4 i. V. m. 256 Satz 2 HGB) zu. Die Verfahren der Festbewertung und der Gruppenbewertung sind auch steuerrechtlich anerkannt.

Im Rahmen der Verbrauchsfolgeverfahren kann für gleichartige Vorratsgüter eine bestimmte Reihenfolge der Anschaffung oder Veräußerung unterstellt werden. Erlaubt sind nach § 256 Abs. 1 HGB nach der Neufassung der Vorschrift durch das Bilanzrechtsmodernisierungsgesetz folgende Verfahren: lifo (last in/first out) sowie fifo (first in/first out). Nicht erlaubt ist danach das lofo-Verfahren (lowest in/first out) sowie das hifo-Verfahren (highest in/first out). Das lifo-Verfahren ist am weitesten verbreitet, da nur dieses Verfahren steuerrechtlich anerkannt ist (§ 6 Abs. 1 Nr. 2a EStG, R 6.9. Abs. 1 EStR 2012).

Die Bildung eines Festwertes ist bei den Roh-, Hilfs- und Betriebsstoffen und im Sachanlagevermögen erlaubt, (vgl. Erl. 2.4.2.1.4). Die Gruppenbewertung ist für gleichartige Vorratsgüter anwendbar, wobei eine Zusammenfassung zu Gruppen und die Bewertung mit dem gewogenen Durchschnittswert vorzunehmen ist.

Die festgestellten Anschaffungs- bzw. Herstellungskosten sind ggf. um notwendige oder wahlweise Abschreibungen zu vermindern. Eine Abschreibungspflicht besteht nach dem strengen Niederstwertprinzip auf den niedrigeren Börsen- oder Marktpreis bzw. den niedrigeren beizulegenden Wert (§ 253 Abs. 4 Sätze 1 und 2 HGB). Zu berücksichtigen sind die Verhältnisse auf dem Beschaffungs- oder Absatzmarkt. Die Vergleichspreise des Beschaffungsmarktes sind bei den Roh-, Hilfs- und Betriebsstoffen sowie bei unfertigen und fertigen Erzeugnissen (soweit auch Fremdbezug möglich wäre) als Vergleichsmaßstab zu wählen. Die Preise des Absatzmarktes sind von Bedeutung für unfertige und fertige Erzeugnisse sowie unfertige Leistungen und auch bei Überbeständen an Roh-, Hilfs- und Betriebsstoffen, da hier ein Verkauf der Überbestände in Betracht kommt. Hinsichtlich der Handelswaren ist der niedrigere Wert auf dem Beschaffungs- und Absatzmarkt zu nehmen. Bei der absatzmarktorientierten Bewertung handelt es sich um ein retrogrades Vorgehen, bei dem die Bestände nach dem Grundsatz der verlustfreien Bewertung anzusetzen sind. Vom geschätzten Absatzpreis abzüglich der erwarteten Erlösschmälerungen werden alle bis zum Absatzzeitpunkt noch anfallenden, geschätzten Aufwendungen abgesetzt. Diese Aufwendungen betreffen z. B. Verpackung, Fracht, Vertriebskosten, noch anfallende Verwaltungskosten oder auch noch anfallende Fertigstellungskosten bei unfertigen Erzeugnissen. In der Handelsbilanz ist ein Gewinnzuschlag im Gegensatz zum Steuerrecht nicht zu kürzen (R 6.8 Abs. 2 Satz 3 EStR 2012). Würde der Gewinnzuschlag handelsrechtlich zusätzlich vom restlichen Verkaufserlös gekürzt, würde eine zusätzliche Verlustantizipation in dem Sinne erfolgen, dass das abgewertete Erzeugnis oder die Ware im neuen Geschäftsjahr mit einer Gewinnrealisierung veräußert werden könnte (*Schubert/Berberich* in BeBiKo, Tz. 523 zu § 253 HGB). Das Bewertungswahlrecht nach § 253 Abs. 3 Satz 3 HGB a. F., Wertschwankungen der nächsten Zukunft durch eine Abschreibung bereits zum Bilanzstichtag vorwegzunehmen, wurde im Zuge der Anpassungen durch das Bilanzrechtsmodernisierungsgesetz aus dem Gesetz genommen. Der noch im Formblatt 4 enthaltene „davon-Vermerk" unter Nr. 7b ist damit hinfällig geworden. Sind die Gründe für eine Abschreibung nach § 253 Abs. 4 HGB weggefallen, so haben Eigenbetriebe in Anwendung der Vorschriften für Kapitalgesellschaften zwingend das Wertaufholungsgebot des § 253 Abs. 5 HGB zu beachten. Dies gilt nach § 6 Abs. 1 Nr. 2 Satz 3 i. V. m. Abs. 1 Nr. 1 Satz 4 EStG auch für die Steuerbilanz.

Exkurs: Bilanzierung von Emissionsrechten

Am 1.1.2005 begann innerhalb der Europäischen Union der Handel mit Emissionsrechten über das Treibhausgas Kohlendioxid. Dabei müssen bestimmte Anlagenbetreiber jeweils zum März des Folgejahres mindestens eine vorab festgelegte Anzahl von sog. Treibhausgasemissionsrechten nachweisen, die vorher von der „Deutschen Emissionshandelsstelle" in Umlauf gebracht wurden. Sind wegen erhöhter Treibhausgasemissionen des jeweiligen Anlagenbetreibers für das abgelaufene Geschäftsjahr nicht genügend Berechtigungen vorhanden, müssen diese Berechtigungen nachgekauft werden. Emissionsberechtigungen sind nicht zuletzt aufgrund ihrer Handelbarkeit selbstständig verwertbar und erfüllen daher die Voraussetzungen für das Vorliegen eines Vermögensgegenstands nach § 246 Abs. 1 HGB. Emissionsberechtigungen gehören zu den immateriellen Vermögensgegenständen des Umlaufvermögens (IDWRS FAB 15: Handelsrechtliche Bilanzierung von Emissionsberechtigungen und des THG-Quotenhandels, Tz. 11) Emissionsberechtigungen, die für den Produktionsprozess des Unternehmens verwendet werden, sind unter den Vorräten auszuweisen. Im Falle wesentlicher Beträge ist hier ein gesonderter Ausweis nach § 265 Abs. 5 Satz 2 HGB sachgerecht (IDW RS FAB 15, 25.9.2025, Tz. 13).). Werden Emissionsberechtigungen im Rahmen des Emissionsrechtehandels entgeltlich erworben, sind sie gemäß § 255 Abs. 1 HGB mit ihren Anschaffungskosten anzusetzen. Zu den Anschaffungskosten gehören gemäß § 255 Abs. 1 Satz 2 HGB auch etwaige Anschaffungsnebenkosten (IDW RS FAB 15, 25.9.2025, Tz. 17). Vor Beginn der Handelsperiode werden die Emissionsberechtigungen unentgeltlich ausgegeben. Nach den Grundsätzen ordnungsmäßiger Buchführung besteht bei unentgeltlich erworbenen Vermögensgegenständen des Umlaufvermögens das Wahlrecht, diese mit ihrem vorsichtig geschätzten Zeitwert oder lediglich mit dem Erinnerungswert anzusetzen. Zur Frage, ob eine Zeitwertbewertung zu erfolgen hat, stellt das IDW folgende Überlegungen an: Die unentgeltliche Ausgabe von Emissionsberechtigungen soll dem Unternehmen die Möglichkeit einräumen, seine später entstehende Abgabeverpflichtung nach Maßgabe der verursachten Emissionen insoweit ohne wirtschaftliche Belastung zu erfüllen. Die Ausgabe der Emissionsberechtigungen dient somit primär der Vermeidung künftiger Aufwendungen, sodass es sachgerecht ist, den dem Unternehmen gewährten Vorteil ausschließlich nach Maßgabe der Entstehung dieser Aufwendungen ergebniswirksam zu erfassen. Eine sofortige Ertragsrealisierung in dem Zeitpunkt, in dem die Emissionsberechtigungen unentgeltlich ausgegeben werden, ist somit nicht zulässig. In Höhe des aktivierten Zeitwerts der unentgeltlich erworbenen Emissionsberechtigungen ist nach § 265 Abs. 5 Satz 2 HGB ein gesonderter Passivposten zwischen Eigenkapital und Rückstellungen zu bilden. Aus der Bezeichnung des Postens muss ersichtlich sein, dass dieser aufgrund der unentgeltlichen Ausgabe von Emissionsberechtigungen gebildet wurde (z. B. „Sonderposten für unentgeltlich ausgegebene Emissionsberechtigungen"). Da Emissionsberechtigungen zu den Vermögensgegenständen des Umlaufvermögens gehören, gilt das strenge Niederstwertprinzip (§ 253 Abs. 4 HGB). Ein passivierter Sonderposten ist nach Maßgabe ggf. erfolgter außerplanmäßiger Abschreibungen ertragswirksam aufzulösen. Der Auflösungsbetrag ist unter den sonstigen betrieblichen Erträgen auszuweisen (IDW RS FAB 15, 25.9.2025, Tz. 30). Gemäß dem Treibhausgas-Emissionshandelsgesetz (TEHG) sind die betroffenen Unternehmen dazu verpflichtet, im jeweiligen Folgejahre eine Anzahl von Emissionsberechtigungen abzugeben, die den verursachten Emissionen entspricht. Hier kann ggf., wenn die am Stichtag bilanzierten Emissionsberechtigungen nicht ausreichen, um der Abgabeverpflichtung nachzukommen, eine Rückstellungsbildung erforderlich werden.

3.2 (B. II.) Forderungen und sonstige Vermögensgegenstände

3.2.1 Gliederung und Inhalt

Der Posten ist wie folgt untergliedert:

(1.) Forderungen aus Lieferungen und Leistungen

(2.) Forderungen gegen verbundene Unternehmen

(3.) Forderungen gegen Unternehmen, mit denen ein Beteiligungsverhältnis besteht

(4.) Forderungen an den Einrichtungsträger

(5.) Forderungen an Gebietskörperschaften

(6.) Sonstige Vermögensgegenstände.

3.2.1.1 Forderungen aus Lieferungen und Leistungen

Hier sind Ansprüche aus Verträgen auszuweisen, die die Haupttätigkeit des Unternehmens betreffen, mithin Ansprüche aus Geschäften, die zu Umsatzerlösen i. S. von § 277 Abs. 1 HGB führen (*Schubert/Hargarten* in BeBiKo, Tz. 113 zu § 266 HGB). Es handelt sich um Ansprüche aus gegenseitigen Verträgen (Lieferungs-, Werks-, Dienstleistungsverträgen und ähnlichen Verträgen), die vom bilanzierenden Unternehmen bereits erfüllt wurden, bei denen die Vertragserfüllung durch den Vertragspartner, Schuldner aber noch aussteht. Forderungen können auch aus Teillieferungen bzw. -leistungen begründet werden, soweit diese abrechenbar sind. Nach der Neudefinition der Umsatzerlöse durch das BilRuG gehören auch Erlöse aus dem Verkauf von Vermögensgegenständen des Anlagevermögens oder sonstiger Vermögensgegenstände, sofern diese regelmäßig im Rahmen der Geschäftstätigkeit des Unternehmens veräußert werden, zu den Umsatzerlösen (i. d. R. dürfte dies aber bei den Eigenbetrieben nicht zutreffen, vgl. Erl. 2.1 zu § 24 EigAnVO). Forderungen aus diesen Geschäften sind entsprechend unter dem Posten Forderungen aus Lieferungen und Leistungen auszuweisen. Forderungen aus Ausleihungen gehören zu den Finanzanlagen (A. III.). Dabei sind gestundete Forderungen aus Lieferungen und Leistungen zunächst weiter unter B. I. auszuweisen, erst wenn die Forderung in ein Darlehen mit Tilgung und Verzinsung umgewandelt werden sollte, muss ab diesem Zeitpunkt je nach vereinbarter Darlehenslaufzeit ein Ausweis unter den sonstigen Ausleihungen (A. III.) oder den sonstigen Vermögensgegenständen (B.VI) erfolgen (*Schubert/Hargarten* in BeBiKo, Tz. 113 zu § 266 HGB). Hier (und nicht unter B. II.4. bzw. 5.) sind gemäß Fn 3 zu Formblatt 4 Forderungen aus Wasser- und Energielieferungen an Einrichtungsträger und Gebietskörperschaften zu erfassen. Es kommt dann ein Vermerk der Mitzugehörigkeit in Betracht, wenn die Beträge wesentlich sind (§ 265 Abs. 3 Satz 1 HGB). Diese Forderungen sind im Anhang oder in der Bilanz durch einen „davon-Vermerk" („davon gegen den Einrichtungsträger" oder „davon gegen Gebietskörperschaften") kenntlich zu machen. Bestehen gegenüber verbundenen Unternehmen oder Unternehmen, mit denen ein Beteiligungsverhältnis besteht, Forderungen aus Lieferungen und Leistungen, so kommt bei Wesentlichkeit ein Vermerk der Mitzugehörigkeit zu diesem Posten (B. II.1. bzw. B II.2.) in Betracht (§ 265 Abs. 3 Satz 1 HGB). Der Vermerk kann anstatt in der Bilanz auch im Anhang gemacht werden. Insbesondere sind bei Energie- und Wasserversorgungsunternehmen sowie bei Abwasserentsorgungsunternehmen Forderungen aus der Verbrauchsabgrenzung unter diesem Posten zu erfassen (Fn. 2 zu Formblatt 1).

Von diesen Forderungen sind Rabatte, Umsatzprämien und andere Preisnachlässe abzuziehen. Habensalden auf Debitorenkonten (kreditorische Debitoren) sind den Sonstigen Verbindlichkeiten zuzuordnen (*Bolsenkötter*, a. a. O., Beier, M./Brummer, O./Donhauser, C. et al., Tz. 1214).

Der IDW hat in seinem Prüfungshinweis IDW PH 9.314.1. (IDW PH 9.314.1.: Prüfung der Jahresverbrauchsabgrenzung bei rollierender Jahresverbrauchsablesung bei Versorgungsunternehmen, WPg 2006, S. 135) Position bezogen, deren Inhalt nachfolgend im Wesentlichen wiedergegeben wird: Mit der Entnahme von Energie oder Wasser aus dem Versorgungsnetz durch Kunden und/oder dem Betrieb eines Versorgungsnetzes hat das Energie- oder Wasserversorgungsunternehmen seine Lieferungsverpflichtung erfüllt (Sukzessivlieferungsvertrag). Die meisten Energie- und Wasserversorgungsunternehmen ermitteln den Verbrauch ihrer (Haushalts-)Kunden nur einmal jährlich im Rahmen einer Jahresverbrauchsablesung. Dieser Verbrauch wird anschließend unter Berücksichtigung der Abschlagzahlungen der Kunden abgerechnet. Diese Abschlagzahlungen werden dabei üblicherweise nach dem Vorjahresverbrauch unter Berücksichtigung evtl. zwischenzeitlicher Änderungen der Preis- und Abnahmebedingungen ermittelt. Entspricht der mittlere Ablesestichtag dem Bilanzstichtag, so ergeben sich bei der Abgrenzung und somit auch bei der Bilanzierung keine Probleme. Wegen der Personalintensität der Stichtagsablesung wird jedoch in den meisten Fällen die Ablesung über das ganze Jahr im Rahmen der sogenannten rollierenden, permanenten oder gleitenden Ablesung vorgenommen. Diese Vorgehensweise erschwert die Abgrenzung des Jahresverbrauchs. Zum Abschlussstichtag ist daher eine Schätzung des Verbrauchs je Messeinrichtung durch Hochrechnung vorzunehmen. In der Literatur wird dabei darauf hingewiesen, dass pauschale Berechnungsmethoden sowie die ausschließlich zeitanteilige Rück- bzw. Hochrechnung zum Bilanzstichtag nicht genügen. Vielmehr sollte der Jahresverbrauch je Kunde bzw. je Messeinrichtung zwischen dem Ablesestichtag im Geschäftsjahr und dem Bilanzstichtag des Vorjahrs einerseits und dem Bilanzstichtag des Geschäftsjahres andererseits ermittelt werden. Grundsätzlich ist der Jahresverbrauch pro Messeinrichtung zu ermitteln. Es ist dabei auch vertretbar, der Verbrauchsabgrenzung Kundengruppen zugrunde zu legen, sofern diese repräsentativ für die Rück- bzw. Hochrechnung sind. Die Ermittlung sollte im Rahmen einer Rück- bzw. Hochrechnung des abgelesenen Verbrauchs unter Berücksichtigung der jahreszeitlichen Schwankungen in den Verbrauchsgewohnheiten der Kunden und der sonstigen Änderungen der Abnahmebedingungen durchgeführt werden. Die im Geschäftsjahr erfolgte Abrechnung je Messeinrichtung ist sodann mengen- und wertmäßig auf das laufende Jahr und das Vorjahr durch Rückrechnung aufzuteilen. (IDW PH 9.314.1., 13.9.2005, Tz. 5). Da alle Verfahren zu Schätzfehlern führen, die entsprechende Auswirkungen auf das Jahresergebnis haben, sieht das IDW es als geboten an, den bei rollierender Ablesung ermittelten Verbrauch fortlaufend durch geeignete Verfahren auf Plausibilität zu prüfen und ggf. zu korrigieren. Hierdurch soll die Kumulierung von Schätzfehlern vermieden werden. Im Rahmen der Inanspruchnahme von Energie oder Wasser aus dem Leitungsnetz durch den Abnehmer hat das Versorgungsunternehmen seine Lieferverpflichtung für das abgelaufene Geschäftsjahr erfüllt. Infolgedessen scheint es deshalb zulässig, den abgegrenzten Verbrauch zwischen Ablese- und Bilanzstichtag trotz noch ausstehender Fakturierung in den Posten Forderungen aus Lieferungen und Leistungen auszuweisen. Im Anhang ist eine entsprechende Angabe über diesen Ausweis zu machen (*Schubert/Hargarten* in BeBiKo, Tz. 114 zu § 266 HGB). Eine Saldierung des abgegrenzten Verbrauchs mit den darauf geleisteten Abschlagszahlungen ist nur dann erlaubt, wenn der Verbrauch je Abnehmer zum Bilanzstichtag abgegrenzt und verbucht wird. Erfolgt dies nicht, ist eine Aufrechnung nicht zulässig. Es erscheint aber auch vertretbar, wenn die noch nicht abgerechneten Abschlagszahlungen entweder offen in der Vorspalte von den Forderungen aus Lieferungen und Leistungen abgesetzt oder im Anhang angegeben werden (IDW PH 9.314.1., 13.9.2005, Tz. 13). Soweit die Erträge oder Aufwendungen aus korrigierten Schätzdifferenzen entstehen (ermittelt im Zuge der mengen- und wertmäßigen Aufteilung der auf das laufende Jahr und das Vorjahr entfallenden Abrechnungsbeträge durch Rückrechnung), die für die Beurteilung der Ertragslage von nicht untergeordneter Bedeutung sind, muss bei der Aufstellung des Anhangs die Angabepflicht des § 277 Abs. 4 Satz 3 HGB berücksichtigt werden (IDW PH 9.314.1., 13.9.2005, Tz. 14). Der Prüfungshinweis IDW PH 9.314.1 wurde durch das IDW am 26.6.2020 aufgehoben. Die o. g. Grundsätze sind aber dennoch zu beachten. Formblatt 1 sieht keinen getrennten Ausweis der Forderungen aufgrund des abgerechneten bzw. des abgegrenzten Verbrauchs vor. Die Fn. 2 zu Formblatt 1 verlangt lediglich eine Einbeziehung des abgegrenzten Verbrauchs unter die Forderungen aus Lieferungen und Leistungen.

3.2.1.2 Forderungen gegen verbundene Unternehmen

Hier sind sämtliche Ansprüche gegen verbundene Unternehmen i. S. von § 271 Abs. 2 HGB auszuweisen, damit sind alle Unternehmen gemeint, zwischen denen ein Mutter-/Tochterverhältnis i. S. § 290 HGB besteht und alle Töchter untereinander. Forderungen an andere Einrichtungen des Einrichtungsträgers sind nach Formblatt 1 Fn. 4 unter den Forderungen an den Einrichtungsträger auszuweisen.

3.2.1.3 Forderungen gegen Unternehmen, mit denen ein Beteiligungsverhältnis besteht

Hier sind sämtliche Ansprüche gegen Unternehmen, mit denen ein Beteiligungsverhältnis i. S. des § 271 Abs. 1 HGB besteht, auszuweisen, soweit es sich nicht um Ausleihungen an Unternehmen handelt, mit denen ein Beteiligungsverhältnis besteht (A. III.4.). Als Beteiligungen gelten im Zweifel Anteile an einer Kapitalgesellschaft, deren Nennbeträge insgesamt 20 % des Nennkapitals der Gesellschaft überschreiten (§ 271 Abs. 1 Satz 3 HGB).

3.2.1.4 Forderungen an den Einrichtungsträger

Hier sind alle Forderungen aus dem Waren-, Dienstleistungs- und Finanzverkehr, Abschlagszahlungen auf den Jahresgewinn und die Konzessionsabgaben auszuweisen (*Bolsenkötter*, a. a. O., Beier, M./Brummer, O./Donhauser, C. et al., Tz. 1217, 1218). Im Einzelnen kommen in Betracht:

- Forderungen aus Verlustausgleichszahlungen

- Forderungen an dessen/deren Einrichtungen (hierzu zählen Forderungen an alle gemeindlichen unselbständigen Einrichtungen, wie Abwasserbeseitigungseinrichtungen, Wasserwerke oder gemeindliche Schwimmbäder)
- Verrechnungskonto/Sonderkasse
- Investitionskostenanteile Gemeindestraßen
- Forderungen aus der Oberflächenentwässerung der Gemeindestraßen
- Erstattungen Gebührenausfälle (Kappungsausgleich)
- Forderungen aus Betriebskostenzuschüssen.

Forderungen an die Gemeinde können auch aus ausstehenden Zahlungen der Gemeinde auf das Stammkapital bestehen. Da § 272 Abs. 1 HGB nicht für Eigenbetriebe anwendbar ist (§ 23 Abs. 1 Satz 3), ist die handelsrechtliche Unterscheidung zwischen eingeforderten und nicht eingeforderten Einlagen nicht maßgeblich. Es empfiehlt sich, die Forderungen aus ausstehender Zahlung auf das Stammkapital gesondert unter B. II. auszuweisen (WPH, a. a. O., Haußer, J./Sailer, C./Hutzler, A. et al., Kap. L Tz. 451).

Fn. 3 zu Formblatt 1 verlangt, dass Forderungen aus Wasser- und Energielieferungen nicht unter den Forderungen an den Einrichtungsträger, sondern unter den Forderungen aus Lieferungen und Leistungen auszuweisen sind. Nach Fn. 4 sind unter den Forderungen an den Einrichtungsträger auch die Forderungen an weitere Einrichtungen des Einrichtungsträgers zu erfassen. Zu diesem Kreis gehören aber auch die gemeindlichen (unselbständigen) Einrichtungen und Anstalten, wie Schlachthof, Entsorgung und Fuhrpark, gemäß ausdrücklicher Vorgabe auch die anderen Eigenbetriebe der Gemeinde. Der Bestand der nach § 12 Abs. 1 EigAnVO zu führenden Sonderkasse ist hier und nicht unter B. IV. auszuweisen, wenn sie beim Einrichtungsträger voll eingegliedert ist (*Bolsenkötter*, a. a. O., Beier, M./Brummer, O./Donhauser, C. et al., Tz. 1217).

3.2.1.5 Forderungen an Gebietskörperschaften

Hier sind Forderungen gegenüber Bund, Ländern und Gemeinden auszuweisen. Ebenso wie bei den Forderungen an den Einrichtungsträger sind Forderungen aus Wasser- und Energielieferungen nicht hier, sondern unter den Forderungen aus Lieferungen und Leistungen auszuweisen (*Bolsenkötter*, a. a. O., Beier, M./Brummer, O./Donhauser, C. et al., Tz. 1217 ff.). Sofern die Forderungen Einrichtungen von Gebietskörperschaften betreffen, sind diese auch unter diesem Posten auszuweisen. Als Beispiele können genannt werden:

- Forderungen an Zweckverbände
- Forderungen an andere Wasserwerke
- Forderungen aus der Verrechnung der Abwasserabgabe
- Forderungen aus Investitionskostenerstattungen und laufenden Kostenanteilen Bundesstraßen, Landesstraßen, Kreisstraßen sowie Ortsgemeindestraßen.

3.2.1.6 Sonstige Vermögensgegenstände

Hier werden alle Vermögensgegenstände erfasst, für die kein gesonderter Ausweis unter einem der übrigen Posten vorgeschrieben ist. Hierzu gehören z. B.:

- Darlehen, soweit sie nicht bei den Finanzanlagen auszuweisen sind
- Gehaltsvorschüsse
- Kostenvorschüsse
- Kautionen
- Steuererstattungsansprüche
- Debitorische Kreditoren
- Schadenersatzansprüche

- Forderungen aus dem Verkauf von Gegenständen des Anlagevermögens
- Versicherungserstattungsansprüche
- Ansprüche auf Zinsen und Dividenden
- Genossenschaftsanteile, wenn kein Ausweis im Anlagevermögen erfolgt.

3.2.1.7 Sonderposten: Eingeforderte Nachschüsse gemäß § 42 Abs. 2 Satz 2 GmbHG

Von den Gesellschaftern einer GmbH eingeforderte Nachschüsse, die noch nicht erbracht sind, werden unter bestimmten Voraussetzungen gesondert unter den Forderungen mit der Bezeichnung „Eingeforderte Nachschüsse" ausgewiesen. Zwar sollen nach § 22 Abs. 2 EigAnVO nur die Vorschriften für große Kapitalgesellschaften, die sich im dritten Buch des HGB finden, sinngemäß Anwendung finden. Allerdings empfiehlt es sich, auch die Vorschrift über die eingeforderten Nachschüsse, die sich im GmbHG befindet, auf Eigenbetriebe anzuwenden. Voraussetzung für die Aktivierbarkeit ist:

- dass ein Beschluss des Gemeinderates über die Einziehung des Nachschusses vorliegt,
- dass ein Recht, sich von der Zahlung zu befreien, nicht besteht,
- dass mit der Zahlung gerechnet werden kann.

Freiwillig übernommene Verpflichtungen der Gemeinde sind nicht unter diesem Posten auszuweisen. Ein entsprechender Betrag ist auf der Passivseite unter dem Posten Zweckgebundene Rücklage gesondert auszuweisen.

3.2.2 Bilanzierung und Bewertung

Die Bewertung der Forderungen und sonstigen Vermögensgegenstände erfolgt nach § 253 Abs. 4 HGB. Forderungen sind mit dem Nominalbetrag anzusetzen. Bei der Ermittlung des Forderungsbetrages müssen vom Verkaufs- bzw. Rechnungspreis Rabatte, Umsatzprämien oder sonstige Preisnachlässe abgesetzt werden, mit deren Inanspruchnahme zu rechnen ist. Unverzinsliche Forderungen oder niedrigverzinsliche Forderungen sind in der Handelsbilanz mit dem Barwert anzusetzen. In der Praxis wird eine Abzinsung der Forderungen jedoch aus Vereinfachungsgründen unterlassen, wenn die Restlaufzeit bis zu einem Jahr beträgt. In der Steuerbilanz kann die Unverzinslichkeit den Teilwert einer Forderung beeinflussen. Die Abzinsung kommt hier in Frage, wenn vertragswidrig verspätet gezahlt wird und Verzugszinsen nicht zu entrichten sind (*Schubert/Berberich* in BeBiKo, Tz. 592 ff. zu § 253 HGB). Uneinbringliche Forderungen, also Forderungen, die aller Wahrscheinlichkeit nach nicht mehr eingetrieben werden können, sind vollständig auszubuchen. Dies ist z. B. der Fall nach Ablauf der Verjährungsfrist, im Konkursfall des Schuldners oder bei Erfolglosigkeit von Zwangsvollstreckungsmaßnahmen. Zweifelhafte Forderungen sind auf den wahrscheinlich eingehenden Betrag abzuschreiben. Hierbei kommt es auf die Bonität des Schuldners an. Bei der Schätzung des Ausfallrisikos sind bestehende Sicherheiten und Rückgriffsmöglichkeiten mit in die Bewertung einzubeziehen. Daneben besteht die Möglichkeit einer Abwertung aufgrund pauschal ermittelter Einzelwertberichtigung (Pauschalwertberichtigung), wodurch das allgemeine Ausfallrisiko durch pauschale Abschläge berücksichtigt wird. Der Betrag darf mit einem geschätzten Prozentsatz des zu bewertenden Forderungsbestandes angesetzt werden (*Schubert/Berberich* in BeBiKo, Tz. 585 zu § 253 HGB). In der Regel erkennt die Finanzverwaltung eine Pauschalwertberichtigung von 1 % der Forderungen – nach Aussonderung der einzelwertberichtigten Forderungen – in der Praxis ohne Prüfung an, wenngleich nach der verschärfenden Verfügung der OFD Rheinland vom 6.11.2008 oder auch der Verfügung der Senatsverwaltung Berlin vom 31.7.2015 die 1 %-Grenze nur noch bei Nachweis tatsächlicher Forderungsausfälle in dieser Höhe geltend gemacht werden können soll. Beträge können nach § 23 Abs. 1 GemHVO ganz oder teilweise gestundet werden, wenn ihre Einziehung bei Fälligkeit eine erhebliche Härte für die Schuldnerin oder den Schuldner bedeuten würde und der Anspruch durch die Stundung nicht gefährdet wird. Gestundete Beträge sind jährlich zu verzinsen, höchstens mit einem Zinssatz von 3 % über dem zu Beginn des Jahres geltenden Basiszinssatz nach § 247 des BGB. Soweit es die Umstände des Einzelfalls erfordern, soll eine geeignete Sicherheit verlangt werden (§ 23 Abs. 1 Satz 2 und 3 GemHVO). Sofern eine gestundete Forderung zu verzinsen ist, ist die Forderung nicht abzuzinsen. Bei unverzinslichen Forderungen mit einer Restlaufzeit über einem Jahr ist der abgezinste Barwert der Forderung anzusetzen. Auf niedergeschlagene Forderungen (§ 23 Abs. 2 GemHVO) ist eine Einzelwertberichtigung vorzunehmen. Eine Niederschlagung von Forderungen darf erfolgen, wenn sich herauskristallisiert, dass die Geltendmachung der Forderungen fruchtlos bleibt oder die Kosten der Geltendmachung in keinem wirtschaftlichen Verhältnis zur Höhe der ausstehenden Forderung stehen. Zur Überwachung der niedergeschlagenen Forderungsbeträge sind weiterhin geeignete Nachweise zu führen. Durch den Erlass von Forderungen (§ 23 Abs. 3 GemHVO) erlischt die Forderung endgültig, sodass die Forderung auszubuchen ist. Zuschreibungen sind nach § 253 Abs. 5 HGB nach dem Wertaufholungsprinzip zu beachten, wenn der Grund für die Abschreibung nicht mehr besteht.

Insbesondere im Bereich der Forderungen und Verbindlichkeiten ist das Saldierungsverbot des § 246 Abs. 2 HGB zu beachten. Danach dürfen Posten der Aktivseite nicht mit Posten der Passivseite verrechnet werden. Das Saldierungsverbot hat bei Ver- und Entsorgungsbetrieben insbesondere Bedeutung für etwaige Überzahlungen aus der Verbrauchsabrechnung. Diese sind unter den sonstigen Verbindlichkeiten auszuweisen (vgl. Erl 12.1.10). Eine Saldierung kann allerdings dann in Betracht kommen, wenn gleichartige Forderungen und Verbindlichkeiten zwischen denselben Personen vorliegen und der Zeitpunkt der Forderung und der Erfüllbarkeit der Verbindlichkeit nur unwesentlich voneinander abweichen. Voraussetzung ist, dass sich Forderungen und Verbindlichkeiten aufrechenbar nach § 387 BGB gegenüberstehen. Eine Saldierung noch nicht fälliger Forderungen und Verbindlichkeiten kommt danach nicht in Betracht (*Justenhoven/Meyer* in BeBiKo, Tz. 149 ff. zu § 246 HGB).

Zur Frage der Darstellung von Restlaufzeiten wird auf die Erl. zu § 25 Abs. 2 Nr. 2 EigAnVO verwiesen (vgl. Erl. 6.1 zu § 25 EigAnVO).

3.3 (B. III.) Wertpapiere

3.3.1 Inhalt und Gliederung

Zu diesem Posten gehören:

1. Anteile an verbundenen Unternehmen
2. sonstige Wertpapiere.

Unter den Wertpapieren des Umlaufvermögens sind diejenigen Wertpapiere zu erfassen, die nicht dazu bestimmt sind, dauernd dem Geschäftsbetrieb zu dienen (Umkehrschluss aus § 247 Abs. 2 HGB) und die damit nur kurzfristig gehalten werden. Zu den haushaltsrechtlichen Beschränkungen bei der Geldanlage in spekulative Wertpapiere wird auf die Erl. 2.3.1.1 verwiesen.

3.3.2 Bilanzierung und Bewertung

Maßgebend sind die Anschaffungskosten nach § 255 Abs. 1 HGB. Abschreibungen sind aufgrund des strengen Niederstwertprinzips nach § 253 Abs. 4 HGB vorzunehmen. Entfällt der Grund für die Abwertung, greift das Wertaufholungsgebot nach § 253 Abs. 5 HGB.

3.4 (B. IV.) Schecks, Kassenbestand, Bundesbank- und Postgiroguthaben, Guthaben bei Kreditinstituten

3.4.1 Inhalt und Gliederung

Der Begriff der Kreditinstitute wird in § 1 KWG definiert. Unter die Kreditinstitute fallen inländische Banken und Sparkassen, Bausparkassen sowie vergleichbare ausländische Kreditinstitute. Als Kreditinstitute gelten nicht die in § 2 KWG genannten Institutionen,

z. B. die Kreditanstalt für Wiederaufbau, die Deutsche Bundesbank, private und öffentlich-rechtliche Versicherungsunternehmen, Sozialversicherungsträger und die Bundesanstalt für Arbeit. Die Postenbezeichnung lautet nach § 266 Abs. 2 HGB: *„B. IV. Kassenbestand, Bundesbankguthaben, Guthaben bei Kreditinstituten und Schecks"*. Die neue Postenbezeichnung trägt dem geänderten Status der Postbank Rechnung, nach dem die Postbank nicht mehr von anderen Kreditinstituten unterschieden wird. Eine Anpassung der Postenbezeichnung in der EigAnVO an das HGB wäre wünschenswert. In den Jahresabschlüssen sollte die handelsrechtliche Bezeichnung verwendet werden (§ 265 Abs. 6 HGB i. V. m. § 22 Abs. 2 EigAnVO).

Verfügt der Eigenbetrieb am Abschlussstichtag nicht über Bestände für alle in der Postenbezeichnung genannten Arten liquider Mittel, ist die Bezeichnung entsprechend anzupassen (*ADS*, a. a. O., Prof. Dr. Dr. h. c. Forster, K.-H./Dr. Dr. h. c. Goerdeler, R./Lanfermann, J. et al., Tz. 146 zu § 266 HGB).

Eingeräumte, jedoch zum Bilanzstichtag noch nicht in Anspruch genommene Kredite sind zum Bilanzstichtag nicht auszuweisen. Ebenso ist es unzulässig, einen nur teilweise in Anspruch genommenen Kredit in voller Höhe zu passivieren und den noch nicht genutzten Teil als Guthaben zu aktivieren.

Eine Untergliederung in die aufgelisteten Postenbestandteile ist nicht erforderlich, aber zulässig. Unter den Schecks sind sämtliche vom Eigenbetrieb hereingenommenen, noch nicht weitergegebenen Schecks, über die der Eigenbetrieb selbst verfügen kann, zu erfassen. Im Kassenbestand wird der am Bilanzstichtag vorhandene Bestand an gesetzlichen Zahlungsmitteln ausgewiesen. Zur Kasse gehören die Bestände an Haupt- und Nebenkassen einschließlich der Wertmarken (z. B. Briefmarken und Wertzeichen). Im Unterschied zur kameralistischen Kassenführung dürfen Ein- und Auszahlungen nach dem Bilanzstichtag nicht als Kassenbewegungen des abgelaufenen Geschäftsjahres verbucht werden. Dies widerspräche dem Stichtagsprinzip und dem Prinzip der Periodenabgrenzung nach § 252 Abs. 1 Nr. 1 und Nr. 5 HGB. Zu den Guthaben bei Kreditinstituten werden alle Forderungen an inländische und ausländische Banken und Sparkassen gerechnet, soweit das Guthaben jederzeit dispositionsfähig ist. Hierunter fallen auch Festgelder, soweit sie vorfristig in Anspruch genommen werden können. Eine Saldierung von Forderungen und Verbindlichkeiten gegenüber demselben Kreditinstitut ist bei gleicher Fälligkeit und Art der Forderungen und Verbindlichkeiten möglich.

Wird eine Sonderkasse des Eigenbetriebes beim Einrichtungsträger geführt, so ist der Bestand unter den Forderungen an den Einrichtungsträger (B. II.4.) auszuweisen.

3.4.2 Bilanzierung und Bewertung

Die Barmittel einschließlich der Wertmarken sind mit dem Nominalbetrag anzusetzen, Gleiches gilt für die Guthaben bei Kreditinstituten. Eine Abzinsung von Guthaben wegen Unverzinslichkeit ist nicht erlaubt. Im Übrigen erfolgt die Bewertung der Guthaben bei Kreditinstituten nach den für Forderungen geltenden Grundsätzen.

4. (C.) Rechnungsabgrenzungsposten

Die aktiven Rechnungsabgrenzungsposten sind in § 250 Abs. 1 und 3 HGB bestimmt. Sie beinhalten Ausgaben vor dem Abschlussstichtag, soweit sie Aufwand für eine bestimmte Zeit nach diesem Tag darstellen (§ 250 Abs. 1 Satz 1 HGB). Ferner sind Agiobeträge gemäß § 250 Abs. 3 HGB hier zu erfassen, sofern das Wahlrecht ausgeübt wird. Bei den sogenannten transitorischen Posten i. S. von § 250 Abs. 1 HGB wird ein Zahlungsvorgang vor dem Abschlussstichtag vorausgesetzt. Die Ausgabe muss einen Aufwand für eine bestimmte Zeit nach dem Abschlussstichtag darstellen. Der Zeitrahmen muss dabei eindeutig kalendermäßig bestimmt oder aus anderen Größen ableitbar sein. Als Beispiele sind zu nennen: Vorauszahlungen von Mieten, Pachten, Versicherungen, Beiträgen usw.

Ein Agio gemäß § 250 Abs. 3 HGB liegt vor, wenn der Rückzahlungsbetrag einer Verbindlichkeit höher ist als der Ausgabebetrag. Die Differenz ist im Rahmen eines Aktivierungswahlrechtes unter den Rechnungsabgrenzungsposten aktivierbar und planmäßig über die gesamte Laufzeit abzuschreiben. § 268 Abs. 6 HGB verlangt einen gesonderten Ausweis des Agios in der Bilanz oder wahlweise eine Angabe im Anhang. Für das handelsrechtliche Wahlrecht zur Aktivierung des Agio besteht steuerlich eine Aktivierungspflicht (§ 5 Abs. Nr. 1 EStG).

5. (D.) Aktive latente Steuern

Nach § 274 Abs. 1 Satz 2 HGB darf als Bilanzierungshilfe (Wahlrecht) auf der Aktivseite der Bilanz ein Abgrenzungsposten in Höhe der voraussichtlichen Steuerentlastung nachfolgender Geschäftsjahre gebildet werden. Voraussetzung für die Bildung des Postens ist, dass der nach den steuerrechtlichen Vorschriften zu versteuernde Gewinn höher ist als das handelsrechtliche Vorsteuerergebnis und sich der daraus resultierende höhere Steueraufwand voraussichtlich in späteren Geschäftsjahren ausgleicht. Diese Vorschrift kann daher nur von Eigenbetrieben angewendet werden, bei denen ein steuerpflichtiger Betrieb gewerblicher Art besteht. Nach § 266 Abs. 2 D. HGB ist im Falle einer Aktivierung ein gesonderter Posten für den Ansatz der aktiven latenten Steuern innerhalb der Bilanzgliederung vorgesehen, da es sich nicht um einen Vermögensgegenstand im handelsrechtlichen Sinne, sondern um einen „Sonderposten eigener Art" handelt (*Grottel/Larenz* in BeBiKo, Tz. 4 zu § 274 HGB). Ein analog gesonderter Bilanzausweis für den Ansatz aktiver Steuerlatenzen sollte auch bei Eigenbetrieben erfolgen, auch wenn das Bilanzgliederungsschema nach Formblatt 1 dies nicht vorsieht (vgl. Erl. zu § 22 EigAnVO). Aktive und passive latente Steuern können auch miteinander saldiert werden (§ 274 Abs. 1 Satz 2 und 3 HGB). Steuerliche Verlustvorträge sind dabei nach § 274 Abs. 1 Satz 4 HGB bei der Berechnung aktiver latenter Steuern in Höhe der innerhalb der nächsten fünf Jahre zu erwartenden Verlustverrechnung zu berücksichtigen. Am 14. Juli 2025 wurde das Gesetz für ein steuerliches Investitionssofortprogramm verabschiedet, was ab 2028 die ratierliche Senkung des Körperschaftsteuersatzes um je 1 % Punkt pro Jahr von 15 % auf 10 % vorsieht. Dies muss in den Berechnungen entsprechend berücksichtigt werden. Gemäß § 285 Nr. 29 HGB ist im Rahmen des Ansatzes von latenten Steuern im Anhang zu erläutern, auf welchen Differenzen oder Verlustvorträgen die latenten Steuern beruhen und mit welchen Steuersätzen die Bewertung erfolgt ist (vgl. im Einzelnen hierzu auch Erl. 6.24 zu § 25 EigAnVO). Der Aufwand oder Ertrag im Zusammenhang mit der Bildung (Auflösung) passiver (aktiver) latenter Steuern ist in der Gewinn- und Verlustrechnung gesondert unter dem Posten „Steuern vom Einkommen und vom Ertrag" auszuweisen (§ 275 Abs. 2 Satz 3 HGB). Nach DRS Nr. 18 (Deutscher Rechnungslegungsstandard Nr. 18 Latente Steuern vom 3.9.2010, Tz. 60) kann der gesonderte Ausweis in Form eines Unterpostens, einer Vorspaltenangabe oder durch einen „davon-Vermerk" erfolgen (vgl. auch Erl. 20 zu. § 24 EigAnVO). Auf die handelsrechtliche Geltung der sog. Ausschüttungssperre nach § 268 Abs. 8 Satz 2 HGB wird verwiesen (zur Anwendung dieser Vorschrift bei Eigenbetrieben vgl. Erl. 2.1.2.2 im Zusammenhang mit der gleichlautenden Verpflichtung im Rahmen der Aktivierung selbstgeschaffener immaterieller Wirtschaftsgüter). Zur Bewertung aktiver latenter Steuern vgl. im Einzelnen die Erläuterungen zu den passiven Steuerlatenzen (vgl. Erl. 14).

6. Sonderposten: Nicht durch Eigenkapital gedeckter Fehlbetrag

Nach § 268 Abs. 3 HGB ist am Schluss der Aktivseite unter der Bezeichnung „Nicht durch Eigenkapital gedeckter Fehlbetrag" der Überschuss der Passivposten über die Aktivposten auszuweisen. Dieser Fall liegt vor, wenn das Eigenkapital durch Verluste aufgebraucht ist. Zwar fehlt im Gliederungsschema des Formblattes 1 der EigAnVO dieser Posten, andererseits verbietet § 23 Abs. 1 EigAnVO nicht die Anwendung des § 268 Abs. 3 HGB. Daher ist § 268 Abs. 3 HGB auch für Eigenbetriebe anzuwenden. Da der Eigenbetrieb gemäß § 10 Abs. 2 EigAnVO mit einem angemessenen Eigenkapital auszustatten ist, dürfte sich unter den weiteren Voraussetzungen der Verlustausgleichssystematik des § 11 eine Verpflichtung für den Einrichtungsträger ergeben, dem Eigenbetrieb Eigenkapital zuzuführen, s. die Erl. zu § 11 EigAnVO.

7. Passivseite

Die Passivseite der Bilanz enthält das im Unternehmen eingesetzte Gesamtkapital. Es zeigt, wer die zur Anschaffung der Wirtschaftsgüter erforderlichen Mittel zur Verfügung gestellt hat. Danach ist zwischen Schulden oder Fremdkapital und dem Reinvermögen oder Eigenkapital zu unterscheiden. Eigenkapital und Fremdkapital der Passivseite repräsentieren die aufgebrachten Mittel, während das Vermögen der Aktivseite die Verwendung der Mittel darstellt (*Falterbaum/Bolk/Reiß*, a. a. O., Bolk, W./Reiß, W./Kirchner, T., S. 86).

8. (A.) Eigenkapital

8.1 Inhalt und Gliederung

Der Aufbau des Eigenkapitals wird nach Formblatt 1 wie folgt festgelegt:

(I.) Stammkapital

(II.) Zweckgebundene Rücklagen (Zuweisungen und Zuschüsse)

(III.) Allgemeine Rücklagen

(IV.) Gewinnvortrag/Verlustvortrag

(V.) Jahresgewinn/Jahresverlust.

8.1.1 Stammkapital

Das Stammkapital des Eigenbetriebes ist mit seinem in der Betriebssatzung festgelegten Betrag anzusetzen (§ 23 Abs. 2 EigAnVO). Der Eigenbetrieb ist mit einem angemessenen Stammkapital auszustatten (§ 10 Abs. 2 Satz 1 EigAnVO). Erhöhungen des Stammkapitals bedürfen einer Änderung der Betriebssatzung durch einen entsprechenden Gemeinderatsbeschluss. Möglich sind sowohl Bar- als auch Sacheinlagen. Verminderungen des Stammkapitals wie auch der übrigen Rücklagen sind enge Grenzen gesetzt (§ 11 Abs. 5 EigAnVO). Auf die Erl. 10 zu § 11 EigAnVO und die nachfolgende Erl. 8.1.2 wird verwiesen.

Nach § 23 Abs. 1 Satz 3 EigAnVO findet die Vorschrift zum Eigenkapital in § 272 HGB auf Eigenbetriebe keine Anwendung. Dies hat folgende Konsequenzen:

- Eine Unterscheidung in eingeforderte und nicht eingeforderte ausstehende Zahlungen ist nicht zu treffen, vielmehr ist ein gesonderter Posten unter den Forderungen (B. II.) zu zeigen. Innerhalb des Stammkapitals darf keine offene Absetzung der nicht eingeforderten ausstehenden Zahlungen von dem Posten „Stammkapital" erfolgen.
- Eine Kapitalrücklage (§ 272 Abs. 2 HGB) kann bei einem Eigenbetrieb nicht gebildet werden *„da sein Eigenkapital nicht in fungible Anteile zerlegt ist. Im Interesse einer möglichst umfassenden Verwendbarkeit der Rücklagen ist es weder erforderlich noch zweckmäßig, die Rücklagen in allein aus Gewinnen gebildete und sonstige Rücklagen aufzugliedern"* (vgl. Rundschreiben des Ministeriums des Innern und für Sport, a. a. O., Amtliche Erläuterungen zu § 24 EigVO Tz. 1).
- Aufgrund der Rechtsform kann es eigene Anteile bzw. Anteile an einem herrschenden oder mit Mehrheit beteiligten Unternehmen i. S. von § 272 Abs. 1a und 4 HGB bei einem Eigenbetrieb nicht geben.

8.1.2 (II.), (III.) Rücklagen

Rücklagen des Eigenbetriebes können aus Jahresgewinnen, Einzahlungen der Gemeinde oder auch aus Kapitalzuschüssen der öffentlichen Hand (§ 23 Abs. 3 Satz 5 EigAnVO) gebildet werden. Eine Verminderung der Rücklagen ist ausnahmsweise und nur dann möglich, wenn dadurch die Erfüllung der Aufgaben und die zukünftige Entwicklung des Eigenbetriebes nicht beeinträchtigt werden. Weiterhin darf das zurückzuzahlende Kapital bei Eigenbetrieben, die Pflichtaufgaben der Selbstverwaltung erfüllen oder für die Anschluss- und Benutzungszwang besteht, nicht durch Entgeltzahlungen der Bürgerinnen und Bürger oder durch Zuwendungen gebildet sein. Über die Verminderung der Rücklagen wie auch des Stammkapitals entscheidet der Gemeinderat, die Werkleitung hat zuvor schriftlich Stellung zu nehmen (§ 11 Abs. 5 EigAnVO). Über Zuführungen oder Entnahmen aus den Rücklagen entscheidet allein der Gemeinderat. Entnahmen oder Einstellungen in Rücklagen können daher nicht bereits bei der Aufstellung der Bilanz berücksichtigt werden, sondern erfordern den ausdrücklichen Beschluss des Gemeinderates. Die §§ 268 Abs. 1 und 270 Abs. 2 HGB kommen dementsprechend bei Eigenbetrieben nicht zur Anwendung (§ 23 Abs. 1 Satz 3 HGB).

8.1.2.1 (II.) Zweckgebundene Rücklagen (Zuweisungen und Zuschüsse)

In den zweckgebundenen Rücklagen sind insbesondere die Kapitalzuschüsse der öffentlichen Hand zu erfassen. Zu den Kapitalzuschüssen der öffentlichen Hand zählen z. B.:

- Zuwendungen des Landes für wasserwirtschaftliche Maßnahmen
- Kapitaldienstzuschüsse
  - Zinszuschüsse
  - Tilgungszuschüsse der öffentlichen Hand
- Verrechnungsbeträge aus der Abwasserabgabe gem. § 6 Abs. 6, § 10 LAbwAG i. V. m. § 10 Abs. 3 AbwAG
- Investitionszuschüsse.

Kapitalzuschüsse dienen der Mitfinanzierung der Anschaffungs- und Herstellungskosten eines Anlagengegenstandes in Höhe des unrentierlichen Teils oder der Stärkung kapitalschwacher Betriebe (*Bolsenkötter*, a. a. O., Beier, M./Brummer, O./Donhauser, C. et al., Tz. 1256). Derartige Zuschüsse werden in der Wasserversorgung und in der Abwasserentsorgung durch die Förderung wasserwirtschaftlicher Maßnahmen im Rahmen von Investitionsprogrammen der Wasserwirtschaftsverwaltung gewährt. Kapitalzuschüsse der öffentlichen Hand, die die Gemeinde für den Eigenbetrieb erhalten hat, sind nach § 23 Abs. 3 Satz 5 EigAnVO dem Eigenkapital unmittelbar zuzuführen, soweit die den Zuschuss bewilligende Stelle nichts Gegenteiliges bestimmt. Anders ist dagegen nach den Amtlichen Erläuterungen zu § 24 EigVO Tz. 3 (Rundschreiben des Ministeriums des Innern und für Sport, a. a. O., Amtliche Erläuterungen zu § 24 EigVO Tz. 3) zu verfahren, wenn die bewilligende Stelle die Absetzung des Zuschusses von den Anschaffungs- und Herstellungskosten vorschreibt. In diesem Fall sind die Abschreibungen von den gekürzten Anschaffungs- und Herstellungskosten vorzunehmen. Bei BgA folgt die steuerliche Betrachtungsweise dem jedoch nicht. Nach einem Urteil des BFH vom 27.4.2000, Versorgungswirtschaft 4/2001, S. 94, gehen die Vorschriften des EStG und des KStG den Eigenbetriebsverordnungen der Länder vor. Das Steuerrecht sieht grundsätzlich keine Passivierung von Zuschüssen vor. In den EStR ist vielmehr in R 6.5 Abs. 2 ein Wahlrecht zur sofortigen, steuerwirksamen Vereinnahmung als Betriebseinnahme einerseits oder zur erfolgsneutralen Verminderung der Anschaffungs- und Herstellungskosten der bezuschussten Wirtschaftsgüter andererseits vorgesehen. Dieses Wahlrecht ist nach dem BFH-Urt. vom 5.6.2003 für rechtens befunden worden. Wir verweisen zur Passivierung auf unsere Ausführungen unter Nr. 10 zu § 23 EigAnVO. Nach unseren Kenntnissen werden im Rahmen der Wasserversorgung nur in seltenen Fällen derartige Zuschüsse gewährt. Die Förderung erfolgt in der Regel durch Förderdarlehen.

Zu den Kapitalzuschüssen der öffentlichen Hand zählen auch Kapitaldienstzuschüsse der öffentlichen Hand an die Gemeinden. Es ist dabei unerheblich, ob die Zuschüsse zur Tilgung von Darlehen oder zur Bezahlung der Zinsen verwendet werden sollen.

Auch die verrechnete Abwasserabgabe bei einem Eigenbetrieb im Bereich der Abwasserentsorgung gehört zu den Kapitalzuschüssen der öffentlichen Hand. Nach § 10 Abs. 3 AbwAG können für die Einrichtung oder Erweiterung einer Abwasserbehandlungsanlage entstandene Aufwendungen mit der geschuldeten Abwasserabgabe verrechnet werden. Eine Verrechnung ist für die Abwasserabgabe möglich, die in einem Zeitraum von drei Jahren vor der vorgesehenen Inbetriebnahme der Anlage insgesamt für diese Einleitung geschuldet wird, sofern der Betrieb der Anlage eine Minderung der Fracht einer der bewerteten Schadstoffe und Schadstoffgruppen um mindestens 20 v. H. sowie eine Minderung der Gesamtschadstofffracht erwarten lässt. Zu der bilanziellen Behandlung der Abwasserabgabe hat sich der KFA des Instituts der Wirtschaftsprüfer (IDW FN 12/1995 S. 514 f.) geäußert. Demnach ist bei einem Eigenbetrieb, der als Einleiter abgabenpflichtig ist, die Abwasserabgabe stets in voller Höhe als Aufwand zu erfassen (vgl. Erl. 6.2.2 zu § 24 EigAnVO). Die verrechnete Abwasserabgabe stellt nach der Auffassung des KFA einen Kapitalzuschuss der öffentlichen Hand dar, den die Gemeinde erhält und dem Eigenkapital des Eigenbetriebs zuführt, soweit die den Zuschuss bewilligende Stelle nichts Gegenteiliges bestimmt. Für die Bilanzierung der Eigenbetriebe in Rheinland-Pfalz ist die verrechnete Abwasserabgabe als Kapitalzuschuss in die zweckgebundenen Rücklagen einzustellen.

Darüber hinaus sind zweckgebundene Rücklagen denkbar für die Substanzerhaltung, Rationalisierungen oder bestimmte Erweiterungen (*Bolsenkötter*, a. a. O., Beier, M./Brummer, O./Donhauser, C. et al., Tz. 1239). Es muss sich aber um Rücklagen handeln, die durch Zuweisungen oder Zuschüsse gebildet wurden, da die Postenbezeichnung in Formblatt 1 „zweckgebundene Rücklagen (Zuweisungen und Zuschüsse)" dies explizit fordert.

Es bestehen auch keine Bedenken dagegen, die zweckgebundene Rücklage zur Verlustabdeckung zu verwenden, wenn ein Jahresverlust nicht durch Gewinne in den folgenden fünf Jahren ausgeglichen werden konnte. Vorrangig ist allerdings eine Entnahme aus der allgemeinen Rücklage vorzunehmen.

Die Kapitalzuschüsse sind statistisch nachzuweisen (Rundschreiben des Ministeriums des Innern und für Sport, a. a. O., Amtliche Erläuterungen zu § 24 EigVO Tz. 3).

8.1.2.2 (III.) Allgemeine Rücklage

§ 11 Abs. 3 Satz 1 weist auf die Notwendigkeit hin, für die technische und wirtschaftliche Fortentwicklung des Eigenbetriebes und für Erneuerungen aus dem Jahresgewinn Rücklagen zu bilden, die in diesem Posten auszuweisen sind. Auf die Erl. 6 zu § 11 EigAnVO wird verwiesen. Zuführungen zu den allgemeinen Rücklagen können insbesondere aus Jahresgewinnen oder durch Entnahme aus dem Gewinnvortrag gespeist werden. Zuführungen zu der allgemeinen Rücklage können auch aus Einlagen der Gemeinde stammen. Eine Einlage kann durch die unentgeltliche Übertragung von Vermögensgegenständen erfolgen (vgl. die Ausführungen zu Erl. 2.2.2.2.1).

Auch der Ausgleich von ausgabewirksamen Jahresverlusten nach § 11 Abs. 8 EigAnVO durch die Gemeinde wird wohl der allgemeinen Rücklage zuzuordnen sein.

Die allgemeine Rücklage kann zur Verlustabdeckung verwendet werden. Dies umfasst auch die Entnahme aus den Rücklagen gem. § 11 Abs. 7 Satz 3 EigAnVO. Sie ist vorzunehmen, wenn ein Verlustvortrag nach Ablauf von fünf Jahren nicht durch Gewinne ausgeglichen werden konnte und die Eigenkapitalausstattung dies zulässt. Andernfalls ist der Verlust aus Haushaltsmitteln der Gemeinde auszugleichen. Auf die Erl. 12 zu § 11 EigAnVO wird verwiesen.

Nach Fn. 5 zu Formblatt 1 umfassen die Zuführungen unter anderem auch die Selbstbehalte des Einrichtungsträgers.

8.1.3 Gewinnvortrag/Verlustvortrag

Bei den Eigenbetrieben ist nach Formblatt 1 ein Ausweis eines Gewinn- bzw. Verlustvortrags und Jahresgewinns/Jahresverlusts verlangt. Ein alternativer Ausweis eines Bilanzgewinns oder Bilanzverlustes, der handelsrechtlich durch teilweise oder vollständige Verwendung des Jahresergebnisses bei Bilanzerstellung nach § 268 Abs. 1 HGB entstehen kann, kommt für Eigenbetriebe nicht in Betracht. Nach § 23 Abs. 1 Satz 3 findet § 268 Abs. 1 HGB bei Eigenbetrieben keine Anwendung. Der Jahresabschluss kann daher nicht unter Berücksichtigung der Ergebnisverwendung aufgestellt werden. Die Entscheidung über die Ergebnisverwendung soll ausschließlich dem Gemeinderat vorbehalten bleiben und kann daher nicht schon bei der Aufstellung der Bilanz berücksichtigt werden (Rundschreiben des Ministeriums des Innern und für Sport, a. a. O., Amtliche Erläuterungen zu § 24 EigVO Tz. 1). Der Gemeinderat entscheidet über die Verwendung eines Jahresergebnisses (vgl. Erl. 8.1.4).

8.1.4 Jahresgewinn/Jahresverlust

Über die Verwendung des Jahresergebnisses entscheidet der Gemeinderat (§ 27 Abs. 2 Satz 4 EigAnVO). Ein Jahresgewinn kann wie folgt verwendet werden:

- Vortrag auf neue Rechnung durch Einstellung in den Gewinnvortrag oder zur Verminderung eines Verlustvortrages
- Einstellung in die Rücklagen
- Abführung an die Gemeinde.

Sofern der Jahresgewinn oder Teile davon unter Beachtung der unter 8.1.2 und Ziffer 10 zu § 11 EigAnVO genannten Restriktionen an die Gemeinde abgeführt werden sollen, sind bei BgA auch steuerliche Konsequenzen zu beachten.

So unterliegen Ausschüttungen eines BgA an seine Trägerkörperschaft einer definitiven, d. h. in der Regel beim Einrichtungsträger nicht anrechenbaren Kapitalertragsteuer, die 15 % zuzüglich Solidaritätszuschlag beträgt (§§ 43 Abs. 1 Satz 1 Nr. 7c, 43a Abs. 1 Satz 1 Nr. 2 EStG).

Dies gilt zunächst für BgA, die den Gewinn durch Betriebsvermögensvergleich nach § 4 EStG ermitteln oder deren Umsätze mehr als 800 000,00 Euro pro Jahr bzw. deren Gewinne mehr als 80 000,00 Euro pro Jahr betragen. Bei Eigenbetrieben ist diese Voraussetzung nach § 140 AO i. V. m. § 20 Abs. 1 der EigAnVO immer erfüllt, da sie nach den Regeln der doppelten kaufmännischen Buchführung bilanzieren und Bilanzen erstellen. Nach § 20 Abs. 1 Nr. 10b des EStG stellen die ausgeschütteten Gewinne sowie die verdeckten Gewinnausschüttungen beim empfangenden Einrichtungsträger Einkünfte aus Kapitalvermögen dar. Zur Behandlung stehengelassener, nicht den Rücklagen zugeführter Gewinne s. u.

Zwar ist der hoheitlich tätige Einrichtungsträger i. d. R. an sich nicht steuerpflichtig, jedoch unterliegen die genannten Einkünfte der Kapitalertragsteuer als Abzugssteuer im Rahmen der beschränkten Steuerpflicht des § 2 Nr. 2 KStG. Die Kapitalertragsteuer hat der BgA für den Einrichtungsträger einzubehalten und an das Finanzamt abzuführen (§ 44 Abs. 1 und Abs. 6 EStG).

Dabei ist es unerheblich, ob der ausschüttende BgA über körperschaftsteuerliche Verlustvorträge verfügt, da sich die Steuerpflicht an dem ausgeschütteten Gewinn und nicht am steuerlichen Einkommen orientiert (s. a. Amtliche Hinweise zu den Einkommensteuer-Richtlinien Abschnitt H 44a).

Die frühere restriktive Auslegung der Finanzverwaltung, dass nicht den Rücklagen zugeführte Gewinne, die dem Einrichtungsträger i. d. R. über die nach § 12 Abs. 1 EigAnVO einzurichtende Sonderkasse unmittelbar zur Verfügung stehen, fiktiv als ausgeschüttet gelten, und die hiermit verbundene Kapitalertragsteuerpflicht führte in der Praxis häufiger zu Problemen im Bereich der steuerpflichtigen BgA wie z. B. der Wasserversorgung. Eine Steuerpflicht entstand in den Fällen, in denen die vorgetragenen Gewinne größer als die handelsrechtlichen Verlustvorträge waren. Die Kapitalertragsteuer entstand dabei gemäß § 44 Abs. 6 Satz 2 EStG mit der Aufstellung der Bilanz, spätestens nach Ablauf von acht Monaten nach dem Bilanzstichtag.

Der BFH hat diese restriktive Auslegung des Rücklagenbegriffs in seinem Urteil vom 16.11.2011 (BFH, Urt. vom 16.11.2011 – I R 108/09 –) abgemildert und auch das Stehenlassen erwirtschafteter Gewinne in Form eines Gewinnvortrags als unschädlich und nicht kapitalertragsteuerpflichtig beurteilt, sofern tatsächlich keine Geldbewegungen in den Hoheitsbereich stattgefunden haben und eine Überführung von Mitteln in den allgemeinen Haushalt des Trägers noch nicht beschlossen wurde. Dem hat sich die Finanzverwaltung mit Schreiben des BMF vom 9.1.2015 angeschlossen.

Die Finanzverwaltung legt an die Einstellung von Gewinnen in die Rücklagen von Regiebetrieben höhere Ansprüche. Über die Gewinne eines Regiebetriebs kann die Trägerkörperschaft unmittelbar verfügen. Für eine Rücklagenbildung ist damit kommunalrechtlich kein Raum. Gleichwohl ist bei einem Regiebetrieb für Zwecke des § 20 Abs. 1 Nr. 10 Buchst. b EStG die Rücklagenbildung anzuerkennen, soweit anhand objektiver Umstände nachvollzogen und überprüft werden kann, dass der handelsrechtliche Gewinn durch Stehenlassen dem Regiebetrieb als Eigenkapital zur Verfügung stehen soll (vgl. BFH, Urt. vom 30.1.2018, BStBl. 2019). Als objektiver Umstand wird insbesondere ein förmlicher Beschluss der zuständigen Gremien der Trägerkörperschaft anerkannt, der spätestens acht Monate nach Ablauf des Wirtschaftsjahrs des BgA gefasst sein muss (BMF vom 28.1.2019 – III C 5 – S 7420/19/10002 002 –, BStBl. 2019 I S. 106).

Die Ausführungen gelten gleichermaßen für die AöR.

Ein weiteres Problemfeld liegt im Bereich der dauerdefizitären Tätigkeiten vor.

Seit dem Urteil des BFH vom 22.8.2007 (BFH, Urt. vom 22.8.2007 – I R 32/06 –), der im Betreiben eines strukturell defizitären Eigenbetriebs generell den Tatbestand der vGA verwirklicht sah, bargen Verlustabdeckungen des Einrichtungsträgers die Gefahr der Verwirklichung eines vGA-Tatbestandes.

Zur Abmilderung der Konsequenzen des Urteils wurde in Kodifizierung der bereits von der Finanzverwaltung formulierten Anwendungsgrundsätze mit dem Jahressteuergesetz 2009 durch den § 8 Abs. 7 KStG eine klarstellende Regelung geschaffen, die Verluste aus hoheitlichen sowie aus bestimmten, sogen. „wirtschaftlichen" Dauerverlustgeschäften privilegieren soll.

Nach der Nr. 1 der Vorschrift sollen die Rechtsfolgen einer vGA bei BgA nicht bereits deshalb gezogen werden, weil sie ein Dauerverlustgeschäft ausüben.

Dabei liegen derart begünstigte Dauerverluste vor, wenn aus verkehrs-, umwelt-, sozial-, kultur-, bildungs- oder gesundheitspolitischen Gründen eine wirtschaftliche Betätigung ohne kostendeckendes Entgelt unterhalten wird oder das Geschäft Ausfluss einer Tätigkeit ist, die bei juristischen Personen des öffentlichen Rechts zu einem Hoheitsbetrieb gehört.

In seinem Schreiben vom 12.11.2009 gibt das BMF Erläuterungen zu der genannten Vorschrift, deren Übergangsregelung ab dem Veranlagungsjahr 2012 auslief. Jedoch bleiben einige Abgrenzungsfragen zu verschiedenen Tätigkeiten wie Tourismusförderung oder Forschungs- und Technologieförderung offen.

Ein Jahresverlust kann

- auf neue Rechnung vorgetragen werden und damit den Gewinnvortrag schmälern oder den Verlustvortag erhöhen,
- durch die Gemeinde ausgeglichen werden.

Für die Zusammensetzung des Eigenkapitals und die Entwicklung der einzelnen Posten fordert § 25 Abs. 2 Nr. 1 EigAnVO eine explizite Darstellung im Anhang. Die Überleitung vom Vorjahresergebnis zum Gewinn- und Verlustvortrag ist nach § 25 Abs. 2 Nr. 3 ebenfalls im Anhang darzustellen.

8.1.5 Sonderposten: Nicht durch Eigenkapital gedeckter Fehlbetrag

Ist das Eigenkapital durch Verluste vollständig aufgebraucht, ergibt sich ein Überschuss der Passivposten über die Aktivposten. In diesem Fall ist nach § 268 Abs. 3 HGB der Fehlbetrag am Schluss der Bilanz auf der Aktivseite gesondert unter der Bezeichnung „Nicht durch Eigenkapital gedeckter Fehlbetrag" auszuweisen. Auf die Erl. 5 wird verwiesen.

9. (B.) Sonderposten mit Rücklageanteil

In Formblatt 1 zur EigAnVO ist der Sonderposten mit Rücklageanteil auf der Passivseite explizit genannt im Gegensatz zum handelsrechtlichen Gliederungsschema, in dem der Sonderposten mit Rücklageanteil nicht im § 266 Abs. 3 HGB enthalten ist. Aufgrund des Wegfalls der umgekehrten Maßgeblichkeit durch das BilMoG wurden die §§ 247 Abs. 3, 273, 279 – 283 HGB aufgehoben. Die umgekehrte Maßgeblichkeit ermöglichte u. a. den Ansatz von auf steuerlichen Vorschriften basierenden Posten für Geschäftsjahre, die vor dem 29.5.2009 begannen (IDW RS HFA 28, 9.9.2010, Tz. 3). Ab dem Geschäftsjahr 2010 können derartige Posten nicht mehr neu gebildet werden. Für Altposten gab es in § 67 Abs. 3 EGHGB eine Übergangsregelung.

10. (C.) Empfangene Ertragszuschüsse

10.1 Allgemeines

10.1.1 Begriff der Empfangenen Ertragszuschüsse

In der Praxis kommen die Ertragszuschüsse in verschiedenen Varianten vor, z. B. als Zuwendungen der öffentlichen Hand oder als Zuwendungen von privater Seite. Ertragszuschüsse können als laufender Ertrag zu erfassen oder zu passivieren sein. Ertragswirksame Ertragszuschüsse können dabei Zuwendungen für die laufende Aufwandsreduzierung zur Deckung bestimmter Betriebsaufwendungen sein. Sie sollen dazu führen, dass bestimmte Aufwendungen des Eigenbetriebs nicht zu einer Verschlechterung der Ertragslage führen (sog. Aufwandszuschüsse). Den gleichen Effekt erzielen Ertragszuschüsse, die häufig gewährt werden, um Ertragsausfälle zu kompensieren (vgl. *Winnefeld*, Bilanz Handbuch, Kapitel M, Tz. 200 – 221). Diese kommen in der Praxis z. B. bei Verkehrsbetrieben vor und können Ausgleichszahlungen nach § 45a Personenbeförderungsgesetz oder nach § 148 Sozialgesetzbuch IX sein.

Ferner können auch Zuwendungen auftreten, die sich als Gegenleistung im Rahmen eines vereinbarten Leistungsaustauschs darstellen oder die Durchführung bestimmter im öffentlichen Interesse liegender Investitionen fördern sollen. Im Einzelnen werden unter den empfangenen Ertragszuschüssen daher auch Anschlussbeiträge, Baukostenzuschüsse, Hausanschlusskostenerstattungen sowie empfangene Zuschüsse (z. B. für Investitionen) von Gebietskörperschaften (wie z. B. dem Bund) oder dem Einrichtungsträger erfasst (*Fabry/Augsten*, a. a. O., Appel, M./Augsten, U./Dengler, H.-P. et al., S. 562). Beispiele hierfür sind bezogen auf die Eigenbetriebe der Energie- und Wasserversorgung und Abwasserbeseitigung bei

- Abwasserentsorgungsbetrieben Zahlungen aufgrund von Ablöseverträgen bei privaten Erschließungsmaßnahmen sowie Ertragszuschüsse von Sondereinleitern gemäß der entsprechenden vertraglichen Regelung,
- Abwasserentsorgungsbetrieben Investitionskostenanteile der Straßenbaulastträger,

- Abwasserentsorgungsbetrieben und Wasserversorgungsbetrieben insbesondere einmalige Beiträge und Hausanschlusskostenerstattungen (bei öffentlich-rechtlicher Entgeltsgestaltung gemäß der allgemeinen Satzung i. V. m. der Entgeltssatzung),
- Wasserversorgungsbetrieben mit privatrechtlicher Entgeltsatzung Baukostenzuschüsse und Hauskostenanschlusserstattungen gemäß den AVB-WasserV i. V. m. den ZVBWasser,
- Stromversorgungsbetrieben Baukostenzuschüsse und Hausanschlusserstattungen von Anschlussnehmern nach der NAV sowie
- Gasversorgungsunternehmen Baukostenzuschüsse und Hausanschlusserstattungen von Anschlussnehmern nach der NDAV.

Eine allgemeine Begriffsdefinition für Ertragszuschüsse besteht nicht. Ertragszuschüsse in der Ver- und Entsorgungswirtschaft sollen dabei die Wirtschaftlichkeit bestimmter Anlagen und Betriebsleistungen verbessern oder herstellen, wenn dieses durch die laufenden Entgelte nicht gewährleistet ist. Denkbar sind Zuschüsse für den Bau von Anlagen aller Art, in der Regel für Verteilungsanlagen, die von den Nutzungsberechtigten zu entrichten sind. Hier findet sich ihre besondere Rechtfertigung und Begründung insbesondere darin, dass die (Nutzungs-)Entgelte der Versorgungs- und Entsorgungsanlagen meist aufgrund einheitlich genehmigter Netzentgelte oder nach dem Kommunalabgabenrecht über einheitliche Gebühren erhoben werden. Dies kann der Verschiedenheit der Abnahmeverhältnisse aber nur bedingt Rechnung tragen. Dabei handelt es sich insbesondere um die unterschiedlichen Entfernungen vom nächsten Einspeisepunkt, um Verschiedenheiten in der Bemessung der Zuleitungen und Schwierigkeiten bei der Verlegung der Leitungen. Das System der Bauzuschüsse soll es erleichtern, nach einheitlichen Tarifen bzw. Entgelten abzurechnen, weil über die Bauzuschüsse die so abgegoltenen Kosten aus der Kalkulation herausgenommen und gesondert berechnet werden können (*Bolsenkötter*, a. a. O., Beier, M./Brummer, O./Donhauser, C. et al., Tz. 1248).

10.1.2 Bilanzierung von Zuwendungen für laufende Aufwendungen sowie von Ertragszuschüssen zur Kompensation von Einnahmeausfällen

Zuwendungen für die laufende Aufwandsreduzierung sowie Ertragszuschüsse zur Kompensation von Einnahmeausfällen werden von § 23 Abs. 3 EigAnVO nicht erfasst. § 23 Abs. 3 EigAnVO regelt nur die Bilanzierung und Bewertung von empfangenen Ertragszuschüssen, die im Zusammenhang mit Investitionsdurchführungen oder späteren Leistungspflichten des Eigenbetriebs stehen. Nach allgemeinen Grundsätzen sind diese Zuwendungen bzw. Zuschüsse im Jahr der Zuwendungs- bzw. Zuschussgewährung sofort gewinnerhöhend in der Gewinn- oder Verlustrechnung zu erfassen, es sei denn, diese werden für mehrjährige Kompensationszwecke gegeben. Eine sofortige Gewinnrealisierung würde in diesem Falle gegen das Gewinnrealisierungsprinzip verstoßen. Es ist dann eine passivische Abgrenzung der Ertragszuschüsse vorzunehmen. Dies erfolgt in der Höhe, in der die Ertragszuschüsse für Kompensationszwecke der Folgeperioden gewährt wurden (vgl. *Winnefeld*, Bilanz Handbuch, Kapitel M, Tz. 211). Der Ausweis in der Gewinn- und Verlustrechnung ist entsprechend dem Zweck der Zuwendung bzw. des Zuschusses vorzunehmen. So stellen Ausgleichszahlungen nach § 45a Personenbeförderungsgesetz oder nach § 231 SGB IX bei Verkehrsbetrieben eine Kompensation von Einnahmeausfällen dar, da z. B. Schwerbehinderte keinen Fahrpreis entrichten müssen. Diese Ausgleichszahlungen sind daher unter dem Posten 2. „Umsatzerlöse" des Formblattes 4 auszuweisen.

Aufgrund des in § 246 Abs. 1 Satz 2 HGB kodifizierten Verrechnungsverbotes dürfen Aufwendungen nicht mit Erträgen verrechnet werden. Zuwendungen für die laufende Aufwandsreduzierung sind daher unter dem Posten 4. „Sonstige betriebliche Erträge" des Formblattes 4 auszuweisen.

10.2 Investitionszuschüsse

10.2.1 Anwendungsfälle

Investitionszuwendungen bzw. Investitionszuschüsse werden zur Durchführung von Investitionen gezahlt. Sie sind an die Durchführung der begünstigten Investition geknüpft, die oft über mehrere Geschäftsjahre abgewickelt wird (vgl. *Winnefeld*, Bilanz Handbuch, Kapitel M, Tz. 200). Anwendungsfälle können z. B. Investitionskostenzuschüsse von Dritten für Investitionen des Eigenbetriebes sein. So sind generell Baukostenzuschüsse anderer Gebietskörperschaften z. B. Zuschüsse einer Nachbargemeinde zu den Kläranlageninvestitionen eines Eigenbetriebs aufgrund einer Zweckvereinbarung zur Mitbenutzung der Kläranlage, von der Nachbargemeinde als Investitionszuschuss anzusehen. Nicht hierunter fallen Zuschüsse Erneuerungsverpflichteter sowie Nutzungsberechtigter, die gesondert behandelt werden (vgl. Erl. zu 10.3 und 10.4).

10.2.2 Bilanzierung der Investitionszuschüsse

Solche Posten können gem. § 23 Abs. 3 Satz 1 EigAnVO entweder als Passivposten nach Formblatt 1 Posten C. „Empfangene Ertragszuschüsse" gesondert ausgewiesen oder von den Anschaffungs- und Herstellungskosten der bezuschussten Anlagen abgezogen werden. Es besteht also grundsätzlich ein Wahlrecht nach § 23 Abs. 3 Satz 1 EigAnVO zum sog. aktivischen oder passivischen Ausweis. Dies entspricht der handelsrechtlich gängigen Sichtweise zur Behandlung solcher Zuschüsse. Nach HFA (IDW Stellungnahme HFA 1/1984: Beispielsfragen bei Zuwendungen, dargestellt am Beispiel finanzieller Zuwendungen der öffentlichen Hand, WPg, S. 612) sind Zuwendungen der öffentlichen Hand, soweit sie als Zuwendung zu einer Investition getätigt werden und deren rechtliche Zweckbindung sich in der Durchführung der Investition erschöpft, entweder bei den Anschaffungs- und Herstellungskosten zu kürzen oder als gesonderter Passivposten in der Bilanz auszuweisen. Eine sofortige Vereinnahmung, so der HFA, würde zur Verzerrung von Periodenergebnissen sowohl des laufenden Jahres als auch der Folgejahre führen. Solche Posten stellen dabei für das empfangende Unternehmen zusätzliche Finanzierungsmittel dar, die mangels Rückzahlungspflicht nicht als Fremdkapital und als Zuwendungen von dritter Seite auch nicht als Eigenkapital einzuordnen sind. Nach HFA 1/1984 Punkt 2 d1) wird der passivische Ausweis der Zuschüsse generell vorgezogen, da mit dem Investitionskostenzuschuss dem Unternehmen Finanzierungsmittel zugeführt werden. Die Bestimmung der Anschaffungskosten erfolgt dabei grundsätzlich losgelöst von der Herkunft der eingesetzten Finanzierungsmittel. Teile der Literatur sprechen sich daher ausschließlich für eine Passivierung aus, da es sich um einen Finanzierungsvorgang handele, der keinen Einfluss auf die Anschaffungs- und Herstellungskosten habe (vgl. z. B. *Winnefeld*, Bilanz Handbuch, Tz. 209).

Anstelle einer unmittelbaren Absetzung von den Anschaffungskosten ist es daher insbesondere bei umfangreichen Zuschussfinanzierungen geboten, wegen des damit verbesserten Einblicks in die Vermögens-, Finanz- und Ertragslage die Zugänge für Investitionen in Höhe der ungekürzten Anschaffungskosten aufzuführen und die Zuschüsse in einen gesonderten Passivposten gemäß § 265 Abs. 5 Satz 2 HGB einzustellen (*Schubert/Hutzler* in BeBiKo, Tz. 117 zu § 255 HGB, *ADS*, a. a. O., Prof. Dr. Dr. h. c. Forster, K.-H./Dr. Dr. h. c. Goerdeler, R./Lanfermann, J. et al., Tz. 57 zu § 255 HGB). Aus der Postenbezeichnung muss die Art der in ihn eingestellten Zuschüsse ersichtlich sein. Der Sonderposten ist parallel zu den Abschreibungen aufzulösen (§ 23 Abs. 3 Satz 3 EigAnVO). Der Posten sollte, um seinen Charakter offen zu zeigen und ihn z. B. von den Baukostenzuschüssen abzugrenzen, als Unterposten zum Posten C. „Empfangene Ertragszuschüsse" nach Formblatt 1 ausgewiesen werden und mit „Sonderposten für Investitionszuschüsse zum Anlagevermögen" bezeichnet werden. Bei Krankenhäusern empfiehlt es sich, die Zuschüsse analog den Posten gemäß Anlage 1 der Verordnung über die Rechnungs- und Buchführungspflichten von Krankenhäusern (Krankenhaus-Buchführungsverordnung – KHBV) zu bezeichnen. Die Auflösung des passiven Sonderpostens Investitionszuschüsse erfolgt über den Posten

4. Sonstige betriebliche Erträge nach Formblatt 4 (*Küting/Weber*, a. a. O., Prof. Dr. Dr. h. c. Baetge, J./Prof. Dr. Bieg, H./Dr. Blab, D. et al., Tz. 68 zu § 255 HGB und Erl. 5 zu § 24). Nach HFA 1/1984 ist auch eine Absetzung der Auflösungen von den Abschreibungen zulässig (HFA Punkt 2. d1). Dies ist gleichwohl selten anzutreffen.

Öffentliche und private Investitionszuschüsse mit Rückzahlungscharakter sind demgegenüber als Verbindlichkeiten zu passivieren (*Küting/Weber*, a. a. O., Prof. Dr. Dr. h. c. Baetge, J./Prof. Dr. Bieg, H./Dr. Blab, D. et al., Tz. 65 zu § 255 HGB).

Für die steuerliche Behandlung der Investitionskostenzuschüsse aus öffentlichen oder privaten Mitteln sieht R 6.5 Abs. 2 EStR 2012 ein Wahlrecht vor, diese entweder erfolgswirksam zu vereinnahmen oder bei den Anschaffungs- und Herstellungskosten zu kürzen. Ein passivischer Ausweis der Zuschüsse ist steuerrechtlich nicht zulässig, führt aber verglichen mit der steuerrechtlich zulässigen aktivischen Absetzung zum gleichen Jahresergebnis, da der Passivposten analog der Abschreibung des bezuschussten Anlagegutes aufzulösen ist.

Es empfiehlt sich, den Anhang entsprechend der Darstellung der Entwicklung des Anlagevermögens um eine Entwicklung der empfangenen Ertragszuschüsse zu ergänzen. Der Aufbau sollte sich an der Darstellung des Anlagennachweises (Formblatt 2) orientieren; dabei wird sowohl die Entwicklung der Zuführungen zu den empfangenen Ertragszuschüssen als auch die Entwicklung der Auflösungen brutto dargestellt.

10.3 Zuschüsse Nutzungsberechtigter

10.3.1 Anwendungsfälle

10.3.1.1 Baukostenzuschüsse und Anschlussbeiträge

Zuschüsse Nutzungsberechtigter sind Zuschüsse aller natürlichen und juristischen Personen, die entsprechend der allgemeinen Ver- und Entsorgungssatzung oder entsprechender Verträge die Anlagen des Ver- bzw. Entsorgungsunternehmens nutzen.

Ist das Versorgungsverhältnis privatrechtlich geregelt, haben Tarifabnehmer üblicherweise beim erstmaligen Anschluss an das Versorgungsnetz Zuschüsse für die Erweiterung der Anlagen zu leisten. Diese werden gemeinhin als Baukostenzuschüsse bezeichnet. Dabei können Strom- und Gasversorgungsunternehmen nach § 11 Niederspannungsanschlussverordnung (NAV) bzw. Niederdruckanschlussverordnung (NDAV) zur teilweisen Deckung der bei wirtschaftlich effizienter Betriebsführung anfallenden notwendigen Kosten für die Erstellung oder Verstärkung der örtlichen Verteileranlagen angemessene Baukostenzuschüsse vom Anschlussnehmer einfordern, soweit sich diese Anlagen ganz oder teilweise dem Versorgungsbereich zuordnen lassen, in dem der Anschluss erfolgt. Von diesen Kosten dürfen 50 % auf die Anschlussnehmer einmalig umgelegt werden. Die restlichen 50 % sind im Laufe der Jahre über die Netzentgelte von den Netznutzern einzufordern. Es ist zu beachten, dass ein Stromanschlussnehmer zur Zahlung eines Baukostenzuschusses nur noch herangezogen werden kann, wenn dieser eine höhere Leistungsanforderung als 30 kW zum Anschluss verlangt. Darüber hinaus können in voller Höhe die Kosten für die Herstellung oder Änderung des Netzanschlusses an den Anschlussnehmer weiterbelastet werden (§ 9 NAV bzw. NDAV). Bei gebührenrechnenden Einrichtungen der Wasserversorgung oder der Abwasserbeseitigung können nach § 7 Abs. 2 Satz 2 i. V. m. § 9 KAG zur Finanzierung der Investitionsaufwendungen für die Herstellung oder den Ausbau einer öffentlichen Einrichtung oder Anlage einmalige Beiträge erhoben werden. Diese werden gemeinhin als Anschlussbeiträge bezeichnet.

10.3.1.2 Hausanschlusskostenbeiträge

Nicht zu den Baukostenzuschüssen gehören begriffsmäßig die Kosten der Hausanschlussleitung selbst. Kosten sind häufig durch Vertrag oder Satzung durch den Nutzungsberechtigten dem Eigenbetrieb zu erstatten soweit sich die Leitung nicht im öffentlichen Straßengrund befindet. In der Strom- und Gasversorgung können dabei gemäß § 9 NAV bzw. § 9 NDAV in voller Höhe die Kosten für die Herstellung oder Änderung des Netzanschlusses an den Anschlussnehmer (den Nutzungsberechtigten) weiterbelastet werden. Nach § 13 KAG können kommunale Gebietskörperschaften bestimmen, dass Ihnen Aufwendungen für die Herstellung von Grundstücksanschlüssen, die Herstellung zusätzlicher Grundstücksanschlüsse und die Erneuerung von Grundstücksanschlüssen an leitungsgebundenen Anlagen sowie Aufwendungen für Änderungs- und Unterhaltungsmaßnahmen, die von den Erstattungspflichtigen verursacht wurden, in der tatsächlich entstandenen Höhe, als Pauschalbetrag oder als Pauschalsatz je laufendem Meter von den jeweiligen Grundstückseigentümern erstattet werden.

10.3.2 Bilanzierung der Zuschüsse Nutzungsberechtigter

10.3.2.1 Bilanzierung von Zuschüssen Nutzungsberechtigter nach Handels- und Eigenbetriebsrecht

Zuschüsse Nutzungsberechtigter sind nach § 23 Abs. 3 Satz 2 EigAnVO zwingend als Ertragszuschüsse auf der Passivseite der Bilanz auszuweisen. Es besteht also kein Wahlrecht wie bei den Investitionskostenzuschüssen, diese auch von der bezuschussten Investition aktivisch abzusetzen. Mit In-Kraft-Treten der EigAnVO vom 5.9.1999 wurde die Behandlung der Auflösung der empfangenen Ertragszuschüsse auf der Passivseite geändert. Die bis dahin geltende EigVO vom 18.7.1975 (GVBl. S. 381) verlangte eine Auflösung des Postens bei Versorgungsbetrieben mit 5 % p. a. und bei Entsorgungsbetrieben mit 3 % p. a. des Ursprungsbetrages. Nunmehr sind die empfangenen Ertragszuschüsse jährlich mit dem Vomhundertsatz aufzulösen, der dem durchschnittlichen betriebsgewöhnlichen Abschreibungssatz entspricht (§ 23 Abs. 3 Satz 3 EigAnVO). Die Auflösungserträge sind als Umsatzerlöse auszuweisen (Formblatt 4 Fn. 1). Auch hier empfiehlt es sich, den Anhang entsprechend der Darstellung der Entwicklung des Anlagevermögens um eine Entwicklung der empfangenen Ertragszuschüsse zu ergänzen. Vgl. hierzu Erl. 10.2.2.

Die Passivierung von Zuschüssen Nutzungsberechtigter steht im Einklang mit den handelsrechtlichen Bilanzierungsprinzipien. Die Passivierung der Zuschüsse Nutzungsberechtigter wird handelsrechtlich wie folgt begründet:

Handelsrechtlich wird bei der Frage, wie Baukostenzuschüsse und einmalige Beiträge zu bilanzieren sind, nicht zwischen dem Baukostenzuschuss (nach § 11 NAV bzw. NDAV) im engeren Sinne und dem eigentlichen Legen des Hausanschlusses differenziert. Allein entscheidend ist, dass die Zuschüsse von privater Seite geleistet wurden und in der Regel derart in einen Leistungsaustausch einbezogen sind, dass sie sich als Entgelt für eine zukünftige Leistung des Zuschussempfängers darstellen. Es handelt sich daher nicht ausschließlich um Investitionskostenzuschüsse (in dem Sinne, dass mit dem Zuschuss nur der alleinige Zweck verfolgt wird, dass eine bestimmte Investition durchgeführt wird) (vgl. hierzu im Einzelnen IDW Stellungnahme HFA 2/1996 i. d. F. 2010: Zur Bilanzierung privater Zuschüsse). Zwar kann der Zuschussgeber die Herstellung des Anschlusses erwarten und aufgrund der vertraglichen Vereinbarungen auch verlangen. Bei den auf privat- sowie öffentlich-rechtlicher Basis erhobenen Baukostenzuschüssen bzw. Anschlussbeiträgen besteht aber zudem eine künftige Leistungsverpflichtung des Eigenbetriebs, nämlich dass dieser die dauerhafte Zurverfügungstellung des Anschlusses an das Leitungsnetz und damit die Verpflichtung zur Sicherung der Lieferbereitschaft gewährleisten muss. Damit stellt dieses Entgelt (zumindest teilweise) Entgelt für eine zukünftige Leistung des Zuschussempfängers dar, nämlich die Vorhaltung der Anschlusspflicht. Problematisch ist zudem, dass es in der Regel zwischen dem vom Anschlussnehmer empfangenen Baukostenzuschuss und dem Wirtschaftsgut Ortsnetz (als einheitliches Wirtschaftsgut, vgl. Erl. 2.3.2.3.1) auch keine eindeutig direkte Beziehung mehr wie beim Investitionszuschuss gibt, da die Zuschüsse nur einen Teil der Investitionskosten für das gesamte Ortsnetz abdecken (wie z. B. den Hausanschluss). Zudem haben die von sog. Sondervertragskunden an das Energieversorgungsunternehmen gezahlten Baukostenzuschüsse vielfach auch einen Bezug zum vorgelagerten Netz (z. B. Mittel- und ggf. Hochspannungsnetz im Bereich der Stromversorgung). Nach Auffassung des ÖFA (Ergebnisbericht-Online über die 97. Sitzung des Fachausschusses für öffentliche Unternehmungen und Verwaltungen am 19.9.2006, S. 3) ist die vom Zuschussempfänger über die Herstellung des Anschlusses hinaus eingegangene Verpflichtung zeitbezogen. Daher muss der empfangene Ertragszuschuss nach den Grundsätzen des HFA 2/1996 (IDW Stellungnahme: HFA 2/1996, Punkt 2.1.1.1.) als passiver Rechnungsabgrenzungsposten passiviert und nach Maßgabe der Erfüllung der Verpflichtung ratierlich ertragswirksam vereinnahmt werden. Eine Kürzung der Anschaffungs- und Herstellungskosten eines im Zusammenhang mit der Zuschusszahlung beschafften Vermögensgegenstandes oder der Ausweis unter dem Posten „Erhaltene Investitionszuschüsse" scheidet damit aus. Auch kommt eine sofortige ertragswirksame Verrechnung insoweit nicht in Betracht. Da der Zeitraum, für den die Leistung geschuldet wird, kalendermäßig nicht bestimmt ist, muss dieser nach objektiven Kriterien geschätzt werden. Als Anhaltspunkt bietet sich hier die Nutzungsdauer des „bezuschussten" Vermögensgegenstandes (z. B. des Hausanschlusses) an. Hier zeigt sich ein handelsrechtlicher Unterschied zum Eigenbetriebsrecht: Üblicherweise wird handelsrechtlich die Auflösung von Baukostenzuschüssen in der Versorgungswirtschaft innerhalb von 20 Jahren festgelegt (BFH, Urt. vom 30.11.1989 - IR 79–80/86 –, BStBl. II 1990 S. 452), das Eigenbetriebsrecht schreibt eine Auflösung in Höhe der Abschreibung des „bezuschussten" Vermögensgegenstandes vor. In Übereinstimmung mit § 263 HGB (Vorrang landesrechtlicher Vorschriften) ist somit abweichend von den handelsrechtlichen GoB eine spezielle eigenbetriebsrechtliche Vorgabe in Rheinland-Pfalz maßgebend.

Bezüglich des Postenausweises steht das spezielle Eigenbetriebsrecht im Einklang mit den handelsrechtlichen GoB, da nach Auffassung des ÖFA im Hinblick auf die Bedeutung der Baukostenzuschüsse keine Bedenken bestehen, die Baukostenzuschüsse statt unter den Rechnungsabgrenzungsposten in einem gesonderten Posten „Empfangene Ertragszuschüsse", auszuweisen. Es handelt sich handelsrechtlich um eine Erweiterung der handelsbilanziellen Gliederung nach § 265 Abs. 5 Satz 2 HGB. Da es sich bei den Baukostenzuschüssen um einen typischen Leistungsertrag aus der üblichen Geschäftstätigkeit des Unternehmens handelt, sind die jeweiligen Auflösungsbeträge in der Gewinn- und Verlustrechnung unter dem Posten 1. „Umsatzerlöse" und nicht unter dem Posten 4. „sonstige betriebliche Erträge" nach Formblatt 4 auszuweisen.

10.3.2.2 Steuerrechtliche Behandlung der Zuschüsse Nutzungsberechtigter

In der steuerlichen Sichtweise werden die Baukostenzuschüsse seit 2003 als Investitionszuschüsse angesehen. Diese an sich grundlegend andere Sichtweise des Charakters von Baukostenzuschüssen führt dazu, dass die Baukostenzuschüsse steuerrechtlich nach R 6.5 Abs. 2 Sätze 1 bis 4 EStR 2012 zu behandeln sind, danach kann nur eine sofortige ertragswirksame Vereinnahmung der Baukostenzuschüsse erfolgen oder eine Absetzung der Zuschüsse von den Anschaffungs- und Herstellungskosten der bezuschussten Vermögensgegenstände (BMF-Schreiben vom 27.5.2003 – IV A 6 – S 2137 - 25/03 –, BStBl. I 2003 S. 361, mit ausdrücklichem Anwendungshinweis für Betriebe der Versorgungswirtschaft). Nach intensiver Auseinandersetzung mit den Verbänden der Versorgungswirtschaft, dem IDW sowie dem BMF ist zwischenzeitlich auch ein BMF-Schreiben ergangen, in dem steuerrechtlich nunmehr auch ein Ausweis der Baukostenzuschüsse (verstanden als Investitionskostenzuschuss) durch die Bildung eines Sonderpostens für Investitionszuschüsse („passivischer Bruttoausweis") zugelassen wird (BMF-Schreiben vom 7.10.2004 – IV B 2 – S 2137 - 2/04 –, BStBl. 2003 I S. 361). Grund für dieses (allein für Baukostenzuschüsse von Versorgungsunternehmen geltende) BMF-Schreiben war die seinerzeit noch geltende Verankerung des Prinzips der sog. umgekehrten Maßgeblichkeit nach § 5 Abs. 1 Satz 2 a. F. EStG in der Handelsbilanz, nach der steuerrechtliche Wahlrechte bei der Gewinnermittlung in Übereinstimmung mit der handelsrechtlichen Jahresbilanz auszuüben waren. Danach hätte eine unterschiedliche Behandlung der Baukostenzuschüsse in Handels- und Steuerbilanz dazu geführt, dass die Baukostenzuschüsse in voller Höhe ertragsteuerpflichtig gewesen wären. Zudem stand damit das BMF-Schreiben in Widerspruch zu § 23 Abs. 3 Satz 2 EigAnVO, der zwingend eine Passivierung vorschreibt. Daher erfolgte von manchen Eigenbetrieben vor Geltung des BMF-Schreibens vom 7.10.2004, entgegen der in der EigAnVO vorgeschriebenen Passivierungspflicht für Baukostenzuschüsse, eine aktivische Absetzung von Baukostenzuschüssen (in den steuerpflichtigen Betriebszweigen der Strom-, Gas-, Wärme- und Wasserversorgung) von den Anschaffungs- und Herstellungskosten der bezuschussten Vermögensgegenstände, um steuerliche Nachteile zu vermeiden. Neben der Klarstellung durch das BMF-Schreiben vom 7.10.2004, dass ein handelsbilanzieller Passivposten für die empfangenen Baukostenzuschüsse die Ausübung des Wahlrechtes nach R 6.5 Abs. 2 Satz 1 bis 4 EStR 2012 nicht gefährdet, ist zwischenzeitlich die sog. umgekehrte Maßgeblichkeit entfallen. Nach R 6.5. Abs. 2 Satz 4 EStR 2012 sind bei abweichender Bewertung in der Handelsbilanz die entsprechenden Anlagegüter in ein besonderes, laufend zu führendes Verzeichnis aufzunehmen (§ 5 Abs. 1 Satz 2 EStG). Dies bedeutet, dass Eigenbetriebe trotz anderer steuerlicher Bilanzierungsprinzipien den Baukostenzuschuss zwingend und nur nach § 23 Abs. 3 Satz 2 EigAnVO als empfangene Ertragszuschüsse passivieren müssen. Steuerliche Nachteile sind bei einer anderen Bilanzierung nicht mehr zu befürchten. Eine Änderung der Bilanzierungsprinzipien hin zu einer Passivierung der Baukostenzuschüsse ist bei solchen Eigenbetrieben, die den Baukostenzuschuss noch aktivisch absetzen, somit geboten. Für Zwecke der Steuerbilanz hat ggf. eine Korrektur der Handelsbilanzwerte nach § 60 Abs. 2 EStDV zu erfolgen.

10.4 Zuschüsse Erneuerungsverpflichteter

10.4.1 Anwendungsfälle

Zuschüsse Erneuerungsverpflichteter stellen immer Investitionskostenzuschüsse dar und sind z. B. Zuschüsse von Sonderabnehmern. Sonderabnehmer werden zu Bedingungen und Preisen versorgt, die für sie günstiger sind als die allgemeinen Bedingungen und die allgemeinen Tarifpreise. Zum Abschluss solcher Sonderverträge besteht kein Anspruch, im Gegensatz zum Anschluss und zur Versorgung zu allgemeinen Bedingungen und allgemeinen Tarifen. Zur Berechnung der Zuschüsse gibt es in der Energieversorgung keine gesetzlichen Vorschriften. Die Zuschüsse werden vielmehr im Rahmen der Vertragsfreiheit zwischen dem Abnehmer und dem Versorgungsunternehmen vereinbart. Für gebührenrechnende Einrichtungen besteht nach § 2 Abs. 2 KAG die Möglichkeit, an Stelle der Erhebung von Gebühren und Beiträgen vertraglich die Zahlung von kostendeckenden Entgelten zu vereinbaren, wenn eine Mehrbelastung anderer Entgeltschuldner hierdurch nicht eintritt. Sonderverträge kommen in der Praxis häufig in der Wasserversorgung und Abwasserbeseitigung vor, weil nach den Förderrichtlinien der Wasserwirtschaftsverwaltung vom 3.11.1992 u. a. Kosten für Anlagen oder Anlagenteile für wasser- oder abwasserinvestive Betriebe, die dem Nutzen einzelner dienen oder durch diese verursacht sind, unter bestimmten Voraussetzungen nicht zuwendungsfähig sind.

Zuschüsse Erneuerungsverpflichteter sind auch folgende Beispiele: Die Investitionskostenanteile der Straßenbaulastträger (Ortsgemeinde gemäß § 14 LStrG, Kreis gem. § 12 Abs. 2 LStrG, Land gem. § 12 Abs. 1 LStrG und Bund gem. § 5 FStrG).

10.4.2 Bilanzierung der Zuschüsse Erneuerungsverpflichteter

Nach § 23 Abs. 3 Satz 4 EigAnVO sind diese Zuschüsse zwingend von den Anschaffungs- und Herstellungskosten abzusetzen, da es sich um Investitionskostenzuschüsse handelt. Es handelt sich hier um eine Einschränkung des handelsrechtlichen Wahlrechts zur Behandlung von Investitionskostenzuschüssen, die in Übereinstimmung mit den steuerrechtlichen Vorschriften zur Behandlung der Investitionskostenzuschüsse steht (vgl. hierzu im Einzelnen Erl. 10.2.2).

Nach den amtlichen Erläuterungen zu § 24 EigVO Tz. 2 sind als Baukostenzuschüsse anderer Einrichtungsträger mit Erneuerungsverpflichtungen, z. B. Baukostenzuschüsse von Zweckverbänden mit Entgeltshoheit genannt. Diese Baukostenzuschüsse sollten aber u. E. passiviert werden, da auch aufgrund des Zuschussumfangs, ansonsten der Einblick in die Vermögens-, Finanz- und Ertragslage erheblich eingeschränkt wird. Baukostenzuschüsse anderer Gebietskörperschaften oder Zweckverbände sollten daher immer passiviert werden. Die Vorgehensweise, solche Baukostenzuschüsse zu passivieren, erfolgt auch häufig in der Bilanzierungspraxis. Gleichermaßen wird in der Praxis (trotz der anderslautenden gesetzlichen Regelung) auch mit den Investitionskostenanteilen der Straßenbaulastträger verfahren, die regelmäßig nicht von den Anschaffungs- und Herstellungskosten der bezuschussten Vermögensgegenstände abgesetzt, sondern passiviert werden. Auch dies ist insbesondere bei umfangreichen Investitionskostenanteilen, vor dem Hintergrund des damit verbesserten Einblicks in die Vermögens-, Finanz- und Ertragslage, sachgerecht. Es wird im Einzelnen auf die Erl. 10.2.2 verwiesen.

10.5 Bilanzierung von Kapitalzuschüssen der öffentlichen Hand

Nach § 23 Abs. 3 Satz 5 EigAnVO sind Kapitalzuschüsse der öffentlichen Hand, die die Gemeinde für den Eigenbetrieb erhalten hat, dem Eigenkapital unmittelbar zuzuführen, soweit die den Zuschuss bewilligende Stelle nicht Gegenteiliges bestimmt. Dies hat zur Folge, dass die Abschreibungen von den ungekürzten Anschaffungs- oder Herstellungskosten zu berechnen sind. Für die Zuführung zum Eigenkapital des Eigenbetriebes kommen nur solche Zuschüsse infrage, die dem Eigenbetrieb zustehen, die also dessen Finanzkraft stärken sollen. Dazu gehören alle Zuschüsse, welche Objekte fördern, die zum Anlagevermögen des Eigenbetriebs gehören. Die Zuführung der Kapitalzuschüsse zum Eigenkapital ergibt sich aus dem Gesetz. Ein gesonderter Stadtrats- oder Werkausschussbeschluss ist für die Zuführung des Zuschusses zum Eigenkapital nicht erforderlich. Kapitalzuschüsse der öffentlichen Hand sind im Wesentlichen alle finanziellen Zuwendungen des Bundes, des Staates oder von Gemeindeverbänden, bei denen es sich um Geldleistungen handelt. Bezüglich der Kapitalzuschüsse kann es sich z. B. um ÖPNV-Zuweisungen oder Zuschüsse zum Bau kommunaler Wasserversorgungsanlagen handeln (*Lenz/Wager*, Eigenbetriebsverordnung Bayern. Kommentar für kommunale Unternehmen, 6. Aufl., Stuttgart, 2019, M., S. 164 f.). Die gesetzgeberische Entscheidung der direkten Zuführung zum Eigenkapital bewirkt, dass der abzuschreibende Anschaffungs- und Herstellungsaufwand sich nicht vermindert, also höhere Abschreibungsaufwendungen anfallen werden. Das ist wirtschaftspolitisch sinnvoll, denn es ist fraglich, ob in dem Zeitpunkt, in dem die Ersatzbeschaffungen der bezuschussten Wirtschaftsgüter anstehen, wieder mit derartigen Zuschüssen zu rechnen ist (*Bennemann*, a. a. O., Bennemann, G., S. 196).

11. (D.) Rückstellungen

11.1 Inhalt und Gliederung

Das Gliederungsschema für die Rückstellungen nach Formblatt 1 entspricht dem handelsrechtlichen Gliederungsschema nach § 266 Abs. 3 HGB:

- Rückstellungen für Pensionen und ähnliche Verpflichtungen
- Steuerrückstellungen
- sonstige Rückstellungen.

Im Rahmen der Rückstellungen werden dem Grund und/oder der Höhe nach ungewisse Verbindlichkeiten, drohende Verluste aus schwebenden Geschäften sowie bestimmte Aufwendungen erfasst. Voraussetzung für die Passivierung ist die rechtliche Entstehung oder die wirtschaftliche Verursachung der ungewissen Verbindlichkeiten am Bilanzstichtag. Zudem muss mit einer Inanspruchnahme ernsthaft zu rechnen sein (überwiegende Wahrscheinlichkeit). Sind Schulden hinsichtlich ihres Bestehens und ihrer Höhe genau bestimmbar, erfolgt ein Ausweis unter den Verbindlichkeiten. Schematisch lassen sich folgende Rückstellungen gemäß § 249 HGB unterscheiden:

Tabelle 1: Rückstellungsarten nach § 249 HGB

Rückstellung	Passivierungs-	§ 249
für ungewisse Verbindlichkeiten	Pflicht	Abs. 1 Satz 1
für drohende Verluste aus schwebenden Geschäften	Pflicht	Abs. 1 Satz 1
für unterlassene Instandhaltung < 3 Monate	Pflicht	Abs. 1 Satz 2 Nr. 1
für Abraumbeseitigung (bis 12 Monate)	Pflicht	Abs. 1 Satz 2 Nr. 1
für Gewährleistungen ohne rechtliche Verpflichtung	Pflicht	Abs. 1 Satz 2 Nr. 2
für weitere Zwecke	Verbot	Abs. 2

Mit Einführung des BilMoG sind die Wahlrechte zum Ansatz von Rückstellungen für unterlassene Instandhaltungen, die zwischen dem 4. und dem 12. Monat des folgenden Geschäftsjahres nachgeholt wurden, sowie von Rückstellungen für zukünftige Aufwendungen aufgehoben worden. Derartige Rückstellungen dürfen seitdem nicht mehr gebildet werden. Sofern im Rahmen des Beibehaltungswahlrechtes nach Art. 67 EGHGB derartige Rückstellungen beibehalten wurden, sind sie nach dem alten Bewertungsregime zu behandeln. Zuführungen sind nicht mehr zulässig (IDW RS HFA 28, 9.9.2010, Tz. 16 und 17).

11.2 Bilanzierung und Bewertung

11.2.1 Rückstellungen für ungewisse Verbindlichkeiten

Voraussetzung für die Bildung einer Rückstellung für ungewisse Verbindlichkeiten sind folgende Merkmale:

1. Schuldcharakter

Es muss eine Verpflichtung gegenüber einem Dritten oder eine öffentlich-rechtliche Verpflichtung vorliegen, die auf die Erbringung eines Geldbetrages, einer Sachleistung oder einer Dienstleistung gerichtet ist (Außenverpflichtung). Rückstellungen für Innenverpflichtungen sind nur in den Fällen des § 249 Abs. 1 Satz 2 HGB zu bilden. Die Schuld muss am Bilanzstichtag bestanden haben, d. h. die Verpflichtung wurde bereits vor dem Bilanzstichtag verursacht (Verursachungsprinzip), sodass ein Erfüllungsrückstand entstanden ist. Es kann dabei die Verbindlichkeit selbst bereits rechtlich entstanden sein. Darüber hinaus reicht es allerdings auch aus, wenn wirtschaftlich gesehen die Verursachung einer rechtlich erst später entstehenden Verbindlichkeit vor dem Bilanzstichtag liegt. Die Kenntnis des Anspruchsberechtigten ist nicht erforderlich, um eine Rückstellungspflicht auszulösen. Das Vorliegen einer Außenverpflichtung, bei der die Leistungspflicht gegenüber dem Dritten von dem eigenbetrieblichen Interesse vollständig überlagert wird, steht der Rückstellungsbildung entgegen (BFH vom 22.1.2020 – XI R 2/19 –, BStBl. II 2020 S. 493).

2. Ungewissheit über Entstehung und/oder Höhe der Verbindlichkeit

Hier ist zu unterscheiden:

- dem Grunde nach (ist die Verbindlichkeit überhaupt entstanden?). Das Vorsichtsprinzip erfordert in diesem Falle Vorsorge zu treffen. Allerdings müssen konkrete Anhaltspunkte vorliegen, die nach vernünftiger kaufmännischer Beurteilung mit einem Bestehen/Entstehen der Verbindlichkeit rechnen lassen.
- der Höhe nach. Das Bestehen der Verbindlichkeit ist in diesem Falle unstrittig, allerdings ist die Höhe der Schuld unbekannt, sodass eine Schätzung des Betrages erforderlich wird.
- Sowohl Grund als auch Höhe der Verbindlichkeit sind unbekannt.

3. Wahrscheinlichkeit der Inanspruchnahme

Es muss mit einer überwiegenden Wahrscheinlichkeit damit gerechnet werden, dass es zu einer Inanspruchnahme kommt. Diese Voraussetzung ist zwar nicht ausdrücklich kodifiziert, sie ist allerdings notwendige Voraussetzung, um eine willkürliche Bildung von Reserven zu verhindern. Die bloße abstrakte Möglichkeit einer Inanspruchnahme reicht nicht aus, da insoweit keine Rückstellung, sondern ein Haftungsverhältnis vorliegt. Es müssen mehr Gründe für die Inanspruchnahme sprechen als dagegen.

11.2.2 Rückstellung für drohende Verluste aus schwebenden Geschäften

Bei einem schwebenden Geschäft handelt es sich um einen abgeschlossenen Vertrag, der von beiden Vertragspartnern noch nicht erfüllt ist. Grundsätzlich werden solche Verträge im Rahmen der Bilanzierung nicht abgebildet, da man davon ausgeht, dass Erträge und Aufwendungen aus abgeschlossenen Verträgen sich ausgleichend gegenüberstehen. Falls allerdings diese Ausgleichsvermutung nicht greift, weil die erwarteten Aufwendungen die Erträge aus dem Vertrag übersteigen, entsteht ein Verpflichtungsüberschuss, der in einer Drohverlustrückstellung zu erfassen ist. Als Beispiele können genannt werden:

- Einkaufsgeschäft: Der Wert der noch abzunehmenden Vermögensgegenstände liegt unter dem vertraglich zu zahlenden Kaufpreis, weil beispielsweise zwischenzeitlich die Preise gesunken sind.
- Absatzbereich: Die Anschaffungs- bzw. Selbstkosten des Vermögensgegenstandes sind höher als der vertraglich vereinbarte Verkaufspreis, weil beispielsweise die Herstellungskosten nicht durch den Erlös gedeckt werden.
- Dauerschuldverhältnisse: Auch hier kommen Drohverlustrückstellungen in Betracht, wenn beispielsweise bei einem Untermietverhältnis die vereinbarte Miete unterhalb des Anmietungspreises liegt.
- Bewertungseinheiten: Ein Anwendungsfall können Zinssicherungsgeschäfte in Form von Swap-Verträgen sein, wenn negative Marktwerte außerhalb eines Sicherungszusammenhangs entstehen (vgl. hierzu das ABC der Rückstellungen „Swap-Geschäfte"); in diesem Fall ist auch eine Drohverlustrückstellung in der Steuerbilanz zulässig (vgl. § 5 Abs. 1a Satz 2 EStG).

Handelsrechtlich sind Drohverlustrückstellungen zwingend zu passivieren (§ 249 Abs. 1 Satz 1 HGB, IDW RS HFA 4, 29.11.2010), allerdings dürfen Drohverlustrückstellungen steuerlich, mit Ausnahme des o. g. Falles, nicht gebildet werden (§ 5 Abs. 4a EStG).

11.2.3 Rückstellungen für unterlassene Instandhaltungen

Auf die Erläuterungen im ABC der Rückstellungen wird verwiesen.

11.2.4 Rückstellungen für Abraumbeseitigung

Auf die Erläuterungen im ABC der Rückstellungen wird verwiesen.

11.2.5 Rückstellungen für Gewährleistungen ohne rechtliche Verpflichtung

Hier sind solche Gewährleistungen gemeint, die ohne rechtliche Verpflichtungen erbracht werden, um Streitigkeiten im Interesse der Geschäftsbeziehungen zu vermeiden (Kulanz). Es liegt insoweit eine Rückstellung für ungewisse Verbindlichkeiten vor. Ein Anwendungsbeispiel aus der Versorgungswirtschaft betrifft die Rechtsstreitigkeiten über die Angemessenheit von einseitigen Preiserhöhungen nach § 315 BGB bzw. die Unwirksamkeit der die Preiserhöhungen legitimierenden Allgemeinen Geschäftsbedingungen (AGB). Sofern die Versorgungsunternehmen ihren Kunden über die streitigen Einzelfälle hinaus Zusagen im Sinne einer Gleichbehandlung gegeben haben, können faktische Verpflichtungen entstanden sein, wenn sich ein negativer Ausgang der vergleichbaren Rechtsstreitigkeiten abzeichnet.

11.2.6 Rückstellungen für konkrete zukünftige Aufwendungen

Diese sogenannten Aufwandsrückstellungen nach § 249 Abs. 2 HGB a. F. sind nach den Änderungen durch das BilMoG nicht mehr zulässig. Nach Art. 67 Abs. 3 EGHGB dürfen diese Rückstellungen, soweit sie im Jahr vor der Umstellung auf BilMoG bereits bilanziert waren, fortgeführt werden (IDW RS HFA 28, 9.9.2010, Tz. 16 f.). In diesem Fall sind die bis zum Inkrafttreten des BilMoG geltenden Vorschriften weiterhin anzuwenden, d. h. dass die bilanzierten Werte in den Folgejahren aufgrund der Ansatz- und Bewertungsstetigkeit der §§ 246 Abs. 3, 252 Abs. 1 Nr. 6 HGB zweckentsprechend zu verbrauchen oder bei Wegfall des Bildungsgrundes aufzulösen sind. Weitere Zuführungen sind nicht mehr zulässig, was auch für die Fortsetzung einer vor Inkrafttreten des BilMoG begonnenen Ansammlungsrückstellung gilt (IDW Stellungnahme zur Rechnungslegung: Übergangsregelungen des Bilanzrechtsmodernisierungsgesetzes (IDW RS HFA 28) Tz. 16–18).

Ein Hauptanwendungsfall in der Praxis waren Großreparaturen oder Generalüberholungen bzw. regelmäßig wiederkehrende Reparaturen. Um eine periodengerechte Erfolgserfassung auch in diesen Fällen zu ermöglichen, kann bei abnutzbaren Sachanlagen das Instrument der komponentenweisen Abschreibung angewendet werden (IDW RH HFA 1.016, 29.5.2009 und Verweis auf Ziffer 2.3.2.5.1.8 und 2.4.2. „Abschreibungen").

11.2.7 Bewertung

Handelsrechtlich sind Rückstellungen in Höhe des nach vernünftiger kaufmännischer Beurteilung notwendigen Erfüllungsbetrages anzusetzen (§ 253 Abs. 1 Satz 2 HGB).

Der durch das BilMoG neu in das Gesetz eingefügte Begriff „Erfüllungsbetrag" verdeutlicht, dass die am Abschlussstichtag erwarteten, zum Zeitpunkt der voraussichtlichen Begleichung der Verpflichtung maßgeblichen Verhältnisse als Bewertungsmaßstab gesehen werden sollen. Dies bedingt sowohl für Sach- als auch für Geldleistungsverpflichtungen die Berücksichtigung künftiger Preis- und Kostensteigerungen (*Schubert* in BeBiKo, Tz. 150 zu § 253 HGB).

Ebenfalls durch das BilMoG neu eingeführt wurde das Gebot der Abzinsung länger laufender Rückstellungen. Nach § 253 Abs. 2 Satz 1 HGB sind Rückstellungen mit einer Restlaufzeit von mehr als einem Jahr mit dem ihrer Restlaufzeit entsprechenden durchschnittlichen Marktzinssatz der vergangenen sieben Jahre abzuzinsen.

Die Abzinsungssätze werden entsprechend der Vorgabe des § 253 Abs. 2 Satz 4 HGB und der Rückstellungsabzinsungsverordnung (RückAbzinsV) monatlich von der Deutschen Bundesbank ermittelt und bekannt gegeben.

Demnach ist als Ausgangsgröße vor Abzinsung der Betrag zurückzustellen, mit dem das Unternehmen voraussichtlich in der Zukunft in Anspruch genommen wird oder der zur Abdeckung des Risikos benötigt wird. Im Rahmen der Beurteilung sind das Vorsichtsprinzip als allgemeiner Bewertungsgrundsatz und das Imparitätsprinzip (vgl. Erl. 5 zu § 20 EigAnVO) zu beachten, sodass die Risiken richtig und angemessen berücksichtigt werden müssen. Der Bilanzansatz muss innerhalb einer gewissen Bandbreite möglicher Inanspruchnahmen liegen, die sich durch Berücksichtigung sämtlicher vorhandener Informationen bei der Bilanzaufstellung über die tatsächlichen Verhältnisse am Bilanzstichtag ergibt. Diese Bandbreite muss unter Vermeidung von zu pessimistischer oder zu optimistischer Abgrenzung objektiv festgelegt werden (*Schubert* in BeBiKo, Tz. 131 zu § 253 HGB). Die Rückstellung ist mit dem Betrag, der die höchste Eintrittswahrscheinlichkeit hat, zu bemessen, bzw. bei Beträgen mit gleicher Eintrittswahrscheinlichkeit ist der jeweils höchste Betrag zu wählen. Nicht in jedem Falle darf jedoch der Betrag mit der höchsten Wahrscheinlichkeit zur Rückstellungsbemessung genommen werden. Bestehen neben dem Betrag mit der höchsten Wahrscheinlichkeit noch weitere mögliche Rückstellungsbeträge mit geringfügig niedrigerer Wahrscheinlichkeit, aber höherem möglichen Betrag, so verlangt das Vorsichtsprinzip, dass der höhere Betrag angesetzt wird (*Schubert* in BeBiKo, Tz. 131 zu § 253 HGB).

Im Zusammenhang mit den neuen Bewertungsvorschriften ergeben sich einige Anwendungsfragen, die im Folgenden dargestellt werden.

Höhe der Kosten- und Preissteigerungen

Die einzuplanenden Kosten- und Preissteigerungen sind jeweils einzelfallbezogen sachgerecht zu schätzen. Dabei sollen unternehmens-, branchen- und sachverhaltsbezogene Erfahrungen mit in die Bemessung der angenommenen Höhe mit einfließen. Die der Bemessung zugrunde gelegten Annahmen müssen auf hinreichend objektiven Hinweisen und begründeten Erwartungen basieren (IDW RS HFA 34, 3.6.2015, Tz. 4, 25 f.). Aufgrund des Vorsichtsprinzips sind erwartete Kostenminderungen z. B. aus dem erwarteten technologischen Fortschritt nur zu berücksichtigen, wenn ihr Eintritt mit hoher Wahrscheinlichkeit zu erwarten ist.

Steuerlich sind hingegen gemäß § 6 Abs. 1 Nr. 3a Buchst. f EStG die Wertverhältnisse am Bilanzstichtag maßgeblich; künftige Kosten- und Preissteigerungen dürfen nicht berücksichtigt werden, s. u.

Relevanter Abzinsungssatz

Aufgrund des Stichtagsprinzips (§ 252 Abs. 1 Nr. 3 HGB) ist grundsätzlich der restlaufzeitentsprechende Abzinsungssatz relevant, der von der Deutschen Bundesbank für den Abschlussstichtag ermittelt wurde. Veränderungen des Zinssatzes nach dem Abschlussstichtag sind als wertbegründende Tatsachen nicht berücksichtigungsfähig. Aus Praktikabilitätsgründen wird es ebenfalls als zulässig angesehen, wenn die relevanten Parameter bis zu drei Monate vor dem Abschlussstichtag erhoben werden, sofern die Änderung der Parameter bis zum Abschlussstichtag nur unwesentliche Auswirkungen haben (IDW RS HFA 34, 3.6.2015, Tz. 6).

Für die Aufzinsung bereits bestehender Rückstellungen kann mit dem Abzinsungssatz zu Beginn der Periode gerechnet werden und insoweit eine Änderung des Abzinsungssatzes erst zum Ende der Periode unterstellt werden. Alternativ kann auch quartals- oder monatsweise gerechnet werden.

Die anzuwendenden Abzinsungssätze werden in der RückAbzinsV nur für ganzjährige Restlaufzeiten angegeben. Restlaufzeit ist der Zeitraum zwischen dem Abschlussstichtag und dem Zeitpunkt der voraussichtlichen Inanspruchnahme aus der Verpflichtung. Für den Fall, dass nicht ganzjährige Restlaufzeiten auftreten, weil die Inanspruchnahme nicht am Ende der Periode, sondern unterjährig zu erwarten ist, werden drei Methoden zur Auswahl des Abzinsungssatzes als zulässig angesehen (IDW RS HFA 34, 3.6.2015, Tz. 42 ff.):

1. monats- oder quartalsgenaue Interpolation, ausgehend von den Zinssätzen der nächstkürzeren bzw. -längeren ganzjährigen Restlaufzeiten. Die Interpolation ist zudem eine in der RückAbzinsV angewandte Methodik.
2. Verwendung des Abzinsungssatzes, dessen Restlaufzeit der erwarteten Inanspruchnahme zeitlich am nächsten liegt.
3. Verwendung des nächstkürzeren Abzinsungssatzes.

Die Forderung nach Verwendung laufzeitadäquater Abzinsungssätze führt in den Fällen zu erheblichem Ermittlungsaufwand, in denen sich die voraussichtliche Inanspruchnahme der langfristigen Rückstellungen nicht nur über eine, sondern über mehrere Perioden erstreckt. Dann sind die erwarteten Zahlungsflüsse mit ihren jeweils unterschiedlichen Restlaufzeiten mit unterschiedlichen Abzinsungssätzen abzuzinsen. Ein Beispiel derartiger Rückstellungen sind die Rückstellungen für Deponienachsorge im Bereich der Abfallwirtschaft.

Ein weiterer Anwendungsfall derartiger Rückstellungen sind Rückstellungen für Pensionen und ähnliche Verpflichtungen, die sich ebenfalls durch eine mehrjährige Inanspruchnahme der Rückstellungen auszeichnen. Da zudem derartige Rückstellungen oftmals für eine Vielzahl von Empfängern zu berechnen sind, wäre mit der gesetzlichen Neuregelung ein erheblicher Umsetzungsaufwand verbunden.

Der Gesetzgeber hat diesem Umstand mit einer Vereinfachungsregelung in § 253 Abs. 2 Satz 2 HGB Rechnung getragen. Danach dürfen Rückstellungen für Altersversorgungsverpflichtungen und vergleichbare langfristig fällige Verpflichtungen pauschal mit dem durchschnittlichen (Sieben-Jahres) Marktzinssatz abgezinst werden, der sich bei einer angenommenen Restlaufzeit von 15 Jahren ergibt. Weicht die tatsächliche Duration der Pensionsverpflichtungen von dieser fiktiven Duration in Höhe von 15 Jahren ab, ist es empfehlenswert für die angenommene Restlaufzeit bei der Ermittlung des Zinssatzes auf die tatsächliche Duration der Verpflichtungen abzustellen (zum Begriff der Rückstellungen für Pensionen und ähnlichen Verpflichtungen s. u. zum ABC der Rückstellungen).

Aufgrund der anhaltenden Niedrigzinsphase ist der durchschnittliche Zinssatz der vergangenen sieben Jahre beständig gefallen. Dies hatte zur Folge, dass sich insbesondere der Wert der Pensionsverpflichtungen stark erhöhte und so zu hohen jährlichen Zuführungen führte. Aufgrund starker Kritik an dem weiteren Auseinanderfallen zum steuerlich unveränderten Zinssatz für die Pensionsbewertung von 6 % wurde mit Änderung des § 253 Abs. 2 Satz 1 HGB durch das Gesetz zur Umsetzung der Wohnimmobilienkreditrichtlinie ermöglicht, bei der Bewertung der Pensionsrückstellungen statt des durchschnittlichen Sieben-Jahreszeitraums ein Zehn-Jahreszeitraum zugrunde zu legen. Allerdings ist der Unterschiedsbetrag jährlich festzustellen; er unterliegt einer Ausschüttungssperre (§ 253 Abs. 6 HGB). Die Regelung ist erstmalig auf Geschäftsjahre anzuwenden, die nach dem 31.12.2015 beginnen.

Ab 2022 konnte eine Normalisierung des Zinsniveaus durch steigende Zinsen konstatiert werden mit entsprechenden Zinseffekten aus den hierdurch c. p. gesunkenen Rückstellungen.

Abzinsungszeitraum

Die Deutsche Bundesbank ermittelt und veröffentlicht Abzinsungssätze zwischen einem und fünfzig Jahren Restlaufzeit.

Für Rückstellungen mit einer Laufzeit von unter einem Jahr ist nach dem Wortlaut des § 253 Abs. 2 Satz 1 HGB eine Abzinsung nicht erforderlich. Jedoch wird für diese Rückstellungen von einem Abzinsungswahlrecht ausgegangen (IDW RS HFA 34, 3.6.2015, Tz. 44).

In der Praxis stellt sich für länger laufende Rückstellungen die Frage, ob die innerhalb eines Jahres relevant werdende Inanspruchnahme einer sich aus mehreren Teilbeträgen zusammensetzenden, mehrjährigen Rückstellung überhaupt abzuzinsen ist (Teilbeträge < 1 Jahr Restlaufzeit). In der Literatur wird hierzu mehrheitlich die Ansicht vertreten, dass insoweit ein Wahlrecht zur Abzinsung besteht (*Schubert* in BeBiKo, Tz. 180 zu § 253 HGB und WPH, a. a. O., Justenhoven, P./Dangmann, T./Deubert, M., etal., Kap. F Tz. 578).

Für Restlaufzeiten über 50 Jahren ist es zulässig, den Abzinsungssatz für Restlaufzeiten von 50 Jahren zu nehmen (IDW RS HFA 34, 3.6.2015, Tz. 43 ff.).

Ausweisfragen

Fraglich ist, ob bei Einbuchen einer längerfristigen Rückstellung der volle Erfüllungsbetrag einerseits und der Zinsertrag aus der Abzinsung andererseits saldiert oder unsaldiert dargestellt werden soll. Nach § 246 Abs. 2 Satz 1 HGB besteht grundsätzlich ein Saldierungsverbot von Aufwendungen und Erträgen.

Nach den Ausführungen in HFA RS 34, Tz. 11 hat jedoch die Einbuchung der erstmaligen Zuführung nach der sogen. Nettomethode zu erfolgen, d. h. der um Kosten- und Preissteigerungen erhöhte und der um die Abzinsung verminderte Rückstellungsbetrag wird in einem Betrag (i. d. R. aufwandswirksam in der Aufwandsposition, die es betrifft) eingebucht. Die Aufzinsung in den Folgeperioden erfolgt zulasten des Finanzergebnisses (so auch WPH, a. a. O., Justenhoven, P./Dangmann, T./Deubert, M., H. F. et al., Kap. F Tz. 575).

Erfolge aus Änderungen des Abzinsungssatzes zwischen zwei Abschlussstichtagen oder von Zinseffekten aus einer Veränderung der angenommenen Restlaufzeit dürfen einheitlich im operativen oder im Finanzergebnis ausgewiesen werden (IDW RS HFA 34, 3.6.2015, Tz. 49 und Tz. 51).

In der Gewinn- und Verlustrechnung sieht § 277 Abs. 5 Satz 1 HGB den gesonderten Ausweis von Abzinsungserträgen unter den Zinserträgen und von Aufzinsungsaufwendungen unter den Zinsaufwendungen vor.

Abweichende steuerliche Bilanzierungs- und Bewertungsmaßstäbe

Nach dem Grundsatz der Maßgeblichkeit der Handels- für die Steuerbilanz (§ 5 Abs. 1 Satz 1 EStG) sind in der Steuerbilanz die Rückstellungen anzusetzen, die in der Handelsbilanz ausgewiesen werden.

Jedoch gibt es zahlreiche steuerliche Sondervorschriften, die einer Übernahme der handelsbilanziellen Ansätze entgegenstehen. So wird der Grundsatz der Maßgeblichkeit durch Ansatz- und Bewertungsvorbehalte in den § 5 Abs. 1a, 2a bis 4b, Abs. 6, § 6 Abs. 1 Nr. 3a, und § 6a EStG eingeschränkt.

Nach den Grundsätzen des BFH, Urt. vom 3.2.1969, führen zudem handelsrechtliche Passivierungswahlrechte zu steuerlichen Passivierungsverboten (so auch Amtliche Hinweise zu den EStR, H 5.7 Abs. 1 und BMF-Schreiben vom 12.3.2010).

Eine weitere bedeutsame Abweichung ergibt sich bei der steuerlichen Behandlung von Sachleistungsverpflichtungen, z. B. für Rekultivierungs-, Rückbau-, Entsorgungs-, Nachsorge- und Sanierungsverpflichtungen). Nach der Regelung in § 6 Abs. 1 Nr. 3a Buchst. e) Satz 2 EStG ist bei Sachleistungsverpflichtungen für die Abzinsung der Zeitraum bis zum Beginn der Erfüllung maßgebend. Sofern der Erfüllungszeitraum sich über längere Perioden erstreckt, ergeben sich hieraus handelsrechtlich erheblich niedrigere Rückstellungsbeträge, da die Inanspruchnahmen nach Beginn der Erfüllung ebenfalls der Abzinsung unterliegen. In der bundesweit abgestimmten Verfügung der OFD Münster vom 13.7.2012 wird die Auffassung vertreten, dass abweichend von der bisherigen Sichtweise der Maßgeblichkeitsgrundsatz auch dann anzuwenden ist, wenn der Ausweis in der Handelsbilanz niedriger ist als der sich nach § 6 Abs. 1 Nr. 3a EStG ergebende Wert. Diese Auffassung wurde ebenfalls in die EStR 2012 eingearbeitet. Abschnitt 6.11 Abs. 3 allerdings ermöglichte hier über die mögliche Bildung einer gewinnmindernden steuerlichen Rücklage, die über 15 Jahre aufgelöst werden konnte, Abmilderung, sofern der Gewinn aus der erstmaligen Umstellung auf das BilMoG resultierte. Dies hat insbesondere bei der Bilanzierung der Deponienachsorgerückstellungen in der Abfallwirtschaft große Bedeutung, wenn die Aufgabe der Abfallentsorgung nach § 22 KrWG 2012 an eine (steuerpflichtige) juristische Person des privaten Rechts übertragen wurde. Unverständlich bleibt, warum der allgemeine Grundsatz der Maßgeblichkeit in diesem Fall (abweichend zur Berücksichtigung der Auswirkung der Verwendung unterschiedlicher Abzinsungssätze nach § 6 Abs. 1 Nr. 3a Buchst. e Satz 1 EStG) der Spezialregelung des Satzes 2 vorgehen soll.

Die Abzinsung von Sachleistungsverpflichtungen steht insbesondere in der Ver- und Entsorgungswirtschaft in der Kritik. Jedoch hat der BFH in seinem Urt. vom 5.5.2011 – IV/R 32/07 –, die gesetzlichen Regelungen bestätigt.

Folgende weitere steuerliche Grundsätze zur Bewertung der Rückstellungen sind in § 6 Abs. 1 Nr. 3a EStG enthalten:

- Bei gleichartigen Verpflichtungen, z. B. bei Gewährleistungsverpflichtungen aus Garantieleistungen oder Kulanzleistungen, ist aufgrund der Erfahrungen in der Vergangenheit bei der Rückstellungsbildung die Wahrscheinlichkeit zu berücksichtigen, dass das Unternehmen nur zu einem Teil der Summe dieser Verpflichtungen in Anspruch genommen wird.

- Sachleistungsverpflichtungen sind mit den Einzelkosten zzgl. angemessener Teile der notwendigen Gemeinkosten zu passivieren. Was unter „angemessener Teile der notwendigen Gemeinkosten" zu verstehen ist, definiert § 6 Abs. 1 Nr. 1 EStG i. V. m. § 255 Abs. 2 HGB. Nach dem Grundsatz der Maßgeblichkeit würde der handelsrechtliche Ansatz, der seit der Einführung des BilMoG auch die angemessenen Teile der Materialgemein- und Fertigungsgemeinkosten sowie den durch die Fertigung bedingten Werteverzehr des Anlagevermögens umfasst, als steuerliche Untergrenze naheliegen. Entgegen der früheren Lesart der Finanzverwaltung, wonach auch angemessene Kosten der allgemeinen Verwaltung/weiterer Gemeinkosten zwingend sein sollten, regelt § 6 Abs. 1 Nr. 1b EStG nunmehr, dass für den Einbezug dieser Kosten ein Wahlrecht besteht, das jedoch in Einklang mit der Handelsbilanz auszuüben ist.
  Künftige Vorteile, die mit der Erfüllung der Verpflichtung voraussichtlich verbunden sein werden, sind bei der Bewertung der Rückstellungen wertmindernd zu berücksichtigen, soweit sie nicht als Forderung zu aktivieren sind. Die Gegenrechnung setzt voraus, dass mit entsprechenden Vorteilen gerechnet werden kann. Es reicht nicht aus, dass künftig wirtschaftliche Vorteile eintreten könnten.
- Rückstellungen für Verpflichtungen, für deren Entstehen im wirtschaftlichen Sinn der laufende Betrieb ursächlich ist, sind zeitanteilig bzw. verursachungsgerecht anzusammeln (Ansammlungsrückstellung, R 6.11 Abs. 2 EStR 2012).
- Sowohl für Geld- als auch Sachleistungsverpflichtungen gilt steuerlich ein von der Handelsbilanz abweichendes Abzinsungsgebot bei den Rückstellungen. Der steuerlich zu verwendende Zinssatz zur Abzinsung beträgt nach § 6 Abs. 1 Nr. 3a Buchstabe e) EStG 5,5 %. Der in der Regel handelsrechtlich niedrigere Zinssatz führt zu einer tendenziell höheren handelsrechtlichen Rückstellung, so dass in der Handelsbilanz bei steuerpflichtigen Betrieben gewerblicher Art aktive Steuerlatenzen entstehen können. Ausgenommen sind Rückstellungen, deren Laufzeit am Bilanzstichtag weniger als zwölf Monate beträgt und Rückstellungen, die verzinslich sind oder auf einer Anzahlung oder Vorauszahlung beruhen.
- Preis- und Kostensteigerungen dürfen steuerlich bei der Bewertung nicht berücksichtigt werden (§ 6 Abs. 1 Nr. 3a Buchst. f) EStG).

11.2.8 Anhangangaben

Im Anhang sind Zusammensetzung und Entwicklung der Rückstellungen darzustellen (§ 25 Abs. 2 Nr. 1 EigAnVO). Darüber verlangt § 285 Nr. 12 HGB eine Erläuterung des Postens „Sonstige Rückstellungen" im Anhang, wenn die in diesem Posten enthaltenen einzelnen Rückstellungen einen nicht unerheblichen Umfang haben. Sofern ein Rückstellungsspiegel erstellt wird, erscheint es sachgerecht, diesen um eine Spalte „Auf-/Abzinsung" oder „Veränderung der Abzinsung" zu ergänzen, um die Zinseffekte zusätzlich zu dem in der Gewinn- und Verlustrechnung geforderten davon-Vermerk darzustellen (so auch Begründung zum Regierungsentwurf der Bundesregierung zum BilMoG vom 21.5.2008).

11.3 ABC der Rückstellungen

Abraumbeseitigung

Nach § 249 Abs. 1 Satz 2 Nr. 1 HGB sind Rückstellungen für im Geschäftsjahr unterlassene Aufwendungen für Abraumbeseitigung, die im folgenden Geschäftsjahr nachgeholt werden, zu bilden. Inhaltlich betreffen diese Rückstellungen vor allem solchen Abraum, der bei der Gewinnung von Rohstoffen im Tagebau entsteht. Die Aufwendungen für die Abraumbeseitigung betreffen eine Innenverpflichtung des Eigenbetriebs gegen sich selbst, für die kraft Gesetzes eine Passivierungspflicht, also auch eine steuerliche Ansatzpflicht, normiert worden ist. Besteht die Verpflichtung zur Abraumbeseitigung aufgrund einer öffentlich-rechtlichen, privatrechtlichen oder faktischen Verpflichtung, so ist eine Rückstellung für ungewisse Verbindlichkeiten gemäß § 249 Abs. 1 Satz 1 HGB zu bilden. Eine im Folgejahr nicht nachgeholte Rückstellung für Abraumbeseitigung kann nicht im dann darauffolgenden Jahr gemäß § 249 Abs. 1 Satz 2 Nr. 1 HGB als Pflichtrückstellung nachgeholt werden, weil insoweit der Wortlaut entgegensteht (a. A.: ADS, a. a. O., Prof. Dr. Dr. h. c. Forster, K.-H./Dr. Dr. h. c. Goerdeler, R./Lanfermann, J. et al., Tz. 181 zu § 249 HGB).

Abrechnung von Investitionskostenanteilen und laufenden Unterhaltungskostenanteilen von Straßenbaulastträgern

Regelmäßig ist der Träger der Abwasserbeseitigungsanlagen vertraglich verpflichtet, auf Grundlage des zu erstellenden Jahresabschlusses die Richtigkeit seiner jährlichen Abrechnungen gegenüber dem Straßenbaulastträger (Landkreis, Land, Gemeinde) zu bestätigen oder durch einen Abschlussprüfer i. S. d. § 319 Abs. 1 Satz 1 HGB bestätigen zu lassen. Die Kosten der Bestätigung sind als Verbindlichkeitsrückstellung zu berücksichtigen.

Abrechnungsverpflichtung

S. „Erstellung einer Jahresabrechnung".

Abwasserabgabe

Ein gemäß § 9 Abs. 2 AbwAG i. V. m. § 1 Abs. 1 LAbwAG abwasserabgabepflichtiger Eigenbetrieb hat in Höhe der nach vernünftiger kaufmännischer Beurteilung zu erwartenden Abwasserabgabefestsetzung für das Bilanzjahr eine Rückstellung für ungewisse Verbindlichkeiten (§ 249 Abs. 1 Satz 1 HGB) zu bilden, wenn bis zum Bilanzstichtag oder bis zur Aufstellung des Jahresabschlusses noch kein endgültiger Festsetzungsbescheid oder Vorauszahlungsbescheid durch die zuständige Behörde ergangen ist. Das Abwasserabgabengesetz räumt die Möglichkeit ein, sogenannte „Verrechnungsanträge" nach § 10 Abs. 3 AbwAG zu stellen. Diese können mit der Abgabeerklärung i. S. d. § 11 LAbwAG oder gemäß § 10 Abs. 2 LAbwAG auch noch nach endgültiger Festsetzung der Abwasserabgabe gestellt werden. Solange über einen Verrechnungsantrag nicht abschließend entschieden ist, ist für eine zu verrechnende Abwasserabgabe eine Rückstellung für ungewisse Verbindlichkeiten zu bilden, soweit nicht auf die zu verrechnende Abwasserabgabe wenigstens vorausgezahlt wurde (IDW, 71. Sitzung des KFA vom 23.10.1995, IDW FN 1995 S. 514).

Wird den Anträgen stattgegeben, wird die Entrichtung der Abwasserabgabe verrechnet. Die verrechnete Abwasserabgabe stellt einen Investitionszuschuss dar, der beim Eigenbetrieb als Kapitalzuschuss der öffentlichen Hand anzusehen ist. Die Rückstellung ist dann zugunsten einer Zuführung zur zweckgebundenen Rücklage zu vermindern. Zur Erfassung in den zweckgebundenen Rücklagen vgl. Erl. 8.1.2.1, zur Erfassung der Abwasserabgabe in der Gewinn- und Verlustrechnung vgl. Erl. 6.2.2 zu § 24 EigAnVO.

Altersteilzeit

Nach dem Altersteilzeitgesetz (AltTZG) bestand für Arbeitgeber die Möglichkeit, bei entsprechender Ausgestaltung des Altersteilzeitverhältnisses und Wiederbesetzung der frei gewordenen Stellen mit Arbeitslosen, AlG II Empfängern oder Auszubildenden Zuschüsse zu den Aufwendungen für Altersteilzeit zu bekommen. Diese Förderung ist Ende 2009 ausgelaufen (§ 16 AltTZG). Altersteilzeitarbeitsverhältnisse können auch ohne Förderung nach § 1 Abs. 3 AltTZG mit Arbeitnehmern für den Zeitraum nach Vollendung ihres 55. Lebensjahres entweder auf einzelvertraglicher oder tarifvertraglicher Basis sowie durch Betriebsvereinbarung vereinbart werden. Die Arbeitszeit des Arbeitnehmers kann dabei so verteilt werden, dass entweder die Altersteilzeit in eine Beschäftigungsphase und in eine sich daran anschließende Freistellungsphase mit gleicher Dauer aufgeteilt wird (sog. Blockmodell) oder sich die wöchentliche Arbeitszeit für die vereinbarte Dauer der Altersteilzeit (sog. Gleichverteilungsmodell) reduziert (IDW RS HFA 3, 19.6.2013, Tz. 6). Als weitere Bedingungen für Altersteilzeitverhältnisse sehen die tarifvertraglichen Regelungen i. d. R. vor, dass der Arbeitgeber zum einen das Entgelt des Arbeitnehmers während seiner Altersteilzeit auf mindestens 70 % des letzten Vollzeitnettoeinkommens aufstocken muss und zum anderen die Rentenversicherungsbeträge für den Arbeitnehmer während seiner Altersteilzeit auf 90 % des letzten Vollzeitarbeitsentgeltes anheben muss. Wird für die Altersteilzeit das Blockmodell vereinbart, erbringt der Arbeitnehmer in der ersten Phase der Altersteilzeit die volle Arbeitsleistung, während ihm allerdings entsprechend der Teilzeitvereinbarung nur die Hälfte seines ihm zustehenden Entgelts (zuzüglich der Aufstockungsbeträge) ausgezahlt wird. Der sich daher mit dem Beginn der sog. Beschäftigungsphase durch die Nichtauszahlung aufbauende Erfüllungsrückstand des Arbeitgebers stellt gem. § 249 Abs. 1 Satz 1 HGB eine in der Beschäftigungsphase ratierlich anzusammelnde Rückstellung für ungewisse Verbindlichkeiten dar, die in der Freistellungsphase in Anspruch genommen wird. Da die Auszahlung des Erfüllungsrückstandes an den Arbeitnehmer gestundet wurde, ist die Rückstellung unter Berücksichtigung versicherungsmathematischer Faktoren mit dem Erfüllungsbetrag anzusetzen (IDW RS HFA 3, 19.6.2013, Tz. 26), der neben den erwarteten Lohn- und Gehaltssteigerungen eine laufzeitäquivalente Abzinsung der zukünftigen Inanspruchnahmen beinhaltet. Aufgrund der Altersteilzeitvereinbarung verpflichtet sich der Arbeitgeber sowohl beim Blockmodell als auch beim Gleichverteilungsmodell i. d. R. auf in der Zukunft zu leistende Aufstockungszahlungen.

Einige Tarifverträge begründen allerdings Mitwirkungspflichten der Arbeitnehmer, die in finanzieller Beteiligung an den Aufstockungsbeträgen oder in Zusagen zur Ausgestaltung von Arbeitsbedingungen bestehen.

Daher ist zu unterscheiden: soweit die Vereinbarungen in bestehende Arbeitsverhältnisse eingreifen mit dem Ziel des gleitenden Übergangs älterer Arbeitnehmer in den Ruhestand durch Beendigung des Arbeitsverhältnisses, ergeben sich auch weiterhin eigenständige Abfindungsverpflichtungen in Form der zugesagten Aufstockungsbeträge, die mit Abschluss der Vereinbarung wirtschaftlich verursacht sind und daher zur Bildung einer Verbindlichkeitenrückstellung nach **§ 249 Abs. 1 Satz 1 HGB** führen. Die Rückstellung umfasst alle Aufstockungsbeträge und wird unter Berücksichtigung der Regeln der Versicherungsmathematik zum Erfüllungsbetrag bewertet (s. oben zum Erfüllungsrückstand).

Anders sind Fälle zu beurteilen, bei denen bereits bei Beginn eines Arbeitsverhältnisses spätere Reduktionen der Arbeitszeit vereinbart werden oder in denen Arbeitnehmer bspw. aufgrund langjähriger Betriebszugehörigkeit zusätzlich honoriert werden sollen (IDW RS HFA 3, 19.6.2013, Tz. 7 ff.), wo also nicht die Beendigung eines laufenden Arbeitsvertrages im Vordergrund steht. In diesen Fällen kann die zugesagte Aufstockung nicht als einseitige Abfindungsverpflichtung des Arbeitgebers gesehen werden. Sie ist vielmehr Bestandteil der Leistungs- und Entgeltpflichten aus dem Arbeitsverhältnis und somit bei Leistung der Aufstockungsbeträge als laufendes Entgelt zu qualifizieren. Sofern die Zusagen auf die Leistungen vor Beginn der Altersteilzeit liegen sind die Aufstockungsbeträge bis zum Beginn der Altersteilzeit ratierlich anzusammeln (IDW RS HFA 3, 19.6.2013, Tz. 20 f.).

Allerdings ist eine Rückstellung auch schon vor dem Abschluss der Altersteilzeitvereinbarung zu bilden, wenn der Arbeitnehmer durch den Abschluss eines Tarifvertrags oder einer Betriebsvereinbarung das Recht auf Abschluss einer Altersteilzeitarbeitsregelung eingeräumt erhält, der eine Annahmeverpflichtung des Arbeitgebers gegenübersteht. Daher ist bei Abschluss des Tarifvertrags oder der Betriebsvereinbarung die spätere voraussichtliche Inanspruchnahme durch die Begünstigten vorsichtig zu schätzen. Soweit nicht auf innerbetriebliche Erfahrungswerte aus der Vergangenheit bezüglich der voraussichtlichen Inanspruchnahme zurückgegriffen werden kann, sind die Ergebnisse einer unternehmensinternen Umfrage heranzuziehen. Zuführungen zu den Erfüllungsrückständen sowie nicht als Abfindungsleistung anzusehende Zuführungen zu den Aufstockungsbeträgen sind im operativen Ergebnis im Personalaufwand auszuweisen. Zuführungen mit Abfindungscharakter sind unter den sonstigen betrieblichen Aufwendungen zu erfassen. Der Ausweis erfolgt unter den sonstigen Rückstellungen (IDW RS HFA 3, 19.6.2013, Tz. 27 ff.).

Obwohl nach dem Grundsatz der Maßgeblichkeit der Handelsbilanz für die Steuerbilanz von einer Anwendung der beschriebenen Grundsätze auch in der Steuerbilanz auszugehen ist, vertritt das BMF die Auffassung, dass lediglich im Falle des Blockmodells eine Rückstellung nach § 6a EStG gebildet werden darf (BMF-Schreiben vom 28.3.2007). Allerdings ist die Höhe der Rückstellung während der Beschäftigungsphase auf die Differenz zwischen dem Arbeitsentgelt vor Altersteilzeit und der Vergütung während der Altersteilzeit begrenzt. Erst mit dem Beginn der Freistellungsphase ist die Rückstellung auf den Barwert der für die gesamte Freistellung zu zahlenden Teilzeitentgelte und Aufstockungsleistungen anzuheben. Aus Vereinfachungsgründen kann steuerlich ein Pauschalwertverfahren zur Berechnung angewendet werden (BMF-Schreiben vom 28.3.2007, Tz. 12).

Durch die Änderungen des BilMoG ist ein ggf. vorhandenes Plan- bzw. Deckungsvermögen nach § 246 Abs. 2 Satz 2 HGB zwingend mit den Verpflichtungen zu verrechnen. Plan- bzw. Deckungsvermögen sind Vermögensgegenstände, die dem Zugriff aller übrigen Gläubiger entzogen sind (Insolvenzsicherheit) und die ausschließlich der Erfüllung von Schulden aus Altersversorgungsverpflichtungen oder vergleichbaren langfristig fälligen Verpflichtungen dienen. Nach IDW RS HFA 30, 10.6.2011, Tz. 6 ff. sind Altersteilzeitverpflichtungen vergleichbare langfristig fällige Verpflichtungen. Weiterhin sind hierunter Jubiläums-, Beihilfe-, Lebensarbeitszeitkonten- und Vorruhestandsverpflichtungen sowie Übergangs- und Sterbegelder zu subsumieren. Kennzeichnend für derartige Verpflichtungen ist, dass sie mit biometrischen Risiken behaftet sind, aber keine Altersversorgungsverpflichtungen i. e. S. darstellen (IDW RS HFA 30, 10.6.2011, Tz. 8).

Das Plan- bzw. Deckungsvermögen ist sowohl gegen die Rückstellung für den Erfüllungsrückstand als auch für die Aufstockungsleistung zu saldieren (*Schubert* in BeBiKo, Tz. 130 zu § 249 HGB, „Altersteilzeit").

Die Bewertung des Plan- bzw. Deckungsvermögens erfolgt gemäß § 253 Abs. 1 Satz 4 HGB zu Zeitwerten. Übersteigt der beizulegende Zeitwert des Plan- bzw. Deckungsvermögen den Wert der Verpflichtungen, ist der übersteigende Betrag unter einem gesonderten Posten zu aktivieren (§ 246 Abs. 2 Satz 3 HGB).

Aufbewahrungsverpflichtung von Geschäftsunterlagen

Eigenbetriebe mit umfangreichen archivierungspflichtigen Geschäftsunterlagen, bei denen für die Aufbewahrungspflichten gemäß § 20 Abs. 2 EigAnVO abgrenzbare Kosten für Archivräume usw. anfallen, müssen eine Rückstellung für ungewisse Verbindlichkeiten bilden (IDW RH HFA 1.009, 23.6.2010 und BFH-Urteil vom 19.8.2002, BStBl. II 2003 S. 131). Es handelt sich hierbei um eine öffentlich-rechtliche Sachleistungsverpflichtung, die bereits mit Entstehen der aufzubewahrenden Unterlagen im abgelaufenen Geschäftsjahr wirtschaftlich verursacht ist. Der Ansatz erfolgt mit dem Erfüllungsbetrag. Die handelsrechtlichen Aufbewahrungspflichten betragen zwischen sechs und zehn Jahren; sie sind in § 257 HGB geregelt (steuerliche Regelungen vergleichbar, vgl. § 147 AO).

Im Gegensatz zum Handelsrecht wird steuerlich eine Abzinsung nicht als zulässig erachtet, da es sich um eine Sachleistungspflicht im Sinne des § 6 Abs. 1 Nr. 3a Buchst. e Satz 2 EStG handelt, die nur bis zum Beginn der Verpflichtung abzuzinsen sind, der Beginn aufgrund der laufenden Verpflichtung aber bereits am Bilanzstichtag erfolgt (siehe OFD Münster vom 21.1.2005). Die Sachleistungsverpflichtung soll nach § 6 Abs. 1 Nr. 3a Buchst. b EStG mit den Einzelkosten und angemessenen Teilen der Gemeinkosten angesetzt werden; die Berücksichtigung von Kosten- und Preissteigerungen ist nicht zulässig. Vgl. hierzu auch die Ausführungen unter 11.2.7 zur Bewertung von Rückstellungen. Die Aufbewahrungspflicht elektronischer Dokumente wird durch die Grundsätze zur ordnungsmäßigen Führung und Aufbewahrung von Büchern, Aufzeichnungen und Unterlagen in elektronischer Form sowie zum Datenzugriff (GoBD) konkretisiert.

Ausstehende Rechnungen

Für Rechnungen, die sich auf vor dem Bilanzstichtag erbrachte Leistungen beziehen, die aber bis zum Bilanzstichtag bzw. bis zur Aufstellung des Jahresabschlusses nicht vorliegen, ist eine Rückstellung für ungewisse Verbindlichkeiten zu bilden. Die Höhe der Rückstellung ist nach vernünftiger kaufmännischer Beurteilung zu bestimmen. Regelmäßig handelt es sich bei Eigenbetrieben um ausstehende Bauabschlags- oder -schlussrechnungen, bzw. Rechnungen für laufenden Unterhaltungsaufwand oder sonstige betriebliche Aufwendungen.

Beihilfe

Sofern der Eigenbetrieb unerlaubte Beihilfen im Sinne des Art. 107 AEUV erhalten hat, können sich Rückzahlungsverpflichtungen ergeben, die zu passivieren sind, wenn eine Inanspruchnahme als überwiegend wahrscheinlich angesehen wird (vgl. hierzu auch IDW PS 700).

Berufsgenossenschaftsbeiträge

Geht bei dem Eigenbetrieb keine endgültige Beitragsanforderung für das abgelaufene Geschäftsjahr bis zur Bilanzaufstellung ein, ist eine Rückstellung für ungewisse Verbindlichkeiten zu bilden. Die Höhe der Rückstellung ist nach vernünftiger kaufmännischer Beurteilung zu bestimmen.

Betriebskostenverpflichtungen

Wegen nach dem Bilanzstichtag ausstehenden Schlussrechnungen für die anteiligen laufenden Betriebskosten wegen der Mitnutzung von Anlagen anderer Einrichtungsträger im Vorjahr sind Verbindlichkeitsrückstellungen zu bilden.

Betriebsprüfungskosten

Die bloße Möglichkeit künftiger Aufwendungen für durch eine spätere Betriebsprüfung veranlasste Buchführungsarbeiten rechtfertigt zunächst nicht den Ansatz einer Verbindlichkeitsrückstellung. Relevant ist insofern der Beginn aufdeckungsorientierter Maßnahmen, also regelmäßig das Ergehen einer Prüfungsanordnung durch die Finanzbehörde (BFH, Urt. vom 24.8.1972, BStBl. II 1973 S. 55 und EStH 5.7 Abs. 4). Dies wird für Großbetriebe, die einer regelmäßigen Anschlussprüfung unterliegen vom BFH anders beurteilt. Die Finanzverwaltung hat sich der Auffassung des BFH (BFH, Urt. vom 6.6.2012, – I R 99/10 –) mittlerweile angeschlossen (Hinweise 2024 zu den EStR H 5.7 „Betriebsprüfungskosten").

Betriebsprüfungsrisiko

Rückstellungen für das Betriebsprüfungsrisiko sind nicht schon deshalb gerechtfertigt, weil in der Regel bei einer Betriebsprüfung mit Steuernachforderungen zu rechnen ist (EStH 4.9, a. A. *ADS*, a. a. O., Prof. Dr. Dr. h. c. Forster, K.-H./Dr. Dr. h. c. Goerdeler, R./Lanfermann, J. et al., Tz. 216 zu § 253 HGB). Dies gilt jedoch nicht, wenn die Behandlung konkreter steuerlicher Sachverhalte strittig ist (BFH, Urt. vom 8.11.2000, WPg 2001 S. 506, *Schubert* in BeBiKo, Tz. 103 zu § 249 HGB, „Betriebsprüfungsrisiko"). In diesem Fall sind auch die bis zum Erfüllungszeitpunkt anfallenden Zinsen mit einzubeziehen.

Buchführungsarbeiten

Für laufende Buchführungsarbeiten i. S. d. § 20 Abs. 1 und 2 EigAnVO nach dem Bilanzstichtag, die Geschäftsvorfälle des Vorjahres betreffen, ist eine Verbindlichkeitsrückstellung zu bilden (EStH 5.7 Abs. 4). Diese Verpflichtung ist kein unselbstständiger Teil der Verpflichtung zur Aufstellung des Jahresabschlusses und deshalb nicht unter einer Rückstellung für Jahresabschlusskosten zu erfassen.

Datenspeicherung

Gemäß § 147 Abs. 6 Satz 2 AO besteht für den steuerpflichtigen Eigenbetrieb die öffentlich-rechtliche Verpflichtung, dass Daten i. S. d. § 147 Abs. 1, Abs. 6 Satz 1 AO im Rahmen einer steuerlichen Außenprüfung nach Vorgaben der Finanzbehörde maschinell ausgewertet oder ihr die gespeicherten Unterlagen und Aufzeichnungen auf einem maschinell verwertbaren Datenträger zur Verfügung gestellt werden. Die öffentlich-rechtliche Verpflichtung zur Herstellung der maschinellen Verwertbarkeit ist mit Entstehen der Unterlagen i. S. d. § 147 Abs. 1, Abs. 6 Satz 1 AO im abgelaufenen Geschäftsjahr wirtschaftlich verursacht. Soweit zum Bilanzstichtag für solche Unterlagen die maschinelle Verwertbarkeit noch nicht hergestellt ist, muss eine Rückstellung für ungewisse Verbindlichkeiten für die anfallenden Aufwendungen gebildet werden, die gemäß § 147 Abs. 6 Satz 3 der Steuerpflichtige zu tragen.

Deputatverpflichtungen

Die in der Regel durch Betriebs- oder Tarifvereinbarungen zu gewährenden Deputate stellen Pensionsverpflichtungen dar, für die gemäß § 249 Abs. 1 Satz 1 eine Rückstellung zu bilden ist. Für Altzusagen besteht ein Passivierungswahlrecht nach Art. 28 EGHGB (WPH, a. a. O., Justenhoven, P./Dangmann, T./Deubert, M. et al., Kap. F Tz. 827).

Ermittlung und Bescheinigung von Entgeltsbedarf und Entgeltsaufkommen

Gemäß § 25 Abs. 1 Nr. 2 ist der Anhang des Jahresabschlusses bei der Abwasserbeseitigung und Wasserversorgung um den Vergleich von Entgeltsbedarf und Entgeltsaufkommen mit den Grenzwerten des § 7 Abs. 3 KAG zu ergänzen. Für die Kosten der Ermittlung von Entgeltsbedarf und Entgeltsaufkommen im Nachgang zur Jahresabschlussprüfung ist eine Verbindlichkeitsrückstellung zu bilden. Gleiches gilt für von Dritten erteilte Bescheinigungen zum Entgeltsbedarf und Entgeltsaufkommen gemäß Förderrichtlinien der Wasserwirtschaftsverwaltung des Landes Rheinland-Pfalz.

Erneuerungsverpflichtung des Mieters

Verpflichtet sich der Mieter oder Pächter innerhalb der Gebrauchsüberlassungszeit unbrauchbar gewordene Miet- oder Pachtgegenstände auf eigene Kosten zu erneuern, entsteht im Rahmen eines schwebenden Geschäftes ein Erfüllungsrückstand. Hierfür ist eine Rückstellung für ungewisse Verbindlichkeiten zu bilden, die zum Erfüllungsbetrag bewertet wird. Die jährliche Zuführung zur Rückstellung bestimmt sich nach dem jährlichen Wertverzehr bezogen auf die Nutzungsdauer des Miet- oder Pachtgegenstandes auf der Grundlage von Wiederbeschaffungskosten zum Bilanzstichtag (BFH, Urt. vom 3.12.1991, BStBl. II 1993 S. 89). Steuerbilanziell ist die Rückstellung gemäß § 6 Abs. 1 Nr. 3a Buchst. e EStG abzuzinsen.

Erstellung einer Jahresabrechnung

Eigenbetriebe sind gegenüber ihren Kunden zur Erstellung von prüfbaren Abrechnungen verpflichtet. Sofern Ver- und Entsorgungsunternehmen entsprechend den zugrunde liegenden Allgemeinen Ver- und Entsorgungsbedingungen umfangreiche Verbrauchsabrechnungen für ihre Kunden erstellen, sind die hierfür entstehenden Aufwendungen des neuen Jahres wirtschaftlich dem abzurechnenden Jahr zuzuordnen und damit rückstellungspflichtig nach § 249 Abs. 1 Satz 1. Bei steuerpflichtigen Versorgungsbetrieben wird diese Rückstellung auch steuerlich anerkannt (BFH, Urt. vom 18.1.2005 – IR 44/94 –, BStBl. II S. 742 und EStH 5.7 Abs. 3).

Rechnet der Eigenbetrieb seine erbrachten Leistungen für mehrere Monate ab, regelmäßig also für das Geschäftsjahr, und erhebt er unterjährig Abschlagszahlungen, bleibt er zur Erstellung einer Jahresabrechnung verpflichtet. In der Regel erfolgt die Erstellung einer Jahresabrechnung nach Ablauf des Geschäftsjahres. Der Eigenbetrieb ist dann zur Bildung einer Verbindlichkeitsrückstellung verpflichtet, wenn ein wesentlicher Aufwand im Zusammenhang mit der Erstellung zu erwarten ist. Obwohl der Abrechnungsaufwand auf den einzelnen Kunden bezogen unwesentlich ist, entsteht aufgrund der Vielzahl der Kunden eine wesentliche Sachleistungsverpflichtung und damit die Pflicht zur Bildung einer entsprechenden Rückstellung. Diese Verpflichtung ist kein unselbstständiger Teil der Verpflichtung zur Aufstellung des Jahresabschlusses oder der Buchführungspflicht und deshalb nicht im Rahmen dieser Rückstellungen zu erfassen.

Gebührenabsenkung

S. u. „Kostenüberdeckungen".

Jahresabschlusskosten

Für die Arbeiten an dem nach § 22 Abs. 1 EigAnVO aufzustellenden Jahresabschluss, ergänzt um den Lagebericht nach § 26, ist eine Verbindlichkeitsrückstellung zu bilden; umstritten ist hierbei, ob für die bei der Aufstellung entstehenden Kosten nur Einzelkosten (Gehälter, Materialeinzelkosten) oder Vollkosten anzusetzen sind (IDW RH HFA 1.009, 23.6.2010 und *Schubert* in BeBiKo, Tz. 130 zu § 249 HGB, „Jahresabschluss"). Die Rückstellung ist auch für die Verpflichtung zur Erstellung der die Betriebssteuern des abgelaufenen Wirtschaftsjahres betreffenden Steuererklärungen zu bilden.

Für den nach § 89 Abs. 1 GemO jährlich durch einen Abschlussprüfer i. S. d. § 319 Abs. 1 Satz 1 HGB zu prüfenden Jahresabschluss und Lagebericht eines Eigenbetriebes ist ebenfalls eine Verbindlichkeitsrückstellung in Höhe der wahrscheinlichen Prüfungskosten zu bilden. Aus der Offenlegungsverpflichtung gemäß § 27 Abs. 3 EigAnVO für den Jahresabschluss und den Lagebericht resultiert auch eine Verpflichtung zur Rückstellung von Veröffentlichungskosten.

Jubiläumsrückstellung

Die Verpflichtung zur Bildung einer Jubiläumsrückstellung ist wirtschaftlich verursacht, wenn der Arbeitnehmer seine Arbeitsleistung erbracht hat. Aufseiten des Arbeitgebers entsteht bis zur Leistung der Jubiläumszuwendung ein Erfüllungsrückstand, der zur Bildung einer Verbindlichkeitsrückstellung führt. Handelsbilanziell sind für alle vertraglich, im Rahmen einer Betriebsvereinbarung oder aufgrund betrieblicher Übung zugesagten Leistungen aus Anlass eines Dienstjubiläums eines Arbeitnehmers Rückstellungen zu bilden. Die Höhe der Rückstellung richtet sich danach, wie die vertraglichen Anspruchsvoraussetzungen durch die bisherige Betriebszugehörigkeit des Arbeitnehmers bis zum Bilanzstichtag erfüllt sind. Die mit der Zuwendung aus Anlass eines Dienstjubiläums verbundenen Arbeitgeberanteile für gesetzliche Sozialabgaben sowie erwartete Kostensteigerungen sind in die Bewertung mit einzubeziehen. Es ist auch die Wahrscheinlichkeit einzubeziehen, dass aufgrund betrieblicher Erfahrungswerte oder eines pauschal ermittelten Fluktuationsabschlages Arbeitnehmer vorzeitig ausscheiden. Die Rückstellungen sind abzuzinsen.

Steuerbilanziell sind Jubiläumsrückstellungen nur unter den einengenden Voraussetzungen des § 5 Abs. 4 EStG zulässig (vgl. auch BMF-Schreiben vom 8.12.2008). Danach bestehen steuerlich folgende Bilanzierungsvoraussetzungen

- das Dienstverhältnis muss mindestens zehn Jahre bestanden haben, sodass mit der Rückstellungsbildung erst vom elften Dienstjahr an begonnen werden darf; ein Fluktuationsabschlag entfällt dafür;

- das Dienstjubiläum setzt das Bestehen eines Dienstverhältnisses von mindestens 15 Jahren voraus; somit entfällt z. B. die Rückstellungsbildung für ein 10-jähriges Dienstjubiläum;
- es muss eine schriftliche Zusage als Verpflichtungsgrund für den Arbeitgeber vorliegen, eine betriebliche Übung ist insoweit nicht ausreichend, wohl aber eine schriftliche Betriebsvereinbarung.
- Kostensteigerungen sind nicht zu berücksichtigen.

Für Jubiläen des Eigenbetriebs selbst gelten die Beschränkungen des § 5 Abs. 4 EStG nicht (BFH, Urt. vom 29.11.2000, DStR 2001 S. 523).

Für zugesagten Sonderurlaub aus Anlass eines Dienstjubiläums ist eine Urlaubsrückstellung zu bilden, welche über die Jahre ab der Zusage bis zur Erreichung des Jubiläums zeitanteilig zu erfassen ist. Hinzuweisen ist in diesem Zusammenhang auf das Kriterium der Unwesentlichkeit (BFH, Urt. vom 18.1.1995, BStBl. II S. 743). Ist die Dauer des Sonderurlaubs im Verhältnis zum gewöhnlichen Urlaub nicht unwesentlich, muss die Ansammlung bereits ab dem Zeitpunkt der Zusage erfolgen. Freiwillige Leistungen anlässlich eines Dienstjubiläums verpflichten zur Bildung einer Rückstellung, wenn sich der Arbeitgeber durch ständige betriebliche Übung faktisch zur Leistung verpflichtet sieht.

Zur Behandlung von Plan- bzw. Deckungsvermögen vgl. die Ausführungen zu „Altersteilzeit".

Kostenüberdeckungen

Bei Abfall- und Abwasserbetrieben sowie bei Versorgungsunternehmen kann sich aufgrund gesetzlicher Regelungen (z. B. nach KAG oder der ARegV) die Verpflichtung zur Gebühren- bzw. Entgeltabsenkung ergeben, wenn im laufenden Geschäftsjahr eine Kostenüberdeckung eintritt. Dies ist der Fall, wenn im Geschäftsjahr mehr Gebühren bzw. Entgelte vereinnahmt wurden, als kalkulationsrechtlich zulässig. Für die Verpflichtung zur Rückgewähr der zu viel vereinnahmten Gebühren/Entgelte ist eine Rückstellung für ungewisse Verbindlichkeiten zu bilden (BFH, Urt. vom 6.2.2013 – I R 62/11 – und 109. Sitzung des ÖFA vom 16.2.2012). Abhängig vom Kalkulationszeitraum kann auch eine Verbindlichkeit in Frage kommen, wenn der Kalkulationszeitraum bei Bilanzaufstellung bereits abgeschlossen ist. Zur steuerlichen Behandlung bei Versorgungsbetrieben vgl. auch OFD Rheinland vom 4.4.2012 und Finanzministerium Schleswig-Holstein vom 7.5.2012.

Leistungspreisnachforderung

Sofern ein Energieversorgungsunternehmen seinen Gasbezug noch mit sog. Vollversorgungsverträgen deckt, die neben einer mengenabhängigen Arbeitspreiskomponente auch leistungsabhängige Entgelte vorsehen, ist aufgrund des abweichenden Gaswirtschaftsjahres, das vom 1.10. bis zum 30.9. des Folgejahres reicht, ggf. eine Rückstellung für Leistungspreisnachforderungen zu bilden. Sofern sich im auf das kalendergleiche Geschäftsjahr folgenden Jahr Leistungsspitzen ergeben, haben diese Einfluss auf die Leistungspreisberechnungen für die Monate Oktober bis Dezember des Vorjahres. Diese Nachberechnungen sind als Rückstellung für ungewisse Verbindlichkeiten, oder, soweit bereits korrigierte Monatsabrechnungen für das 4. Quartal vorliegen, als Verbindlichkeiten zu erfassen.

Die Finanzverwaltung sieht in der Gas-Leistungsspitze keine werterhellende, sondern eine wertbeeinflussende Tatsache und lehnt daher eine Rückstellungsbildung ab.

Mehrerlösabschöpfung

S. Ausführungen zu „Regulierungskonto".

Optionsgeschäfte

S. „Swap-Geschäfte", analoge Anwendung der dort genannten Grundsätze.

Pensionen und ähnliche Verpflichtungen

Pensionsverpflichtungen der Eigenbetriebe bestehen i. d. R. gegenüber den im Eigenbetrieb beschäftigten Beamten sowie den Arbeitnehmern.

Regelmäßig werden die bei einem Eigenbetrieb beschäftigten *Arbeitnehmer* durch Umlagezahlungen an eine Zusatzversorgungskasse (ZVK) oder die Versorgungsanstalt des Bundes und der Länder (VBL) versichert. Wird die Versorgung über Versorgungskassen abgewickelt, haben die versorgungsberechtigten Arbeitnehmer keinen Rechtsanspruch gegen diese Kassen. Diese sammeln grundsätzlich keine oder keine ausreichenden eigenen Mittel an, sondern zahlen die Versorgungsleistungen aus Mitteln, die sie im Umlageverfahren von ihren Mitgliedern, hier den Trägerkörperschaften, einziehen. Sofern Versorgungskassen Teile der Umlagen zur Kapitalbildung einsetzen, kann eine Verrechnung des entstehenden Anspruchs nach § 246 Abs. 2 Satz 2 HGB infrage kommen. Der Versorgungsanspruch der Arbeitnehmer des Eigenbetriebes richtet sich gegen den Arbeitgeber bzw. den Dienstherrn. Gemäß § 22 Abs. 3 EigAnVO besteht aber für Pensionsverpflichtungen, die durch solche laufenden Umlagen oder Beiträge gedeckt werden, keine Rückstellungsverpflichtung. Der Eigenbetrieb hat also sowohl für Umlagezahlungen in eine Versorgungskasse als auch für Zahlungsverpflichtungen in eine Zusatzversorgungskasse keine Rückstellung zu bilden. Dies ergibt sich auch nach Einführung des BilMoG bereits aus den allgemeinen Regelungen des Art. 28 EGHGB zu den mittelbaren Pensionsverpflichtungen.

Durch die Einführung der Doppik müssen ab 2009 die Einrichtungsträger Pensionsverpflichtungen gegenüber ihren *Beamten* bilanziell abbilden. Die laufenden Umlagen können daher auch Rückstellungszuführungen zu den im Eigenbetrieb beschäftigten Beamten enthalten. Andererseits müssen dann auch Auflösungen von Rückstellungen, die aus einer Verringerung der Pensionsrückstellungen beim Einrichtungsträger entstehen, dem Eigenbetrieb gutgeschrieben werden. Derartige Auflösungen ergeben sich regelmäßig bei inaktiven Beamten, deren Pensionen über die Versorgungskassen getragen werden. Gleiches gilt im Falle des Ausscheidens. Die Abbildung der Pensionslasten sollte im Rahmen einer Vereinbarung zwischen Einrichtungsträger und Eigenbetrieb klargestellt werden. Sofern weiterhin der Einrichtungsträger die Pensionslasten für die im Werk beschäftigten Beamten trägt, sollte mit Hinblick auf die Liquiditätswirkungen vereinbart werden, dass die Umlagebestandteile, die auf nicht zahlungswirksamen Zuführungen zu den Pensionsrückstellungen des Einrichtungsträgers beruhen, dem Eigenbetrieb zinslos gestundet werden. Die Umlagezahlungen und die Veränderungen der Pensions- und Beihilferückstellungen sind als Aufwendungen aus der Altersversorgung auszuweisen (§ 275 Abs. 2 Nr. 6b HGB). Zudem ergeben sich Anhangangabepflichten nach § 285 Nr. 9 HGB zur Höhe der nicht abgebildeten Rückstellungen (s. Erl. 6.30 zu § 25 EigAnVO).

Das IDW sieht in IDW RS HFA 23 vor, dass für Pensionsverpflichtungen der im Eigenbetrieb beschäftigten Beamten sowie für Beihilfeverpflichtungen Rückstellungen in voller Höhe im Eigenbetrieb zu bilden sind. Die Pensionsverpflichtungen gegenüber den im Eigenbetrieb beschäftigten Beamten stellen originäre Verpflichtungen des Sondervermögens dar, obwohl das Beamtenverhältnis unverändert im Verhältnis zur juristischen Person des öffentlichen Rechts besteht. Ggf. existente Vordienstzeiten bei anderen juristischen Personen des öffentlichen Rechts können als Forderungen gegenüber diesen abgebildet werden (§ 107b Abs. 2–4 Beamtenversorgungsgesetz [BeamtVG]).

Das spezialgesetzliche Wahlrecht zur Abbildung in § 22 Abs. 3 EigAnVO geht jedoch der dargestellten Vorgehensweise des IDW RS HFA 23 vor.

Bestehen über die geschilderten Sachverhalte hinaus Versorgungsvereinbarungen, begründen diese eine unmittelbare Pensionsverpflichtung.

Pensionen

Bestehen außerhalb der in § 22 Abs. 3 EigAnVO genannten Verpflichtungen solche Pensionsverpflichtungen, sind zwingend Rückstellungen für ungewisse Verbindlichkeiten zu bilden, wenn sie aus der Neuzusage von Pensionsanwartschaften nach dem 31.12.1986 resultieren. Für Pensionszusagen, die vor dem 1.1.1987 gegeben wurden, sowie für deren spätere Erhöhung, sieht Art. 28 Abs. 1 Satz 1 EGHGB ein Passivierungswahlrecht vor.

Die Bilanzierung von Pensionsverpflichtungen hat sich dabei durch Einführung des BilMoG grundlegend geändert. Durch die vorgesehene Bewertung zum Erfüllungsbetrag sind künftige Lohn-, Gehalts- und Rentenentwicklungen zu berücksichtigen, die Abzinsung erfolgt nach der Rückstellungsabzinsungsverordnung mit vorgegebenen Zinssätzen und nicht mehr mit den GoB folgenden Zinssätzen, die handelsrechtlich in einer Bandbreite zwischen 3 % und 6 % als zulässig angesehen wurden. Zudem ist sogen. Plan- oder Deckungsvermögen zum Zeitwert zu bewerten und mit den Altersversorgungsverpflichtungen zu saldieren (s. hierzu die Ausführungen zu „Altersteilzeit").

Ähnliche Verpflichtungen

Ähnliche Verpflichtungen sind mit den Pensionsrückstellungen zusammen auszuweisen. Als ähnlich sind diejenigen Verpflichtungen zu qualifizieren, die sich für einen Eigenbetrieb aus dem Gesamtbereich der betrieblichen Altersvorsorge heraus ergeben (IDW RS HFA 30, 10.6.2011, Tz. 6 ff.). § 1 Abs. 1 Satz 1 BetrAVG definiert den Begriff der betrieblichen Altersvorsorge als sämtliche Leistungen eines Arbeitgebers, die er anlässlich des Arbeitsverhältnisses seinen Arbeitnehmern oder deren Angehörigen zusagt, soweit sie auf die Sicherung des Einkommens für den Fall eines dauernden Verlustes der Arbeitskraft aufgrund von Alter, Invalidität oder Tod zielen. Pensionsähnliche Verpflichtungen sind somit immer dann anzunehmen, wenn beim Arbeitgeber der Wille zur Versorgung der Arbeitnehmer und/oder deren Angehörigen im Vordergrund steht. Rückstellungen für Verpflichtungen, die mit der Abfindung von Arbeitnehmern einhergehen (z. B. Vorruhestandsgelder) und nicht primär mit deren Altersversorgung, sind deshalb nicht hier, sondern unter den sonstigen Rückstellungen auszuweisen.

Zu den Rückstellungen für ähnliche Verpflichtungen zählen auch solche, die für mittelbare Pensionszusagen gebildet werden. Mittelbare Zusagen liegen vor, wenn die Versorgungsverträge nicht direkt mit dem bilanzierenden Eigenbetrieb geschlossen werden, sondern ein Versorgungsträger, z. B. eine Unterstützungskasse, zwischengeschaltet wird. Für diese Verpflichtungen besteht weiterhin ein Passivierungswahlrecht nach Art. 28 Abs. 1 Satz 2 EGHGB. Das Passivierungswahlrecht erstreckt sich auch auf evtl. vorhandene Deckungslücken des eingeschalteten Versorgungsträgers (IDW RS HFA 30, 10.6.2011, Tz. 37), die bei Nichtbilanzierung allerdings im Anhang anzugeben sind. In der Praxis ist diese Form der mittelbaren Versorgungsverpflichtung bei einem Eigenbetrieb regelmäßig nicht anzutreffen. Steuerlich werden darüber hinaus solche mittelbaren Verpflichtungen nur über Sonderregelungen wie z. B. § 4d EStG anerkannt.

Gemäß § 253 Abs. 1 Satz 2 HGB sind Pensionsverpflichtungen, für die eine Gegenleistung nicht mehr zu erwarten ist (also Pensionäre und ggf. Ausgeschiedene), in Höhe des nach vernünftiger kaufmännischer Beurteilung notwendigen Erfüllungsbetrages anzusetzen (s. o. zu „Bewertung", zur Saldierung mit ggf. vorhandenem Plan- bzw. Deckungsvermögen s. o. „Altersteilzeit"). Für Pensionsanwartschaften im Rahmen von laufenden Arbeitsverhältnissen soll die Mittelansammlung grundsätzlich über die Aktivitätsperiode des Versorgungsanwärters erfolgen. Die Bewertung hat nach versicherungsmathematisch anerkannten Berechnungsverfahren zu erfolgen. In Betracht kommen das Anwartschaftsbarwertverfahren (projected unit credit method) oder das Teilwertverfahren (IDW RS HFA 30, 10.6.2011, Tz. 61). Für die steuerliche Anerkennung der Zuführung zu den Pensionsrückstellungen verlangt die Finanzbehörde, dass diese jährlich durch eine versicherungsmathematische Berechnung festgestellt und jede Pensionsverpflichtung entsprechend dem Einzelbewertungsgrundsatz gemäß § 252 Abs. 1 Nr. 3 HGB einzeln nachgewiesen wird.

Als Zinssatz sind gemäß § 6a Abs. 3 Satz 3 EStG 6 % vorgegeben. Zukünftige Kostensteigerungen sind nur berücksichtigungsfähig, wenn sie am Bilanzstichtag bereits feststehen (R 6a Abs. 17 EStR 2012).

Steuerlich darf die Pensionsrückstellung in einem Wirtschaftsjahr höchstens um die Differenz der Teilwerte am Ende und am Anfang des Wirtschaftsjahres erhöht werden, § 6a Abs. 4 Satz 1 EStG (Nachholverbot).

Periodenübergreifende Saldierung

S. Ausführungen zu „Regulierungskonto".

Prozesskosten

Für die Kosten eines Aktivprozesses kann eine Verbindlichkeitsrückstellung erst gebildet werden, wenn die Streitsache am Abschlussstichtag anhängig ist (BFH-Urt. vom 6.12.1995, BStBl. II 1996, S. 406); für die Kosten eines Passivprozesses ist eine Rückstellung bereits zu berücksichtigen, wenn am Bilanzstichtag unabwendbar mit einer Klageerhebung gegen den Eigenbetrieb zu rechnen ist (BFH, Urt. vom 24.6.1970, BStBl. II S. 802). Die Kosten höherer Instanzen können ebenfalls berücksichtigt werden, wenn aufgrund der konkreten Umstände des Einzelfalls mit einem Anrufen dieser Instanzen gerechnet werden kann. Dies ergibt sich abweichend zur früheren Meinung aus dem neu gefassten Begriff des Erfüllungsbetrages (WPH, a. a. O., Justenhoven, P./Dangmann, T./Deubert, M.et al., Kap. F Tz. 678, *Schubert* in BeBiKo, Tz. 130 zu § 249 HGB, „Prozesskosten"). In die Rückstellung sind alle Kosten einzubeziehen, die mit der Prozessvorbereitung und -führung in Zusammenhang stehen, insbesondere Kosten für Gericht, Anwälte, Zeugen, Sachverständige, Fahrten, Personaleinsatz und Beschaffung von Beweismaterial. Bei erwarteten oder anhängigen Passivprozessen sind neben den Prozesskosten die wahrscheinlichen Schadensersatzverpflichtungen und Bußgelder zu berücksichtigen (*Schubert* in BeBiKo, Tz. 130 zu § 249 HGB, „Prozesskosten").

Regulierungskonto

Die Forderung nach mehr Transparenz und Wettbewerb im Bereich der Energieversorgung führte zu einer Änderung des EnWG in 2005. Mit der Änderung sollte der Vertrieb von Strom und Gas vom Betrieb der Netze getrennt und letzterer Bereich reguliert werden. Über die Strom- und Gasnetzentgeltverordnungen wurden Vorgaben geschaffen, welche Kosten im Rahmen der Netzentgeltkalkulation ansatzfähig waren. Die Regulierung über zulässige Kosten wurde durch die Einführung der Anreizregulierung ab 2009 durch die Regulierung über zulässige Erlöse abgelöst. Intention ist, den Netzbetreibern die durch Kostensenkungen erreichten Effizienzgewinne zu belassen und so einen Anreiz für Kostensenkungen und Effizienzsteigerungen zu geben.

Grundsätzlich werden für die i. d. R. fünfjährigen Regulierungsperioden Erlösobergrenzen festgesetzt, die sich innerhalb der Regulierungsperiode nur unter bestimmten Voraussetzungen verändern. Anpassungen der Erlösobergrenze erfolgen gemäß § 4 der Anreizregulierungsverordnung (ARegV) bei einer Änderung des Verbraucherpreisindexes oder der nicht beeinflussbaren Kosten. Zudem werden die Netzbetreiber nach § 5 Abs. 3 i. V. m. § 17 ARegV verpflichtet, ihre Netzentgelte anzupassen, wenn die erzielten Erlöse im Gasversorgungsnetz um mehr als 10 % und im Stromversorgungsnetz um mehr als 5 % über der Erlösobergrenze liegen. Unterschreiten die Erlöse die Erlösobergrenze ist der Netzbetreiber berechtigt, die Erlösobergrenze anzupassen (§ 17 Abs. 2 ARegV).

Ansonsten sind *Mehr- und Mindererlöse* während der Regulierungsperiode auf einem Regulierungskonto zu sammeln und als positiver oder negativer Betrag gleichmäßig auf die nächste Regulierungsperiode zu verteilen. Bilanziell stellt sich die Frage, wie mit diesen Beständen umzugehen ist. Sofern saldierte Übererlöse vorhanden sind, sind mit dem Geschäftsjahr des Anfalls Rückstellungen für ungewisse Verbindlichkeiten zu bilden. Saldierte Mindererlöse führen hingegen aufgrund des Realisationsprinzips nicht zum Ansatz von Forderungen (104. Sitzung des ÖFA des IDW und Schreiben des IDW an die Bundesnetzagentur vom 22.12.2009). Nach der gleichen Systematik sind die sogen. Mehrerlöse und die periodenübergreifende Saldierung zu behandeln. Mehrerlöse sind mit Einführung des EnWG u. U. dadurch entstanden, dass der Unterschiedsbetrag zwischen den tatsächlich erhobenen Netzentgelten und den (später) genehmigten Entgelten vom Netzbetreiber vereinnahmt wurde. Bei der *periodenübergreifenden Saldierung* werden die Kostenüber- und Unterdeckungen jeweils über die drei folgenden Geschäftsjahre saldiert (§ 10 GasNEV, § 11 StromNEV), die durchschnittlichen Überhangbeträge werden verzinst.

Nicht in den Saldierungsbereich fallen die nach § 5 Abs. 3 i. V. m. § 17 ARegV anfallenden Mehr- und Mindererlöse. Sofern die Verpflichtung zur Senkung der Netzentgelte aufgrund Überschreitens der relevanten Grenzen von 10 % bzw. 5 % entsteht, ist für diesen Mehrerlös zwingend eine Rückstellung zu bilden. Der zurückgestellte Betrag vermindert dann die Beträge auf dem Regulierungskonto, die als Saldo am Ende der Regulierungsperiode festgestellt und im Falle von Mehrerlösen als Abschlag auf die Netzentgelte der folgenden Regulierungsperiode zu verrechnen sind.

Steuerlich werden die Rückstellungen für Mehrerlösabschöpfung gemäß Schreiben der OFD Münster und der OFD Rheinland vom 3.11.2010 sowie gemäß Schreiben des BMF an die Versorgungsfachverbände vom 12.8.2010 mit Bezug auf § 5 Abs. 2a EStG abgelehnt. Die OFD Nordrhein-Westfalen vertritt in ihrer Verfügung vom 19.4.2016 – S 2137-2010/0003-St 142 –, die Auffassung, derartige Rückstellungen seien grundsätzlich zulässig.

Eine Rückstellung sei aber dann nicht zulässig, wenn das Unternehmen nicht belastet wird, weil es die durch den Ausgleich von Kostenüberdeckungen entstehenden Vorteile an den unternehmenseigenen Vertrieb weitergibt und sich der Vertrieb nicht vertraglich ausdrücklich gegenüber seinen Kunden zur Weitergabe dieser Netzentgelte verpflichtet.

Am 3.8.2016 wurde vom Bundeskabinett der Novelle der ARegV zugestimmt, die damit ab 2016 in Kraft tritt. Die Regelungen der ARegV, Gas- und Strom NEV sollen ab 2027/2028 abgelöst werden. Im Jahr 2025 wurden seitens der Bundesnetzagentur die Festlegungsentwürfe RAMEN Gas und Strom und die Methodenfestlegungen StromNEEF/GasNEF veröffentlicht.

Schadenersatz

Für eine gesetzliche oder vertragliche Schadenersatzverpflichtung ist eine Rückstellung zu bilden, wenn nach den bis zur Bilanzaufstellung bekannt gewordenen Umständen am Bilanzstichtag die Inanspruchnahme wahrscheinlich ist. Es genügt insoweit, dass die gesetzlichen Vertreter des Eigenbetriebs wegen konkreter Umstände ernsthaft damit rechnen müssen, dass die verpflichtungsbegründenden Tatsachen bekannt werden. Kenntnis oder unmittelbar bevorstehende Kenntnis beim Geschädigten ist nicht erforderlich (BFH, Urt. vom 2.10.1992, BStBl. II 1993 S. 153).

Steuerrückstellungen

Steuerrückstellungen werden als Differenz zwischen der voraussichtlichen Steuerschuld für das Geschäftsjahr und den bereits entrichteten Vorauszahlungen ermittelt. In Betracht kommen auch einmalige Steuerbelastungen, z. B. Nachzahlungen im Anschluss an eine steuerliche Außenprüfung. Liegt ein bestandskräftiger Steuerbescheid vor, sind die Beträge in den Posten sonstige Verbindlichkeiten umzugliedern und dort gesondert auszuweisen. Die Steuerrückstellungen umfassen alle ungewissen Verbindlichkeiten aus Steuern, für die der Eigenbetrieb selbst Steuerschuldner ist. Dazu gehören:

- **Gewerbesteuerrückstellung**
  Abschlusszahlungen an Gewerbesteuer, die sich auf der Grundlage des ermittelten Gewerbeertrags für das entsprechende Wirtschaftsjahr ergeben;

- **Körperschaftsteuerrückstellung**
  Abschlusszahlungen an Körperschaftsteuer, die sich auf Grundlage des zu versteuernden Einkommens für ein Wirtschaftsjahr ergeben.

Verbindlichkeiten für Steuern, für welche der Eigenbetrieb nur haftet (z. B. Lohnsteuer, Kapitalertragsteuer), sind entweder bei ungewisser Höhe als sonstige Rückstellung oder bei feststehender Höhe unter den sonstigen Verbindlichkeiten auszuweisen (a. A.: *Küting/ Pfitzer/Weber*, a. a. O., Prof. Dr. Dr. h. c. Baetge, J./Prof. Dr. Bieg, H./Dr. Blab, D. et al., Tz. 134 zu § 266 HGB).

Ungewisse Verbindlichkeiten, die sich nicht auf eine Steuer i. S. v. § 3 Abs. 1 Satz 1 AO beziehen, sondern auf Nebenleistungen (z. B. Zinsen, Säumniszuschläge), sind unter den sonstigen Rückstellungen auszuweisen (WPH, a. a. O., Justenhoven, P./Dangmann, T./ Deubert, M. et al., Kap. F Tz. 612). In die Steuerrückstellung sind auch Beträge für erwartete Betriebsprüfungsrisiken einzubeziehen. Nicht zu den Steuerrückstellungen zählen Kosten für die Erfüllung steuerlicher Dokumentations-, Informations- und Erklärungspflichten (z. B.: § 147 AO).

Rückstellungen für passive latente Steuern nach § 274 Abs. 1 HGB sind gesondert unter dem dafür vorgesehenen eigenen Posten nach § 266 Abs. 3, Buchstabe e auszuweisen. Die Notwendigkeit passiver Steuerabgrenzung kann im Jahresabschluss entstehen, wenn die handelsrechtlichen von den steuerrechtlichen Wertansätzen abweichen. Voraussetzung ist, dass sich der daraus in der Handelsbilanz resultierende zu niedrige Steueraufwand in Folgejahren ausgleicht. Nach § 274 Abs. 1 ist sowohl die getrennte Darstellung von aktiven und passiven latenten Steuern als auch die saldierte Darstellung zulässig. Bei saldierter Darstellung ist ein passiver Überhang zwingend auszuweisen, bei einem aktiven Überhang besteht ein Wahlrecht zum Ausweis des Überhangs. Die Rückstellung ist aufzulösen, sobald die höhere Steuerbelastung eintritt oder mit ihr voraussichtlich nicht mehr zu rechnen ist.

Im Anhang ist nach § 285 Nr. 29 HGB darzulegen, auf welchen Differenzen die latenten Steuern beruhen und mit welchen Steuersätzen die Bewertung erfolgt ist. Sofern keine Gewerbesteuerpflicht besteht, enthalten die latenten Steuern nur Körperschaftsteuern nebst Solidaritätszuschlag.

Stilllegungs- und Rückbauverpflichtungen für Gasnetze

Aufgrund des im Bundes- Klimaschutzgesetz (§ 3) formulierten Ziels bis 2045 keine fossilen Brennstoffe mehr einzusetzen (Treibhausgasneutralität), ist die „Ewigkeitsvermutung" des immerwährenden Fortbestandes von Gasnetzen entfallen. Der energiewirtschaftliche Fachausschuss des IDW (EFA) hat in seiner Sitzung vom 9.9.2025 den Ansatz einer Rückstellung unter den allgemeinen Voraussetzungen für notwendig erachtet, wenn entsprechende Stilllegungs-/Rückbaupläne bereits hinreichend konkretisiert sind (z. B. aufgrund der aufzustellenden kommunalen Wärmeplanungen). Der EFA hält dabei eine Ansammlung der Verpflichtungen bis zum Stilllegungszeitraum für sachgerecht.

Substanzerhaltung

Für die erwartete Steigerung der Wiederbeschaffungskosten abnutzbarer Wirtschaftsgüter des beweglichen Anlagevermögens darf keine Rückstellung gebildet werden (BFH, Urt. vom 17.1.1980, BStBl. II S. 434).

Swap-, Future-, Optionsgeschäfte

Für die Bilanzierung von Drohverlustrückstellungen in Zusammenhang mit derivativen Finanzinstrumenten kommt es entscheidend auf den Sicherungszusammenhang zum zugrunde liegenden Grund- oder Basisgeschäft an. Ist ein derartiger Sicherungszusammenhang nicht oder nicht in vollem Umfang vorhanden, kommt es in Höhe des negativen Marktwertes des derivativen Finanzinstruments zum Ausweis einer Drohverlustrückstellung. Da die i. d. R. von den Banken zur Verfügung gestellten Berechnungen der Marktwerte Zinseffekte bereits berücksichtigen, kommt es zu keiner weiteren Abzinsung der Rückstellung. Ein Sicherungszusammenhang ist dann gegeben, wenn sich positive und negative Effekte zwischen Grund- und Sicherungsgeschäft vollständig ausgleichen; auf eine Rückstellungsbildung kann dann verzichtet werden. In diesem Fall liegen sogen. Bewertungseinheiten im Sinne des § 254 HGB vor. Bei bilanzpostenbezogenen Swaps sind im Falle des Vorliegens von Bewertungseinheiten die allgemeinen Bewertungsgrundsätze für das aus der Zusammenfassung von Bilanzposten und Swap entstandene synthetische Produkt zu beachten und ggf. Abwertungen nach § 253 Abs. 3 Satz 5, Abs. 4 HGB vorzunehmen (WPH, a. a. O., Justenhoven, P./Dangmann, T./Deubert, M.et al., Kap. F Tz. 1164). Der nicht vom Sicherungszusammenhang umfasste Teil von Grundgeschäft und Sicherungsinstrument unterliegt der imparitätischen Bewertung (IDW RS HFA 35, 10.6.2011, Tz. 49). Ein Sicherungszusammenhang ist nicht anzunehmen, wenn negative Marktwerte aus alten Swapvereinbarungen in neue (auch sichernde) Swapvereinbarungen einkalkuliert werden, die damit bereits zu Laufzeitbeginn ebenfalls einen negativen Marktwert aufweisen. Dieser ist daher im Rahmen einer Rückstellung abzubilden. Im Falle der Bildung einer Rückstellung ist der Aufwand unter den sonstigen betrieblichen Aufwendungen auszuweisen (*Schubert* in BeBiKo, Tz. 130 zu § 249 HGB, „Swapgeschäfte").

Trotz des Wortlautes des § 254 „... sind § 249 Abs. 1 ... in dem Umfang und in dem Zeitraum nicht anzuwenden, in dem die gegenläufigen Wertänderungen oder Zahlungsströme sich ausgleichen." wird in Teilen der Literatur von einem Wahlrecht der Anwendung dergestalt ausgegangen, dass die Bildung von Bewertungseinheiten unabhängig von der tatsächlichen Risikoabsicherung in das Belieben des Unternehmens gestellt wird (*Justenhoven/Usinger* in BeBiKo, Tz. 3 zu § 254 HGB). Die Anwendung erscheint jedoch mit Blick auf den besseren Einblick in die Ertragslage geboten (IDW RS HFA 35, 10.6.2011, Tz. 12).

Bei den in der Praxis häufig vorkommenden Fällen einseitiger Kündigungsrechte der Banken bis zu einem gewissen Vertragszeitpunkt ist davon auszugehen, dass ein Sicherungszusammenhang zunächst nur bis zum Zeitraum der möglichen Kündigung vorliegt. Erst bei Nichtkündigung durch die Bank kann ein Sicherungszusammenhang auch für die restliche Laufzeit angenommen werden. Ebenfalls häufig anzutreffen sind sogen. Up-front oder close-out Zahlungen. Up-front-Zahlungen werden zu Beginn des Vertragsverhältnisses i. d. R. seitens der Bank geleistet; sie sind regelmäßig als Vorauszahlungen anzusehen und demzufolge ertragswirksam über die Laufzeit des Vertrages pro rata temporis abzugrenzen. Close-out-Zahlungen hingegen werden geleistet bzw. empfangen, um einen Swap vorzeitig aufzulösen. Bei negativem Marktwert eines erworbenen Swap hat der Erwerber bei vorzeitiger Auflösung eine Ausgleichszahlung zu leisten, bei positivem Marktwert erhält er eine Ausgleichszahlung. Diese Zahlungen entsprechen wirtschaftlich einer Vorfälligkeitsentschädigung, die mit der Beendigung des alten Vertrages verbunden sind. Sie sind daher im Zeitpunkt der Abwicklung erfolgswirksam zu erfassen.

Kombinierte Währungs-/Zinsswaps sind nicht geeignet für die alleinige Absicherung nur des Zinsänderungs- oder nur des Währungsrisikos (IDW RS HFA 35, 10.6.2011, Tz. 54, siehe auch 109. Sitzung des ÖFA des IDW, Punkt 2.1.1).

Gebildete Bewertungseinheiten sind gemäß § 5 Abs. 1a Abs. 4a Satz 2 EStG auch steuerrechtlich maßgeblich.

Bei Vorliegen derivativer Finanzinstrumente und der Bilanzierung von Bewertungseinheiten sind die Angabepflichten in Anhang und Lagebericht nach § 285 Nr. 19 und 23 sowie § 289 Abs. 2 Nr. 1b) zu beachten.

Überstunden, Mehrarbeit

Soweit Arbeitnehmer bis zum Bilanzstichtag mehr als die gemäß Arbeitsvertrag vereinbarte Regelarbeitszeit geleistet haben und der Ausgleich im neuen Geschäftsjahr erfolgt, befindet sich der Arbeitgeber im Erfüllungsrückstand und hat hierfür eine Rückstellung für ungewisse Verbindlichkeiten zu bilden. Der Erfüllungsrückstand ist wie im Fall der Urlaubsrückstellung zu bewerten. Eine Saldierung von Erfüllungsrückständen mit Leistungsrückständen anderer Arbeitnehmer ist nach dem Grundsatz der Einzelbewertung unzulässig.

Umweltschutzverpflichtungen

Der Begriff Umweltschutz umfasst alle Maßnahmen, die der Verhinderung, Beseitigung oder Verringerung von Belastungen der Umwelt durch Schadstoffe oder andersartige Belästigungen dienen. Maßnahmen der Schadensverhütung umfassen Anpassungs- und Vermeidungsverpflichtungen. Zu den Maßnahmen der Schadensbeseitigung oder -begrenzung zählen Abfallverwertungs- und Abfallbeseitigungsverpflichtungen, Deponienachsorgeverpflichtungen, Rekultivierungsverpflichtungen, Gefahrenabwehrverpflichtungen und Pflichten zur Altlastensanierung und Klärschlammentsorgung.

- **Altlastensanierung**
  Altlasten sind Flächen mit Altablagerungen und ehemalige Betriebsstandorte, von denen nach den Erkenntnissen einer vorgelagerten Gefährdungsabschätzung eine Gefahr für die öffentliche Sicherheit und Ordnung ausgeht (*ADS*, a. a. O., Prof. Dr. Dr. h. c. Forster, K.-H./Dr. Dr. h. c. Goerdeler, R./Lanfermann, J. et al., Tz. 129 zu § 249 HGB). Rechtsgrundlagen für Sanierungsverpflichtungen können sich aus Zivilrecht (§§ 823, 906, 1004 BGB und Vertrag) oder aus öffentlichem Recht ergeben. Öffentlich-rechtliche Rechtsgrundlagen sind z. B. aus Abfall-, Bundes-Immissionsschutz-, Wasserhaushalts- und Umwelthaftungsgesetz, Polizei- und Ordnungsrecht sowie Verwaltungsvorschriften wie die TA-Luft. Die Bildung einer Rückstellung für die Beseitigung von Altlasten setzt eine Verpflichtung voraus, die am Bilanzstichtag hinreichend konkretisiert ist. Die öffentlich-rechtliche Verursachung der Aufwendungen zur Sanierung ist nach h. M. bereits dann hinreichend konkretisiert, wenn die gesetzlichen Vertreter des Eigenbetriebs wissen, dass eine Altlast vorliegt, für die sie als Handlungs- oder Zustandsstörer in Anspruch genommen werden können. Die Altlast muss der Ordnungsbehörde noch nicht bekannt sein und es muss noch kein Verwaltungsakt vorliegen (z. B. HB der Rechnungslegung 5. A., § 249 Tz. 99 und DB 1992 S. 1359). Nach der BFH-Rechtsprechung sind an die hinreichende Konkretisierung der öffentlich-rechtlichen Verpflichtung strengere Anforderungen zu stellen. So muss das Vorhandensein der Altlast der zuständigen Behörde bereits bekannt sein oder die Kenntnisnahme muss unmittelbar bevorstehen. (BFH, Urt. vom 19.10.1993 – VIII R 14/92 –). Bei einer gesetzlichen Verpflichtung zur Altlastensanierung ist eine hinreichend konkretisierte Verbindlichkeit nur gegeben, wenn das Gesetz ein inhaltlich genau bestimmtes Handeln innerhalb eines bestimmten Zeitraums vorschreibt und für den Fall des Verstoßes eine Sanktion vorsieht (BFH, Urt. vom 11.12.2001 – BFH/NV 2002 –, S. 486). Der BFH stellt auch hier an das Merkmal der Ernsthaftigkeit der Inanspruchnahme höhere Anforderungen und verlangt, dass der Gläubiger bzw. die zuständige Fachbehörde den Anspruch kennt oder zumindest in Kürze kennen wird. Somit wird die bereits abstrakt bestehende rechtliche Verpflichtung nicht für ausreichend gehalten.
  Für die Sanierungsverpflichtung ist eine Verbindlichkeitsrückstellung zu bilden. Die Altlast kann auch dazu führen, dass das Grundstück durch eine außerplanmäßige Abschreibung abzuwerten ist (§ 253 Abs. 3 Satz 5 HGB) bzw. eine Teilwertabschreibung vorzunehmen ist (§ 6 Abs. 1 Nr. 2 Satz 2 EStG). Dies ist insbesondere dann erforderlich, wenn bei einem nicht zur Veräußerung bestimmten Grundstück, die Nutzbarkeit des Grundstücks wegen der Altlast eingeschränkt ist (*Schubert* in BeBiKo, Tz. 130 zu § 249 HGB, „Altlastensanierung"). Übersteigen die Sanierungsaufwendungen dabei den Veräußerungspreis des Grundstücks im nicht belasteten Zustand, ist in Höhe des Differenzbetrages eine Rückstellung wegen drohender Zuzahlung zu bilden (IDW, WPg 1992 S. 326).

- **Anpassungsverpflichtungen**
  Anpassungsverpflichtungen bestehen, wenn bereits vorhandene Anlagen zukünftig nur dann weiterbetrieben werden dürfen, wenn behördliche Auflagen erfüllt werden oder zum Bilanzstichtag eine hinreichend konkrete gesetzliche Verpflichtung zur Anpassung bestand. Eine hinreichend konkrete gesetzliche Verpflichtung ergibt sich, wenn die Verpflichtung auf ein bestimmtes Handeln innerhalb eines bestimmten Zeitraums abzielt und die Verletzung der Anpassungspflicht an Sanktionen geknüpft ist (BFH, Urt. vom 27.6.2001 – BFH/NV 2001 –, S. 1334, Haufe-Index: 603579). Der Erlass eines Verwaltungsaktes ist dann für die Verpflichtung nicht erforderlich. Für die Erfüllung der Verpflichtung wird in der Regel eine Übergangsfrist eingeräumt, die für die Beurteilung des Passivierungszeitpunkts zu beachten ist. Erst mit Ablauf der Übergangsfrist sind sämtliche Tatbestandsmerkmale für die Anpassungspflicht erfüllt (*ADS*, a. a. O., Prof. Dr. Dr. h. c. Forster, K.-H./Dr. Dr. h. c. Goerdeler, R./Lanfermann, J. et al., Tz. 64 zu § 249 HGB; a. A. HB der Rechnungslegung, a. a. O., § 249 HGB Tz. 108). Anpassungsverpflichtungen ergeben sich z. B. aus Vorschriften zur Emissionsbegrenzung nach der TA-Luft, der StörfallVO und nach der Großfeuerungsanlagen-Verordnung. Die notwendigen Maßnahmen dürfen allerdings nicht zu aktivierungspflichtigen Aufwendungen führen (HB der Rechnungslegung, a. a. O., § 249 HGB Tz. 106).
- **Abfallverwertungs- und Abfallbeseitigungsverpflichtungen**
  Die Abfallverwertungs- und Abfallbeseitigungsverpflichtungen betreffen alle laufenden Verpflichtungen zur Beseitigung von Abfällen, Verwertung von Reststoffen, Entsorgung radioaktiver Abfälle, Rücknahme von Verpackungen u. Ä. Rechtsgrundlagen dieser Verpflichtungen sind u. a. das Abfallgesetz, das Bundes-Immissionsschutzgesetz oder das Atomgesetz mit den jeweils darauf aufbauenden Verordnungen. Wirtschaftlich verursacht ist die jeweilige Verpflichtung, soweit ein Entsorgungsrückstand aus zurückliegender Betriebsleistung entstanden ist. Rechtlich verursacht ist die jeweilige Verpflichtung, sobald feststeht, dass sie für einen bei dem Eigenbetrieb vorliegenden Sachverhalt zutrifft. Auf den Erlass eines Verwaltungsaktes kommt es regelmäßig nicht an, da die jeweiligen Rechtsgrundlagen hinreichend konkrete Handlungspflichten formulieren (HB der Rechnungslegung, a. a. O., § 249 HGB Tz. 110). Fallen rechtliche und wirtschaftliche Verursachung zeitlich auseinander, so ist bilanzrechtlich der frühere Zeitpunkt entscheidend (*Schubert* in BeBiKo, Tz. 66 zu § 249 HGB).
  Die Entsorgung von eigenem Abfall ist eine Obliegenheit, die der Eigenbetrieb in eigenem Interesse erfüllt. Es fehlt an einer Außenverpflichtung, sodass für diese Innenverpflichtung eine Rückstellungsbildung nicht in Betracht kommt.
- **Deponienachsorgeverpflichtungen**
  Nachsorgeverpflichtungen, insbesondere langjährige Verpflichtungen, bestehen bei Ablagerungen auf Abfalldeponien. Maßnahmen der Nachsorge sind z. B. die Sickerwassererfassung und -beseitigung, die Oberflächenabdichtung und die Deponieentgasung. Die Verpflichtungen zur Nachsorge sind nach einhelliger Ansicht bereits durch die gesetzlichen Vorgaben hinreichend konkretisiert und deshalb als Sachleistungsverbindlichkeit i. S. d. § 249 HGB anzusehen, unabhängig davon, ob eine behördliche Anordnung dazu ergangen ist (BFH, Urt. vom 16.9.1970, BStBl. II 1971 S. 85). Wirtschaftlich werden die Verpflichtungen durch die laufende Abfallablagerung verursacht. Ausgaben für diese Maßnahmen der Nachsorge fallen typischerweise erst nach vollständiger oder fast vollständiger Verfüllung an. Sie betreffen die Stilllegungs- und Nachsorgephase. Die Stilllegungsphase umfasst den Zeitraum vom Ende der Ablagerungsphase bis zur endgültigen Stilllegung einer Deponie nach § 40 KrWG 2012 (§ 2 Deponieverordnung [DepV]). Daran schließt sich die Nachsorgephase an. Zurückzustellen ist der Betrag, der nach den Verhältnissen am Bilanzstichtag zukünftig aufgewendet werden müsste, um den bis dahin verfüllten Teil des Geländes einer Nachsorgebehandlung im Rahmen der gesetzlichen Mindestanforderungen zu unterziehen. Der Erfüllungsrückstand zur Nachsorge ist entsprechend handels- und steuerrechtlich in Abhängigkeit von der Verfüllung aufzubauen (sogen. Ansammlungsrückstellung, EStR 6.11

Abs. 2). Die Rückstellung ist nach § 253 Abs. 1 Satz 2 HGB mit dem nach vernünftiger kaufmännischer Beurteilung notwendigen Erfüllungsbetrag anzusetzen. Aufgrund der zumeist langjährig bestehenden Nachsorgeverpflichtung von mindestens 30 Jahren (§ 5 Abs. 2 Satz 2 LAbfWAG) wird eine kaufmännische Beurteilung regelmäßig nur durch ingenieurtechnische Gutachten unterstützt werden können. Anzusetzen sind die Vollkosten, also die Fremdleistungen, die Eigenleistungen und die notwendigen Gemeinkosten wie Abschreibungen auf Nachsorgeinvestitionen (IDW RS HFA 34, 3.6.2015, Tz. 21). Bei der Bewertung sind die Verhältnisse zu berücksichtigen, die am Abschlussstichtag zum Zeitpunkt der voraussichtlichen Begleichung der Verpflichtung erwartet werden, mithin sind die zukünftigen Preis- und Kostenänderungen zu berücksichtigen (*Schubert* in BeBiKo, Tz. 150 zu § 253 HGB, IDW RS HFA 34, 3.6.2015, Tz. 25). Die Rückstellung ist abzuzinsen, s. a. zu Punkt 11.2.7.

- Die Rückstellungen für die späteren Kosten der Nachsorge sind nach § 5 Abs. 2 Nr. 2 LAbfWAG in die Gebühren einzukalkulieren.
- Handelsrechtlich wird kontrovers diskutiert, ob noch nicht aktivierbare Ersatzansprüche bei der Bewertung von Verbindlichkeitsrückstellungen zu berücksichtigen sind. Zum Teil wird dies bejaht, wenn diese Ersatzansprüche in einem unmittelbaren Zusammenhang mit der drohenden Inanspruchnahme stehen, in rechtlich verbindlicher Weise der Entstehung oder Erfüllung der Verbindlichkeit nachfolgen und vollwertig sind, weil sie vom Rückgriffsschuldner nicht bestritten werden und dessen Bonität nicht zweifelhaft ist (BFH-Urteil vom 17.2.1993, BStBl. II, S. 437; *Schubert* in BeBiKo, Tz. 139 zu § 253 HGB, IDW RS HFA 34, 3.6.2015, Tz. 30). Zum Teil wird die Herstellung eines solchen Bewertungszusammenhangs mit Hinweis auf einen Verstoß gegen den Einzelbewertungsgrundsatz, das Saldierungsverbot des § 246 Abs. 2 HGB und das Realisations- und Stichtagsprinzip abgelehnt (*Fürst/Angerer*, WPg 1993 S. 427) und somit eine Einbeziehung solcher noch nicht realisierter Ersatzansprüche in die Bewertung von Verbindlichkeitsrückstellungen verneint. Folgt man der erstgenannten, vorherrschenden Ansicht, dann wird man wegen § 5 Abs. 2 Nr. 2 LAbfWAG begründen können, dass eine Kürzung der Nachsorgerückstellung um die gebührenrechtlich noch nicht berücksichtigten Nachsorgekosten für verfüllte Deponieabschnitte vertretbar ist (*Fabry/Augsten*, a. a. O., Appel, M./Augsten, U./Dengler, H.-P. et al., S. 533).
  Gemäß § 6 Abs. 1 Nr. 3 a. Buchst. c EStG sind steuerlich auch künftige Vorteile, die mit der Erfüllung der Verpflichtung voraussichtlich verbunden sein werden (z. B. Kippgebühren, soweit entsprechende Verträge zum Bilanzstichtag abgeschlossen sind, Erlöse aus der Deponiegasverwertung oder der Stromerzeugung aus einem BHKW), bei der Rückstellungsbewertung wertmindernd zu berücksichtigen, soweit sie nicht als Forderung zu aktivieren sind (*Schubert* in BeBiKo, Tz. 157 zu § 253 HGB). Zudem besteht gemäß § 6 Abs. 1 Nr. 3a Buchst. e Satz 2 EStG für Rückstellungen wegen Sachleistungsverpflichtungen mit mehr als zwölfmonatiger Restlaufzeit eine Abzinsungspflicht. Jedoch endet die Abzinsung gemäß § 6 Abs. 1 Nr. 3a Buchst. e) Satz 2 EStG anders als im Handelsrecht bereits mit dem Beginn der Erfüllung, d. h. am Ende der Verfüllungsphase. Der mit 5,5 % vorgegebene Abzinsungssatz weicht zudem von den handelsrechtlich relevanten durchschnittlichen Marktzinssätzen der vergangenen sieben bzw. ab 2016 zehn Jahren regelmäßig nach oben ab. Sofern zukünftige Sachleistungen zu aktivierungspflichtigen Wirtschaftsgütern führen, ist eine Passivierung nicht zulässig (§ 5 Abs. 4b Satz 1 EStG). Da die Pflicht zur Abfallentsorgung meist im hoheitlichen Aufgabenbereich erfüllt wird, ist der steuerliche Aspekt dort zu vernachlässigen. In Rheinland-Pfalz wird lediglich eine Siedlungsabfalldeponie in der Rechtsform einer GmbH, die mit ihren Aktivitäten uneingeschränkt steuerpflichtig ist, geführt (*Bilger/Rößler*, „Leitfaden für den Abschluss und die Nachsorge von Hausmülldeponien“, Ministerium für Umwelt und Forsten, Mainz 2002, S. 7). Zur Problematik der abweichenden handels- und steuerrechtlichen Bewertung in diesen Fällen s. o. zu Punkt 11.2.7. Das BMF hat in seinem Schreiben vom 25.7.2005 ausführlich zu den Aufwendungen für Stilllegung, Rekultivierung und Nachsorge von Deponien Stellung genommen.

- **Rückstellung für Klärschlammentsorgung**
  Nach § 54 Abs. 2 Wasserhaushaltsgesetz (WHG) gehört zur Abwasserbeseitigung das Sammeln, Fortleiten, Behandeln, Einleiten, Versickern, Verregnen und Verrieseln von Abwasser sowie das Entwässern von Klärschlamm im Zusammenhang mit der Abwasserbeseitigung. Nach diesem Bearbeitungsschritt werden Klärschlämme i. d. R. zu Abfall zur Verwertung i. S. d. § 3 Abs. 23 KrWG. Wird Klärschlamm als Abfall qualifiziert und besteht eine öffentlich-rechtliche Verpflichtung zur Entsorgung gemäß § 7 Abs. 2 KrWG, ist eine Rückstellung für ungewisse Verbindlichkeiten gemäß § 249 Abs. 1 Satz 1 HGB zu bilden. Die Abfalleigenschaft und damit der Grund der Rückstellungsbildung entfällt erst mit dem Abschluss der Verwertung, z. B. durch landwirtschaftliche Aufbringung. Wirtschaftlich wird die Rückstellung durch die laufende Ansammlung von entsorgungspflichtigem Klärschlamm in Trockensilos oder Teichkläranlagen verursacht. Zurückzustellen ist der Erfüllungsbetrag, der zukünftige Kostensteigerungen und bei geplanter mehrjähriger Entsorgung eine Abzinsung enthalten muss. Die angesammelte Klärschlammmenge ist nach vernünftiger kaufmännischer Beurteilung gemäß § 253 Abs. 1 Satz 2 HGB zu schätzen. Dabei wird bei der Bestimmung des in Teichkläranlagen angesammelten, entsorgungspflichtigen Klärschlamms ein Rückgriff auf Erfahrungswerte der Vergangenheit vertretbar sein. Die Entsorgungskosten je Kubikmeter entsorgungspflichtigem Klärschlamm bestimmen sich nach der Schadstoffbelastung des Klärschlamms und dem daher notwendigen Entsorgungsverfahren.
- **Rekultivierungsverpflichtungen**
  Rückstellungen für die Rekultivierung ergeben sich insbesondere aus Auffüll-, Wiederanlage-, Wiederaufforstungs- und Entfernungsverpflichtungen, z. B. für Kiesgruben und Erdablagerungsdeponien. Auch die Verpflichtungen zur Rekultivierung sind nach einhelliger Ansicht bereits durch die gesetzlichen Vorgaben hinreichend konkretisiert und deshalb als Sachleistungsverbindlichkeit i. S. d. § 249 HGB anzusehen, unabhängig davon, ob eine konkrete behördliche Anordnung dazu ergangen ist (BFH, Urt. vom 16.9.1970, BStBl. II 1971 S. 85). Wirtschaftlich werden die Verpflichtungen durch die laufende Ausbeutung verursacht. Ausgaben für diese Maßnahmen der Rekultivierung fallen typischerweise erst nach vollständiger oder fast vollständiger Ausbeute an. Zurückzustellen ist der Betrag, der nach den zukünftigen Verhältnissen am Bilanzstichtag aufgewendet werden müsste, um den bis dahin ausgebeuteten Teil des Geländes zu rekultivieren. Der Erfüllungsrückstand zur Rekultivierung ist entsprechend in Abhängigkeit von der Ausbeute aufzubauen (*Schubert* in BeBiKo, Tz. 130 zu § 249 HGB, „Rekultivierung"). Auch steuerlich ist in Abhängigkeit vom Ausbeutungsfortschritt zu passivieren (R 6.11 Abs. 2 Satz 3 f. EStR 2012). Die Rückstellung ist nach § 253 Abs. 1 Satz 2 HGB zu bewerten, also mit dem nach vernünftiger kaufmännischer Beurteilung notwendigen Erfüllungsbetrag. Anzusetzen sind die Vollkosten, also die Fremdleistungen und die notwendigen Gemeinkosten wie eigene Personalkosten und Abschreibungen auf Nachsorgeinvestitionen. Auch im Rahmen der Rekultivierungsverpflichtungen ist steuerlich der § 6 Abs. 1 Nr. 3a Buchst. c EStG hinsichtlich der Einbeziehung künftiger Vorteile in die Rückstellungsberechnung zu beachten.
  Hinsichtlich der Abzinsung von langfristigen Rekultivierungsverpflichtungen gilt das zu den Nachsorgeverpflichtungen Gesagte entsprechend.

Unterlassene Instandhaltung

Handelsrechtlich wie auch steuerrechtlich besteht eine Passivierungspflicht für im Geschäftsjahr unterlassene Aufwendungen für die Instandhaltungsmaßnahmen, die im Folgejahr innerhalb von drei Monaten nachgeholt werden. Eine Rückstellung für unterlassene Aufwendungen für Instandhaltungen, die nach Ablauf der ersten drei Monate des Folgejahres, aber noch innerhalb dieses Jahres nachgeholt werden ist handelsrechtlich seit der Einführung des BilMoG ab Geschäftsjahren, die nach dem 31.12.2009 beginnen, mit Ausnahme bestehender Übergangsregelungen nach dem EGHGB nicht mehr zulässig.

Steuerrechtlich ist diese Rückstellung ebenfalls unzulässig. Es muss sich um eine Innenverpflichtung handeln (Aufwandsrückstellung). Für unterlassene Aufwendungen für Instandhaltung, zu deren Vornahme der Eigenbetrieb gegenüber Fremden verpflichtet ist (z. B. an fremden Vermögensgegenständen als Mieter und an eigenen Vermögensgegenständen als Vermieter), kommen Rückstellungen für ungewisse Verbindlichkeiten in Betracht. Instandhaltungen betreffen hauptsächlich wiederkehrende Instandsetzungsmaßnahmen, Wartung und Inspektion von abnutzbaren Sachanlagen des Eigenbetriebs, aber auch immaterielle Vermögensgegenstände (z. B.: Unterlassene Softwarepflege). Die Arbeiten dürfen durch den Eigenbetrieb selbst oder durch ein Drittunternehmen ausgeführt werden. Eine Nachholung liegt nur dann vor, wenn die Arbeiten tatsächlich innerhalb der Dreimonatsfrist oder im Geschäftsjahr abgeschlossen sind. Ist die Nachholung nicht in dieser Zeit erfolgt, ist die Instandhaltungsrückstellung grundsätzlich aufzulösen (*Schubert* in BeBiKo, Tz. 143 zu § 249). Der Aufwand für die Instandhaltung muss unterlassen worden sein, d. h. die Instandhaltungsmaßnahme muss vor dem Bilanzstichtag aus betrieblichen Gründen geboten gewesen sein. Sie darf nicht schon in dem Jahr geboten gewesen sein, das dem Jahr vorausgeht, für das der Jahresabschluss erstellt wird. Eine Nachholung einer etwa in diesem Jahr vergessenen Rückstellung als Instandhaltungsrückstellung ist unzulässig, wenn die Unterlassung nicht auch das vergangene Geschäftsjahr mitbetrifft (*Schubert* in BeBiKo, Tz. 142 zu § 249).

Urlaubsrückstellung

Rückständige Urlaubsverpflichtungen des Arbeitgebers bedingen den Ansatz einer Verbindlichkeitsrückstellung; es liegt insofern ein Erfüllungsrückstand vor. Mit der Urlaubsrückstellung sind künftige Personalaufwendungen anzusetzen, denen keine Arbeitsleistung gegenüberstehen wird, sondern Urlaubstage, weil der Arbeitnehmer im abgelaufenen Geschäftsjahr vorgeleistet hat. Die Höhe der Urlaubsrückstellung bemisst sich daher nach dem Bruttoarbeitsentgelt (einschließlich Weihnachtsgeld) zuzüglich den Arbeitgeberanteilen zur Sozialversicherung, das der Arbeitgeber für die Zeit zu zahlen hat, in der der Arbeitnehmer den rückständigen Urlaub tatsächlich in Anspruch nimmt (*Schubert* in BeBiKo, Tz. 130 zu § 249 HGB, „Urlaub“). Bei der Bemessung der Rückstellung sind erwartete Änderungen des Arbeitslohnes im Zeitpunkt der Erfüllung zu berücksichtigen (WPH, a. a. O., Burghardt, M./Dr. Ellenbürger, F./Dr. Gelhausen, H. F. et al., Kap. F Tz. 687). Einzubeziehen sind zudem fest zugesagte Sondervergütungen, periodisierte Anteile von Aufwendungen, die erst später ausgezahlt werden (Bsp.: Zuführungen zu Jubiläumsrückstellungen), Urlaubsgeld und anteilige Gemeinkosten (IDW, WPg 1992, S. 330). Bei der Berechnung der Urlaubsrückstellung ist der ermittelte Jahresaufwand zu den tatsächlichen Arbeitstagen (bei Vollzeitbeschäftigung: ca. 250 Tage abzüglich 30 Urlaubstage und erwartete Ausfallzeiten) in Beziehung zu setzen und mit der Zahl der offenen Arbeitstage zu vervielfältigen.

Der BFH sieht demgegenüber Urlaubsrückstände nicht als Verpflichtung zum Freizeitausgleich im folgenden Jahr, sondern als Geldschuld, deren Höhe sich nach dem Urlaubsentgelt bemisst, das der Arbeitgeber hätte aufwenden müssen, wenn er seine Zahlungsverpflichtungen bereits am Bilanzstichtag erfüllt hätte. Einzubeziehen sind in die Rückstellung nach Ansicht des BFH das Bruttoarbeitsentgelt, die Arbeitgeberanteile zur Sozialversicherung, das Urlaubsgeld und weitere lohnabhängige Nebenkosten. Außer Ansatz bleiben Sondervergütungen (z. B. Tantiemen, Weihnachtsgeld) und Änderungen des Entgelts im Folgejahr. Im Fall einer Durchschnittsberechnung ist der maßgebliche Lohnaufwand nach Ansicht des BFH durch die Zahl der regelmäßigen Arbeitstage (bei Vollzeitbeschäftigung: ca. 250 Tage) zu dividieren und mit der Zahl der offenen Arbeitstage zu vervielfältigen (BFH, Urt. vom 10.3.1993, BStBl. II S. 446).

Verlustübernahmeverpflichtung

Ein Eigenbetrieb kann sich verpflichten, den Verlust einer eingegliederten Gesellschaft zu übernehmen oder auszugleichen. Der umgekehrte Fall ist nicht denkbar, weil der Eigenbetrieb ohne eigene Rechtspersönlichkeit in seine eigene Gemeinde eingegliedert ist. Der Verlust kann in voller Höhe oder begrenzt auf einen bestimmten Betrag bei entsprechender vertraglicher Regelung übernommen werden. Bei übereinstimmendem Wirtschaftsjahr werden die Verluste aus einem Verlustübernahmevertrag beim Eigenbetrieb zum Bilanzstichtag übernommen. Der Eigenbetrieb hat eine Rückstellung für ungewisse Verbindlichkeiten zu bilden oder bereits eine Verbindlichkeit. Wenn das genaue Ergebnis der eingegliederten Gesellschaft noch nicht endgültig feststeht, kann die Verlustübernahmeverpflichtung in der nach vernünftiger kaufmännischer Beurteilung feststehenden Höhe bewertet werden. Geht der Bilanzstichtag des Eigenbetriebs dem der eingegliederten Gesellschaft voraus, kommt eine Rückstellung nach dem Grundsatz eines noch nicht realisierten, aber bereits vorhersehbaren Verlustes in Betracht, wenn im Zeitpunkt der Aufstellung des Jahresabschlusses des Eigenbetriebes ein von der eingegliederten Gesellschaft größerer zu übernehmender Verlust zu erwarten ist (*ADS*, a. a. O., Prof. Dr. Dr. h. c. Forster, K.-H./Dr. Dr. h. c. Goerdeler, R./Lanfermann, J. et al., Tz. 72 zu § 277 HGB). Für noch nicht feststehende zukünftige Verluste kann eine Anhangangabe nach § 285 Nr. 3a HGB in Betracht kommen, wenn die erwarteten Verlustübernahmen von wesentlicher Bedeutung für die Finanzlage des Eigenbetriebs sind. Zudem ist bei anhaltender Ertraglosigkeit die Notwendigkeit einer Abschreibung des Beteiligungsansatzes auf den niedrigeren beizulegenden Wert nach § 253 Abs. 3 Satz 5 HGB zu prüfen. Steuerrechtlich ist die Bildung einer solchen Drohverlustrückstellung nicht zulässig (§ 5 Abs. 4a EStG).

Zinsen auf Steuernachforderungen

Soweit die Inanspruchnahme wegen Steuernachforderungen wahrscheinlich ist, sind auch darauf gemäß § 233a AO anfallende Zinsen zu passivieren. Das Risiko einer Inanspruchnahme ist bereits gegeben, wenn die Finanzbehörde mit aufdeckungsorientierten Maßnahmen (Betriebsprüfung) beginnt (s. a. zu „Betriebsprüfung"). Die Zinsen müssen für am Stichtag zurückliegende Zeiträume erhoben werden. Hinterziehungszinsen sind nicht passivierungsfähig (BFH, Urt. vom 16.2.1996, BStBl. II S. 592). Steuerrechtlich können Zinsen i. S. d. § 10 Nr. 2 KStG nicht abgezogen werden, daher erfolgt keine Rückstellung in der Steuerbilanz.

12. (E.) Verbindlichkeiten

Im Unterschied zu den Rückstellungen sind Verbindlichkeiten durch die Sicherheit der Verpflichtungen und die Verpflichtung ausschließlich gegenüber Dritten gekennzeichnet.

12.1 Inhalt und Gliederung

Das Gliederungsschema nach Formblatt 1 der EigAnVO weicht von der handelsrechtlichen Gliederung in § 266 Abs. 3 C. HGB ab. Zusätzlich auszuweisen sind die Förderdarlehen sowie die Verbindlichkeiten gegenüber dem Einrichtungsträger sowie Verbindlichkeiten gegenüber Gebietskörperschaften.

(1.) Förderdarlehen

(2.) Anleihen

(3.) Verbindlichkeiten gegenüber Kreditinstituten

(4.) Erhaltene Anzahlungen auf Bestellungen

(5.) Verbindlichkeiten aus Lieferungen und Leistungen

(6.) Verbindlichkeiten aus der Annahme gezogener Wechsel und der Ausstellung eigener Wechsel

(7.) Verbindlichkeiten gegenüber verbundenen Unternehmen

(8.) Verbindlichkeiten gegenüber Unternehmen, mit denen ein Beteiligungsverhältnis besteht

(9.) Verbindlichkeiten gegenüber dem Einrichtungsträger

(10.) Verbindlichkeiten gegenüber Gebietskörperschaften

(11.) Sonstige Verbindlichkeiten
davon

a) aus Steuern

b) im Rahmen der sozialen Sicherheit.

12.1.1 Förderdarlehen

Die Verwaltungsvorschrift des Ministeriums für Umwelt und Forstwirtschaft vom 21.11.2008 „Zuwendungen für wasserwirtschaftliche Maßnahmen (Förderrichtlinien der Wasserwirtschaftsverwaltung – FÖRiWWV Ministerialblatt 2008 S. 424) regelt die Gewährung von Zuwendungen in Form von Darlehen, Zuschüssen und Zinszuschüssen (vgl. Punkt 5. der FöRiWWV). Ein Rechtsanspruch auf die Gewährung der oben genannten Zuwendungen besteht nicht. Die Zuwendungen hinsichtlich der Maßnahmen der Wasserversorgung und Abwasserbeseitigung sollen den Empfänger befähigen, die Entgelte so zu gestalten, dass eine zumutbare Entgeltbelastung der Einwohner möglichst nicht überschritten wird. Bei anderen wasserwirtschaftlichen Maßnahmen im Rahmen der Gewährung von Zuwendungen soll vermieden werden, dass dem Maßnahmenträger Lasten aufgebürdet werden, die seine dauernde Leistungsfähigkeit bedrohen (vgl. Punkt 1 der FöRiWWV). Förderungswürdig sind zentrale, überörtliche wasserwirtschaftliche Anlagen. Eine Förderung von dezentralen Einzelanlagen (z. B. Kleinkläranlagen) erfolgt dann, wenn sie sowohl unter Berücksichtigung wasserwirtschaftlicher und wasserrechtlicher Gegebenheiten als auch anderer umweltrelevanter Belange die technisch und wirtschaftlich geeignetere Lösung sind (vgl. Punkt 2 der FöRiWWV). Es werden nur solche Maßnahmen gefördert, die in das von der Bewilligungsbehörde aufgestellte mittelfristige Investitionsprogramm (MIP) aufgenommen werden. Allerdings können bei Vorliegen von besonderen Gründen Maßnahmen auch außerhalb des Investitionsprogramms gefördert werden. Zudem werden nur Maßnahmen gefördert, die in hohem Maße wasserwirtschaftlichen und ökologischen Zielsetzungen entsprechen (vgl. Punkt 4 der FöRiWWV).

Zuwendungsempfänger in der Wasserversorgung und in der Abwasserbeseitigung sind Körperschaften des öffentlichen Rechtes, die Träger der Pflichtaufgabe sind und unmittelbare Rechtsbeziehungen zum Benutzer haben, sowie bestehende Träger im Sinne von § 46 Abs. 1 Satz 4 LWG. Soweit Letztere Personen des Privatrechtes sind, müssen bestimmte Zulässigkeitskriterien der europäischen Union zur Gewährung staatlicher Beihilfen gewährleistet sein. Zuwendungsempfänger sind auch Anstalten öffentlichen Rechts, soweit die Pflichtaufgaben auf diese weiter übertragen worden sind. Maßnahmenträger, die Körperschaften öffentlichen Rechts sind, jedoch keine unmittelbaren Rechtsbeziehungen zum Benutzer haben, insbesondere soweit sie nur Anlagen überörtlich oder gemeinschaftlich betreiben, können keine Zuwendungen erhalten. Soweit die Finanzierung der Maßnahmen durch die beteiligten Träger nach Nr. 3.1.1.1 erfolgt, werden die dadurch entstehenden Belastungen und die Baukostenzuschüsse bei diesen beteiligten Trägern berücksichtigt. Ausnahmen können auf Antrag der beteiligten Träger zugelassen werden, wenn dies im Interesse der solidarischen Aufgabenerfüllung geboten ist und die Beteiligten die Verteilung der Lasten und Zuwendungen vereinbart haben (vgl. Punkt 3.1.1 der FöRiWWV).

In der Wasserversorgung und Abwasserbeseitigung werden Zuwendungen für Investitionen einem Träger nur im Rahmen seiner Entgeltbelastung nach Maßgabe der Staffelung in Anlage 1 gewährt (vgl. Punkt 5.1 FöRiWWV). Die Entgeltsbelastung ist mittels des geprüften Jahresabschlusses nachzuweisen. Als Grundlage dient hier die nach der EigAnVO aufgestellte letzte Bilanz. Es ist zu beachten, dass die Einrichtungen in den vergangenen fünf Jahren keine Gewinne oder Überschüsse an den allgemeinen Haushalt des Trägers abgeführt haben und auch in den letzten zehn Jahren vor der Bewilligung kein Eigenkapital zurückgezahlt haben, es sei denn, diese Beträge werden in die Einrichtungen wieder eingelegt. (vgl. Punkt 4.4.1 der FöRiWWV).

Zuwendungen werden neben direkten Zuschüssen und Zinszuschüssen in Form von Darlehen für Maßnahmen der Wasserversorgung und Abwasserbeseitigung gewährt. Die bewilligten Darlehen sind zinslos und mit 3 v. H. jährlich zu tilgen, wobei die ersten beiden Jahre tilgungsfrei sind (vgl. Punkt 5.1 der FöRiWWV).

Gemäß den Förderrichtlinien der Wasserwirtschaftsverwaltung Rheinland-Pfalz werden die Zuwendungen zu Ausgaben für ein bestimmtes, dem Wohl der Allgemeinheit dienendes Vorhaben gewährt. Danach wird der Vorteil aus der Zinslosigkeit an den Benutzer über eine entsprechend niedrigere Entgeltbelastung weitergeleitet, sodass bei diesen Förderdarlehen keine Abzinsung vorzunehmen ist. Dies entspricht auch den allgemeinen handelsrechtlichen Bewertungsvorgaben zur Bewertung von Verbindlichkeiten (vgl. im Einzelnen hierzu Erl. 12.2). Abweichend hiervon ist bei Eigenbetrieben mit dem Betriebszweig Wasserversorgung zu beachten, dass für steuerliche Zwecke in der Steuerbilanz unverzinsliche Verbindlichkeiten mit einer Restlaufzeit von einem Jahr, die nicht auf einer Anzahlung oder Vorauszahlung beruhen, gemäß § 6 Abs. 1 Nr. 3 EStG mit einem Zinssatz von 5,5 % abzuzinsen sind (vgl. im Einzelnen mit weiteren Beispielen hierzu BMF-Schreiben vom 26.5.2005, BStBl. I S. 699).

12.1.2 Anleihen

Unter Anleihen sind langfristige Darlehen unter Inanspruchnahme des organisierten Kapitalmarkts, in der Regel durch Ausgabe von Teilschuldverschreibungen (Obligationen), zu verstehen.

12.1.3 Verbindlichkeiten gegenüber Kreditinstituten

Was man unter Kreditinstituten versteht, ist § 1 KWG zu entnehmen (vgl. Erl. 3.4.1). Im Rahmen dieses Postens ist keine Differenzierung nach der Fristigkeit vorzunehmen, d. h. es werden sowohl langfristige Kredite als auch Kontokorrentkredite erfasst. Eine Differenzierung nach der Art der Kreditinstitute ist ebenfalls nicht erforderlich. Nicht unter diesen Posten fallen die in § 2 KWG genannten Institute, hier insbesondere die Kreditanstalt für Wiederaufbau. Die entsprechenden Verbindlichkeiten sind unter den Sonstigen Verbindlichkeiten auszuweisen.

12.1.4 Erhaltene Anzahlungen auf Bestellungen

Es handelt sich um in Geld bestehende Vorleistungen auf eine dem anderen Vertragspartner zu erbringende Lieferung oder sonstige Leistung, d. h. eine Vorauszahlung im Rahmen eines schwebenden Geschäfts. Der Zusatz „auf Bestellungen" ist so zu verstehen, dass hier nur Anzahlungen auszuweisen sind, die sich auf die Umsatzerlöse entsprechende Lieferungen und Leistungen beziehen. Andere erhaltene Anzahlungen sind unter den sonstigen Verbindlichkeiten auszuweisen. (*Schubert/Hargarten* in BeBiKo, Tz. 224 zu § 266 HGB). Die erhaltenen Anzahlungen sind erfolgsneutral zu behandeln. Ein Ausweis unter den erhaltenen Anzahlungen erfolgt nur dann, wenn nicht schon gemäß § 268 Abs. 5 Satz 2 HGB der Betrag offen von den Vorräten abgesetzt wurde. Durch eine offene Absetzung der erhaltenen Anzahlungen auf Bestellungen darf der Posten Vorräte nicht negativ werden (*Schubert/Hargarten* in BeBiKo, Tz. 225 zu § 266 HGB). Ein überschießender Betrag ist dann zu passivieren. Wenn in den erhaltenen Anzahlungen Umsatzsteuer enthalten ist, muss ein Ausweis nach der sog. Nettomethode erfolgen. Bei erhaltenen Anzahlungen entsteht die Umsatzsteuer mit Ablauf des Voranmeldungszeitraums, in dem die erhaltene Anzahlung vereinnahmt wurde (§ 13 Abs. 1 Nr. 1a Satz 4 UStG). Nach der Nettomethode werden die erhaltenen Anzahlungen ohne Umsatzsteueranteil ausgewiesen. Die Umsatzsteuer wird bis zu ihrer Abführung unter den Steuerverbindlichkeiten in den sonstigen Verbindlichkeiten passiviert. Ein sog. Bruttoausweis der erhaltenen Anzahlungen, d. h. einschließlich Umsatzsteuerbetrag und eine zusätzliche Aktivierung der Umsatzsteuer unter den aktiven Rechnungsabgrenzungsposten ist nach Änderung des § 250 HGB durch das Bilanzrechtsmodernisierungsgesetz nicht mehr möglich (*Schubert/Hargarten* in

BeBiKo, Tz. 226 zu § 266 HGB). Wenn die Lieferung oder Leistung erbracht ist, wird die erhaltene Anzahlung mit der Forderung verrechnet.

Bei den Eigenbetrieben sind in den erhaltenen Anzahlungen häufig Vorausleistungen auf einmalige Beiträge enthalten. Gemäß § 7 Abs. 5 Satz 1 KAG und bei entsprechender Ermächtigung durch die Satzung können ab Beginn der Baumaßnahme (z. B. Erschließung von Neubaugebieten) Vorausleistungen auf einmalige Beiträge bis zur voraussichtlichen Höhe des Beitrags erhoben werden. Ist die Baumaßnahme abgeschlossen und die zu erhebenden Beiträge können endgültig veranlagt werden, sind die jeweiligen erhaltenen Vorausleistungen in den Posten C. „Empfangene Ertragszuschüsse" umzubuchen.

12.1.5 Verbindlichkeiten aus Lieferungen und Leistungen

Hier sind Verpflichtungen aus vom Vertragspartner bereits erfüllten Umsatzgeschäften auszuweisen, bei denen die eigene Gegenleistung (in der Regel Zahlungsverpflichtung) noch nicht geleistet wurde. Keine Verpflichtungen aus Umsatzgeschäften sind etwa Schadenersatz-, Darlehens- und Gewinnverbindlichkeiten. Verbindlichkeiten aus Lieferungen und Leistungen behalten ihren Charakter auch bei langfristiger Stundung. Dies gilt auch dann, wenn die Stundung über das ursprünglich vereinbarte Zahlungsziel hinausgeht (*Schubert/Hargarten* in BeBiKo, Tz. 230 zu § 266 HGB und *ADS*, a. a. O., Prof. Dr. Dr. h. c. Forster, K.-H./Dr. Dr. h. c. Goerdeler, R./Lanfermann, J. et al., Tz. 228 zu § 266 HGB). Es wird der Bruttobetrag – also einschließlich Umsatzsteuer – passiviert. Die Verbindlichkeiten sind weiterhin auch dann brutto auszuweisen, wenn eine Rechnung noch nicht vorliegt oder die Umsatzsteuer zu Unrecht nicht in Rechnung gestellt wurde. In diesen Fällen sind die noch nicht abziehbaren Vorsteuerbeträge unter den sonstigen Verbindlichkeiten zu erfassen (*Schubert/Hargarten* in BeBiKo, Tz. 231 zu § 266 HGB). Sofern bereits Anzahlungen seitens des Eigenbetriebs geleistet wurden, sind diese mit entsprechenden Verbindlichkeiten aus Lieferungen und Leistungen zu verrechnen. Dagegen werden Forderungen an Lieferanten, z. B. aus Überzahlungen, als sog. debitorische Kreditoren unter den sonstigen Vermögensgegenständen ausgewiesen. Eine Verrechnung mit den Verbindlichkeiten aus Lieferungen und Leistungen ist nicht zulässig. Fällt eine Verbindlichkeit aus Lieferungen und Leistungen auch unter die Posten E.6. bis 10., hat der Ausweis unter diesen Posten Vorrang, es sei denn, ihre Mitzugehörigkeit wird vermerkt oder im Anhang angegeben (§ 265 Abs. 3 Satz 1 HGB). Weiterhin zu beachten sind Folgewirkungen aus der seit Einführung des BilRUG geänderten Definition der Umsatzerlöse. Soweit bezogene Lieferungen und Leistungen nunmehr einen wirtschaftlichen Bezug zu den Umsatzerlösen erhalten und demnach als Material- statt als sonstige betriebliche Aufwendungen zu qualifizieren sind, sind die im Zusammenhang mit diesen Aufwendungen offen stehenden Verbindlichkeiten als aus Lieferungen und Leistungen zu qualifizieren, mithin nicht mehr als sonstige Verbindlichkeiten auszuweisen.

12.1.6 Verbindlichkeiten aus der Annahme gezogener Wechsel und der Ausstellung eigener Wechsel

Hierunter fallen die auf das Unternehmen gezogenen Wechsel (Tratten), die durch Querschreiben akzeptiert wurden, sowie eigene vom Unternehmen selbst ausgestellte Wechsel (Sola-Wechsel). Wurde ein Wechsel noch nicht quergeschrieben und damit akzeptiert, ist er nicht als Wechselverbindlichkeit auszuweisen, es wird hier ein Ausweis der dem Wechsel zugrunde liegenden Verbindlichkeit erfolgen. Die praktische Relevanz von Wechselgeschäften hat in den letzten Jahren allerdings erheblich abgenommen, sodass Verbindlichkeiten aus der Annahme gezogener Wechsel und der Ausstellung eigener Wechsel nicht mehr häufig anzutreffen sind.

12.1.7 Verbindlichkeiten gegenüber verbundenen Unternehmen/Verbindlichkeiten gegenüber Unternehmen, mit denen ein Beteiligungsverhältnis besteht

Es wird auf die entsprechenden Erläuterungen zu den Forderungsposten verwiesen. Bestehen Verbindlichkeiten gegenüber einem Unternehmen, mit dem ein Beteiligungsverhältnis besteht, die zugleich Verbindlichkeiten gegenüber einem verbundenen Unternehmen darstellen, so hat der Ausweis unter den Verbindlichkeiten gegenüber verbundenen Unternehmen Vorrang.

12.1.8 Verbindlichkeiten gegenüber dem Einrichtungsträger

Es wird auf die Erläuterungen zu dem entsprechenden Forderungsposten verwiesen. Laut Fn. 4 zum Formblatt 1 wird ein Ausweis *„einschließlich Forderungen an dessen/deren Einrichtungen"* verlangt. Gemeint ist hier ein Ausweis auch der Verbindlichkeiten gegenüber den Einrichtungen des Einrichtungsträgers, also z. B. anderen Eigenbetrieben.

Bei Eigenbetrieben werden hier unter anderem z. B. Verbindlichkeiten aus Verwaltungskostenbeiträgen, die Verbindlichkeiten des Verrechnungskontos oder der Sonderkasse ausgewiesen.

12.1.9 Verbindlichkeiten gegenüber Gebietskörperschaften

Zum Inhalt wird auf die Erläuterungen zu dem Posten Forderungen an Gebietskörperschaften verwiesen. Neben dort genannten Beispielen sind hier auch die Verbindlichkeiten aus der Abwasserabgabe einzustellen. Die Fn. 4 des Formblattes 1 verlangt, dass hier auch die Forderungen an Einrichtungen der Gebietskörperschaften ausgewiesen werden. Gemeint sind wohl aber die Verbindlichkeiten gegenüber diesen Einrichtungen. Die Fußnote ist insoweit fehlerhaft.

12.1.10 Sonstige Verbindlichkeiten

Unter diesem Posten sind alle Schulden des Unternehmens auszuweisen, die sich keinem anderen Verbindlichkeitsposten zuordnen lassen. Es handelt sich also um einen Sammel- und Auffangposten. Hierzu gehören insbesondere

- Darlehen von Nichtbanken (z. B. Darlehen der Kreditanstalt für Wiederaufbau)
- Überzahlungen aus der Verbrauchsabrechnung
  Steuerschulden
- Einbehaltene und noch abzuführende Steuern
- Sozialabgaben
- Kreditorische Debitoren
- Schadenersatzverpflichtungen
- Rückständige Löhne und Gehälter.

Der Posten muss nicht aufgegliedert werden.

Im Rahmen von zwei „davon-Vermerken" sind auszuweisen:

- Steuerschulden, soweit sie ihrem Grunde und ihrer Höhe nach feststehen (z. B. Körperschaftsteuer, Umsatzsteuer) und einbehaltene und noch abzuführende Steuern (z. B. Lohnsteuer, Kapitalertragsteuer),
- Verbindlichkeiten im Rahmen der sozialen Sicherheit: Hier sind z. B. Arbeitgeberbeiträge und einbehaltene Arbeitnehmerbeiträge zur Sozialversicherung und zu Ersatzkassen, Leistungen zu Versorgungseinrichtungen, Beiträge zur Berufsgenossenschaft auszuweisen.

Hinzuweisen ist auf den folgenden Sachverhalt: Unternehmen im Sinne des Umsatzsteuerrechts ist nicht der Eigenbetrieb (einzelner Betrieb gewerblicher Art) sondern die Gesamtheit der von der Gemeinde unterhaltenen Betriebe gewerblicher Art (§ 2 Abs. 3 UStG, Abschn. 2.11 Abs. 2 UStAE). Umsatzsteuerforderungen oder -verbindlichkeiten sind daher als Forderungen oder Verbindlichkeiten an bzw. gegenüber dem Einrichtungsträger (der Gemeinde) auszuweisen (Posten B.II 4. bzw. E.9.). Dieser Ausweis ist dabei vergleichbar mit dem Vorliegen einer umsatzsteuerlichen Organschaft. Nach Auffassung des ÖFA ist, vor dem Hintergrund der wirtschaftlichen und organisatorischen Selbständigkeit des Eigenbetriebs, jedoch auch ein Ausweis der Umsatzsteuerforderungen oder -verbindlichkeiten unter Posten B. II.6. (sonstige Vermögensgegenstände) oder E.11. (sonstige Verbindlichkeiten) sachgerecht. Entsprechende Überlegungen stellt der ÖFA auch für Verbindlichkeiten aus Lohnsteuern oder Sozialabgaben an, da im lohnsteuerlichen sowie sozialversicherungsrechtlichem Sinne die Gemeinde auch dann Arbeitgeber bleibt, wenn das Personal beim Eigenbetrieb tätig wird. Aus Gründen der Transparenz empfiehlt der ÖFA eine entsprechende Anhangangabe, in welcher Position diese Steuerforderungen bzw. -verbindlichkeiten ausgewiesen werden (vgl. Ergebnisbericht-Online über die 99. Sitzung des Fachausschusses für öffentliche Unternehmen und Verwaltungen [ÖFA] am 27.9.2009).

12.2 Bilanzierung und Bewertung

Für die Passivierung von Verbindlichkeiten gelten folgende Voraussetzungen:

- es liegt eine auf Drittansprüchen basierende Leistungsverpflichtung des Eigenbetriebs vor (Außenverpflichtung),
- die Verbindlichkeit muss dem Grunde und der Höhe nach sicher bestimmbar sein,
- die Verbindlichkeit muss selbständig klar quantifizierbar und bewertbar sein,
- die Verbindlichkeit muss den Eigenbetrieb wirtschaftlich belasten und durch den Eigenbetrieb wirtschaftlich begründet und veranlasst sein

(Justenhoven/Meyer in BeBiKo, Tz. 80 zu § 246 HGB sowie *Küting/Pfitzer/Weber*, a. a. O., Prof. Dr. Dr. h. c. Baetge, J./Prof. Dr. Bieg, H./Dr. Blab, D. et al., Tz. 14 zu § 246 HGB). Handelsrechtlich ist nach § 253 Abs. 1 Satz 2 HGB zu bewerten: Verbindlichkeiten sind danach zu ihrem Erfüllungsbetrag anzusetzen. Ist der Rückzahlungsbetrag höher als der Ausgabebetrag, darf die Differenz aktivisch abgegrenzt werden; steuerlich ist sie abzugrenzen (§ 250 Abs. 3 HGB, § 5 Abs. 5 Satz 1 Nr. 1 EStG).

Mit dem Begriff des Erfüllungsbetrages wird verdeutlicht, dass die Verbindlichkeiten nicht nur Geldleistungsverpflichtungen umfassen, sondern auch Sachleistungs- bzw. Sachwertverpflichtungen. Mit der Verwendung des Begriffes Erfüllungsbetrag wird außerdem festgelegt, dass in die Betrachtung der Passivierung von Sachleistungsverpflichtungen – unter Einschränkung des Stichtagsprinzips – auch künftige Preis- und Kostensteigerungen zu berücksichtigen sind (*Schubert* in BeBiKo, Tz. 50 zu § 253 HGB). Dies ist nach § 6 Abs. 1 Nr. 3a EStG steuerrechtlich irrelevant. Künftige Preis- und Kostensteigerungen dürfen in der Steuerbilanz nicht berücksichtigt werden. Generell sind Verbindlichkeiten in der Steuerbilanz nach § 6 Abs. 1 Nr. 3 Satz 1 EStG unter sinngemäßer Anwendung des § 6 Abs. 1 Nr. 2 EStG zu bewerten. Dies bedeutet, dass Verbindlichkeiten mit dem Nennwert oder ihrem höheren Teilwert anzusetzen sind, falls eine dauerhafte Werterhöhung vorliegt.

Sachleistungsverpflichtungen kommen bei Eigenbetrieben selten vor. Beispiele in der Bilanzierungspraxis für Sachleistungsverpflichtungen bei Verbindlichkeiten sind Tauschverbindlichkeiten oder Sachwertdarlehen im Rahmen von Betriebsverpachtungen (vgl. im Einzelnen hierzu *Schubert* in BeBiKo, Tz. 54, 55 zu § 253 HGB). Eine nicht marktübliche Verzinsung kann Auswirkungen auf die Bewertung von Verbindlichkeiten haben. Verbindlichkeiten sind zunächst zum Erfüllungsbetrag, also zum Nominalwert, einzubuchen. Beruht eine an späteren Bilanzstichtagen feststellbare Überverzinslichkeit darauf, dass das Marktzinsniveau am Bilanzstichtag gesunken ist, ist zu überprüfen, ob in der Handelsbilanz ggf. eine Rückstellung für drohende Verluste aus schwebenden Geschäften zu bilden ist (vgl. *Schubert* in BeBiKo, Tz. 60 zu § 253 HGB sowie *Küting/Pfitzer/Weber*, a. a. O., Prof. Dr. Dr. h. c. Baetge, J./Prof. Dr. Bieg, H./Dr. Blab, D. et al., Tz. 268 zu § 253 HGB). In der Steuerbilanz sind überverzinsliche Verbindlichkeiten nach § 6 Abs. 1 Nr. 3 Satz 1 EStG zu Anschaffungskosten oder mit dem höheren Teilwert anzusetzen, falls nachträglich eine dauerhafte Überverzinslichkeit eintritt (*Schubert* in BeBiKo, Tz. 61 zu § 253 HGB). Auch un- oder unterverzinsliche Verbindlichkeiten sind handelsrechtlich mit dem Erfüllungsbetrag anzusetzen. Eine Abzinsung, sei es durch den Ansatz des niedrigeren Barwertes auf der Passivseite oder durch Aktivierung des Abzinsungsbetrages unter den Rechnungsabgrenzungsposten, ist auch für Verbindlichkeiten mit einer Restlaufzeit von unter einem Jahr (anders für Rückstellungen, vgl. Erl. 11.2.7) handelsrechtlich unzulässig. Die Abzinsung würde hier eine Vorwegnahme künftiger Erträge (aus der Verwendung des zugeflossenen Betrags) bedeuten, die das Realisationsprinzip verbietet (vgl. *Schubert* in BeBiKo, Tz. 63 zu § 253 HGB sowie *ADS*, a. a. O., Prof. Dr. Dr. h. c. Forster, K.-H./ Dr. Dr. h. c. Goerdeler, R./Lanfermann, J. et al., Tz. 81 zu § 253 HGB). Demgegenüber hat der Steuergesetzgeber mit dem Steuerentlastungsgesetz 1999/2000/2002 ein generelles Abzinsungsgebot für Verbindlichkeiten eingeführt (§ 6 Abs. 1 Nr. 3 Satz 1 EStG). Der Abzinsungssatz beträgt 5,5 %. Ausgenommen von der Abzinsung sind nach § 6 Abs. 1 Nr. 3 Satz 2 EStG

- Verbindlichkeiten mit einer Laufzeit von weniger als zwölf Monaten
- Erhaltene Anzahlungen,
- Erhaltene Vorausleistungen.

Als verzinsliche Verbindlichkeiten gelten solche, bei der ein Zinssatz von mehr als 0 % vereinbart wurde, wobei ein Zinssatz nahe 0 (Null) im Einzelfall missbräuchlich sein kann (§ 42 AO).

Ist die Verbindlichkeit verjährt, kann sie gewinnerhöhend ausgebucht werden, sofern feststeht, dass der Schuldner von der Einrede der Verjährung nicht Gebrauch machen wird.

13. (F.) Rechnungsabgrenzungsposten

Durch Rechnungsabgrenzungsposten werden Zahlungsvorgänge dem Geschäftsjahr zugeordnet, auf das sie wirtschaftlich entfallen (periodengerechte Gewinnermittlung). Auf der Passivseite sind als Rechnungsabgrenzungsposten Einnahmen vor dem Abschlussstichtag auszuweisen, soweit sie Ertrag für eine bestimmte Zeit nach diesem Tag darstellen (§ 250 Abs. 2 HGB). Es muss sich zunächst um Zahlungsvorgänge vor dem Abschlussstichtag handeln. Ferner muss es sich um Erträge nach dem Abschlussstichtag handeln. Dies ist allgemein dann gegeben, wenn der Leistungserbringungszeitpunkt des Eigenbetriebs zu einer bestimmten Zeit nach dem Abschlussstichtag in der Zukunft liegt. Das Kriterium der „bestimmten Zeit" ist hierbei eng auszulegen. Zeitpunkt oder Zeitraum müssen ohne Bedingungen und Einschränkungen kalendermäßig exakt angegeben werden können. Zum Teil spricht sich die Literatur aber auch für eine weitere Auslegung des Kriteriums der „bestimmten Zeit" bei den passiven Rechnungsabgrenzungsposten aus. Beim Ansatz passiver Rechnungsabgrenzungsposten genügt es dann nach der Rechtsprechung, dass der Zeitraum nach dem Abschlussstichtag zwar nicht bestimmt, aber bestimmbar ist. (so auch *Schubert* in BeBiKo, Tz. 24 zu § 250 HGB). In jedem Falle ist das Kriterium der bestimmten Zeit nicht nur auf das folgende Geschäftsjahr beschränkt, sondern kann auch mehrere Geschäftsjahre umfassen (so auch *Schubert* in BeBiKo, Tz. 23 zu § 250 HGB). Als Beispiele können im Voraus vereinnahmte zeitbezogene Miet- oder Pachtzahlungen bzw. Zinsen genannt werden. Typischerweise sind passive Rechnungsabgrenzungsposten auch bei Eigenbetrieben mit dem Betriebszweig Friedhofswesen zu finden. Dies betrifft insbesondere Vorauszahlungen für Pflegedienstleistungen von Grabstätten (hingegen sind Grabnutzungsentgelte aufgrund der eindeutigen Gesetzesformulierung in § 22 Abs. 3 Satz 2 EigAnVO im Zeitpunkt der Vereinnahmung als Ertrag zu erfassen). Aber auch folgender Sachverhalt führt zur Bildung von passiven Rechnungsabgrenzungsposten bei Friedhofsbetrieben: Zahlen Angehörige im Voraus eine einmalige Gebühr für eine Grabstätte (Grabstättenüberlassungsgebühren), die sie nicht nur für die Bestattung des Verstorbenen verwenden, sondern auch über einen längeren Zeitraum pflegen bzw. nach ihren Wünschen gestalten können, ist diese Gebühr beim Empfänger passivisch abzugrenzen. Den zugeflossenen Nutzungsgebühren stehen noch zu erbringende künftige Leistungspflichten des Friedhofs gegenüber. Der Friedhof hat beispielsweise sicherzustellen, dass die Wege für diesen Zeitraum begehbar bleiben und er hat die sonstige Infrastruktur (z. B.

Wasseranschlüsse und Vorrichtungen zur Abfallentsorgung) aufrecht zu erhalten. Der passive Rechnungsabgrenzungsposten nach § 250 Abs. 2 HGB bemisst sich dabei nach der vertraglichen Laufzeit des jeweiligen Grabnutzungsrechts. Sofern die Friedhofsverwaltung ein Grabstellenverzeichnis führt, aus dem Beginn und Ende der einzelnen Nutzungsrechte hervorgehen, ist eine Einzelbewertung möglich. Pauschalierungen können nur nach allgemeinen Grundsätzen im Rahmen der Wesentlichkeitsgrenzen vorgenommen werden (vgl. hierzu Ergebnisbericht-Online über die 94. Sitzung sowie 106. Sitzung des ÖFA vom 8.6.2005 bzw. 23.2.2011). Nach dem ÖFA sind Korrekturen ggf. auch mit Wirkung auf die vorhergehenden Jahresabschlüsse dann erforderlich, wenn der Eigenbetrieb, trotz laufzeitbezogener Verpflichtungen, die Nutzungsentgelte sofort ertragswirksam vereinnahmt.

Ein weiterer Anwendungsfall passiver Rechnungsabgrenzungsposten sind finanzielle Leistungen von Gasvorlieferanten, die den Eigenbetrieben als Endverteiler außerhalb der Bezugskonditionen gewährt werden und unter Bezeichnungen wie etwa „Marketingzuschuss" oder „Zuschuss für Markterweiterungsmaßnahmen" ausgezahlt werden. Diese Entgelte stehen in der Regel allesamt im direkten und engen wirtschaftlichen Zusammenhang mit einer Neugestaltung der Gaslieferungsverträge, sei es durch Neuabschluss, durch vorzeitige Verlängerung oder durch Anwendung der Wirtschafts- oder Meistbegünstigungsklausel. Folglich stellen diese Zuschussgewährungen aus Sicht des empfangenden Gas-Endverteilungsunternehmens Entgelt für die Bereitschaft zum Abschluss oder zur Fortgeltung des Erdgaslieferungsvertrages (= Gegenleistung) mit dem Gasvorlieferanten dar. Diese Entgelte stellen in der Regel also Betriebseinnahmen des Eigenbetriebes dar, die sich auf die Laufzeit des jeweiligen Gaslieferungsvertrages beziehen. Soweit sich diese Entgelte auf die Zeit nach dem Abschlussstichtag beziehen, sind die Einnahmen passivisch als Rechnungsabgrenzungsposten (und nicht als Ertragszuschüsse) abzugrenzen (BMF-Schreiben 11.7.1995, S. 1740). Eine ratierliche Auflösung des Postens findet dort ihre Grenze, wo der Gaslieferungsvertrag noch nicht beendet ist und bereits eine Vereinbarung über die Gewährung eines weiteren Entgeltes innerhalb des gesamten Vertragsrahmens mit dem Gasvorlieferanten getroffen wurde. Dann wäre wohl der noch nicht aufgelöste Restwert des „alten" Entgelts gewinnerhöhend aufzulösen. Sollte eine finanzielle Leistung des Gasvorlieferanten nicht im Zusammenhang mit dem Gaslieferungsvertrag gebracht werden können oder als „Gaspreisnachlass" nur vergangenheitsbezogen angesehen werden können, ist der Zuschuss im Jahr der Zusage/Vereinnahmung in vollem Umfang Betriebsertrag (vgl. auch *Brüggen* P. 5). Generell kann die Frage der korrekten Bilanzierung nur unter Würdigung der Regelungen in der mit dem Gasvorlieferanten abgeschlossenen Vereinbarung erfolgen. Bei höheren Beträgen ist ggf. eine vorherige Abstimmung der Bilanzierung solcher Entgelte mit der Finanzverwaltung ratsam.

14. (G.) Passive latente Steuern

Der Überhang der passiven über die aktiven latenten Steuern oder bei unsaldiertem Ausweis der komplette Betrag der passiven latenten Steuern ist nach § 274 HGB hier auszuweisen. S. a. die Erläuterungen zu „Steuerrückstellungen" unter 11.3 sowie zu den aktiven latenten Steuern unter 5. In die Ermittlung sind sämtliche temporäre Differenzen einzubeziehen, unabhängig davon, ob der Ansatz- oder Bewertungsunterschied zwischen Handels- und Steuerbilanz erfolgswirksam oder erfolgsneutral entstanden ist (WPH, a. a. O., Justenhoven, P./Dangmann, T./Deubert, M.et al., Kap. F Tz. 711).

Nach § 274 Abs. 2 HGB sind die sich ergebenden Steuerbelastungen mit den unternehmensindividuellen Steuersätzen im Zeitpunkt des Abbaus der Differenzen zu bewerten und nicht abzuzinsen. Die anzuwendenden Steuersätze sind die am Stichtag geltenden Steuersätze unter Berücksichtigung bereits beschlossener Änderungen dieser Steuersätze. Am 14. Juli 2025 wurde das Gesetz für ein steuerliches Investitionssofortprogramm verabschiedet, das ab 2028 die ratierliche Senkung des Körperschaftsteuersatzes um je 1 % Punkt pro Jahr von 15 % auf 10 % vorsieht. Der Ausweis der Veränderung der passiven latenten Steuern erfolgt gesondert unter dem Posten „Steuern vom Einkommen und

Ertrag". Im Anhang ist anzugeben, auf welchen Differenzen die latenten Steuern beruhen und mit welchen Steuersätzen die Bewertung erfolgt ist (§ 285 Nr. 29 HGB). Zudem sind seit Einführung des BilRUG nach § 285 Nr. 30 HGB bei latenten Steuerschulden die latenten Steuersalden am Ende des Geschäftsjahres und deren Veränderungen anzugeben.

15. Haftungsverhältnisse

Unter der Bilanz sind gemäß § 251 HGB bestimmte Haftungsverhältnisse (Eventualverbindlichkeiten) zu vermerken. Diese Haftungsverhältnisse sind von Kapitalgesellschaften und damit auch von Eigenbetrieben gemäß § 22 Abs. 2 in Verbindung mit § 268 Abs. 7 HGB entweder in der Bilanz oder im Anhang gesondert nach den Arten der Haftungsverhältnisse anzugeben, sofern hierfür nicht Rückstellungen oder Verbindlichkeiten auszuweisen sind. Im Einzelnen sind folgende Haftungsverhältnisse zu vermerken:

- Verbindlichkeiten aus der Begebung und Übertragung von Wechseln
- Verbindlichkeiten aus Bürgschaften, Wechsel- und Scheckbürgschaften
- Verbindlichkeiten aus Gewährleistungsverträgen
- Haftungsverhältnisse aus der Bestellung von Sicherheiten für fremde Verbindlichkeiten.

Bestehen Verpflichtungen aus Altersversorgung oder gegenüber verbundenen/assoziierten Unternehmen, so sind sie gesondert anzugeben (§ 268 Abs. 7 Nr. 3 HGB).

§ 24

Gewinn- und Verlustrechnung, Erfolgsübersicht

(1) Die Gewinn- und Verlustrechnung ist unbeschadet einer weiter gehenden Gliederung nach Formblatt 4 (Anlage 4) aufzustellen. Eine abweichende Gliederung, die gleichwertig sein muss, ist zulässig, wenn der Gegenstand des Betriebs sie erfordert.

(2) Bei Ver- und Entsorgungsbetrieben müssen die Umsatzerlöse in jedem Wirtschaftsjahr 365, in Schaltjahren 366 Tage umfassen und auf den Bilanzstichtag abgegrenzt sein.

(3) Eigenbetriebe mit mehr als einem Betriebszweig haben zum Ende eines jeden Wirtschaftsjahres außerdem eine Erfolgsübersicht aufzustellen, die mindestens nach Formblatt 5 (Anlage 5) zu gliedern ist, sofern nicht für jeden Betriebszweig eine Gewinn- und Verlustrechnung aufgestellt wurde. Dabei sind gemeinsame Aufwendungen und Erträge sachgerecht auf die Betriebszweige aufzuteilen, soweit Lieferungen und Leistungen nicht gesondert verrechnet werden (Formblatt 5 Zeilen 1b und 14b).

Erläuterungen

Übersicht

1. Allgemeines

Die Gewinn- und Verlustrechnung ist nach Formblatt 4 der EigAnVO zu gliedern. Das handelsrechtliche Gliederungsschema nach § 275 HGB findet damit grundsätzlich keine Anwendung (Absatz 1 Satz 1) (s. aber unten zu den Auswirkungen des BilRuG und des BilMoG). Größenabhängige Erleichterungen nach § 276 HGB, die kleine und mittelgroße Kapitalgesellschaften in Anspruch nehmen können, dürfen Eigenbetriebe nicht anwenden (§ 22 Abs. 2 EigAnVO). Die Gliederung in Formblatt 4 schreibt zwingend die Anwendung des Gesamtkostenverfahrens vor. Das Umsatzkostenverfahren nach § 275 Abs. 3 HGB ist bei Eigenbetrieben nicht zulässig. Besonderheiten ergeben sich durch die zwingende Angabe von „davon-Vermerken" im GuV-Schema:

- Erträge aus der Auflösung des Sonderpostens mit Rücklageanteil und Einstellungen in diesen Sonderposten sind mit „davon-Vermerk" unter den sonstigen betrieblichen Erträgen (Posten 4.) bzw. den sonstigen betrieblichen Aufwendungen (Posten 9.) anzugeben. Das handelsrechtliche Wahlrecht zum gesonderten Ausweis der Posten in der Gewinn- und Verlustrechnung bzw. zur Angabe im Anhang nach § 281 Abs. 2 Satz 2 HGB a. F. besteht für Eigenbetriebe nicht. Hinweis: Dies gilt nur dann, wenn nach Art. 67 Abs. 3 Satz 1 EGHGB vom Beibehaltungswahlrecht Gebrauch gemacht wurde und noch bestehende Sonderposten mit Rücklageanteil, die vor dem 1.1.2010 gebildet wurden, im Berichtsjahr aufgelöst werden. Zuführungen zu solchen Posten kann es nach dem BilMoG auf Grund des gesetzlichen Verbotes zu Bildung solcher Posten nicht mehr geben, dieser „davon-Vermerk" ist somit gegenstandslos geworden.
- Außerplanmäßige Abschreibungen im Bereich des Anlagevermögens nach § 253 Abs. 3 Satz 5 HGB n. F. (inhaltsgleich mit § 253 Abs. 2 Satz 3 HGB a. F.) sind unter den Abschreibungen (Posten 7.) mit „davon-Vermerk" anzugeben.
- Abschreibungen auf das Umlaufvermögen für künftige Wertschwankungen nach § 253 Abs. 3 Satz 3 HGB a. F. sind nach Formblatt 4 ebenfalls unter den Abschreibungen (Posten 7.) mit „davon-Vermerk" auszuweisen. Da diese Abschreibungen nach der Gesetzesänderung durch Bilanzrechtsmodernisierungsgesetz nicht mehr vorgenommen werden dürfen, ist dieser „davon-Vermerk" ebenfalls gegenstandslos geworden.
- Davon-Vermerke unter den Zinserträgen und Zinsaufwendungen zu den Aufzinsungs- und Abzinsungsbeträgen sind in Anpassung an die geänderten Vorschriften des BilMoG gemäß § 277 Abs. 5 HGB auch bei den Eigenbetrieben zwingend.

Hinweise auf Posteninhalte ergeben sich aus den Fußnoten zu Formblatt 4. Sie betreffen

- den Ausweis der Auflösungen der empfangenen Ertragszuschüsse unter den Umsatzerlösen,
- den Hinweis, dass Materiallieferungen und Fremdleistungen für Anlagenzugänge unmittelbar zu aktivieren sind, soweit dem nicht abrechnungstechnische Gründe entgegenstehen,
- den Ausweis der Unterhaltungsaufwendungen für den betrieblichen Bereich unter den Aufwendungen für bezogene Leistungen im Materialaufwand,
- den Hinweis darauf, dass im Personalaufwand auch die aktivierten Beträge (z. B. im Anlagevermögen) enthalten sind.

Erträge aus Gewinngemeinschaften, Gewinnabführungs- und Teilgewinnabführungsverträgen sowie Aufwendungen aus Verlustübernahmen sind nach Formblatt 4 nach dem Ergebnis der gewöhnlichen Geschäftstätigkeit als Posten 16. und 17. aufzuführen. Nach BilRuG entfällt der Posten „Ergebnis der gewöhnlichen Geschäftsfähigkeit". Handelsrechtlich wird nach der herrschenden Meinung und Praxis empfohlen, den notwendigen Zusatzposten für Erträge aus Gewinngemeinschaften, Gewinnabführungs- und Teilgewinnabführungsverträgen hinter den Erträgen aus Beteiligungen (§ 275 Abs. 2 Nr. 9 HGB) und für Aufwendungen aus Verlustübernahme hinter den Zinsen und sonstigen Aufwendungen (§ 275 Abs. 2 Nr. 13 HGB) auszuweisen.

Das Gliederungsschema endet mit dem Jahresgewinn/Jahresverlust (handelsrechtliche Begriffe: Jahresüberschuss/Jahresfehlbetrag). Veränderungen der Rücklagen sind in der Gewinn- und Verlustrechnung von Eigenbetrieben nicht darzustellen, da die Entscheidung über die Verwendung des Jahresgewinnes bzw. des Jahresverlustes dem Gemeinderat obliegt. Der Jahresabschluss darf nicht unter Berücksichtigung der vollständigen oder teilweisen Verwendung des Jahresergebnisses aufgestellt werden (§ 23 Abs. 1 Satz 3 EigAnVO i. V. m. § 268 Abs. 1 HGB). Die Entscheidung über die Ergebnisverwendung kann nicht schon bei der Aufstellung der Bilanz berücksichtigt werden (vgl. Amtliche Erläuterungen zu § 24 Tz. 1 und § 25 EigVO Tz. 1, Rundschreiben des Ministeriums des Innern und für Sport vom 24.9.1992, MinBl. S. 386).

Die Gliederung des Formblattes 4 kann erweitert werden (§ 24 Abs. 1 Satz 1 EigAnVO). Ferner ist eine vom Formblatt 4 abweichende Gliederung zulässig, wenn sie gleichwertig ist und der Gegenstand des Betriebes dies erfordert. Dabei ist jedoch die vorgeschriebene Gliederung im GuV-Schema zu beachten (§ 265 Abs. 5 Satz 1 HGB). Die Einhaltung der vorgeschriebenen Gliederung auch bei weiterer Untergliederung soll verhindern, dass die vorgeschriebene Gliederung durch weitere Untergliederung umgangen wird (vgl. *Kliem/Büssow* in BeBiKo, Tz. 35 zu § 265 HGB). Im Übrigen gelten die allgemeinen Gliederungsgrundsätze nach § 265 HGB (vgl. Erl. 4 zu § 22 EigAnVO).

Eine Zusammenfassung von Posten, die mit arabischen Zahlen versehen sind, ist nicht zulässig, da durch Formblatt 4 die Gliederung zwingend einzuhalten ist. Vgl. zur Anpassung der Formblätter im Zuge der Umsetzung des BilMoG und des BilRUG in das HGB auch Erl. 2 zu § 22 EigAnVO.

2. Umsatzerlöse

2.1 Allgemeines

Eine Definition des Umsatzbegriffs enthält § 277 Abs. 1 HGB. Dabei wurde § 277 Abs. 1 HGB im Zuge des BilRUG geändert. Danach sind nunmehr Erlöse als Umsatzerlöse zu klassifizieren, die aus dem Verkauf und der Vermietung oder Verpachtung von Produkten sowie aus der Erbringung von Dienstleistungen der Kapitalgesellschaft nach Abzug von Erlösschmälerungen und der Umsatzsteuer sowie sonstiger direkt mit dem Umsatz verbundener Steuern entstehen. § 277 Abs. 1 HGB a. F. führte demgegenüber aus, dass „als Umsatzerlöse die Erlöse, die aus dem Verkauf und der Verpachtung von für die gewöhnliche Geschäftstätigkeit der Kapitalgesellschaft typischen Erzeugnisse und Waren sowie aus von für die gewöhnliche Geschäftstätigkeit der Kapitalgesellschaft typischen Dienstleistungen nach Abzug der Erlösschmälerungen und der Umsatzsteuer entstehen, auszuweisen sind." Hintergrund der Änderung ist eine Anpassung der Umsatzerlösdefinition an Art. 2 Nr. 5 der EU-Bilanzrichtlinie.

Nach der Regierungsbegründung zum BilRUG ist der Begriff „Produkte" i. S. d. § 277 Abs. 1 HGB n. F. mit dem Begriffspaar „Erzeugnisse und Waren" gem. § 277 Abs. 1 HGB a. F. gleichzusetzen (vgl. *Peun/Rimmelspacher*, DB Beilage 05 zu Heft Nr. 36, S. 12 und BR-Drs. 23/15 S. 76). Es ist somit davon auszugehen, dass mit der Einführung des Begriffs „Produkte" keine materielle Änderung der Umsatzerlösdefinition einhergeht. Da jedoch eine Abgrenzung von Umsatzerlösen nach den Vorschriften des HGB i. d. F. des BilRUG nicht mehr anhand des Bezugs zu dem für die gewöhnliche Geschäftstätigkeit typischen Leistungsangebot des Unternehmens erfolgt, hat die Auslegung des Begriffs „Produkte" i. S. d. § 277 Abs. 1 HGB n. F. eine größere Bedeutung für die Abgrenzung von Umsatzerlösen bekommen, als es bislang im Hinblick auf die Begriffe „Erzeugnisse und Waren" der Fall war (BT-Drs. 18/5256 S. 84).

Der Begriff Produkt bezieht sich auf fertige Erzeugnisse und Waren, also auf Vermögensgegenstände des im Umlaufvermögen auszuweisenden Vorratsvermögens. Vermögensgegenstände des Anlagevermögens stellen damit im Umkehrschluss keine Produkte i. S. d. § 277 Abs. 1 HGB dar. Aus dem **Verkauf von Anlagevermögen** resultieren folglich auch künftig keine Umsatzerlöse (vgl. *Peun/Rimmelspacher*, a. a. O., S. 12). Hier erfolgt der Ausweis eines etwaigen Veräußerungsgewinns oder -verlusts weiterhin unter den sonstigen betrieblichen Erträgen bzw. sonstigen betrieblichen Aufwendungen. Auch Erlöse aus dem **Verkauf von Wertpapieren des Umlaufvermögens** sind nicht unter den Umsatzerlösen oder dem Verkauf von sonstigen Vermögensgegenständen auszuweisen. Umsatzerlöse aus dem Verkauf von „Produkten" können im Ergebnis daher nur aus für das Unternehmen „normalen" Absatzgeschäften resultieren. Dabei dürfte eine weitgehende Übereinstimmung mit Absatzgeschäften bestehen, die i. S. v. § 277 Abs. 1 HGB a. F. für die gewöhnliche Geschäftstätigkeit des Unternehmens typisch sind. Die durch das BilRUG erfolgte Streichung des Bezugs zum für die gewöhnliche Geschäftstätigkeit typischen Leistungsangebot des bilanzierenden Unternehmens läuft somit hinsichtlich der Erlöse aus Verkaufsgeschäften weitestgehend ins Leere. Daraus folgt auch, dass **Verkäufe nicht mehr benötigter Roh-, Hilfs- und Betriebsstoffe**, da nicht mit der Absicht der Weiterveräußerung ohne Be- oder Verarbeitung erworben wurden, nicht als „Produkte" zu qualifizieren sind. Aus diesem Grund sind Erlöse aus dem Verkauf von nicht mehr benötigten Roh-, Hilfs- und Betriebsstoffen – wie auch nach den Regelungen des HGB a. F. – i. d. R. nicht zu den Umsatzerlösen zu rechnen. Ausnahmen liegen dann vor, wenn solche Magazinverkäufe geschäftszweigtypisch sind, weil u. U. für einen bestimmbaren Prozentsatz der Roh-, Hilfs- und Betriebsstoffe eine Umwidmung in zur unmittelbaren Veräußerung bestimmte Vermögensgegenstände (=Waren) und damit Produkte i. S. d. § 277 Abs. 1 HGB n. F. vorgesehen ist (vgl. *Peun/Rimmelspacher*, a. a. O., S. 13).

Umsatzerlöse bei Eigenbetrieben sind aber typischerweise nicht im Produktionsbereich sondern im Dienstleistungsbereich anzutreffen (z. B. Durchführung der Abwasser- und Abfallentsorgung bzw. Durchführung von Verkehrsdienstleistungen). Der Begriff der „Dienstleistungen" wurde dabei sowohl in die EU-Bilanzrichtlinie als auch in die Neufassung des § 277 Abs. 1 HGB n. F. unverändert zur bisherigen Rechtslage übernommen. Es ist auch hier davon auszugehen, dass sich Auslegung des Dienstleistungsbegriffs nicht verändert hat.

In den Fällen, in denen bereits nach der Rechtslage vor BilRUG ein Ausweis von Erträgen als Umsatzerlöse mangels Erbringung einer Dienstleistung abzulehnen war, liegen daher auch nach neuer Rechtslage keine Umsatzerlöse vor. Dies gilt offensichtlich, z. B. für **Erträge aus der Auflösung von Rückstellungen, Erträge aus Zuschreibungen oder Erträge aus Währungsumrechnung**, die weiterhin unter den sonstigen betrieblichen Erträgen auszuweisen sind. Dies gilt daneben auch für Erlöse, denen kein für eine Dienstleistung typischer Leistungsaustausch zugrunde liegt. Hierunter fallen bspw. Erträge aus **„echtem" Schadenersatz**, d. h. solchem, der geleistet wird, weil der Leistende nach Gesetz oder Vertrag für eine Schaden einzustehen hat und nicht, weil eine Gegenleistung des Anspruchsberechtigten in Form einer Dienstleistung – z. B. die vorzeitige Räumung eines angemieteten Gebäudes – erfolgt (vgl. *Peun/Rimmelspacher*, a. a. O., S. 13 sowie UStAE vom 1.10.2010, BStBl. I 2010 S. 846, zuletzt geändert durch BMF-Schreiben vom 8.12.2025 – III C 2 – S 7100/00097/037/064; Abschn. 1.3 hier zu seitens der Finanzverwaltung entwickelten Kriterien für das Vorliegen eines Leistungsaustausches gem. § 1 Abs. 1 Nr. 1 UStG im Fall von Schadenersatzleistungen). Eine kritische Betrachtung im Hinblick auf das Vorliegen einer Dienstleistung i. S. d. § 277 Abs. 1 HGB n. F. ist zudem bei **Verrechnungen** zwischen Eigenbetrieb bzw. Anstalten des öffentlichen Rechts und dem Einrichtungsträger bzw. Gewährträger sowie zwischen „Konzernunternehmen" geboten. Auch hier muss etwaigen Erträgen ein Leistungsaustauschgedanke zugrunde liegen. Daraus folgt, dass typische **Aufwands- oder Sanierungszuschüsse**, da kein Leistungsaustausch zu Grunde liegt, als sonstiger Ertrag zu klassifizieren sein werden. Strittig hingegen ist der Ausweis von **Haftungsvergütungen** persönlich haftender Gesellschafter bei einer Personengesellschaft. Da hier der Gesellschafter nicht mit einem Dienstleistungsangebot am Markt auftreten, sondern die Erlöse allein auf Grund seiner Gesellschaftereigenschaft erhält, erscheint es sachgerecht, das Vorliegen einer Dienstleistung i. S. d. § 277 Abs. 1 HGB n. F. zu verneinen. Bei **„Konzernumlagen"** muss hingegen regelmäßig von einem zugrunde liegenden Leistungsaustausch und damit von dem Vorliegen einer Dienstleistung i. S. d. § 277 Abs. 1 HGB n. F. auszugehen sein, auch wenn die Verrechnung eines Bündels von Leistungen auf der Grundlage von Umlageschlüsseln erfolgt (vgl. *Peun/Rimmelspacher*, a. a. O., S. 14). Typische Beispiele können hier die Weiterberechnung von Personalgestellungskosten eines Eigenbetriebs an einen Zweckverband, oder die Weiterberechnung von Verwaltungskosten an den Einrichtungsträger sein. Etwas anderes gilt bei sog. durchlaufenden Posten, bei denen der bilanzierende Eigenbetrieb selbst keine Dienstleistungen erbringt, jedoch auf Grund des Auftretens im eigenen Namen und für eigene Rechnung die Aufwendungen und Erträge aus der Weiterverrechnung im handelsrechtlichen Jahresabschluss zu erfassen hat. Diese durchlaufenden Posten sind weiterhin als sonstige betriebliche Erträge auszuweisen. Auch Erträgen aus Steuerumlagen mangelt es am Leistungsaustausch, diese sind, wie nach der bisherigen Rechtslage auch, unter dem Finanzergebnis auszuweisen (vgl. *Kliem/Müller* in BeBiKo, Tz 248 zu § 275).

Eine Änderung ergibt sich zudem in der Betrachtungsweise, wie die Erlöse aus **Vermietung und Verpachtung** zukünftig auszuweisen sind. Diese haben einen Leistungsaustauschcharakter und sind nach § 277 Abs. 1 HGB unter dem Begriff Dienstleistung zu erfassen. Fraglich könnte hier sein, ob infolge der Abschaffung des Merkmals „für die gewöhnliche Geschäftstätigkeit typisch" nunmehr eine geschäftsmodellabhängige Auslegung des in § 277 Abs. 1 HGB n. F. verwendeten Dienstleistungsbegriffs vorzunehmen ist. Demnach wäre der Wegfall des Bezugs zum typischen Leistungsangebot des bilanzierenden Unternehmens ohne materielle Folgen, weil das weggefallene Merkmal („für die gewöhnliche Geschäftstätigkeit typisch") bereits von der Definition der Dienstleistung i. S. d. § 277 Abs. 1 HGB n. F. mit umfasst wäre. Mithin bliebe hier also alles wie es vor der Änderung des § 277 Abs. 1 HGB n. F. war. Einer solchen geschäftsmodellabhängigen Auslegung des Dienstleistungsbegriffs widersprechen allerdings die Gesetzesmaterialien zum BilRUG, die eindeutig eine Ausweitung der Umsatzerlösdefinition vorsehen (vgl. Begründung RefE BilRUG S. 68, Begründung RegE BilRUG, BR-Drs. 23/15 S. 76; Beschlussempfehlung und Bericht des Rechtsausschusses, BT-Drs. 18/5256 S. 80 f. und 84). Hier besteht daher kein Raum für eine geschäftsmodellabhängige Auslegung des in § 277 Abs. 1 HGB n. F. verwendeten Dienstleistungsbegriffs (vgl. *Peun/Rimmelspacher*, a. a. O., S. 14). Zu den Dienstleistungen und damit zu den Umsatzerlösen gehören daher die Erlöse aus jedweder Vermietung und Verpachtung, auch wenn im Gesetzeswortlaut missverständlich die Bezeichnung „Vermietung oder Verpachtung von Produkten" verwendet wird (vgl. *Kliem/Müller* in BeBiKo, Tz. 52 zu § 275 HGB). Erträge aus betriebstypischen Nebenleistungen, die im Zusammenhang mit dem „normalen Absatzprogramm" stehen (z. B. Reparaturen von Hausanschlüssen in der Wasserversorgung), sind unter dem Posten Umsatzerlöse auszuweisen (vgl. *Kliem/Müller* in BeBiKo, Tz. 49 zu § 275 HGB sowie Peun/Rimmelspacher, a. a. O., S. 15).

Zusammenfassend ist zu konstatieren, dass sich der Umsatzbegriff für Zwecke der Rechnungslegung demnach an die umfassende Umsatzdefinition des Umsatzsteuerrechtes annähert, das sämtliche Lieferungen oder Leistungen, gleichgültig auf welche Weise sie erbracht werden und worauf sie sich beziehen, zu den Umsätzen rechnet (vgl. *Kliem/Müller* in BeBiKo, Tz. 48 zu § 275 HGB). Ferner geht weiterhin der Ausweis von Finanzerträgen innerhalb des Finanzergebnisses dem Ausweis unter den Umsatzerlösen vor, d. h. auch wenn in der **Überlassung von Eigen- oder Fremdkapital** eine Dienstleistung gesehen werden kann, sind die daraus resultierenden Erträge im Finanzergebnis auszuweisen (vgl. *Peun/Rimmelspacher*, a. a. O., Seite 14). Bei der Abgrenzung des Ausweises von Erlösen als Umsatzerlöse oder als sonstige Erträge ist weiterhin auf das Gebot der stetigen Abgrenzung zu achten (vgl. *Kliem/Müller* in BeBiKo, Tz. 53 zu § 275 HGB). Um die Erlöse kenntlich zu machen, die nicht im Rahmen des für die gewöhnliche Geschäftstätigkeit typischen Leistungsangebots erzielt wurden, darf nach § 265 Abs. 5 Satz 1 HGB eine entsprechende Untergliederung der Umsatzerlöse innerhalb der Gewinn- und Verlustrechnung erfolgen. Eine Pflicht zur entsprechenden Untergliederung der Umsatzerlöse in der Gewinn- und Verlustrechnung besteht nicht. Eigenbetriebe haben aber zu prüfen, ob die nicht aus der gewöhnlichen Geschäftstätigkeit resultierenden Umsatzerlöse in die Aufgliederung der Umsatzerlöse im Anhang gem. § 285 Nr. 4 HGB n. F. nach Tätigkeitsbereichen gesondert aufzunehmen sind (vgl. *Peun/Rimmelspacher*, a. a. O., S. 15).

Erlösschmälerungen sind von den Umsätzen abzusetzen, ebenso die Umsatzsteuer sowie sonstige direkt **mit dem Umsatz verbundene Steuern**. Zu den Erlösschmälerungen zählen insbesondere Skonti, Umsatzvergütungen, Mengenrabatte, Treueprämien und andere Sondernachlässe. Zu den Erlösschmälerungen sind auch die in den Erlösen enthaltenen Verbrauchssteuern zu erfassen (z. B. die Energie- oder die Stromsteuer), die in jedem Fall bei Eigenbetrieben mit den Sparten Strom- und Gasversorgung anfallen. Dies ist nunmehr gesetzlich geregelt. § 277 Abs. 1 HGB bestimmt, dass Umsatzerlöse nunmehr zwingend nach Abzug nicht nur der Umsatzsteuer, sondern auch „sonstiger direkt mit dem Umsatz verbundener Steuern" auszuweisen sind. Bei den genannten Steuern fällt die Steuerentstehung regelmäßig mit dem Umsatzakt zusammen, da die Steuerentstehung eng an den Verbrauch von Gas bzw. Strom durch den Kunden angeknüpft ist. In der Vergangenheit bestand aufgrund des in § 246 Abs. 2 Satz 1 HGB kodifizierten Verrechnungsverbotes ein Wahlrecht Verbrauchssteuern von den Umsatzerlösen abzusetzen oder diese unter den sonstigen Steuern bzw. sonstigen Aufwendungen (unter Aufgliederung im Anhang) zu erfassen. Schon vor der Geltung des BilRUG wurde es aber als Grundsatz ordnungsgemäßer Buchführung angesehen, die Strom- und Energiesteuern von den Umsatzerlösen abzuziehen. Die abgesetzten Energie- und Stromsteuern waren offen in einer Vorspalte von den Umsatzerlösen abzuziehen. Zu Darstellungsgründen, jedoch ohne Auswirkungen auf die Einstufung in einer Größenklasse nach § 267 HGB, ist es nicht zu beanstanden, die mit dem Umsatz verbundenen Steuern auch weiterhin aus den Umsatzerlösen herauszurechnen und offen in einer Vorspalte von diesen abzusetzen. Aus der Sicht des Eigenbetriebes handelt es sich hierbei um durchlaufende Posten, die wirtschaftlich den Eigenbetriebserlös schmälern. Ihre Einbeziehung bei gleichzeitigem Ausweis der Steuerschuld unter den sonstigen Steuern würde die Umsatzerlöse in unnötiger Weise erhöht ausweisen (vgl. *Kliem/Müller* in BeBiKo, Tz. 66 zu § 275 HGB, *WPH*, a. a. O., Kap. F Tz. 797, *ADS*, a. a. O., Tz. 204 zu § 275 HGB).

Ergänzend sei darauf verwiesen, dass je nach der Geschäftstätigkeit des Eigenbetriebs andere Gliederungsvorschriften für die Gewinn- und Verlustrechnung gelten können. Diese gehen dem Formblatt 4 der EigAnVO in jedem Falle vor. So sind Pflegeeinrichtungen (z. B. Altenwohnheime) rechtsformunabhängig gehalten, ihre Rechnungs- und Buchführungspflichten nach der Pflegebuchführungsverordnung durchzuführen. Danach sind die Umsatzerlöse in verschiedenen Ertragspositionen auszuweisen. Neu aufgenommen werden soll als Auswirkung der Neudefinition der Umsatzerlöse gem. dem BilRUG in Anlage 2 der Pflegebuchführungsverordnung die Position Nr. 4a „Umsatzerlöse einer Pflegeeinrichtung nach § 277 HGB, soweit nicht in Nummer 1 bis 4 enthalten".

2.2 Besonderheiten der Eigenbetriebe

Bei den Versorgungsbetrieben werden in den Umsatzerlösen insbesondere ausgewiesen:

- Erlöse aus abgelesenem Verbrauch
- Veränderung der Abgrenzung des noch nicht abgelesenen Verbrauchs
- Erträge aus der Auflösung empfangener Ertragszuschüsse (Formblatt 4 Fn. 1)
- Erlöse aus Installationsleistungen

Wasserversorgung:

- Erlöse aus Wasserlieferungen
  - Benutzungsgebühren
  - Wiederkehrende Beiträge
  - Bauwasser und Sonstiges

Verkehrsbetriebe:
- Fahrgeldeinnahmen
- Abrechnungen der Einnahmeaufteilungen mit Verkehrsverbünden
- Zuschüsse für die Beförderung von Schülern und Schwerbehinderten

Abwasserbeseitigung:
- Schmutzwassergebühren
- Wiederkehrende Beiträge
- Erlöse aus der Straßenoberflächenentwässerung
- Erlöse aus der Fäkalschlammbeseitigung

Abfallbeseitigung:
- Gebühren für Haus- und Gewerbeabfallabfuhr
  - Anschluss- bzw. Gefäß- und Leerungsgebühren
  - Verkauf Restmüllsäcke
- Erträge aus Gebühren von Selbstanlieferern
  - Selbstanlieferung Bauschutt
  - Selbstanlieferung Gewerbemüll
  - Selbstanlieferung Mülldeponie
  - Gebühren Sortieranlage
- Erträge aus gewerblicher Abfalleinsammlung
  - Papier/Pappe/Karton (Altpapier)
  - Glas
  - Leichtverpackungen

Bäderbetriebe:
- Erlöse aus Eintrittsgeldern Bäderbereich
- Erlöse aus Eintrittsgeldern Saunen
- Erlöse aus eigener Cafeteria

Wohnungsunternehmen:
- Mieten
- Mietnebenkosten
- Ggf. abgerechnete Umlagen für Betriebskosten
  - Bewirtschaftungskosten
  - Wassergeld und Kanalgebühren
  - Nutzungsentgelte für Kabelfernsehen
  - Andere abgerechnete Betriebskosten

Krankenhäuser:
- Erlöse aus Abteilungspflegesätzen
- Erlöse aus Basispflegesatz
- Erlöse aus Fallpauschalen
- Erlöse aus Sonderentgelten
- Erlöse aus vor- und nachstationärer Behandlung
- Erlöse aus Budgetausgleichen
- Erlöse aus der Qualitätssicherung

Als Erlösschmälerungen sind insbesondere bei Versorgungsbetrieben (mit den Betriebszweigen Strom- und Gasversorgung) Rückstellungszuführungen und -auflösungen im Zusammenhang mit Rückstellungen für die Netzentgeltregulierung auszuweisen; das Gleiche gilt für Rückstellungen für Kostenüberdeckungen aus Gebührenhaushalten. Vgl. zu den Rückstellungen im Einzelnen Erl. „Regulierungskonto" 11.3 zu § 23 EigAnVO.

Kostenerstattungen des Einrichtungsträgers zum Ausgleich der Kosten für ungenutzte Kapazitäten führen bei Eigenbetrieben zu Umsatzerlösen. Unter ungenutzten Kapazitäten sind alle Anlageteile zu verstehen, die derzeit in diesem Umfang nicht zur Aufgabenerfüllung erforderlich sind. Es handelt sich betriebswirtschaftlich um sog. Leerkosten, die dadurch entstehen können, dass Kapazitäten für zukünftig anzuschließende Gemeinden, Gemeindeteile, Baugebiete oder für noch nicht angeschlossene Grundstücke (sog. Baulückengrundstücke) vorgehalten werden oder eine größere Dimensionierung gegenüber der gegenwärtigen tatsächlichen Nutzung vorliegt.

Kostenanteile für ungenutzte Kapazitäten sind nach § 9 Abs. 4 i. V. m. § 8 Abs. 4 KAG dann nicht entgeltsfähig, wenn sie erheblich sind und nicht oder erst später durch Entgelte finanziert werden können. Die Kosten der ungenutzten Kapazitäten muss der Einrichtungsträger selbst tragen. Sie führen beim Eigenbetrieb zunächst zu einem Verlust, der durch Vortrag oder Verminderung des Eigenkapitals ausgeglichen wird (vgl. *Brod/Steenbock*, Preiskalkulation bei Wasser und Abwasser, Köln 1980, S. 401). Übernimmt der Einrichtungsträger die Kosten aus seinen allgemeinen Deckungsmitteln, führt dies beim Eigenbetrieb zu Erstattungen, die in den Umsatzerlösen auszuweisen sind.

Nach § 25 Abs. 1 Nr. 2 EigAnVO in Verbindung mit § 285 Nr. 4 HGB sind die Umsatzerlöse nach Tätigkeitsbereichen und geographisch bestimmten Märkten aufzugliedern und darüber hinaus ist eine Mengen- und Tarifstatistik im Anhang aufzuführen, vgl. Erl. 6.3 zu § 25 EigAnVO.

3. Erhöhung oder Verminderung des Bestands an fertigen und unfertigen Erzeugnissen

In diesem Posten werden die wertmäßigen Veränderungen zwischen dem Bilanzstichtag und dem Vorjahresbilanzstichtag für unfertige und fertige Erzeugnisse ausgewiesen. Im Falle einer Erhöhung der Bestände an unfertigen und fertigen Erzeugnissen werden den dadurch entstandenen Aufwendungen der Periode die gesamten hinzuzurechnenden Beträge der Periode gegenübergestellt, d. h. einschließlich der Erträge für auf Lager gegangene Bestände. Bei einer Verminderung der Bestände an fertigen und unfertigen Erzeugnissen werden den hieraus entstandenen Umsatzerlösen der Periode die gesamten dafür angefallenen Aufwendungen, d. h. einschließlich der in Vorjahren durch die Lagerproduktion entstandenen Aufwendungen, gegenübergestellt.

Abschreibungen im Rahmen des betriebsüblichen Umfangs werden auch unter den Bestandsveränderungen erfasst. Soweit jedoch die Abschreibungen das sonst übliche Maß überschreiten, sind sie nicht unter diesem Posten darzustellen, sondern sind zwingend unter Posten 7. b auszuweisen.

Unter Posten 2. werden ebenfalls die Bestandsveränderungen für noch nicht abgerechnete Leistungen gezeigt. Bestandsveränderungen von Handelswaren sowie von Roh-, Hilfs- und Betriebsstoffen gehören nicht unter Posten 2., sie sind beim Materialaufwand unter Posten 5. a zu erfassen.

4. Andere aktivierte Eigenleistungen

4.1 Allgemeines

Hier werden selbst erstellte Leistungen des Eigenbetriebs, die nicht zu Posten 2. gehören, erfasst. Insbesondere handelt es sich um innerbetriebliche Leistungen im Rahmen der Herstellung von Gegenständen des Anlagevermögens. Die Aktivierung der Eigenleistungen führt dazu, dass die hierfür entstandenen Aufwendungen neutralisiert werden. Als Beispiele sind zu nennen: Aufwendungen für die Selbsterstellung oder Erweiterung von Gebäuden, Anlagen, Maschinen und Werkzeugen und bei Inanspruchnahme des Aktivierungswahlrechtes nach § 248 Abs. 2 Satz 1 HGB die aktivierten selbst erstellten immateriellen Vermögensgegenstände des Anlagevermögens. Eigene Leistungen, die nicht zu einer Aktivierung führen, dürfen hier nicht erfasst werden (z. B. Schadensbeseitigungen) (vgl. *Kliem/Müller* in BeBiKo, Tz. 80 zu § 275 HGB). Die Notwendigkeit dieses Postens ist darin begründet, dass die Aufwendungen für Eigenleistungen unter den jeweiligen Primäraufwandsposten der Gewinn- und Verlustrechnung, so z. B.: Personalaufwand oder Materialaufwand, ausgewiesen werden. Somit handelt es sich um einen Gegenposten für im Geschäftsjahr aufgewendete Personal- und Materialaufwendungen. Daneben können auch Gemeinkostenzuschläge sowie Regiekosten in die aktivierte Eigenleistung einbezogen werden. Für die Bewertung gelten die allgemeinen Bewertungsvorschriften gem. §§ 252 ff. HGB, insbesondere § 255 Abs. 2 HGB, der die Ermittlung der Herstellungskosten handelsrechtlich regelt. Zum Begriff der Anschaffungs- und Herstellungskosten wird auf die Erl. 2.4.2.1 zu § 23 EigAnVO verwiesen.

4.2 Besonderheiten der Eigenbetriebe

Bei Eigenbetrieben werden häufig Regiekostenzuschläge aktiviert. Unter Regiekostenzuschlägen versteht man Lohngemeinkosten für durch eigenes Personal wahrgenommene Bauleitung bei selbst erstellten Anlagen. Ebenso werden hierunter auch eigene Überwachungsleistungen verstanden, wenn die Arbeiten durch ein Bauunternehmen durchgeführt werden.

5. Sonstige betriebliche Erträge

5.1 Allgemeines

Der Posten ist inhaltlich im Gesetz nicht definiert. Er stellt einen Sammelposten für alle Erträge dar, die nicht in den vorhergehend erläuterten Posten 1. bis 3. des Formblatts 4 ausgewiesen werden können, und für die ein Ausweis im Finanzergebnis nicht in Betracht kommt. Dabei sind periodenfremde Erträge unter der jeweiligen Ertragsposition in der Gewinn- und Verlustrechnung aufzuführen. Für periodenfremde Posten besteht gem. § 285 Nr. 32 HGB n. F. (bislang § 277 Abs. 4 Satz 3 i. V. m. Satz 2 HGB a. F.) eine Erläuterungspflicht im Anhang hinsichtlich Betrag und Art, wenn die Beträge für die Beurteilung nicht von untergeordneter Bedeutung sind.

Was dabei als nicht von untergeordneter Bedeutung anzusehen ist, muss im Einzelfall entschieden werden. Für eine Entscheidung darüber, ab welchen Größenordnungen oder Relationen eine Berichtserstattungspflicht besteht, lassen sich keine allgemein gültigen Zahlen nennen. Ziel der gesonderten Berichterstattung im Anhang über solche Beträge ist es, den sachgerechten Zeitvergleich der Ertragslage zu ermöglichen. Es soll dabei verhindert werden, dass falsche Schlüsse über die Ertragsentwicklung des Eigenbetriebs gezogen werden, da diese Erträge und Aufwendungen nicht den Leistungen des Geschäftsjahres ursächlich zugerechnet werden können. Erst mit dem gesonderten Ausweis wird erreicht, dass der Jahresabschluss ein den tatsächlichen Verhältnissen entsprechendes Bild der Ertragslage vermittelt (vgl. *Grottel* in BeBiKo, Tz. 912 und 917 zu § 285 HGB). Die hierzu in der Literatur gegebenen Anhaltspunkte für die Wesentlichkeit von

- 10 % vom Jahresergebnis
- 0,5 % vom gezeichneten Kapital

haben keine breite Anerkennung gefunden, zudem es bei einem Null-Ergebnis an einer Bezugsbasis fehlen würde.

Im Einzelfall wird darauf abzustellen sein, dass der Jahresabschluss ein den tatsächlichen Verhältnissen entsprechendes Bild der Ertragslage zu vermitteln hat (vgl. § 264 Abs. 2

HGB) und dass aus diesem Grund periodenfremde Posten so darzustellen sind, dass dieses Ziel erreicht wird (vgl. *ADS*, a. a. O., Tz. 83 ff. zu § 277 HGB).

5.2 Beispielhafte Untergliederung der sonstigen betrieblichen Erträge

- Ordentliche Erträge (nur Berichtsjahr betreffend)
  - Erträge aus der Auflösung von Sonderposten mit Rücklageanteil
  - Schrotterlöse und Erlöse aus nicht mehr benötigtem Material, wenn nicht geschäftszweigtypisch
  - Schadensersatzzahlungen (nur echter Schadenersatz i. S. d. Abschn. 1.3 UStAE)
  - Mahn-, Sperr- und Wiederaufnahmegebühren
  - Versicherungsentschädigungen
  - Erträge aus Finanzderivaten (soweit nicht im Finanzergebnis auszuweisen)
- Periodenfremde und neutrale Erträge
  - Erträge aus dem Abgang von Gegenständen des Anlagevermögens
  - Zuschreibungen zu Gegenständen des Anlagevermögens
  - Kostenerstattungen sowie Rückvergütungen und Gutschriften, die nicht das Geschäftsjahr betreffen
  - Versicherungsentschädigungen Vorjahre
  - Erträge aus der Auflösung von Rückstellungen
  - Erträge aus der Herabsetzung der Pauschalwertberichtigung und der Einzelwertberichtigung zu Forderungen
  - Zahlungseingänge auf abgeschriebene oder ausgebuchte Forderungen.

Zu den grundsätzlichen Auswirkungen aus der Neudefinition der Umsatzerlöse auf die sonstigen betrieblichen Erträge im Zuge der Umsetzung des BilRUG verweisen wir auf unsere Erl. 2 § 24 EigAnVO. Hinzuweisen ist hier noch darauf, dass Erträge aus sozialen Einrichtungen (z. B. Kantinen) auf Grund des Leistungsaustauschcharakters, wie Mieterträge nunmehr künftig als Umsatzerlöse zu klassifizieren sind. Auch Schrotterlöse und Erlöse aus dem Verkauf von nicht mehr benötigtem Material können zukünftig als Umsatzerlöse zu klassifizieren sein, wenn diese Schrott- oder Magazinverkäufe geschäftszweigtypisch sind (vgl. *Peun/Rimmelspacher*, a. a. O., Seite 13 sowie Erl. 2 zu § 24 EigAnVO).

Zuschreibungen zu Gegenständen des Finanzanlagevermögens sowie Buchgewinne aus dem Abgang des Finanzanlagevermögens sind unter den sonstigen betrieblichen Erträgen auszuweisen. In beiden Fällen wird der Einblick in die Finanzlage verbessert, wenn erhebliche Erträge dieser Art innerhalb dieses Postens durch einen Vorspaltenvermerk gesondert gezeigt oder im Anhang erläutert werden. Indes folgt ein Ausweis von Erträgen aus der Zuschreibung von Finanzanlagevermögen als sonstige Erträge nicht der Erfolgsspaltungskonzeption der Gewinn- und Verlustrechnungsgliederung. Daher kommt auch unter gewissen Umständen ein Ausweis im Finanzergebnis (entweder unter einem eigenständigen Gewinn- und Verlustrechnungsposten oder unter den Erträgen aus Beteiligungen mit einer entsprechenden Anpassung der Postenbezeichnung) in Betracht. Dies insbesondere, wenn die Halteabsicht der Beteiligung unter dem Gesichtspunkt einer Finanzanlage stand (welches bei Eigenbetrieben aber in der Regel gar nicht vorkommen dürfte) (vgl. *Kliem/Müller* in BeBiKo, Tz. 98 und 180 zu § 275 HGB sowie Erl. 11 zu § 24 EigAnVO). Dies betrifft auch periodisch erfolgte Zuschreibungen (Aufzinsungen) auf zum Zeitpunkt der Hingabe abgezinste minder- oder unverzinsliche Darlehen, die hier oder auch unter Posten 11. „Erträge aus anderen Wertpapieren und Ausleihungen des Finanzanlagevermögens" ausgewiesen werden können (wobei *Küting/Weber*, a. a. O., Tz. 80 zu § 275 HGB, einen Ausweis unter Posten 11. für zwingend erachten, da sich dies aus der Abgrenzung des Finanz- und Betriebsergebnisses ergebe).

Bestimmte Rückstellungen, z. B. für Gewährleistungen oder Bauinstandhaltungen (bei Eigenbetrieben mit dem Betriebszweig Wohnungsbau), bei deren Bildung die Zuordnung zu den einzelnen Aufwandsarten (z. B. Materialaufwand, Personalaufwand) nicht von vornherein feststeht, werden im Allgemeinen zu Lasten der sonstigen betrieblichen Aufwendungen gebildet. Bei späterem tatsächlichem Eintritt des betreffenden Geschäftsvorfalls (z. B. Reparaturen) ist der Primäraufwand, weil ohnehin nicht gesondert erfassbar, als solcher auszuweisen, z. B. unter Aufwendungen für Löhne und Gehältern, sozialen Abgaben oder Roh-, Hilfs- und Betriebsstoffen. Um den Aufwand nicht doppelt ergebniswirksam werden zu lassen, wird gleichzeitig die Einstellung eines Ausgleichspostens, der dem Verbrauch der Rückstellungen entspricht, in die sonstigen betrieblichen Erträge erforderlich. Die Literatur erachtet es daneben auch für zulässig, diesen Ausgleichsposten gegen die sonstigen betrieblichen Aufwendungen, soweit sie die Neubildung von entsprechenden Rückstellungen betreffen, zu saldieren; denn in diesem Fall wird kein Primäraufwand saldiert, ein ggf. übersteigender Betrag ist unter dem Posten 4. „sonstige betriebliche Erträge" auszuweisen (*Kliem/Müller* in BeBiKo, Tz. 97 zu § 275 HGB sowie *ADS*, a. a. O., Tz. 78 zu § 275 HGB).

Erträge aus dem Einsatz von derivativen Finanzinstrumenten sind je nach Sachlage ebenfalls unter dem Posten 4. „sonstige betriebliche Erträge" auszuweisen. Dies betrifft z. B. Erträge aus Wertänderungen von Derivaten, die in eine Bewertungseinheit gemäß § 254 HGB einbezogen sind, sofern die sog. Durchbuchungsmethode mit Berührung der Gewinn- und Verlustrechnung angewendet wird (IDW RS HFA 35 Tz. 81) oder auch realisierte Erträge aus der Glattstellung, der Veräußerung oder dem Verfall von Optionen. Bei Erträgen aus dem Saldo von zu empfangenden und zu leistenden Zinszahlungen aus einem laufenden Zinssatzswap ist ein Ausweis innerhalb des Zinsergebnisses vorzuziehen (vgl. *Kliem/Müller* in BeBiKo, Tz. 198 zu § 275 HGB sowie *Küting/Weber*, a. a. O., Tz. 37 zu § 275 HGB, vgl. Abschnitt 2.3. § 24).

Grundsätzlich ist eine Aufgliederung der einzelnen Posten nach Herkunft und Inhalt der Teilbeträge nicht erforderlich. Allerdings sind die Erträge aus der Auflösung des Sonderpostens mit Rücklageanteil zwingend mit „davon-Vermerk" unter Posten 4. zu erfassen. Eine alternative Angabe im Anhang nach § 281 Abs. 2 Satz 2 HGB a. F. ist nicht zulässig. Zum Sonderposten mit Rücklageanteil wird auf die Erl. 9 zu § 23 EigAnVO verwiesen.

6. Materialaufwand

Nach Fn. 2 zu Formblatt 4 werden Materiallieferungen und Fremdleistungen für Anlagenzugänge unmittelbar aktiviert, d. h. nicht im Materialaufwand ausgewiesen, soweit nicht abrechnungstechnische Gründe dem Entgegenstehen.

6.1 Aufwendungen für Roh-, Hilfs-, Betriebsstoffe und für bezogene Waren

6.1.1 Allgemeines

In diesem Posten wird der gesamte Materialverbrauch für den Fertigungsbereich erfasst. Die Aufwendungen für Roh-, Hilfs- und Betriebsstoffe der Bereiche Verwaltung und des Vertriebs können entweder hier oder unter den sonstigen betrieblichen Aufwendungen (Posten 9.) ausgewiesen werden. Neben dem Materialverbrauch für Roh-, Hilfs- und Betriebsstoffe wird hier auch der Einstandswert verkaufter Handelswaren erfasst. In diesen Posten gehören z. B. eingesetzte Roh-, Hilfs- und Betriebsstoffe, Energieaufwendungen, Reinigungs-, Bau- und Kleinmaterial, Reparaturstoffe, Büromaterial, Werbematerial. Ebenso sind hier Inventur- und Bewertungsunterschiede, die ihre Ursache z. B. in Schwund, Qualitätsverlusten oder rückläufigen Marktpreisen haben, auszuweisen. Werden Roh-, Hilfs- und Betriebsstoffe nach § 240 Abs. 3 HGB mit einem Festwert angesetzt, so sind die Neuzugänge sowie die Veränderungen des Festwertes ebenso hier zu erfassen. Verluste aus Roh-, Hilfs- und Betriebsstoffen, die auf Brand, Diebstahl u. Ä. zurückzuführen sind, sind streng genommen unter den sonstigen betrieblichen Aufwendungen und nicht unter dem Materialaufwand auszuweisen (vgl. *Bolsenkötter*, a. a. O., Tz. 1369, *Kliem/Müller* in BeBiKo, Tz. 163 zu § 275 HGB). Ein Ausweis unter dem Materialaufwand wird jedoch als unbedenklich angesehen, soweit es sich nicht um wertmäßig größere Beträge handelt.

6.1.2 Besonderheiten der Eigenbetriebe

Im Einzelnen gehören nach *Bolsenkötter*, a. a. O., Tz. 1368, die Aufwendungen für Kohle, Koks, Öl, Dieselöl, Strom, Gas, Fernwärme und Wasser hierher. Weiter gehören hierher die Aufwendungen für Reinigungsmasse, die Filter- oder Zusatzstoffe für die Wasseraufbereitung (z. B. bei Wasserwerken oder Bäderbetrieben) und die Beschaffung von Schmier-, Putz- und Dichtungsstoffen sowie Chemikalien für die Abwasserbehandlung. Bei Verkehrsunternehmen sind dies Treibstoffe für den Busverkehr. Welche Aufwendungen bei Krankenhäusern unter den Aufwendungen für Roh-, Hilfs- und Betriebsstoffe auszuweisen sind, wird im Einzelnen in der Krankenhausbuchführungsverordnung ((KHBV) Anlage 2, Nr. 10a i. V. m. Anlage 4, Krankenhaus-Buchführungsverordnung in der Fassung der Bekanntmachung vom 24.3.1987 (BGBl. I S. 1045), die zuletzt durch Artikel 2 Zweite Verordnung zur Änderung von Rechnungslegungsverordnungen vom 21.12.2016 (BGBl. I S. 3076) geändert worden ist), genannt. So gehören z. B. hierher:

Krankenhäuser

- Medizinischer Bedarf
  - Arzneien, Heil- und Hilfsmittel
  - Dialysebedarf
  - Verbrauchsmaterial
  - Labormaterial
  - Narkose- und Operations-Bedarf
  - Implantate und Transplantate
  - Blut und Blutprodukte
  - Herzschrittmacher
  - Medizinische Desinfektionsmittel
  - Verbandsmittel usw.
  - Bedarf für Röntgen- und Nuklearmedizin
  - Bedarf der physikalischen Therapie.
- Wirtschaftsbedarf
  - Verbrauchsgüter (siehe § 2 Verordnung über die Abgrenzung der im Pflegesatz nicht zu berücksichtigenden Investitionskosten von den pflegesatzfähigen Kosten der Krankenhäuser, vom 12.12.1985, BGBl. I S. 2255, zuletzt geändert durch Art. 6 des Psych-Entgeltgesetz vom 21.7.2012, BGBl. I S. 1613)
  - Haushaltverbrauchsmaterial
  - Sonstige Reinigungs- und Desinfektionsmittel.

6.2 Aufwendungen für bezogene Leistungen

6.2.1 Allgemeines

Unter Posten 5. b fallen die dem Materialaufwand gleichzusetzenden Aufwendungen für Fremdleistungen. Dazu gehören insbesondere Aufwendungen für vergebene Lohnbe- und Lohnverarbeitung von Fertigungsstoffen und Erzeugnissen. Auch die Erbringung von Dienstleistungen, wenn diese als wesentlicher bzw. prägender Bestandteil in die Leistung des Unternehmens eingeht, ist unter den Posten 5b auszuweisen (vgl. *Kliem/Müller* in

BeBiKo, Tz. 125 zu § 275 HGB). Betriebswirtschaftlich nicht dem Materialaufwand zuzuordnende bezogene Leistungen von Dritten sind nicht hier, sondern unter Posten 9. „Sonstige betriebliche Aufwendungen" zu erfassen, z. B.: Mieten, Beratungsgebühren, Reisespesen, Werbekosten, Porto, Telefongebühren. Die Behandlung von Fremdreparaturen ist in der Literatur strittig. Ob ein Ausweis unter den Aufwendungen für bezogene Leistungen infrage kommt, dürfte von dem Charakter dieser Aufwendungen abhängen. Bestehen die Reparaturkosten im Wesentlichen aus Materialverbrauch, so wird in der Literatur befürwortet, sie dem Materialaufwand unter den Aufwendungen für bezogene Leistungen zuzuordnen. Ein Ausweis unter den sonstigen betrieblichen Aufwendungen wird jedoch dann empfohlen, wenn bei den Reparaturaufwendungen ebenso wie bei den Wartungsaufwendungen der Lohnanteil eindeutig im Vergleich zum Materialanteil überwiegt (vgl. *ADS*, a. a. O., Rdnr. 96 zu § 275 HGB sowie *Kliem/Müller* in BeBiKo, Tz. 128 zu § 275 HGB).

Zu der Neudefinition der Umsatzerlöse im Zuge der Umsetzung des BilRUG verweisen wir auf unsere Erl. 2 zu § 24. Generell ist hier anzumerken, dass sich durch die Neudefinition der Umsatzerlöse Umgliederungen aus den sonstigen betrieblichen Aufwendungen in die Materialaufwendungen ergeben, weil die bisher unter den sonstigen Aufwendungen erfassten Aufwendungen als wesentlicher bzw. prägender Bestandteil in die Leistung des Eigenbetriebs eingehen. Ein bloß loser direkter Zusammenhang der Fremdleistung mit dem betrieblichen Leistungserstellungsprozess erscheint u. E. nicht ausreichend für einen Ausweis als Aufwendungen für bezogene Leistungen. Auch kann nicht verlangt werden, dass die bezogene Leistung einen physischen Stoffeinsatz beinhaltet. Entsprechend dürfte es sachgerecht sein, ggf. auch von Subunternehmern bezogene Leistungen wie bspw. Dritthonorare zur Erbringung von Beratungsdienstleistungen oder beauftragte Ingenieurleistungen zur Erbringung von Bauleistungen unter dem Posten Aufwendungen für bezogene Leistungen auszuweisen (vgl. *Kliem/Müller* in BeBiKo, Tz. 125 zu § 275 HGB). Dies allerdings ist keine Konsequenz aus der Neudefinition der Umsatzerlöse nach dem BilRUG. Vielmehr ist es so, dass die bereits in der Vergangenheit geltende Abgrenzung zwischen sonstigen Aufwendungen und Materialaufwendungen beibehalten worden ist; bezogene Leistungen sind eben nur dann auszuweisen, wenn es sich um Aufwendungen handelt, die als wesentliche bzw. prägende Bestandteile in die Leistung des Unternehmens eingehen. Da aber z. B. nunmehr aufgrund der Änderungen des § 277 Abs. 1 HGB durch das BilRUG generell Mieterträge den Umsatzerlösen zuzuordnen sind, müssen die bei einer Untervermietung entstehenden Mietaufwendungen aus der Anmietung als Aufwendungen für bezogene Leistungen erfasst werden (vgl. *Kliem/Müller* in BeBiKo, Tz. 129 zu § 275 HGB sowie Peun/Rimmelspacher, a. a. O., Seite 15). Diese sind prägender „Leistungsbestandteil" der Vermietungsumsätze aus Untervermietung. Ein Ausweis unter den sonstigen betrieblichen Aufwendungen ist nicht mehr zulässig. Die Aufwendungen aus dem Energiebezug können ebenso hier ausgewiesen werden. Dies liegt in der regelmäßig fehlenden Speichermöglichkeit der entsprechenden Medien begründet. Stromsteuererstattungen auf Basis des StromStG sind maximal bis zur Höhe der korrespondierenden Aufwendungen, mit diesen zu saldieren (WPH, a. a. O., *Justenhoven, P./Dangmann, T./Deubert, M.et al.*, Kap. F Tz. 810 und Tz. 813).

6.2.2 Besonderheiten der Eigenbetriebe

Bei anlageintensiven Eigenbetrieben sind insbesondere die Fremdleistungen für die Unterhaltung der Anlagen hier auszuweisen (vgl. *Bolsenkötter*, a. a. O., Tz. 1371, 1372).

Abwasserbeseitigung

- Abwasserabgabe
- Aufwendungen für die Klärschlammbeseitigung
- Abwasser- und Klärschlammuntersuchungen
- Aufwendungen für die Fäkalschlammentsorgung

Zu Abwasserabgabe

Für das Einleiten von Abwasser in ein Gewässer im Sinn des § 1 Abwasserabgabengesetz (AbwAG) ist eine Abgabe zu entrichten (Abwasserabgabe). Sie wird durch die Bundesländer erhoben. Der Abgabeschuldner hat die voraussichtliche Höhe der Abwasserabgabe in einer Selbsterklärung zu ermitteln.

Ist ein bilanzierender Eigenbetrieb als Einleiter abwasserabgabenpflichtig gemäß § 9 Abs. 2 AbwAG i. V. m. § 1 Abs. 1 LAbwAG, so ist die Abwasserabgabe in voller Höhe stets als Aufwand zu erfassen. Dieser Aufwand ist dementsprechend auch im Rahmen der Kalkulation in den Gebühren und Beiträgen zu berücksichtigen (Schreiben des Gemeinde- und Städtebundes Rheinland-Pfalz, GStB-Nachrichten Nr. 59 vom 15.3.1993). Die Erfassung der Abwasserabgabe im Aufwand hat auch dann zu erfolgen, wenn die Abwasserabgabe aufgrund von Verrechnungsanträgen nach § 10 Abs. 3 AbwAG „erlassen" wird (vgl. *Bolsenkötter*, a. a. O., Tz. 1372). Zur bilanziellen Erfassung wird auf die Erl. 11.3 und 8.1.2.1 zu § 23 verwiesen.

Der Ausweis des Abwasserabgabenaufwands in der Gewinn- und Verlustrechnung sollte sinnvollerweise unter den „Aufwendungen für bezogene Leistungen" im Materialaufwand erfolgen. Der Aufwand entsteht aufgrund gesetzlicher Verpflichtung und nicht aufgrund eines Liefer- oder Leistungsverhältnisses mit einem fremden Dritten. Der Aufwand steht auch nicht in unmittelbarem Zusammenhang mit dem Materialeinsatz. Gleichwohl ist seine wirtschaftliche und rechtliche Verursachung eng mit der Erbringung der Betriebsleistung „Abwasserbeseitigung" verbunden. Das Einleiten von Abwasser in ein Gewässer im Sinn des Wasserhaushaltsgesetzes ist regelmäßig Bestandteil der Betriebsleistung Abwasserbeseitigung. Die dabei entstehende Abwasserabgabepflicht wird ebenso zwangsläufig wirtschaftlich verursacht wie der dabei entstehende Materialeinsatz. In Abgrenzung zu sonstigen betrieblichen Aufwendungen handelt es sich bei dem Abwasserabgabenaufwand auch nicht lediglich um einen Teil eines Sammelpostens im Rahmen der gewöhnlichen Geschäftstätigkeit, sodass der Ausweis im Materialaufwand vorgeht.

Abfallbeseitigung

- Deponierungskosten durch fremde Dritte
- Sammlungs-, Transport- und Verwertungskosten durch fremde Dritte

Verkehrsunternehmen

- Fremdleistungen für Bahnkörper und Oberleitungen
- Dienstleistungen für Personenbeförderungen

Versorgungsunternehmen

- Fremdleistungen für die Unterhaltung der Netze, der Hausanschlüsse sowie der **Messeinrichtungen**
- Kosten für die Auswechselung von Messgeräten und Mastenerneuerungen (soweit nicht aktiviert)
- Netznutzungsentgelte vorgelagerter Netzbetreiber

Wohnungsunternehmen

- Müllentsorgung
- Nutzungsentgelt für Kabelfernsehen
- Verbrauchsabrechnung
- Abgasuntersuchungen
- Feuerschutzuntersuchungen

Krankenhäuser

- Fremdreinigung

- Konsiliarkosten (z. B. Honorare für nicht im Krankenhaus angestellte Ärzte)
- Untersuchung in fremden Instituten
- Krankentransporte
- Obduktionskosten
- Kosten der Lieferapotheke.

7. Personalaufwand

Nach Fn. 4 zu Formblatt 4 ist der Personalaufwand einschließlich aktivierter Beträge darzustellen. Hiermit sind die in den Posten 2. „Erhöhung des Bestandes an fertigen und unfertigen Erzeugnissen" und 3. „andere aktivierte Eigenleistungen" enthaltenen Personalaufwendungen gemeint. Der Hinweis in der Fn. 4 hat lediglich klarstellenden Charakter, es handelt sich um eine handelsrechtlich im Rahmen des Gesamtkostenverfahrens übliche Vorgehensweise.

7.1 Löhne und Gehälter

Unter diesem Posten werden alle angefallenen Arbeitsentgelte mit ihren Bruttobeträgen erfasst, d. h. vor Abzug der vom Arbeitnehmer zu tragenden Steuern und Sozialabgaben, aber ohne den Arbeitgeberanteil an den Sozialabgaben. Als weitere Entgeltsbestandteile sind z. B. Überstundenentgelte, alle Arten von Zuschlägen und Zulagen, Weihnachts- und Urlaubsgeld, Gratifikationen, Prämien, Lohnfortzahlungen hier auszuweisen. Es werden allerdings nur die Aufwendungen, die für eigene vertraglich gebundene Mitarbeiter verursacht wurden, hier ausgewiesen. Personalkostenumlagen fallen demgemäß nicht unter den Posten 6. Sitzungsgelder für den Werkausschuss werden unter Posten 9. „sonstige betriebliche Aufwendungen" erfasst. Ebenfalls im Personalaufwand sind hier Altersteilzeitvergütungen zu erfassen. Auch müssen hier Rückstellungszuführungen für Urlaub, Vorarbeit, Altersteilzeit sowie Jubiläen ausgewiesen werden. Freiwerdende Rückstellungen sind nicht zu saldieren, sondern als Auflösung von Rückstellungen zu behandeln. Die Auflösungserträge sind unter 3. auszuweisen. Zu beachten ist, dass bei der Bildung von Rückstellungen für das sog. Blockmodell für Altersteilzeit zunächst nur der sog. Erfüllungsrückstand des Arbeitgebers über den Gewinn- und Verlustrechnungsposten Löhne und Gehälter erfolgt, da hier der Arbeitnehmer Arbeitszeit vorgeleistet hat. Haben die Aufstockungsbeträge Abfindungscharakter (s. a. Erl. zu 11.3 „Altersteilzeit") sind diese unter der Position Nr. auszuweisen. Haben sie hingegen den Zweck die langjährige Betriebszugehörigkeit zu honorieren und/oder einen Anreiz zur Verlängerung der Gesamtlebensarbeitszeit zu schaffen sind sie hier auszuweisen (vgl. *Kliem/Müller* in BeBiKo, Tz. 141 zu § 275 HGB; IDW RS HFA 3, 19.6.2013, Tz. 9 und Tz. 29). Personalleasingkosten sowie Rückerstattungen von Reisekosten sind unter Nr. 9 auszuweisen.

7.2 Soziale Abgaben und Aufwendungen für Altersversorgung und für Unterstützung

Unter Posten 6. b fallen lediglich die gesetzlichen Pflichtabgaben, soweit sie vom Eigenbetrieb zu tragen sind (Arbeitgeberanteile). Als Beispiele sind zu nennen: Arbeitgeberanteile zur Sozialversicherung, Berufs- und Genossenschaftsbeiträge. Aufwendungen für die Altersversorgung von tätigen und nicht mehr tätigen Mitarbeitern sowie deren Hinterbliebenen müssen im Rahmen eines „davon-Vermerkes" gesondert angegeben werden. Es gehören dazu: Pensionszahlungen, Zuführungen zu Pensionsrückstellungen, Zuweisungen an Unterstützungs- und Pensionskassen, Zahlungen an Zusatzversorgungskassen (z. B. Versorgungsanstalt des Bundes und der Länder) sowie Prämienzahlungen für Direktversicherungen. Zu beachten ist, dass nunmehr nach § 277 Abs. 5 HGB, der Zinsanteil aus Pensionsrückstellungsveränderungen verpflichtend in der (primären) Aufwandsart Zinsen auszuweisen ist (vgl. Erl. 13 und 15). Generell wird nicht gegen das Saldierungsverbot nach § 246 Abs. 2 Satz 1 HGB verstoßen, wenn Auflösungen (z. B. durch das Ausscheiden eines Anwärters ohne oder mit unverfallbarer Anwartschaft oder Ableben eines Rentners) und Zuführungen zu den einzelnen Rückstellungen saldiert als „Zuführungen" unter Nr. 6b ausgewiesen werden, denn es handelt sich um eine nach mathematischen Grundsätzen geschätzte „Gesamtlast". Zu beachten ist ferner, dass sich Aufwendungen aus der Ansammlung eines sich aus der Umstellung auf die durch das Bilanzrechtmodernisierungsgesetz geänderten handelsrechtlichen Vorschriften ergebenden Betrages der Unterdeckung (Wahlrecht gemäß Art. 67 Abs. 1 Satz 1 EGHGB) gemäß Art. 75 Abs. 5 EGHGB nicht im Personalaufwand, sondern innerhalb der sonstigen betrieblichen Aufwendungen als „Aufwendungen nach Artikel 67 Abs. 1 und 2 EGHGB" gesondert zu erfassen sind (vgl. *Kliem/Müller* in BeBiKo, Tz. 147 zu § 275 HGB sowie § 24 Nr. 22). Wir verweisen auf unsere Ausführungen Erl. 10 zu § 24 EigAnVO. Bisher wurden diese Aufwendungen unter den Posten außerordentliche Aufwendungen und Erträge ausgewiesen. Nach der Umsetzung des BilRUG ist der Ausweis eines außerordentlichen Ergebnisses in der Gewinn- und Verlustrechnung nicht mehr zulässig. Wir verwiesen hierzu auf unsere Erl. 19.

Aufwendungen für Unterstützungen sind Leistungen ohne konkrete Gegenleistung, z. B.: Kur-, Krankenhaus-, Erholungs- oder Arztkostenbeihilfen, Heirats- oder Geburtsbeihilfen, Notstandsbeihilfen an Beschäftigte, Unterstützungszahlungen an Hinterbliebene.

8. Abschreibungen

8.1 Auf immaterielle Vermögensgegenstände des Anlagevermögens und Sachanlagen

Unter Posten 7. a sind sämtliche Abschreibungen des Geschäftsjahres auszuweisen, welche auf die Posten immaterielle Vermögensgegenstände und Sachanlagen entfallen. Abschreibungen auf Finanzanlagen sind insgesamt unter Posten Nr. 13 auszuweisen. Eine Aufgliederung nach den einzelnen Posten wird im Rahmen der Gewinn- und Verlustrechnung nicht gefordert, sie ist allerdings im Anlagennachweis nach Formblatt 3 darzustellen. Auch außerplanmäßige Abschreibungen nach § 253 Abs. 3 Satz 5 HGB werden hier erfasst und im Rahmen eines „davon-Vermerkes" gesondert angegeben. Saldierungen von Abschreibungen und Zuschreibungen sind nicht zulässig. Verluste aus Anlagenabgängen sind unter Posten 9. „sonstige betriebliche Aufwendungen" aufzunehmen. Zu den Abschreibungen nach § 253 Abs. 3 Satz 5 HGB wird auf die Erl. 2.4.2.2 zu § 23 EigAnVO verwiesen.

8.2 Auf Vermögensgegenstände des Umlaufvermögens, soweit diese die im Unternehmen üblichen Abschreibungen überschreiten

Hier sind nur Abschreibungen beim Umlaufvermögen zu erfassen, soweit sie die für den Eigenbetrieb üblichen Abschreibungen übersteigen. Die üblichen Abschreibungen sind je nach Bilanzposten in Posten 2. (unfertige und fertige Erzeugnisse), Posten 5. a (Roh-, Hilfs- und Betriebsstoffe) oder Posten 9. (Forderungen und sonstige Vermögensgegenstände) auszuweisen. Abschreibungen auf Wertpapiere des Umlaufvermögens fallen immer unter Posten 13. (Abschreibungen auf Finanzanlagen und auf Wertpapiere des Umlaufvermögens). Abschreibungen nach § 253 Abs. 3 Satz 3 HGB a. F. sind nicht mehr zulässig und somit ist der an dieser Stelle nach Formblatt 4 noch geforderte „davon-Vermerk" gegenstandslos.

9. Konzessionsabgabe

9.1 Allgemeines

Nach Formblatt 4 zu § 24 Abs. 1 EigAnVO ist die Konzessionsabgabe als Posten 8. vor den sonstigen betrieblichen Aufwendungen auszuweisen. Die preisrechtlichen und steuerrechtlichen Grundlagen der Konzessionsabgabe sind im Einzelnen in der Erl. 5.9 zu § 11 EigAnVO dargestellt. Die steuerlichen Voraussetzungen für die Anerkennung der Konzessionsabgabe als Betriebsausgabe sind durch das BMF-Schreiben vom 9.2.1998, BStBl. I S. 209, grundlegend neu geregelt worden. Wenn eine Beteiligung einer Gebietskörperschaft an einem Eigenbetrieb oder eine mittelbare oder unmittelbare Beteiligung einer Gebietskörperschaft an dem Grund- oder Stammkapital des Versorgungsbetriebes vorliegt, ist die Konzessionsabgabe nur so weit als Betriebsausgabe abziehbar, als sie nicht als verdeckte Gewinnausschüttung anzusehen ist. Hierzu dürfen die preisrechtlichen Höchstsätze nicht überschritten werden und es muss nach Abzug der Konzessionsabgabe ein angemessener handelsrechtlicher Jahresüberschuss (Mindestgewinn) verbleiben. Kann die nach den preisrechtlichen Vorschriften höchstmögliche Konzessionsabgabe mit Rücksicht auf die Sicherstellung des Mindestgewinns nicht erwirtschaftet werden, so ist für die Bereiche Wasserversorgung einerseits und Strom- und Gasversorgung andererseits wie folgt zu unterscheiden:

9.2 Wasserversorgung

Kann in einem Wirtschaftsjahr die Konzessionsabgabe nach Maßgabe der KAE (10 % der Roheinnahmen) nicht in voller Höhe erwirtschaftet werden, weil ansonsten der steuerlich geforderte Mindestgewinn (1,5 % vom eigenen oder gemieteten Sachanlagevermögen zu Beginn des Wirtschaftsjahres) unterschritten würde, so kann die nicht ausgeschöpfte Konzessionsabgabe in den folgenden fünf Wirtschaftsjahren geltend gemacht werden (Nachholung der Konzessionsabgabe), vgl. Punkt VI.1. des BMF-Schreibens vom 9.2.1998 und *Lademann*, Kommentar zum Körperschaftsteuergesetz, Loseblattsammlung, Stuttgart, Rz. 64 zu § 4 KStG.

9.3 Strom

Mit Neuregelung des EnWG im Jahr 2005 ist die in der KAV anzutreffende Unterscheidung in Tarif- und Sonderkunden begrifflich entfallen. Tarifkunden im Sinne der KAV sind Kunden, die auf der Grundlage von Verträgen nach den §§ 36 und 38 sowie § 115 Abs. 2 und § 116 EnWG beliefert werden; Preise und Tarife nach diesen Bestimmungen sind Tarife im Sinne der KAV. Für die Strom- und Gasversorgung ist nach der KAV eine Kürzung und Nachholung der Konzessionsabgabe nicht mehr zulässig, vgl. Punkt VI. 1. des BMF-Schreibens vom 9.2.1998, sowie BMF-Schreiben vom 27.9.2002 und *Lademann*, a. a. O., Rz. 64 zu § 4 KStG.

Für die Strom- und Gasversorgung ist in Punkt III. 3. des BMF-Schreibens eine Regelung für den Fall enthalten, dass durch den Abzug der Konzessionsabgabe der Mindestgewinn unterschritten wird. Dann ist im Einzelfall für den jeweiligen Veranlagungszeitraum nach den Grundsätzen des Fremdvergleichs zu prüfen, ob eine vGA vorliegt. Eine vGA wird angenommen, wenn in dem Veranlagungszeitraum des Abzugs der Konzessionsabgabe und in den folgenden fünf Jahren ein angemessener Gesamtgewinn nicht erreicht wird. Er wird dann nicht erreicht, wenn innerhalb des genannten Zeitraums im Durchschnitt der Mindestgewinn (1,5 % vom eigenen oder gemieteten Sachanlagevermögen zu Beginn des Wirtschaftsjahres) unterschritten wird. Die Konzessionsabgabe wird in solchen Fällen im jeweiligen Veranlagungszeitraum nur insoweit anerkannt, als der Mindestgewinn dieses Veranlagungszeitraumes nicht unterschritten wird. Die Steuerveranlagungen werden diesbezüglich zunächst nur vorläufig durchgeführt. Dies bedeutet, dass die endgültige Veranlagung erst nach Ablauf von fünf Jahren nach dem Veranlagungszeitraum erfolgen kann, weil erst dann feststeht, ob die Konzessionsabgabe im Veranlagungszeitraum in voller Höhe anerkannt wird oder ob eine vGA vorliegt.

9.4 Verbundbetriebe

Werden mehrere Versorgungsbetriebe zusammengefasst (Verbundbetriebe), ist bei der Frage, ob die Konzessionsabgabe als Betriebsausgabe abzuziehen oder als verdeckte Gewinnausschüttung anzusehen ist, der Mindestgewinn des Verbundbetriebes zugrunde zu legen. Wenn dem Verbundbetrieb nach Abzug der Konzessionsabgabe ein Mindestgewinn verbleibt, ist die Konzessionsabgabe in vollem Umfang als Betriebsausgabe abzuziehen. Wird der Mindestgewinn aber unterschritten, ist eine Spartentrennung vorzunehmen, in der für jeden der zusammengefassten Versorgungsbetriebe der tatsächlich erzielte handelsrechtliche Jahresüberschuss und der Mindestgewinn getrennt zu ermitteln sind. Anschließend ist für jede Sparte zu prüfen, in welcher Höhe die Konzessionsabgabe als Betriebsausgabe abzuziehen ist. Wird ein Versorgungsbetrieb mit anderen Betrieben zusammengefasst, die keine Versorgungsbetriebe sind, ist für die Berechnung der abziehbaren Konzessionsabgabe eine Spartenrechnung zwingend vorzunehmen.

9.5 Beispiele

Die nachfolgenden Beispiele sollen die Schwierigkeiten veranschaulichen, die dadurch entstehen, dass die Zulässigkeit der Konzessionsabgabe sowohl preisrechtlich als auch steuerrechtlich zu prüfen ist und die Konzessionsabgabe zudem im Zusammenhang mit der Berechnung der Körperschaftsteuer und der Gewerbesteuer steht. Die beiden Beispiele beziehen sich auf die Verhältnisse eines Wasserwerkes. Im ersten Beispiel wird die höchstmögliche Konzessionsabgabe bei Einhaltung des Mindestgewinns erwirtschaftet. Im zweiten Beispiel kann unter Berücksichtigung des Mindestgewinns die höchstmögliche Konzessionsabgabe nicht erwirtschaftet werden, so dass sie entsprechend gekürzt werden muss. In einem dritten Beispiel wird aufbauend auf Beispiel 1 die Nachholung der Konzessionsabgabe in den folgenden fünf Jahren dargestellt.

Beispiel 1: Volle Erwirtschaftung der Konzessionsabgabe

			EUR	EUR
Ergebnis vor Steuern und Konzessionsabgabe				*366.000,00*
./.	*Konzessionsabgabe*			*180.000,00*
Ergebnis vor Steuer				*186.000,00*
./.	*Gewerbesteuer*			*26.040,00*
				159.960,00
./.	*Körperschaftsteuer*			*23.994,00*
./.	*Solidaritätszuschlag*			*1.319,67*
Ergebnis nach Steuern				*134.646,33*
./.	*Nicht abzugsfähige Aufwendungen*			*13.000,00*
Handelsrechtlicher Jahresüberschuss				***121.646,33***
Mindestgewinn für Konzessionsabgabe				
	Eigenes Sachanlagevermögen zum 1.1.2025		*8.000.000,00*	
	Gemietetes Sachanlagevermögen zum 1.1.2025		*100.000,00*	
	Sachanlagevermögen 1.1.2025		*8.100.000,00*	
	Davon	*1,50%*		***121.500,00***
Konzessionsabgabe maximal				
	Roheinnahmen		*1.800.000,00*	
	Davon	*10,00%*	***180.000,00***	

In dem Beispiel beträgt der geforderte Mindestgewinn 121 500,00 Euro. Die maximal zulässige Konzessionsabgabe beträgt 180 000,00 Euro. Sie kann in voller Höhe erwirtschaftet werden, da nach Abzug der Konzessionsabgabe, der Gewerbesteuer, der Körperschaftsteuer und des Solidaritätszuschlages ein handelsrechtlicher Jahresüberschuss in Höhe von 121 646,33 Euro verbleibt, der den erforderlichen Mindestgewinn von 121 500,00 Euro übersteigt. Im Beispiel wurden ein Gewerbesteuerhebesatz von 400 % und ein Messbetrag von 3,5 % unterstellt.

Beispiel 2: Kürzung der Konzessionsabgabe

			EUR	EUR
Ergebnis vor Steuern und Konzessionsabgabe				*366.000,00*
./.	*Konzessionsabgabe*			*250.000,00*
Ergebnis vor Steuer				*116.000,00*
./.	*Gewerbesteuer*			*16.240,00*
				99.760,00
./.	*Körperschaftsteuer*			*14.964,00*
./.	*Solidaritätszuschlag*			*823,02*
Ergebnis nach Steuern				*83.972,98*
./.	*Nicht abzugsfähige Aufwendungen*			*13.000,00*
Handelsrechtlicher Jahresüberschuss				***70.972,98***
Mindestgewinn für Konzessionsabgabe				
	Eigenes Sachanlagevermögen zum 1.1.2025		*8.000.000,00*	
	Gemietetes Sachanlagevermögen zum 1.1.2025		*100.000,00*	
	Sachanlagevermögen 1.1.2025		*8.100.000,00*	
	Davon	*1,50%*		***121.500,00***
Konzessionsabgabe maximal				
	Roheinnahmen		*2.500.000,00*	
	Davon	*10,00%*	***250.000,00***	

In dem zweiten Beispiel beträgt der geforderte Mindestgewinn 121 500,00 Euro. Die maximal zulässige Konzessionsabgabe beträgt 250 000,00 Euro. Sie kann jedoch nicht in voller Höhe erwirtschaftet werden, da nach Abzug der Konzessionsabgabe, der Gewerbesteuer, der Körperschaftsteuer und des Solidaritätszuschlages nur ein handelsrechtlicher Jahresüberschuss in Höhe von 70 972,98 Euro verbleibt. Die Konzessionsabgabe ist so lange zu kürzen, bis der erforderliche Mindestgewinn erreicht wird. Gegenläufig zur Kürzung der Konzessionsabgabe steigt der Körperschaftsteuer- und Gewerbesteueraufwand an. Auch hier wurden ein Gewerbesteuerhebesatz von 400 % und ein Messbetrag von 3,5 % unterstellt. Es ergeben sich folgende Beträge:

		EUR	EUR
Ergebnis vor Steuern und Konzessionsabgabe			366.000,00
./. Konzessionsabgabe			180.202,14
Ergebnis vor Steuer			185.797,86
./. Gewerbesteuer			26.011,70
			159.786,16
./. Körperschaftsteuer			23.967,92
./. Solidaritätszuschlag			1.318,24
Ergebnis nach Steuern			134.500,00
./. Nicht abzugsfähige Aufwendungen			13.000,00
Handelsrechtlicher Jahresüberschuss			**121.500,00**
Mindestgewinn für Konzessionsabgabe			
Eigenes Sachanlagevermögen zum 1.1.2025		8.000.000,00	
Gemietetes Sachanlagevermögen zum 1.1.2025		100.000,00	
Sachanlagevermögen 1.1.2025		8.100.000,00	
Davon	1,50%		**121.500,00**
Konzessionsabgabe maximal			
Roheinnahmen		2.500.000,00	
Davon	10,00%	**250.000,00**	

Beispiel 3: Nachholung der Konzessionsabgabe

	31.12.25 EUR	*31.12.26 EUR*	*31.12.27 EUR*	*31.12.28 EUR*	*31.12.29 EUR*	*31.12.30 EUR*
Höchstzulässige KA						
Roheinnahmen	*1.630.000,00*	*1.650.000,00*	*1.500.000,00*	*1.600.000,00*	*1.700.000,00*	*1.800.000,00*
Davon 10,00 %	***163.000,00***	***165.000,00***	***150.000,00***	***160.000,00***	***170.000,00***	***180.000,00***
Mindestgewinn						
Sachanlage-vermögen 1.1.	*7.200.000,00*	*7.500.000,00*	*7.700.000,00*	*7.400.000,00*	*7.800.000,00*	*8.100.000,00*
Davon 1,50 %	***108.000,00***	***112.500,00***	***115.500,00***	***111.000,00***	***117.000,00***	***121.500,00***
Jahresergebnis	***108.000,00***	***112.500,00***	***145.000,00***	***111.000,00***	***128.000,00***	***122.679,77***
Im Jahr verrechnete KA	***130.000,00***	***150.000,00***	***198.000,00***	***140.000,00***	***190.000,00***	***180.000,00***
Nachholbare KA aus 2025	*33.000,00*	*0,00*	*0,00*	*0,00*	*0,00*	*0,00*
Davon nachgeholt in 2027	*-33.000,00*	*0,00*	*0,00*	*0,00*	*0,00*	*0,00*
Nachholbare KA aus 2026	*0,00*	*15.000,00*	*0,00*	*0,00*	*0,00*	*0,00*
Davon nachgeholt in 2027	*0,00*	*-15.000,00*	*0,00*	*0,00*	*0,00*	*0,00*
Nachholbare KA aus 2028	*0,00*	*0,00*	*0,00*	*20.000,00*	*0,00*	*0,00*
Davon nachgeholt in 2029	*0,00*	*0,00*	*0,00*	*-20.000,00*	*0,00*	*0,00*
Nachholbare KA gesamt	***0,00***	***0,00***	***0,00***	***0,00***	***0,00***	***0,00***

Im Wirtschaftsjahr 2025 beträgt die höchstzulässige Konzessionsabgabe 163 000,00 Euro. Davon konnten jedoch nur 130 000,00 Euro verrechnet werden, da ansonsten der erforderliche Mindestgewinn nicht erreicht worden wäre. Die nachholbare Konzessionsabgabe beträgt 33 000,00 Euro.

Im Wirtschaftsjahr 2027 konnte die gekürzte Konzessionsabgabe aus 2025 in Höhe von 33 000,00 Euro und aus 2026 in Höhe von 15 000,00 Euro nachgeholt werden, da das Jahresergebnis (145 000,00 Euro) den erforderlichen Mindestgewinn nicht unterschreitet.

Im Wirtschaftsjahr 2029 konnte die nachholbare Konzessionsabgabe aus 2029 in Höhe von 20 000,00 Euro nachgeholt werden. Der erforderliche Mindestgewinn von 117 000,00 Euro wird trotz Nachholung noch erreicht.

10. Sonstige betriebliche Aufwendungen

10.1 Allgemeines

Es handelt sich um ein Pendant zu Posten 4. „sonstige betriebliche Erträge". Dieser Sammelposten erfasst alle diejenigen Aufwendungen, die aus der gewöhnlichen Geschäftstätigkeit stammen und die keinem anderen Posten zugeordnet werden können.

Folgende Besonderheit ist zu achten:

Im Kontext der Abschaffung der außerordentlichen Erträge und Aufwendungen wurde zudem Art. 67 Abs. 7 EGHGB aufgehoben. Danach waren Aufwendungen und Erträge aus dem Übergang auf die Vorschriften des Bilanzrechtsmodernisierungsgesetzes vom 25.5.2009 (BilMoG) bislang gesondert unter dem außerordentlichen Ergebnis auszuweisen. Da auch in den nach den Vorschriften des HGB aufgestellten Abschlüssen noch Aufwendungen aus der Ansammlung des aus der BilMoG-Umstellung resultierenden Unterdeckungsbetrages bzgl. Pensionsrückstellungen (Art. 67 Abs. 1 Satz 1 EGHGB) anfallen können, sieht Art. 75 Abs. 5 EGHGB künftig einen Sonderausweis in der Gewinn- und Verlustrechnung innerhalb der sonstigen betrieblichen Aufwendungen vor. Ebenso verlangt Art. 75 Abs. 5 EGHGB einen Sonderausweis für Erträge aus der Auflösung von gem. Art. 67 Abs. 1 Satz 2 EGHGB im Rahmen der BilMoG-Umstellung beibehaltenen Rückstellungen innerhalb der sonstigen betrieblichen Erträge. Ebenso verlangt Art. 75 Abs. 5 EGHGB einen Sonderausweis für Erträge aus der Auflösung von gem. Art. 67 Abs. 1 Satz 2 EGHGB im Rahmen der BilMoG-Umstellung beibehaltenen Rückstellungen innerhalb der sonstigen betrieblichen Erträge. Diese Auflösungen sind insoweit auch künftig erforderlich, wie nach den Gegebenheiten am jeweiligen Abschlussstichtag der beibehaltene Wert bis spätestens zum 31.12.2024 nicht mehr erreicht wird (vgl. *Peun/Rimmelspacher*, a. a. O., Seite 18).

Art. 75 Abs. 5 EGHGB sieht für den Sonderausweis in der Gewinn- und Verlustrechnung die Bezeichnung „Aufwendungen nach Art. 67 Abs. 1 und 2 EGHGB" bzw. „Erträge nach Art. 67 Abs. 1 und 2 HGB" vor. Dem gesonderten Ausweis wird durch einen Vorspaltenausweis oder einen „davon-Vermerk" in der Gewinn- und Verlustrechnung, aber auch wie in vergleichbaren Fällen – bspw. dem Sonderausweis von Aufwendungen und Erträgen aus der Auf- und Abzinsung gem. § 277 Abs. 5 Satz 1 HGB – durch eine entsprechende Aufgliederung der sonstigen betrieblichen Aufwendungen und/oder betrieblichen Erträge im Anhang genüge getan (vgl. *Peun/Rimmelspacher*, a. a. O., Seite 18).

Nach dem Wortlaut des Art. 75 Abs. 5 EGHGB bezieht sich der gesonderte Ausweis lediglich auf Aufwendungen und Erträge aus der Anwendung des Art. 67 Abs. 1 und 2 EGHGB. Nach dem Sinn und Zweck der Übergangsregelung sowie den Ausführungen hierzu in der Regierungsbegründung zum BilRUG hat jedoch darüber hinaus auch ein Sonderausweis aller nach Art. 67 Abs. 7 EGHGB a. F. innerhalb des außerordentlichen Ergebnisses auszuweisenden Aufwendungen und Erträgen aus vergleichbaren Übergangsvorschriften zu erfolgen. Dies betrifft insbesondere Aufwendungen und Erträge, die dann entstehen, wenn für zum Zeitpunkt der BilMoG-Umstellung fortgeführte oder beibehaltene Bilanzposten (z. B. nach Art. 67 Abs. 3 Satz 1 EGHGB beibehaltene Aufwandsrückstellungen) künftig unter Durchbrechung der Stetigkeit nachträglich auf BilMoG-Werte übergegangen wird (vgl. *Peun/Rimmelspacher*, a. a. O., Seite 18 sowie Begr. RegE BilRUG, BR-Drs. 23/15 S. 110).

Wir verweisen auch auf unsere Erl. 7.2. zu § 24 EigAnVO.

10.2 Beispielhafte Untergliederung der sonstigen betrieblichen Aufwendungen

- Verwaltungskostenbeitrag
  - Personalkosten
  - Sachkosten
- Sonstiger Aufwand des Betriebes und der Verwaltung
  - Versicherungen
  - Entschädigungen
  - Gebühren und Beiträge
  - Telefon- und Funkgebühren
  - Prüfungs- und Beratungskosten (auch Rechtsberatungskosten)
  - Mieten, Raumkosten und Pachten
  - Aufwendungen für Datenverarbeitung
  - Mitgliedsbeiträge
  - Bürobedarf
  - Portokosten
  - Reisekosten, Tagegelder sowie Bewirtungskosten
  - Werbeaufwand
  - Leasingraten und -gebühren
  - Kosten für die IT-/EDV-Nutzung
  - Aufwendungen des Werkausschusses
  - Bank- und Postgirospesen
  - Schwerbehindertenausgleichsabgabe
  - Spenden
  - Aufwendungen im Zusammenhang mit derivativen Finanzinstrumenten
- Periodenfremde und neutrale Aufwendungen
  - Verluste aus dem Abgang von Gegenständen des Anlagevermögens
  - Aufwand aus dem Abgang empfangener Ertragszuschüsse
- Forderungsverluste, soweit diese den üblichen Rahmen nicht überschreiten.

Aufwendungen im Zusammenhang mit derivativen Finanzinstrumenten betreffen z. B. Rückstellungen für drohende Verluste aus schwebenden Geschäften, für solche Geschäfte, für die kein Sicherungszusammenhang mit einem Grundgeschäft dargestellt werden kann und die einen negativen Marktwert haben, oder Aufwendungen aus der Glattstellung, der Veräußerung oder dem Verfall von Optionen (vgl. *Kliem/Müller* in BeBiKo, Tz. 167 zu § 275 HGB).

Nicht unter die sonstigen betrieblichen Aufwendungen fallen im Gesamtkostenverfahren „übliche" Verluste aufgrund von Wertminderungen (Abschreibungen) bei Vermögensgegenständen des Umlaufvermögens: Wertminderungen von Roh-, Hilfs- und Betriebsstoffen werden als Materialaufwendungen unter Nr. 5.a erfasst, Wertminderungen von fertigen und unfertigen Erzeugnissen bei den Bestandsveränderungen unter Nr. 2. (vgl. *Kliem/Müller* in BeBiKo, Tz. 164 zu § 275 HGB). Periodenfremde Aufwendungen sind korrespondierend zu den sonstigen betrieblichen Erträgen zu behandeln, vgl. Erl. 5. Der „davon-Vermerk" zur gesonderten Angabe der Aufwendungen aus der Einstellung in den Sonderposten mit Rücklageanteil ist, nachdem solche Posten in der Handelsbilanz nicht mehr gebildet werden dürfen, gegenstandslos geworden; vgl. Erl. 1.

Zu der Neudefinition der Umsatzerlöse im Zuge der Umsetzung des BilRUG verweisen wir auf unsere Erl. 2 zu § 24. Zu den daraus folgenden Umgliederungsnotwendigkeiten von Aufwendungen aus den sonstigen Aufwendungen in die Materialaufwendungen verweisen wir auf unsere Erl. 6.2.1. zu § 24 EigAnVO.

11. Erträge aus Beteiligungen

Zum Begriff der Beteiligungen wird auf die Kommentierung zu den Finanzanlagen, s. Erl. 2.5.1.3 zu § 23 EigAnVO, verwiesen. Unter den Posten Erträge aus Beteiligungen fallen z. B. Gewinnanteile von Kapitalgesellschaften, Personengesellschaften und stillen Gesellschaften. Erträge aus Gewinngemeinschaften, Gewinnabführungs- und Teilgewinnabführungsverträgen sind gesondert unter Posten 16. zu erfassen. Bei steuerpflichtigen Eigenbetrieben sind die Bruttoerträge auszuweisen, d. h. einschließlich der einbehaltenen Kapitalertragsteuer. Ein Kapitalertragsteuerabzug bei Zinsen aus Kapitalforderungen (insb. Festgeld, Sparkonto, Anleihen) entfällt bei nicht steuerpflichtigen Hoheitsbetrieben. Voraussetzung hierfür ist, dass eine sog. Nichtveranlagungs-Bescheinigung vorliegt (§ 44a Abs. 2 Nr. 2 EStG). Sollte keine Nichtveranlagungs-Bescheinigung vorliegen, so können die einbehaltenen Beträge entsprechend § 44b EStG vom Bundesamt für Finanzen auf Antrag zurückgefordert werden. Erhält der Hoheitsbetrieb Gewinnanteile aus einer Gesellschaft mit beschränkter Haftung, Dividendeneinkünfte (Ausschüttungen einer börsennotierten Aktiengesellschaft) sowie Namensaktien nicht börsennotierter Aktiengesellschaften, so wird der Kapitalertragsteuerabzug bei entsprechendem Nachweis durch eine Bescheinigung des Finanzamts nur zu drei Fünfteln vorgenommen (§ 44a Abs. 8 EStG). In Höhe der rückerstattungsfähigen Kapitalertragsteuer ist eine Forderung gegen das Finanzamt auszuweisen. Die nicht rückerstattungsfähige Kapitalertragsteuer ist unter dem Posten Nr. 21 Steuern vom Einkommen und vom Ertrag auszuweisen (vgl. *Kliem/Müller* in BeBiKo, Tz. 178 zu § 275 HGB).

Buchgewinne aus der Veräußerung von Beteiligungen sind in der Regel nicht hier, sondern unter Posten 4. „sonstige betriebliche Erträge" auszuweisen. Zuschreibungen (Wertaufholungen) zu Beteiligungen nach § 253 Abs. 5 Satz 1 HGB sind ebenfalls als sonstige betriebliche Erträge auszuweisen (vgl. *Kliem/Müller* in BeBiKo, Tz. 187 zu § 275 HGB, *Küting/Weber*, a. a. O., Tz. 78 zu § 275 HGB sowie auch Erl. 5.2).

Zur Erfassung von Erträgen aus einer Beteiligung an Personengesellschaften gilt Folgendes: Erträge aus einer Beteiligung an einer Personengesellschaft (z. B. an einer GmbH & Co. KG), entstehen rechtlich mit der Feststellung des Jahresabschlusses. Dieses gesellschaftsrechtliche Grundlagengeschäft bedarf dabei der Zustimmung aller Gesellschafter. Bei wirtschaftlicher Betrachtungsweise kann allerdings der Gewinnanteil beim Eigenbetrieb als Gesellschafter schon vor Beschlussfassung der Gesellschafterversammlung erfasst werden, wenn bei der Personengesellschaft, deren Geschäftsjahr spätestens mit dem des Eigenbetriebs endet, die wesentlichen Bilanzierungs- und Bewertungsentscheidungen verbindlich getroffen wurden, sodass der Gewinnanteil hinreichend konkretisiert ist und einer Realisierung nicht gesetzliche oder vertragliche Regelungen entgegenstehen. Sieht der Gesellschaftsvertrag bei Personengesellschaft abweichend vom gesetzlichen Regelstatut vor, dass die Gesellschafterversammlung über die Gewinnverwendung beschließt (sog Vertragsstatut), darf der Anspruch dagegen grds. erst mit entsprechender Beschlussfassung angesetzt werden (vgl. *Kliem/Müller* in BeBiKo, Tz. 177 zu § 275 HGB und IDW ERS FAB 18: Bilanzierung von Beteiligungen an Personenhandelsgesellschaften im handelsrechtlichen Jahresabschluss, Stand 22.11.2024, Tz. 14 ff.). Erträge aus Beteiligungen von Kapitalgesellschaften sind demgegenüber in der Regel erst ertragswirksam auszuweisen, wenn ein aktivierbarer Gewinnanspruch entsteht. Dies ist in der Regel der Zeitpunkt des Gewinnverwendungsbeschlusses. Unter bestimmten Voraussetzungen besteht aber eine Pflicht bzw. ein Wahlrecht zur sog. phasengleichen Gewinnvereinnahmung (vgl. zu den sehr eng gezogenen Voraussetzungen im Einzelnen und zur abweichenden steuerrechtlichen Auffassung *Schubert/Hargarten* in BeBiKo, Tz. 120 zu § 266 HGB sowie *Küting/Weber*, a. a. O. Tz. 79 zu § 275).

Erträge aus verbundenen Unternehmen sind im „davon-Vermerk" hier anzugeben.

12. Erträge aus anderen Wertpapieren und Ausleihungen des Finanzanlagevermögens

Unter diesem Posten werden die Erträge aus allen nicht zu den Beteiligungserträgen und den Erträgen aus Gewinngemeinschaften, Gewinnabführungs- und Teilgewinnabführungsverträgen gehörenden Posten des Finanzanlagevermögens erfasst. Erträge aus Wertpapieren des Umlaufvermögens und aus Bankguthaben sind unter Posten Nr. 12. auszuweisen. Erträge von verbundenen Unternehmen sind gesondert im „davon-Vermerk" (z. B. Zinsen für im Anlagevermögen ausgewiesene Darlehensforderungen an verbundene Unternehmen) anzugeben. Im Übrigen wird auf die Erl. 11 verwiesen.

13. Sonstige Zinsen und ähnliche Erträge

Es handelt sich um einen Sammelposten für alle Zinsen und zinsähnlichen Erträge, die nicht aus Beteiligungen oder anderen Posten des Finanzanlagevermögens stammen. Es sind z. B. Zinserträge aus Bankguthaben und Termingeldern, aus Forderungen an Kunden, Zinsen und Dividenden auf Wertpapiere des Umlaufvermögens sowie Erträge aus der Abzinsung von Rückstellungen gemeint. Unter zinsähnlichen Erträgen sind z. B. Erträge aus einem Agio, Disagio oder Damnum, Kreditprovisionen, Erträge aus Kreditgarantien, Teilzahlungszuschläge, Erträge aus Zinsswaps und aus Zinstermin- oder Zinsoptionsgeschäften zu verstehen. Aktivierte Fremdkapitalzinsen gehören nicht in diesen Posten, sondern sind betreffend das Vorratsvermögen unter Posten 2. bzw. betreffend das Anlagevermögen unter Posten 3. auszuweisen. Zinszuschüsse der öffentlichen Hand werden unter Posten 4. „sonstige betriebliche Erträge" erfasst, wenn sie nicht von den betreffenden Zinsaufwendungen abgesetzt werden (vgl. IDW, HFA 1/1984, WPg 1984 S. 612 ff. i. d. F. von 1990, IDW, FN-IDW 1990 S. 66).

Erträge aus verbundenen Unternehmen sowie die Abzinsungserträge aus Rückstellungen sind im Rahmen eines „davon-Vermerkes" anzugeben. Im Übrigen wird auf die Erl. 11 verwiesen.

14. Abschreibungen auf Finanzanlagen und Wertpapiere des Umlaufvermögens

Hier sind sämtliche Abschreibungen für die Posten des Finanzanlagevermögens sowie der Wertpapiere des Umlaufvermögens auszuweisen, und zwar unabhängig davon, ob sie im üblichen oder im nichtüblichen Ausmaß angefallen sind. Hierzu gehören auch Abzinsungsbeträge langfristiger Ausleihungen, wenn die Abzinsung nach dem Zugangszeitpunkt erfolgt ist. Nicht hierunter fallen Buchverluste aus dem Abgang von Finanzanlagen und Wertpapieren, diese sind unter den sonstigen betrieblichen Aufwendungen zu erfassen. Die außerplanmäßigen Abschreibungen nach § 253 Abs. 3 Satz 5 und 6 HGB sind als „davon-Vermerk" auszuweisen oder im Anhang anzugeben (§ 277 Abs. 3 Satz 1 HGB) (vgl. *Kliem/Müller* in BeBiKo, Tz. 200 – 203 zu § 275 HGB).

15. Zinsen und ähnliche Aufwendungen

In dem Posten werden die im Geschäftsjahr entstandenen Aufwendungen für Fremdkapital sowie die Aufwendungen aus der Aufzinsung der Rückstellungen zusammengefasst. Als Beispiele sind zu nennen: Kreditzinsen, Kreditprovisionen, Überziehungsprovisionen, Abschreibungen auf ein aktiviertes Agio. Zinsen und ähnliche Aufwendungen, die verbundenen Unternehmen zufließen sowie die Aufzinsungsaufwendungen (§ 277 Abs. 5 HGB) sind als „davon-Vermerk" anzugeben.

16. Ergebnis der gewöhnlichen Geschäftstätigkeit

Der Posten fasst in einer Zwischensumme das Ergebnis der Aufwendungen und Erträge der Posten 1. bis 14. zusammen. Im Zuge der Umsetzung des BilRUG ist dieser Punkt im handelsrechtlichen Gliederungsschema ersatzlos entfallen, auch wenn dies im Formblatt 4 für Eigenbetriebe noch nicht berücksichtigt wurde. Vgl. zur Anpassung der Formblätter auch Erl. 2 zu § 22 EigAnVO.

17. Erträge aus Gewinngemeinschaften, Gewinnabführungs- und Teilgewinnabführungsverträgen

In der Gewinn- und Verlustrechnung wird empfohlen, dass dieser Posten, wie auch der Posten 17. „Aufwendungen aus Verlustübernahme" jeweils gesondert unter entsprechender Bezeichnung auszuweisen ist (vgl. *ADS*, a. a. O., Tz. 65 zu § 277 HGB sowie *Kliem/Müller* in BeBiKo, Tz. 6 zu § 277 HGB). Dieser Posten ist in der handelsrechtlichen Gewinn- und Verlustrechnung nach § 275 HGB nicht enthalten. Insoweit wird in der Literatur auch befürwortet, die jeweiligen Beträge alternativ als Unterposten zu vorhandenen Gewinn- und Verlustrechnungsposten auszuweisen (vgl. *Kliem/Müller* in BeBiKo, Tz. 6 zu § 275 HGB). Formblatt 4 sieht dabei verpflichtend den Ausweis eines gesonderten Postens vor. Dieser Posten soll vor dem Ergebnis der gewöhnlichen Geschäftstätigkeit ausgewiesen werden. Nach dem Wegfall der Zwischensumme „Ergebnis der gewöhnlichen Geschäftstätigkeit" durch die Einführung des BilRUG in das HGB, mit entsprechender Auswirkung auf das Formblatt 4, ändert sich an der bisherigen Gliederungsposition nichts, es ist vor dem neu einzufügenden „Ergebnis nach Steuern" auszuweisen (vgl. *Kliem/Müller* in BeBiKo, Tz. 168 zu § 275 HGB).

Da zudem bei Eigenbetrieben lediglich denkbar ist, dass in den Eigenbetrieb eingegliederte Unternehmen Erträge an den Eigenbetrieb abführen, ist der Fall, dass der Eigenbetrieb an andere Unternehmen aufgrund einer Gewinngemeinschaft oder aufgrund von Gewinnabführungsverträgen Erträge abführt, nicht denkbar, da der Eigenbetrieb in die Gemeinde eingegliedert ist. Es fehlt somit im Gliederungsschema richtigerweise der Posten „aufgrund von Gewinngemeinschaften, Gewinnabführungs- oder Teilgewinnabführungsverträgen abgeführte Gewinne".

18. Aufwendungen aus Verlustübernahme

Wie bei Erl. 17 bereits ausgeführt, kann sich der Eigenbetrieb nur verpflichten, den Gewinn einer eingegliederten Gesellschaft zu übernehmen oder deren Verlust auszugleichen. Der Posten „Erträge aus Verlustübernahme" fehlt daher im Gliederungsschema des Formblattes 4 folgerichtig ebenso.

19. Außerordentliche Erträge/Außerordentliche Aufwendungen

Handelsrechtlich sind die außerordentlichen Erträge und Aufwendungen (§ 277 Abs. 4 HGB a. F.) als Posten der Gewinn- und Verlustrechnung entfallen. Infolgedessen entfällt auch § 277 Abs. 4 Satz 1 und 2 HGB a. F. zur Abgrenzung und Erläuterung dieser Posten. Künftig müssen nunmehr Anhangangaben zu sog. außergewöhnlichen Geschäftsvorfällen nach § 285 Nr. 31 HGB getätigt werden, die jedoch begrifflich von den bisher in der Gewinn- und Verlustrechnung auszuweisenden außerordentlichem Ergebnis abweichen (vgl. *Grottel* in BeBiKo, Tz. 861 zu § 285 HGB). Zu den Anhangangaben und den damit verbundenen Unterschieden in den Begrifflichkeiten des außerordentlichen Ergebnisses und der außergewöhnlichen Geschäftsvorfälle verweisen wir auf unsere Erl. 22 zu § 25 EigAnVO. Der Wegfall der Positionen ist auch für Eigenbetriebe zu berücksichtigen, auch wenn dies in Formblatt 4 noch nicht berücksichtigt sein sollte. Wir verweisen auf unsere Erl. 2 zu § 22. In der Vergangenheit waren hier Erträge und Aufwendungen auszuweisen, die außerhalb der gewöhnlichen Geschäftstätigkeit des Eigenbetriebs anfielen (§ 277 Abs. 4 Satz 1 HGB a. F.). Die Posten waren hinsichtlich ihres Betrages und ihrer Art im Anhang zu erläutern, soweit sie für die Beurteilung der Ertragslage nicht von untergeordneter Bedeutung waren (§ 277 Abs. 4 Satz 2 a. F. HGB).

Sollten im Jahr vor Inkrafttreten des BilRUG außerordentliche Posten ausgewiesen worden sein, sind zwingend die Gewinn- und Verlustrechnungsschemata nach Inkrafttreten des BilRUG anzuwenden. Dementsprechend sind auch die Vorjahresbeträge zur Herstellung der gebotenen Vergleichbarkeit entsprechend anzupassen. Ergänzend hierzu sind Erläuterungen im jeweiligen Anhang unter Bezugnahme auf das jeweilige Gewinn- und Verlustrechnungsschemata vor Inkrafttreten des BilRUG und – sofern wesentlich – mit nachrichtlicher Angabe der Vorjahresbeträge, die auf Grund des Wegfalls der Posten „außerordentliche Erträge" und „außerordentliche Aufwendungen" umgegliedert worden sind, erforderlich (§ 265 Abs. 2 Satz 3 HGB) (vgl. HFA: Gewinn- und Verlustrechnungsschemata bei erstmaliger Anwendung des HGB i. d. F. des BilRUG, IDW Life Juli 2016 S. 584–585).

20. Steuern vom Einkommen und vom Ertrag

20.1 Grundsätzliches

Hierzu zählen die Körperschaftsteuer einschließlich Solidaritätszuschlag, die Gewerbesteuer sowie die nicht anrechnungsfähige Kapitalertragsteuer. Ferner ist hier auch der Saldo aus latenten Steuerabgrenzungen nach § 274 HGB auszuweisen. Die Aufwendungen und Erträge aus der Bildung, Auflösung und Fortschreibung von latenten Steuern nach § 274 Abs. 2 Satz 3 HGB sind durch einen Unterposten, einen Vorspaltenausweis oder einen „davon-Vermerk" gesondert auszuweisen (vgl. DRS 18: Latente Steuern Tz. 60, *WPH*, a. a. O., Kap. F Tz. 873 sowie auch Erl. 6. zu. § 23 EigAnVO). Steuerstrafen und Säumniszuschläge fallen nicht unter Posten 21.), sondern sind entweder unter Posten 9. „sonstige betriebliche Aufwendungen" oder unter Posten 14. „Zinsen und ähnliche Aufwendungen" auszuweisen (vgl. WPH, a. a. O., Kap. F Tz. 873).

Der Posten umfasst somit alle das Einkommen und den Ertrag betreffenden Steueraufwendungen und -erträge, d. h. es werden alle laufenden Zahlungen, Zuführungen zu bzw. Auflösungen von Rückstellungen als auch Aufwendungen für zurückliegende Jahre, für die keine ausreichenden Rückstellungen gebildet wurden, sowie Steuererstattungen für frühere Jahre hier ausgewiesen. Ein Verstoß gegen das Verbot der Verrechnung von Aufwendungen und Erträgen wird hierin nicht gesehen, weil keine Saldierung mit Erträgen, sondern eine Korrektur zu hoch verrechneter Aufwendungen vorliegt. Bei nennenswerten Nachzahlungen oder Erstattungen handelt es sich um aperiodische Posten, die gem. § 285 Nr. 32 HGB im Anhang anzugeben sind. Übersteigt bei Steuererstattungen, z. B. aufgrund eines Verlustrücktrags, die Erstattung den Steueraufwand, so entsteht ein Steuerertrag. Dies sollte durch eine entsprechende Postenuntergliederung oder durch eine Änderung der Postenbezeichnung, so z. B. „erstattete Steuern vom Einkommen und vom Ertrag" zum Ausdruck gebracht werden (so auch *ADS*, a. a. O., Tz. 187 zu § 275 HGB). Andernfalls ist eine Erläuterung im Anhang zwingend erforderlich (vgl. *WPH*, a. a. O., Kap. F Tz. 872 spricht von „Kenntlichmachung" nach dem Grundsatz der Klarheit gem. § 243 Abs. 2 HGB).

20.2 Die Ertrag- und Substanzsteuerbelastung der wirtschaftlichen Unternehmen und der nichtwirtschaftlichen Einrichtungen

Wirtschaftliche Unternehmen gemäß § 85 Abs. 1 bis 3 GemO und nichtwirtschaftliche Einrichtungen i. S. d. § 85 Abs. 4 GemO werden in öffentlich-rechtlichen Organisationsformen (Regiebetrieb, Eigenbetrieb, rechtliche selbständige Anstalt des öffentlichen Rechts, Stiftung des öffentlichen Rechts) oder als Kapitalgesellschaften (Eigengesellschaften) geführt.

20.2.1 Besteuerung von kommunalen Gebietskörperschaften

20.2.1.1 Im Rahmen ihrer hoheitlichen Tätigkeit sind die Gemeinden und Gemeindeverbände grundsätzlich nicht steuerpflichtig im Sinne der Ertragsbesteuerung. Im ertragsteuerlichen Bereich verbleibt es bei der steuerlichen Nichtrelevanz hoheitlicher Tätigkeit. Die kommunalen Gebietskörperschaften beteiligen sich nicht am allgemeinen wirtschaftlichen Verkehr in Gewinnerzielungsabsicht.

20.2.1.2 Es kommt nicht darauf an, in welcher öffentlich-rechtlichen Organisationsform die kommunale Gebietskörperschaft ihre Aufgabe wahrnimmt: Entscheidend ist, ob der Regiebetrieb, der Eigenbetrieb oder die rechtlich selbständige Anstalt im Einzelfall als Hoheitsbetrieb (§ 4 Abs. 5 KStG) oder als Betrieb gewerblicher Art (§ 1 Abs. 1 Nr. 6, § 4 Abs. 1 bis 4 KStG) zu qualifizieren ist.

20.2.1.2.1 Eine hoheitliche Tätigkeit (Hoheitsbetrieb) i. S. d. § 4 Abs. 5 KStG ist eine Betätigung, die der öffentlich-rechtlichen Körperschaft eigentümlich und vorbehalten ist. Der Hoheitsbetrieb ist nicht körperschaft- und gewerbesteuerpflichtig und nur im Ausnahmefall umsatzsteuerpflichtig (§ 4 Abs. 5 KStG; §§ 2 Abs. 3, 2b UStG). Für die Annahme eines Hoheitsbetriebs reichen Zwangs- und Monopolrechte nicht aus. Sobald eine Tätigkeit in einem tatsächlichen oder potenziellen Wettbewerb mit privaten Unternehmen steht, ist sie nicht mehr als hoheitlich zu qualifizieren (vgl. BFH, BStBl. II 1988 S. 910 f.; BFH, BStBl. II 1993 S. 381; *Seer*, DStR 1992 S. 1751; *Wellmann*, DB 1997 S. 501 ff.). Als Beispiele für eine hoheitliche Tätigkeit sind Straßenreinigung sowie Abwasser- und Abfallbeseitigung zu nennen (vgl. BFH, BStBl. II 1998 S. 410). Hoheitsbetriebe sind z. B. auch alle rein verwaltungsorientierten Bereiche wie Standesamt, Ordnungsamt, Bauaufsichtsamt, auch wenn dabei Gebühren und Entgelte anfallen. Grundsätzlich zählen auch (reine) Amtsblätter ohne Anzeigenwerbung, Feuerwehr, Straßenbeleuchtung sowie der Betrieb von Parkuhren und Parkautomaten, die im Rahmen der StVO durchgeführt werden – anders bewachte Parkplätze, Parkhäuser (vgl. BMF vom 9.7.2020 – III C 2 – S 7107/19/10005:014, BStBl I 2020 S. 643 und BMF vom 23.11.2020 – III C 2 – S 7107/19/10004:008, BStBl I 2020 S. 1335 und BMF vom 14.3.2023 – III C 2 – S 7107/19/10004:008, BStBl I 2023 S. 626 und BMF vom 22.5.2023 – III C 2 – S 7107/19/10002:004, BStBl I 2023 S. 803) – sowie Schlachthöfe und das Bestattungswesen zum Hoheitsbereich.

20.2.1.2.2 Nach § 4 Abs. 1 KStG sind Betriebe gewerblicher Art von juristischen Personen des öffentlichen Rechts alle Einrichtungen, die einer nachhaltigen wirtschaftlichen Tätigkeit zur Erzielung von Einnahmen außerhalb der Land- und Forstwirtschaft dienen und die sich innerhalb der Gesamtbetätigung der juristischen Person wirtschaftlich herausheben. Die Absicht, Gewinn zu erzielen und die Beteiligung am allgemeinen wirtschaftlichen Verkehr sind nicht erforderlich. Kraft ausdrücklicher gesetzlicher Bestimmung (§ 4 Abs. 3 KStG) gehören zu den Betrieben gewerblicher Art auch Betriebe, die der Versorgung der Bevölkerung mit Wasser, Gas, Elektrizität oder Wärme, dem öffentlichen Verkehr oder dem Hafenbetrieb dienen.

20.2.1.2.3 Der Begriff „Betrieb gewerblicher Art" ist keine Organisationsform für kommunale Einrichtungen, sondern ein steuerrechtlicher Begriff (§ 2 Abs. 3 UStG, § 1 Abs. 1 Nr. 6 und § 4 KStG). Dieser steuerrechtliche Begriff steht nicht etwa neben den Begriffen „Regiebetrieb" oder „Eigenbetrieb", da selbst eine Abteilung eines Amts innerhalb der unmittelbaren Kommunalverwaltung einen Betrieb gewerblicher Art darstellen kann (s. a. *Cronauge*, Kommunale Unternehmen", S. 53). Die organisationsrechtlichen Begriffe des Regiebetriebs und des Eigenbetriebs sind für die steuerrechtliche Beurteilung einer Einrichtung unmaßgeblich; entscheidend ist vielmehr, welche Tätigkeit durch die Organisationsform ausgeübt wird, ob eine – nicht steuerpflichtige – hoheitliche Tätigkeit oder aber eine – steuerpflichtige – wirtschaftliche Tätigkeit vorliegt, die sich von derjenigen eines privatgewerblichen Unternehmens nicht wesentlich unterscheidet. Entscheidend für die Annahme eines steuerpflichtigen Betriebes gewerblicher Art ist die Abgrenzung zum nichtsteuerpflichtigen Hoheitsbetrieb. Lediglich folgende Betätigungsfelder führen nicht zur Annahme eines BgA:

- Ein land- und forstwirtschaftlicher Betrieb einer juristischen Person des öffentlichen Rechts (§ 4 Abs. 1 Satz 1 KStG);

- Betriebe, die überwiegend der Ausübung der öffentlichen Gewalt dienen (Hoheitsbetriebe). Hierbei ist jedoch zu beachten, dass Monopol- oder Zwangsrechte nicht ausreichen (§ 4 Abs. 5 KStG).

20.2.1.2.3.1 Als Einrichtung in diesem Sinne ist jede selbständige wirtschaftliche Tätigkeit zu sehen. Einrichtung bedeutet hierbei nicht, dass die entsprechende Tätigkeit im Rahmen einer selbständigen Gliederung ausgeübt werden muss. Sie kann auch innerhalb des allgemeinen Geschäftsbetriebs ausgeübt werden. Eine wirtschaftliche Tätigkeit ist selbst bei einer Einbindung in einen überwiegend mit hoheitlichen Aufgaben betrauten Betrieb oder Teilbetrieb als BgA zu betrachten. Die wirtschaftliche Einrichtung ist hierbei gesondert von der sie tragenden (hoheitlichen) Organisation zu beurteilen und somit vom hoheitlichen Betrieb zu unterscheiden (R 4.1 Abs. 4 ff. KStR 2022, BFH-Urteile, BStBl. II 1974 S. 391 und BStBl. II 1977 S. 813).

Merkmale für eine wirtschaftliche Selbständigkeit einer Einrichtung können sein:
- gesonderte Geschäftsleitung;
- getrennte Buchführung;
- gesondert geführter Haushalt.

20.2.1.2.3.2 Als weitere Voraussetzung muss sich der BgA innerhalb der Gesamtbetätigung der kommunalen Gebietskörperschaft wirtschaftlich herausheben. Nach der Rechtsprechung des BGH muss es sich deshalb um eine Tätigkeit von einigem Gewicht handeln (BStBl. II 1957 S. 146; BStBl. II 1961 S. 552). Derzeit geht die Finanzverwaltung aus Vereinfachungsgründen noch von einer Umsatzgrenze in Höhe von 45.000 (früher 35.000) Euro aus. Dies hat zur Folge, dass i. d. R. bei einem Jahresumsatz i. S. v. § 1 Abs. 1 Nr. 1 UStG, der nachhaltig 45.000 Euro übersteigt, davon ausgegangen wird, dass die Tätigkeit von einigem Gewicht ist (vgl. hierzu R 4.1 Abs. 5 S. 1 KStR 2022).

Folgende Betätigungsfelder können als BgA ausgeübt werden:
- Besichtigungsveranstaltungen
- Campingplatz
- Friedhofsgärtnerei
- Gaststätten
- Kantinenbetrieb
- Kindergärten
- Kliniken (auch Hochschulklinik)
- Kurverwaltung, Kurbetrieb
- Museen
- Parkhäuser
- bewachte Parkplätze
- Parkplätze für Bedienstete
- Schwimmbäder
- Sparkassen
- Märkte, wie Wochen-, Jahres- und Viehmärkte
- Wasser- und Energieversorgung.

Im Übrigen sind die Aufgaben der Gemeinden so vielschichtig und unterschiedlich, dass eine abschließende Gesamtauflistung der BgA nicht möglich ist.

20.2.1.3 Die ertragsteuerliche Behandlung des BgA erfolgt wie folgt:

20.2.1.3.1 Betriebe gewerblicher Art von Gemeinden und Gemeindeverbänden unterliegen der Körperschaftsteuer (§ 1 Abs. 1 Nr. 6 KStG). Sie können entweder beschränkt oder unbeschränkt körperschaftsteuerpflichtig sein. Auch BgA, die die Gewinnerzielungsabsicht ausschließen müssen gemäß § 8 Abs. 1 S. 2 KStG ein Einkommen ermitteln. Einkünfte eines BgA stellen stets gewerbliche Einkünfte i. S. d. § 15 EStG dar, H 8.2 KStH 2022.

20.2.1.3.1.1 Hat der BgA einer Gebietskörperschaft seinen Sitz im Inland, ist er unbeschränkt körperschaftsteuerpflichtig (§ 1 Abs. 1 Nr. 6 KStG). Die unbeschränkte Körperschaftsteuerpflicht erstreckt sich auf sämtliche Einkünfte des BgA (§ 1 Abs. 1 KStG). Werden mehrere BgA von einer juristischen Person des öffentlichen Rechts betrieben, ist jeder BgA ein körperschaftsteuerliches Steuersubjekt. Die Vorschrift des § 1 Abs. 1 Nr. 6 KStG kann jedoch nur auf im Inland ansässige BgA angewendet werden (R 1.1 Abs. 3 S. 1 KStR 2022). Sind juristische Personen des öffentlichen Rechts im Ausland ansässig, sind sie mit ihren inländischen Einkünften im Inland steuerpflichtig. Diese Steuerpflicht wird als so genannte beschränkte Steuerpflicht bezeichnet (§ 2 Nr. 1 KStG). Zu beachten gilt es jedoch, dass eine beschränkte Steuerpflicht nach § 2 KStG nicht für Hauberg-, Wald-, Forst- und Laubgenossenschaften und ähnlichen Realgemeinden gilt. Sie werden nur dann beschränkt steuerpflichtig, wenn sie einen Gewerbebetrieb unterhalten oder verpachten. Dieser Gewerbebetrieb muss über den Rahmen eines landwirtschaftlichen Nebenbetriebs hinausgehen (§ 3 Abs. 2 KStG).

20.2.1.3.1.2 Ein BgA kann nach § 5 Abs. 1 Nr. 9 KStG von der Körperschaftsteuerpflicht befreit sein. Voraussetzungen hierfür sind jedoch, dass die entsprechende Körperschaft nach der Satzung, dem Stiftungsgeschäft oder der sonstigen Verfassung ausschließlich und unmittelbar gemeinnützigen, mildtätigen oder kirchlichen Zwecken dient. Die Steuerbefreiung gilt jedoch nicht für einen wirtschaftlichen Geschäftsbetrieb, ausgenommen selbst bewirtschaftete Forstbetriebe.

20.2.1.3.1.3 Das erzielte Einkommen unterliegt der Körperschaftsteuer gemäß § 23 KStG mit einem Satz von 15 % für Veranlagungszeiträume bis 2027 und in den folgenden Jahren je ein Prozent weniger bis zum Veranlagungszeitraum 2032 mit einem Satz von 10 %. Zur Körperschaftsteuer wird ein Solidaritätszuschlag als Ergänzungsabgabe erhoben (1 Abs. 1 SolzG). Der Solidaritätszuschlag beträgt 5,5 % (§ 4 Satz 1 SolzG). Vom Einkommen der steuerpflichtigen Körperschaften ist ein Freibetrag gemäß § 24 KStG in Höhe 5 000 Euro, höchstens jedoch in Höhe des Einkommens, abzuziehen. Zu diesen steuerpflichtigen Körperschaften zählen auch die BgA (R 24 Abs. 1 S. 2 Nr. 1 KStR 2022).

20.2.1.4 BgA sind grundsätzlich gewerbesteuerpflichtig, wenn sie als stehende Gewerbebetriebe anzusehen sind (§ 2 Abs. 1 GewStG). Für die Gewerbesteuerpflicht müssen die Voraussetzungen sowohl des BgA als auch eines Gewerbebetriebs erfüllt sein. Die bloße Einnahmeerzielungsabsicht reicht gewerbesteuerrechtlich nicht aus. Für die Gewerbesteuerpflicht bzw. für einen Gewerbebetrieb in diesem Sinne werden eine Gewinnerzielungsabsicht und die Teilnahme am allgemeinen wirtschaftlichen Verkehr gefordert. Bestehen in einer Gemeinde mehrere BgA, die nicht zusammengefasst sind, muss jeder BgA die Voraussetzungen für einen Gewerbebetrieb erfüllen. Jeder BgA ist für sich gesehen ein eigenständiges Gewerbesteuersubjekt. Sind nach Maßgabe des § 4 Abs. 6 Satz 1 KStG mehrere Betriebe zusammengefasst worden, kommt es für die Annahme eines Gewerbebetriebs darauf an, dass das zusammengefasste Unternehmen insgesamt mit Gewinnerzielungsabsicht betrieben wird (H 2.1 GewStH 2009). Wie bei der Körperschaftsteuer wird dem BgA gemäß § 11 Abs. 1 Satz 3 Nr. 2 GewStG ein Freibetrag in Höhe von 5 000 Euro gewährt.

20.2.1.5 Gemäß § 3 Abs. 1 Nr. 1 GrStG ist der Grundbesitz, der von einer inländischen jPdöR für einen öffentlichen Dienst oder Gebrauch benutzt wird grundsätzlich von der GrSt befreit. Überlässt die jPdöR Grundbesitz einem privaten Unternehmer zur Durchführung hoheitlicher Aufgaben, ist dieser Grundbesitz nicht von der GrSt befreit (BFH vom 16.12.2009 – II R 29/08 –, BFH/NV 2010 S. 1198). Hält eine jPdöR sämtliche Anteile an einer juristischen Person des Privatrechts, kann diese juristische Person des Privatrechts nicht die Befreiungsvorschrift des § 3 Abs. 1 Nr. 1 GrStG für sich geltend machen (siehe hierzu unten).

20.2.2 Besteuerung von Kapitalgesellschaften

20.2.2.1 Kapitalgesellschaften sind unbeschränkt körperschaftsteuerpflichtig (§ 1 Abs. 1 Nr. 1 KStG), d. h. sie sind körperschaftsteuerpflichtig kraft Rechtsform. Diese Besteuerung besteht somit unabhängig davon, ob die Kapitalgesellschaft hoheitliche oder nichthoheitliche Aufgaben wahrnimmt. Steuerobjekt der Körperschaftsteuer ist das Einkommen der Kapitalgesellschaft. Das KStG verfügt über keine eigenständige Definition des Einkommensbegriffs, es verweist in § 8 Abs. 1 KStG hinsichtlich der Ermittlung des Einkommens auf die Vorschriften des EStG und besondere Vorschriften des KStG.

20.2.2.2 Kapitalgesellschaften sind auch gewerbesteuerpflichtig (§ 2 Abs. 2 GewStG).

20.2.2.3 Die Verrechnung positiver und negativer Ergebnisse lässt sich bei vorhandenen Gewinn- und Verlustbetrieben auch unter dem Rechtskleid einer Kapitalgesellschaft erreichen. Die Finanzverwaltung misst jedoch solch eine Kapitalgesellschaft, wie auch andere Gestaltungen, die die Zusammenfassung von kommunalen Gewinn- und Verlustbetrieben zum Ziel haben, an § 42 AO. Rechtsmissbrauch liegt dann vor, wenn die Zusammenfassung auch in einem BgA nicht steuerlich anzuerkennen gewesen wäre. Sinn dieser Vorgehensweise ist es, die Gleichbehandlung der Eigengesellschaft oder der Beteiligungsgesellschaft mit den BgA zu erreichen, also die Vermeidung der Umgehung des Steuerungszwecks des § 1 Abs. 1 Nr. 6 KStG. Werden in einer Kapitalgesellschaft Tätigkeiten zusammengefasst, die auch als BgA hätten zusammengefasst werden dürfen führt die Ausübung der dauerdefizitären Tätigkeit nach wie vor nicht zur Annahme einer vGA (§ 8 Abs. 9 Nr. 2 KStG). Hätten jedoch die Tätigkeiten als BgA nicht zusammengefasst werden dürfen, sind die Rechtsfolgen der vGA zu ziehen. Ein Dauerverlustgeschäft liegt vor, soweit aus verkehrs-, umwelt-, sozial-, kultur-, bildungs-, oder gesundheitspolitischen Gründen eine wirtschaftliche Betätigung ohne kostendeckendes Entgelt unterhalten wird oder in den Fällen von Satz 1 Nr. 2 das Geschäft Ausfluss einer Tätigkeit ist, die bei juristischen Personen des öffentlichen Rechts zu einem Hoheitsbetrieb gehört (§ 8 Abs. 7 S. 2 KStG). Die Regelung des § 8 Abs. 7 S. 1 Nr. 2 KStG, der die Rechtsfolgen einer vGA für bestimmte Dauerverlustgeschäfte von öffentlich-rechtlichen Eigengesellschaften ausschließt, wird ab dem VZ 2009 durch den § 8 Abs. 9 KStG, der für die kommunalen Eigengesellschaften Spartenrechnungen vorsieht, ergänzt.

20.2.2.4 Es versteht sich von selbst, dass die Kapitalgesellschaft nicht die Grundsteuerbefreiungsvorschrift für Grundstücke, die im Hoheitsvermögen gehalten werden, in Anspruch nehmen kann, und zwar auch dann nicht, wenn auf dem Grundbesitz im Auftrag einer öffentlich-rechtlichen Körperschaft deren Aufgaben wahrgenommen werden.

20.2.3 Das Umwandlungsgesetz (UmwG) regelt die Möglichkeit einer Überführung der von Gebietskörperschaften in öffentlich-rechtlichen Organisationsformen betriebenen Unternehmen in eine Kapitalgesellschaft, KGaA, Genossenschaft und GmbH & Co. KG. Vorgenommen wird eine privatisierende Umwandlung mit Gesamtrechtsnachfolge. Von den vom Umwandlungsgesetz vorgegebenen vier Typen der Umwandlung, nämlich der Verschmelzung, der Spaltung, der Vermögensübertragung und des Formwechsels, kommt insbesondere der Teilbereich „Spaltung" zum Tragen. Der jeweilige Betriebsteil wird quasi aus der Gebietskörperschaft ausgegliedert und in eine bestehende Gesellschaft aufgenommen oder zur Neugründung einer Gesellschaft verwandt. Demnach können nach dem Umwandlungsgesetz Regie- oder Eigenbetriebe relativ unproblematisch in eine Eigengesellschaft überführt werden. Problematisch erweist sich hingegen die Rückumwandlung einer Kapitalgesellschaft in eine Organisationsform des öffentlichen Rechts. Die Voll- oder Teilübertragung nach § 174 Umwandlungsgesetz kann nicht steuerneutral erfolgen, da eine Gegenleistung i. S. d. § 11 Abs. 1 Umwandlungssteuergesetz vorliegt.

21. Ergebnis nach Steuern

Mit der Umsetzung des BilRUG in das HGB wurde die Einfügung eines Zwischenergebnisses „Ergebnis nach Steuern" zwischen dem Posten „Steuern vom Einkommen und vom Ertrag" und dem Posten „sonstige Steuern" eingefügt. Die Postenbezeichnung ist irreführend, da es sich gerade nicht um ein Ergebnis nach Steuern handelt, sofern das bilanzierende Unternehmen noch „sonstige Steuern" ausweist. Die Änderung des Wortlautes geht auf den entsprechenden Wortlaut der EU-Bilanzrichtlinie in der deutschen Fassung zurück. Die englische Fassung der EU-Bilanzrichtlinie bezeichnet das Zwischenergebnis „Profit or loss after taxation" (also nicht „taxes"), was auch mit „Ergebnis nach (dessen) Besteuerung" bzw. für den deutschen Rechtsraum nach Sinn und Zweck mit „Ergebnis nach Steuern vom Einkommen und vom Ertrag" übersetzt werden könnte. Eine Anpassung der Postenbezeichnung für das Zwischenergebnis aber bspw. in „Ergebnis nach Steuern vom Einkommen und vom Ertrag" scheitert daran, dass der Ausweis von Beträgen unter dem Posten „sonstige Steuern" wohl nicht als Besonderheit i. S. d. § 265 Abs. 6 HGB bezeichnet werden kann, nach der eine Anpassung der Postenbezeichnung möglich ist (vgl. *Peun/Rimmelspacher*, a. a. O., S. 19).

Vielfach fallen bei Eigenbetrieben mit der übertragenen Aufgabe eines Anschluss- und Benutzerzwangs (z. B. Abwasserbeseitigung) gar keine Steuern vom Einkommen und vom Ertrag an. Da der Sinn und Zweck des Zwischenergebnisses im Ausweis einer Zwischensumme „Gewinn oder Verlust nach Besteuerung" besteht, ist es folgerichtig, diese Zwischensumme auch für Eigenbetriebe ohne Ertragssteueraufwendungen zu bilden. Es zeigt dann ein Zwischenergebnis an, welches eben durch unternehmensspezifische Besonderheiten nicht durch Ertragssteueraufwendungen verändert wurde.

22. Sonstige Steuern

Hier werden alle nicht unter Posten 21. auszuweisenden Steuern erfasst. Beispiele: Grundsteuer, Kraftfahrzeugsteuer.

Nicht abziehbare Vorsteuern werden wie die zugrunde liegende Lieferung oder Leistung behandelt. In den übrigen Fällen wird die Umsatzsteuer als durchlaufender Posten behandelt und berührt die Gewinn- und Verlustrechnung nicht (*WPH*, a. a. O., Kap. F Tz. 876).

Allerdings ist die Umsatzsteuer auf unentgeltliche Wertabgaben zum einen auf Lieferungen gem. § 3 Abs. 1b UStG und zum anderen auf sonstige Leistungen gem. § 3 Abs. 9a UStG sowie wegen unrichtigen oder unberechtigten Steuerausweises gem. § 14c UStG hier zu erfassen. Dagegen wird die pauschalierte Lohnsteuer nicht hier, sondern unter der Position Löhne und Gehälter ausgewiesen. Ebenso ist festzuhalten, dass unter den sonstigen Steuern keine Abgaben anderer Art, wie z. B. Grundstücksabgaben, IHK-Beiträge auszuweisen sind. Steuerstrafen und Bußgelder sind genau wie Verspätungszuschläge oder Zwangsgelder unter den sonstigen betrieblichen Aufwendungen auszuweisen. Säumniszuschläge und Zinsen auf Steuern gehören zu den Zinsaufwendungen (vgl. *Kliem/Müller* in BeBiKo, Tz. 245, 246 zu § 275 HGB).

Zum Ausweis der Energiesteuern sowie der Stromsteuer bei Eigenbetrieben mit den Betriebszweigen Strom- und Gasversorgung vgl. Erl. 2.1.

23. Jahresgewinn

Der Posten weist den Saldo aller Erträge und Aufwendungen der Gewinn- und Verlustrechnung aus. Rücklagenbewegungen dürfen nicht in diesen Posten verrechnet werden. Die Gewinn- und Verlustrechnung schließt mit dem Posten Jahresgewinn/Jahresverlust ab. Es ist unzulässig, den Jahresabschluss unter Berücksichtigung der vollständigen oder teilweisen Verwendung des Jahresergebnisses aufzustellen. Eine Überleitung zu einem Bilanzgewinn/Bilanzverlust im Sinne von § 268 Abs. 1 HGB kommt bei Eigenbetrieben nicht zur Anwendung (§ 23 Abs. 1 Satz 3 EigAnVO).

24. Erfolgsübersicht

Neben Jahresabschluss und Lagebericht haben Eigenbetriebe mit mehr als einem Betriebszweig eine Erfolgsübersicht nach Formblatt 5 der EigAnVO aufzustellen (§ 24 Abs. 3 EigAnVO), sofern nicht für jeden Betriebszweig eine Gewinn- und Verlustrechnung aufgestellt wurde. Nach dem Formblatt 5 sind Aufwendungen und Erträge jeweils nach Sparten darzustellen. Finanzerträge, außerordentliches Ergebnis, Steuern vom Einkommen und vom Ertrag sowie das Eigenbetriebsergebnis sind allerdings für den gesamten Eigenbetrieb anzugeben. Die Erfolgsübersicht nach Formblatt 5 übernimmt dabei die Aufgaben der für die einzelnen Betriebszweige früher vorgeschriebenen besonderen Erfolgsrechnungen. Sie ist aber nach § 22 EigAnVO nicht Bestandteil des Jahresabschlusses, sondern nur als Abschlussunterlage mit dem Jahresabschluss und dem Lagebericht von der Werkleitung aufzustellen. Eine Bekanntmachung der Erfolgsübersicht gem. § 27 EigAnVO ist nicht vorgesehen. Zu beachten ist, dass bei Eigenbetrieben, in denen Betriebe gewerblicher Art im Sinne des Steuerrechts und nicht der Besteuerung unterliegende Hoheitsbetriebe zusammengefasst sind, die Aufgliederung des Formblattes 5 (der Erfolgsübersicht) nicht ausreichend ist. Hier ist das Rechnungswesen nach steuerpflichtigen und nicht steuerpflichtigen Betriebszweigen zu trennen (§ 14 Abs. 3 Satz 1 EigAnVO). Es sollten eigenständige Teilabschlüsse erstellt werden, obwohl dies vom Eigenbetriebsrecht nicht ausdrücklich verlangt ist (zur Kritik der unklaren Vorschrift des § 14 Abs. 3 EigAnVO wird auf die Erl. 5 zu § 14 EigAnVO verwiesen). Die Erfolgsübersicht dient dazu, berufenen Organen wie Werkausschuss oder Gemeinderat eine wirksame Überwachung zu ermöglichen. Die Werkleitung wiederum benötigt spartenbezogene Informationen für ihre Führungsaufgaben. Die Erfolgsübersicht ist eine Art Segmentberichterstattung, unterliegt aber anderen Aufstellungskriterien als die Segmentberichterstattungspflicht nach § 297 HGB für den Konzernabschluss und ist nicht identisch mit anderen Segmentierungsvorschriften z. B. nach § 6b EnWG.

Als Spalten sind in der Erfolgsübersicht die allgemeinen und gemeinsamen Betriebsabteilungen (Verwaltung und Vertrieb, Sonstige), die Versorgungs-, Verkehrsbetriebe, andere Betriebe und Hilfsbetriebe zu zeigen. Die zusätzliche Spalte „aktivierte Eigenleistungen" zeigt die in den einzelnen Aufwandsarten enthaltenen aktivierten Eigenleistungen. Sie dient dazu, den Posten 3. der Gewinn- und Verlustrechnung (andere aktivierte Eigenleistungen) auf einzelne Aufwandsarten aufzuteilen. Die Anzahl der Spalten in der Erfolgsübersicht ist nicht bindend. Sie kann vielmehr bei betrieblicher Notwendigkeit entsprechend angepasst und erweitert werden. Die Gliederung der Spalten nach Verwaltung und Vertrieb, sonstige sowie nach Betriebszweigen und aktivierten Eigenleistungen ist jedoch vom Grundsatz her zwingend. In den Zeilen werden dagegen die Aufwands- und Ertragsarten der Gewinn- und Verlustrechnung ausgewiesen. Diese werden um die interne Leistungserbringung (Zeilen 1b und 14b), um die Umlagen (Zeile 11) sowie den Leistungsausgleich (Zeile 12) ergänzt. Ziel der Erfolgsübersicht soll es sein, die Aufwendungen und Erträge der Gewinn- und Verlustrechnung auf die einzelnen Betriebszweige zu verteilen.

Bei den Aufwendungen kann die Verteilung aus der Kostenstellenrechnung bzw. dem Betriebsabrechnungsbogen abgeleitet werden. Soweit diese Aufwendungen und Erträge nicht gesondert erfasst oder verrechnet werden, sind sie möglichst verursachungsgerecht den einzelnen Sparten zuzuordnen. Ein Problem tritt insofern auf, als in der Erfolgsübersicht die Kostenstellen der Bereiche Verwaltung und Vertrieb (Spalte 3) sowie der sonstigen allgemeinen und gemeinsamen Betriebsabteilungen (Spalte 4) nur gebende und keine empfangenden Kostenstellen sind. Die Praxis sieht jedoch anders aus. Hier werden z. B. von den einzelnen Betriebszweigen Arbeitskräfte abgestellt oder Leistungen, so z. B. Fuhrparkleistungen, von diesen Bereichen in Anspruch genommen. Die Erfassung dieser Leistungen kann nur durch eine Ergänzung der Erfolgsübersicht erfolgen. In der Literatur werden zwei Möglichkeiten der Erfassung geschildert. Zum einen kann vor der Zeile 11 (Umlage der Spalten 3 und 4) eine weitere Zeile, z. B. mit der Bezeichnung „Leistungsausgleich Betriebszweige an gemeinsame Kostenstellen", eingefügt werden. Zum anderen ist es möglich, die Umlagen der Spalten 3 und 4 erst nach dem Leistungsausgleich der Aufwandsbereiche (Zeile 12) zu zeigen.

Das Unternehmensergebnis in Zeile 20 stimmt mit dem Jahresgewinn bzw. -verlust lt. Gewinn- und Verlustrechnung überein (vgl. *Bolsenkötter*, a. a. O., Rn. 1412–1420).

§ 25
Anhang und Anlagennachweis

(1) Für die Darstellung im Anhang gilt § 285 des Handelsgesetzbuchs mit der Maßgabe, dass

1. die Angaben nach den Nummern 1 und 2 in einem Verbindlichkeitenspiegel, der Bestandteil des Anhangs ist, aufzunehmen sind und dabei auch der Betrag der Verbindlichkeiten mit einer Restlaufzeit bis zu einem Jahr für jeden gesondert ausgewiesenen Posten anzugeben ist,

2. die Angaben nach Nummer 4 um eine Mengen- und Tarifstatistik (des Berichtsjahrs im Vergleich mit dem Vorjahr) und bei der Abwasserbeseitigung und Wasserversorgung um den Vergleich von Entgeltbedarf und Entgeltaufkommen mit den Grenzwerten des § 7 Abs. 3 des Kommunalabgabengesetzes zu ergänzen sind,

3. die Angaben nach Nummer 7 um eine Statistik des Personalaufwands sowie über die zahlenmäßige Entwicklung der Belegschaft unter Angabe der Gesamtsumme der Löhne, Gehälter, Vergütungen, sozialen Abgaben, Aufwendungen für Altersversorgung und Unterstützung einschließlich der Beihilfen und sonstigen sozialen Aufwendungen (des Berichtsjahrs im Vergleich mit dem Vorjahr) zu ergänzen sind,

4. Nummer 8 keine Anwendung findet,

5. die Angaben nach Nummer 9 über die vom Eigenbetrieb gewährten Leistungen für die Mitglieder der Werkleitung sowie für sonstige für den Eigenbetrieb in leitender Funktion tätige Personen zu machen sind und

6. die Angaben nach Nummer 10 für die Mitglieder der Werkleitung und des Werkausschusses zu machen sind.

§ 286 Abs. 2 und 3 des Handelsgesetzbuchs findet keine Anwendung.

(2) Außerdem sind im Anhang darzustellen:

1. Zusammensetzung und Entwicklung des Eigenkapitals und der Rückstellungen,

2. in einem Forderungenspiegel, der Bestandteil des Anhangs ist, auch die Forderungen mit einer Restlaufzeit bis zu einem Jahr für jeden gesondert ausgewiesenen Posten und

3. die Überleitung vom Vorjahresergebnis zum Gewinn- und Verlustvortrag.

(3) In einem Anlagennachweis als Bestandteil des Anhangs ist die Entwicklung der einzelnen Posten des Anlagevermögens einschließlich der Finanzanlagen nach den Formblättern 2 und 3 (Anlagen 2 und 3) darzustellen.

Erläuterungen

Übersicht

6.27 Vorgänge von besonderer Bedeutung, die nach Schluss des Wirtschaftsjahrs eingetreten und weder in der Gewinn- und Verlustrechnung noch in der Bilanz berücksichtigt sind (§ 285 Nr. 33 HGB)
6.28 Angaben zum Ergebnisverwendungsvorschlag oder -beschluss (§ 285 Nr. 34 HGB)
6.29 Angaben zu außerplanmäßigen Abschreibungen im Anlagevermögen (§ 277 Abs. 3 Satz 1 HGB)
6.30 Erläuterungen zu nicht bilanzierten mittelbaren und unmittelbaren Pensionsverpflichtungen (Art. 28 Abs. 2 EGHGB)
6.31 Anhangangaben im Zusammenhang mit Übergangsvorschriften zum Bilanzrechtsmodernisierungsgesetz (Art. 67 EGHGB)
6.32 Zusammensetzung und Entwicklung des Eigenkapitals (§ 25 Abs. 2 Nr. 1 und 3 EigAnVO)
6.33 Zusammensetzung und Entwicklung der Rückstellungen (§ 25 Abs. 2 Nr. 1 EigAnVO)
6.34 Forderungenspiegel (§ 25 Abs. 2 Nr. 2 EigAnVO)
6.35 Anlagennachweis (§ 25 Abs. 3 EigAnVO)
6.36 Sondervorschriften für Energieversorgungsunternehmen nach § 6b EnWG

1. Bedeutung des Anhangs

Nach den handelsrechtlichen Vorschriften bildet der Anhang für Kapitalgesellschaften und bestimmte Personengesellschaften die dritte Komponente des Jahresabschlusses neben Bilanz und Gewinn- und Verlustrechnung. Nach § 22 Abs. 2 EigAnVO sind die Vorschriften über den Anhang für den Jahresabschluss der großen Kapitalgesellschaften sinngemäß auch auf Eigenbetriebe anzuwenden. Der Anhang wird damit auch für die Eigenbetriebe integrativer Bestandteil des Jahresabschlusses. Da die EigAnVO explizit die Anwendung der Vorschriften für große Kapitalgesellschaften fordert, kommen größenabhängige Erleichterungen nach § 288 i. V. m. § 267 HGB, die kleine und mittelgroße Kapitalgesellschaften in Anspruch nehmen können, bei Eigenbetrieben nicht zur Anwendung.

Der Anhang hat die Aufgabe, ergänzende Informationen über die Vermögens-, Finanz- und Ertragslage zu liefern, um dem Bilanzleser die Angaben in Bilanz und Gewinn- und Verlustrechnung näher zu erläutern. Die ergänzenden Informationen beziehen sich aber nicht nur auf das Zahlenwerk der Bilanz und Gewinn- und Verlustrechnung, sondern darüber hinaus werden auch zusätzliche Informationen ohne unmittelbaren Zusammenhang mit Bilanz und Gewinn- und Verlustrechnung geliefert (z. B. über die künftigen finanziellen Verpflichtungen aus Verträgen oder über die Zusammensetzung der Arbeitnehmerschaft). Die Angaben im Anhang erleichtern eine Interpretation des Jahresabschlusses, in dem insbesondere über die angewandten Bilanzierungs- und Bewertungsmethoden zu berichten ist und auch Abweichungen von bisher angewandten Methoden anzugeben und zu begründen sind.

Ferner soll der Anhang die Bilanz sowie die Gewinn- und Verlustrechnung entlasten. Die Gleichstellung des Anhangs mit der Bilanz sowie der Gewinn- und Verlustrechnung erlaubt es, ohne Informationsverlust, Angaben in den Anhang zu übernehmen, die sonst in der Bilanz oder Gewinn- und Verlustrechnung zu machen wären (vgl. *Grottel* in BeBiKo Tz. 18 zu § 284 HGB).

Vorschriften zum Anhang finden sich im Handelsrecht, insbesondere in den §§ 284 bis 288 HGB. Zusätzlich sind allerdings in den §§ 264 ff. HGB eine Vielzahl von Vorschriften den Anhang betreffend enthalten. Für den nach EigAnVO verlangten Anhang gelten grundsätzlich auch diese handelsrechtlichen Vorschriften. In § 25 EigAnVO werden darüber hinaus zusätzliche bzw. erweiternde Angaben verlangt. Die Schutzvorschriften des § 286 Abs. 2 und 3 HGB dürfen auf Eigenbetriebe nicht angewendet werden (Absatz 1 Satz 2). Nach § 286 Abs. 2 HGB kann unter bestimmten Voraussetzungen auf die Aufgliederung der Umsatzerlöse nach § 285 Nr. 4 HGB verzichtet werden. Nach § 286 Abs. 3 HGB können die Aufstellung des Anteilsbesitzes nach § 285 Nr. 11 HGB und die Angabe der Unternehmen, für die der Eigenbetrieb unbeschränkt haftender Gesellschafter ist (§ 285 Nr. 11a HGB) unterbleiben. Die Amtlichen Erläuterungen zu § 26 EigAnVO (Rundschreiben des Ministeriums des Innern und für Sport vom 24.9.1992, MinBl. S. 386) begründen die Nichtanwendbarkeit von § 286 Abs. 2 und 3 HGB damit, dass diese Vorschriften dem Schutz der Unternehmen vor Konkurrenten dienen, aber für Eigenbetriebe als öffentliche Unternehmen erhöhte Transparenzanforderungen zu stellen sind, und wegen der öffentlichen Aufgaben in der Regel ein Wettbewerb mit gleichartigen Unternehmen nicht gegeben ist.

Nach § 25 Abs. 1 Nr. 4 EigAnVO wird nur auf die Angabe einer einzigen handelsrechtlich geforderten Angabe verzichtet. Nach § 285 Nr. 8 HGB werden bei Anwendung des sogenannten Umsatzkostenverfahrens Angaben zu Material- und Personalaufwand gefordert. Das Umsatzkostenverfahren ist allerdings bei Eigenbetrieben durch Formblatt 4 ausgeschlossen. Der Eigenbetrieb hat die Gewinn- und Verlustrechnung nach dem Gesamtkostenverfahren aufzustellen (§ 24 Abs. 1 EigAnVO i. V. m. Formblatt 4).

2. Grundsätze der Berichterstattung

Aufgrund der Gleichstellung des Anhangs mit Bilanz und Gewinn- und Verlustrechnung muss der Anhang nach Beachtung der Grundsätze ordnungsmäßiger Buchführung ein den tatsächlichen Verhältnissen entsprechendes Bild der Vermögens-, Finanz- und Ertragslage vermitteln (Generalnorm des § 264 Abs. 2 Satz 1 HGB). Die Berichterstattung im Anhang unterliegt den allgemeinen Grundsätzen einer gewissenhaften und getreuen Rechnungslegung. Zudem fordert das HGB in § 264 HGB auch die Beachtung der Grundsätze ordnungsgemäßer Buchführung für den Anhang. Die Anhangangaben müssen wahr, klar, übersichtlich und vollständig sein. Insbesondere ist auf Verständlichkeit des Anhangs im Interesse des Informationsbedürfnisses Dritter zu achten. Es kann zwar im Anhang auf rechtliche Vorschriften Bezug genommen werden, dies darf jedoch nicht dazu führen, dass die Ausführungen nur unter Heranziehung dieser gesetzlichen Vorschriften verständlich werden. Zahlenangaben müssen in den zugehörigen Erläuterungsrahmen gestellt werden (vgl. *Grottel* in BeBiKo, Tz. 21 zu § 284 HGB).

Die Berichtspflichten finden ihre Grenze im Grundsatz der Wesentlichkeit. Das HGB schreibt einen Mindestinhalt und -umfang für die Anhangangaben vor, darüber hinaus können freiwillige Angaben und Erläuterungen gemacht werden. Es kann aber nicht darauf ankommen, alle Einzelheiten im Detail zu erläutern, dadurch würde in den meisten Fällen das Bild nur verschleiert. Erst durch die Beschränkung auf das Wesentliche wird ein klares Bild vermittelt (vgl. *Grottel* in BeBiKo, Tz. 13 zu § 284 HGB).

Eine Angabe von Vergleichszahlen des Vorjahres ist im Anhang nicht vorgeschrieben, jedoch durchaus erlaubt. Ein bloßer Verweis auf die Angaben in einem Vorjahresabschluss, auch wenn dort ausführlich über einen bestimmten Punkt berichtet wurde, genügt nicht. Vielmehr sind die Sachverhalte, auch wenn sie in mehreren Jahren gleichmäßig auftreten, in jedem Jahr gesondert im Anhang zu erläutern (vgl. *Grottel* in BeBiKo, Tz. 31 und 32 zu § 284 HGB). Liegen angabepflichtige Sachverhalte nicht vor, kann auf die Angabe einer Fehlanzeige im Anhang verzichtet werden. Im Gesetz finden sich unterschiedliche Formen von geforderten Angaben:

Tabelle 1: Formen von Anhangangaben

(a)	Angaben:	bloße quantitative oder verbale Nennungen von Sachverhalten ohne weitere Zusätze
(b)	Ausweise:	zahlenmäßige Nennung von Beträgen
(c)	Aufgliederungen:	quantitative Angabe der Teilkomponenten einer zusammengefassten Größe

(d)	Erläuterungen:	verbale Kommentierungen und Interpretationen, sodass Inhalte und/oder Zustandekommen ersichtlich werden
(e)	Darstellungen:	quantitative und/oder verbale Angaben mit Aufgliederung oder Erläuterung
(f)	Begründungen:	verbale Offenlegung der Überlegungen und Argumente, die kausal für ein bestimmtes Tun oder Unterlassen sind und dessen Nachvollziehbarkeit ermöglichen

Für eine Vielzahl von Angaben ist sowohl eine Darstellung in Bilanz, Gewinn- und Verlustrechnung als auch im Anhang möglich. Hier ist nach den Grundsätzen der Klarheit und Übersichtlichkeit zu entscheiden, wo die Angabe gemacht wird. In der Regel führt die Verlagerung dieser sogenannten Wahlpflichtangaben in den Anhang zu einer Entlastung von Bilanz und Gewinn- und Verlustrechnung und trägt damit zur größeren Klarheit und Übersichtlichkeit des Jahresabschlusses bei. Wird dagegen ausdrücklich eine Angabe in Bilanz oder Gewinn- und Verlustrechnung verlangt, kann die Angabe nicht in den Anhang verlagert werden, allerdings ist eine Angabe an beiden Stellen unbedenklich. Eine ausdrücklich nur im Anhang zu erfolgende Angabe kann demgegenüber nicht in der Bilanz oder der Gewinn- und Verlustrechnung getätigt werden. Sie ist zwingend aus Übersichtlichkeitsgründen im Anhang zu machen (vgl. *Grottel* in BeBiKo, Tz. 20 zu § 284 HGB).

3. Gliederung des Anhangs

Die Anforderungen an die Gliederung und Form des Anhangs sind geprägt durch den Grundsatz der Klarheit und Übersichtlichkeit (§ 243 Abs. 2 HGB) (vgl. *Grottel* in BeBiKo, Tz. 25 zu § 284 HGB). Mit dem BilRUG wurde dabei erstmals in § 284 Abs. 1 Satz 1 Halbsatz 2 HGB eine gesetzlich normierte Darstellungsreihenfolge des Anhangs eingeführt. Die gesetzliche Vorgabe zur strukturierten Gestaltung des Anhangs setzt damit Art. 15 der Richtlinie 2013/34/EU mit der Zielsetzung einer stärkeren Harmonisierung und Systematisierung der Rechnungslegung um. Insofern fordert das HGB nunmehr eine sachlogische Strukturierung des Anhangs. § 284 Abs. 1 Satz 1 Halbsatz 2 HBG fordert, die Darstellung der die einzelnen Posten der Bilanz und Gewinn- und Verlustrechnung erläuternden Angaben in der Reihenfolge der Postengliederung der Bilanz sowie Gewinn- und Verlustrechnung. Dabei sollte sachlogisch in der Bilanz mit den Aktiven begonnen werden. Im Sinne des Grundsatzes der Klarheit und der Übersichtlichkeit ist die sachlogische Strukturierung für alle Anhangangaben zu beachten, d. h. nicht nur für die Pflichtangaben nach § 284 ff. HGB, sondern auch für Angaben, die wahlweise im Anhang gemacht oder sich auf Grund von anderen Vorschriften (z. B. EigAnVO) ergeben. (vgl. *Grottel* in BeBiKo, Tz. 26 zu § 284 HGB). Das Gliederungsschema für den Anhang ergibt sich nunmehr aus der gesetzlich geregelten Darstellungsreihenfolge.

Diese gesetzlich geregelte Darstellungsreihenfolge wurde bisher meist schon als Verständnis des Grundsatzes ordnungsgemäßer Buchführung in der Praxis gelebt. Ein in sich geschlossener Anhangabschnitt zu Bilanzierungs- und Bewertungsmethoden ist dabei weiterhin möglich, aber innerhalb dieses Abschnitts ist wiederum auf die gesetzlich geregelte Darstellungsreihenfolge zu achten. Allgemeine Anhangangaben, die nicht einzelnen Posten in der Bilanz und Gewinn- und Verlustrechnung zuzuordnen sind, sind wie bisher nach der Reihung unter „sonstige Angaben" im Anhang zu nennen. Eine beispielhafte Gliederung für den Anhang wird nachfolgend dargestellt:

I. **Angaben zum Jahresabschluss**

A. Allgemeines

B. Bilanzierungs- und Bewertungsmethoden

C. Erläuterungen zur Bilanz

D. Erläuterungen zur Gewinn- und Verlustrechnung

II. **Sonstige Angaben**

A. Gesamtbetrag der sonstigen finanziellen Verpflichtungen

B. Organe, Organkredite und Aufwendungen für Organe

C. Durchschnittliche Zahl der während des Wirtschaftsjahres beschäftigten Arbeitnehmer

D. Sonstige Angaben (wie z. B. Angaben zum vom Abschlussprüfer berechneten Gesamthonorar oder Angaben zu außergewöhnlicher Größenordnung und außergewöhnlicher Bedeutung nach § 285 Nr. 31 HGB)

Bei umfangreichen Angaben, die sich in Aufstellungen zusammenfassen lassen, können diese als Anlagen dem Anhang beigefügt werden (z. B. Anlagennachweis). Auf diese Anlagen ist jeweils innerhalb des Anhangs bei den sonstigen Erläuterungen des Postens zu verweisen. Die Anlagen sind integraler Bestandteil des Anhangs (vgl. *Grottel* in BeBiKo, Tz. 33 zu § 284 HGB).

Für die Gliederung des Anhangs ergibt sich, wie für den gesamten Jahresabschluss, der Grundsatz der formellen Stetigkeit. Das ergibt sich aus § 265 Abs. 1 HGB, der die allgemeinen Grundsätze der Gliederung für die Gliederung von Bilanz und Gewinn- und Verlustrechnung normiert und die nunmehr kodifizierte Reihenfolge durch das BilRUG untermauert. Die enge Verknüpfung von Bilanz, Gewinn- und Verlustrechnung und Anhang erfordert auch für diesen die Anwendung des Stetigkeitsgrundsatzes. Sofern die mit BilRUG eingeführte gesetzliche Vorgabe zur Reihenfolge der Postenerläuterung bei erstmaliger Anwendung zu einer geänderten Anhangdarstellung führt, ist dies u. E. nicht zu begründen, da die Darstellungsänderung auf einer gesetzlichen Verpflichtung beruht. In den Folgejahren ist jedoch der Grundsatz der formellen Stetigkeit wieder zu beachten (vgl. *Grottel* in BeBiKo, Tz. 28 zu § 284 HGB).

Der Anhang muss als solcher gekennzeichnet sein, damit er vom Lagebericht und von einer eventuellen anderen Berichterstattung unterschieden werden kann. Nur so kann der Leser feststellen, welche Informationen als vom Abschlussprüfer geprüft anzusehen sind. Gemäß § 245 HGB hat der Kaufmann den Jahresabschluss zu unterzeichnen. Die Unterschrift hat dabei den Anhang mit zu umfassen. Wird der Anhang hinter die Bilanz sowie die Gewinn- und Verlustrechnung platziert, erfolgt die Unterzeichnung zweckmäßigerweise am Ende des Anhangs (vgl. *Grottel* in BeBiKo, Tz. 29 und Tz 30 zu § 284 HGB).

4. Allgemeine Angaben

Unter diesem Gliederungspunkt des Anhangs kann darauf hingewiesen werden,

- dass Grundlage für die Aufstellung des betreffenden Jahresabschlusses die Rechnungslegungsvorschriften des HGB sowie die ergänzenden kommunalrechtlichen Bestimmungen sind,
- dass die Formblätter der Eigenbetriebs- und Anstaltsverordnung für die Gliederung des Jahresabschlusses angewendet werden,
- wie das Wahlrecht bei den Wahlpflichtangaben (Bilanz/Gewinn- und Verlustrechnung oder Anhangangabe) ausgeübt wurde. Es kann dargestellt werden, dass aus Gründen der Übersichtlichkeit bei den Wahlpflichtangaben grundsätzlich eine Angabe im Anhang erfolgte,
- dass Abweichungen in der Form der Darstellung und Gliederung in Bilanz oder Gewinn- und Verlustrechnung im Vergleich zum Vorjahr erfolgt sind (Angaben und Begründungen von Abweichungen nach § 265 Abs. 1 Satz 2 HGB),
- dass nicht vergleichbare Vorjahreszahlen in Bilanz sowie Gewinn- und Verlustrechnung vorliegen oder dass Anpassungen von Vorjahreszahlen in der Gewinn- und Verlustrechnung erfolgt sind (Angabe und Erläuterung der nicht vergleichbaren Vorjahreszahlen oder der Anpassung von Vorjahreszahlen nach § 265 Abs. 2 Satz 2 und 3 HGB),

- dass zusätzliche Angaben gemacht werden, falls der Jahresabschluss aufgrund besonderer Umstände ansonsten ein den tatsächlich entsprechenden Verhältnissen entsprechendes Bild der Vermögens-, Finanz- und Ertragslage nicht vermittelt. In diesem Fall sind zusätzliche Angaben im Anhang gefordert (§ 264 Abs. 2 Satz 2 HGB). Hiermit sind außergewöhnliche, bedeutende Sachverhalte einmaliger Art gemeint, für die ansonsten keine Erläuterungspflicht besteht. Als Beispiele für solche Sachverhalte sind zu nennen:
  - Sale-and-lease-back-Geschäfte bei angespannter wirtschaftlicher Lage,
  - Jahresergebnis wird durch aperiodische Gewinnrealisierungen beeinflusst (z. B. bei einem Eigenbetrieb, der in unregelmäßigen Abständen gemeindliche Baugrundstücke erschließt und vermarktet) (vgl. *Kliem/Rimmelspacher* in BeBiKo, Tz. 58 zu § 264 HGB),
  - Rückzahlungsverpflichtungen, wenn gewährte Zuwendungen ausdrücklich oder mit hoher Wahrscheinlichkeit aus künftigen Gewinnen des Eigenbetriebs zurückzuzahlen sind. Es droht in diesem Falle eine finanzielle Belastung des Eigenbetriebs, die aber nicht als Rückzahlungsverpflichtung zu passivieren ist, solange Gewinne noch nicht tatsächlich erwirtschaftet wurden,
  - Rückzahlungsverpflichtungen für vom Einrichtungsträger ausgeglichene ausgabewirksame Verluste nach § 11 Abs. 8 EigAnVO, wenn mit hoher Wahrscheinlichkeit damit zu rechnen ist, dass in den folgenden fünf Jahren Einnahmeüberschüsse erwirtschaftet werden, die dann vom Einrichtungsträger zurückgefordert werden.

Ferner ist die Neufassung des § 264 Abs. 1a HGB durch das BilRUG zu beachten. Danach sind im Jahresabschluss die Firma, der Sitz, das Registergericht und die Nummer, unter der die Gesellschaft in das Handelsregister eingetragen ist, anzugeben. Die Bezeichnung des Eigenbetriebs und der Sitz des Einrichtungsträgers wurden bereits in der Vergangenheit von allen Eigenbetrieben auf dem Deckblatt bzw. in der Überschrift zum Anhang genannt. Sollte der Eigenbetrieb im Handelsregister eingetragen sein, sind nunmehr zusätzlich das Registergericht und die Nummer, unter der die Gesellschaft in das Handelsregister eingetragen ist, anzugeben. Da eine Eintragung von Eigenbetrieben in das Handelsregister selten vorkommt, ist der praktische Anwendungsbereich der Vorschrift gering. Zur Eintragungspflicht von Eigenbetrieben in das Handelsregister vgl. Erl. 6 zu § 1 EigAnVO.

5. Bilanzierungs- und Bewertungsgrundsätze

Nach § 284 Abs. 2 Nr. 1 HGB sind die auf Bilanz und Gewinn- und Verlustrechnung angewandten Bilanzierungs- und Bewertungsmethoden anzugeben. Bei den Angaben zu den Bilanzierungs- und Bewertungsmethoden können auch Angaben zur Anwendung der allgemeinen Gliederungsgrundsätze nach § 265 HGB gemacht werden (vgl. Erl. 4 zu § 22 EigAnVO).

Grundsätzlich gilt eine Angabepflicht nur für solche Sachverhalte, bei denen alternative Bilanzierungs- oder Bewertungsmethoden nach dem HGB möglich sind. Ansonsten müsste in weiten Teilen der Gesetzeswortlaut wiedergegeben werden. Die Bilanzierungsmethoden beziehen sich maßgeblich auf Bilanzierungswahlrechte. Die Bilanzierungswahlrechte dem Grunde nach entsprechen dabei den Ansatzwahlrechten im HGB, wonach bestimmte Aktiv- und Passivposten bilanziert werden dürfen, aber nicht müssen (IDW RS HFA 38: Ansatz- und Bewertungsstetigkeit im handelsrechtlichen Jahresabschluss, Tz. 7, WPg 2011 Supplement 3). Fälle hierfür sind:

- Selbstgeschaffene immaterielle Vermögensgegenstände des Anlagevermögens (§ 248 Abs. 2 Satz 1 HGB),
- Aktivierung eines Disagios (§ 250 Abs. 3 Satz 1 HGB),
- Überhang aktiver latenter Steuern (§ 274 Abs. 1 Satz 2 HGB),
- Unsaldierter Ausweis aktiver und passiver latenter Steuern (§ 274 Abs. 1 Satz 3 HGB),

- Rückstellungen für laufende Pensionen oder Anwartschaften mit vor 1987 entstandenem Rechtsanspruch (unmittelbare Altzusagen) sowie für mittelbare Pensionsverpflichtungen und ähnliche Verpflichtungen (Art. 28 Abs. 1, Art. 48 Abs. 6 EGHGB).

Zudem sollte auch erläutert werden, dass aufgrund von § 22 Abs. 3 EigAnVO auf die Bildung einer Pensionsrückstellung verzichtet wurde. Nach § 22 Abs. 3 EigAnVO besteht keine Rückstellungsverpflichtung, wenn die Pensionsverpflichtung durch laufende Umlagen oder Beiträge gedeckt wird (vgl. auch Erl. 11.3 „Pensionen" zu § 23 EigAnVO).

Unter die Bilanzierungsmethoden fällt auch das nur durch die Grundsätze ordnungsgemäßer Buchführung begrenzte planmäßige Vorgehen bei der Festlegung des Zeitpunktes der Bilanzierung. Wann ein Vermögensgegenstand zu aktivieren ist, ist im Rahmen der Grundsätze ordnungsgemäßer Buchführung von nicht immer eindeutigen Voraussetzungen abhängig. In diesen Fällen müssen die Grundsätze angegeben werden, nach denen die Voraussetzungen für die Bilanzierung als erfüllt angesehen werden (vgl. *Grottel* in BeBiKo, Tz. 109 zu § 284 HGB). Ein Beispiel hierfür ist die Abgrenzung von Forderungen bei rollierender Verbrauchsabrechnung. Diese kommt insbesondere bei Versorgungsunternehmen vor, die eine personalintensive Stichtagsablesung des Energie- oder Wasserverbrauches vermeiden wollen. Hier ist die Vorgehensweise bei der Bilanzierung zu beschreiben (vgl. auch Erl. 3.2.1.1 zu § 23 EigAnVO). Weiterhin ist hier die Angabe nach § 268 Abs. 4 HGB abzugeben. Demgemäß sind die Forderungen aus der Jahresverbrauchsabgrenzung aufgrund eines vorliegende Sukzessivliefervertrags anzugeben, sofern diese einen größeren Umfang haben (IDW PH 9.314.1.; MüBiKo, *Suchan*, zu § 268, Tz. 61).

Die Berichterstattung zu den Bewertungsmethoden erfolgt in der Regel verbal. Was unter Bewertungsmethode zu verstehen ist, regelt das HGB nicht. Es handelt sich dabei um jedes planmäßige Verfahren zur Ermittlung eines Wertansatzes, sowohl hinsichtlich der Höhe des Wertansatzes als auch der Wahl des Verfahrens zur Ermittlung des Wertansatzes (vgl. *Grottel* in BeBiKo, Tz. 115 zu § 284 HGB). Hinsichtlich der Bewertungsmethoden muss erläutert werden, welche nach dem Gesetz zulässigen Methoden angewandt wurden. Es reicht nicht aus, auf die Einhaltung allgemeiner gesetzlicher Vorschriften hinzuweisen. Bewertungswahlrechte sind z. B.:

- Festbewertung bei Sachanlagen und Roh-, Hilfs- und Betriebsstoffen (§ 240 Abs. 3 HGB),
- Gruppenbewertung im Vorratsvermögen und bei anderen beweglichen Vermögensgegenständen (§ 240 Abs. 4 HGB),
- außerplanmäßige Abschreibungen auf Finanzanlagen bei nur vorübergehender Wertminderung (§ 253 Abs. 3 Satz 6 HGB),
- Bemessung der Herstellungskosten bei selbstgeschaffenen Vermögensgegenständen des Anlagevermögens (§ 255 Abs. 2a i. V. m. Abs. 2 Satz 3 HGB),
- Abzinsung der Altersversorgungsverpflichtungen und vergleichbarer langfristig fälliger Verpflichtungen (§ 253 Abs. 2 Satz 2 HGB),
- Abzinsung von Rentenverpflichtungen, für die eine Gegenleistung nicht mehr zu erwarten ist (§ 253 Abs. 2 Satz 3 i. V. m. Satz 2 HGB),
- Bildung von Bewertungseinheiten nach § 254 HGB,
- Bemessung der Herstellungskosten (§ 255 Abs. 2 Satz 3 HGB),
- Einbeziehung von Fremdkapitalzinsen in die Herstellungskosten (§ 255 Abs. 3 HGB),
- Ermittlung des beizulegenden Zeitwertes mit Hilfe anerkannter Bewertungsmethoden (§ 255 Abs. 4 Satz 2 HGB),
- Verbrauchsfolgeverfahren im Vorratsvermögen (§ 256 HGB) sowie
- Ansammlung und Wertbeibehaltung der Pensionsrückstellungen (Art. 67 Abs. 1 und 2 EGHGB) (vgl. *Grottel* in BeBiKo, Tz. 116 zu § 284 HGB).

Nach den Grundsätzen ordnungsgemäßer Buchführung bestehen weitere Bewertungsmethodenwahlrechte, deren Ausüben im Ermessen des Eigenbetriebs steht, wie z. B. Methoden der Ermittlung des beizulegenden Wertes (§ 253 Abs. 4 Satz 2 HGB) sowie Bewertungsmethoden zur Ermittlung des beizulegenden Zeitwertes (§ 255 Abs. 4 Satz 2 HGB). Diese sind ebenfalls unter den Bewertungsmethoden zu beschreiben (vgl. *Grottel* in BeBiKo, Tz. 117 zu § 284 HGB). Weitere Beispiele sind:

- Angaben der Methode zur Ermittlung der Anschaffungs- oder Herstellungskosten. Zu erläutern ist, wie Ertragszuschüsse nach § 23 Abs. 3 Satz 1 EigAnVO behandelt werden; sie können als Passivposten ausgewiesen oder von den Anschaffungs- oder Herstellungskosten der bezuschussten Anlagen abgesetzt werden. Hinsichtlich der Herstellungskosten ist zu erläutern, welche Bestandteile der Einzel- und Gemeinkosten in die Bewertung mit einbezogen wurden.
- Angabe der Abschreibungsmethoden. Bei planmäßigen Abschreibungen ist anzugeben, welche Methode angewandt wurde: linear, degressiv, progressiv, nach steuerlichen Höchstsätzen oder nach Maßgabe der Inanspruchnahme oder nach Maßgabe der Ausbeute. Eine explizite Angabe der verwendeten Nutzungsdauern ist nicht erforderlich, wenn allgemein zugängliche AfA-Tabellen verwendet wurden. Es empfiehlt sich, auf die Anwendung spezieller branchenbezogener AfA-Tabellen hinzuweisen.

Nach § 284 Abs. 2 Nr. 2 HGB sind Abweichungen von Bilanzierungs- und Bewertungsmethoden anzugeben und zu begründen. Hierunter fallen Abweichungen von Bilanzierungsmethoden im Rahmen der gesetzlichen Ansatzwahlrechte, z. B. bei der erstmaligen Bildung eines sog. Disagios, wenn dieser Posten im Vorjahr nicht bilanziert wurde, aber auch im Vorjahr bereits ein Kredit unter Einbehaltung eines Disagios ausbezahlt wurde und das Disagio im Vorjahr in voller Höhe aufwandswirksam erfasst wurde. Abweichungen von Bewertungsmethoden sind angabepflichtig, wenn ein Bewertungswahlrecht gegenüber dem Vorjahr anders ausgeübt wurde. Die Gründe für die Abweichung sind verbal anzugeben (z. B. höhere Praktikabilität, Änderung der tatsächlichen Verhältnisse). Auch bei Abweichen von den in § 252 Abs. 1 HGB geregelten Bewertungsgrundsätzen, insbesondere bei Verletzungen des Stetigkeitsgebotes nach § 252 Abs. 1 Nr. 6 HGB, das in begründeten Ausnahmefällen durchbrochen werden darf, ist dies im Anhang zu begründen (§ 252 Abs. 2 HGB). Die Abweichungen können in verbaler Art oder auch mit Zahlenangaben dargestellt werden. Die Angabe eines Unterschiedsbetrages aus der Bewertungsänderung ist nicht ausdrücklich verlangt, jedoch sind zahlenmäßige Angaben insoweit erforderlich, dass zumindest die Größenordnung der jeweiligen Änderung in ihrem Einfluss auf die Vermögens-, Finanz- und Ertragslage abschätzbar wird (vgl. IDW RS HFA 38: Ansatz- und Bewertungsstetigkeit im handelsrechtlichen Jahresabschluss, Tz. 23–25, WPg 1997 S. 540 ff.).

Ein Ausweis von Unterschiedsbeträgen bei der Anwendung der Gruppenbewertung und der Bewertung nach der Verbrauchsfolge wird nach § 284 Abs. 2 Nr. 3 HGB verlangt.

Die Angaben über die Einbeziehung von Fremdkapitalzinsen in die Herstellungskosten ist nach § 284 Abs. 2 Nr. 4 HGB erforderlich. Wird von dem Wahlrecht der Einbeziehung der auf den Zeitraum der Herstellung entfallenen Fremdkapitalzinsen Gebrauch gemacht (§ 255 Abs. 3 Satz 2 HGB), ist hierüber zu berichten. Zahlenangaben sind nicht erforderlich, es genügt die Angabe der Tatsache der Einbeziehung an sich.

6. Erläuterungen zu Bilanz und Gewinn- und Verlustrechnung sowie sonstige Angaben

6.1 Angaben zu den Restlaufzeiten und Sicherheiten der Verbindlichkeiten (§ 285 Nr. 1 und 2 HGB, § 25 Abs. 1 Nr. 1 EigAnVO)

Aus dem Zusammenwirken von § 25 Abs. 1 Nr. 1 EigAnVO und § 285 Nr. 1 und 2 HGB ist im Anhang des Eigenbetriebs ein Verbindlichkeitenspiegel aufzustellen, der für jeden Posten der Verbindlichkeiten die Darstellung der Restlaufzeit bis zu einem Jahr und von mehr als fünf Jahren verlangt. Dies entspricht dem handelsrechtlich möglichen Ausweis der

Verbindlichkeiten. Zu beachten ist, dass § 268 Abs. 5 Satz 1 HGB nunmehr vorsieht, dass der Betrag der Verbindlichkeiten mit einer Restlaufzeit von einem Jahr bei jedem gesondert ausgewiesenen Posten zu vermerken ist. Statt des eigentlich geforderten „Davon-Vermerkes" in der Bilanz kann jedoch weiterhin eine Angabe im Anhang im sog. Verbindlichkeitenspiegel erfolgen (vgl. *Schubert* in BeBiKo, Tz. 38 zu § 268 HGB). § 268 Abs. 5 Satz 1 HGB wird allerdings ausdrücklich durch § 23 Abs. 1 Satz 3 EigAnVO ausgeschlossen, da die betreffende handelsrechtliche Vorschrift (§ 268 Abs. 5 Satz 1 HGB) keine Anwendung bei Eigenbetrieben findet.

Die Angabepflicht stellt streng fristigkeitsorientiert auf die Restlaufzeit der Verbindlichkeit ab. Liegt der Fälligkeitstermin später als 60 Monate nach dem Bilanzstichtag, ist die Verbindlichkeit langfristig im Sinne der Angabepflicht. Hinzuweisen ist darauf, dass die vereinbarte Gesamtlaufzeit nicht Abgrenzungskriterium ist, sondern allein die tatsächliche Fälligkeit maßgeblich ist. Es ist darauf abzustellen, zu welchem Termin die jeweilige Verbindlichkeit nach den bestehenden Vereinbarungen zu tilgen ist; dabei sind die objektiven Verpflichtungen maßgeblich, die subjektive Bereitschaft oder die voraussichtliche Zahlungsfähigkeit des Eigenbetriebes sind nicht zu berücksichtigen (vgl. *Grottel* in BeBiKo, Tz. 15 zu § 285 HGB).

Tabelle 2: Muster eines Verbindlichkeitenspiegel:

Betrag und Laufzeit Verbindlichkeiten		mit einer Restlaufzeit von			Davon durch Pfandrechte und ähnliche Rechte	Art und Form der Sicherheiten
	Gesamtbetrag	bis zu 1 Jahr	1 bis 5 Jahren	mehr als 5 Jahren	Gesichert	
Förderdarlehen	€	€	€	€		
Anleihen						
Verbindlichkeiten gegenüber Kreditinstituten						
Erhaltene Anzahlungen auf Bestellungen						
Verbindlichkeiten aus Lieferungen und Leistungen						
Verbindlichkeiten aus der Annahme gezogener Wechsel und der Ausstellung eigener Wechsel						
Verbindlichkeiten gegenüber verbundenen Unternehmen						

Betrag und Laufzeit Verbindlichkeiten		mit einer Restlaufzeit von			Davon durch Pfandrechte und ähnliche Rechte	Art und Form der Sicherheiten
	Gesamtbetrag	bis zu 1 Jahr	1 bis 5 Jahren	mehr als 5 Jahren	Gesichert	
Verbindlichkeiten gegenüber Unternehmen, mit denen ein Beteiligungsverhältnis besteht						
Verbindlichkeiten gegenüber dem Einrichtungsträger						
Verbindlichkeiten gegenüber Gebietskörperschaften						
Sonstige Verbindlichkeiten						
Summe						

Ferner ist die Besicherung der Verbindlichkeiten mit Pfandrechten oder ähnlichen Rechten unter Angabe von Art und Form der Sicherheiten anzugeben. Vermerkpflichtig sind nur vom bilanzierenden Eigenbetrieb selbst gestellte Sicherheiten, nicht von Dritten zu Gunsten des Eigenbetriebs gestellte Sicherheiten, wobei Sicherheiten nur unter den restriktiven Vorschriften des § 104 GemO begeben werden können. Branchenübliche Sicherheiten, wie z. B. Eigentumsvorbehalte, die über allgemeine Geschäftsbedingungen vereinbart sind, sowie Pfandrechte kraft Gesetzes, wie Vermieterpfandrechte, sind nicht angabepflichtig. Demgegenüber sind Eigentumsvorbehalte dann anzugeben, wenn im Geschäftsverkehr nicht mit ihnen zu rechnen ist (vgl. *Grottel* in BeBiKo, Tz. 24 zu § 285 HGB).

Als Arten von Sicherheiten sind zu erläutern:

Tabelle 3: Arten der Sicherheiten

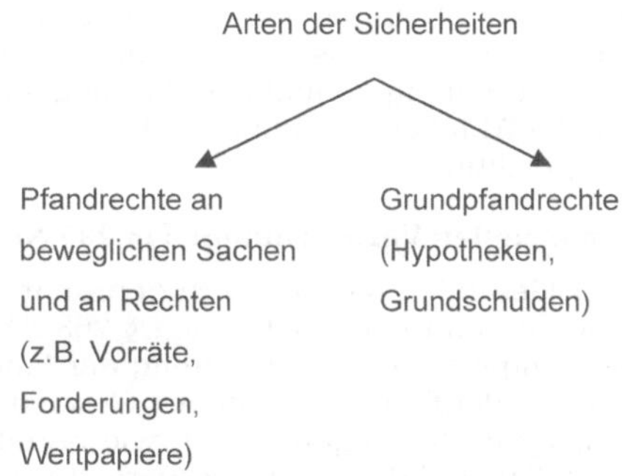

Als Formen von Sicherheiten sind Verpfändung, Sicherungsübereignung, Buch- und Briefgrundschulden sowie Buch- und Briefhypotheken von Bedeutung.

6.2 Angaben zu nicht in der Bilanz enthaltenen Geschäften (§ 285 Nr. 3 HGB)

Diese Vorschrift sieht die Angabepflicht über nicht in der Bilanz enthaltene Geschäfte vor (Art, Zweck sowie Risiken, Vorteile und finanzielle Auswirkungen), soweit die Risiken und Vorteile wesentlich sind und die Offenlegung für die Beurteilung der Finanzlage notwendig ist. Durch das BilRUG wurde erstmalig auch die Angabe der finanziellen Auswirkungen von nicht in der Bilanz enthaltenen Geschäften eingeführt. Dies hat allerdings klarstellenden Charakter, da nach herrschender Meinung bereits bisher quantitative Angaben zu den Auswirkungen der Risiken und Vorteile auf die Liquiditätslage des Unternehmens gefordert waren. Insofern ergibt sich aus der Gesetzesänderung keine materielle Erweiterung der Berichtspflicht (vgl. *Grottel* in BeBiKo, Tz. 63 zu § 285 HGB). Voraussetzung für diese Angabe ist, dass die aus diesen Geschäften resultierenden Vermögensgegenstände und Schulden nicht in der Bilanz aufgenommen sind. Die Vorschrift bezweckt eine Verbesserung von Transparenz von außerbilanziellen Geschäften und stellt eine sinnvolle Erweiterung der Darstellung der Finanzlage dar. Der sachliche Anwendungsbereich wird anhand von Beispielen in der Regierungsbegründung zum Bilanzrechtsmodernisierungsgesetz verdeutlicht. Danach sind nicht in der Bilanz enthaltene Geschäfte unter anderem Factoring, Konsignationslagervereinbarungen oder Verträge mit unbedingter Zahlungsverpflichtung („take or pay" Verträge) (Regbegr. BilMoG S. 151). Besondere Bedeutung hat diese Vorschrift für Eigenbetriebe nicht, da die Mehrzahl der von dieser Vorschrift erfassten Geschäfte von Eigenbetrieben nicht durchgeführt wird oder aufgrund gemeindehaushaltsrechtlicher Vorschriften nicht durchgeführt werden darf. Hinzuweisen ist aber darauf, dass Eigenbetriebe mit den Betriebszweigen Gas- und Stromversorgung oftmals Gas-/Stromlieferverträge abgeschlossen haben, in denen sog. „take or pay" Klauseln beinhaltet sind, nach denen der Eigenbetrieb in einem (Gas-)Wirtschaftsjahr mindestens eine bestimmte Gas-/Stromliefermenge zu einem bestimmten vertraglich vereinbarten Preis abnehmen muss. Hierzu sind dann Art, Zweck sowie Risiken und Vorteile solcher Geschäfte nebst deren finanziellen Auswirkungen anzugeben. Auch hier gilt der Grundsatz der Wesentlichkeit. Danach müssen die aus solchen Geschäften entstehenden Risiken und Vorteile für den Eigenbetrieb wesentlich sein (vgl. *Grottel* in BeBiKo, Tz. 70 zu § 285 HGB). Formell stehen die Berichtspflichten nach Nr. 3 und Nr. 3a in einem engen Zusammenhang und teilweise in Konkurrenz zueinander. So müssen finanzielle Verpflichtungen aus Leasingverträgen auch nach § 285 Nr. 3a HGB angegeben werden. Nach der Regierungsbegründung zum Bilanzrechtsmodernisierungsgesetz ist der Angabe nach § 285 Nr. 3 HGB der Vorrang einzuräumen. Eine Doppelangabe unter Nr. 3a entfällt soweit

(Regbegr. BilMoG S. 141). So sind damit vom Eigenbetrieb abgeschlossene Leasingverträge unter § 285 Nr. 3 HGB anzugeben. Eine weitere Angabepflicht nach § 285 Nr. 3a HGB besteht nicht. Zudem ist der Wesentlichkeitsgrundsatz zu beachten. Danach sind in der Regel Verträge über das Leasing von Betriebs- und Geschäftsausstattung (z. B. Kopiergeräte oder Hardware) für den Eigenbetrieb als unwesentlich einzustufen und somit nicht angabepflichtig. Eine andere Beurteilung kommt z. B. Leasingverträgen über die Gestellung von Fahrzeugen, z. B. in der Abfallentsorgung, zu. Diese wären aufgrund einer gegebenen Wesentlichkeit angabepflichtig.

6.3 Angabe der sonstigen finanziellen Verpflichtungen (§ 285 Nr. 3a HGB)

Nach dieser Vorschrift ist der Gesamtbetrag der sonstigen finanziellen Verpflichtungen, die nicht in der Bilanz erscheinen und auch nicht nach § 268 Abs. 7 i. V. m. § 251 HGB anzugeben sind, sofern diese Angabe für die Beurteilung der Finanzlage von Bedeutung ist, hier anzugeben. Diese nicht in der Bilanz enthaltenen Geschäfte (finanzielle Verpflichtungen) sind nur anzugeben, wenn die Angabe nicht, wie bereits unter Erl. 6.2 zu § 25 ausgeführt, unter § 285 Nr. 3 HGB erfolgt ist. Haftungsverhältnisse i. S. v. § 251 HGB sind jeweils gesondert unter der Bilanz oder im Anhang unter Angabe der gewährten Pfandrechte und sonstigen Sicherheiten anzugeben. Als solche Haftungsverhältnisse kommen in Betracht:

- Verbindlichkeiten aus der Begebung und Übertragung von Wechseln,
- Verbindlichkeiten aus Bürgschaften, Wechsel- und Scheckbürgschaften,
- Verbindlichkeiten aus Gewährleistungsverträgen,
- Haftung aus der Bestellung von Sicherheiten für fremde Verbindlichkeiten.

Nach § 285 Nr. 3 HGB sind darüber hinaus die sogenannten sonstigen finanziellen Verpflichtungen – in erster Linie Verpflichtungen aus schwebenden Rechtsgeschäften – die künftig zu einer wesentlichen Belastung der Finanzlage führen, im Anhang mit ihrem Gesamtbetrag zu nennen. Sofern für bestimmte Sachverhalte bereits eine Rückstellung gebildet wurde, kommt eine Angabepflicht nach Nr. 3 nicht mehr in Betracht. In diesem Zusammenhang sind insbesondere angabepflichtig (vgl. *Grottel* in BeBiKo, Tz. 97 zu § 285 HGB oder Stellungnahme des IDW Sonderausschuss Bilanzrichtlinien-Gesetz SABI 3/1986: Zur Darstellung der Finanzlage i. S. v. § 264 Absatz 2 HGB, WPg 1986 S. 670–671):

- mehrjährige Verpflichtungen aus Miet- und Leasingverträgen, insbesondere auch aus Sale-and-lease-back-Verträgen,
- Verpflichtungen aus langfristigen Abnahmeverträgen,
- Verpflichtungen zum Erwerb von Sachanlagen (schwebende Bestellungen),
- Verpflichtungen zur Übernahme von Beteiligungen,
- Verpflichtungen zur Abführung von Liquiditätsüberschüssen,
- Verpflichtungen zur Verlustabdeckung bei Beteiligungsgesellschaften,
- Verpflichtungen zur Einräumung von Krediten gegen Dritte,
- unter Umständen auch Verpflichtungen aus drohenden Großreparaturen.

Insbesondere Verpflichtungen aus begonnenen Investitionsvorhaben oder künftig unabwendbaren Instandsetzungen sind unter dieser Angabe zu erfassen. Hier hat der Eigenbetrieb insbesondere eine Aufnahme der vor dem Bilanzstichtag eingegangenen Investitionsverpflichtungen vorzunehmen. So sind z. B. bei Eigenbetrieben mit den Betriebszweigen Wasserversorgung und Abwasserentsorgung sämtliche unter den Anlagen im Bau befindlichen Maßnahmen daraufhin zu überprüfen, ob noch nicht in Rechnung gestellte finanzielle Verpflichtungen aus bereits vor dem Bilanzstichtag abgeschlossenen Bauaufträgen resultieren. Dies kommt häufig bei Leitungs- und Kanalneubauten bzw. Instandsetzungen vor. Auch sind noch nicht abgeschlossene Unterhaltungsaufträge auf finanzielle Verpflichtungen hin zu überprüfen. Nur das Bestellobligo muss am Bilanzstichtag beziffert werden. Hierzu gehören auch auf Ziel beschaffte Strom- und Gaslieferungen für die Folgejahre, die als Bestellobligo anhangsangabepflichtig sind. Ferner besteht eine angabepflichtige sonstige finanzielle Verpflichtung des Eigenbetriebs, wenn beispielsweise der Einrichtungsträger einen ausgabewirksamen Verlust nach § 11 Abs. 8 EigAnVO ausgeglichen hat und in den folgenden fünf Jahren aufgrund erwarteter Liquiditätsüberschüsse mit einer Rückforderung durch den Einrichtungsträger zu rechnen ist. Unter § 285 Nr. 3a HGB fallen nicht die Sicherheiten für eigene Verbindlichkeiten, da sie bereits nach § 285 Nr. 1 und 2 HGB anzugeben sind. Eine sonstige finanzielle Verpflichtung stellt auch die nachholbare Konzessionsabgabe dar, die dementsprechend nach § 285 Nr. 3a im Anhang aufzuführen ist (Rundschreiben des Ministeriums des Innern und für Sport vom 24.9.1992, Amtliche Erläuterungen zu § 26 EigVO Tz. 1).

6.4 Aufgliederung der Umsatzerlöse nach Tätigkeitsbereichen sowie nach geografisch bestimmten Märkten (§ 285 Nr. 4 HGB i. V. m. § 25 Abs. 1 Nr. 2 EigAnVO)

Nach § 285 Nr. 4 HGB sind die Umsatzerlöse nach Tätigkeitsbereichen und geografisch bestimmten Märkten aufzugliedern. Zweck ist es, weitergehende Informationen über die Ertragslage des Eigenbetriebs zu liefern und damit die Erleichterung der Risikobeurteilung zu fördern. Eine Aufgliederung der Tätigkeitsbereiche kommt nur in Betracht, wenn Produktgruppen oder Dienstleistungen des Eigenbetriebs nicht verwandt sind. Liegen hingegen deutlich voneinander abgegrenzte Bereiche in organisatorischer, sachlicher, funktionaler oder örtlicher Hinsicht (z. B. Produktion, Dienstleistung, Handel) vor, ist eine Aufgliederung erforderlich. Da das Bundesgebiet in der Regel als ein einheitlicher geografisch bestimmter Markt angesehen wird, wird allgemein bei Eigenbetrieben eine Aufgliederung der Umsätze nach geografisch bestimmten Märkten nicht notwendig sein. Bei Eigenbetrieben mit mehreren Betriebszweigen ist nach § 24 Abs. 3 EigAnVO eine Erfolgsübersicht nach Formblatt 5 zu gliedern, die über die Betriebserträge der einzelnen Betriebszweige Aufschluss gibt. In Nr. 14 dieser Erfolgsübersicht wird allerdings nur die Erfolgsgröße „Betriebserträge" als Summe aus Umsatzerlösen, Bestandsveränderungen, anderen aktivierten Eigenleistungen, sonstigen betrieblichen Erträgen abzüglich der Auflösung von Sonderposten mit Rücklageanteil für jeden Betriebszweig einzeln dargestellt. Zur Erfüllung der Angabepflicht reicht die Angabe der „Betriebserträge" aus der Erfolgsübersicht nicht aus.

Neben der Aufgliederung der Umsatzerlöse ist nach § 25 Abs. 1 Nr. 2 EigAnVO eine Mengen- und Tarifstatistik des Berichtsjahrs im Vergleich zum Vorjahr und bei der Abwasserbeseitigung und Wasserversorgung ein Vergleich von Entgeltbedarf und Entgeltaufkommen mit den Grenzwerten des § 7 Abs. 3 KAG zu ergänzen. Folgendes Beispiel eines Eigenbetriebs der Wasserversorgung kann für die Darstellungsform verwendet werden:

Die Umsatzerlöse setzen sich wie folgt zusammen:

	Euro
Erlöse aus Wasserlieferungen an Tarifabnehmer	976 432,89
Erlöse aus Wasserlieferungen an Sonder- und andere Abnehmer	2 089,68
Erlöse aus Nebengeschäften	62 919,29
Auflösung empfangener Ertragszuschüsse	106 724,68
	1 148 166,54

Als laufende Entgelte für die Wasserversorgung wurden berechnet:

Jahresgrundgebühr

(1) Die Jahresgrundgebühr betrug bei Wasserzählern mit einer Verbrauchsleistung:

	2025	2024
	Euro	Euro
bis 5 cbm/h	21,48	21,48
bis 10 cbm/h	27,60	27,60
über 10 cbm/h	153,36	153,36

(2) Bei Verbundzählern ist die Jahresgrundgebühr für beide Zähler zu zahlen.

Die Benutzungsgebühr betrug je cbm: Euro 1,36 (Vorjahr: cbm Euro 1,28).

Wiederkehrender Beitrag

Der wiederkehrende Beitrag betrug je qm Grundstücksfläche mit Zuschlägen für Vollgeschosse Euro 0,09 (mit einmaliger Leistung) bzw. Euro 0,09 (ohne einmalige Leistung) (Vorjahr: Euro 0,08).

Umsatzsteuer

Zu allen Entgelten ist die Umsatzsteuer hinzuzurechnen.

Wasserverkauf

	2025	2024
	cbm	cbm
Ortsgemeinden	413 590	412 569
Sonstige	3 245	2 788
	416 835	415 357

Vergleich von Entgeltsbedarf, Entgeltsaufkommen und Entgeltsbelastung

1.	Entgeltsbedarf I (ohne Eigenkapitalverzinsung)	Euro 2,68
2.	Entgeltsbedarf II (mit Eigenkapitalverzinsung)	Euro 3,00
3.	Entgeltsaufkommen Einwohner	Euro 2,77
4.	Zumutbare Entgeltsbelastung (§ 7 Abs. 3 KAG i. V. m. § 3 KAVO)	Euro 1,10
5.	Vertretbare Entgeltsbelastung (§ 7 Abs. 3 KAG i. V. m. § 3 KAVO)	Euro 1,65

In den Beträgen ist die gesetzlich festgesetzte Umsatzsteuer nicht enthalten.

Bei Kapitalgesellschaften kann die Aufgliederung der Umsatzerlöse nach Nr. 4 unterbleiben, um die Veröffentlichung sensibler Eigenbetriebsdaten nicht der Konkurrenz zugänglich zu machen. Die Schutzvorschrift des § 286 Abs. 2 HGB kann jedoch von Eigenbetrieben nicht in Anspruch genommen werden, vgl. Erl. 1.

6.5 Angabe der Zahl der beschäftigten Arbeitnehmer (§ 285 Nr. 7 HGB)

Nach § 285 Nr. 7 HGB ist die durchschnittliche Zahl der während des Wirtschaftsjahres beschäftigten Arbeitnehmer getrennt nach Gruppen anzugeben. Die Berechnung erfolgt in Anlehnung an § 267 Abs. 5 HGB dergestalt, dass die Summe der am Ende eines jeden Quartals beschäftigten Arbeitnehmer durch vier geteilt wird. Die Abgrenzung der Gruppen kann beispielsweise durch eine Aufteilung in gewerbliche Arbeitnehmer und Angestellte oder auch durch tiefer gehende Untergliederungen nach betrieblichen Bereichen erfolgen.

§ 25 Abs. 1 Nr. 3 EigAnVO verlangt darüber hinaus eine Statistik des Personalaufwands sowie über die zahlenmäßige Entwicklung der Belegschaft unter Angabe der Gesamtsumme der Löhne, Gehälter, Vergütungen, sozialen Abgaben, Aufwendungen für Altersversorgung und Unterstützung im Berichtsjahr und im Vergleich mit dem Vorjahr.

Tabelle 4: Beispiel für die Angaben nach § 25 Abs. 1 Nr. 3 EigAnVO

	Betriebsbereich	Verwaltung		Insgesamt	Vorjahr
		Technisch	Kaufmännisch		
	Anzahl	Anzahl	Anzahl	Anzahl	Anzahl
Werkleiter			1	1	1
Arbeiter	6			6	5
Angestellte	1	1	3	5	5
Auszubildende	1			1	1
	8	1	4	13	12

Personalaufwand

	2025	2024
	Euro	Euro
Löhne	168 193,06	170 934,24
Gehälter	138 327,58	137 538,90
Aushilfslöhne einschließlich Pauschalversteuerung	241,02	528,88
	306 761,66	**309 002,02**
Arbeitgeberbeiträge zur Sozialversicherung	63 941,24	62 634,49
Berufsgenossenschaftsbeiträge	3 731,40	4 144,96
Aufwendungen für die Altersversorgung (ZVK- Beiträge)	16 531,20	17 235,07
Beihilfen	101,13	70,20
	84 304,97	**84 084,72**
	391 066,63	**393 086,74**

6.6 Umsatzkostenverfahren (§ 285 Nr. 8 HGB)

Nach § 25 Abs. 1 Nr. 4 EigAnVO darf das Umsatzkostenverfahren (§ 275 Abs. 3 HGB) nicht angewendet werden.

6.7 Bezüge der Organe (§ 285 Nr. 9 HGB)

Nach § 285 Nr. 9 HGB sind bestimmte Bezüge für die Geschäftsführung, den Aufsichtsrat, den Beirat oder eine ähnliche Einrichtung jeweils getrennt für jede Personengruppe anzugeben. Nach § 25 Abs. 1 Nr. 5 EigAnVO findet diese Vorschrift auf die Mitglieder der Werkleitung, sonstige für den Eigenbetrieb in leitender Funktion tätige Personen sowie Mitglieder des Werkausschusses Anwendung. Anzugeben sind insbesondere

- die für die Tätigkeit im Wirtschaftsjahr gewährten Gesamtbezüge,
- die Gesamtbezüge (Abfindungen, Ruhegehälter, Hinterbliebenenbezüge und Leistungen verwandter Art) des Wirtschaftsjahres der früheren Mitglieder der Werkleitung, der in leitender Funktion tätig gewesenen Personen sowie der Mitglieder des Werkausschusses. Ferner ist der Betrag der für diese Personengruppe gebildeten Rückstellungen für laufende Pensionen und Anwartschaften auf Pension und der Betrag der für diese Verpflichtungen nicht gebildeten Rückstellungen anzugeben. Mit den nicht gebildeten

Pensionsrückstellungen sind solche gemeint, bei denen die Pensionsberechtigten einen Rechtsanspruch vor dem 1.1.1987 erworben haben. Nach Art. 28 Abs. 1 EGHGB braucht in diesem Falle eine Rückstellung nicht gebildet zu werden. Dennoch ist eine Anhangangabe erforderlich. Nach § 22 Abs. 3 EigAnVO braucht für Pensionsverpflichtungen, die durch laufende Umlagen oder Beiträge gedeckt werden, keine Rückstellung gebildet zu werden. Eine Hinweispflicht im Anhang gem. § 285 Nr. 9 HGB über die in diesen Fällen jährlich gezahlten Umlagen für die Werkleitung entfällt, da der Aufwand aus der Bildung von Pensionsrückstellungen nicht in die Gesamtbezüge i. S. d. § 285 Nr. 9 Buchst. a) HGB einzubeziehen ist (vgl. *Grottel* in BeBiKo, Tz. 247 zu § 285 HGB, *ADS*, a. a. O., Tz. 180 zu § 285 HGB). Allerdings sollte im Rahmen der Erläuterung zu den Bilanzierungs- und Bewertungsmethoden ein entsprechender Hinweis im Anhang dahingehend erfolgen, dass aufgrund der laufenden Umlagen oder Beiträge eine Rückstellungsverpflichtung nicht besteht,

- die gewährten Vorschüsse und Kredite unter Angabe der Zinssätze, der wesentlichen Bedingungen und der ggf. im Wirtschaftsjahr zurückgezahlten Beträge sowie die zu Gunsten anderer Personen eingegangenen Haftungsverhältnisse. Da diese Vorschrift die finanziellen Verpflichtungen des Eigenbetriebs mit seinen Gremien offenlegen will, ist eine umfassende Berichterstattung zu folgern. Das heißt im Ergebnis, dass eine Entwicklung der Vorschüsse und Kredite, bestehend aus Vortrag, Zugang, Rückzahlung und Endstand zum Bilanzstichtag, anzugeben ist. Hierzu gehören mithin auch solche Vorschüsse und Kredite, die im Laufe desselben Jahres gewährt und zurückgezahlt wurden (vgl. *Grottel* in BeBiKo, Tz. 332 zu § 285 HGB). Mit der Umsetzung des BilRUG wurde die Angabepflicht um erlassene Beträge zu Gunsten der Mitglieder des Geschäftsführungsorganes, eines Aufsichtsrates, eines Beirates oder einer ähnlichen Einrichtung erweitert. Dies bedeutet, dass erlassene Beträge aus gewährten Vorschüssen und Krediten an vorgenannte Personengruppen in die Anhangangabe einzufließen haben. Die Ergänzung von § 285 Nr. 9 Buchst. a HGB um die Angabepflicht von erlassenen Beträgen durch die Gesellschaft beruht auf der Umsetzung von Art. 16 Abs. 1 Buchst. e der EU-Richtlinie 2013/94/EU. Die Ergänzung stellt keine materielle Änderung der Angabepflicht dar, da bereits nach herrschender Meinung diese Betragsangabe unter den anzugebenden wesentlichen Bedingungen subsumiert war. Da es zu einer Doppelerfassung des Erlassbetrages mit § 285 Nr. 9 Buchst. a HGB kommen kann, sollte bei wesentlichen Beträgen ein entsprechender Hinweis darauf angefügt werden, um Fehlinterpretationen zu vermeiden (vgl. *Grottel* in BeBiKo, Tz. 341 zu § 285 HGB).

In § 286 Abs. 4 HGB ist eine Schutzvorschrift enthalten, nach der die nach § 285 Nr. 9 Buchst. a, b und c (bezogen auf die erlassenen Beträge gewährter Vorschüsse und Kredite) HGB verlangten Angaben über die Gesamtbezüge der dort bezeichneten Personen unterbleiben können, wenn sich anhand dieser Angaben die Bezüge eines Mitglieds der Organe feststellen lassen. Die Schutzvorschrift ist auch für Eigenbetriebe anwendbar. Sie kann immer dann in Anspruch genommen werden, wenn die Werkleitung nur aus einem Mitglied besteht. Lässt sich bei einer mehrköpfigen Werkleitung die Höhe der Bezüge eines einzelnen Mitglieds der Werkleitung in Unkenntnis der Vergütungsregeln nur schätzen oder im Wege der Durchschnittsbildung ermitteln, kann die Schutzvorschrift in Anspruch genommen werden, falls die tatsächlichen Bezüge von dem ermittelten Durchschnittswert nicht wesentlich abweichen (vgl. *Grottel* in BeBiKo, Tz. 43 zu § 286 HGB).

6.8 Angabe der Mitglieder der Werkleitung und des Werkausschusses (§ 285 Nr. 10 HGB i. V. m. § 25 Abs. 1 Nr. 6 EigAnVO)

Es sind alle Mitglieder der Werkleitung und des Werkausschusses, auch wenn sie im Wirtschaftsjahr oder später ausgeschieden sind, mit Familiennamen und mindestens einem ausgeschriebenen Vornamen anzugeben. Ferner ist auch die Angabe des ausgeübten Berufs erforderlich. Unter dem ausgeübten Beruf ist die tatsächlich ausgeübte hauptberufliche Tätigkeit, nicht der erlernte Beruf zu verstehen (vgl. *Grottel* in BeBiKo, Tz. 353 zu § 285 HGB). Die Angabepflicht erstreckt sich auch auf alle Mitglieder der Werkleitung und des Werkausschusses, die während des Wirtschaftsjahres und auch nach Ablauf des Wirtschaftsjahres bis zum Abschluss der Aufstellung des Jahresabschlusses berufen wurden (vgl. *Grottel* in BeBiKo, Tz. 353 zu § 285 HGB).

6.9 Anteilsbesitz (§ 285 Nr. 11 und Nr. 11a HGB)

Nach der Vorschrift des § 285 Nr. 11 HGB sind Beteiligungen i. S. d. § 271 Abs. 1 HGB an anderen Unternehmen anzugeben hinsichtlich

- Name und Sitz des Unternehmens,
- Höhe des Anteils am Kapital,
- Eigenkapital und Ergebnis des letzten Wirtschaftsjahres, für das ein Jahresabschluss vorliegt.

Die Ausweispflicht betrifft neben den unmittelbaren Beteiligungen auch mittelbare Beteiligungen, wenn die Anteile einem von dem Eigenbetrieb beherrschten Unternehmen gehören und der Gesellschaft die Mehrheit der Anteile oder die Mehrheit der Stimmrechte an dem betreffenden Unternehmen zustehen. Grundsätzlich ist der festgestellte Jahresabschluss zur Berichterstattung heranzuziehen, unabhängig davon, wie weit der Abschlussstichtag dieses Jahresabschlusses zurückliegt. § 285 Nr. 11 HGB wurde im Zuge der Umsetzung des BilRUG neugefasst. Die bisherige Begrenzung der Angabepflicht auf Beteiligungen mit einem Kapitalanteil von mindestens 20 % ist entfallen. Angaben nach § 285 Nr. 11 HGB sind nunmehr für alle Beteiligungen gemäß der Definition des § 271 Abs. 1 HGB zu tätigen. Danach gelten als Beteiligungsanteile an anderen Unternehmen diese, die bestimmt sind, dem eigenen Geschäftsbetrieb durch Herstellung einer dauernden Verbindung zu jenen Unternehmen zu dienen. Verbunden mit dieser Definition enthält § 271 Abs. 1 HGB die widerlegbare Vermutung, dass eine Beteiligung vorliegt, sofern der Kapitalanteil (rechtsformunabhängig) an diesem Unternehmen 20 % überschreitet. Auf Grund dieser Vermutung besteht grundsätzlich die Möglichkeit, dass nicht mehr zwingend eine Angabepflicht nach § 285 Nr. 11 HGB aus einer Quote von mindestens 20 % resultiert. Die Regierungsbegründung RegE BilRUG, BT-Drs. 18/4040, 65 stellt jedoch klar, dass eine Beteiligung unterhalb der Schwelle von 20 % anzunehmen ist, wenn weitere Umstände hinzutreten (vgl. *Grottel* in BeBiKo, Tz. 361 zu § 285 HGB). Bisher war die Angabepflicht auf Beteiligungen von über 20 % beschränkt. Dies bedeutet, dass für jedwede Unternehmensbeteiligung des Eigenbetriebs, die im Jahresabschluss als Beteiligung qualifiziert ist, eine Angabe nach § 285 Nr. 11 HGB zu erfolgen hat.

Zudem sind nach § 285 Nr. 11a HGB -unabhängig von der Beteiligungshöhe- Angaben zu Beteiligungen an Unternehmen zu machen, an denen der Eigenbetrieb persönlich haftender Gesellschafter ist. (vgl. IDW ERS FAB 18: Bilanzierung von Beteiligungen an Personenhandelsgesellschaften im handelsrechtlichen Jahresabschluss, Stand 22.11.2024, Tz. 41, vgl. *Grottel* in BeBiKo, Tz. 410 zu § 285 HGB). Die Angabepflicht ist hingegen aber bei Eigenbetrieben ohne Relevanz, da § 87 Abs. 1 Nr. 4 GemO regelt, dass sich eine Gemeinde (und damit der Eigenbetrieb, der ein Sondervermögen der Gemeinde darstellt) nur dann an Unternehmen in einer Rechtsform des privaten Rechts beteiligen kann, wenn eine Rechtsform gewählt wird, die die Haftung der Gemeinde auf einen bestimmten Betrag begrenzt. Damit scheiden die Rechtsformen aus, bei denen die Gesellschafter für die Verbindlichkeit des Unternehmens in unbeschränkter Höhe haften.

Die Anwendung der Schutzklausel des § 286 Abs. 3 HGB, nach der die Angabe des Beteiligungsbesitzes in bestimmten Fällen unterbleiben kann, wurde in § 25 Abs. 1 Satz 2 EigAnVO ausgeschlossen. Zur Begründung vgl. Erl. 1.

6.10 Aufgliederung der sonstigen Rückstellungen (§ 285 Nr. 12 HGB)

Der Bilanzposten „Sonstige Rückstellungen“ umfasst alle Rückstellungen, die nach dem Bilanzgliederungsschema weder Rückstellungen für Pensionen und ähnliche Verpflichtungen noch Steuerrückstellungen sind. § 285 Nr. 12 HGB verlangt eine Erläuterung und

Aufgliederung dieses Postens, wenn die Rückstellungen einen nicht unerheblichen Umfang haben. Anzugeben sind die Art der gebildeten Rückstellung, der Grund, aus dem sie gebildet wurden, und die Höhe der einzelnen Rückstellungen. Wann eine Rückstellung einen erheblichen Umfang hat, ist unter Zugrundelegung des Verhältnisses einer einzelnen Rückstellung zum Gesamtbetrag der Rückstellungen sowie der Belastung des Jahresergebnisses durch eine Rückstellungsbildung abzuleiten (vgl. *Grottel* in BeBiKo, Tz. 431 zu § 285 HGB).

6.11 Abschreibungsdauer eines Geschäfts- oder Firmenwertes (§ 285 Nr. 13 HGB)

Insbesondere bei der Übernahme von Strom-, Gas- oder Wasserversorgungsnetzen kann es dazu kommen, dass der Eigenbetrieb im Rahmen der Übernahme der Netze einen Kaufpreis zu entrichten hat, der über den beim bisherigen Netzbetreiber aktivierten Anschaffungs- und Herstellungskosten für das Netz liegt. Die Differenz zwischen den bisherigen aktivierten Anschaffungs- und Herstellungskosten und dem Kaufpreis kann der Eigenbetrieb regelmäßig als Geschäfts- oder Firmenwert nach § 246 Abs. 1 Satz 4 HGB aktivieren. Mit der nunmehr gesetzlich vorgenommenen Fiktion des entgeltlich erworbenen Geschäfts- oder Firmenwertes mit zeitlich begrenzter Nutzungsdauer des Geschäfts- oder Firmenwertes, ist die Pflicht zur Anwendung der entsprechenden Bewertungsvorschriften (§ 253 Abs. 3 Satz 4 HGB) verbunden, wonach die individuelle betriebliche Nutzungsdauer des Geschäfts- und Firmenwertes zu schätzen bzw. bei nicht verlässlicher Schätzung der Nutzungsdauer ein Zeitraum von zehn Jahren zu Grunde zu legen und danach planmäßig abzuschreiben ist. Im Zuge der Umsetzung des BilRUG wurde § 253 Abs. 3 HGB geändert. Danach ist nunmehr festgelegt, wie ein entgeltlich erworbener Geschäfts- oder Firmenwert abzuschreiben ist. § 253 Abs. 3 Satz 4 HGB besagt, dass, wenn die Nutzungsdauer nicht verlässlich geschätzt werden kann, die planmäßigen Abschreibungen auf die Herstellungskosten über einen Zeitraum von 10 Jahren vorzunehmen sind. Näheres hierzu vgl. Erl. 2.2.2.6. zu § 23 EigAnVO. Im Zuge dieser Änderung wurde auch die Anhangangabe nach § 253 Nr. 13 HGB angepasst.

Künftig ist der Zeitraum über den ein entgeltlich erworbener Geschäfts- oder Firmenwert abgeschrieben wird in jedem Fall zu erläutern. Die nach BilRUG geforderte „Erläuterung" des Zeitraumes im Vergleich zu der vormals geforderten Angabe der „Gründe" führt zu keiner materiellen Änderung der Angabepflicht. Die Erläuterungen erfordern die Angabe von Voraussetzungen sowie Ursachen für den gewählten Zeitraum und gehen über eine bloße Darstellung hinaus (vgl. *Grottel* in BeBiKo, Tz. 441 zu § 285 HGB). Stimmt die geschätzte Nutzungsdauer mit der nach § 7 Abs. 1 Satz 3 EStG fingierten von 15 Jahren überein, reicht ein Hinweis auf diese steuerrechtliche Vorschrift nicht aus. Vielmehr sind die Gründe für die betriebliche Nutzungsdauer von 15 Jahren nachvollziehbar darzulegen (vgl. *Grottel* in BeBiKo, Tz. 442 zu § 285 HGB).

Setzt sich der Geschäfts- oder Firmenwert aus mehreren Erwerbsvorgängen zusammen (z. B. verschiedene Netzübernahmen), ist grundsätzlich einzeln zu berichten. Zusammenfassungen nach gleichen Gründen und gleichen betrieblichen Nutzungsdauern sind zulässig (vgl. *Grottel* in BeBiKo, Tz. 443 zu § 285 HGB sowie *WPH*, a. a. O., Kap. F Tz. 1124). Die Erläuterungen können mit den Angaben zu den Bewertungsmethoden des Geschäfts- und Firmenwertes zusammengefasst werden (vgl. *Grottel* in BeBiKo, Tz. 444 zu § 285 HGB).

6.12 Angaben zu ausgegebenen Genussscheinen und ähnlichen Rechten auf Gewinnbezug (§ 285 Nr. 15a HGB)

Die Vorschrift wurde mit der Übernahme des BilRUG in das HGB eingefügt. Nach § 285 Nr. 15a HGB ist über den Bestand ausgegebener Genussscheine, Genussrechte, Wandelschuldverschreibungen, Optionsscheine, Optionen, Besserungsscheine oder vergleichbare Wertpapiere oder Rechte unter Angabe der Anzahl und der Rechte, die sie verbriefen, zu berichten. Da diese Finanzinstrumente von Eigenbetrieben nicht ausgegeben werden dürfen, geht die Anhangangabe bei Eigenbetrieben fehl.

6.13 Angabe des Abschlussprüferhonorares (§ 285 Nr. 17 HGB)

Die Vorschrift bezweckt die Gewährleistung und Stärkung der Unabhängigkeit und Objektivität des Abschlussprüfers und die Vermeidung einer potenziellen Besorgnis der Befangenheit im Rahmen des Transparenzgebotes. Die Vorschrift bestimmt deshalb, dass der Eigenbetrieb im Anhang das vom Abschlussprüfer für das Wirtschaftsjahr berechnete Gesamthonorar für

- die Abschlussprüfungsleistungen,
- andere Bestätigungsleistungen (wie z. B. Bestätigungen nach dem Erneuerbare-Energien-Gesetz sowie dem Kraft-Wärme-Kopplungsgesetz, Bestätigungen nach § 16 der Makler- und Bauträgerverordnung, Bescheinigungen über die Kostenerstattung der Straßenbaulastträger, Ermittlungen der Entgeltbedarfe und Entgeltaufkommen sowie der Nachkalkulation bei Abwassereigenbetrieben),
- Steuerberatungsleistungen,
- sonstige Leistungen (als Auffangtatbestand für sonstige Leistungen, wie z. B. prüfungsnahe Beratung)

angeben muss. Gegenstand der Angabe ist jeweils das Gesamthonorar des Abschlussprüfers in € oder T€, aufgegliedert nach seinen Vergütungsbestandteilen, nicht die vereinbarten Stunden/Tagewerke und Stundensätze. Vorjahreszahlen sind nicht angabepflichtig. Die Aufgliederung darf auch mittels Prozentangaben erfolgen, wenn mindestens das Gesamthonorar in Euro angegeben ist (vgl. *Grottel* in BeBiKo, Tz. 500 – 502 zu § 285 HGB). Das angabepflichtige Gesamthonorar schließt den berechneten Auslagenersatz (Tage- und Übernachtungsgelder, Fahrt- und Nebenkosten, Berichts- und Schreibkosten usw.) mit ein, i. d. R. jedoch nicht die Umsatzsteuer (vgl. *Grottel* in BeBiKo, Tz. 504 zu § 285 HGB). Anzugeben ist das für das Wirtschaftsjahr berechnete Honorar, wobei es nicht auf den Zeitpunkt der Honorarvereinbarung oder -zahlung ankommt, sondern auf die Honorarzuordnung für das Wirtschaftsjahr (einschließlich des Abschlussstichtages), über das berichtet wird. Es kommt somit nicht auf den Zeitpunkt der Leistungserbringung an, sondern darauf, dass die durch das Honorar bezeichnete Leistung des Abschlussprüfers einen Bezug zum Wirtschaftsjahr, über das zu berichten ist, haben muss. Ergeht die (Schluss-)Rechnung des Abschlussprüfers für das Abschlussprüferhonorar nach dem Zeitpunkt der Abschlusserstellung, welches für Abschlussprüferleistungen die Regel ist, sollte auf die im Jahresabschluss angesetzte Schuld (z. B. Rückstellung für Prüfungskosten) zuzüglich dem bereits im zu berichtenden Wirtschaftsjahr an den Abschlussprüfer gezahlten Teil- oder Abschlagsrechnungen bzw. Vorschüssen abgestellt werden (vgl. *Grottel* in BeBiKo, Tz. 505, 506 zu § 285 HGB). Wesentliche Abweichungen des tatsächlich später berechneten Abschlussprüferhonorares zum angegebenen Betrag sind getrennt oder als „Davon-Vermerk" zur entsprechenden Leistungskategorie im Anhang des Folgejahres anzugeben (vgl. *Grottel* in BeBiKo, Tz. 507 zu § 285 HGB).

6.14 Angaben zu bestimmten Finanzinstrumenten in den Finanzanlagen (§ 285 Nr. 18 HGB)

Die Angabepflicht bezieht sich auf das Bewertungswahlrecht des § 253 Abs. 3 Satz 6 HGB, nach dem, abweichend vom Grundsatz, dass bei nicht abnutzbarem Anlagevermögen eine außerplanmäßige Abschreibung nur bei dauerhafter Wertminderung durchzuführen ist, eine außerplanmäßige Abschreibung von Finanzanlagen auch bei voraussichtlich nicht dauernder Wertminderung vorgenommen werden kann. Umfasst von der Angabepflicht werden alle unter den Finanzanlagen ausgewiesenen Posten, wie z. B. Aktien, Anteile an Unternehmen oder Ausleihungen. Die Berichterstattungspflicht wird nur ausgelöst, wenn die Finanzanlagen über ihrem zum Bilanzstichtag beizulegenden Zeitwert ausgewiesen werden (vgl. *Grottel* in BeBiKo, Tz. 535–537 zu § 285 HGB). Die Angabe umfasst dann

- die Angabe jeweils des Buchwertes und des beizulegenden Zeitwerts sowie

- die Angabe der Gründe für das Unterlassen der außerplanmäßigen Abschreibung gemäß § 253 Abs. 3 Satz 6 HGB.

Der beizulegende Zeitwert entspricht bei Existenz eines aktiven Markts dabei dem Marktpreis i. S. d. § 255 Abs. 4 Satz 1 HGB. Fehlt es an einem aktiven Markt, ist der beizulegende Zeitwert mithilfe allgemein anerkannter Bewertungsmethoden (z. B. Discounted-Cashflow-Methode oder Ertragswertverfahren) zu bestimmen (vgl. § 255 Abs. 4 Satz 2 HGB). Nach IDW RH HFA 1.005 (IDW RH HFA 1.005: Anhangangaben nach § 285 Nr. 18 und 19 HGB zu bestimmten Finanzinstrumenten, Tz. 5 WPg 2010, Supplement 4) sind weitere verbale Angaben erforderlich, warum die am Abschlussstichtag festgestellte Wertminderung nicht dauerhaft ist, z. B. ist über festgestellte Werterhöhungen zwischen Abschlussstichtag und Erstellung des Jahresabschlusses oder über eingeleitete bzw. geplante Maßnahmen, die voraussichtlich eine Zeitwerterhöhung bewirken, zu berichten.

6.15 Angaben zu nicht zum Zeitwert bilanzierten derivativen Finanzinstrumenten (§ 285 Nr. 19 HGB)

Hierbei werden Angaben zu schwebenden Geschäften gefordert, die außer bei Vorleistungen oder drohenden Verlusten nicht in der Bilanz erfasst sind. Diese Vorschrift ersetzt eventuelle Angabepflichten nach dem § 285 Nr. 3 und 3a HGB (vgl. *Grottel* in BeBiKo, Tz. 553, 554 zu § 285 HGB).

Der Begriff Finanzinstrumente ist im HGB nicht definiert. In der Literatur wird ein (originäres) Finanzinstrument als Vertrag definiert, der gleichzeitig bei dem einen Unternehmen zu einem finanziellen Vermögenswert und bei dem anderen Unternehmen zu einer finanziellen Verbindlichkeit oder einem Eigenkapitalinstrument führt. Finanzielle Vermögenswerte sind dabei: Flüssige Mittel, Eigenkapitalinstrumente anderer Unternehmen (z. B. Aktien), Rechte, flüssige Mittel oder andere finanzielle Vermögenswerte eines anderen Unternehmens zu erhalten (z. B. Forderungen aus Lieferungen und Leistungen); das Recht, finanzielle Vermögenswerte oder finanzielle Schulden mit einem anderen Unternehmen unter potenziell vorteilhaften Bedingungen tauschen zu können; Verträge, die mit eigenen Eigenkapitalinstrumenten erfüllt werden oder erfüllt werden dürfen (vgl. *Grottel* in BeBiKo, Tz. 555 zu § 285 HGB).

Auch der Begriff der derivativen Finanzinstrumente ist schwer zu fassen, da es sich um unbestimmte Rechtsbegriffe handelt, die auch von den europäischen Richtlinien nicht weiter definiert werden (vgl. *Grottel* in BeBiKo, Tz. 555–557 zu § 285 HGB). Es handelt sich in der Regel um Verträge, die auf den künftigen Kauf/Verkauf bzw. über Rechte zum künftigen Kauf/Verkauf originärer Finanzinstrumente abzielen, also bedingte oder unbedingte Termingeschäfte in der Form eines Fest- oder Optionsgeschäftes, bei denen der Erfüllungszeitpunkt hinausgeschoben ist und deren Preis sich in einem bestimmten Verhältnis zur Entwicklung ihres Basiswertes bewegt. Als Basiswerte kommen Wertpapierkurse, Devisenkurse, Zinssätze, Börsen- oder Marktpreise von Rohstoffen und anderen Waren infrage.

Hinzuweisen ist darauf, dass die Angabepflicht nicht auf Warenkontrakte abzielt, die zur Abdeckung eines physischen Bedarfs für Erwerb/Veräußerung/Eigenverbrauch dienen, sofern dieser Zweck bei Vertragsabschluss bestand und am Bilanzstichtag noch besteht, und bei denen mit der Lieferung der Ware der Vertrag als erfüllt gilt (vgl. IDW RH HFA 1.005: Anhangangaben nach § 285 Nr. 18 und 19 HGB zu bestimmten Finanzinstrumenten, Tz. 5 WPg 2010, Supplement 4). Dies kann insbesondere für Eigenbetriebe mit den Betriebszweigen Strom- und/oder Gasversorgung relevant sein, die die für ihren voraussichtlichen Strom- und Gasabsatz benötigten Vertriebsmengen zur Preisabsicherung bereits auf mehrere Wirtschaftsjahre hinaus auf Ziel (in der Praxis bis zu vier Jahre) teilweise oder vollständig durch den Einkauf von sog. Forwards beschafft haben (vgl. *Grottel* in BeBiKo, Tz. 556 zu § 285 HGB). Eine Lieferung der beschafften Strom- und Gasmengen sowie der Zahlungsausgleich für die Lieferungen liegen dabei im vertraglich vereinbarten Lieferzeitpunkt nach dem Bilanzstichtag, es liegt ein schwebendes (Termin-)Geschäft vor.

Eine Angabepflicht für solche schwebenden Geschäfte nach § 285 Nr. 19 HGB entfällt, da der Warenkontrakt in der Regel zur Abdeckung eines physischen Bedarfes dient. Hinzuweisen ist aber darauf, dass die Abdeckung des physischen Bedarfes durch Vertriebslastprognosen des Eigenbetriebs nachweisbar sein muss. Liegt ein solcher Nachweis nicht vor, bzw. wurde zu viel Menge eingedeckt, ist die Angabe unverändert vorzunehmen. Bei Geschäften zur Abdeckung eines physischen Bedarfes kann ferner eine eventuelle Angabepflicht nach § 285 Nr. 3 bzw. Nr. 3a HGB wieder aufleben.

Ein Beispiel für ein derivatives Finanzinstrument, für das die Angaben nach § 285 Nr. 19 HGB zu tätigen sind, ist z. B. die Absicherung eines variabel verzinslichen Darlehens durch ein sog. Zinssatzswapgeschäft, bei dem sich in der Regel eine Bank sowie der Eigenbetrieb verpflichten, die Höhe der Zinsdifferenz zwischen einem Festzinssatz (durch den Eigenbetrieb zu begleichen) und dem variablen Zinssatz (durch die Bank zu begleichen), bezogen auf einen fiktiven Darlehensbetrag in Höhe des beim Eigenbetrieb aufgenommenen Bankdarlehens, auszugleichen.

> *Beispiel:*
>
> *Der Eigenbetrieb hat zur Finanzierung des Neubaus eines Abfallwirtschaftshofes ein verzinsliches Bankdarlehen bei der Bank A in Höhe von 1 000 000,00 Euro zum 1.1.2025 aufgenommen. Das Darlehen wird variabel mit dem sog. 6-Monats Euribor p. a. verzinst und hat eine Laufzeit von zwanzig Jahren. Zinszahlungstermine sind halbjährlich zum 30.6. und 31.12. eines jeden Wirtschaftsjahres. Das Darlehen ist dabei am Laufzeitende in einer Summe zurückzuzahlen. Um sich gegen Zinsänderungsrisiken abzusichern, schließt der Eigenbetrieb nun einen sog. Zinssatzswap mit der Bank B über zwanzig Jahre ab, bei dem sich die Bank B verpflichtet, auf einen Basisbetrag von 1 000 000,00 Euro p. a. den variablen Zinssatz (6-Monats Euribor) zu entrichten, während der Eigenbetrieb p. a. einen Festzinssatz von 2,5 % über die Vertragslaufzeit zahlt. Die Zinszahlungen aus der Zinssatzswapvereinbarung sind auch hier halbjährlich zum 30. Juni und 31. Dezember eines jeden Wirtschaftsjahres zu leisten.*

Liegt im Beispiel der 6-Monats Euribor zum 30.6.2025 bei 2,0 %, ergeben sich daraus folgende Zinszahlungsverpflichtungen:

Zahlungsverpflichtungen des Eigenbetriebes aus dem Bankdarlehen:	
Zinszahlungen an die Bank A (2,0 % auf Euro 1 000 000,00 bezogen auf 180 Zinstage):	Euro 10 000,00
Ermittlung der Zahlungsverpflichtungen aus dem Zinssatzswap:	
Zahlungsverpflichtungen der Bank B an den Eigenbetrieb (2,0 % auf Euro 1 000 000,00 bezogen auf 180 Zinstage):	– Euro 10 000,00
Zinszahlungsverpflichtungen des Eigenbetriebs an die Bank B (2,5 % auf Euro 1 000 000,00 bezogen auf 180 Zinstage):	Euro 12 500,00
Ergibt per Saldo eine Zinszahlungsverpflichtung des Eigenbetriebs an die Bank B (Zinsaufwand beim Eigenbetrieb) in Höhe von:	Euro 2 500,00
Zinsaufwand zu Bedienung des Darlehens bei Eigenbetrieb insgesamt:	**Euro 12 500,00**

Liegt nun der 6-Monats Euribor zum 31.12.2025 bei 3,0 %, ergibt sich folgendes Bild:

Zahlungsverpflichtungen des Eigenbetriebs aus dem Bankdarlehen:	
Zinszahlungen an die Bank A (3,0 % auf € 1 000 000,00 bezogen auf 180 Zinstage):	Euro 15 000,00
Ermittlung der Zahlungsverpflichtungen aus dem Zinssatzswap:	
Zahlungsverpflichtungen der Bank B an den Eigenbetrieb (3,0 % auf Euro 1 000 000,00 bezogen auf 180 Zinstage):	– Euro 15 000,00
Zinszahlungsverpflichtungen des Eigenbetriebs an die Bank B (2,5 % auf Euro 1 000 000,00 bezogen auf 180 Zinstage):	Euro 12 500,00
Ergibt per Saldo eine Zinszahlungsverpflichtung der Bank B an den Eigenbetrieb (Zinsertrag beim Eigenbetrieb) in Höhe von:	– Euro 2 500,00
Zinsaufwand zur Bedienung des Darlehens bei Eigenbetrieb insgesamt:	**Euro 12 500,00**

Wie das Beispiel zeigt, hat sich der Eigenbetrieb in jedem Fall durch den Abschluss des Zinssicherungsgeschäftes einen Zinsaufwand in Höhe von 12 500,00 Euro abgesichert. Da die Laufzeit des Zinssatzswapgeschäftes zwanzig Jahre beträgt und es sich bei dem Geschäft um ein derivatives Finanzinstrument handelt, müssen zum 31.12.2025 Angaben nach § 285 Nr. 19 HGB erfolgen.

Die Angaben für die derivativen Finanzinstrumente umfassen

- deren Art und Umfang,
- den beizulegenden Zeitwert, soweit er sich nach § 255 Abs. 4 HGB verlässlich ermitteln lässt, unter Angabe der angewandten Bewertungsmethode,
- deren Buchwert und der Bilanzposten, in welchem der Buchwert, soweit vorhanden, erfasst ist, sowie
- die Gründe dafür, warum der beizulegende Zeitwert nicht bestimmt werden kann.

Die Angaben sind für jede Kategorie der Derivate zu machen. Maßgebend für die Bildung und Abgrenzung einer Kategorie ist die Gleichartigkeit der dem Derivate-Vertrag zu Grunde liegenden Basiswerte. Nach IDW RH HFA 1.005 (vgl. IDW RH HFA 1.005: Anhangangaben nach § 285 Nr. 18 und 19 HGB zu bestimmten Finanzinstrumenten, Tz. 26 WPg 2010, Supplement 4) sind dies z. B. zinsbezogene Geschäfte, währungsbezogene Geschäfte, aktien-/indexbezogene Geschäfte und sonstige Geschäfte.

Beispiel:

Im Allgemeinen empfiehlt es sich, bei umfangreicher Berichterstattung eine siebenspaltige Aufstellung vorzunehmen. Legt man die im obigen Beispiel verwendeten Daten zu Grunde und ist davon auszugehen, dass der Zinssatzswap einen negativen beizulegenden Zeitwert von 80 000,00 Euro hat (da annahmegemäß im Beispiel von langfristig wieder deutlich fallenden Zinsen ausgegangen wird), müssten zum 31.12.2025 im Anhang folgende Angaben gemacht werden:

Tabelle 5: Beispiel für die Angaben nach § 285 Nr. 19 HGB

Kategorie	Art	Umfang	Beizulegender Zeitwert	Buchwert	Bilanzposten	Bewertungsmethode
Zinsbezogenes Geschäft	Swapgeschäft	Euro 1 000 000,00	Euro– 80 000,00	Euro 0,00	Nicht bilanziert	Mark-to-Market-Bewertung

Mit dieser Anhangangabe sind dann Angaben zu nicht in der Bilanz enthaltenen Geschäften nach § 285 Nr. 3 und § 285 Nr. 3a HGB nicht mehr vorzunehmen. Buchwerte sind bei dem im Beispiel genannten Geschäft in der Regel nicht anzutreffen. Bei sog. Optionsgeschäften kommt es hingegen häufiger vor, dass bei Geschäftsabschluss eine Optionsprämie zu zahlen ist, die dann auch in der Regel vom Eigenbetrieb als sonstiger Vermögensgegenstand zu aktivieren ist und einen Buchwert aufweist (vgl. *Justenhoven/Usinger* in BeBiKo, Tz. 72 zu § 254 HGB). In einem solchen Fall wären danach Angaben zum Bilanzposten und zum Buchwert vorzunehmen. Bei Zinsswapgeschäften können beizulegender Zeitwert und Bewertungsmethode in der Regel von der Bank, mit der das Geschäft abgeschlossen wurde, abgefragt werden.

Hinzuweisen ist in diesem Zusammenhang auf die einschränkenden haushaltsrechtlichen Vorschriften beim Abschluss von Zinsderivatgeschäften. Festzustellen ist zunächst, dass eine ausdrückliche gesetzliche Ermächtigung zum Einsatz von Zinsderivaten durch die Gemeinde bzw. den Eigenbetrieb nach VV 6.1. zu § 103 GemO nicht besteht. Die Befugnis der Gemeinde bzw. des Eigenbetriebs zum Einsatz von Zinsderivaten ergibt sich als Annex zu der für das jeweilige Haushalts-/Wirtschaftsjahr genehmigten Kreditermächtigung. Nach VV 6.2. zu § 103 GemO ist die Gemeinde im Rahmen ihrer Kreditkompetenz im Sinne einer „Bedingungsgestaltungskompetenz" insoweit zum Abschluss von Zinsderivaten befugt, als es um die Kreditkonditionengestaltung konkreter Kredite geht. Dies setzt einen gegenständlichen Bezug – die sogenannte Konnexität – zwischen dem jeweiligen Zinsderivatgeschäft und einem konkret bestehenden oder neu abgeschlossenen Kreditvertrag voraus. Zinsbezogene Derivate für erst künftig geplante, noch nicht abgeschlossene Kommunalkredite kommen daher nicht in Betracht. VV 6.3. zu § 103 GemO fordert daher, dass sich das Zinsderivatgeschäft und das Kreditgeschäft hinsichtlich Währung, Betrag und Fälligkeit decken. Von Deckungsgleichheit kann ausgegangen werden, wenn der Bezugsbetrag des Zinsderivates nicht größer als der Kreditbetrag und die Laufzeit nicht länger als die (Rest-)Laufzeit des Kredites ist. Zinsderivate dürfen nur zur Zinssicherung und Zinsoptimierung verwendet werden, es ist dabei immer das allgemeine Spekulationsverbot zu beachten. Zinsderivatgeschäfte, die der Erwirtschaftung separater Gewinne dienen, sind unzulässig (VV 6.4. zu § 103 GemO). Durch die Trennung von Liquiditäts- und Zinsseite bleibt das eigentliche Kreditgeschäft vom Einsatz zinsbezogener Derivate grundsätzlich unberührt. In der Vereinbarung von Zinsderivaten liegt daher weder eine Kreditaufnahme im Sinne des § 103 Abs. 1 und 2 GemO noch die Begründung einer Zahlung, die wirtschaftlich einer Kreditaufnahme gleichkommt, im Sinne des § 103 Abs. 5 GemO vor. Der konnexe Einsatz zinsbezogener Derivate bedarf keiner aufsichtsbehördlichen Genehmigung (VV 6.5. zu § 103 GemO). Zum Abschluss von Derivatgeschäften ist i. d. R. ein Beschluss des Gemeinderates nach § 32 Abs. 1 GemO erforderlich, da der Wirtschaftsplan der Sondervermögen, für die Sonderrechnungen geführt werden, nach § 1 Abs. 1 Nr. 6 GemHVO Bestandteil des Haushaltsplanes nach § 96 GemO ist. Deshalb empfehlen *Oster/Rheindorf* (vgl. *Oster/Rheindorf*, a. a. O., Lose-Blattsammlung, Tz. 8.5.5 zu § 103 GemO), in die Haushaltssatzung (d. h. den Wirtschaftsplan des Sondervermögens) eine entsprechende Ermächtigung aufzunehmen (vgl. § 95 Abs. 2 Satz 2 GemO) oder durch einen Grundsatzbeschluss die Verwaltung zum Abschluss von Derivatgeschäften zu ermächtigen. Ein Beschluss hierfür durch den Werkausschuss ist nicht zulässig, da der Gemeinderat nach § 32 Abs. 2 Nr. 2 GemO und § 2 Abs. 2 Nr. 1 die ausschließliche Zuständigkeit über die Feststellung und Änderung des Wirtschaftsplanes hat. Nach § 4 Abs. 2 EigAnVO hat der Werkausschuss die Beschlüsse, für die nach § 2 der Gemeinderat zuständig ist, vorzuberaten. Vgl. hierzu eingehend Erl. zu §§ 2 und 4 EigAnVO. Aufgrund der Tatsache, dass beim Einsatz von Zinsderivaten nur das Risiko des Kreditnehmers abgefedert werden soll, ist darin auch nicht das Einstehen der Kommune für das Verhalten eines Dritten oder die Übernahme dessen wirtschaftlichen Risikos nach § 104 GemO zu sehen. Insoweit liegt bei Zinsderivatgeschäften auch kein Gewährvertrag oder ein gewährvertragsähnliches Rechtsgeschäft vor (vgl. *Oster/Rheindorf*, a. a. O., Lose-Blattsammlung, Tz. 8.5.6.1 zu § 103 GemO).

Im Rahmen des Schulden- und Zinsmanagements der Gemeinde kann der zulässige Einsatz von Zinsderivaten ein geeignetes Mittel sein, Zinsänderungsrisiken zu begrenzen und Zinsausgaben zu minimieren. Nach VV 6.6. zu § 103 GemO bedarf allerdings der Einsatz von Zinsderivaten hohe Anforderungen in personeller und organisatorischer Hinsicht. Diese Anforderungen sind nach VV 6.6. zu § 103 GemO im Einzelnen

- der Einsatz ausreichend qualifizierter Mitarbeiter und deren einschlägige Fortbildung,
- klare Vorgaben des Rates über die zum Abschluss zugelassenen Zinsderivate und die maximale Höhe des Risikos (Risikolimit),
- eine laufende Überwachung der Zinsderivatgeschäfte, mit der u. a. ein Einsatz von Zinsderivaten zur spekulativen Einnahmeerzielung verhindert wird,
- eine Aufbauorganisation, die eine Funktionstrennung von Geschäftsabschluss, Abwicklung und Risikoüberwachung gewährleistet und
- ein funktionierendes Berichtswesen.

6.16 Angaben über Geschäfte mit nahestehenden Personen (§ 285 Nr. 21 HGB)

Nach § 285 Nr. 21 HGB ist in jedem Anhang über nicht zu marktüblichen Bedingungen zustande gekommene Geschäfte mit nahestehenden Personen unter Angabe der Art der Beziehung, des Wertes der Geschäfte sowie weiterer für die Beurteilung der Finanzlage des Eigenbetriebs notwendigen Angaben zu berichten, soweit sie wesentlich sind. Wesentliche Geschäfte sind solche, die für die Beurteilung der Finanzlage des Eigenbetriebs von Bedeutung sind. Die Form der verschiedenen Angaben wird von der Vorschrift nicht geregelt. Es empfiehlt sich daher, bei umfangreicher Berichterstattung eine dreispaltige Aufstellung folgender Art: Art der Beziehung/Wert der Geschäfte/Weitere für die Beurteilung der Geschäfte notwendige Angaben (vgl. *Grottel* in BeBiKo, Tz. 602 zu § 285 HGB).

Nahestehende Personen sind nach dem HGB nicht näher definiert, es sind die Definitionen für nahestehende Personen nach IAS 24.9 zu verwenden, die abschließend gelten (vgl. *Grottel* in BeBiKo, Tz. 605–612 zu § 285 HGB). Als nahestehende Personen gelten hiernach z. B. natürliche Personen in Schlüsselpositionen oder aber juristische Personen wie der Einrichtungsträger oder andere Eigenbetriebe des Einrichtungsträgers. Natürliche Personen in Schlüsselpositionen sind solche Personen, die für die Planung, Leitung und Überwachung der Tätigkeiten des Eigenbetriebs direkt oder indirekt zuständig und verantwortlich sind, z. B. Mitglieder der Werkleitung sowie die Werkausschussmitglieder. Diesen Organen entsprechen bei der Gebietskörperschaft z. B. der Bürgermeister oder die Gemeindevertretung und deren Mitglieder. Nur der Einrichtungsträger ist nahestehend, denkbare Querverbindungen zwischen dem Einrichtungsträger und weiteren Gebietskörperschaften aus Praktikabilitätsgründen nicht. Die Angabepflicht ist davon abhängig zu machen, ob die Personen zum Zeitpunkt des Geschäftsabschlusses als nahestehend zu betrachten sind (vgl. *Poullie:* Besonderheiten bei den Anhangangaben zu Geschäften mit nahestehenden Personen und Personen bei Unternehmen der öffentlichen Hand, WPg 21/2010 S. 1061).

Ausgenommen sind nach § 285 Nr. 21 HGB Geschäfte innerhalb eines Konzerns zwischen mittel- und unmittelbar in 100 %igem Anteilsbesitz stehenden Tochterunternehmen, wenn diese in einen Konzernabschluss einbezogen werden. Der Gesetzeswortlaut verlangt ausdrücklich den Einbezug in einen Konzernabschluss. Da aber Eigenbetriebe auf Grund fehlender gesetzlicher Vorgaben keine Konzernabschlüsse aufstellen, können diese daher die gesetzliche Ausnahmeregelung nicht anwenden. Hält der Eigenbetrieb z. B. 100 % der Anteile an einer Abwasserentsorgungsgesellschaft in der Rechtsform einer GmbH, die eine Kläranlage betreibt, müssen daher Geschäfte zwischen dem Eigenbetrieb und der Kläranlagen GmbH, wenn sie marktunüblich sind, angegeben werden. Nicht als Konzernabschluss im Sinne von § 285 Nr. 21 HGB wird der kommunale Gesamtabschluss nach § 109 GemO angesehen. Auch wenn es sich bei diesem um einen nach HGB-Regeln konsolidierten Abschluss handelt, ist er kein gleichwertiger Konzernabschluss nach den Vorschriften des HGB, da unter anderem das Gemeindehaushaltsrecht eigene, vom HGB deutlich abweichende Rechnungslegungsvorgaben enthält (vgl. *Poullie*: Besonderheiten bei den Anhangangaben zu Geschäften mit nahestehenden Personen und Personen bei Unternehmen der öffentlichen Hand, WPg 21/2010 S. 1064).

Ob nun ein Geschäft zu marktunüblichen Bedingungen abgeschlossen wurde, ist in jedem Einzelfall durch Drittvergleich zu bestimmen. Solche Bedingungen liegen vor, wenn die dem Geschäft zu Grunde liegenden Konditionen mit einem fremden Dritten – im positiven wie im negativen Sinne – nicht vereinbart worden wären. Die Gewährung von Preisnachlässen auf die Tarifpreise für Leistungen von Elektrizität, Gas, Wasser und Wärme, soweit dies steuerrechtlich anerkannt ist, ist keine angabepflichtige Marktunüblichkeit. Ebenso wird kein marktunübliches Geschäft darin zu sehen sein, dass z. B. Wasser für Brandschutz, die Reinigung von Straßen- und Abwasseranlagen sowie für öffentliche Zier- und Straßenbrunnen unentgeltlich oder verbilligt in nicht wesentlichem Umfang geliefert wird oder Anlagen für die Löschwasserversorgung unentgeltlich oder verbilligt zur Verfügung gestellt werden. Im Übrigen werden in aller Regel solche Preisnachlässe oder Lieferungen nicht wesentlich sein, sodass schon von daher eine Anhangangabe entbehrlich ist (vgl. *Kronawitter*, Ein Jahr BilMoG in der Praxis – ergänzende Hinweise zu den Rückstellungen und zum Anhang, Versorgungswirtschaft 11/2011 S. 286). Das gleiche gilt für den begünstigten Energiebezug durch Beschäftigte bei Eigenbetrieben mit dem Betriebszweig Strom- und Gasversorgung. Diese können zwar auch Personen in Schlüsselpositionen umfassen, solche Begünstigungen sind aber im Drittvergleich als marktüblich anzusehen. Konzessionsverträge fallen regelmäßig auch nicht unter die Angabepflicht gem. § 285 Nr. 21 HGB, da sie marktüblich sind (vgl. *Poullie*, Besonderheiten bei den Anhangangaben zu Geschäften mit nahestehenden Personen und Personen bei Unternehmen der öffentlichen Hand, WPg 21/2010 S. 1062, 1063).

Angabepflichtig sind hingegen wesentliche marktunübliche Geschäfte und Dienstleistungen, die auf Basis der geschäftspolitischen Entscheidungen des Eigenbetriebs mit nahestehenden Personen abgeschlossen werden. Werden beispielsweise Transportleistungen gegenüber einer nahestehenden Person zu marktunüblichen Konditionen erbracht (beispielsweise gegenüber dem Einrichtungsträger), so ist im Anhang darüber zu berichten. Nicht berichtspflichtig sind hingegen Dienstleistungen des öffentlichen Personennahverkehrs gegenüber Dritten (z. B. den Bürgern). Hierin könnte man solche Dienstleistungen als ggf. (mittelbare) Geschäfte mit nahestehenden Personen sehen, die dem Eigenbetrieb aufgrund geschäftspolitischer Entscheidungen vom Einrichtungsträger übertragen wurden. Selbst wenn man aber dieser Auffassung folgt, wird der erforderliche Drittvergleich wohl in der Regel zu der Schlussfolgerung führen, dass die Geschäfte nicht marktunüblich sind (da z. B. städtische Verkehrsbetriebe üblicherweise strukturell defizitär sind). Es bleibt festzuhalten, dass also die Aufgabenübertragung eines strukturellen Verlustbetriebes durch den Einrichtungsträger keine Berichtspflicht auslöst (vgl. Ergebnisbericht-Online über die 108. Sitzung des Fachausschusses für öffentliche Unternehmen und Verwaltungen [ÖFA] am 20.9.2011, S. 1–2 und *Poullie*, Besonderheiten bei den Anhangangaben zu Geschäften mit nahestehenden Personen und Personen bei Unternehmen der öffentlichen Hand, WPg 21/2010 S. 1062).

Hinzuweisen ist auch darauf, dass zusätzlich zu der Angabepflicht nach § 285 Nr. 21 HGB Eigenbetriebe, die als Energieversorgungsunternehmen im Sinne von § 3 Nr. 39 EnWG gelten, nach § 6b Abs. 2 EnWG im Anhang Angaben zu Geschäften größeren Umfangs mit verbundenen oder assoziierten Unternehmen im Sinne von § 271 Abs. 2 HGB oder § 311 HGB machen müssen.

6.17 Gesamtbetrag der Forschungs- und Entwicklungskosten (§ 285 Nr. 22 HGB)

Nach § 285 Nr. 22 HGB sind im Zusammenhang mit der Aktivierung selbst geschaffener immaterieller Wirtschaftsgüter des Anlagevermögens der Gesamtbetrag der Forschungs- und Entwicklungskosten des Wirtschaftsjahres sowie der davon auf die selbstgeschaffenen immateriellen Vermögensgegenstände entfallende Betrag anzugeben. Die Angabepflicht ist für Eigenbetriebe ohne praktische Relevanz, da sie regelmäßig weder Forschungs- noch Entwicklungstätigkeiten durchführen. Wir verweisen auch auf unsere Erläuterungen Aktiva in § 23 EigAnVO.

6.18 Angaben zu den nach § 254 HGB gebildeten Bewertungseinheiten (§ 285 Nr. 23 HGB)

Diese Vorschrift verlangt Angaben, wenn sog. Bewertungseinheiten nach § 254 HGB gebildet werden. Nach § 254 HGB sind Bewertungseinheiten dann gegeben, wenn Vermögensgegenstände, Schulden, schwebende Geschäfte oder mit hoher Wahrscheinlichkeit erwartete Transaktionen zum Ausgleich gegenläufiger Wertänderungen oder Zahlungsströme aus dem Eintritt vergleichbarer Risiken mit Finanzinstrumenten zusammengefasst sind. Liegen solche Bewertungseinheiten vor, sind § 249 Abs. 1 HGB, § 252 Abs. 1 Nr. 3 und 4 HGB, § 253 Abs. 1 Satz 1 HGB und § 256a HGB nicht mehr anzuwenden. Danach ist z. B. der Grundsatz der Einzelbewertung aufgehoben. Durch den Abschluss von Sicherungsgeschäften sollen negative Wertentwicklungen des Grundgeschäftes (z. B. ungünstige Kapitalmarktentwicklung eines variabel verzinslichen Bankdarlehens) durch positive Wertentwicklungen eines hierzu abgeschlossenen Sicherungsgeschäftes (z. B. Abschluss eines Zinssatzswap) kompensiert werden (vgl. *Justenhoven/Usinger* in BeBiKo, Tz. 1 zu § 254 HGB). Vermögensgegenstände und Schulden wären, wenn keine Bewertungseinheit vorliegt, grundsätzlich nach § 252 Abs. 1 Nr. 3 HGB einzeln zu bewerten. Zeigte sich dabei aber zum Bilanzstichtag ein negativer Marktwert des Sicherungsgeschäftes (z. B. wenn bei einem Zinssatzswap der Eigenbetrieb einen festen Zinssatz an die Bank zahlen muss zur Absicherung eines bei ihm vorhandenen variabel zu verzinsenden Bankdarlehens und die erwartete Zinsstruktur auch künftig deutlich unter dem durch die Zinssatzswapvereinbarung eingegangenen Festzinssatz liegt), kann dies dazu führen, dass die sog. imparitätische Behandlung positiver und negativer Wertänderungen zu einer unangemessen Darstellung der Vermögens-, Finanz- und Ertragslage führt. Unter Beachtung des Einzelbewertungsgrundsatzes wäre zunächst eine Rückstellung für drohende Verluste aus schwebenden Geschäften nach § 249 Abs. 1 Satz 1 HGB in Höhe des (negativen) Marktwertes des Zinssatzswaps zu bilden. Positive Wertänderungen, die aus dem Grundgeschäft resultieren, blieben unberücksichtigt. In § 254 HGB wurde die Bildung von Bewertungseinheiten ausdrücklich gesetzlich kodifiziert, positive und negative Entwicklungen aus dem Grund- und dem Sicherungsgeschäft *können* nunmehr zusammengefasst werden. Eine Rückstellungsbildung für den Zinssatzswap ist unter Berücksichtigung weiterer Voraussetzungen nicht mehr erforderlich. Es handelt sich bei der Vorschrift des § 254 HGB nach Teilen der Literaturmeinung um ein (echtes) Wahlrecht. Es liegt, unabhängig von der tatsächlichen Risikoabsicherung, in der Wahlfreiheit des Eigenbetriebes, eine Rückstellung für den negativen Marktwert des Zinssatzswaps zu bilden oder nicht zu bilden (vgl. *Justenhoven/Usinger* in BeBiKo, Tz. 3 zu § 254 HGB, vgl. auch Erl. 11.3 zu § 23 EigAnVO).

Praktische Fälle für Bewertungseinheiten bei Eigenbetrieben sind abgeschlossene Zinssatzswapverträge zur Absicherung gegen Zinsänderungsrisiken sowie bei Eigenbetrieben mit den Betriebszweigen Strom- und Gasversorgung auf Ziel beschaffte Strom- und Gasmengen für nach dem Bilanzstichtag liegende Wirtschaftsjahre, die eine Bewertungseinheit mit bereits an Sondervertragskunden verkaufte Strom- und Gasmengen bilden.

Nach § 254 HGB kann auch ein sog. antizipatives Hedging abgeschlossen werden. In der Praxis kann das bedeuten, dass ein Eigenbetrieb mit dem Betriebszweig Verkehrsdienstleistungen zur Finanzierung seines Fuhrparks (Kraftomnibusse) zwei variabel verzinsliche Darlehen nach dem Bilanzstichtag im Januar aufnimmt, das zur Sicherung bestimmte Zinssatzswapgeschäft aber bereits vor dem Bilanzstichtag im Dezember abschließt. Eine Einzelbewertung des Zinssatzswaps zum Bilanzstichtag kann unterbleiben, da hierin ein antizipatives Hedging gesehen werden muss. Um aber eine Bewertungseinheit des Zinssatzswapgeschäftes mit dem nach dem Bilanzstichtag aufgenommenen Darlehen abbilden zu können, muss die Darlehensaufnahme in inhaltlicher und zeitlicher Sicht so gut wie sicher sein, es dürfen allenfalls außerhalb des Eigenbetriebs stehende und nichtvorhersehbare außergewöhnliche Umstände dem Abschluss des Darlehensvertrages entgegenstehen (vgl. *Justenhoven/Usinger* in BeBiKo, Tz. 12 zu § 254 HGB).

Nach § 285 Nr. 23 HGB sind, wenn Bewertungseinheiten gebildet wurden, folgende Angaben zu tätigen

- mit welchem Betrag jeweils Vermögensgegenstände, Schulden, schwebende Geschäfte und mit hoher Wahrscheinlichkeit erwartete Transaktionen zu Absicherung welcher Risiken in welchen Arten von Bewertungseinheiten einbezogen sind sowie die Höhe der mit Bewertungseinheiten abgesicherten Risiken,
- für die jeweils abgesicherten Risiken, warum, in welchem Umfang und für welchen Zeitraum sich die gegenläufigen Wertänderungen oder Zahlungsströme voraussichtlich ausgleichen, einschließlich der Methode der Ermittlung,
- eine Erläuterung der mit hoher Wahrscheinlichkeit erwarteten Transaktionen, die in die Bewertungseinheiten einbezogen wurden (z. B. Erläuterung des im obigen Beispiel geplanten Abschlusses eines Darlehensvertrages über die Finanzierung von Kraftomnibussen),

soweit diese Angaben nicht im Lagebericht gemacht wurden. Das Wahlrecht, die Angaben zu den Bewertungseinheiten ausschließlich im Lagebericht zu tätigen, korrespondiert mit der Absicht des Gesetzgebers, dem Abschlussadressaten einen „Risikobericht aus einem Guss" geben zu können, da die Angabe inhaltlich der Angabepflicht im Lagebericht nach § 289 Abs. 2 Nr. 2 HGB, den auch Eigenbetriebe anzuwenden haben, nahesteht (vgl. auch Erl. 3.6 zu § 26 EigAnVO). Die Anhangangaben sind gem. IDW RH HFA 1.005 (vgl. IDW RH HFA 1.005: Anhangangaben nach § 285 Nr. 18 und 19 HGB zu bestimmten Finanzinstrumenten, Tz. 24 WPg 2010, Supplement 4) für das Grund- und das Sicherungsgeschäft gleichermaßen zu tätigen.

> *Beispiel:*
>
> *Im unter Erl. 6.15 behandelten Beispiel der Absicherung eines variabel verzinslichen Darlehens mit einem Zinssatzswap könnte die Anhangangabe, wenn man für den (negativen) Marktwert des Zinssatzswaps keine Rückstellung bilden möchte, sondern eine Bewertungseinheit mit dem Grundgeschäft (Darlehen) bildet, wie folgt aussehen:*
>
> *„Der Zinssatzswap besteht zur Absicherung von Zinsänderungsrisiken. Es besteht dabei eine Absicherung von Schulden (Verbindlichkeiten gegenüber Kreditinstituten) in Höhe von insgesamt 1 000 000,00 Euro. Die Verbindlichkeiten gegenüber Kreditinstituten betreffen einen Kredit, der mit dem 6-Monats Euribor verzinst wird. Es handelt sich um ein sog. Micro-Hedge, d. h. die Laufzeit des Kredites stimmt mit der Laufzeit des Sicherungsgeschäftes überein und die Kredithöhe sowie die Abrechnungsbasis für das Zinssatzswapgeschäft sind deckungsgleich (1 000 000,00 Euro). Es werden Risiken aus der Höherbewertung von Schulden abgesichert. Mit der Bildung einer Bewertungseinheit konnte auf die Zuführung für eine Rückstellung für drohende Verluste aus schwebenden Geschäften in Höhe des (negativen) Marktwertes des Zinssatzswaps in Höhe von 80 000,00 Euro verzichtet werden.*

Durch den Abschluss des Zinssatzswaps zahlt der Eigenbetrieb letztlich einen Festzins. Die Absicherung erfolgt jeweils über die Laufzeit der Zinsbindungsfristen des als Grundgeschäft abgesicherten Darlehens gegenüber Kreditinstituten bis zum 1.1.2045."

6.19 Angaben zu Pensionsrückstellungen (§ 285 Nr. 24 HGB)

Die Angabepflicht setzt voraus, dass das Wahlrecht gemäß § 22 Abs. 3 EigAnVO nicht ausgeübt wurde und Pensionsrückstellungen passiviert wurden. Zu den Rückstellungen für Pensionen und ähnliche Verpflichtungen sind im Anhang

- das angewandte versicherungsmathematische Berechnungsverfahren,
- der bei der Berechnung verwendete Zinssatz,
- die bei der Berechnung antizipierten Lohn- und Gehaltssteigerungen sowie
- die zugrunde gelegten Sterbetafeln

anzugeben.

Die Angabepflichten müssen auch dann erfolgen, wenn gemäß § 246 Abs. 2 Satz 2 HGB Pensionsrückstellungen mit Vermögensgegenständen, die ausschließlich der Erfüllung dieser Pensionsrückstellungen dienen und dem Zugriff aller Gläubiger entzogen sind, verrechnet wurden und dadurch keine Pensionsrückstellungen mehr ausgewiesen werden (vgl. *Grottel* in BeBiKo, Tz. 740 zu § 285 HGB, vgl. generell zur Bewertung von Pensionsrückstellungen Erl. zu § 23 EigAnVO).

6.20 Angaben zur Verrechnung von Vermögensgegenständen und Schulden nach § 246 Abs. 2 Satz 2 HGB (§ 285 Nr. 25 HGB)

Diese Angabepflicht steht im Zusammenhang mit der Verpflichtung zur Verrechnung bestimmter Vermögensgegenstände mit bestimmten Schulden gemäß § 246 Abs. 2 Satz 2 HGB (vgl. hierzu im Einzelnen Erl. zu § 23 EigAnVO).

Nach § 285 Nr. 25 HGB sind im Anhang

- die (ursprünglichen, nicht die zum Bilanzstichtag fortgeführten) Anschaffungskosten und der beizulegende Zeitwert der verrechneten Vermögensgegenstände,
- der Erfüllungsbetrag der verrechneten Schulden sowie
- die verrechneten Aufwendungen und Erträge

anzugeben. Wurde der beizulegende Zeitwert mit Hilfe von anerkannten Bewertungsmethoden ermittelt, sind zudem, entsprechend der Vorgabe des § 285 Nr. 20 Buchst. a. HGB, die grundlegenden Annahmen anzugeben, die den Bewertungsmethoden zu Grunde gelegt wurden.

6.21 Angaben zu Anteilen oder Anlageaktien an inländischen Investmentvermögen (§ 285 Nr. 26 HGB)

Die Vorschrift verlangt bestimmte Angaben zu Anteilen oder Anlageaktien an inländischen oder vergleichbaren ausländischen Investmentvermögen sofern der Anteilsbesitz mehr als 10 % der im Umlauf befindlichen Anteile beträgt. Unter bestimmten Voraussetzungen sind nach Nr. 2 Satz 1 der VV zu § 78 GemO Mittelanlagen in der Form von Anteilen oder Anlageaktien an inländischen Investvermögen zulässig (zu den Voraussetzungen im Einzelnen vgl. Erl. 2.4.1.1 zu § 23 EigAnVO). Hohe praktische Bedeutung hat diese Vorschrift für Eigenbetriebe nicht, da die Mittelanlagen zum einen nur unter den restriktiven Bedingungen der VV zu § 78 GemO zulässig sind und zum anderen in der Regel ein Eigenbetrieb weniger als 10 % der im Umlauf befindlichen Anteile an dem inländischen Investmentvermögen halten wird. Zu den im Einzelnen geforderten Angaben im Anhang vgl. § 285 Nr. 26 HGB.

6.22 Angaben zu Haftungsverhältnissen nach § 268 Abs. 7 HGB und § 285 Nr. 27 HGB

Ferner sind im Anhang Angaben zu Haftungsverhältnissen zu machen, zu denen das Wechselobligo, die Bürgschaften, Gewährleistungsverträge sowie die Bestellung von Sicherheiten für fremde Verbindlichkeiten gehören. Zu den Haftungsverhältnissen im Einzelnen verweisen wir auf unsere Erl. 14 zu § 23 EigAnVO. Die Haftungsverhältnisse sind im Einzelnen in § 251 HGB geregelt. § 268 Abs. 7 HGB verlangt dabei für Kapitalgesellschaften, dass für die in § 251 HGB bezeichneten Haftungsverhältnisse Angaben zu nicht auf der Passivseite auszuweisenden Verbindlichkeiten oder Haftungsverhältnissen im Anhang zu machen sind. Nach § 22 Abs. 2 EigAnVO ist § 268 Abs. 7 HGB unmittelbar auch bei Eigenbetrieben anzuwenden. Dabei sind gewährte Pfandrechte und sonstige Sicherheiten sowie Verpflichtungen aus Altersversorgung gesondert auszuweisen. Darüber hinaus sind verbundene Unternehmen oder assoziierte Unternehmen gesondert zu vermerken. Die Vorschrift wurde im Zuge der Umsetzung des BilRUG neu gefasst. Bisher konnte die Angabe der Haftungsverhältnisse auch unter der Bilanz vermerkt werden. Dieses Wahlrecht wurde aufgehoben, eine Angabe ist nunmehr zwingend im Anhang zu tätigen. Darüber hinaus sind durch die Umsetzung des BilRUG nunmehr auch Angaben zu gewährten Pfandrechten und sonstigen Sicherheiten, Verpflichtungen betreffend die Altersversorgung sowie Verpflichtungen gegenüber verbundenen Unternehmen zu tätigen.

§ 268 Abs. 7 HGB verlangt die Angabe der vier Haftungsverhältnisse des § 251 HGB „jeweils gesondert". Für jede Gruppe der Haftungsverhältnisse ist der Betrag einzeln anzugeben. Es ist hierbei die Reihenfolge des Gesetzes einzuhalten:

- Verbindlichkeiten aus der Übertragung von Wechseln
- Verbindlichkeiten aus Bürgschaften, Wechsel- und Scheckbürgschaften
- Verbindlichkeiten aus Gewährleistungsverträgen
- Haftungsverhältnisse aus der Bestellung von Sicherheiten für fremde Verbindlichkeiten

(vgl. *Schubert/Berberich* in BeBiKo, Tz. 51 zu § 268 HGB).

§ 268 Abs. 7 Nr. 2 HGB schreibt vor, dass die Haftungsverhältnisse unter Angabe der gewährten Pfandrechte und sonstigen Sicherheiten anzugeben sind. Bezugsgröße für die Angabepflicht sind alle Haftungsverhältnisse des § 251 HGB. In Frage kommen praktisch jedoch nur die Haftungsverhältnisse aus der Bestellung von Sicherheiten für fremde Verbindlichkeiten. Die anderen angabepflichtigen Haftungsverhältnisse können keine Gewährung von Pfandrechten und sonstigen Sicherheiten enthalten. Die Art der Angabe besteht in einem betragsmäßigen Vermerk des einzelnen Pfandrechtes oder der einzelnen Sicherheit für fremde Verbindlichkeiten. Eine Aufteilung des Betrags der anzugebenden Haftungsverhältnisse nach den einzelnen Sicherheiten ist vom HGB nicht gefordert, aber als weitergehende Untergliederung zulässig. Ist kein Pfandrecht oder keine sonstige Sicherheit gewährt worden, ist ein Negativvermerk nicht erforderlich. Der Umfang der Angabepflicht ist nach dem Gesetzeswortlaut nicht eingeschränkt. Für die Angabe- und Vermerkpflichten der Haftungsverhältnisse gilt jedoch der Grundsatz, dass bei Betriebs-, Branchen- und Verkehrsüblichkeit eine Einbeziehung in die Angabe regelmäßig entfallen kann. Danach sind z. B. Eigentumsvorbehalte oder Pflichten auf Grund allgemeiner Geschäftsbedingungen nicht anzugeben, da jeder Jahresabschlussadressat mit ihnen rechnet. Der Angabepflicht wird genügt, wenn zu den Haftungsverhältnissen in einem „Davon-Vermerk" die Art der Pfandrechte und Sicherheiten und der Betrag angegeben werden (vgl. *Schubert/Berberich* in BeBiKo, Tz. 54 zu § 268 HGB).

Nach § 268 Abs. 7 Nr. 3 Var. 1 HGB sind Verpflichtungen betreffend die Altersversorgung im Anhang anzugeben. Darunter fällt etwa eine Haftung für Altersversorgungsverpflichtungen im Falle eines Betriebsübergangs nach § 613a BGB. Nicht davon betroffen sind Altersversorgungsverpflichtungen, die zu passivieren sind (§ 268 Abs. 7 Nr. 1 HGB). Verpflichtungen im Sinne von Art. 28 Abs. 2 EGHGB werden gleichfalls davon nicht erfasst (die im Anhang anzugebenden Angaben zu mittelbaren Pensionsverpflichtungen betreffen Angaben zu einem Passivierungswahlrecht, vgl. hierzu unsere Erl. 6.27). Auch ist keine Angabe erforderlich, wenn den Eigenbetrieb aus alternativen Durchführungsformen der betrieblichen Altersversorgung eine Subsidiärhaftung trifft (vgl. *Schubert/Berberich* in BeBiKo, Tz. 55 zu § 268 HGB).

Flankierend zu den Vorgaben des § 268 Abs. 7 HGB sind nach § 285 Nr. 27 HGB Gründe für die Einschätzung des Restrisikos einer Inanspruchnahme aus den Haftungsverhältnissen anzugeben. Die Erläuterung hat sich dabei auf die Posten der Haftungsverhältnisse zu beziehen, die vom Eigenbetrieb gesondert ausgewiesen werden, sofern die Haftungsverhältnisse für die Vermögens-, Finanz- und Ertragslage des Eigenbetriebs von Bedeutung sind (vgl. *Grottel* in BeBiKo, Tz. 790 und 791 zu § 285 HGB). Es sind die Entscheidungsgründe aufzuführen, die zu dazu geführt haben, die Haftungsverhältnisse nicht zu passivieren. Dabei sollte sich die Einschätzung und Beurteilung des Risikos einer Inanspruchnahme sowohl auf vergangene Entwicklungen als auch auf eine Prognose möglicher Inanspruchnahme stützen. Die Gründe sind im Einzelnen hinreichend zu bezeichnen, es sind der Grad der Wahrscheinlichkeit/Unsicherheit und der Zeitpunkt der potenziellen Inanspruchnahme anzugeben. Eine bloße Wiederholung der gesetzlichen Voraussetzung, dass mit einer Inanspruchnahme nicht zu rechnen ist, reicht als Erfüllung der Angabepflicht nicht aus (vgl. *Grottel* in BeBiKo, Tz. 791 zu § 285 HGB).

6.23 Angabe des Gesamtbetrages der Beträge im Sinne des § 268 Abs. 8 HGB (§ 285 Nr. 28 HGB)

Der § 285 Nr. 28 HGB fordert die Angabe des Gesamtbetrages der ausschüttungsgesperrten Beträge nach § 268 Abs. 8 HGB, da diese weder nach der Bilanzgliederung gemäß § 266 HGB noch nach dem Formblatt 1 der Eigenbetriebs- und Anstaltsverordnung gesondert in der Bilanz auszuweisen sind, aufgegliedert nach Beträgen

- die aus der Aktivierung selbst geschaffener immaterieller Vermögensgegenstände des Anlagevermögens resultieren,
- die aus der Aktivierung latenter Steuern resultieren sowie
- die aus der Aktivierung von Vermögensgegenständen zum beizulegenden Zeitwert resultieren.

Die praktische Relevanz dieser Vorschrift ist allerdings sehr gering, da die für die Rücklagenbildung erforderlichen Geschäftsvorfälle bei Eigenbetrieben eher selten oder gar nicht vorkommen werden. Zudem ist die Vorschrift selbst bei Vorliegen solcher Bilanzierungssachverhalte dahingehend eingeschränkt, dass Eigenbetriebe hinsichtlich der Ausschüttungen im handelsrechtlichen Sinne an den Einrichtungsträger strengen Restriktionen unterliegen (vgl. hierzu im Einzelnen Erl. zu § 11 EigAnVO).

6.24 Angaben zu latenten Steuern (§ 285 Nr. 29 und Nr. 30 HGB)

Die Vorschriften beziehen sich auf Eigenbetriebe, die im Rahmen ihres BgA latente Steuern bilanzieren. Hiernach sind Angaben zu machen, auf welchen Differenzen oder steuerlichen Verlustvorträgen die latenten Steuern beruhen und mit welchen Steuersätzen die Bewertung erfolgt. Die Angabe in welcher Höhe die Differenzen bestehen, wird vom Gesetz nicht verlangt. Hätte der Gesetzgeber die Angabepflicht von Beträgen normieren wollen, hätte er entsprechend (Wert, Gesamtbetrag, Umfang) formulieren müssen. Ebenso wenig ist der Zeitraum oder Zeitpunkt des Abbaus der Differenzen angabepflichtig (vgl. *Grottel* in BeBiKo, Tz. 833 zu § 285 HGB). Neu wurde im Zuge der BilRUG-Umsetzung § 285 Nr. 30 HGB eingefügt. Hiernach sind quantitative Angaben zu den latenten Steuersalden am Ende des Wirtschaftsjahres und ihre Veränderungen im Wirtschaftsjahr zu machen, sofern latente Steuerschulden in der Bilanz angesetzt werden. Die Vorschrift steht in engem Zusammenhang mit den bereits unter § 285 Nr. 29 HGB geforderten Angaben zu latenten Steuern. Eine Ausstrahlungswirkung der nunmehr nach § 285 Nr. 30 HGB geforderten quantitativen Angaben auf § 285 Nr. 29 HGB, ist weder aus dem Gesetz noch aus der Gesetzesbegründung erkennbar (vgl. *Grottel* in BeBiKo, Tz. 841 zu § 285 HGB).

Auslöser der Angabepflicht nach § 285 Nr. 30 HGB ist nach dem Gesetzeswortlaut der Bilanzansatz latenter Steuerschulden. Dabei ist der Begriff Steuerschuld gleichzusetzen mit dem Begriff der passiven latenten Steuer. Der Begriff des Bilanzansatzes bezieht sich auf den Bilanzansatz nach § 274 Abs. 1 Satz 1 HGB, wonach sich eine insgesamt ergebende Steuerbelastung als passive latente Steuern in der Bilanz anzusetzen ist. Dem Bilanzansatz vorgelagert ist daher die Verrechnung von Belastungen und Entlastungen. Daher ist ein Aktivüberhang aktiver Steuerlatenzen über passive Steuerlatenzen (wenn dies gemäß dem Wahlrecht nach § 274 Abs. 1 Satz 2 HGB aktiviert wird) nicht von der Angabepflicht betroffen, da er nicht zum Ansatz passiver latenter Steuern führt, es sei denn der Eigenbetrieb macht von dem Wahlrecht Gebrauch und setzt die passiven Steuerlatenzen in einem Fall des Aktivüberhangs freiwillig an (vgl. *Grottel* in BeBiKo, Tz. 845, 846 zu § 285 HGB). Darzustellen sind für aktive und passive latente Steuern jeweils getrennt der Stand zu Beginn des Wirtschaftsjahres, die Veränderung sowie der Stand zum Ende des Wirtschaftsjahres (vgl. *Grottel* in BeBiKo, Tz. 850 zu § 285 HGB; zu den latenten Steuern vgl. auch Erl. 5 und 15 zu § 23 EigAnVO).

6.25 Angaben zu außergewöhnlichen Aufwendungen und Erträgen (§ 285 Nr. 31 HGB)

Nach § 285 Nr. 31 HGB sind im Anhang der Betrag und die Art von einzelnen Erträgen und Aufwendungen, d. h. von einzelnen Geschäftsvorfällen anzugeben, die von außergewöhnlicher Größenordnung oder außergewöhnlicher Bedeutung sind, soweit die Beträge nicht von untergeordneter Bedeutung sind. Dabei ersetzt § 285 Nr. 31 HGB die durch das BilRUG weggefallene Angabe der außerordentlichen Posten nach § 277 Abs. 4 HGB a. F. Zu dem Wegfall der außerordentlichen Aufwendungen und Erträge in der Gliederung der Gewinn- und Verlustrechnung vgl. auch Erl. 19 zu § 24 EigAnVO. Ein direkter Vergleich der neuen und der alten Norm ist aber nur ansatzweise möglich, da ein Großteil der Norm neu formuliert wurde. Die grundsätzliche Verschiebung und Neuformulierung der Angabepflicht resultiert aus der Neustrukturierung und Vereinfachung der Gewinn- und Verlustrechnung. Einerseits wurde die Unterscheidung zwischen gewöhnlicher und außergewöhnlicher Geschäftstätigkeit aufgegeben und andererseits entfällt die Erläuterungspflicht von „außerordentlichen" Aufwendungen und Erträgen (vgl. *Grottel* in BeBiKo, Tz. 861 zu § 285 HGB). Rechtstechnisch ist zudem zu beachten, dass sich die Begriffe „außerordentlich" und „außergewöhnlich" unterscheiden, mithin keine Identität der Sachverhalte nach alter und neuer Rechtslage gegeben ist. Die Angabe nach § 285 Nr. 31 HGB soll sich dabei nicht ausschließlich auf die bisherige Definition der außerordentlichen Erträge und Aufwendungen beziehen (vgl. *Grottel* in BeBiKo, Tz. 872 zu § 285 HGB).

Die „Außergewöhnlichkeit" der Erträge und Aufwendungen ergibt sich aus den konkreten Verhältnissen im Unternehmen sowie insbesondere aus den allgemein üblichen ertrags- und aufwandswirksamen Geschäftsvorfällen in diesem Unternehmen. Dabei ist aus der Perspektive des Jahresabschlussadressaten zu beurteilen, ob ein einzelner Ertrag/Aufwand aus den Erträgen/Aufwendungen des Unternehmens aufgrund seiner Größenordnung oder seiner Bedeutung gesonderte Angaben nach § 285 Nr. 31 HGB erforderlich macht (vgl. *Grottel* in BeBiKo, Tz. 873 zu § 285 HGB). Die anzugebenden Beträge dürfen nicht von untergeordneter Bedeutung für die Beurteilung der Vermögens-, Finanz- und Ertragslage des Unternehmens sein (vgl. *Grottel* in BeBiKo, Tz. 901 zu § 285 HGB).

Erträge/Aufwendungen von außergewöhnlicher Größenordnung sind danach Erträge/Aufwendungen, die über die Größenordnung der im Unternehmen üblichen Geschäftsvorfälle hinausgehen, d. h. es handelt sich um quantitative „Ausreißer". Derartige Erträge/Aufwendungen können in allen GuV-Posten (wie z. B. Umsatzerlöse, Materialaufwand) enthalten sein. Im Vergleich zur Regelung nach § 277 Abs. 4 HGB a. F., die eine Erläuterung der außerordentlichen Erträge und Aufwendungen hinsichtlich ihres Betrags und ihrer Art im Anhang forderte, können unter diese Angabepflicht auch Erträge und Aufwendungen der gewöhnlichen Geschäftstätigkeit fallen, so dass der Kreis der angabepflichtigen Erträge/Aufwendungen erweitert wird (vgl. *Grottel* in BeBiKo, Tz. 875 zu § 285 HGB). Beispiele für Erträge bzw. Aufwendungen von außergewöhnlicher Größenordnung sind z. B. außergewöhnlich hohe Veränderungen der Umsatzerlöse nach Wegfall oder Zugang von bedeutenden Liefer- oder Leistungsverträgen, Verluste/Gewinne aus dem Abgang von Vermögensgegenständen des Anlagevermögens, außerplanmäßige Abschreibungen auf das Anlagevermögen, Großreparaturen, Erträge aus der Auflösung von Rückstellungen oder Zuführung zu Rückstellungen aufgrund von Rechtstreitigkeiten (vgl. *Grottel* in BeBiKo, Tz. 890 zu § 285 HGB).

Zudem müssen auch Erträge/Aufwendungen von außerordentlicher Bedeutung hinsichtlich ihres Betrags und ihrer Art erläutert werden. Damit wird Bezug auf die das Unternehmen prägenden Vorgänge genommen. Es handelt sich hierbei um Beträge, die im Zusammenhang mit einer bedeutenden Änderung der Geschäftstätigkeit oder einer wesentlichen Änderung der Geschäftsgrundlagen stehen. Die Posten liegen von ihrem Charakter her außerhalb der bisherigen gewöhnlichen Geschäftstätigkeit und fallen unregelmäßig, d. h. selten, an. Zur Abgrenzung von der gewöhnlichen Geschäftstätigkeit können somit die für außerordentliche Erträge/Aufwendungen i. S. v. § 277 Abs. 4 Satz 1 HGB a. F. entwickelten Grundsätze Seltenheit, ungewöhnliche Art und materielle Bedeutung weiter angewendet werden (vgl. *Grottel* in BeBiKo, Tz. 880–883 zu § 285 HGB). Als Beispiele für Erträge bzw. Aufwendungen von außergewöhnlicher Bedeutung sind zu nennen: Verluste/Gewinne aus dem Verkauf von bedeutenden Grundstücken, Verluste/Gewinne aus dem Verkauf bzw. aus der Stilllegung eines Betriebsteils, Verluste/Gewinne aus außergewöhnlichen Schadenfällen (vgl. *Grottel* in BeBiKo, Tz. 891 zu § 285 HGB).

Die außergewöhnlichen Erträge und Aufwendungen, die nicht von untergeordneter Bedeutung sind, sind im Anhang nicht mehr kumulativ, sondern jeweils einzeln unter Angabe des Betrags und der Art anzugeben. Die Angabe eines Gesamtbetrages genügt der Angabepflicht nach Nr. 31 nicht (BegrRegE BilRUG BT-DRS 18/4050 S. 67). Da die angabepflichtigen Erträge und Aufwendungen in Zukunft über verschiedene Gewinn- und Verlustrechnungsposten verteilt sein werden, empfiehlt es sich,

- entweder die Angaben nach § 285 Nr. 31 HGB entsprechend der sachlogischen Reihenfolge des § 284 Abs. 1 Satz 1 HGB jeweils bei den Angaben zu den einzelnen Gewinn- und Verlustrechnungspositionen zu platzieren oder
- die Angaben aus Gründen der Klarheit und aufgrund des Beziehungszusammenhangs der Vorschriften tabellarisch darzustellen, mit einem entsprechenden Verweis bei den Angaben zu einzelnen Gewinn- und Verlustrechnungsposten (vgl. *Grottel* in BeBiKo, Tz. 897 zu § 285 HGB).
  Ein Formulierungsbeispiel könnte wie folgt aussehen:

„Im abgelaufenen Wirtschaftsjahr haben wir mit einem Stromversorgungsonderkunden einen Umsatz in Höhe von 5,0 Mio. EUR erzielt, der unser Jahresergebnis in 2025 positiv beeinflusst hat. Dieses Geschäft ist auf Grund seines Umfangs als außergewöhnlich für die Stadtwerke M GmbH einzustufen."

6.26 Angaben zu den periodenfremden Aufwendungen und Erträgen (§ 285 Nr. 32 HGB)

Nach § 285 Nr. 32 HGB sind nicht dem Wirtschaftsjahr zuzurechnende Erträge und Aufwendungen (sog. periodenfremde Erträge und Aufwendungen) hinsichtlich ihres Betrages und ihrer Art im Anhang zu erläutern, soweit die Beträge nicht von untergeordneter Bedeutung sind. Der bisherige § 277 Abs. 4 Satz 3 HGB a. F. wird nach BilRUG als neue Nr. 32 in den § 285 HGB verschoben. Inhaltlich ist die Vorgabe zur Erläuterung unverändert. Lediglich der Wegfall des Bezugs zur „Ertragslage" erweitert den Beurteilungsblickwinkel im Hinblick auf die (untergeordnete) Bedeutung (vgl. *Grottel* in BeBiKo, Tz. 911 zu § 285 HGB).

Periodenfremde Erträge und Aufwendungen resultieren in der Regel aus Fehleinschätzungen der Vergangenheit, die in der laufenden Periode korrigiert werden.

Zu den periodenfremden Erträgen und Aufwendungen zählen unter den genannten Voraussetzungen insbesondere Zuschreibungen, die eine ursprünglich zu hoch angenommene Abschreibung korrigieren, Abschreibungsnachholungen, Erträge aus der Auflösung nicht mehr benötigter Rückstellungen, Buchgewinne und Buchverluste aus der Veräußerung von abnutzbaren Vermögensgegenständen des Sachanalagevermögens, Steuererstattungen bzw. Steuernachzahlungen (vgl. *Grottel* in BeBiKo, Tz. 916 zu § 285 HGB). Periodenfremde Erträge und Aufwendungen werden in der Gewinn- und Verlustrechnung grundsätzlich unter dem sachlich zutreffenden Posten ausgewiesen – unabhängig davon, welcher Periode sie zuzurechnen sind. Diese Erträge und Aufwendungen können nicht den Leistungen des Wirtschaftsjahres ursächlich zugerechnet werden; sie würden somit wegen ihres periodenfremden Charakters den Zeitvergleich der Ertragslage stören und möglicherweise zu falschen Schlüssen über die Ertragsentwicklung des Unternehmens führen (vgl. *Grottel* in BeBiKo, Tz. 916,917 zu § 285 HGB).

Diese Beträge sind hinsichtlich ihres Betrages und ihrer Art im Anhang zu erläutern. Eine Zusammenfassung periodenfremder Erträge und Aufwendungen gleicher Art unter Angabe des jeweiligen Gesamtbetrages ist zulässig (vgl. *Grottel* in BeBiKo, Tz. 922 zu § 285 HGB).

6.27 Vorgänge von besonderer Bedeutung, die nach Schluss des Wirtschaftsjahrs eingetreten und weder in der Gewinn- und Verlustrechnung noch in der Bilanz berücksichtigt sind (§ 285 Nr. 33 HGB)

Im Anhang des Eigenbetriebs ist nach § 285 Nr. 33 HGB einzugehen auf Vorgänge von besonderer Bedeutung, die nach dem Schluss des Wirtschaftsjahrs eingetreten sind und weder in der Gewinn- und Verlustrechnung noch in der Bilanz berücksichtigt sind, unter Angabe ihrer Art und ihrer finanziellen Auswirkungen. Es handelt sich hierbei um den Nachtragsbericht, der durch das BilRUG formal vom Lagebericht (§ 289 Abs. 2 Nr. 1 HGB a. F.) in den Anhang verlagert wurde (vgl. *Grottel* in BeBiKo, Tz. 931 zu § 285 HGB). Im Vergleich zur Vorgängernorm wurde § 285 Nr. 33 HGB auch inhaltlich konkretisiert. Die Berichterstattung über die Vorgänge hat nunmehr Angaben zu ihrer Art und ihren finanziellen Auswirkungen zu beinhalten. Bisher war lediglich das „Eingehen" auf die Vorgänge ausreichend, so dass die Angaben allgemein gehalten werden konnten und keine Einzelheiten erläutert werden mussten. Auch nach DRS 20.114 wurde die Nachtragsberichterstattung weiter konkretisiert, indem eine Darstellung und Erläuterung der Auswirkungen auf die Vermögens-, Finanz- und Ertragslage des Eigenbetriebs gefordert ist. Durch BilRUG wird die bisherige Diskrepanz zwischen Gesetzgebung und DRS 20 aufgelöst (vgl. *Grottel* in BeBiKo, Tz. 941 zu § 285 HGB). Mit der Umsetzung des BilRUG in das HGB wird der Umfang auf sog. „wertbegründende Tatsachen" eingeschränkt, da sog. „wertaufhellende Ereignisse nach dem Bilanzstichtag bereits im abgelaufenen Wirtschaftsjahr bilanziell berücksichtigt sind. So sind nur Vorgänge betroffen, die nach dem Schluss des Wirtschaftsjahres eingetreten sind und weder in der Gewinn- und Verlustrechnung noch in der Bilanz berücksichtigt sind (vgl. *Grottel* in BeBiKo, Tz. 945, 946 zu § 285 HGB).

Zweck des Nachtragsberichts ist die Unterrichtung über Vorgänge im neuen Wirtschaftsjahr, deren Kenntnis für die Beurteilung des Jahresabschlusses sowie der Vermögens-, Finanz- und Ertragslage des Eigenbetriebs von Bedeutung sind. Darüber hinaus dient der Nachtragsbericht der Information der Mitglieder des Gemeinderats, bevor sie über die Feststellung des Jahresabschlusses und der Ergebnisbehandlung zu beschließen haben (vgl. *Grottel* in BeBiKo, Tz. 932 zu § 285 HGB). Im Nachtragsbericht sind sowohl positive als auch negative Vorgänge zu berücksichtigen. Es kann sich hierbei um bedeutsame Entwicklungen und Tendenzen im neuen Wirtschaftsjahr handeln, die von der im Jahresabschluss dargestellten Linie abweichen, wie z. B. wichtige Einflüsse auf die Geschäftsentwicklung und die Vermögens-, Finanz- und Ertragslage nach dem Bilanzstichtag. Auch kann es sich hierbei um wirtschaftliche oder politische Ereignisse handeln, die für den Eigenbetrieb von besonderer Bedeutung sind. Die Vorgänge, über die berichtet wird, d. h. sie müssen geeignet sein, das tatsächliche Bild, das der Jahresabschluss zum Bilanzstichtag vermittelt, zu beeinflussen. Ein Weglassen dieser Vorgänge hätte eine wesentlich andere Beurteilung der Entwicklung nach dem Abschlussstichtag zur Folge (vgl. *Grottel* in BeBiKo, Tz. 935,936 zu § 285 HGB). Der Berichtszeitraum beginnt nach dem Schluss des vergangenen Wirtschaftsjahrs und endet mit der Aufstellung von Jahresabschluss und Lagebericht; bei besonders wichtigen Vorgängen kann er sich bis zur Feststellung des Jahresabschlusses erstrecken (vgl. *Grottel* in BeBiKo, Tz. 950 zu § 285 HGB). Insbesondere für Eigenbetriebe ist der Nachtragsbericht von großer Bedeutung. Gegenüber den großen Kapitalgesellschaften, die zu einer Aufstellung des Jahresabschlusses innerhalb von drei Monaten nach Abschluss des Wirtschaftsjahres verpflichtet sind, dürfen Eigenbetriebe ihren Jahresabschluss nach § 27 Abs. 1 EigAnVO innerhalb von sechs Monaten nach Ende des Wirtschaftsjahres aufstellen. Darüber hinaus soll die Feststellung des Jahresabschlusses innerhalb eines Jahres nach Ablauf des Wirtschaftsjahres erfolgen (§ 27 Abs. 2 Satz 3 EigAnVO). Dieser lange Zeitraum verlangt, ein hohes Augenmerk auf die Darstellung von besonderen Vorgängen nach Abschluss des letzten Wirtschaftsjahres zu legen, da Geschäftsverlauf und Lage des Eigenbetriebes für das vergangene Wirtschaftsjahr bis zur Feststellung des Jahresabschlusses (spätestens nach Ablauf eines Jahres) erhebliche Änderungen erfahren haben können. Die Praxis zeigt, dass die Werkausschusssitzungen und Sitzungen zur Feststellung der Jahresabschlüsse in der Mehrzahl erst in der zweiten Jahreshälfte erfolgen. Beispiele für Vorgänge von besonderer Bedeutung sind der Abschluss bedeutender Verträge, der Erwerb oder Verkauf von Grundstücken oder Finanzanlagen, bedeutende Sicherungen im Betrieb der technischen Anlagen.

Eine Fehlanzeige, d. h. das Anzeigen des Fehlens von Vorgängen von besonderer Bedeutung, wie es DRS 20.11 4 bisher für den Lagebericht vorsah, entfällt. Für Anhangangaben ist § 265 Abs. 8 HGB analog anzuwenden, sodass im Anhang generell von Fehlanzeigen abgesehen wird (vgl. *Grottel* in BeBiKo, Tz. 947 zu § 285 HGB).

6.28 Angaben zum Ergebnisverwendungsvorschlag oder -beschluss (§ 285 Nr. 34 HGB)

Mit der Umsetzung des BilRUG neu eingeführt wurde die Angabepflicht nach § 285 Nr. 34 HGB für den Ergebnisverwendungsvorschlag oder den Ergebnisverwendungsbeschluss im Anhang (vgl. *Grottel* in BeBiKo, Tz. 960 zu § 285 HGB). Nach der Begr RegE BilRUG BT-Drs. 18/4050, 67 sollte dabei dargestellt werden, wie das gesamte Ergebnis verwendet werden soll. Im Falle eines positiven Ergebnisses ist beispielsweise darzustellen, wie viel bzw. welcher Teil ggf. an den Einrichtungsträger rückgeführt, in die Rücklagen eingestellt oder auf neue Rechnung vorgetragen werden soll (vgl. *Grottel* in BeBiKo, Tz. 965 zu § 285 HGB). Bei Eigenbetrieben erfolgt der Beschluss über die Verwendung des Jahresgewinns oder die Behandlung des Jahresverlustes nach § 2 Abs. 2 Nr. 2 EigAnVO durch den Gemeinderat. Nach § 2 Abs. 4 EigAnVO hat der Werkausschuss die Beschlüsse zur Gewinnverwendung bzw. Verlustbehandlung vorzuberaten. Als Ergebnis der Vorberatung legt der Werkausschuss dem Gemeinderat einen Vorschlag zur Gewinnverwendung bzw. Verlustbehandlung vor, dessen Grundlage der erstellte und geprüfte Jahresabschluss des Eigenbetriebes ist. Anzugeben ist der Gewinnverwendungsbeschluss der Werkleitung.

6.29 Angaben zu außerplanmäßigen Abschreibungen im Anlagevermögen (§ 277 Abs. 3 Satz 1)

Werden im Anlagevermögen außerplanmäßige Abschreibungen nach § 253 Abs. 3 Satz 5 und 6 HGB vorgenommen, sind diese Abschreibungen entweder als „Davon-Vermerk" in der Gewinn- und Verlustrechnung auszuweisen oder gesondert im Anhang anzugeben (vgl. auch Erl. 8 zu § 24 EigAnVO).

6.30 Erläuterungen zu nicht bilanzierten mittelbaren und unmittelbaren Pensionsverpflichtungen (Art. 28 Abs. 2 EGHGB)

Nach Art. 28 Abs. 1 Satz 1 EGHGB braucht eine Rückstellung für eine laufende Pension oder eine Anwartschaft auf eine Pension aufgrund einer unmittelbaren Zusage nach § 249 Abs. 1 Satz 1 HGB nicht gebildet zu werden, wenn der Pensionsberechtigte seinen Rechtsanspruch vor dem 1.1.1987 erworben hat oder ein sich vor diesem Zeitpunkt erworbener Rechtsanspruch nach dem 31.12.1986 erhöht. Nach Art. 28 Abs. 2 EGHGB muss der Eigenbetrieb die in der Bilanz nicht ausgewiesenen Rückstellungen für laufende Pensionen, Anwartschaften auf Pensionen und ähnliche Verpflichtungen jeweils im Anhang in einem Betrag angeben. Diese Vorschrift gilt gleichermaßen nach § 22 Abs. 2 EigAnVO auch für das Eigenbetriebsrecht.

Nach Art. 28 Abs. 1 Satz 1 EGHGB besteht für eine mittelbare Verpflichtung aus einer Zusage für eine laufende Pension oder eine Anwartschaft auf eine Pension sowie für eine ähnliche unmittelbare oder mittelbare Verpflichtung ein Passivierungswahlrecht. Auch hier sind vom Eigenbetrieb in gleicher Weise wie bei den sog. Altzusagen nach Art. 28 Abs. 2 EGHGB die in der Bilanz nicht ausgewiesenen Rückstellungen für laufende Pensionen, Anwartschaften auf Pensionen und ähnliche Verpflichtungen jeweils im Anhang in einem Betrag angeben. Auch diese Vorschrift ist nach § 22 Abs. 2 EigAnVO von Eigenbetrieben anzuwenden. Es findet sich hierfür aber eine explizite Vorschrift im Eigenbetriebsrecht, die der handelsrechtlichen Vorschrift vorgeht und inhaltlich für den Fall der mittelbaren Pensionen aber ebenfalls ein Passivierungswahlrecht vorsieht. Nach § 22 Abs. 3 EigAnVO besteht für Pensionsverpflichtungen, die durch laufende Umlagen oder Beiträge gedeckt werden, keine Rückstellungsverpflichtung.

Zu den mittelbaren Pensionsverpflichtungen zählen für Eigenbetriebe insbesondere die Verpflichtungen aus der Mitgliedschaft in einer Zusatzversorgungskasse für Arbeitnehmer des öffentlichen Dienstes. Eine Eigengesellschaft oder ein Eigenbetrieb hat keine unmittelbare Verpflichtung aus der Zusatzversorgung der Arbeitnehmer gegenüber diesen. Die direkte Verpflichtung besteht von Seiten der Zusatzversorgungskasse gegenüber den berechtigten Arbeitnehmern. Der Eigenbetrieb ist jedoch verpflichtet, Fehlbeträge der Zusatzversorgungskasse auszugleichen, so dass diese jederzeit ihre Verpflichtungen gegenüber den Arbeitnehmern erfüllen kann. Insoweit besteht eine mittelbare Verpflichtung des Eigenbetriebs gegenüber den berechtigten Arbeitnehmern. Mittelbare Pensionsverpflichtungen werden also aufgrund der Subsidiärhaftung des Arbeitgebers bei Eigenbetrieben insbesondere für Versorgungsverpflichtungen aus der Zusatzversorgung der Arbeitnehmer des öffentlichen Dienstes begründet. Dies gilt auch dann, wenn diese Zusatzversorgung im sog. Umlageverfahren durch einen externen Versorgungsträger durchgeführt wird (vgl. WPH, a. a. O., Kap. F Tz. 582, IDW RS HFA 30 Tz. 45).

Der Ermittlung des Fehlbetrages sollte die Bewertungsmethode zugrunde gelegt werden, die auch der Ermittlung der unmittelbaren Pensionsverpflichtungen zugrunde zu legen ist.

Diese Bewertung solcher Verpflichtungen kann allerdings in der Realität schwierig oder auch gar nicht möglich sein, da der Eigenbetrieb auf Angaben der Zusatzversorgungskasse angewiesen ist. Hier reichen dann nach IDW RS HFA 30 qualitative Anhangangaben aus (vgl. IDW RS HFA 30: Handelsrechtliche Verpflichtung von Altersversorgungsverpflichtungen, Tz. 94, WPg 2011, Supplement 3, *Grottel/Johannleweling* in BeBiKo, Tz. 206 zu § 249 HGB). Diese umfassen Angaben zu

- der Benennung der Zusatzversorgungskasse,
- Art und Ausgestaltung der Versorgungszusagen,
- der Höhe des derzeitigen Umlagesatzes sowie seine voraussichtliche Entwicklung,
- der Summe der umlagepflichtigen Löhne und Gehälter sowie
- der geschätzten Verteilung der Versorgungsverpflichtungen auf anspruchsberechtigte Arbeitnehmer, ehemalige Arbeitnehmer sowie Rentner.

Beispiel:

Eine Anhangangabe könnte bei fehlender Quantifizierungsmöglichkeit des Fehlbetrages wie folgt ausgestaltet sein:

„Die Arbeitnehmer des Eigenbetriebes sind bei der Zusatzversorgungskasse der bayerischen Gemeinden, München, versichert. Es bestehen Versorgungszusagen, die den versicherten Arbeitnehmern eine zusätzliche Alters-, Berufsunfähigkeits-, Erwerbsunfähigkeits- und Hinterbliebenenversorgung gewährleisten. Der Umlagesatz betrug im Wirtschaftsjahr 2025 unverändert zum Vorjahr 4,80 % der Brutto-Lohn- und Gehaltssumme. Aufgrund der Auskunft der Zusatzversorgungskasse der bayerischen Gemeinden wird sich der Umlagesatz in den kommenden Jahren voraussichtlich nicht erhöhen (alternativ: bis zum Jahr 20XX auf bis zu X,XX% der Brutto-Lohn- und Gehaltssumme erhöhen). Die umlagepflichtigen Löhne und Gehälter beliefen sich im Wirtschaftsjahr 2025 auf TEuro 1 350 (Vorjahr: TEuro 1 250). Die Gesellschaft/der Eigenbetrieb zahlte im Wirtschaftsjahr 2025 an die Versorgungskasse Umlagen in Höhe von TEuro 60 (Vorjahr: TEuro 55) sowie ein zusätzliches „Sanierungsgeld" (Zusatzbeitrag) in Höhe von TEuro 50 (Vorjahr: TEuro 45; unverändert 4,0 % des ZVK-pflichtigen Entgelts/der Brutto-Lohn-Summe)."

6.31 Anhangangaben im Zusammenhang mit Übergangsvorschriften zum Bilanzrechtsmodernisierungsgesetz (Art. 67 EGHGB)

Nach Art. 67 Abs. 3 Satz 1 EGHGB können Sonderposten mit Rücklageanteil nach § 273 HGB a. F., wenn sie vor dem 1.1.2010 gebildet wurden, beibehalten werden, auch wenn nunmehr ihre gesetzliche Grundlage zur Bildung entfallen ist. Sodann leben die Anhangangabevorschriften nach § 273 Satz 2 Halbsatz 2 HGB a. F. wieder auf, es muss die Angabe der Vorschriften, nach denen der Sonderposten gebildet wurde, angegeben werden (z. B. steuerfreie Rücklagen nach § 6b EStG). Zudem erfordert eine spätere Auflösung des Sonderpostens mit Rücklageanteil eine gesonderte Angabe der Erträge aus der Auflösung gem. § 281 Abs. 2 Satz 2 HGB a. F. (vgl. auch Erl. 5.2 zu § 24 EigAnVO).

Ferner lässt Art. 67 Abs. 4 Satz 1 EGHGB zu, dass vor dem 1.1.2010 vorgenommene steuerrechtliche Abschreibungen nach § 254 HGB a. F. beibehalten werden dürfen. Ist von dem Wahlrecht Gebrauch gemacht worden, sind die Angaben nach § 285 Satz 1 Nr. 5 HGB a. F. zu beachten.

Ist am Ende des letzten Wirtschaftsjahres vor dem Übergangsjahr eine Bilanzierungshilfe nach § 269 HGB a. F. bilanziert worden (Aufwendungen für die Ingangsetzung und Erweiterung des Geschäftsbetriebs) und wurde der Wertansatz zu Beginn des Übergangsjahres beibehalten, ist diese nach Maßgabe des § 282 HGB a. F. weiter planmäßig abzuschreiben (vgl. Erl. 2.1. zu § 23 EigAnVO). Auch die nach § 269 Satz 1 Halbsatz 2 HGB a. F. geforderte Anhangangabe ist weiterhin fortzuführen (vgl. *Grottel* in BeBiKo, Tz. 21 zu Art. 67 EGHGB).

6.32 Zusammensetzung und Entwicklung des Eigenkapitals (§ 25 Abs. 2 Nr. 1 und 3 EigAnVO)

Nach dieser Vorschrift ist die Zusammensetzung und Entwicklung der einzelnen Posten des Eigenkapitals im Anhang darzustellen. Beispielhaft kann eine solche Darstellung wie folgt gestaltet werden:

Tabelle 6: Zusammensetzung und Entwicklung des Eigenkapitals

	Stand 1.1.2025	Zuführung	Entnahme	Stand 31.12.2025
	Euro	Euro	Euro	Euro
Stammkapital				
Zweckgebundene Rücklagen				
Allgemeine Rücklage				
Gewinnvortrag/Verlustvortrag				
Jahresgewinn/Jahresverlust				

Auch ist die Überleitung vom Vorjahresergebnis zum Gewinn- oder Verlustvortrag anzugeben. Der Gewinn- oder Verlustvortrag ergibt sich aufgrund des Beschlusses über die Ergebnisverwendung (§ 27 Abs. 2 Satz 4 EigAnVO) betreffend das Ergebnis des vergangenen Wirtschaftsjahres.

6.33 Zusammensetzung und Entwicklung der Rückstellungen (§ 25 Abs. 2 Nr. 1 EigAnVO)

Nach dieser Vorschrift ist die Zusammensetzung und Entwicklung der einzelnen Posten der Rückstellungen im Anhang darzustellen. Beispielhaft kann eine solche Darstellung wie folgt gestaltet werden:

Tabelle 7: Zusammensetzung und Entwicklung der Rückstellungen

	Stand 1.1.2025	Inanspruchnahme (A) Auflösung	Zuführung	Veränderung der Abzinsung	Stand 31.12.2025
	Euro	Euro	Euro		Euro
1. Rückstellungen für Pensionen und ähnliche Verpflichtungen					
2. Steuerrückstellungen Körperschaftsteuer Gewerbesteuer					
3. Sonstige Rückstellungen A-Rückstellung B-Rückstellung C-Rückstellung					

6.34 Forderungenspiegel (§ 25 Abs. 2 Nr. 2 EigAnVO)

Im Forderungenspiegel sind die Forderungen mit einer Restlaufzeit bis zu einem Jahr und mit einer Restlaufzeit von über einem Jahr darzustellen. Die Angabe des Betrags der Forderungen mit einer Restlaufzeit von mehr als einem Jahr in der Bilanz ist aufgrund von § 23 Abs. 1 Satz 3 EigAnVO nicht zulässig.

Tabelle 8: Forderungenspiegel

Betrag und Laufzeit	Gesamtbetrag	mit einer Restlaufzeit von	
		bis zu 1 Jahr	mehr als 1 Jahr
Forderungen	Euro	Euro	Euro
Forderungen aus Lieferungen und Leistungen			
Forderungen gegen verbundene Unternehmen			
Forderungen gegen Unternehmen, mit denen ein Beteiligungsverhältnis besteht			
Forderungen an den Einrichtungsträger			
Forderungen an Gebietskörperschaften			
Sonstige Vermögensgegenstände			
Summe			

6.35 Anlagennachweis (§ 25 Abs. 3 EigAnVO)

Der nach dieser Vorschrift verlangte Anlagennachweis ist nach den Formblättern 2 und 3 aufzustellen. Es handelt sich um einen Bruttoanlagennachweis, da sowohl die Entwicklung der Anschaffungs- und Herstellungskosten als auch die Entwicklung der Abschreibungen/Wertberichtigungen separat gezeigt werden müssen. Durch die Übernahme der Regelungen des BilRUG wurde das Wahlrecht im HGB, alternativ diese Angaben in der Bilanz zu machen, gestrichen. Für Eigenbetriebe war dieses Wahlrecht ohne Bedeutung, da bereits in der Vergangenheit ein Anlagennachweis nach den Formblättern 2 und 3 verpflichtend aufzustellen war.

§ 284 Abs. 3 Satz 4 HGB wurde im Zuge der Umsetzung des BilRUG eingefügt. Sofern das Wahlrecht zur Einbeziehung von Fremdkapital, das zur Finanzierung der Herstellung eines Vermögensgegenstandes genutzt wird (§ 255 Abs. 3 Satz 2 HGB), ausgeübt wird, sind danach die im Wirtschaftsjahr aktivierten Zinsen bei jedem Posten des Anlagevermögens anzugeben. Die Angabe kann als „Davon-Vermerk“ im Anlagespiegel erfolgen oder unter den Erläuterungen zum Anlagevermögen (vgl. *Grottel* in BeBiKo, Tz. 310 zu § 285 HGB). Diese Vorgabe ist künftig auch von Eigenbetrieben zu beachten, auch wenn die Formblätter 2 und 3 diese Vorschriften innerhalb der Gliederung („Davon-Vermerk“) noch nicht vorsehen.

6.36 Sondervorschriften für Energieversorgungsunternehmen nach § 6b EnWG

Nach § 6b Abs. 3 EnWG haben vertikal integrierte Energieversorgungsunternehmen sog. Tätigkeitsabschlüsse zu erstellen. Diese Tätigkeitsabschlüsse bedeuten, dass jeweils getrennte Konten für die Tätigkeiten

- Elektrizitätsübertragung,
- Elektrizitätsverteilung,
- Gasfernleitung,
- Gasspeicherung,
- Gasverteilung sowie
- Betrieb von LNG-Anlagen
- Entwicklung, Verwaltung oder Betrieb von Ladepunkten für Elektromobile nach § 7c Abs. 2

zu führen sind und hieraus sog. Tätigkeitsabschlüsse zu entwickeln sind. Vertikal integrierte Unternehmen sind rechtsformunabhängig Elektrizitäts- und Gasunternehmen, die im Elektrizitätsbereich mindestens eine der Funktionen Übertragung oder Verteilung und mindestens eine der Funktionen Erzeugung oder Vertrieb von Elektrizität oder im Erdgasbereich mindestens eine der Funktionen Fernleitung, Verteilung, Betrieb einer LNG-Anlage oder Speicherung und gleichzeitig eine der Funktionen Gewinnung oder Vertrieb von Erdgas wahrnehmen (§ 3 Nr. 38 EnWG). Für die Erstellung der Tätigkeitsabschlüsse sind die § 264 ff. HGB anzuwenden, die auch für Eigenbetriebe gem. § 22 Abs. 2 EigAnVO gelten. § 6b Abs. 3 Satz 6 i. V. m. Abs. 1 Satz 1 EnWG verweist auf die für Kapitalgesellschaften geltenden Vorschriften des Handelsgesetzbuches. Bilanz und Gewinn- und Verlustrechnung sind daher nach Maßgabe von §§ 266 und 275 HGB zu gliedern. Bei Eigenbetrieben wird man wohl in Anlehnung an § 265 Abs. 5 HGB eine Gliederung nach Formblatt 1 und 4 vornehmen können. Dieser Tätigkeitsabschluss besteht zudem noch aus Zusatzanlagen, wie z. B. einem Anlagengitter für die Tätigkeitsbereiche sowie einzelnen Verbindlichkeitenangaben zu Restlaufzeiten (vgl. hierzu im Einzelnen IDW ERS ÖFA 2 n. F. (06.2021): Rechnungslegung nach § 6b Energiewirtschaftsgesetz, Tz. 44; IDW FN 2/2013 S. 133 ff.). Nach § 6b Abs. 3 Satz 7 EnWG sind in der Rechnungslegung auch die Regeln anzugeben, nach denen die Gegenstände des Aktiv- und Passivvermögens sowie die Aufwendungen und Erträge den gemäß Satz 1 bis 4 geführten Konten zugeordnet worden sind. Es ist zu empfehlen, sämtliche geforderten Zusatzangaben in einen gesonderten „Anhang" für die Tätigkeitsabschlüsse zusammenzufassen. Zu den erweiterten Offenlegungsvorschriften bei Energieversorgungsunternehmen, die auch die sog. Tätigkeitsabschlüsse umfassen, vgl. Erl. 3 zu § 27 EigAnVO. Die von der Bundesnetzagentur oder den Landesregulierungsbehörden gesondert geforderten Angaben nach § 6b Abs. 6 i. V. m. § 29 EnWG sind nicht offenlegungspflichtig.

§ 26

Lagebericht

Gleichzeitig mit dem Jahresabschluss ist ein Lagebericht aufzustellen. § 289 des Handelsgesetzbuchs gilt sinngemäß. Im Lagebericht ist auch einzugehen auf

1. **die Änderung im Bestand, die Leistungsfähigkeit und den Ausnutzungsgrad der wichtigsten Anlagen und**
2. **den Stand der geplanten Bauvorhaben.**

Erläuterungen

Übersicht

1. Allgemeines

Der Lagebericht ist ein eigenständiger Bestandteil der handelsrechtlichen Rechnungslegung. Neben dem Jahresabschluss bestehend aus Bilanz, Gewinn- und Verlustrechnung und Anhang fordert § 264 Abs. 1 HGB die Aufstellung eines eigenständigen Lageberichtes. Der Lagebericht ist aber nicht Bestandteil des Jahresabschlusses. Inhaltlich wird die Berichterstattung im Rahmen des Lageberichtes durch § 289 HGB geregelt. Auch die EigAnVO verlangt in § 26 EigAnVO die Aufstellung eines Lageberichtes zusammen mit dem Jahresabschluss. Inhaltlich gilt für den Lagebericht eines Eigenbetriebs ebenfalls der § 289 HGB. Darüber hinaus ist aber auch einzugehen auf die Änderungen im Bestand, die Leistungsfähigkeit und den Ausnutzungsgrad der wichtigsten Anlagen und den Stand der geplanten Bauvorhaben (§ 26 Satz 2 EigAnVO). Die Aufstellungsfrist für den Lagebericht entspricht der Frist, die für den Jahresabschluss und die Erfolgsübersicht gilt: Der Lagebericht ist innerhalb von sechs Monaten nach Ende des Wirtschaftsjahres durch die Werkleitung aufzustellen (§ 27 Abs. 1 Satz 1 EigAnVO).

Der Lagebericht hat die Funktion, über die in Bilanz, Gewinn- und Verlustrechnung und Anhang dargestellten Informationen betreffend den Jahresabschluss zusätzliche Angaben über den Geschäftsverlauf und die Lage des Eigenbetriebs zur Verfügung zu stellen. Eine allgemeine Erläuterung der Posten der Bilanz und der Gewinn- und Verlustrechnung ist nicht Gegenstand der Lageberichterstattung, hier geht es vielmehr darum, Informationen zu geben, die nicht unmittelbar aus dem Jahresabschluss ablesbar sind.

Die gesetzlichen Vorschriften in HGB und EigAnVO regeln nur den Mindestumfang des Lageberichtes. Eine Erweiterung um freiwillige Angaben ist möglich. Pflichtangaben, die nach den gesetzlichen Vorschriften Bestandteil des Anhangs sein müssen, dürfen nicht in den Lagebericht verlagert werden und umgekehrt. Werden im Lagebericht Zahlenangaben verwendet, müssen Vorjahreszahlen nicht zwingend angegeben werden, obgleich sich im Interesse des Lesers eine Angabe von Vorjahreszahlen empfiehlt. Eine Unterzeichnung des Lageberichtes durch die Werkleitung wird explizit in § 27 Abs. 1 Satz 2 EigAnVO gefordert.

§ 289 HGB enthält einige Vorschriften, die nur auf bestimmte Kapitalgesellschaften anzuwenden sind und somit für Eigenbetriebe keine Bedeutung haben. Im Einzelnen sind dies:

- § 289 Abs. 1 Satz 5 HGB (sog. Bilanzeid), der nur für Kapitalgesellschaften, die Inlandsemittent im Sinne des § 2 Abs. 7 des Wertpapierhandelsgesetzes und keine Kapitalgesellschaften im Sinne des § 327a HGB sind, anzuwenden ist,
- § 289 Abs. 2 Nr. 4 HGB (sog. Vergütungsbericht über die Geschäftsführerbezüge), der nur für börsennotierte Aktiengesellschaften anzuwenden ist,
- § 289 Abs. 4 HGB (Zusatzangaben nur für bestimmte börsennotierte Aktiengesellschaften) sowie
- § 289 Abs. 5 HGB (Zusatzangaben kapitalmarktorientierter Gesellschaften über das rechnungslegungsbezogene interne Kontroll- und Risikomanagementsystem).

2. Grundsätze der Berichterstattung

Nach § 289 HGB muss der Lagebericht ein den tatsächlichen Verhältnissen entsprechendes Bild vermitteln. Die Berichterstattung muss den Grundsätzen der Wahrheit bzw. Richtigkeit, Vollständigkeit und Klarheit bzw. Übersichtlichkeit entsprechen. Zudem muss der Lagebericht die Sicht der Werkleitung vermitteln und Informationen abstufen (vgl. im Einzelnen DRS Nr. 20: Konzernlagebericht in der Fassung vom 2.11.2012, veröffentlicht durch das Bundesministerium der Justiz am 4.12.2012 im elektronischen Bundesanzeiger, Tz. 12 ff. und Tz. 31 ff.).

In § 289 HGB wird lediglich der Mindestumfang des aufzustellenden Lageberichtes umschrieben, er kann freiwillig um weitere Angaben erweitert werden (*Grottel* in BeBiKo, Tz. 10 zu § 289 HGB).

2.1 Grundsatz der Wahrheit bzw. Richtigkeit

Die Aussagen im Lagebericht müssen mit der Realität übereinstimmen, d. h. die Angaben müssen objektiv richtig und belegt, nachprüfbar sein. Subjektive Beurteilungen der Werkleitung sind als solche kenntlich zu machen. Es ist dafür Sorge zu tragen, dass die Angaben willkürfrei gemacht werden. Prognosen für die Zukunft müssen schlüssig und widerspruchsfrei aus zugrunde liegenden Prämissen hergeleitet sein.

2.2 Grundsatz der Vollständigkeit

Die zur Beurteilung der wirtschaftlichen Lage und des Geschäftsverlaufs notwendigen Angaben sind im Lagebericht darzustellen. Dies bedeutet nicht, dass eine lückenlose Darstellung der Geschäftsvorfälle im Lagebericht enthalten sein muss, vielmehr hat sich die Wahl der Themen und die zu erläuternden Sachverhalte an der Bedeutung für die Lage des Eigenbetriebs und an den Interessen der Adressaten des Lageberichtes zu orientieren. Der Grundsatz der Vollständigkeit ist qualitativ zu interpretieren, es ist aber auch der Grundsatz der Wesentlichkeit zu beachten (*Grottel* in BeBiKo, Tz. 22, 23 zu § 289 HGB bzw. DRS Nr. 20, Tz. 32, 33).

2.3 Grundsatz der Klarheit bzw. Übersichtlichkeit

Angaben im Lagebericht müssen klar, eindeutig und verständlich sein. Die Ausführungen müssen eine eindeutige Beurteilung durch den Leser ermöglichen, d. h. genau sein. Umfangreiche Ausführungen zur allgemeinen Lage der Volkswirtschaft oder der Nennung von Selbstverständlichkeiten können dazu führen, dass für den Lagebericht wesentliche Aussagen nicht deutlich genug hervorgehoben sind. Aufbau und Struktur des Lageberichtes sind übersichtlich zu gestalten. Um einen mehrjährigen Vergleich zu ermöglichen, sollte der Berichtsaufbau möglichst beibehalten werden. Zudem sollte beachtet werden, dass der Lagebericht analog § 265 Abs. 4 HGB nach Geschäftsbereichen zu gliedern ist, d. h. bei Eigenbetrieben mit mehreren Geschäftszweigen ist auf jeden Geschäftszweig gesondert einzugehen (*Grottel* in BeBiKo, Tz. 29 zu § 289 HGB).

2.4 Grundsatz der Vermittlung der Sicht der Geschäftsleitung

Der Lagebericht muss die Einschätzungen und Beurteilungen der Konzernleitung zum Ausdruck bringen (DRS Nr. 20, Tz. 31).

2.5 Grundsatz der Informationsabstufung

Die Ausführlichkeit und der Detaillierungsgrad der Ausführungen im Lagebericht hängen von den spezifischen Gegebenheiten des Eigenbetriebs, wie insbesondere von der Art seiner Geschäftstätigkeit, seiner Größe und der Inanspruchnahme des Kapitalmarktes ab. Nicht gerechtfertigt ist es dabei, zu einzelnen Berichtspunkten die Berichterstattung vollständig zu unterlassen, wenn es berichtspflichtige Sachverhalte gibt (DRS Nr. 20, Tz. 34, 35).

3. Inhalt

3.1 Gliederung des Lageberichtes

Hinsichtlich der inhaltlichen Ausgestaltung enthält DRS Nr. 20 weitere Hinweise, die in der Praxis eine wichtige Hilfestellung bieten, um die im konkreten Einzelfall zu erläuternden Berichtsgegenstände festzulegen. Grundsätzlich wird hierauf verwiesen, sodass die nachfolgende Darstellung der Inhalte des Lageberichtes nur einen Überblick gibt. Hinzuweisen ist auch darauf, dass es keine Stellungnahme zur Rechnungslegung des IDW zur Lageberichterstattung mehr gibt, da es sich bei dem zitierten DRS Nr. 20 um Auslegungen der allgemeinen Grundsätze zur Lageberichterstattung handelt, die auch Bedeutung für den Lagebericht nach § 289 HGB haben. Es findet sich lediglich noch ein Prüfungsstandard des IDW zur Prüfung des Lageberichts (IDW PS 350 n. F.: Prüfung des Lageberichts im Rahmen der Abschlussprüfung, 12.3.2025, IDW Life November 2025).

Eine beispielhafte Gliederung für den Lagebericht ist im Folgenden dargestellt:

I. **Wirtschaftsbericht**

A. Geschäftstätigkeit des Eigenbetriebes

B. Gesamtwirtschaftliche und branchenspezifische Rahmenbedingungen

C. Geschäftsverlauf (für den Gesamtbetrieb und eventuell, falls mehrere Betriebszweige unterhalten werden, getrennt nach Sparten)

  1. Ertragslage
  2. Vermögenslage
  3. Finanzlage
  4. Investitionen des Geschäftsjahres
  5. Finanzielle und nichtfinanzielle Leistungsindikatoren

II. **Prognosebericht**

III. **Chancen- und Risikobericht**

A. Chancenbericht

B. Risikobericht (inkl. Risikoberichterstattung über die Verwendung von Finanzinstrumenten nach § 289 Abs. 2 Nr. 2 HGB)

IV. **Sonstige Angaben**

A. Forschungs- und Entwicklungsaktivitäten (bei Eigenbetrieben in der Regel nicht vorhanden)

B. Zweigniederlassungen (bei Eigenbetrieben in der Regel nicht vorhanden)

C. Angaben zu § 26 Satz 2 Nr. 1 EigAnVO (Änderungen im Bestand, der Leistungsfähigkeit und des Ausnutzungsgrads der wichtigsten Anlagen)

D. Angaben zu § 26 Satz 2 Nr. 2 EigAnVO (Stand der geplanten Bauvorhaben)

3.2 Wirtschaftsbericht

Nach § 289 Abs. 1 Satz 1 und 2 HGB ist im Lagebericht der Geschäftsverlauf so darzustellen, dass ein den tatsächlichen Verhältnissen entsprechendes Bild vermittelt wird. Der Lagebericht hat dabei eine ausgewogene und umfassende, dem Umfang und der Komplexität der Geschäftstätigkeit entsprechende Analyse des Geschäftsverlaufes und der Lage zu enthalten. In die Analyse sind gemäß § 289 Abs. 1 Satz 1 und 2 HGB die für die Geschäftstätigkeit bedeutsamsten finanziellen Leistungsindikatoren einzubeziehen und unter Bezugnahme auf die im Jahresabschluss ausgewiesenen Beträge und Angaben zu erläutern. Nach § 289 Abs. 3 HGB müssen Eigenbetriebe in die Analyse gemäß § 289 Abs. 1 Satz 1 und 2 HGB auch die für die Geschäftstätigkeit bedeutsamsten nichtfinanziellen Leistungsindikatoren einbeziehen und unter Bezugnahme auf die im Jahresabschluss ausgewiesenen Beträge und Angaben erläutern.

Der Wirtschaftsbericht umfasst eine Darstellung des Geschäftsverlaufes und der Lage des Eigenbetriebs, wobei durch die getrennte Regelung zur Berichterstattung über die voraussichtliche Entwicklung und Vorgänge von besonderer Bedeutung nach Schluss des Geschäftsjahres klargestellt wird, dass die Lage des Betriebs hier nicht zukunftsorientiert zu interpretieren ist. Es ist hier vielmehr das abgelaufene Geschäftsjahr zu erläutern. Unter der Lage des Betriebs sind die Vermögens- Finanz- und Ertragslage zu verstehen. Auf das Betriebsergebnis als Element des Geschäftsverlaufes ist in gleichrangigem Umfang einzugehen (*Grottel* in BeBiKo, Tz. 60, 61 zu § 315 HGB i. V. m. Tz. 45 zu § 289 HGB).

Soweit dies für das Verständnis im Konzernlagebericht erforderlich ist, ist einzugehen auf die organisatorische Struktur des Eigenbetriebs, dessen Betriebszweige, dessen Standorte, Produkte und Dienstleistungen, Geschäftsprozesse, Absatzmärkte sowie externe Einflussfaktoren für das Geschäft. (DRS Nr. 20, Tz. 37). Die Darstellung des Geschäftsverlaufes kann beispielsweise zunächst auf gesamtwirtschaftliche oder branchentypische Entwicklungen Bezug nehmen und anschließend auf die Verhältnisse des Eigenbetriebs, untergliedert nach betrieblichen Funktionen, eingehen. Folgende Bereiche können abgedeckt werden:

- gesamtwirtschaftliche und branchentypische Rahmenbedingungen,
- Entwicklung des Ergebnisses,
- Beschaffungsbereich,
- Produktions- und Leistungsbereich,
- Absatzbereich,
- Investitions- und Finanzierungsbereich (insbesondere Nennung von Investitionsschwerpunkten sowie Darstellung einer sog. Cashflow-Rechnung),
- Personal- und Sozialbereich,
- sonstige Angaben.

Bei den sonstigen Angaben ist über wichtige Vorgänge während des Geschäftsjahres zu berichten. Hierzu können bedeutende Vertragsabschlüsse, Kooperationsvorhaben, Entwicklung und Ergebnis von Rechtsstreitigkeiten, Umweltauflagen, Veränderung der Marktanteile, besondere saisonale Einflüsse, Schadens- oder Unglücksfälle usw. zählen (*Grottel* in BeBiKo, Tz. 72 zu § 315 HGB i. V. m. Tz. 45 zu § 289 HGB, DRS Nr. 20, Tz. 63.).

Im Rahmen der Darstellung und Analyse der Lage des Eigenbetriebs stehen insbesondere absatzorientierte Angaben sowie Ausführungen zur Vermögens-, Finanz- und Ertragslage im Vordergrund:

- Auftragslage,
- Marktanteile,
- Erläuterung wesentlicher Veränderungen beim Eigen- oder Fremdkapital
- Liquidität und Verschuldungsgrad,
- Rentabilität und Produktivität.

Die Breite und Tiefe der Analyse der Geschäftstätigkeit findet ihre Grenze im Umfang und in der Komplexität der Geschäftstätigkeit des Betriebs. So ist z. B. bei Eigenbetrieben mit den Betriebszweigen Strom- und Gasversorgung eine tiefergehende Analyse vorzunehmen, als bei Eigenbetrieben mit dem Betriebszweig Bauhof (*Grottel* in BeBiKo, Tz. 77 zu § 315 HGB i. V. m. Tz. 50 zu § 289 HGB). Zu beachten ist, dass die Analyse der Lage mehr darstellt als eine reine Ableitung von Kennzahlen, die ohnehin im Jahresabschluss veröffentlicht werden. Entsprechend sollten die Kennzahlen zur Bilanzstruktur (Vermögens- und Kapitalstrukturkennzahlen) und Liquidität nicht die reinen Jahresabschlusszahlen, sondern um Verzerrungen, Nichtvergleichbarkeit oder bilanzpolitische Maßnahmen bereinigte Beträge verwenden. Gleiches gilt für die Ertragslage. Hier sind z. B. zwingend periodenfremde, also nicht wiederkehrende Posten zu identifizieren, wie z. B. hohe Buchgewinne aus Anlageverkäufen oder Auflösungsbeträge von Rückstellungen (*Grottel* in BeBiKo, Tz. 79 zu § 315 HGB i. V. m. Tz. 50 zu § 289 HGB). Ein bloßer Vergleich der Vermögens-, Finanz- und Ertragslage des Berichtsjahres mit der des Vorjahrs ist nicht ausreichend. Vielmehr sind die Gründe für die Veränderungen/Entwicklungen anzugeben. In der Vorperiode berichtete Prognosen sind mit der tatsächlichen Geschäftsentwicklung zu vergleichen und ebenfalls zu begründen (DRS 20, Tz. 57 und Tz. 62).

In die nach § 289 Abs. 1 Satz 2 HGB vorzunehmende Analyse sind die für die Geschäftstätigkeit wesentlichen finanziellen Leistungsindikatoren einzubeziehen, wie z. B. Rentabilitäts- und Finanzierungskennzahlen oder Kennzahlen zur Kapitalstruktur. Diese werden in der Regel auch für die Jahresabschlussanalyse verwendet. Es muss der Grundsatz der Stetigkeit angewendet werden, die Anwendung der Kennzahlen ist grundsätzlich stetig beizubehalten, um einen intertemporalen Vergleich zu ermöglichen. Hinzuweisen ist außerdem darauf, dass bestimmte Kennzahlen, wenn diese nicht selbsterklärend sind, angemessen zu definieren sind. Bei Neuaufnahme oder Wechsel von Kennzahlen empfiehlt sich die Angabe von vergleichbaren Vorjahreswerten.

Nichtfinanzielle Leistungsindikatoren sind auch für Eigenbetriebe im Lagebericht anzugeben, sofern sie für den Geschäftsverlauf oder die Lage von Bedeutung sind, da Eigenbetriebe ihren Jahresabschluss nach den Vorschriften für große Kapitalgesellschaften aufzustellen haben und nach § 26 Abs. 1 für die Lageberichtsaufstellung § 289 HGB gilt. Eine Berichterstattung über nichtfinanzielle Leistungsindikatoren kommt aber generell nur in Betracht, wenn hierdurch die Klarheit und Übersichtlichkeit der Analyse und damit die Konzentration auf das Wesentliche im Lagebericht nicht beeinträchtigt wird. Es ist immer Bezug zur Vermögens-, Finanz- und Ertragslage zu nehmen. Die in § 289 Abs. 3 HGB genannten nichtfinanziellen Leistungsindikatoren („Informationen über Arbeitnehmer- und Umweltbelange") stellen keine abschließende Aufzählung dar. Weitere Angaben können z. B. sein:

- Kundenkreis und dessen Zusammensetzung,
- Kundenzufriedenheit,
- technische Angabe, z. B. zu Stromausfällen oder technischen Grenzwerten in der Abwasserbeseitigung,
- Wasserförderstatistiken,
- Netzverluste in der Strom-, Gas-, Wasser- und Wärmeversorgung oder
- Lieferantenbeziehungen.

Geeignete Angaben bezogen auf die Belange von Arbeitnehmern könnten bspw. sein:

- Fluktuation,
- Betriebszugehörigkeit,
- Vergütungsstrukturen,
- Ausbildungsstrukturen,
- Fortbildungsmaßnahmen oder
- Interne Förderungsmaßnahmen.

Geeignete Angaben bezogen auf Umweltaspekte könnten bspw. sein:

- Emissionswerte,
- Energieverbrauch oder
- Durchführung eines Umwelt-Audit.

3.3 Nachtragsbericht (Bericht über Ereignisse nach dem Bilanzstichtag)

Mit der Neufassung des § 289 HGB durch das Bilanzrichtlinie-Umsetzungsgesetz ist die sog. Nachtragsberichterstattung nunmehr im Anhang nach § 285 Nr. 33 HGB zu tätigen. Auf Erl. 6.26 zu § 25 EigAnVO sei verwiesen.

3.4 Prognosebericht

Nach § 289 Abs. 1 Satz 4 HGB ist ferner im Lagebericht die voraussichtliche Entwicklung des Eigenbetriebs zu erläutern; zugrunde liegende Annahmen sind anzugeben. Nach dem Wortlaut des § 289 Abs. 1 Satz 4 HGB ist im sog. Prognoseberichtsteil des Lageberichtes eine zusammengefasste Berichterstattung über die voraussichtliche wirtschaftliche Entwicklung der Gesellschaft mit den wesentlichen Chancen und Risiken vorzunehmen. Dabei dürfte es aber unter Beachtung einer stetigen Darstellung im Ermessen des Berichtspflichtigen liegen, die Berichterstattung zusammenhängend in einem Berichtselement des Lageberichtes oder aber getrennt im Sinne eines Risikoberichtes und Prognoseberichtes vorzunehmen (DRS 20, Tz. 117). Der Prognosebericht hat eine zukunftsorientierte Darstellung der Entwicklung des Eigenbetriebs darzustellen. Prognose ist dabei die Aussage über die voraussichtliche Entwicklung und Ereignisse (DRS Nr. 20, Tz. 11).

Als Vorhersagezeitraum wird, wie oben beschrieben, ein Zeitraum von mindestens einem Jahr gefordert (DRS Nr. 20, Tz. 127). Gegenstand des Prognoseberichtes sind grundsätzlich alle diejenigen Bereiche, die auch bei der Berichterstattung über den Geschäftsverlauf und der Lage zu berücksichtigen sind (*WPH*, a. a. O., Kap. F Tz. 1413 ff.). Form, Inhalt und Umfang der Aussagen über die zukünftige Entwicklung liegen dabei im pflichtgemäßen Ermessen der Werkleitung. Insbesondere wesentliche Änderungen in den einzelnen betrieblichen Bereichen, hinsichtlich der Marktstellung des Eigenbetriebs und hinsichtlich der voraussichtlichen Entwicklung der Ergebnisse gehören zu einer angemessenen Berichterstattung. Dies bedeutet, dass eine realistische Einschätzung und nicht Wunschvorstellungen wiederzugeben sind. Die Angaben werden in der Regel in verbaler Form zu geben sein. Ist eine verbale Beschreibung nicht ausreichend, hat eine ergänzende quantitative Berichterstattung zu erfolgen. Dies muss zur Vermeidung von Scheingenauigkeiten gegebenenfalls auch in der Angabe von Bandbreiten erfolgen (*WPH*, a. a. O., Kap. F Tz. 1413 ff.). Es sind auch die den Prognosen zugrunde liegenden Annahmen zu erläutern. Die Beurteilung und die Erläuterung der zukünftigen Entwicklung kann anhand der Darstellung von Ursache-Wirkungsbeziehungen zwischen angegebenen Erwartungen, wichtigen Einflussgrößen und diese betreffende Maßnahmen oder Entwicklungen erfolgen, z. B. Auswirkungen der erwarteten Zinsentwicklung auf das Finanzergebnis, erwartete Einsparungen im Leistungsprozess, durch geplante Verbesserungen im Verfahrensablauf (*WPH*, a. a. O., Kap. F Tz. 1413 ff.).

Jede Prognose hat eine Aussage zur erwarteten Entwicklung der jeweiligen Größe hinsichtlich Richtung und Intensität der Veränderung zu treffen, wobei der Vergleichswert, d. h. die Ausprägung des prognostizierten Leistungsindikators im Wirtschaftsjahr, entweder zusammen mit der Prognose oder an anderer Stelle im Lagebericht (i. d. R. im Wirtschaftsbericht) zu nennen ist (DRS 20, Tz. 128 und Tz. 131). Zulässige Prognosearten sind nach DRS 20, Tz. 128 ff.

- Punktprognose: Wir gehen für das Wirtschaftsjahr 20XX von einem Umsatz von TEuro 1.500 aus.
- Intervallprognose: Für das Wirtschaftsjahr 20XX rechnen wir mit einer Umsatzrentabilität von 10–12 %.
- Qualifiziert-komparative Prognose: Die abgesetzte Wassermenge wird den Erwartungen zufolge im Wirtschaftsjahr 20XX deutlich zurückgehen.

Unzulässige Prognosearten sind u. a.:

- Komparative Prognose: Im Wirtschaftsjahr 20XX rechnen wir mit einem Rückgang der abgesetzten Wassermenge.
- Qualitative Prognose: Wir gehen für das Wirtschaftsjahr 20XX von einem angemessenen Jahresgewinn aus.

Über noch nicht abgeschlossene Entwicklungen oder Geschäfts- und Betriebsgeheimnisse ist grundsätzlich nicht zu berichten (*WPH*, a. a. O., Kap. F Tz. 1413 ff.).

3.5 Chancen- und Risikobericht

Nach § 289 Abs. 1 Satz 4 HGB sind auch die Chancen und Risiken der künftigen Entwicklung zu beurteilen und zu erläutern; zugrundeliegende Annahmen sind zu beurteilen. Chancen sind mögliche künftige Entwicklungen oder Ereignisse, die zu einer für den Eigenbetrieb positiven Prognose- bzw. Zielabweichung führen können. Unter Risiko werden demgegenüber mögliche künftige Entwicklungen oder Ereignisse verstanden, die zu einer für den Eigenbetrieb negativen Prognose- bzw. Zielabweichung führen können (DRS Nr. 20 Tz. 11). Es ist dabei über Chancen und Risiken getrennt zu berichten. Eine Saldierung der Risiken mit den Chancen und damit eine Darstellung nur der Restchancen oder -risiken entspricht nicht dem Gesetzeszweck (*DRS* Nr. 20, Tz. 167, *Grottel* in BeBiKo Tz. 134 zu § 315 HGB i. V. m. Tz. 60 zu § 289 HGB). Als Prognosezeitraum ist mindestens ein Jahr, gerechnet vom letzten Jahresabschlussstichtag, zugrunde zu legen. Der Zeitraum, auf den sich die Prognosen beziehen, ist anzugeben. Absehbare Sondereinflüsse auf die wirtschaftliche Lage des Eigenbetriebs nach dem Prognosezeitraum sind darzustellen und zu analysieren (DRS Nr. 20, Tz. 127). Die Prognosen müssen Aussagen zu erwarteten Veränderungen der prognostizierten Leistungsindikatoren gegenüber dem entsprechenden Ist-Wert des Berichtsjahres enthalten und dabei die Richtung und die Intensität der Veränderung verdeutlichen. Abweichende Bezugspunkte der Prognosen sind anzugeben (DRS Nr. 20, Tz. 128). Prognosebeschreibungen als positiver oder negativer Trend reichen nicht aus (siehe oben).

Bei der Chancen- und Risikoberichterstattung ist zu unterscheiden zwischen sogenannten bestandsgefährdenden Risiken, die den Fortbestand des Eigenbetriebs infrage stellen können, und sonstigen Chancen und Risiken. Im Rahmen der bestandsgefährdenden Risiken wird eine zukunftsbezogene Einschätzung der Existenzfähigkeit des Eigenbetriebs gefordert. Gründe für eine Bestandsgefährdung können beispielsweise in einer drohenden Überschuldung oder Zahlungsunfähigkeit oder in langfristig sich abzeichnenden Vermögensverlusten liegen. Die Berichterstattung über bestandsgefährdende Risiken erfordert eine Prognose über die zukünftige Entwicklung. Als Prognosezeitraum gelten auch hier zwölf Monate, gerechnet vom Abschlussstichtag. Aufgrund der Verlustausgleichspflichten des § 11 EigAnVO i. R. d. Haftung des Einrichtungsträgers kann eine Bestandsgefährdung letztlich nur bei Aufgabe der Geschäftstätigkeit eintreten.

Darüber hinaus ist über sonstige Risiken und Chancen, die sich auf die Vermögens-, Finanz- und Ertragslage wesentlich auswirken können, zu berichten. Solche Chancen und Risiken können sich aus externen Faktoren (Branche, gesamtwirtschaftliche Entwicklung oder Gesetzgebung) oder auch internen Faktoren (Produktbeschaffung, Produktion, Finanzierung, Investitionen etc.) ergeben (DRS Nr. 20, Tz. 147). Anhaltspunkte für berichtspflichtige Risiken werden sich insbesondere aus der Auswertung der bei dem Eigenbetrieb eingerichteten Risikofrüherkennungssysteme ergeben. Beispiele für externe Risiken bei Eigenbetrieben sind z. B. Risiken aus dem demografischen Wandel, Wasserknappheit, Wettbewerbsrisiken im Strom- und Gasvertrieb oder gesetzgeberische Maßnahmen im Zusammenhang mit der Regulierung von Netznutzungsentgelten der Strom- und Gasnetze. Chancen können bei einem Eigenbetrieb mit dem Betriebszweig Vermarktung von Konversionsflächen, z. B. im Abschluss eines Kaufvertrages bestehen, der erst im folgenden Geschäftsjahr wirksam wird und so im Folgegeschäftsjahr bereits einen hohen Umsatzanteil garantiert. Generell lassen sich folgende Risikokategorien definieren:

- Volkswirtschaftliche und branchenspezifisches Risiken,
- Ertragsorientierte Risiken (aufgrund von Entwicklungen des Marktes und des Wettbewerbs),
- Risiken aus dem Finanzbereich,
- Personalrisiken,
- Technische Risiken sowie
- sonstige Risiken und das Gesamtrisiko.

Gesamtrisiko bedeutet hier, dass die Ausführungen zu den wesentlichen Chancen und Risiken in jedem Lagebericht zu einer Gesamtaussage zusammengefasst werden müssen (DRS Nr. 20, Tz. 160). Die Gesamtaussage kann z. B. wie folgt lauten: „Aufgrund der durchgeführten Risikoinventur sind für die Werkleitung derzeit, außerhalb der eingangs beschriebenen technischen Risiken sowie dem Risiko aus dem demografischen Wandel, keine Risiken erkennbar, die den Eigenbetrieb Abwasser nachhaltig belasten können."

Sofern keine Risiken der künftigen Entwicklung erkennbar sind, ist hierauf im Lagebericht auch im Rahmen einer Negativerklärung hinzuweisen, das Fehlen von Chancen und Risiken ist jedoch bei einer operativ tätigen Gesellschaft kaum denkbar.

3.6 Risikoberichterstattung über die Verwendung von Finanzinstrumenten nach § 289 Abs. 2 Nr. 1 HGB (Finanzrisikobericht)

Nach § 289 Abs. 1 Nr. 1a und b HGB muss der Lagebericht auch auf

- die Risikomanagementziele und -methoden des Eigenbetriebs einschließlich seiner Methoden zur Absicherung aller wichtigen Arten von Transaktionen, die im Rahmen der Bilanzierung von Sicherungsgeschäften erfasst werden, sowie
- die Preisänderungs-, Ausfall- und Liquiditätsrisiken sowie die Risiken aus Zahlungsstromschwankungen, denen die Gesellschaft ausgesetzt ist,

jeweils in Bezug auf die Verwendung von Finanzinstrumenten durch die Gesellschaft, und sofern dies für die Beurteilung der Lage oder der voraussichtlichen Entwicklung von Belang ist, eingehen.

Hinzuweisen ist auf Folgendes: Mit BilRUG wurde insbesondere im einleitenden Satz des § 289 Abs. 2 HGB die bisherige Soll-Vorschrift zu einer Muss-Vorschrift („... ist ..."). Damit hat der Gesetzgeber klargestellt, dass künftig bei Relevanz der Angaben nach § 289 Abs. 2 HGB in jedem Fall eine Berichterstattung zu erfolgen hat. Ein Negativvermerk für den Fall, dass keine Umstände vorliegen, die zu Angaben nach § 289 Abs. 2 HGB führen, ist nicht vorgesehen und u. E. auch unter Berücksichtigung der bislang herrschenden Meinung zu der „Soll-Vorschrift", die bereits bisher als „ist im Regelfall einzugehen ..." interpretiert wurde, abzulehnen (*Grottel* in BeBiKo, Tz. 86 zu § 289 HGB).

Die Vorschrift hat deklaratorische Bedeutung, da sie bereits durch die in § 289 Abs. 1 HGB geforderte allgemeine Risikoberichterstattung mit umfasst wird. Sie konkretisiert ein bedeutsames Risikofeld und steht inhaltlich im Zusammenhang mit den in § 285 Nr. 18, 19 und 20 HGB geforderten Angaben zu Finanzinstrumenten im Anhang (*Küting/Weber*, a. a. O., Kajüter, Tz. 121 zu § 289 HGB). Die Angabe eines Risikos in Bezug auf die Verwendung von Finanzinstrumenten kann in die Berichterstattung der finanzwirtschaftlichen Risiken integriert werden, wenn dies die Klarheit und Übersichtlichkeit des Lageberichtes nicht beeinträchtigt und der Einsatz von Finanzinstrumenten beim Eigenbetrieb gering ist (DRS 20, Tz. 180). Vor dem Hintergrund der möglichen berichtspflichtigen Sachverhalte und des voraussichtlichen geringen Einsatzes von Finanzinstrumenten bei Eigenbetrieben wird sich dies regelmäßig anbieten. Nach DRS Nr. 20, Tz. 182 erstreckt sich die Angabepflicht zum Ausmaß der Risiken nur auf offene Risikopositionen und nicht auf durch konkrete Sicherungsgeschäfte gedeckte Marktpreisrisiken, Ausfallrisiken oder

Liquiditätsrisiken. Bei letzterem ist daher nur das Restrisiko nach Liquiditätszusagen und eingeräumten Kreditlinien darzustellen.

Die Erläuterungspflicht nach § 289 Abs. 2 Nr. 1a HGB bedeutet nicht, das Risikomanagementsystem insgesamt zu erläutern, es sind lediglich die Risikomanagementziele und -methoden im Zusammenhang mit Finanzinstrumenten zu erläutern. Zum anderen muss die Angabe für die Beurteilung der Lage oder der voraussichtlichen Entwicklung der Gesellschaft bedeutsam sein. Maßgeblich ist dabei die Verwendung von Finanzinstrumenten am Bilanzstichtag, unabhängig davon, ob sie in der Bilanz erfasst sind oder nicht (*Küting/Weber*, a. a. O., Kajüter, Tz. 122 zu § 289 HGB). Zum Begriff der Finanzinstrumente vgl. Erl. zu § 25 Tz. 6.15.

Unter den Risikomanagementzielen ist die angestrebte Risikoposition der Gesellschaft zu verstehen. Sie kann durch Aussagen zur Risikobereitschaft der Werkleitung beim Einsatz von Finanzinstrumenten und zur Organisation des Risikomanagements verdeutlicht werden. Daneben konkretisieren sich Risikomanagementziele häufig in Leitlinien zum Umgang mit wesentlichen Risikoarten (z. B. grundsätzlich Vermeidung bestimmter Risiken aus Finanzinstrumenten). Risikomanagementmethoden sind ausschließlich Maßnahmen zur Steuerung der Risiken aus Finanzinstrumenten. Dazu gehören Angaben zur Reduzierung (z. B. Minderung der Eintrittswahrscheinlichkeit oder des potenziellen Schadens) und Überwälzung (z. B. Versicherung) von Risiken aus Finanzinstrumenten (*Küting/Weber*, a. a. O., *Kajüter*, Tz. 124 zu § 289 HGB). Zudem gehören hierzu auch Sicherungsgeschäfte. Zu berichten ist über die Art der Grundgeschäfte, die verwendeten Sicherungsinstrumente und der abgesicherten Risiken sowie der Maßnahmen zur Sicherstellung der beabsichtigten Effektivität der Risikoabsicherungen (z. B. Beobachtung von Risikolimits). Zudem ist die Art der Sicherungsbeziehung (Mikro-, Portfolio- oder Makro-Hedge) und das Eingehen von antizipativen Sicherungsbeziehungen anzugeben (*Küting/Weber*, a. a. O., Kajüter, Tz. 125 zu § 289 HGB).

Nach § 289 Abs. 2 Nr. 1b HGB ist eine Berichterstattung über vier Risikokategorien beim Einsatz von Finanzinstrumenten vorzunehmen:

- Preisänderungsrisiken,
- Ausfallrisiken,
- Liquiditätsrisiken sowie
- Risiken aus Zahlungsstromschwankungen.

Preisänderungsrisiken sind Marktpreisrisiken, die aus der Veränderung des Marktpreises oder preisbeeinflussender Parameter (z. B. Zinssätze, Rohstoffpreise) und zu Schwankungen beim Wert eines Finanzinstrumentes führen. Ausfallrisiken sind Kreditrisiken, die die Gefahr beschreiben, dass der Vertragspartner eines Finanzinstrumentes seine Verpflichtung nicht oder nicht fristgerecht erfüllt und dadurch bei dem berichtspflichtigen Eigenbetrieb Verluste verursacht werden, wie z. B. Forderungsausfälle. Liquiditätsrisiken bezeichnen die Möglichkeit, dass ein Eigenbetrieb die für die Begleichung von Verpflichtungen aus Finanzinstrumenten notwendigen liquiden Mittel nicht beschaffen kann. Risiken aus Zahlungsstromschwankungen bestehen darin, dass künftige Zahlungsströme aus Finanzinstrumenten aufgrund von Marktpreisänderungen schwanken, wenn sich z. B. bei variabel verzinslichen Anleihen Schwankungen bei den Zinserträgen ergeben, wenn die Zinssätze am Kapitalmarkt variieren. Art und Ausmaß der Risiken sind für jede der vier Risikokategorien anzugeben. Es ist hier aber nur über offene Risikopositionen zu berichten, nicht über die durch Sicherungsgeschäfte effektiv reduzierten Risiken (DRS Nr. 20, Tz. 182).

> *Beispiele*
>
> *Beispiel 1: Die Berichterstattung des Finanzrisikoberichtes sollte zunächst eine Aufzählung aller im Eigenbetrieb verwendeten Finanzinstrumente (z. B. Wertpapiere, Forderungen, Verbindlichkeiten und Guthaben bei Kreditinstituten sowie derivative Finanzinstrumente wie Zinssatzswaps) enthalten.*

Beispiel 2: Zu den Finanzinstrumenten gehören die Lieferforderungen. In der Risikoberichterstattung sind hier Aussagen zum Forderungsmanagement zu treffen, wie z. B. die Beschreibung bestimmter Instrumente zur Reduzierung des Forderungsausfalls. Dies kann neben einem effizienten Mahnwesen bei privatrechtlichen Forderungen von z. B. Strom- und Gaslieferungen auch im sog. Forderungsfactoring bestehen, bei dem Forderungsausfallrisiken auf den Factor übertragen werden. Auch eine Aussage zum Kundenstamm (z. B. Abhängigkeit von einzelnen Großkunden in der Strom- oder Gasversorgung) kann sich anbieten.

Beispiel 3: Zu den Finanzinstrumenten gehören auch Verbindlichkeiten. Wenn diese verzinslich sind, kann hier eine Aussage zur Handhabung der Zinsänderungsrisiken erfolgen, wie z. B. die Aussage, dass nur Verbindlichkeiten mit fester Verzinsung eingegangen werden. Nach Sachlage sind hier aber auch Aussagen zum Einsatz derivativer Zinssicherungsinstrumente zu treffen, wie z. B. der Abschluss von Zinssatzswaps. Zudem kann eine Aussage zur Einhaltung der Zahlungsfristen bei den Verbindlichkeiten getätigt werden.

Beispiel 4: Generell bestehen auch bei Eigenbetrieben allgemeine Liquiditätsrisiken. Im Finanzrisikobericht können z. B. Aussagen darüber getroffen werden, in welcher Form Liquiditätsplanungen erstellt werden, um solche Liquiditätsrisiken zu vermindern.

Soweit sich die Berichterstattung über das Risikomanagement von Finanzinstrumenten auf Sicherungsgeschäfte bezieht, überschneidet sie sich mit Angaben nach § 285 Nr. 23 HGB zu nach § 254 gebildeten Bewertungseinheiten; beide dürfen im Lagebericht zusammengefasst werden (*Grottel* in BeBiKo, Tz. 168 zu § 315 HGB i. V. m. Tz. 90 zu § 289 HGB). Unabhängig davon ist die Angabepflicht nach § 285 Nr. 19 HGB zu nicht zum Zeitwert bilanzierten derivativen Finanzinstrumenten. Zu den Anhangangaben nach § 285 Nr. 19 und Nr. 23 HGB vgl. auch Erl. Nr. 6.15 und 6.18 zu § 25 EigAnVO.

3.7 Forschungsbericht und Zweigniederlassungsbericht

Im Regelfall verfügen Eigenbetriebe nicht über eigene Forschungs- und Entwicklungsaktivitäten und auch nicht über dauerhafte, räumlich von der Hauptniederlassung getrennte Einrichtungen, die wie ein selbständiges Unternehmen am Geschäftsverkehr teilnehmen (Zweigniederlassungen). Insofern erübrigt sich hier eine Berichterstattung nach § 289 Abs. 2 Nr. 2 und 3 HGB.

3.8 Nachhaltigkeitsberichterstattung

Mit der sog. CSRD-Richtlinie der EU (2022/2464) wurde eine verpflichtende Nachhaltigkeitsberichterstattung für bestimmte Kapitalgesellschaften/Konzerne/haftungsbeschränkte Personengesellschaften eingeführt, die von den nationalen Gesetzgebern verpflichtend bis zum 6.7.2024 umzusetzen war. In Deutschland ist dies bisher nicht geschehen. Es gibt Stand Ende 2025 lediglich einen Regierungsentwurf vom 3.9.2025 „CSRD-Umsetzungsgesetz", der entsprechende Berichtspflichten für große Kapitalgesellschaften/Konzerne/haftungsbeschränkte Personengesellschaften vorsieht.

Aufgrund teilweiser EU-weiter großer Kritik an den Regelungen sind zum einen die zeitlichen Anwendungszeiträume vereinfachend vom Berichtsjahr 2025 auf 2027 verschoben worden (Stop the clock-Richtlinie der EU, Vorschlag EU-Kommission), zum anderen wurde der Kreis der verpflichteten Unternehmen i. R. d. sog. Trilog-Verhandlungen deutlich reduziert; statt alle großen Kapitalgesellschaften soll die Anwendung nur noch Unternehmen treffen, die über 1.000 Mitarbeiter und mehr als 450 Mio. Euro Umsatzerlöse erzielen. Zudem sollen die bisherigen Anwendungsstandards ESRS vereinfacht werden. Die Änderungsvorschläge sind noch nicht rechtskräftig umgesetzt, so dass sich weitere Änderungen ergeben könnten.

Fraglich ist, ob auch Eigenbetriebe in RLP nach den derzeitigen Entwürfen berichtspflichtig würden. In § 22 Abs. 2 EigAnVO wird auf die Anwendbarkeit gewisser Bilanzierungsvorschriften für große Kapitalgesellschaften rekurriert. Jedoch umfassen die Verweise gerade nicht die Lageberichterstattung. Hierfür gibt es mit § 26 EigAnVO eine Spezialvorschrift. In dieser wiederum wird ausschließlich auf § 289 HGB verwiesen, der sinngemäß anzuwenden sei. In § 289 HGB gibt es aber keine Verpflichtung, einen Nachhaltigkeitsbericht zu erstellen. Diese Verpflichtung wird vielmehr in den §§ 289b ff. HGB des o. g. Regierungsentwurfs umgesetzt.

Mangels Verweises auf die §§ 289b ff. HGB kann derzeit nicht von einer Verpflichtung zur Nachhaltigkeitsberichterstattung für Eigenbetriebe ausgegangen werden, solange der Gesetzgeber keine Änderungen an der EigAnVO vornimmt. Es könnten sich allerdings satzungsrechtliche Verpflichtungen zur Aufstellung eines Nachhaltigkeitsberichtes ergeben, wenn die Satzung pauschal die Anwendung der Jahresabschlussvorschriften für große Kapitalgesellschaften vorsieht, und wenn der Eigenbetrieb dann, je nach deutscher Umsetzung, die angedachten Größenkriterien (s. o.) überschreitet. Will man dies vermeiden, empfiehlt sich eine nach aktueller Rechtslage mögliche Änderung der Satzung in diesem Punkt. (Anders als in RLP fand sich in NRW bezüglich der Rechnungslegung der Verweis zum Recht der großen Kapitalgesellschaften; mittlerweile wurden diese Verweise in den einschlägigen kommunalrechtlichen Gesetzen abgeändert, in dem nur noch auf Kapitalgesellschaften verwiesen wird.)

Für Eigenbetriebe, die unter die Regelungen des EnWG fallen, sind die Anwendungsvoraussetzungen der verpflichtenden Nachhaltigkeitsberichterstattung separat zu prüfen.

3.9 Zusätzliche Angaben

Nach § 26 Satz 2 Nr. 1 EigAnVO ist auch einzugehen auf die Änderungen im Bestand, der Leistungsfähigkeit und des Ausnutzungsgrads der wichtigsten Anlagen. Diese Angaben ergänzen die im Anlagennachweis verfügbaren Informationen, indem auf den technisch wirtschaftlichen Bestand und Zustand der Anlagen einzugehen ist. Dies schließt auch Erläuterungen über fällige Reparaturen und Erneuerungen ein.

Darüber hinaus ist nach § 26 Satz 2 Nr. 2 EigAnVO Auskunft über den Stand der geplanten Bauvorhaben zu erteilen. Dies schließt sowohl begonnene als auch noch nicht begonnene Baumaßnahmen ein. Es empfiehlt sich, Abweichungen der Investitionstätigkeit bei Baumaßnahmen im Vergleich zu den im Vermögensplan enthaltenen Ansätzen darzustellen sowie über die Bedeutung von geplanten Ersatz- oder Neuinvestitionen zu berichten. Wesentliche Abweichungen vom Vermögensplan, z. B. Verzögerungen, sollen in diesem Zusammenhang begründet werden (*Bolsenkötter*, a. a. O., Tz. 1479).

3.10 Zusätzliche Angaben für Energieversorgungsunternehmen

Energieversorgungsunternehmen haben in Ihrem Lagebericht nach § 6b Abs. 7 Satz 4 EnWG auf sämtliche Tätigkeiten nach § 6b Abs. 3 Satz 1 EnWG einzugehen. Bei der Lageberichterstattung sind daher die für diese Tätigkeiten wesentlichen Gesichtspunkte darzulegen (vgl. auch hierzu im Einzelnen IDW ERS ÖFA 2 n. F.: Rechnungslegung nach § 6b EnWG, Stand 9.6.2021, Tz. 59 IDW Life 11/2025) Zum Begriff der Energieversorgungsunternehmen vgl. im Einzelnen Erl. 6.36 zu § 25 EigAnVO.

3.11 Kategorisierung der Lageberichtsangaben

Der IDW Prüfungsstandard: Prüfung des Lageberichts im Rahmen der Abschlussprüfung (IDW PS 350 n. F. (03.2025)) regelt die Lageberichtsprüfung im Rahmen der Jahresabschlussprüfung. Dieser wurde am 12.3.2025 verabschiedet und war für Wirtschaftsjahre, die am oder nach dem 15.12.2024 beginnen erstmals anzuwenden (freiwillig zulässig ab Wirtschaftsjahren, die am oder nach dem 15.12.2023 beginnen). Es haben sich nicht nur Neuerungen für den Abschlussprüfer, sondern auf für den Bilanzierenden selbst ergeben. Hervorzuheben ist hier die Differenzierung zwischen lageberichtstypischen und lageberichtsfremden bzw. prüfbaren und nicht prüfbaren Angaben im Lagebericht. Diese Kategorisierung von Angaben war seitens der Abschlussprüfer nötig, um der immer umfangreicheren Lageberichterstattung, bei denen neben den verpflichtenden Angaben zunehmend lageberichtsfremde Angaben getreten sind, die über die ursprüngliche Zielsetzung der Lageberichterstattung hinausgehen, gerecht zu werden. Es zeigen sich die nachstehend aufgeführten Kategorien:

- Lageberichtstypische Angaben: sind Angaben, die explizit vom Gesetz gefordert werden. Innerhalb dieser Angaben kann darüber hinaus zwischen zu prüfenden und inhaltlich nicht zu prüfenden Angaben (z. B. Nichtfinanzielle Erklärung gem. § 289b bzw. § 315b HGB und Erklärung zur Unternehmensführung gem. § 289f bzw. § 315d; § 317 Abs. 2 Satz 4 und 6 HGB) differenziert werden.
- Lageberichtsfremde Angaben: umfassen Angaben, die weder nach §§ 289–289f (bzw. §§ 315–315d) HGB, § 26 EigAnVO vorgeschrieben, noch von DRS 20 gefordert sind (vgl. hierzu IDW PS 350 Tz. 20k, Tz. A16). Beispielhaft zu nennen sind Informationen über das soziale oder kulturelle Engagement, soweit diese für das Verständnis des Geschäftsverlaufs oder der Lage des Eigenbetriebs nicht wesentlich sind und über eine gesetzlich geforderte Berichterstattung hinausgehen.
- Nicht prüfbare Angaben: Angaben, die aufgrund ihrer Art bzw. aufgrund nicht vorhandener geeigneter Kriterien vom Abschlussprüfer nicht geprüft werden können (vgl. IDW PS 350 Tz 20 m). Nicht prüfbare Angaben wie z. B. selbstlobende, nicht belegbare Aussagen („... unser Wasser hat die höchste Qualität...") können unter Umständen in prüfbare Angaben umformuliert werden (z. B. durch die Darstellung der Ergebnisse von Wasseruntersuchungen (vgl. IDW PS 350 Tz. 20k, Tz A22).

Im Rahmen der Erstellung des Lageberichts ist es empfehlenswert, ggf. nicht prüfbare Angaben in prüfbare Angaben zu transformieren oder die nicht prüfbaren Angaben in Gänze in einen gesonderten Abschnitt des Lageberichts umzugliedern. Hervorzuheben sind etwaige Konsequenzen für die Erteilung des Bestätigungsvermerks des Abschlussprüfers (vgl. hierzu und im Folgenden IDW PS 350 n. F. [03.2024]).

§ 27

Aufstellung, Behandlung und Offenlegung des Jahresabschlusses und des Lageberichts

(1) Die Werkleitung hat den Jahresabschluss, die Erfolgsübersicht und den Lagebericht innerhalb von sechs Monaten nach Ende des Wirtschaftsjahres aufzustellen. Der Jahresabschluss und der Lagebericht sind von der Werkleiterin oder dem Werkleiter, bei einer Werkleitung mit mehreren Mitgliedern von sämtlichen Mitgliedern unter Angabe des Datums zu unterzeichnen und über die Bürgermeisterin oder den Bürgermeister dem Werkausschuss vorzulegen.

(2) Der Jahresabschluss, die Erfolgsübersicht und der Lagebericht sind mit der Stellungnahme des Werkausschusses dem Gemeinderat zur Feststellung vorzulegen. Die Prüfung gemäß § 89 Abs. 1 GemO hat dieser Vorlage vorauszugehen. Der Jahresabschluss soll innerhalb eines Jahres nach Ablauf des Wirtschaftsjahres festgestellt werden. Gleichzeitig ist über die Verwendung des Jahresgewinns oder die Behandlung des Jahresverlustes zu beschließen.

(3) Die Feststellung des Jahresabschlusses ist ortsüblich bekannt zu machen. Gleichzeitig sind der Jahresabschluss, der Lagebericht, der Bestätigungsvermerk oder der Vermerk über dessen Versagung und der Bestätigungsbericht öffentlich auszulegen; in der Bekanntmachung ist auf die Auslegung hinzuweisen.

Erläuterungen

Übersicht

1. Aufstellungsfristen
2. Zeitlicher Ablauf
3. Bekanntmachung und Auslegung

1. Aufstellungsfristen

Der Jahresabschluss und die Erfolgsübersicht – wenn der Eigenbetrieb über mehrere Betriebszweige verfügt – sowie der Lagebericht sind durch die Werkleitung in den ersten sechs Monaten des Wirtschaftsjahres für das vorangegangene Wirtschaftsjahr aufzustellen. Eine Verlängerung oder Verkürzung der Aufstellungsfrist durch eine entsprechende Satzungsbestimmung ist nicht möglich. Für die Eigenbetriebe gilt eine längere Aufstellungsfrist als für mittelgroße und große Kapitalgesellschaften, deren Jahresabschluss innerhalb der ersten drei Monate nach Ablauf des vergangenen Geschäftsjahres aufzustellen ist (§ 264 Abs. 1 Satz 3 HGB). Die für Eigenbetriebe geltende Sechsmonatsfrist entspricht damit der für kleine Kapitalgesellschaften nach § 264 Abs. 1 Satz 4 HGB geltenden Frist, wobei allerdings auch bei kleinen Kapitalgesellschaften die Sechsmonatsfrist nur bei Vorliegen sachlicher Gründe ausgenutzt werden kann. Die Verantwortlichkeit für die Aufstellung von Jahresabschluss und Lagebericht liegt bei der Werkleitung. Dies wird auch im Bestätigungsvermerk deutlich hervorgehoben. In dem Formulierungsbeispiel für Eigenbetriebe nach dem IDW Prüfungshinweis: Zur Erteilung des Bestätigungsvermerks bei kommunalen Wirtschaftsbetrieben (IDW PH 9.400.3, Rdnr. 12, IDW Life 12/ 2020) findet sich ausdrücklich der Hinweis auf die Verantwortung der Werkleitung für die Buchführung sowie für die Aufstellung von Jahresabschluss und Lagebericht nach den deutschen handelsrechtlichen Vorschriften und den ergänzenden landesrechtlichen Vorschriften.

Die Aufstellungsfrist des § 27 Abs. 1 EigAnVO ist indes nicht als Ausschlussfrist zu verstehen. Die Pflicht zur Aufstellung von Jahresabschluss und Lagebericht besteht selbstverständlich auch bei Fristüberschreitung weiter. Allerdings sieht die EigAnVO keine Sanktionen bei Nichteinhaltung der Aufstellungsfrist vor. Auch die gesetzlichen Vertreter einer Kapitalgesellschaft werden bei Fristüberschreitung mit keinen speziellen Sanktionen bedroht; ist hier aber über die Frist der Aufstellung hinaus auch die Offenlegungsfrist überschritten, kann gem. § 335 Abs. 1 HGB ein Ordnungsgeld gegen die gesetzlichen Vertreter festgelegt werden (*Kliem/Rimmelspacher* in BeBiKo, Tz. 20 zu § 264 HGB). Ein Überschreiten der gesetzlichen Aufstellungsfrist führt nicht zu einer Einschränkung des Bestätigungsvermerkes durch den Wirtschaftsprüfer. Auch ist eine ausdrückliche Berichterstattung des Wirtschaftsprüfers über die Einhaltung der Aufstellungsfrist grundsätzlich nicht erforderlich. Allerdings kann sich eine Berichtspflicht nach § 321 Abs. 1 Satz 3 HGB ergeben, nach der schwerwiegende Verstöße der gesetzlichen Vertreter gegen Gesetz, Gesellschaftsvertrag oder Satzung im Prüfungsbericht darzustellen sind. Es obliegt der Verantwortlichkeit des Wirtschaftsprüfers zu beurteilen, wann ein solcher schwerwiegender Verstoß vorliegt.

Die fristgerechte Aufstellung bezieht sich auf alle Teile des Jahresabschlusses, d. h. Bilanz, Gewinn- und Verlustrechnung und Anhang und darüber hinaus Lagebericht und soweit anwendbar auch die Erfolgsübersicht. Die Aufstellung umfasst die Fertigstellung prüfungsbereiter Unterlagen.

Alle Mitglieder der Werkleitung sind zur Unterzeichnung des Jahresabschlusses und des Lageberichtes verpflichtet. Die Unterzeichnenden übernehmen damit die Verantwortung für die Richtigkeit und Vollständigkeit des Abschlusses. Zwar sind die Sanktionsvorschriften nach §§ 331 ff. HGB generell bei Eigenbetrieben nicht anwendbar, dies schließt aber die Haftung nach dienstrechtlichen Vorschriften bzw. die steuerstrafrechtliche Verantwortung nicht aus (*Bolsenkötter*, a. a. O., Tz. 1489). Auch wenn intern die Aufgabe der Erstellung des Jahresabschlusses in der Regel durch die kaufmännische Werkleitung wahrgenommen wird, führt dies nicht zu einer Übertragung auch der Verantwortung für Jahresabschluss und Lagebericht auf die kaufmännische Werkleitung. Zur Unterschrift verpflichtet sind Personen, die im Zeitpunkt, in dem die Unterlagen zu unterzeichnen sind, Mitglieder der Werkleitung sind. Ist ein Mitglied der Werkleitung nach dem Abschlussstichtag, aber vor Aufstellung des Jahresabschlusses aus der Werkleitung ausgeschieden, ist es nicht mehr zur Unterschrift berechtigt und verpflichtet. Die Verantwortung trifft dann das neue Mitglied der Werkleitung. Die Unterschrift hat höchstpersönlich zu erfolgen, eine Vertretung kommt daher grundsätzlich nicht in Betracht. Den § 27 Abs. 1 EigAnVO weit auslegend wird mitunter auch die Unterschrift des stellvertretenden Werkleiters gefordert (*Bolsenkötter*, a. a. O., Tz. 1486).

Die Unterschrift ist grundsätzlich unter alle Teile des Jahresabschlusses zu setzen, d. h. unter Bilanz, Gewinn- und Verlustrechnung und Anhang. Der Lagebericht unterliegt keiner Unterzeichnungspflicht. Aus Beweisgründen wird aber zu seiner Unterzeichnung geraten (MüBiKo, *Kleindiek*, zu § 245, Tz. 1). Sind Bilanz, Gewinn- und Verlustrechnung, Anhang und Lagebericht fest miteinander verbunden, genügt die Unterschrift unter dem Anhang sowie unter dem Lagebericht. Fraglich ist, welche Fassung des Jahresabschlusses und Lageberichts zu unterzeichnen ist. Nach § 27 Abs. 1 Satz 2 EigAnVO ist der unterzeichnete Jahresabschluss und Lagebericht über die Bürgermeisterin oder den Bürgermeister dem Werkausschuss vorzulegen. Diese Fassung entspricht nicht notwendigerweise dem endgültig festgestellten Jahresabschluss, der erst nach Beratung durch den Werkausschuss im Gemeinderat festgestellt wird. Nach § 3 Abs. 4 der Landesverordnung über die Prüfung kommunaler Einrichtungen (KomEinrPrV RP) vom 22.7.1991 in der Fassung vom 4.4.2016 (GVBl. 2016, S. 210) findet vor Feststellung des Jahresabschlusses eine Schlussbesprechung über die Ergebnisse der Prüfung zwischen Abschlussprüfer, Bürgermeister und Werkleitung statt, bei der auch die Mitglieder des Werkausschusses einzuladen sind. Gegenstand der Schlussbesprechung ist der geprüfte Jahresabschluss, die Erfolgsübersicht, der Lagebericht und der Entwurf des Prüfungsberichts. Sinnvollerweise sollte der in dieser Schlussbesprechung zu beratende Jahresabschluss und Lagebericht von der Werkleitung unterzeichnet werden. Weicht der endgültig festgestellte Jahresabschluss aufgrund von nachträglichen Änderungen, die im Rahmen der Schlussbesprechung oder im Rahmen der Ratssitzung vorgenommen werden, von diesem Jahresabschluss ab, ist eine erneute Unterzeichnung des endgültig festgestellten Jahresabschlusses erforderlich.

2. Zeitlicher Ablauf

In der Praxis ergibt sich in der Regel folgender zeitlicher Ablauf hinsichtlich Aufstellung, Beratung, Feststellung und Offenlegung des Jahresabschlusses:

a) Aufstellung von Jahresabschluss, Lagebericht und Erfolgsübersicht innerhalb von sechs Monaten nach Ende des Wirtschaftsjahres,

b) Prüfung von Jahresabschluss und Lagebericht gem. § 89 Abs. 1 GemO,

c) Vorlage des unterzeichneten und mit Datum versehenen Jahresabschlusses und Lageberichts über die Bürgermeisterin oder den Bürgermeister an den Werkausschuss,

d) Schlussbesprechung zwischen Abschlussprüfer, Bürgermeisterin oder Bürgermeister und Werkleitung. Hierzu sind der Werkausschuss oder Krankenhausausschuss einzuladen. Der Einladung sind der geprüfte Jahresabschluss, die Erfolgsübersicht, der Lagebericht und der Entwurf des Prüfungsberichtes beizufügen. Der Rechnungshof hat das Recht, an der Schlussbesprechung teilzunehmen; ihm sind auf Verlangen die vorgenannten Unterlagen, die der Einladung beiliegen, auszuhändigen (§ 3 Abs. 4 KomEinrPrV RP),

e) Weiterleitung von Jahresabschluss, Erfolgsübersicht und Lagebericht, einschließlich der Stellungnahme des Werkausschusses an den Gemeinderat,

f) Feststellung des geprüften Jahresabschlusses durch den Gemeinderat und Beschluss über die Verwendung des Jahresgewinns oder die Behandlung des Jahresverlustes. Voraussetzung für die Feststellung ist das Vorliegen eines Prüfungsberichtes durch den Abschlussprüfer. Es reicht nicht aus, dass ein Entwurf des Prüfungsberichtes vorgelegt wird. Die Prüfung ist nicht beendet, solange nicht ein endgültiger, d. h. testierter Prüfungsbericht i. S. v. § 321 HGB vorliegt. Die Feststellung des Jahresabschlusses soll innerhalb eines Jahres nach Ablauf des Wirtschaftsjahres erfolgen. Auch hier handelt es sich nicht um eine Ausschlussfrist. Im Hinblick auf § 11 Abs. 8 EigAnVO, nach dem ausgabewirksame Teile eines Jahresverlustes spätestens im folgenden Jahr aus Haushaltsmitteln der Gemeinde auszugleichen sind, ist die Feststellung des Jahresabschlusses mit gleichzeitiger Behandlung des Jahresverlustes innerhalb eines Jahres nach Ablauf des Wirtschaftsjahres allerdings unbedingt geboten,

g) ortsübliche Bekanntmachung über die Feststellung des Jahresabschlusses,

h) öffentliche Auslegung von Jahresabschluss, Lagebericht, Bestätigungsvermerk oder Vermerk über dessen Versagung.

3. Bekanntmachung und Auslegung

Nachdem der Jahresabschluss durch den Rat festgestellt wurde, ist der Beschluss in der ortsüblichen Form öffentlich bekannt zu machen. Die Einzelheiten der öffentlichen Bekanntmachung sind in der Hauptsatzung festgelegt (§ 7 Abs. 2 DVO zu § 27 GemO). In der öffentlichen Bekanntmachung ist auch auf die nach § 27 Abs. 3 EigAnVO erforderliche Auslegung hinzuweisen. Nach § 8 Abs. 2 DVO zu § 27 GemO sind Gegenstand, Ort (Gebäude und Raum), Frist und Zeit der Auslegung spätestens am Tag vor Beginn der Auslegung öffentlich bekannt zu machen. Die Auslegungsfrist umfasst mindestens sieben volle Werktage. Dienstfreie Werktage dürfen dabei nicht mitgerechnet werden.

Die Auslegung umfasst:

- den Jahresabschluss, bestehend aus Bilanz, Gewinn- und Verlustrechnung und Anhang,
- den Lagebericht,
- den Bestätigungsvermerk oder den Vermerk über dessen Versagung und den Bestätigungsbericht.

Der Bestätigungsvermerk gibt das Ergebnis der Prüfung durch den Wirtschaftsprüfer wieder. Nach der gültigen Fassung des § 322 HGB, der die Erteilung des Bestätigungsvermerks durch den Abschlussprüfer zum Inhalt hat, ist der Bestätigungsvermerk nach Art eines Bestätigungsberichtes zu formulieren. Inhaltlich handelt es sich bei § 322 HGB um einen Bestätigungsbericht, obwohl der Gesetzgeber weiterhin an der Bezeichnung „Bestätigungsvermerk" festhält (MüBiKo, *Bormann*, zu § 322, Tz. 19 ff.). Mit der Auslegung des Bestätigungsvermerkes ist damit § 27 Abs. 3 EigAnVO vollumfänglich Genüge getan.

Besonderheiten bei der Offenlegung bestehen bei Energieversorgungsunternehmen. Zum Begriff der Energieversorgungsunternehmen vgl. im Einzelnen Erl. 6.36 zu § 25 EigAnVO. Dabei haben nach § 6b Abs. 1 EnWG Unternehmen rechtsformunabhängig und ungeachtet ihrer Eigentumsverhältnisse ihren Jahresabschluss nach den für Kapitalgesellschaften geltenden Vorschriften offenzulegen. Dies geschieht durch Offenlegung im elektronischen Bundesanzeiger. Zudem haben die gesetzlichen Vertreter nach § 6b Abs. 4 Satz 1 EnWG den sog. Tätigkeitsabschluss unverzüglich, jedoch spätestens vor Ablauf des zwölften Monats des dem Abschlussstichtag nachfolgenden Geschäftsjahres, gemeinsam mit dem offenzulegenden Jahresabschluss der das Unternehmensregister führenden Stelle elektronisch zur Einstellung in das Unternehmensregister zu übermitteln. Nach § 6b Abs. 4 Satz 2 EnWG sind allerdings die für kleine Kapitalgesellschaften geltenden Offenlegungserleichterungen nach § 326 HGB nicht anwendbar. Zum Begriff der Tätigkeitsabschlüsse vgl. Erl. 6.36 zu § 25 EigAnVO.

Die Offenlegung nach § 6b Abs. 1 EnWG erfolgt insoweit unabhängig von den Offenlegungsvorschriften nach § 27 Abs. 3 EigAnVO, da hier z. B. keine Offenlegung im elektronischen Bundesanzeiger vorgesehen ist. Die Offenlegung nach § 6b Abs. 1 EnWG bedeutet insoweit für Eigenbetriebe, dass sie den nach den Vorschriften der EigAnVO wie für große Kapitalgesellschaften erstellten Jahresabschluss im elektronischen Bundesanzeiger entsprechend ihrer nach § 267 HGB klassifizierten Unternehmensgröße, offenlegen müssen. Ist also ein Energieversorgungsunternehmen in der Rechtsform eines Eigenbetriebes im Sinne von § 267 HGB als „mittelgroß" zu bezeichnen, muss dieses seinen Jahresabschluss ggf. unter Zugrundelegung der Offenlegungserleichterungen nach § 327 HGB offenlegen. Ein Energieversorgungsunternehmen in der Rechtsform des Eigenbetriebs, welches nach § 267 HGB als „klein" klassifiziert ist, kann zwar nach § 6b Abs. 4 Satz 2 EnWG die Offenlegungserleichterung nach § 326 HGB nicht in Anspruch nehmen, allerdings besteht, wie bei Eigenbetrieben die als „mittelgroß" klassifiziert wurden, die Möglichkeit (nachträglich zum Zwecke der Offenlegung) die Aufstellungserleichterungen nach § 288 HGB in Anspruch zu nehmen. Dabei lässt das HGB offen, ob so offen zu legen ist, wie aufgestellt wurde oder wie aufgestellt werden dürfte. In der Literatur wird diese Lücke unter Bezugnahme auf die den Offenlegungsvorschriften zu Grunde liegende EG-Richtlinie dahingehend ausgelegt, dass Offenlegungserleichterungen, soweit sie bei der Aufstellung und Feststellung des Jahresabschlusses nicht angewandt wurden, in beliebigem Umfang auch ausschließlich für die Offenlegung (Einreichung beim Betreiber des elektronischen Bundesanzeigers) wahrgenommen werden dürfen (vgl. z. B. *Grottel* in BeBiKo, Tz. 15 zu § 326 HGB).

Nach der Formulierung nach § 6b Abs. 4 EnWG könnte man ferner vermuten, dass sämtliche Tätigkeitsabschlüsse nach § 6b Abs. 3 EnWG offen zu legen sind. In § 6b Abs. 7 Satz 8 EnWG ist jedoch ausgeführt, dass Geschäftsberichte zu den Tätigkeiten, die nicht dem regulierten Bereich unterliegen, von der Regulierungsbehörde als Geschäftsgeheimnis behandelt werden müssen. Aus dieser Regelung ergibt sich, dass der Gesetzgeber keine Veröffentlichung aller Tätigkeitsabschlüsse beabsichtigt hat. Die Veröffentlichungspflicht bezieht sich hierbei lediglich auf die Tätigkeiten, die in § 6b Abs. 3 Satz 1 EnWG genannt sind, also Elektrizitätsübertragung, Elektrizitätsverteilung, Gasfernleitung, Gasverteilung, Gasspeicherung, Betrieb von LNG-Anlagen (sowie die wirtschaftliche Nutzung eines Eigentumsrechtes an Netzen, Gasspeichern oder LNG-Anlagen) und die Entwicklung, Verwaltung oder Betrieb von Ladepunkten für Elektromobile nach § 7c Abs. 2 EnWG.

TEIL 2
ANSTALTEN DES ÖFFENTLICHEN RECHTS

§ 28
Bezeichnung

Die Anstalt soll eine Bezeichnung führen, die ihren Gewährträger und ihre Rechtsform erkennen lässt.

Erläuterungen

Übersicht

1. Rechtsnatur der Anstalten des öffentlichen Rechts
2. Träger der Anstalten des öffentlichen Rechts
3. Handelsregistereintragung
4. Stellung der Anstalt des öffentlichen Rechts zwischen Eigenbetrieb und GmbH
   4.1 Gründung, Verfassung, Aufsicht

1. Rechtsnatur der Anstalten des öffentlichen Rechts

Mit „Anstalten des öffentlichen Rechts“ sind **rechtsfähige Anstalten** gemeint. Die Anstalten des öffentlichen Rechts gemäß §§ 86a, 86b GemO besitzen im Gegensatz zum Eigenbetrieb eine **eigene Rechtspersönlichkeit**. Mit anderen Worten: die Anstalt des öffentlichen Rechts ist eine selbständige juristische Person des öffentlichen Rechts. Für die Verbindlichkeiten der Anstalt des öffentlichen Rechts haftet die Gemeinde unbeschränkt, soweit diese nicht aus dem Vermögen der Anstalt erfüllt werden können (sog. **Gewährträgerschaft der Gemeinde**, § 86a Abs. 4 GemO). Anders als bei der Anstaltslast, die nur zwischen Gemeinde und Anstalt Rechtswirkungen entfaltet, steht den Gläubigern mit der Gewährträgerhaftung ein eigener Anspruch gegen die Gemeinde als Gewährträger zu.

2. Träger der Anstalten des öffentlichen Rechts

Träger einer Anstalt des öffentlichen Rechts können Gemeinden (§ 86a GemO), Verbandsgemeinden (§ 64 Abs. 2 i. V. m. § 86a GemO), Landkreise (§ 57 LKO i. V. m. § 86a GemO), der Bezirksverband Pfalz (§ 14 BezO i. V. m. § 57 LKO i. V. m. § 86a GemO) und Zweckverbände (§ 7 Abs. 1 Nr. 8 KomZG i. V. m. § 86a GemO) sein. Der Träger der Anstalt hat die **Anstaltslast**. Diese geht über die durch § 86a Abs. 4 GemO gesicherte Gewährträgerhaftung hinaus. Sie stellt sicher, dass der Träger für finanzielle Lücken der Anstalt aufzukommen hat. Überwacht und sichergestellt wird die Erfüllung der Anstaltslast durch die jeweilige Aufsichtsbehörde (vgl. *Thode/Peres*, BayVBl. 1999 S. 8 f.; *Schulz*, BayVBl. 1996 S. 131).

Eine natürliche oder juristische Person des Privatrechts (z. B. AG oder GmbH) konnte lange Zeit nicht an einer Anstalt des öffentlichen Rechts beteiligt sein. Nach Änderung des § 86a GemO durch das erste Landesgesetzes zur Kommunal- und Verwaltungsreform vom 28.9.2010 können heute aber auch andere **juristische Personen des öffentlichen Rechts, juristische Personen des Privatrechts** und sogar **natürliche Personen** am Stammkapital der Anstalt **mit bis zu 49 v. H.** beteiligt werden. Die rechtsfähige kommunale AöR bietet eine anpassungsfähige, aufgabenorientierte und ökonomische Unternehmensstruktur. Als Vorteil wird vielfach der weitreichende Gestaltungsspielraum des Vorstands angesehen, den eine rechtsfähige kommunale AöR bereithält. Damit verbunden ist jedoch auch eine erhöhte persönliche Verantwortung derjenigen Personen, die Vorstandsfunktionen wahrnehmen sollen. Die Schlussfolgerung, mit der AöR ließen sich die Vorteile eines Eigenbetriebs mit denen einer GmbH bzw. AG ausgestalten, ohne deren Nachteile zu übernehmen, ist daher nicht immer zutreffend.

Die Einbindung privater Teilhaber in eine rechtsfähige kommunale AöR eröffnet die Möglichkeit, dass die Erledigung kommunaler Aufgaben wirtschaftlicher und nicht wirtschaftlicher Art weiter optimiert werden.

Mehrere kommunale Gebietskörperschaften können mittelbar über einen Zweckverband eine Anstalt des öffentlichen Rechts errichten oder ggf. auch eine sog. **gemeinsame kommunale Anstalt** im Sinne der §§ 14a, 14b KomZG gründen. Regie- und Eigenbetriebe können im Wege der Gesamtrechtsnachfolge auf eine solche gemeinsame kommunale Anstalt ausgegliedert werden. Die Beteiligung Privater an einer gemeinsamen kommunalen Anstalt ist hingegen nicht vorgesehen. Die Errichtung bzw. auch die Ausgliederung sind der Kommunalaufsichtsbehörde anzuzeigen, § 92 GemO gilt entsprechend.

Infolge der Neufassung von § 86a Abs. 3 Satz 1 GemO kann die Gemeinde nunmehr umfängliche Aufgaben auf eine rechtsfähige AöR übertragen. Somit ist die Trägerin der AöR bezüglich einer Aufgabenübertragung nicht mehr auf einzelne Aufgaben oder auf die lediglich mit einem bestimmten Zweck zusammenhängenden Aufgaben beschränkt (LT-Drs. 15/4588).

3. Handelsregistereintragung

Die Anstalt des öffentlichen Rechts – wie auch der Eigenbetrieb – ist in das Handelsregister einzutragen, soweit sie Kaufmann im Sinne des HGB ist. Das war nach überwiegender Meinung auch schon vor Aufhebung des § 36 HGB Pflicht, da die Privilegierung des § 36 HGB nicht für juristische Personen galt (BR-Drs. 340/97, S. 58). Eine Umsetzung in der Praxis ist dennoch bislang nur selten erfolgt. Erforderlich ist in jedem Fall eine Prüfung anhand des konkreten Falles.

4. Stellung der Anstalt des öffentlichen Rechts zwischen Eigenbetrieb und GmbH

4.1 Gründung, Verfassung, Aufsicht

Der **Eigenbetrieb** hat keine eigene Rechtspersönlichkeit; er ist rechtlich unselbständig. Die **Anstalt des öffentlichen Rechts** ist eine juristische Person des öffentlichen Rechts, die **GmbH** eine juristische Person des Privatrechts.

Die Gründung der GmbH ist wegen des erforderlichen notariellen Vertrags etwas aufwendiger. Die Umwandlung eines Regiebetriebs in einen Eigenbetrieb oder eine Anstalt des öffentlichen Rechts und die Umwandlung eines Eigenbetriebs in eine Anstalt des öffentlichen Rechts erfolgt im Wege der Gesamtrechtsnachfolge; sie ist einfacher zu vollziehen als die Umwandlung in eine GmbH.

Alle drei Rechtsformen regeln ihre Angelegenheiten in Satzungen: Eigenbetrieb und Anstalt des öffentlichen Rechts in öffentlich-rechtlichen Satzungen (§ 86 Abs. 3 Satz 1, § 86a Abs. 2 Satz 1 GemO), die GmbH im privatrechtlichen Gesellschaftsvertrag. Die Regelungsinhalte sind weitgehend dispositiv, wobei die privatrechtliche Organisationsform im Rahmen des kommunalrechtlich Zulässigen weiterhin den größten Spielraum bietet.

Eigenbetrieb und Anstalt des öffentlichen Rechts unterstehen der staatlichen Aufsicht (vgl. § 86 Abs. 1 GemO, § 86b Abs. 5 Satz 1 GemO), die GmbH als juristische Person des Privatrechts hingegen nicht. Ob das eine oder das andere ein Vorteil sein mag, muss im Einzelfall abgewogen werden.

4.2 Organe und ihre Zuständigkeiten

Hinsichtlich der Organe Gemeinderat, Werkausschuss, Bürgermeister und Werkleiter ist der Eigenbetrieb eng an die Gemeinde gebunden. Er bleibt Teil der öffentlichen Verwaltung.

Die Anstalt des öffentlichen Rechts hat mit den Organen Verwaltungsrat und Vorstand (§ 86b Abs. 2 GemO) eine **weitergehende Flexibilität** als der Eigenbetrieb. Der Vorstand wird von dem Verwaltungsrat auf die Dauer von fünf Jahren bestellt. Eine Wiederbestellung ist zulässig. Weiterhin kommt dem Verwaltungsrat die Überwachung der Geschäftsführung des Vorstandes sowie die Entscheidung in den durch die gemeindliche Satzung bestimmten Angelegenheiten der Anstalt zu.

Die Organe der GmbH (Gesellschafterversammlung, Geschäftsführer) sind selbständig. Die Bestellung der Geschäftsführung ist zeitlich unbefristet. Ein besonderes Kontrollorgan ist nach dem GmbHG nicht zwingend vorgeschrieben, auch nicht durch § 87 Abs. 1 Nr. 3 GemO. Dennoch sind in den meisten Eigengesellschaften Aufsichtsräte gebildet. Bei mehr als 500 Arbeitnehmern ist nach den Bestimmungen des DrittelBG, bei mehr als 2 000 Arbeitnehmern nach den Bestimmungen des MitbestG ein Aufsichtsrat zu bilden.

4.3 Personal

Eigenbetriebe und Anstalten des öffentlichen Rechts können Beamte beschäftigen: Die Beamten des Eigenbetriebs sind Beamte der Gemeinde. Der Anstalt des öffentlichen Rechts kann durch Satzung Dienstherrenfähigkeit verliehen werden (§ 86b Abs. 4 GemO).

Arbeitgeber der beim Eigenbetrieb beschäftigten Angestellten und Arbeiter ist die Gemeinde; **Arbeitgeber** der bei der Anstalt des öffentlichen Rechts beschäftigten Angestellten ist hingegen die Anstalt selbst. Das Tarifrecht des kommunalen öffentlichen Dienstes (TVöD) einschließlich Zusatzversorgung, das für Eigenbetriebe in gleichem Maße wie für die Trägergemeinde gilt, kann für die Anstalt des öffentlichen Rechts über eine Mitgliedschaft in der Vereinigung der kommunalen Arbeitgeberverbände (VKA) Anwendung finden.

Die GmbH beschäftigt hingegen Arbeitnehmer, für die nicht die Bestimmungen des LPersVG gelten, sondern die Vorschriften des BetrVG Anwendung finden. Die Regelungen sind jedoch in weiten Teilen vergleichbar. Die unternehmerische Mitbestimmung gilt nicht für Eigenbetriebe und Anstalten des öffentlichen Rechts, jedoch für die GmbH. Kommunal beherrschten Kapitalgesellschaften können Beamte zur vorübergehenden Tätigkeit zugewiesen werden (vgl. § 123a BRRG).

5. Steuerpflicht der Anstalten des öffentlichen Rechts

Anstalten des öffentlichen Rechts werden steuerlich ebenso behandelt wie Eigenbetriebe. Demzufolge ist für die Steuerpflicht wie beim Eigenbetrieb zu trennen zwischen Hoheitsbetrieb (§ 4 Abs. 5 KStG) und BgA (§ 1 Abs. 1 Nr. 6 i. V. m. § 4 Abs. 1 bis 4 KStG): Die Anstalten des öffentlichen Rechts unterliegen mit ihren Betrieben gewerblicher Art der Körperschaftsteuer (§ 1 Abs. 1 Nr. 6 KStG), der Umsatzsteuer (vgl. § 2 Abs. 3 UStG) und der Gewerbesteuer, soweit sie Gewerbebetrieb sind (§ 2 GewStG). Zur Steuerpflicht siehe auch Einführung, Erl. 4.

§ 29
Maßnahmen zur Erhaltung des Vermögens und der Leistungsfähigkeit

(1) Die Gemeinde stellt sicher, dass die Anstalt ihre Aufgaben nachhaltig erfüllen kann. Die Anstalt ist mit einem angemessenen Stammkapital auszustatten, dessen Höhe in der Anstaltssatzung festzusetzen ist.

(2) Auf die Maßnahme zur Erhaltung des Vermögens und der Leistungsfähigkeit der Anstalt findet § 11 entsprechende Anwendung.

Erläuterungen

Übersicht

1. Aufgabenerfüllung

Absatz 1 Satz 1 verpflichtet die Gemeinde, dafür zu sorgen, dass die Anstalt ihre Aufgaben nachhaltig erfüllen kann.

1.1 Vermögensübertragung

Aus dieser Verpflichtung folgt, dass – ähnlich wie für einen Eigenbetrieb – der Anstalt bei ihrer Gründung das Vermögen, das sie zur Erfüllung ihrer Aufgabe benötigt, übertragen wird. Ebenso ist die Finanzierung dieses Vermögens im Wesentlichen mit Eigen- und Fremdkapital zu ermitteln und in der Eröffnungsbilanz dem Vermögen gegenüberzustellen. Des Weiteren sind der Anstalt die aus Verträgen mit Kunden und Lieferanten resultierenden Rechte und Pflichten zu übertragen. Lieferungen und Leistungen zwischen Anstalt und Gemeinde sind so abzurechnen und zu vergüten, wie wenn sie an einen Dritten erfolgen würden.

1.2 Investitionspflicht

Sichergestellt sein muss auch, dass die Anstalt ihrer Investitionspflicht nachkommen kann. Das bedeutet, dass Leistungsfähigkeit und Wert des Betriebsvermögens erhalten werden müssen; es muss zumindest das ersetzt werden, was abgenutzt wurde. Mit anderen Worten: Abschreibungen müssen erwirtschaftet und wieder investiert werden. Zudem erfordern allgemeine Preissteigerungen einen über den Abschreibungen liegenden Reinvestitionswert. Des Weiteren muss das Vermögen der Anstalt dem technischen und wirtschaftlichen Fortschritt angepasst werden. So sind veraltete Anlagen durch technisch bessere zu ersetzen. Rationalisierungsinvestitionen sind zu tätigen oder Art und Kapazität der Anlagen müssen einer gestiegenen Nachfrage angepasst werden. Preissteigerungen sowie Anpassungen an technischen und wirtschaftlichen Fortschritt bewirken eine nominelle Ausweitung des Vermögens. Investitionsverzug einerseits und Überinvestitionen andererseits sind zu vermeiden.

1.3 Verbot der Vermögensveräußerung

Unter dem Gesichtspunkt der Bestandserhaltung ist auch das Verbot der Vermögensveräußerung zu sehen. Vermögensgegenstände der Anstalt dürfen nicht veräußert werden, solange sie das Kommunalunternehmen zur Erfüllung seiner Aufgaben benötigt (vgl. § 79 Abs. 1 GemO).

1.4 Adressaten

Diese Pflichten obliegen grundsätzlich den Organen der Anstalt. Absatz 1 Satz 1 stellt aber sicher, dass die Gemeinde ihre Weisungsrechte nicht zum Nachteil der Anstalt ausüben darf.

2. Stammkapital

Damit die Anstalt ihre Aufgaben nachhaltig erfüllen kann, benötigt sie ein angemessenes Stammkapital, das ihr die Gemeinde als Gewährträgerin zur Verfügung zu stellen hat. Da das Stammkapital in der Anstaltssatzung festzusetzen ist, bedarf es zur Änderung des Stammkapitals einer Satzungsänderung.

3. Maßnahmen zur Erhaltung des Vermögens und der Leistungsfähigkeit

Durch die entsprechende Anwendung von § 11 EigAnVO soll sichergestellt werden, dass das aus Stammkapital und Rücklagen gebildete Eigenkapital der Anstalt erhalten bleibt, um ihre Leistungsfähigkeit auf Dauer zu gewährleisten.

§ 30
Kassenführung

Die Anordnung und die Ausführung finanzwirksamer Vorgänge sind personell und organisatorisch zu trennen.

Erläuterungen

In dieser Vorschrift wird ein elementarer Grundsatz der gemeindlichen Kassenorganisation auf die Anstalt übertragen. Hierzu bestimmt § 106 Abs. 3 Satz 2 GemO, dass anordnungsbefugte Gemeindebedienstete sowie Leiter und Prüfer des Rechnungsprüfungsamts nicht gleichzeitig Kassenverwalter oder dessen Stellvertreter sein dürfen. Nach § 106 Abs. 5 GemO sind andererseits Kassenverwalter und sein Stellvertreter sowie die übrigen Bediensteten der Kasse nicht befugt Zahlungen anzuordnen. Ferner ist auch die Bestätigung der sachlichen oder rechnerischen Richtigkeit nicht mit der Tätigkeit eines Kassenverwalters vereinbar (*Gabler/Oster*, Kommunalverfassungsrecht Rheinland-Pfalz, Wiesbaden, § 106 GemO, Erl. 6).

§ 31
Wirtschaftsjahr

Wirtschaftsjahr der Anstalt ist das Kalenderjahr. Wenn die Art der Anstalt es erfordert, kann in der Anstaltssatzung ein hiervon abweichendes Wirtschaftsjahr bestimmt werden.

Erläuterungen

Nach § 13 Satz 1 EigAnVO entspricht das Wirtschaftsjahr des Eigenbetriebes dem Haushaltsjahr der Gemeinde. Das Haushaltsjahr der Gemeinde ist nach § 95 Abs. 6 GemO grundsätzlich das Kalenderjahr. Auch das Wirtschaftsjahr der Anstalt ist nach § 31 Satz 1 das Kalenderjahr. Ein abweichendes Wirtschaftsjahr kann in der Anstaltssatzung bestimmt werden, wenn die Art der Anstalt es erfordert. Die Vorschrift entspricht inhaltlich § 13 Satz 2 EigAnVO betreffend das abweichende Wirtschaftsjahr beim Eigenbetrieb.

§ 32
Rechnungswesen

Das aus dem Wirtschaftsplan, der Buchführung, dem Jahresabschluss und den Kostenrechnungen bestehende Rechnungswesen der Anstalt ist einheitlich zu leiten. Hat die Anstalt ein Vorstandsmitglied, das für die kaufmännischen Angelegenheiten zuständig ist, so ist dieses für das Rechnungswesen verantwortlich. § 14 Abs. 3 findet entsprechende Anwendung.

Erläuterungen

Das Rechnungswesen der Anstalt umfasst wie auch das Rechnungswesen des Eigenbetriebs (§ 14 EigAnVO) den Wirtschaftsplan, die Buchführung, den Jahresabschluss und die Kostenrechnung. Das Rechnungswesen ist einheitlich zu leiten und wird, falls ein Vorstandsmitglied für den kaufmännischen Bereich zuständig ist, von diesem verantwortet. § 14 Abs. 3 EigAnVO betreffend die Trennung des Rechnungswesens bei Vorliegen von steuerpflichtigen und nicht steuerpflichtigen Betriebszweigen, die Aufstellung der Erfolgsübersicht und den getrennten Ausweis der auf die einzelnen Betriebsteile entfallenden Teile des Eigen- und Fremdkapitals sowie des Jahresergebnisses ist auch auf die Anstalt anzuwenden. Auf die Erl. zu § 14 Abs. 3 EigAnVO wird verwiesen.

§ 33
Wirtschaftsplan

(1) Die Anstalt hat vor Beginn eines jeden Wirtschaftsjahres einen Wirtschaftsplan aufzustellen. Dieser besteht aus dem Erfolgsplan, dem Vermögensplan und der Stellenübersicht.

(2) Der Wirtschaftsplan ist unverzüglich zu ändern, wenn

1. das Jahresergebnis sich gegenüber dem Erfolgsplan erheblich verschlechtern wird und diese Verschlechterung eine Änderung des Vermögensplans bedingt oder zu einer Inanspruchnahme der Gemeinde führt oder

2. zum Ausgleich des Vermögensplans erheblich höhere Kredite erforderlich werden oder

3. eine erhebliche Vermehrung oder Hebung der in der Stellenübersicht vorgesehenen Stellen erforderlich wird, es sei denn, dass es sich um eine vorübergehende Einstellung von Aushilfskräften handelt.

(3) Auf den Erfolgsplan findet § 16 Abs. 1 und 2 entsprechende Anwendung.

(4) Auf den Vermögensplan findet § 17 Abs. 1 Nr. 1 und Abs. 2 bis 5 entsprechende Anwendung.

(5) Die Stellenübersicht hat die im Wirtschaftsjahr erforderlichen Stellen für Angestellte, für Arbeiterinnen und Arbeiter und, soweit der Anstalt die Dienstherrnfähigkeit verliehen wurde, für Beamtinnen und Beamte zu enthalten.

(6) Der fünfjährige Finanzplan besteht aus einer nach Jahren gegliederten Übersicht über die Entwicklung der Ausgaben auf der Grundlage eines Investitionsprogramms und der Deckungsmittel des Vermögensplans entsprechend der für diesen vorgeschriebenen Ordnung.

Erläuterungen

Übersicht

1. Feststellung

Die Vorschriften zum Wirtschaftsplan der Anstalt stimmen weitgehend mit den Vorschriften zum Wirtschaftsplan des Eigenbetriebs (§ 15 EigAnVO) überein. Der Wirtschaftsplan der Anstalt wird nicht wie beim Eigenbetrieb (§ 2 Abs. 2 Nr. 1 EigAnVO) vom Gemeinderat festgestellt oder geändert. Die Anstalt ist eine juristische Person des öffentlichen Rechts, zu deren Organen der Gemeinderat nicht gehört. Organe der Anstalt sind der Vorstand und der Verwaltungsrat. Über die Verabschiedung des Wirtschaftsplans sind in der Satzung der Anstalt entsprechende Regelungen zu treffen. In der Regel wird der Verwaltungsrat als Überwachungsorgan für die Verabschiedung des Wirtschaftsplans verantwortlich sein.

2. Verpflichtungsermächtigungen

Für die Anstalt sind die Vorschriften zur Verpflichtungsermächtigung nicht anzuwenden. Beim Eigenbetrieb ist die Übersicht über die Verpflichtungsermächtigungen eine Anlage zum Wirtschaftsplan und wird mit diesem vom Gemeinderat festgestellt. Der Eigenbetrieb stellt einen rechtlich unselbständigen Verwaltungsteil der Gemeinde dar mit einer gewissen vermögensrechtlichen und organisatorischen Selbständigkeit (Sondervermögen der Gemeinde). Dadurch ist der Eigenbetrieb noch an den Gemeindehaushalt angebunden. Über § 80 Abs. 3 GemO werden viele allgemeine Haushaltsgrundsätze für Eigenbetriebe verbindlich gemacht, so auch die Vorschriften zur Verpflichtungsermächtigung nach § 102 GemO (vgl. im Einzelnen Erl. 2 und 3 zu § 15 EigAnVO). Die Aufnahme von Verpflichtungsermächtigungen gewährleistet das Etatrecht des Gemeinderats, weil das Haushaltsrecht den Eingang von Verpflichtungen zulasten zukünftiger Jahre von einer expliziten Ermächtigung abhängig macht (*Gabler/Oster*, Kommunalverfassungsrecht Rheinland-Pfalz und PRAXIS-Beitrag *B 1 RhPf*, Wiesbaden, § 102 GemO Erl. 2.). Für die rechtlich selbständige Anstalt, die nicht Bestandteil des eigentlichen Gemeindehaushalts ist, bestimmt § 86b Abs. 5 Satz 1 GemO, dass im Hinblick auf die Haushaltswirtschaft lediglich die §§ 93 Abs. 1 und 94 GemO – Grundsatz der Sicherung der stetigen Aufgabenerfüllung und Grundsatz des konjunkturgerechten Verhaltens sowie die Einnahmebeschaffungsgrundsätze – anzuwenden sind.

3. Änderung des Wirtschaftsplans

Hinsichtlich der Vorschriften zur Änderung des Wirtschaftsplans der Anstalt ergeben sich ebenfalls Unterschiede zum Eigenbetrieb. Beim Eigenbetrieb wird eine Änderung des Wirtschaftsplans insbesondere gefordert, wenn die Haushaltslage der Gemeinde durch eine Verschlechterung des Jahresergebnisses gegenüber dem Erfolgsplan beeinträchtigt wird oder der Ausgleich des Vermögensplans eine erheblich höhere Zuführung der Gemeinde oder höhere Kredite erforderlich macht. Bei der Anstalt hingegen wird eine Änderung des Wirtschaftsplans notwendig, wenn sich das Jahresergebnis erheblich verschlechtert und dies eine Änderung des Vermögensplans bedingt. Allerdings wird auch bei der Anstalt eine Änderung des Wirtschaftsplans notwendig, wenn aufgrund der Geschäftsentwicklung eine Inanspruchnahme der Gemeinde erforderlich wird. Eine höhere Kreditaufnahme führt, wie auch beim Eigenbetrieb, ebenfalls zur Änderung des Wirtschaftsplans.

§ 33 Abs. 2 Nr. 1 EigAnVO knüpft eine unverzügliche Änderung des Wirtschaftsplanes an das Vorliegen von drei Voraussetzungen:

- erhebliche Verschlechterung des Ist-Jahresergebnisses im Vergleich zum Plan- Jahresergebnis bei gleichzeitiger Folgeänderung des Vermögensplans oder Inanspruchnahme der Gemeinde,
- Notwendigkeit erheblich höherer (im Vergleich zu „höheren" beim Eigenbetrieb) Kredite zum Ausgleich des Vermögensplans,
- erhebliche Vermehrung/Hebung von Stellen gegenüber der Stellenübersicht.

Was eine erhebliche Verschlechterung des Jahresergebnisses darstellt, ist nicht geregelt. Eine derartige Regelung könnte in der Betriebssatzung individuell getroffen werden. Das Gleiche gilt für die Frage ab welcher Größenordnung der Vermögensplan und damit auch der Wirtschaftsplan zu ändern ist. Auch dieser Punkt sollte in der Betriebssatzung oder in einer Dienstanweisung geregelt sein. Eine Orientierung liefert beispielweise eine Rundverfügung des Gemeindeprüfungsamtes Münster aus dem Jahr 1961, das Überschreitungen von 10 % der Gesamteinnahmen/-ausgaben des Vermögensplanes und 5 % der Gesamterträge/-aufwendungen des Erfolgsplanes als erheblich ansieht.

Beim Vorliegen eines erheblich schlechteren Jahresergebnisses sind im Hinblick auf den Vermögensplan zwei Fälle zu unterscheiden:

Die erhebliche Verschlechterung besteht darin, dass Gewinn und Liquiditätsüberschuss erheblich geringer ausfallen als geplant. Für diesen Fall könnte sich der Ausgleich im Vermögensplan durch einen entsprechenden Anstieg der Lieferantenverbindlichkeiten und/oder durch ein Abschmelzen der disponiblen Mittel ergeben. Die Notwendigkeit den Vermögensplan zu ändern besteht in diesen Fall nicht.

In dem zweiten Fall besteht die erhebliche Verschlechterung darin, dass sich aus einem geplanten ausgeglichenen Ergebnis, ein Verlust und Liquiditätsdefizit entwickeln mit der Folge, dass der Betrieb den Vermögensplan nur ausgleichen und seine Verbindlichkeiten nur begleichen kann, indem er einen Kredit aufnimmt oder die Gemeinde in Anspruch nimmt. Für diesen Fall wäre eine Änderung des Vermögensplanes und damit die unverzügliche Änderung des Wirtschaftsplanes angezeigt.

Der § 15 Abs. 3 Nr. 1 EigAnVO stellt die analoge Vorschrift für den Eigenbetrieb dar. Eine Änderung des Wirtschaftsplanes des Eigenbetriebes wird demnach erforderlich, wenn die Haushaltslage der Gemeinde durch eine Verschlechterung des Jahresergebnisses beeinträchtigt wird. Eine Beeinträchtigung wird man dann annehmen können, wenn die Gemeinde, anders als geplant, Verluste des Eigenbetriebes ausgleichen muss. Im Unterschied zur Anstalt bedarf es aber beim Eigenbetrieb keiner erheblichen Verschlechterung des Ergebnisses und auch keiner dadurch bedingten Änderung des Vermögensplanes.

§ 33 Abs. 2 Nr. 2 EigAnVO sieht als zweiten Fall einer unverzüglich durchzuführenden Wirtschaftsplanänderung der Anstalt vor, dass zum Ausgleich des Vermögensplanes erheblich höhere Kredite erforderlich werden. Eine Verschlechterung des Jahresergebnisses wird hier nicht vorausgesetzt. Hier sind Fälle gemeint, wo sich beispielsweise Investitionen verteuern oder geplante Einnahmen aus Zuwendungen, Fördermitteln oder Beiträgen ausfallen und sich dadurch ein höherer Kreditbedarf ergibt.

Auch hier unterscheidet sich die analoge Vorschrift für den Eigenbetrieb (§ 15 Abs. 3 Nr. 2 EigAnVO). Bei dem Eigenbetrieb reicht eine einfache Erhöhung der Kreditaufnahme um den Vermögensplan auszugleichen, alternativ ist eine erheblich höhere Zuführung der Gemeinde genannt.

Bei den Eigenbetrieben sieht § 15 Abs. 3 Nr. 3 EigAnVO eine Änderung des Wirtschaftsplanes vor, wenn im Vermögensplan weitere Verpflichtungsermächtigungen vorgesehen werden sollen.

Eine analoge Vorschrift für Anstalten gibt es nicht.

Der letzte Tatbestand der eine unverzügliche Wirtschaftsplanänderung zwingend auslöst (§ 15 Abs. 3 Nr. 4; § 33 Abs. 2 Nr. 3 EigAnVO) ist bei Eigenbetrieb und Anstalt gleichlautend. Es handelt sich um die Anhebung oder Vermehrung der Stellen in der Stellenübersicht, abgesehen von vorübergehend einzustellenden Aushilfskräften.

4. Erfolgs-, Vermögens-, Finanzplan, Stellenübersicht

Die Vorschriften zum Erfolgsplan und Vermögensplan finden grundsätzlich auch auf die Anstalt Anwendung mit Ausnahme der Regelungen zu erfolggefährdenden Mindererträgen und Mehraufwendungen (§ 16 Abs. 3 EigAnVO) und zur Einstellung der Verpflichtungsermächtigungen in den Vermögensplan (§ 17 Abs. 1 Nr. 2 EigAnVO).

Im Rahmen der Stellenübersicht sind im Unterschied zum Eigenbetrieb auch die Beamten und Beamtinnen in die Stellenübersicht aufzunehmen, wenn die Anstalt eigene Dienstherrenfähigkeit besitzt (Absatz 5).

Der Finanzplan (Absatz 6) entspricht dem Finanzplan des Eigenbetriebs. Allerdings hat die Anstalt keine Übersicht über die Entwicklung der Einnahmen und Ausgaben aufzustellen, die sich auf den Haushalt der Gemeinde auswirken.

§ 34
Buchführung

Die Anstalt führt ihre Rechnung nach den Regeln der kaufmännischen doppelten Buchführung.

Erläuterungen

Auf die Erl. zu § 20 Abs. 1 EigAnVO wird verwiesen.

§ 35
Jahresabschluss

(1) [1] Für den Schluss eines jeden Wirtschaftsjahres ist ein Jahresabschluss aufzustellen, der aus der Bilanz, der Gewinn- und Verlustrechnung und dem Anhang besteht. [2] Auf den Jahresabschluss findet § 22 Abs. 2 und 3 Satz 2 entsprechende Anwendung.

(2) Die Bilanz ist in entsprechender Anwendung des § 23 aufzustellen.

(3) Für die Gewinn- und Verlustrechnung gilt § 24, für die Darstellung im Anhang § 25 entsprechend.

Erläuterungen

Auf die Erl. zu den §§ 22 bis 25 EigAnVO wird verwiesen.

§ 36
Lagebericht

Gleichzeitig mit dem Jahresabschluss ist ein Lagebericht in entsprechender Anwendung des § 26 aufzustellen.

Erläuterungen

Auf die Erl. zu § 26 EigAnVO wird verwiesen.

§ 37
Aufstellung, Behandlung und Offenlegung des Jahresabschlusses und des Lageberichts

(1) Der Vorstand hat den Jahresabschluss, die Erfolgsübersicht und den Lagebericht innerhalb von sechs Monaten nach dem Ende des Wirtschaftsjahres aufzustellen und dem Verwaltungsrat zur Feststellung vorzulegen. Die Prüfung gemäß § 89 Abs. 1 GemO hat dieser Vorlage vorauszugehen. Der Jahresabschluss und der Lagebericht sind vom Vorstand unter Angabe des Datums zu unterzeichnen. Bei der Feststellung des Jahresabschlusses, die innerhalb eines Jahres nach Ablauf des Wirtschaftsjahres erfolgen soll, hat der Verwaltungsrat über die Verwendung des Jahresgewinns oder die Behandlung des Jahresverlustes sowie über die Entlastung des Vorstands zu entscheiden.

(2) Der Beschluss über die Feststellung des Jahresabschlusses ist ortsüblich bekannt zu geben. Gleichzeitig sind der Jahresabschluss, der Lagebericht, der Bestätigungsvermerk oder der Vermerk über dessen Versagung und der Bestätigungsbericht öffentlich auszulegen; in der ortsüblichen Bekanntgabe ist auf die Auslegung hinzuweisen.

Erläuterungen

Verantwortlich für die Aufstellung des Jahresabschlusses ist der Vorstand der Anstalt. Er hat den Jahresabschluss und den Lagebericht zu unterzeichnen. Vor der Feststellung und der Entscheidung über die Ergebnisverwendung durch den Verwaltungsrat hat die Jahresabschlussprüfung gem. § 89 Abs. 1 GemO stattzufinden (Absatz 1 Satz 2). Die Fristen zur Aufstellung (sechs Monate) und zur Feststellung (ein Jahr) entsprechen den Fristen für Eigenbetriebe (§ 27 Abs. 1 Satz 1, Abs. 2 Satz 3 EigAnVO).

Zur Offenlegung wird auf die Erl. zu § 27 Abs. 3 EigAnVO verwiesen.

§ 38
Vermögensübergang bei Auflösung der Anstalt

Das Vermögen einer aufgelösten Anstalt geht im Wege der Gesamtrechtsnachfolge auf die Gemeinde über.

Erläuterungen

Eine entsprechende Vorschrift erübrigt sich beim Eigenbetrieb, dessen Vermögen als Sondervermögen der Gemeinde zivilrechtlich Eigentum der Gemeinde ist. Bei der rechtlich selbständigen Anstalt bestimmt § 38 EigAnVO, dass das Vermögen der aufgelösten Anstalt im Wege der Gesamtrechtsnachfolge auf die Gemeinde übergeht.

TEIL 3
SONDER- UND SCHLUSSBESTIMMUNGEN

§ 39
Anwendung von Bestimmungen der Gemeindehaushaltsverordnung

Die §§ 22 bis 24 GemHVO gelten sinngemäß auch für die Eigenbetriebe und die rechtsfähigen Anstalten des öffentlichen Rechts.

Erläuterungen

Übersicht

1. Anzuwendende Vorschriften

Über § 39 EigAnVO finden die §§ 22 bis 24 GemHVO sinngemäß Anwendung.

§ 22 GemHVO regelt die Vergabe von Aufträgen.

§ 23 GemHVO enthält Bestimmungen über Stundung, Niederschlagung und Erlass von Ansprüchen.

Stundung ist die Gewährung eines Zahlungs- oder Leistungsaufschubs (vgl. § 45 Nr. 26 GemHVO a. F.), **Niederschlagung** die befristete oder unbefristete Zurückstellung der Weiterverfolgung eines fälligen Anspruchs ohne Verzicht auf den Anspruch selbst (vgl. § 45 Nr. 20 GemHVO a. F.) und **Erlass** der Verzicht auf einen Anspruch (§ 45 Nr. 6 GemHVO a. F.).

§ 24 GemHVO enthält eine Kleinbetragsregelung.

2. Anwendung des Vergaberechts

Der Vergabe von Aufträgen muss eine öffentliche Ausschreibung vorausgehen, sofern nicht die Natur des Geschäfts oder besondere Umstände eine beschränkte Ausschreibung oder eine freihändige Vergabe rechtfertigen (§ 22 Abs. 1 GemHVO).

Das Vergaberecht ist dabei zweigeteilt: Bei öffentlichen Aufgaben, deren geschätzte Gesamtauftragswerte die in § 106 GWB in Bezug genommenen Beträge **(Schwellenwerte)** erreichen oder übersteigen, sind die §§ 97 ff. GWB anzuwenden. Bei öffentlichen Aufträgen, deren geschätzte Gesamtauftragswerte ohne Umsatzsteuer die Schwellenwerte nicht erreichen oder unterschreiten, finden die landes- bzw. kommunalrechtlichen Bestimmungen Anwendung.

Das Vergaberecht hat sich dabei gerade in der jüngeren Vergangenheit zu einem immer wichtiger werdenden Bereich der kommunalen Verwaltung entwickelt. Der Umfang von gerichtlichen Entscheidungen (meist infolge von Vergaberügen unterlegener Bieter) und kommentierender Literatur ist dementsprechend geradezu explosiv angestiegen.

Die Durchdringung der Materie wird dadurch zunehmend komplex, so dass die fehlerfreie Durchführung eines – nicht bloß ganz einfachen – Vergabeverfahrens heute die Verwaltungen, Vorstände und Werkleitungen vor große Herausforderungen stellt. Es ist dabei weder gewollt noch möglich, im Rahmen dieser Kommentierung die Anforderungen an vergaberechtliche Verfahren darzustellen. Hierfür steht – je nach durchzuführender Verfahrensart – eine Vielzahl an Spezialliteratur zur Verfügung. Im Zweifel wird sich die ausschreibende Stelle qualifizierter Beratung bedienen (müssen).

Durch den allgemeinen Grundsatz in § 22 GemHVO kommen die Vergaberegelungen, die auf nationaler oder Länderebene bestehen, auch für das Handeln der Gemeinden und – durch die Verweisung des § 39 – auch unmittelbar für Eigenbetriebe und die rechtsfähigen Anstalten des öffentlichen Rechts zum Tragen.

§ 22 Abs. 2 GemHVO nimmt zudem Bezug auf die Grundsätze und Richtlinien, die das fachlich zuständige Ministerium durch Verwaltungsvorschrift bestimmt. Relevant ist zum Zeitpunkt dieser Kommentierung die Verwaltungsvorschrift Öffentliches Beschaffungswesen in Rheinland-Pfalz des Ministeriums für Wirtschaft, Klimaschutz, Energie und Landesplanung, des Ministeriums des Innern und für Sport und Infrastruktur, des Ministeriums der Finanzen und des Ministeriums der Justiz und für Verbraucherschutz vom 24.4.2014 (MinBl. S. 48; 2020 S. 222). Diese soll bereits seit einiger Zeit an das neue europäische und nationale Vergaberecht, insbesondere die neue Unterschwellenvergabeordnung (UVgO), angepasst werden. Soweit ersichtlich ist dies in allen Bundesländern – teilweise schon seit Jahren – erfolgt. Trotz nicht ganz geglückter Verweisung in Ziffer 22.1 der Verwaltungsvorschrift sind auch die **Eigenbetriebe und rechtsfähigen Anstalten des öffentlichen Rechts der Kommunen** weitgehend an die Verwaltungsvorschrift gebunden, soweit für diese § 55 Abs. 2 LHO bzw. § 22 Abs. 2 GemHVO gilt. Letzteres ist über die Verweisung in § 39 der Fall.

Für Vergaben **oberhalb der Schwellenwerte** ist die Anwendung des (europäischen) Vergaberechts bereits durch Bundesgesetz, nämlich den Teil 4 des Gesetzes gegen Wettbewerbsbeschränkungen, angeordnet. Dies geht landesrechtlichen Normen vor.

Neben den europäischen Vergaberegelungen (Richtlinien) sind daher im Oberschwellenbereich die mit Wirkung zum 16.4.2016 grundlegend geänderten §§ 97 ff. GWB, die Regelungen der Vergabeverordnung (VgV), die Sektorenverordnung (SektVO), die Konzessionsvergabeverordnung (KonzVgV) sowie die Verdingungsordnung für Bauleistungen (VOB/A) 2016 zu beachten. Die VOL/A beansprucht hingegen nur noch im Unterschwellenbereich kraft Verweisung in Ziffer 2.2 der Verwaltungsvorschrift Geltung.

§ 40
In-Kraft-Treten

(1) Diese Verordnung tritt am Tage nach der Verkündung in Kraft.

(2) (Aufhebungsbestimmung)

Stichwortverzeichnis

Die Nummern verweisen auf Seiten.

B

C

D

E

H

I

J

S

W

Z